DESCRIPTION

HISTORIQUE ET GRAPHIQUE

DU LOUVRE ET DES TUILERIES,

PAR M. LE C^{TE} DE CLARAC,

CONSERVATEUR DES ANTIQUES DU LOUVRE,
MEMBRE LIBRE DE L'INSTITUT (ACADÉMIE DES BEAUX-ARTS).

PUBLIÉE DANS SON MUSÉE DE SCULPTURE, DE 1826 A 1828.

PRÉCÉDÉE

D'UNE NOTICE BIOGRAPHIQUE SUR L'AUTEUR,

PAR M. ALFRED MAURY.

PARIS.

IMPRIMÉ, PAR AUTORISATION DE M. LE GARDE DES SCEAUX,

A L'IMPRIMERIE IMPÉRIALE.

M DCCC LIII.

DESCRIPTION

HISTORIQUE ET GRAPHIQUE

DU LOUVRE ET DES TUILERIES.

SE TROUVE A PARIS,

Chez Victor TEXIER, Graveur,
propriétaire de l'ouvrage,
RUE SAINT-HONORÉ, N° 350.

DESCRIPTION

HISTORIQUE ET GRAPHIQUE

DU LOUVRE ET DES TUILERIES,

PAR M. LE C^{TE} DE CLARAC,

CONSERVATEUR DES ANTIQUES DU LOUVRE,
MEMBRE LIBRE DE L'INSTITUT (ACADÉMIE DES BEAUX-ARTS),

PUBLIÉE DANS SON MUSÉE DE SCULPTURE, DE 1826 A 1828,

PRÉCÉDÉE

D'UNE NOTICE BIOGRAPHIQUE SUR L'AUTEUR,

PAR M. ALFRED MAURY.

PARIS.

IMPRIMÉ PAR AUTORISATION DE M. LE GARDE DES SCEAUX,

A L'IMPRIMERIE IMPÉRIALE.

M DCCC LIII.

AVANT-PROPOS.

Le nom du Louvre paraît tirer son étymologie d'un rendez-vous de chasse ou maison de louveterie qu'on croit avoir existé sur l'emplacement de ce palais et au milieu des bois.

Sous le règne de Philippe-Auguste, le mur d'enceinte de Paris s'étendait jusqu'à cet emplacement. On y éleva un château fort dont l'enceinte extérieure passait sur la berge de la rivière. Philippe-Auguste n'habita pas le Louvre. Saint-Louis fit établir dans l'aile occidentale une salle de réception d'une belle décoration. Charles V fixa sa résidence au Louvre, et, à cette époque, le mur d'enceinte venait d'être porté plus à l'ouest, et le château se trouvait dans Paris.

François Ier, vers la fin de son règne, entreprit la reconstruction du Louvre et fit choix de l'architecte Pierre Lescot. Les règnes de Henri II et de Charles IX virent deux ailes du vieux château transformées en deux nouveaux édifices où la majesté était unie à l'élégance. L'aile du sud et celle de l'ouest présentaient sur la cour trois étages ornés de trois rangs de colonnes, et les frontons et autres parties recevaient de belles sculptures. L'entrée principale était dans la section nord de l'aile de l'ouest. Son escalier d'apparat porte aujourd'hui le nom d'*Escalier d'Henri II*. Au rez-de-chaussée, une grande salle des gardes; au premier étage, une suite de salles. Dans l'angle formé par les deux ailes s'élevait un grand pavillon, où l'appartement personnel du roi occupait le premier étage.

La résidence du roi dans ce nouvel édifice entraîna l'établissement successif, derrière le pavillon, d'une galerie à rez-de-chaussée, recouverte d'une terrasse. Cette construction accessoire, devenue plus tard plus importante, fut établie d'abord du pavillon vers la Seine, puis continuée parallèlement à la rivière jusqu'au mur d'enceinte de Paris.

En 1564 (la première année du règne de Charles IX), la reine Catherine de Médicis fit bâtir un château au delà du mur d'enceinte, sur des terrains occupés par des tuileries. Philibert Delorme en était l'architecte, et ce château, à l'avénement d'Henri IV, n'avait que ses trois pavillons du centre et les deux galeries intermédiaires présentant au premier étage deux salles de demi-profondeur, et deux terrasses sur les jardins.

Henri IV réunit le château des Tuileries au Louvre, nonobstant le mur d'enceinte. On ajouta au château de Philibert Delorme un nouveau corps de bâtiment, un nouveau pavillon, et l'on arriva ainsi sur le prolongement des terrasses extérieures du Louvre. On joignit ces terrasses par une galerie, et on les recouvrit d'un premier étage et d'un comble.

Sous le règne de Louis XIII et vers 1624, la reconstruction du Louvre fut reprise par l'architecte Lemercier. L'aile occidentale de Pierre Lescot fut doublée en longueur, et un pavillon, élevé entre les deux parties, reçut une horloge et fut orné de quelques statues et d'autres sculptures.

Sous le règne de Louis XIV, l'architecte Levau, qui venait de faire construire le collége des Quatre-Nations, donna au Louvre une nouvelle façade du côté de la Seine. Il s'occupa ensuite de l'aile orientale, où devait être placée l'entrée principale du Louvre, auparavant au midi. Un concours fut ouvert, vers 1664, pour la décoration de cette aile. On adopta un plan du médecin Claude Perrault, et la façade extérieure présenta cette colonnade, qui compte parmi les grandes œuvres de l'architecture.

D'importans travaux furent faits au Louvre vers le milieu du xviie siècle, sous la direction de l'architecte Gabriel, et ensuite sous celle de Soufflot. L'aile nord, construite en partie par Lemercier, continuée par Perrault, fut terminée; mais les façades sur la cour intérieure restèrent inachevées.

L'achèvement du Louvre, sous le double rapport de l'architecture et de la décoration, s'est accompli dans les trente premières années du xixe siècle.

1800, décret du 27 février pour l'ouverture de la rue de Rivoli. 1804, modèles pour les façades de cette rue.

De 1806 à 1820 se firent les importans travaux de la partie architecturale du Louvre.

De 1809 à 1825, toutes les sculptures de décoration extérieure, dont faisaient partie les principaux frontons, ont été exécutées.

L'affectation de toutes les grandes parties du Louvre à des musées en a amené la décoration telle qu'elle convenait à une pareille destination, et la plupart des salles ont reçu de riches peintures et sculptures d'ornementation.

Restait à terminer la réunion du Louvre et des Tuileries.

De 1806 à 1810, un concours a été ouvert sur cette œuvre importante. De nombreux projets furent présentés et examinés par une commission. MM. Percier et Fontaine furent chargés des travaux. La seconde galerie de jonction au nord fut commencée du côté des Tuileries et du Louvre.

Quand M. de Clarac fit imprimer son histoire du Louvre, il était préoccupé de l'idée qu'un jour on lui demanderait peut-être cette histoire séparée du reste de l'ouvrage. C'est dans cette hypothèse qu'il avait fait faire un surtirage de cette partie du premier volume de son *Musée de sculpture*. Il la fit précéder d'un avant-propos sur le motif qui lui faisait entreprendre cet ouvrage, et d'un opuscule sur la partie technique de la sculpture chez les anciens, auquel correspondent les huit premières planches, que nous supprimons. La présente publication ne comprend pas non plus les documens qui terminent ce premier volume de l'ouvrage d'où elle a été extraite, le surtirage ne permettait pas de les donner ; ils n'entrent d'ailleurs pas dans le plan de ce que nous nous proposions de publier, qui se réduit à ce qui concerne l'histoire du Louvre et des Tuileries, avec un tableau chronologique où tous les faits sont développés. Ainsi ce volume diffère du volume principal en ce qu'il n'y a pas au commencement un essai sur la partie technique de la sculpture, ni, à la fin, des tables qui s'appliquent à tout l'ouvrage.

Nous remplaçons le texte supprimé par 24 planches, dont 22 sont tirées du *Musée de sculpture antique et moderne*, et notre choix a dû porter de préférence sur tous les plans, parce que l'auteur y renvoie très-souvent, et seulement sur quelques vues générales du Louvre et des Tuileries. Nous devons, en outre, les deux dernières planches à l'obligeance de M. Fontaine.

L'ancien plan du Louvre et des Tuileries sous le règne de Henri IV n'a jamais été publié; on retrouve sur ce plan, très-curieux, l'emplacement de l'hôtel, de la porte et de la tour de Nesle; celui du palais de Marguerite de Valois, le canal de Petite-Seine, qui alimentait les fossés de l'abbaye de Saint-Germain-des-Prés; le grand Pré-aux-Clercs. Sur la rive droite de la Seine : l'église et le cloître Saint-Germain-l'Auxerrois, l'hôtel du Petit-Bourbon, l'entrée du Louvre, l'aile du levant, bâtie par Philippe-Auguste; l'aile du nord, bâtie sous Charles V; portion de l'aile du couchant, bâtie par François Ier et Henri II; autre partie de l'aile du couchant, bâtie par Charles IX; pavillon de la salle des Antiques, commencé par Catherine de Médicis; le cloître Saint-Nicolas du Louvre, l'église Saint-Thomas du Louvre, l'hôtel d'Angennes, puis de Mercœur et ensuite de Rambouillet; l'hôpital des Quinze-Vingts, fondé par saint Louis en 1254; la place du Carrousel, partie du palais des Tuileries bâtie par Catherine de Médicis; maison Menou, donnée à Nicolas Poussin par Louis XIII; jardin des Tuileries, cour et dépendances du Manége sous Charles IX; hôtel de la reine Catherine de Médicis, situé rue des Deux-Écus; l'hôtel du Bouchage (il a appartenu au cardinal de Joyeuse; sa nièce le vendit en 1616 aux pères de l'Oratoire; la belle Gabrielle y a demeuré); l'hôtel d'Armagnac sous Charles VI, puis de Luxembourg; le collége des Bons-Enfans, la chapelle Sainte-Suzanne ou de Saint-Roch, partie de l'emplacement du couvent et les jardins des Feuillants, bâti par Henri III en 1587.

L'autre planche est une nouvelle disposition imaginée, par l'empereur Napoléon I*er*, au plan que nous donnons planches 110, 110 *bis,* 110 *ter,* pour rattacher le Palais-Royal au Louvre et aux Tuileries par des galeries et des constructions nouvelles.

La publication du livre que nous offrons a été pour nous un devoir, puisque elle peut contribuer à appeler les regards sur les grands travaux qui se méditent et s'exécutent; elle ajoute aussi à l'éclat que les arts ont toujours jeté dans la capitale, puisque elle en fera mieux apprécier toutes les richesses.

Victor Texier.

NOTICE BIOGRAPHIQUE

SUR LE COMTE DE CLARAC.

Né pour les arts, qu'il cultiva avec amour, Clarac leur a consacré toute son existence. Le Louvre, dont il fut un des conservateurs et à l'histoire duquel il attache son nom, a été pendant la seconde moitié de sa vie son séjour de prédilection et comme son cabinet d'études. Cet admirable palais représentait tout ce qu'il chérissait, et dans l'examen patient et l'admiration journalière des antiques qui le décorent, Clarac trouvait des alimens toujours nouveaux à sa passion pour les chefs-d'œuvre du ciseau des anciens.

Antiquaire décidé, la biographie de Clarac est contenue en grande partie dans ses travaux, et en traçant ici une esquisse de sa vie, nous n'aurons qu'à faire l'exposé de ses ouvrages.

Charles-Othon-Frédéric-Jean-Baptiste, comte de Clarac, naquit à Paris, le 24 juin 1777, d'une ancienne famille de la Gascogne, qui a compté dans son sein plusieurs officiers généraux de terre et de mer. Forcé d'émigrer encore très-jeune, à la suite de son père, le général de Clarac, il alla achever en Suisse, puis en Allemagne, les études qu'il avait commencées à Paris. Le goût, les heureuses dispositions qu'il montrait pour les arts, et que fortifia encore un premier voyage qu'il fit en Italie, en allant joindre son père, eussent décidé de sa vocation, si les liens de famille et les nécessités de sa position ne l'avaient mis dans l'obligation de prendre du service à l'armée de Condé. Il y fut admis en qualité de sous-lieutenant de cavalerie, s'y fit chérir par son aimable naturel, et reçut même plusieurs fois de ses adversaires politiques des témoignages d'estime et d'intérêt. Il ne cessait de déployer, en effet, son humanité envers les blessés de notre armée, contre laquelle l'avaient rangé les malheurs des temps. Le duc d'Enghien se l'attacha bientôt comme officier d'ordonnance. Lors du licenciement de l'armée royale, Clarac passa en Pologne et y accepta momentanément un grade dans un régiment de la Volhynie. Mais la carrière militaire ne lui faisait négliger ni la culture du dessin, ni celle des langues anciennes et modernes, dont il sentait l'importance pour les travaux qu'il méditait déjà; à l'allemand, à l'italien, qu'il avait appris rapidement et qu'il parlait avec une grande facilité, il joignit l'espagnol, le polonais, et plus tard l'anglais et le portugais. Son esprit d'observation l'attira aussi vers les sciences physiques. C'était au moment où la chimie commençait à prendre l'importance qu'elle devait conquérir chaque jour davantage parmi les connaissances humaines. Cette science neuve, admirable dans ses lois, curieuse dans ses détails, amusante dans ses applications, trouva en lui, durant quelques années, un fervent disciple; de là, il passa à la minéralogie, puis à la zoologie, et les notions qu'il retira de ces études rapides ne lui furent pas inutiles dans la suite, quand il eut besoin d'approfondir les procédés techniques des anciens et de distinguer les diverses substances dont ils faisaient usage dans la statuaire et les décorations architectoniques.

Lors de l'amnistie rendue en faveur des émigrés par le premier consul, Clarac rentra en France, et vint poursuivre à Paris les travaux qu'il avait commencés au milieu des camps. Il se mit à étudier, avec plus de soin qu'il ne l'avait fait encore, la langue de ces Grecs dont le génie artistique lui inspirait tant d'enthousiasme. Ayant perdu son patrimoine à la suite de la révolution, et n'ayant pour vivre que de très-modestes ressources, il fut obligé de prendre part à la rédaction de feuilles littéraires, où il déposait le fruit de ses lectures et de ses observations. Il suivait surtout avec intérêt les travaux de la classe d'histoire et de littérature anciennes à l'Institut; c'est là qu'il fit la connaissance de Larcher, de Gosselin et de Sainte-Croix, savans qui ne tardèrent pas à apprécier son mérite. C'est ce mérite qui le désigna au choix de la reine Caroline Murat pour diriger l'instruction de ses enfans. Il se rendit à Naples en 1808. La vue de ce sol où tout, souvenir et monumens, nous entretient d'antiquités, parla vivement à son imagination et acheva de déterminer sa vocation d'archéologue. Il fut chargé de diriger les fouilles de Pompéi, et s'acquitta de ces fonctions avec ce zèle, cette intelligence que lui donnait sa passion pour de pareils travaux. Il a consigné dans un petit ouvrage imprimé à Naples en 1813, et qui n'a jamais été mis en vente, le résultat de ces fouille. Ce mince in-8° est accompagné de planches dessinées par lui-même et gravées par Ferdinand Mauri. Dans ce livre curieux, Clarac se révèle déjà tout entier; exact dans ses descriptions, piquant dans ses observations, son coup d'œil a toujours une rectitude qui annonce l'homme de goût, sûr et exercé. Clarac était comme enivré des parfums de l'antiquité qu'on respire sous cet admirable climat de Naples avec les suaves brises de la mer; il se plongeait avec délices dans la lecture des anciens, et cherchant à tirer de leurs ouvrages tout ce qui pouvait lui faire connaître ce qu'il y eut de plus grandiose et de plus solennel dans leur vie, il commençait un traité sur les fêtes de l'antiquité. Ce fut dans le palais même de la reine, vers 1809, qu'aidé de son domestique et avec une petite imprimerie qu'il avait organisée lui-même, il tira les premières feuilles de ce livre intéressant, qui n'a jamais été terminé.

Le retour des Bourbons ramena Clarac en France; un instant il parut rentrer dans la carrière des armes, mais son goût l'entraînait ailleurs, et quoiqu'il ne manquât ni de courage ni d'énergie, ce n'était point dans la vie des régimens qu'il aimait à l'employer. Le séjour de Naples, qu'il s'est toujours rappelé avec bonheur, lui avait inspiré, non-seulement pour les beautés de l'art ancien, mais pour celles de la nature, un véritable culte. Il voulut aller les étudier sur la scène de leur plus grande magnificence, et obtint du roi la permission d'accompagner le duc de Luxembourg dans son ambassade au Brésil. De ce pays il passa en Guyane; et revint en France par les Antilles. C'est de ce voyage qu'il a rapporté les charmans paysages que ses amis admiraient chez lui, et notamment celui qui représente une forêt vierge des bords du Rio-Bonito; ce superbe dessin, que la gravure a reproduit, a été cité par M. A. de Humboldt comme la représentation la plus fidèle qu'il ait rencontrée de la végétation du Nouveau-Monde. Dans son exploration de l'Amérique du Sud, Clarac s'était encore montré ce qu'il était par-dessus tout, l'homme avide de s'instruire et curieux des monumens de l'art, primitif ou perfectionné, n'importe. Tandis qu'il naviguait sur l'Oyapoc, il avait cherché à apprendre la langue des sauvages qui en habitent les rives, le galibi, et il avait ramassé tout ce qui s'était offert à lui d'armes et d'instrumens qui pussent nous donner une idée des arts mécaniques de ces peuplades. Clarac, fort adroit lui-même de ses mains, avait une intelligence rapide pour tout ce qui était mode de fabrication, objets façonnés au métier ou à l'outil. Comme distraction de ses constantes études, il aimait à exercer cette adresse que son organisation lui avait départie. Quelquefois, saisi d'une véritable passion pour son tour, où il employait quelques heures de sa matinée, il mettait à tourner l'ivoire et à travailler des objets de fantaisie autant d'ardeur qu'en eût mis un ouvrier qui n'eût point eu d'autre moyen de gagner son pain. Il alla un jour jusqu'à exécuter des jouets d'enfant avec ce goût et cette dextérité qu'il apportait à toutes choses. Il fit venir de Naples ces amusans pantins que l'on y nomme des polichinelles et qui sont si supérieurs aux nôtres, quoiqu'ils n'en aient ni l'accoutrement bizarre, ni la double gibbosité, et il travailla sur ce modèle pour les enfans de ses amis.

De retour à Paris, Clarac fut appelé par Louis XVIII à l'honneur de succéder à Visconti dans la conservation du Musée des antiques. Étudiant méthodiquement, et avec toutes les ressources que lui donnaient ses travaux antérieurs, la riche collection confiée à sa garde, Clarac en rédigea une description dont son prédécesseur lui avait tracé le plan. Elle parut en 1820 et fut tout de suite remarquée pour l'heureuse disposition qu'il y avait introduite et les notices substantielles qui s'y trouvaient renfermées.

La découverte d'un des chefs-d'œuvre de la statuaire antique dans l'île de Milo éveilla chez le nouveau conservateur du Louvre un enthousiasme que ne devaient pas tarder à partager tous les amis du beau. Il fut un des premiers à faire connaître dans une notice spéciale cette incomparable Vénus, et il accompagna cet opuscule d'observations sur d'autres statues célèbres. L'année suivante (1822), il commença la publication de son grand ouvrage, de celui auquel s'est attaché son nom et qui est un des plus beaux monumens élevés à l'art antique : le *Musée de sculptures antiques et modernes;* il en poursuivit pendant plus de vingt-cinq ans la laborieuse publication et il la laissa presque achevée; elle vient d'être terminée, grâce au zele et au dévouement de l'artiste qu'il avait associé à son œuvre.

En 1830, Clarac donnait une nouvelle édition très-augmentée de la *Description du musée royal des antiques du Louvre*, dans laquelle il faisait rentrer celle de la galerie d'Angoulême, qu'il avait déjà publiée en 1824.

Cette description fut l'origine et la base d'un travail plus étendu : le *Manuel de l'histoire de l'art chez les anciens,* qu'il imprima à ses frais, qu'il rédigea lentement comme il faisait pour tous ses livres, et qui n'a été mis en vente qu'après sa mort.

Ce manuel forme trois parties : la première comprend une 3e édition de la *Description du musée du Louvre;* la seconde renferme des tablettes chronologiques applicables à l'histoire de l'art; la troisième un catalogue alphabétique d'artiste, dont un premier essai avait déjà été imprimé sous ses yeux, en 1829, à Toulouse, pendant un séjour de quelques mois qu'il fit dans cette ville. Là ne devait pas s'arrêter ce livre. La quatrième partie, dont il n'a laissé que les éléments épars, eût offert le tableau complet de tous les monumens cités par les anciens, une sorte de topographie archéologique beaucoup plus étendue que celle qu'Otfried-Müller a esquissée dans son *Manuel*. Il est bien à regretter que les matériaux préparés par lui n'aient pu être de nature à être publiés, car ils renfermaient une foule de faits curieux et étaient le fruit de recherches immenses.

La même année 1830, qui vit paraître la seconde édition de sa *Description du musée du Louvre*, édition qui a assis d'une manière définitive la réputation d'antiquaire de l'auteur, fut marquée par l'apparition des *Mélanges d'antiquités grecques et romaines*. Dans cet opuscule, Clarac traite avec succès différents points de l'histoire de nos monumens antiques.

Clarac appartenait à l'école de son prédécesseur Visconti; il aimait les descriptions simples, les explications naturelles, et condamnait un faste inutile et pédantesque d'érudition. N'ayant étudié la mythologie que pour l'interprétation des monumens, il ne pénétrait pas le sens profond et symbolique de certains mythes ni le génie religieux des anciens; mais ce défaut eut au moins l'avantage de le mettre en garde contre le symbolisme exagéré et hypercritique qui a bouleversé l'archéologie et faussé tant de notions élémentaires. Il se montre en effet dans ses dissertations plus antiquaire qu'archéologue, plus préoccupé des monumens que des idées.

En 1833, Clarac fit un voyage dans la Grande-Bretagne, afin de visiter les riches et nombreuses collections d'antiquités qu'ont réunies les amateurs de ce pays. Il tenait à connaître toutes les richesses qui se dérobent dans les collections particulières, et dans ce but il entretint des correspondances et des dessinateurs en Espagne, en Allemagne, en Italie. Il pensa plusieurs fois visiter de nouveau ces pays, le premier surtout dont il n'avait vu que la frontière, à un âge où il ne pouvait rien faire encore pour l'archéologie; mais le grand nombre de ses occupations le retint toujours, et il ne quitta Paris, depuis son retour d'Angleterre, que pour aller voir ses nombreux amis, à peu de distance des travaux qui le rappelaient sans cesse et qu'il continuait de diriger encore à distance. On se disputait le plaisir de le posséder, car il était aussi aimable et enjoué que bon; il faisait le charme de ceux qui l'entouraient, et il n'a laissé parmi ceux qui l'ont vu, même en passant, que la plus agréable impression.

Clarac avait été successivement, en récompense de ses travaux, élevé par la restauration au grade de chevalier et d'officier de la Légion d'honneur. La croix de Saint-Louis lui avait été donnée comme souvenir de ses services militaires. L'empereur Alexandre lui avait conféré l'ordre de Sainte-Anne, et il joignait à ces distinctions honorifiques la croix de l'ordre de Malte, auquel il avait été destiné dans son enfance. Il avait de plus reçu le titre de gentilhomme honoraire de la chambre du roi. Les distinctions scientifiques n'avaient pas non plus manqué à son mérite. Élu en 1839 membre libre de l'Académie royale des beaux-arts en remplacement de Castellan, il avait été associé à plusieurs sociétés savantes étrangères du premier ordre, les académies de Berlin, de Turin, de Belgique, la société des antiquaires de Londres. Ces honneurs étaient sans doute agréables à Clarac, mais il ne les recherchait pas, il ne fit jamais aucune démarche pour les obtenir. Simple dans ses goûts, sans ambition, d'une modestie qui n'avait rien d'affecté, nullement infatué des idées nobiliaires dans lesquelles il avait été élevé, il aimait l'archéologie et les arts pour eux-mêmes : c'était un amateur dans la véritable acception du mot. Il y a eu sans doute des antiquaires plus habiles et plus exercés que lui ; il n'avait ni la sagacité, ni la critique de quelques érudits français, ni le vaste savoir des Allemands, ni l'élégance et la clarté qui font l'écrivain ; mais en revanche, nul ne montra plus de zèle et d'amour pour les antiquités, de bienveillance pour les artistes et les jeunes archéologues, qu'il encourageait sans cesse de ses conseils et aidait même de sa bourse. Il a fait passer dans ses livres la bonhomie de son caractère et la sincérité de ses idées.

Clarac est mort encore plein de vie. Le matin même, il avait corrigé des épreuves ; il était sorti comme à l'ordinaire, et c'est chez un ami, avant le dîner, qu'il fut pris d'une suffocation qui l'étouffa. C'était le 20 janvier 1847. Clarac ne s'était jamais marié, mais il a laissé dans ses amis, dans ses élèves, des héritiers dévoués qui ont recueilli avec un pieux amour ses travaux inachevés et ses matériaux innombrables ; ils se sont efforcés, en terminant le monument scientifique qui avait fait le rêve de toute sa vie, de perpétuer la mémoire de sa noble intelligence, de son âme généreuse et élevée.

ALFRED MAURY.

TABLE DES MATIÈRES.

Origine du Louvre.. p. 237.
Le Louvre de Philippe-Auguste................................. p. 249.
Le Louvre architectural projeté sous François Ier........... p. 335.
Henri II fait construire le pavillon du Roi..................... p. 345.
Charles IX continue l'aile du Louvre........................... p. 351.
Henri IV commence la grande galerie........................... p. 352.
Travaux exécutés sous la régence de Marie de Médicis........ p. 360.
Louis XIII quadruple la superficie du Louvre................. p. 361.
Travaux repris sous le règne de Louis XIV. — Lescot architecte..... p. 363.
Surintendance de Colbert: façade du Louvre; concours; le Bernin est appelé, fait des projets et se retire; Claude Perrault exécute la colonnade, aidé par Lavau, d'Orbay et Lebrun....................... p. 365 et suiv.
Règne de Louis XV, M. de Marigny surintendant, Gabriel et Soufflot architectes..................................... p. 383.
1795 à 1797, Directoire; 1800, Consulat; 1804, Empire; création des musées... p. 397, 398.
Sculptures extérieures du Louvre............................. p. 401.
Fronton de la colonnade par Lemot........................... p. 408.
Grands escaliers au nord et au sud........................... p. 411.
Salle des Grands Hommes..................................... p. 416.
Frontons de la cour et autres œils-de-bœuf, sculptés par Jean Goujon et Paul Ponce.. p. 417, 419.
Caryatides de J. Sarrazin....................................... p. 439.
Suite des petits frontons et œils-de-bœuf..................... p. 442, 447.
Intérieur du Louvre, salle des Caryatides..................... p. 454 et suiv.
Salles décorées sous Catherine et Marie de Médicis........... p. 489.
Appartement d'Anne d'Autriche................................ p. 498.
Salles du Tibre, du Héros combattant, de la Melpomène, de la Pallas, du Candélabre... p. 501, 503.
Vestibule... p. 515, 516.
Salle des Empereurs romains.................................. p. 517.
Salle des Saisons, salle de la Paix............................. p. 519, 527.
Salle des Romains, salle du Centaure......................... p. 529, 531.
Grand escalier du Musée....................................... p. 538 à 542.

Galerie d'Angoulême...	p. 543.
Salles du conseil d'état, la chapelle.............................	p. 544, 560.
Salle des séances, salle d'Henri II et des Sept cheminées.........	p. 561 et suiv.
Musée Charles X; ses peintures...................................	p. 567 à 576.
Salle ronde, Galerie d'Apollon, notice sur Girardon, etc.........	p. 578 à 587.
Le grand salon et galerie des tableaux...........................	p. 587 et suiv.
Rez-de-chaussée, imprimerie royale en 1640, cabinet des médailles..	p. 593.
Intérieur des Tuileries..	p. 595.
Appartement royal, salle des maréchaux...........................	p. 597, 609.
Jardin des Tuileries...	p. 616.
Place du Carrousel, arc de triomphe..............................	p. 618.
Tableau chronologique de l'histoire du Louvre et des Tuileries...	p. 631.
Liste chronologique et alphabétique des artistes cités dans ce volume.	p. 674 et suiv.
Notes et corrections. Ces notes et corrections se réfèrent à la partie supprimée au commencement du volume nous avons cru malgré cela devoir les conserver...	p. 690, 692.

FIN DE LA TABLE DES MATIÈRES.

LISTE DES PLANCHES

CONTENUES

DANS L'HISTOIRE DU LOUVRE ET DES TUILERIES.

Le Louvre de Philippe-Auguste sous Charles V............... Pl. 8 A.... p. 250.
Le Louvre de Charles V, restitué par M. de Clarac............ Pl. 8 B.... p. 249.
Premier étage de ce plan................................... Pl. 8 C.... p. 293.
Le Louvre publié par Quesnel, Châteaux des XIIIe, XIVe et XVe siècles. Pl. 8 D.... p. 281.
Autre plan du Louvre et de ses dépendances sous Charles V...... Pl. 8 E.... p. 293.
Le Louvre de François Ier et de Henri II...................... Pl. 9..... p. 351.
Plan de la partie occidentale du musée des Antiques........... Pl. 10.... p. 377.
Plan de la partie orientale................................. Pl. 11.... p. 278.
Partie occupée par la galerie d'Angoulême................... Pl. 12.... p. 376.
Cour du Louvre.. Pl. 13.... p. 341.
Vieux Louvre du côté de la Seine............................ Pl. 14.... p. 355.
Colonnade du Louvre....................................... Pl. 17.... p. 365.
Grand escalier nord de la colonnade (1)..................... Pl. 20.... p. 411.
Escalier d'Henri II.. Pl. 29 A... p. 437.
Deuxième vue de la salle des Caryatides..................... Pl. 43.... p. 454.
Salle des Empereurs romains................................ Pl. 70.... p. 517.
Grand escalier du Musée.................................... Pl. 97.... p. 539.
Chambre de parade d'Henri II............................... Pl. 104... p. 563.
Chambre à coucher d'Henri IV............................... Pl. 104 bis. p. 564.
Réunion du Louvre et des Tuileries d'après le plan de MM. Percier
   et Fontaine... Pl. 110.
Vues cavalières de ce plan.................................. {Pl. 110 bis. p. 624.
                                                            {Pl. 110 ter.
Ancien plan du Louvre et des Tuileries, avec les alentours de ces palais sous le règne
   de Henri IV, inédit (Voy. notre avant-propos, p. IV.)
Plan général pour la réunion du Louvre, des Tuileries et du Palais-royal (2).

---

(1) Notre planche 20 offre cet escalier avec toute la décoration qui doit un jour l'enrichir. L'escalier du midi sera entièrement semblable.
(2) Cette planche fait partie de l'ouvrage ayant pour titre *Parallèle entre plusieurs résidences de souverains*, par MM. Percier et Fontaine. (Voyez notre table chronologique p. 666.)

LE LOUVRE

ET LES TUILERIES.

Le Louvre, ce palais aujourd'hui l'admiration de l'Europe, et qui, s'il est jamais terminé, offrira peut-être, considéré dans son ensemble et dans ses détails, un des plus beaux édifices qui aient existé, n'a eu, comme la plupart des choses humaines, que de faibles commencemens, et l'on était loin de prévoir alors l'éclat dont il devait briller un jour; un voile couvre son origine, qui se perd dans la nuit des temps, et que quelques auteurs, mais sans fondement, font presque remonter jusqu'au berceau de la monarchie, dont il a, pour ainsi dire, suivi toutes les phases. Simple d'abord, et destiné probablement aux plaisirs de la chasse, sous des rois qui vivaient sans faste, il s'accrut et s'embellit à mesure que leurs forces, leurs richesses et leur luxe prirent plus de développement, et il reçut tout le sien lorsque la France se fut élevée à son plus haut point de splendeur. Depuis sa fondation, il est peu de rois qui ne s'en soient occupés, selon les moyens dont la prospérité de l'état leur permettait de disposer; et, quoique ce château n'ait pas servi de demeure à tous nos souverains, son histoire se lie à celle de la plupart des grands événemens de leurs règnes. Mais, avant de la faire connaître et d'en retracer les vicissitudes, il convient de donner une idée de l'état où se trouvaient, à différentes époques, les bords de la Seine et l'enceinte de cette partie de Paris. Les historiens anciens où l'on peut puiser quelques renseignemens, sont loin de nous satisfaire sur ce point; et quant aux cartes et aux plans, il n'en existe pas de ces temps reculés. Le premier plan, connu sous le nom de *plan de la tapisserie*, est celui qui retrace Paris sous Charles V; et Paris avait déjà reçu des agrandissemens considérables qui en avaient fait une ville importante. En examinant les plans de Paris dressés d'après les inductions tirées des historiens, et que l'on trouve réunis dans le *Tableau historique et pittoresque de Paris* par M. de Saint-Victor, on voit que son étendue sous les rois de la première et de la seconde races se bornait tout au plus à l'enceinte de la cité. Sous Louis VII (de 1137 à 1180), les murs de Paris, du côté dont nous nous occupons, venaient aboutir perpendiculairement à la Seine, à peu près à l'endroit où depuis on a construit le Pont-Neuf. Philippe-Auguste (de 1180 à 1223), qui par ses conquêtes avait ajouté plusieurs provinces à la France, pendant vingt ans de son long et brillant règne s'occupa de l'agrandissement de Paris, en recula l'enceinte, et cette ville devint alors environ six fois plus grande qu'elle ne l'était avant lui : mais les augmentations se portèrent moins vers le côté où est à présent le Louvre, que dans les autres parties de la ville et sur l'autre rive de la Seine. Une portion des murailles, se dirigeant vers la rivière, était à peu près dans l'alignement de la rue de l'Oratoire; Charles V les porta vers l'emplacement de la rue Saint-Nicaise. Depuis ce sage monarque, sous Charles VII, Henri III, Louis XIII, l'enceinte de Paris s'est étendue jusqu'à renfermer tout le terrain qu'occupe aujourd'hui l'ensemble du Louvre et des Tuileries en y comprenant le jardin. Il est inutile d'ailleurs de s'arrêter plus long-temps sur les agrandissemens successifs de Paris; il en sera question lorsqu'ils auront quelques rapports avec le Louvre (1).

Dans les premiers temps de la monarchie, et même lorsque Paris, ne

(1) Les personnes qui desireraient connaître l'histoire du Louvre dans tous ses détails, aimeront peut-être à trouver ici un aperçu chronologique des ouvrages qui en parlent et que l'on cite le plus fréquemment. Parmi les autorités dont s'appuient des écrivains assez anciens, il y a des écrits qu'il eût été curieux de consulter, entre autres *les Œuvres royaux*, qui renfermaient un grand nombre de détails et l'état des dépenses faites depuis le roi Jean II, jusqu'à Charles IX, pour les bâtimens du Roi, nommés *œuvres royaux*. Probablement ces ouvrages, cités par Corrozet et Dubreul, Sauval et d'autres, n'existent plus, et mes recherches dans toutes les grandes bibliothèques de Paris, pour les trouver, ont été sans succès. Il paraît qu'ils ont péri lors de l'incendie de la Sainte-Chapelle en 1737, ou lorsque pendant nos troubles on a brûlé ou dispersé une grande quantité de papiers de la cour des comptes. Quant à ceux des manuscrits anciens de la bibliothèque du Roi, de la chambre des comptes, et des archives du royaume, qui peuvent contenir des renseignemens sur le Louvre, ils ont été scrupuleusement dépouillés, ainsi qu'une grande quantité de chartes, par Sauval et par les savans Bénédictins qui s'étaient chargés d'éclaircir tout ce qui avait rapport à l'histoire de Paris, et qui ont consigné dans leurs ouvrages les résultats de leurs pénibles recherches. On peut bien employer, d'une manière différente de la leur, les matériaux qu'ils ont rassemblés ; mais il est douteux qu'il soit possible d'en ajouter de nouveaux, et l'on ne trouve ordinairement qu'à glaner dans les champs que les Bénédictins ont moissonnés avec tant de soin.

Il n'est pas encore question du Louvre dans les premiers historiens de France, tels que Grégoire de Tours et son continuateur Frédégaire. Abbon, qui, dans un poème latin très-barbare, décrit, comme témoin oculaire, le siége de Paris par les Normands en 889, n'en parle pas. Rigord et Guillaume-le-Breton, historiens de Philippe-Auguste, ne disent que quelques mots qui paraissent y avoir rapport. Ce qu'on trouve dans Christine de Pisan, quoique peu considérable, offre des détails intéressans de mœurs et d'usage qui méritent qu'on s'y arrête. Dans les ouvrages où il est question du Louvre, Corrozet, Pierre Bonfons et Dubreul sont les plus anciens auteurs que l'on cite. L'ouvrage du

pouvant plus être simplement considéré comme une petite ville ou un gros bourg composé de masures, comptait déjà de grands édifices et des palais

premier a été imprimé en 1561, *in-8.*e Il finit à l'an 1559. Il ne dit que très-peu de chose sur le Louvre dans sa description de Paris. On ne trouve rien de plus circonstancié dans celles de Pierre Bonfons et de Dubreul, qui l'a augmenté, et dont il y a une édition de 1608. Androuet du Cerceau est de la même époque. Le curieux ouvrage de ce grand architecte est enrichi d'un grand nombre de planches intéressantes, de plans, de vues du Louvre tel qu'il était alors, et de plusieurs autres châteaux royaux. Son texte est peu de chose. — *Antiquités de la ville de Paris, &c.*, *in-folio*, 1640, par Claude Malingre, historien du Roi. On n'y trouve que quelques lignes sur le Louvre. — Les *Antiquités et Recherches des villes, châteaux, &c. de France*, par André Duchesne, conseiller du Roi, &c., revues par François Duchesne, son fils, Paris, *in-12*, 1668, ne disent sur le Louvre que ce qu'on trouve ailleurs. — *Paris ancien et nouveau*, par Lemaire, 3 vol. *in-12*, 1685. Il n'y a rien de particulier sur le Louvre. — Le grand ouvrage, 3 vol. *in-folio*, de Sauval, sur les antiquités de Paris, très-diffus, mal écrit, est celui qui offre le plus de détails sur le Louvre, et c'est là qu'en général on va les puiser, ainsi que tout ce qui a rapport aux antiquités de Paris. Cet auteur a consulté toutes les sources; et, quoique souvent il prête à la critique et qu'on lui reproche quelques inexactitudes, ses recherches sont d'une grande utilité. Il est très-abondant sur le Louvre. Son ouvrage a été imprimé en 1724, après sa mort, avant qu'il ait pu y donner la dernière main : mais on voit, t. I.er, p. 24 et 61, qu'il a été écrit en partie avant 1665, et en partie après 1684, puisqu'il cite la seconde édition du *Vitruve* de Perrault, qui est de 1684; ce qui fait croire que cet ouvrage est au moins aussi ancien que la *Nouvelle Description de Paris* par Germain Brice, imprimée en 1725 : il est vrai que c'était la 8.e édition. Brice parle beaucoup moins que Sauval du Louvre, et surtout de l'ancien. — Dom Félibien,

dans son grand et bel ouvrage continué par D. Lobineau, 5 vol. *in-folio*, 1725, n'ajoute rien à ce que Sauval dit sur le Louvre; mais la partie historique y est mieux traitée et avec plus de critique, et ce savant écrivain se fait lire avec plus d'agrément que Sauval. Les preuves qu'il a rassemblées avec soin sont ce qu'il y a de mieux dans cet ouvrage ; elles sont dues à Félibien; et il paraît que les deux premiers volumes de l'histoire, rédigés en partie par Lobineau, sont moins bons et moins exacts. — *Le Voyageur fidèle*, par Léger, *in-12*, 1715, n'est qu'une mauvaise petite rapsodie, où il n'y a presque rien sur le Louvre. — *Les Curiosités de Paris, Versailles, &c.* par M. L. R. (que l'on croit le libraire Saugrain), Paris, 1716, petit ouvrage qui n'offre rien de particulier sur le Louvre. — *L'Ombre du grand Colbert, le Louvre et la ville de Paris, &c.*, par M. Lafond de Saint-Gennes, 1752. Cet ouvrage, fort intéressant, est rempli d'idées très-saines sur la peinture et la sculpture ; ce fut un des écrits qui réveillèrent à cette époque l'attention sur le Louvre et contribuèrent à en faire reprendre les travaux. — *Le Génie du Louvre*, inséré dans le même volume, mérite aussi d'être lu. — Dans un petit volume qui réunit plusieurs écrits de Bachaumont sur la peinture, la sculpture et l'architecture, imprimé en 1752, on trouve deux mémoires sur le Louvre, dont les travaux allaient être repris; et, comme dans tous les ouvrages qui parurent alors, ce sont des conseils sur ce qu'il fallait faire; peu de choses qu'on ne trouve ailleurs. — *Architecture française de Jacques-François Blondel*, Paris, 1756, *in-folio*, 5 vol. Dans le tome IV il est question très-au long du Louvre. Ce qui tient à l'ancienne histoire de ce palais est tiré de Sauval, de Félibien, et surtout de Piganiol de la Force ; et il n'y a rien de nouveau. Mais le nouveau Louvre, tel qu'il était en 1754 et 1755, est traité fort en détail et éclairci par seize grandes et belles planches qui donnent non-seule-

dans son enceinte, la Seine, au-dessus de la cité, était bordée de bois considérables sur ses deux rives, qui, depuis le bois de Boulogne d'aujourd'hui

ment tous les détails de ce palais et des Tuileries avec beaucoup de soin, mais on y trouve même les dessins et la discussion de projets proposés pour le Louvre et qui n'ont pas été exécutés, tels que ceux du Bernin, de Levau, de Marot. C'est un des ouvrages les plus importans à consulter. — *Mémoires de Charles Perrault* (frère de l'architecte), imprimés en 1759. Il était mort en 1703. Cet académicien s'occupe beaucoup moins du Louvre que des discussions de son frère avec le cavalier Bernin et de la part qu'il y prit. — Piganiol de la Force, dont la *Description de Paris* a paru en 1765, et qui critique tous les auteurs qui l'ont précédé, n'ajoute cependant presque rien à ce que disent sur le Louvre Corrozet, Dubreul et Sauval. — Tout ce que dit sur le Louvre Saint-Foix dans ses *Essais sur Paris*, 1767, se borne à quelques traits piquans, satiriques et spirituels; mais il n'y a rien à y apprendre. — *Mémoires sur les objets les plus importans de l'architecture*, par Patte, Paris, 1769. Cet ouvrage, enrichi de planches, offre des détails très-curieux sur la construction du nouveau Louvre, et des discussions qui en font apprécier les beautés et les défauts. On trouve à peu près les mêmes renseignemens dans le tome VI in-8.º du *Traité d'architecture civile* de J. François Blondel, qui avait été continué par Patte. — Les *Recherches critiques, historiques et topographiques sur la ville de Paris*, publiées par Jaillot en 1772, en vingt parties ou quartiers, sont utiles à consulter. Il relève souvent des inexactitudes de Sauval. Cependant il y renvoie pour ce qui a rapport au Louvre, sur lequel on ne trouve presque rien dans le quatrième quartier de Jaillot. — On chercherait inutilement quelque chose de nouveau dans le *Dictionnaire de Paris* de Hurtaut et Mazières, imprimé en 1779. Cet ouvrage, sans critique, omet beaucoup de particularités intéressantes rapportées par les écrivains plus anciens. — Dulaure, *Nouvelle Description de Paris*, 1785. On y trouve par-ci par-là des choses qui ne sont pas dans les autres écrivains; mais en tout il n'y a pas beaucoup à en tirer. — *Guide des amateurs et des voyageurs à Paris*, par Thierry, 1787. Ce petit livre renferme de bonnes notions à recueillir sur le Louvre, et surtout sur le nouveau. — Dans son bel ouvrage sur le Louvre, très-grand *in-folio*, orné de planches, publié en 1803, M. Baltard entre dans beaucoup de détails intéressans, soit sur la construction du palais à ses différentes époques, soit sur les événemens qui y ont eu lieu. Il est indispensable de le consulter lorsqu'on veut connaître ce qui a rapport au Louvre. — La *Description de Paris et de ses environs*, par M. Legrand et M. Landon, dont la première édition a été publiée de 1806 à 1811, et la seconde en 1818, offre beaucoup de détails sur le Louvre, surtout dans son état actuel; elle est excellente à consulter, et la première édition a beaucoup servi à ceux qui, depuis, ont écrit sur ce sujet. M. Legrand, habile architecte, a fait beaucoup de recherches sur les antiquités de Paris, et a compulsé à la bibliothèque du Roi les manuscrits où il est question du Louvre. Les nombreux ouvrages de M. Landon sur le Musée royal et sur les arts, écrits en peintre et en littérateur, sont trop connus pour en parler ici. — L'histoire de ce palais, tant pour ce qui concerne les événemens que pour ce qui regarde la partie de l'art, est aussi très-bien traitée dans le *Tableau pittoresque et historique de Paris*, par M. de Saint-Victor, dont la première édition, ornée de planches assez exactes, mais d'une exécution médiocre, à l'aqua-tinta, a paru, in-4.º, en 1809, et la seconde, in-8.º, en 1824. Cet ouvrage est rempli de recherches curieuses, puisées aux bonnes sources, et présentées avec clarté et critique dans un style élégant et varié et tel qu'il convient au sujet. — Un article fait sur le Louvre, par M. Fontaine, de l'académie royale des beaux-arts et architecte des bâtimens de la couronne, inséré dans le

jusque près du Pont-neuf actuel étaient couvertes d'une épaisse forêt qui s'avançait assez loin dans les terres. Remplie d'une quantité de bêtes fauves,

Moniteur du 17 mai 1809, est d'un grand intérêt; c'est un résumé lumineux et concis des travaux entrepris pour le Louvre et de ceux qui restent à faire, appuyé de discussions sur les différens projets qui ont été présentés lors de la restauration de ce palais. Personne ne pouvait donner sur ce sujet des idées plus positives que M. Fontaine et M. Percier, qui, depuis nombre d'années, s'occupent du Louvre, et qui en ont conçu et dirigé les travaux. — M. Boutard a aussi écrit des articles intéressans sur le Louvre, dans le *Journal de l'Empire* ou *des Débats* (16 prairial, 1.er et 30 messidor an 13; 13 mars 1806; 21 et 27 février, 13 août, 7 et 21 décembre 1807; 29 mai 1808; 30 janvier, 12 et 20 mars, et 8 mai 1809). — M. Dulaure, dans son *Histoire physique, civile et morale de Paris*, dont il a paru deux éditions, l'une en 1820, l'autre en 1823, a parlé du Louvre aux différentes époques. Ce sujet est traité avec le même esprit qui règne dans tous ses ouvrages, où l'on trouve, du reste, de bonnes recherches sur la topographie de Paris, et de jolies planches dessinées par M. Civeton. Les intéressantes *Annales de l'industrie*, par MM. de Moléon et Lenormand, contiennent aussi sur le Louvre, dans le tome I.er, une notice bien faite et accompagnée de plans et de planches au trait d'une exécution soignée.

Si des ouvrages où il est question du Louvre on passe à ceux où il a été retracé par le dessin, on voit que les plans, les élévations, les vues dessinées ou gravées, dont on a formé au cabinet des estampes de la bibliothèque royale un recueil qui fait partie de l'immense suite de la topographie de Paris, ne remontent pas assez haut pour servir de témoins irréfragables de l'ancien état du Louvre. De tous les plans, le plus ancien et le plus important pour la topographie de Paris est sans contredit celui qui était en tapisserie; ce qui lui avait fait donner le nom sous lequel il est connu : il avait été commencé avant l'an 1538; car on y voyait la tour de Billy, qui fut détruite cette même année par l'explosion d'un magasin à poudre, et il paraît d'après les armes du cardinal de Bourbon que l'on y avait placées, qu'il ne fut terminé qu'en 1550 ou même 1556, époques où ce prince fut lieutenant général du royaume. On ne saurait dire comment était exécutée cette tapisserie; les auteurs n'en indiquent pas même la grandeur, et encore moins la manière dont elle était faite. Il est probable cependant qu'elle était assez considérable, puisque les officiers de la ville l'exposaient au public à certaines fêtes de l'année, et qu'en 1786 ce morceau précieux, qui était en mauvais état et dont on ne faisait plus grand cas, servit de tapis de pied dans un bal que la ville donna à la Reine pour la naissance du Dauphin. D'après ce qu'on lit dans une des trois inscriptions françaises à la louange de Paris, et d'après une petite échelle qui y est placée, et qui, dans l'original, avait 3 pouces, il paraît que cette tapisserie devait avoir environ 16 pieds 4 pouces, sur 12 pieds 9 pouces. Cette tapisserie fut encore exposée en 1788 à la porte de l'hôtel de ville, et depuis, toute délabrée, elle s'est perdue pendant les premiers troubles de la révolution. Heureusement M. de Gaignières en avait fait faire avec un grand soin une copie réduite et exacte; ce dessin curieux a passé en 1711 à la bibliothèque royale, avec l'immense collection de manuscrits et de dessins de cet amateur éclairé et zélé des sciences et des beaux-arts. C'est cette copie que M. le marquis de Mauperché a fait graver par M.lle Caroline Naudet et M. Sanpier, et qu'il a publiée en 1817. Quoiqu'il taxe souvent d'inexactitude les auteurs des divers plans de Paris, la gravure dont il est éditeur n'en est pas tout-à-fait exempte, et dans certaines parties, entre autres du côté du Louvre, elle n'est pas parfaitement conforme au dessin original : on peut cependant la consulter avec fruit. Ce plan offre Paris tel

elle offrait à nos rois toutes les ressources et les plaisirs de la chasse. La population de Paris et des environs, en s'accroissant, recula les limites des forêts;

qu'il était sous Charles V; car, depuis cette époque jusqu'en 1538, l'enceinte n'en avait pas été changée. On y voit des restes de celle de Philippe-Auguste. Paris était presque circulaire, surtout dans la partie du nord entourée de murailles par Charles V, qui y fit faire des fossés larges et profonds qui n'existaient pas sous Philippe-Auguste. Quatre fortes tours élevées sur le bord de la Seine, aux endroits où les murs venaient s'y joindre, défendaient Paris du côté de la rivière. Sous Philippe-Auguste, l'une de ces tours, vers l'est, était celle de Barbeau, qui occupait l'emplacement du quai Saint-Paul actuel, près de la caserne de l'ancien couvent de l'*Ave-Maria*. La tour placée de l'autre côté de la Seine, vis-à-vis celle de Barbeau, s'appelait *la Tournelle*. L'accroissement que reçut l'enceinte de Paris sous Charles V, força de faire deux nouvelles tours: celle de Billy, sur la rive droite, répondait, sur le nouveau quai Morland, presque à la pointe orientale de l'île Louviers; et, comme on n'avait pas augmenté l'enceinte de Paris dans sa partie méridionale, la tour de la Tournelle continua à lui servir de défense sur la Seine. Il en fut de même en descendant la rivière: la tour de Nesle, qui s'élevait sur ses bords à l'endroit où est aujourd'hui le pavillon oriental du palais des Beaux-arts, fut, sous Charles V, comme sous Philippe-Auguste, un des points de défense; celle qui lui était opposée s'appelait *la tour du Louvre sur la rivière*. Une forte chaîne en fer, tendue d'un bord à l'autre et soutenue par des bateaux, servait à intercepter la navigation. Lorsque Charles V agrandit l'enceinte dans la partie septentrionale de Paris, il y eut une nouvelle tour à l'extrémité du mur qui, venant de la porte Saint-Honoré, perpendiculairement sur la Seine, passait à peu près dans la direction de la rue Saint-Nicaise, et aboutissait vers le milieu de la grande galerie actuelle du Louvre. La tour placée à cette extrémité se nommait *la tour du Bois*, peut-être parce qu'elle était la plus près des bois qui, de ce côté, s'avançaient encore sur les bords de la rivière. Il est bon de faire remarquer que dans plusieurs plans même assez anciens, entre autres ceux du commissaire de la Mare, on confond les deux tours, et qu'on place celle du Bois vis-à-vis la tour de Nesle, tandis que le plan de la tapisserie met la tour du Bois à l'extrémité du mur de Charles V, sur le bord de la rivière. Si je suis entré dans quelques détails sur la position de ces grosses tours, c'est que quelques-unes d'entre elles servent à fixer les limites du Louvre et à en établir le plan. Je ne dirai rien des petites tours qui, au nombre de trente-six, selon le plan de la tapisserie, flanquaient les murs de Paris sous Philippe-Auguste, et dont on retrouve des restes en plusieurs endroits. Quoique le Louvre ne soit indiqué que d'une manière grossière dans le plan de la tapisserie, cependant, en s'aidant des passages de quelques écrivains et d'autres plans, car ce château fut long-temps sans changer entièrement d'aspect, on peut y retrouver des indications utiles. M. de Mauperché a publié, avec ce plan, un mémoire qui fait partie des deux premières livraisons d'un ouvrage qu'il a commencé à faire paraître sous le titre de *Paris ancien et moderne* et que sa mort a interrompu. On y trouve des recherches curieuses sur l'ancienne topographie de Paris; mais il est fâcheux qu'elles soient écrites dans un style barbare, souvent inconvenant par l'âcreté et le manque de politesse des critiques, et enfin peu propre à réconcilier avec l'aridité d'un pareil travail.

D'autres anciens plans de Paris, tels que celui de l'édition française de la *Cosmographie* de Munster, 1555, p. 89, horriblement gravé, et le plan de celle de Belleforest vers le même temps, publié en 1575, p. 174 du tome Ier; celui du Ier volume des *Cités de l'univers* de Brouin et de Hogenberg, Amsterdam, 1572, copié et publié par Sanson, Amsterdam, 1572-

les bois firent place à des champs cultivés, à des couvens qui défrichèrent les terres, et autour desquels les maisons de leurs vassaux eurent bientôt

1374, offrent aussi quelques détails qui peuvent aider à retrouver l'ancienne forme du Louvre, dont une partie existait encore à ces époques. Un des plans les plus curieux, quoique moins ancien que celui de la tapisserie et que la carte de Belleforest, était autrefois à l'abbaye Saint-Victor : il y en a une copie ou une répétition dans la bibliothèque de l'Arsenal. En 1756 il fut gravé et publié par d'Heulland : mais, par la manière dont il en a rendu les détails, qu'il a voulu perfectionner, il leur a ôté leur caractère d'ancienneté ; et il y a des parties de Paris, entre autres les bords de la Seine, qui n'avaient pas la régularité qu'il leur a donnée. On peut aussi remarquer que, quant au Louvre et à ses environs, le plan est inexact, et qu'il n'indique ni les fossés, ni les jardins, qui existèrent encore long-temps après l'époque à laquelle il fut fait. Au reste, comme le fait observer M. de Mauperché, ce plan de Saint-Victor n'est, sur une plus grande échelle, qu'une copie de celui de Belleforest. Le plan publié par Quesnel, en neuf feuilles, en 1609, dressé sous Charles IX et dédié à Henri IV, est sur une grande échelle, et il offre les édifices *en vue cavalière :* ils sont assez grands pour que l'on puisse y reconnaître une partie des principaux détails. C'est peut-être le plan le plus intéressant sous le rapport du Louvre, dont la moitié existait encore telle qu'elle était sous Charles V : aussi ai-je fait graver, au milieu de la planche 8 E, la vue de ce château que nous a transmise Quesnel. Les petits édifices qui l'entourent sont tirés de manuscrits des XIV.e et XV.e siècles, et particulièrement des heures de Jeanne de France, fille de Louis XI. Dans la plupart de ces miniatures, dont un grand nombre est fait avec beaucoup de soin, on voit, du fond des paysages, derrière les châteaux ou forteresses, s'élever une montagne couronnée d'édifices et qui a un grand rapport avec Montmartre : sur le devant de ces petits tableaux, il y a presque toujours une rivière. Il est assez naturel de croire qu'en plaçant des châteaux dans leurs compositions historiques tirées de la Bible, les peintres d'alors copiaient ou imitaient, en quelques parties, les édifices qu'ils avaient sous les yeux ; de même qu'ils introduisaient dans leurs peintures les meubles et les costumes des époques où ils vivaient. Dans presque tous ces châteaux, on voit dominer une grosse tour comme au Louvre, qui, par son importance et sa position, méritait bien d'attirer les regards de ces peintres. Et d'ailleurs, quand ils auraient représenté d'autres forts, tels que la Bastille et différentes tours ou portes de Paris, ces miniatures serviraient de même à donner une idée de l'architecture de leurs époques, et je les offre comme les autorités sur lesquelles je me suis appuyé pour restituer d'une manière probable la disposition et l'aspect du Louvre du temps de Charles V. J'ai eu aussi recours, pour les renseignemens que peut fournir la peinture sur l'ancien état de ce château, à un tableau très-curieux, qui était autrefois dans l'abbaye Saint-Germain des Prés, et qui, sauvé par M. Lenoir, directeur du musée des Petits-Augustins, est à présent à Saint-Denis. Il représente une descente de croix : les têtes, peintes avec soin, sont assez bien dessinées et d'une expression vraie ; les draperies, fort riches de couleurs, sont traitées avec une grande recherche dans les détails d'ornement, mais avec la sécheresse qu'on leur donnait alors. On croit que ce tableau est du commencement du XV.e siècle ; je le croirais de la fin du XIV.e Sur un petit vase que tient le une des saintes femmes, est un nom, qu'on devait croire être celui du peintre : mais, en l'examinant et le copiant avec soin, j'ai vu qu'il y avait Lv. CIPIO. AF., et c'est sans doute un trait d'érudition de l'artiste, qui non-seulement avait mal écrit le nom de Scipion, mais qui y ajoute un prénom que n'a porté aucun des deux Africains Peut-être a-t-il cru indiquer par-là l'année de la mort de Jésus-Christ ; mais il n'y avait pas alors de Scipion consul. Cette

formé des bourgs : c'est ainsi que s'élevèrent ceux de Sainte-Croix et Saint-Vincent ou de Saint-Germain des Prés, du temps de Childebert (l'an 543 selon les uns, 556 selon les autres), de Saint-Germain l'Auxerrois, de Saint-Marcel, et plusieurs autres. Le couvent de Saint-Germain des Prés avait des possessions qui lui avaient été données par Childebert et qui s'étendaient jusqu'à Issy; et sur la rive droite, une partie des bois appar-

erreur paraît très-simple, lorsqu'on voit Guillaume de Lorris, dans le neuvième vers de son roman de *la Rose*, donner à Cipion le titre de roi. Dans le fond du tableau, on voit le Louvre; la vue en a été prise du petit Pré aux Clercs, derrière Saint-Germain des Prés, dont on a dessiné les tours et l'église; l'architecture est rendue avec soin. Je donne, planche 8 A, de toute cette partie de ce curieux tableau, une copie faite par M. Civeton, jeune dessinateur de mérite, qui m'a été très-utile pour mes plans et mes vues du Louvre. Sa réduction a été faite au compas de proportion, de la manière la plus scrupuleuse, et je puis répondre de sa fidélité. Ce Louvre a déjà été publié par Dom Bouillard dans son *Histoire de Saint-Germain des Prés*, par M. de Saint-Victor, et plus exactement encore par M. Baltard; mais dans toutes ces copies on a omis bien des détails qui sont cependant intéressans, et qui peuvent servir à mieux faire connaître cet ancien monument. Les maisons qu'on voit sur la droite près du Louvre, peuvent aider à fixer l'époque à laquelle a été dessinée cette vue. On verra que sous Philippe-Auguste ce château était hors de Paris et très-près de ses murs, et que ce fut Charles V qui le renferma dans la ville. Les murailles, transportées alors beaucoup plus loin, laissèrent libre la rue d'Osteriche, ou d'Autraiche, d'Autruche, d'Autriche (*voy.* pl. 8 B), dont les bâtimens les longeaient entièrement, et sur l'étymologie du nom de laquelle on n'a rien de certain; mais il est positif qu'elle était à l'extrémité de l'enceinte de Philippe-Auguste (pl. 8 A), et qu'il en est question dans Guillot, vers 1280, et dans des actes qui lui sont antérieurs. Le commencement de cette rue, qui de la grande rue ou rue Saint-Honoré allait jusqu'à la rivière, existe encore dans la rue de l'Oratoire. L'hôtel du Petit-Bourbon, bâti au XIIIe siècle, était dans cette rue, vis-à-vis une entrée du Louvre, et il a subsisté jusque vers 1665, que Louis XIV le fit abattre pour élever la colonnade du Louvre. Du temps de Philippe-Auguste, on n'aurait pas pu, du petit Pré aux Clercs, voir, comme dans le tableau, le Petit-Bourbon et la rue d'Osteriche, qu'auraient masqués en partie la muraille qui, le long de la Seine, vers Paris, faisait un retour dont on voit des traces dans le plan de la tapisserie. Ainsi le Louvre, tel qu'il est représenté, est bien celui de ce roi, mais non tel, du moins pour les alentours, qu'il existait sous son règne et lorsque cette vue a été dessinée. Charles V avait déjà, en 1367, par les soins d'Hugues Aubriot, intendant des finances et prévôt des marchands, reculé les murs de Paris; mais on ne s'était pas encore occupé de faire des changemens considérables au Louvre de Philippe-Auguste. Il paraît donc très-probable que l'on peut mettre la date du tableau de Saint-Germain des Prés entre 1370 et 1380, année de la mort de Charles V; car il est à présumer que, s'il eût été fait plus tard, on aurait représenté le Louvre tel qu'il l'avait laissé. Il est aussi à remarquer que les fossés dont ce château était entouré, ne sont pas indiqués dans cette vue. Dans l'aile gauche il a trois étages, quoique sous Philippe-Auguste il n'y en eût que deux. *Voyez* aussi la page 279, sur le plan de du Cerceau. Bien que les vues du Louvre, ou de quelques-unes de ses parties, gravées par Israël Silvestre, ne remontent qu'à Louis XIII, il y a des documens précieux à en tirer sur l'ancienne disposition de ce palais; mais ce n'est qu'en petit nombre. J'ai cru devoir donner ces détails topographiques, qui nous seront utiles pour fixer les limites du Louvre et de son enceinte sous Charles V.

tenait à ce monastère. Les plaines et les collines de la rive gauche de la Seine s'embellirent de maisons de campagne et de vignes. Il paraît que les forêts se maintinrent plus long-temps sur la rive droite, quoique Saint-Germain l'Auxerrois y eût été bâti à une époque très-reculée, et, à ce que l'on croit, par Chilpéric I.er, entre 562 et 584. D'après quelques passages d'anciens auteurs (1) on ferait remonter la fondation du Louvre à Childebert I.er (de 511 à 538), et il paraîtrait, selon d'autres, que vers le temps de Dagobert I.er (628 à 638) il existait dans ces forêts, près de la rivière, à l'endroit où est aujourd'hui le Louvre, ou du moins une de ses parties, une petite maison très-modeste, qui servait au Roi de rendez-vous de chasse, et d'où il revenait le soir, en bateau, coucher dans son palais à Paris. Suivant l'auteur de l'*Histoire de l'université de Paris*, cité par du Plessis à l'année 788, Charlemagne établit dans le Louvre Alcuin et les autres savans qu'il avait attirés d'Italie à Paris; ce qui fut, dit-on, le commencement des écoles et de l'université. Mais, tout en accordant qu'elles furent établies dans le palais du Roi, on ne convient pas que ce fût dans le Louvre. D'autres auteurs croient que ces écoles furent fondées dans le palais des Thermes, qui, à cette époque et long-temps après, de même que le Louvre, était hors de l'enceinte de Paris, et qui n'y fut compris que lors de l'extension que lui donna Louis VII. Du Boulay, pour placer les écoles dans le Louvre, se fonde sur le nom qui était resté à la place de l'École et au port de l'École près de Saint-Germain l'Auxerrois; mais elle eût pu alors être aussi bien dans ce couvent que dans le Louvre, ou bien le château a pu prendre la place du palais de l'École. Il paraît, au reste, que cette école n'était pas fixée à Paris, mais qu'elle suivait Charlemagne, qui avait plusieurs palais dans ses vastes états.

Lorsque, dans leurs courses sur les rives de la Seine, les Normands, après avoir ravagé le pays, eurent assiégé Paris, dont ils désolèrent les environs, il est probable que l'on songea à tirer parti de la situation avantageuse de cette maison des bois. On la fortifia pour la mettre en état de résister aux Normands, de les inquiéter dans leur navigation sur la Seine, et d'arrêter leurs excursions. Nos rois voulaient être aux avant-postes de Paris, et pouvoir s'opposer les premiers aux ennemis qui l'auraient attaqué. Mais il est à croire que ce château n'opposa qu'une faible résistance aux Normands,

---

(1) On voit dans les *Nouvelles Annales* de du Plessis, à l'an 633, que, suivant une charte de Dagobert I.er, datée du 7 des calendes de juin, cinquième année de son règne, ou 26 mai 633, le Louvre existait alors comme maison de chasse; mais cette charte n'est pas regardée comme authentique, quoiqu'elle soit citée par du Boulay dans son *Histoire de l'université de Paris*, et rapportée dans des lettres de Charles le Chauve. Du Plessis dit que la raison sur laquelle Sauval se fonde pour rejeter la fondation du Louvre par Childebert I.er, n'est pas très-bonne, en alléguant qu'il n'est pas question du Louvre dans Grégoire de Tours et Frédégaire, historiens de Childebert; et il pense que ces auteurs n'ont pas parlé de tous les édifices fondés par ce prince. Mais il me semble que le Louvre, considéré même comme une simple maison de campagne, par sa position et la nouveauté de sa construction, aurait mérité d'attirer l'attention de Grégoire de Tours et de Frédégaire, et que s'ils n'en parlent pas, c'est que très-probablement il n'existait pas alors.

et qu'il fut en grande partie détruit dans les siéges qu'ils firent soutenir à Paris. Il n'en est cependant pas question dans le poème d'Abbon ; et si le Louvre eût été en même temps une maison de plaisance des rois, un château fort, et l'asile des savans et des écoles, n'est-il pas vraisemblable qu'il eût, sous plus d'un rapport, attiré les regards d'Abbon, et qu'il eût fourni matière à ses descriptions, soit qu'il eût été détruit par les Normands, soit qu'on l'eût conservé à prix d'argent? Se trouvant sur leur chemin lorsqu'ils attaquaient Paris, et, par sa position, devant les gêner, cette habitation royale eût été exposée à être assaillie avant plusieurs autres lieux, tels que Saint-Germain l'Auxerrois et quelques autres édifices situés de même hors de Paris sur cette rive de la Seine, et dont parle Abbon. Son silence autorise à penser que si le Louvre existait alors, ce n'était pas sous ce nom, et que ce n'était que bien peu de chose (1).

(1) Je ne puis m'empêcher de rappeler ici ou de consigner une découverte dont peut-être peu de personnes à Paris ont eu connaissance. Lorsqu'en 1806 M. Dillon, ingénieur en chef des ponts et chaussées, faisait faire les fouilles pour fonder les culées du pont des Invalides, qu'il était chargé de construire, on trouva, à environ huit pieds en terre, une grande barque ou espèce de pirogue creusée dans un seul tronc d'arbre, de même que les *lintres* ou les *myoparones* dont se servaient les Germains, au rapport de Tacite, et dont les Normands faisaient grand usage dans leurs courses. Le bois de cette pirogue, dont on retrouvait les détails, devenu presque aussi noir que l'ébène, se brisait facilement; mais dans quelques parties il était assez bien conservé et assez dur pour qu'on ait pu en faire de petits modèles de ce canot, que l'on crut pouvoir faire remonter à l'époque des invasions des Normands. S'il eût été possible de conserver en entier cette embarcation, que l'air faisait tomber en morceaux, c'eût été un monument curieux des premiers temps de notre histoire.

Les Normands, appelés *Danois* par les anciennes chroniques, commencèrent en 800 à infester les côtes nord-ouest de la France; chassés en 820 de l'embouchure de la Seine, ils y pénétrèrent en 841. Ils viennent en 845 à Paris, qui est presque entièrement abandonné, et pillent Saint-Germain des Prés. La dyssenterie se met dans leurs troupes. Charles le Chauve, à force d'argent, engage leur chef Ragenaire ou Reigner à se retirer. En 851, 52, 55, 56, ils ravagent les bords de la Seine; reviennent en 857 à Paris, et en dévastent les environs. Saint-Germain des Prés, Saint-Denis, se rachètent du pillage, ou plutôt de l'incendie, par des sommes considérables. En 858, ils font de nouvelles excursions sur la Seine, jusque près de Paris, et lèvent des contributions sur les églises. En 861, ils dévastent Saint-Germain des Prés et les faubourgs de Paris de ce côté de la Seine. En 870, Charles le Chauve fait construire un pont du côté de Saint-Germain l'Auxerrois, pour s'opposer aux approches des Normands ; il était fortifié de grosses tours (*voyez* Bonamy, *Mémoires de l'académie des inscriptions*, t. XVII, pag. 245 et suivantes). En 876, ayant pour un de leurs chefs Rollon, depuis duc de Normandie, les Normands entrent dans la Seine avec plus de cent navires. En 880, Louis III confie à Gozlin, abbé de Saint-Germain des Prés, et depuis (en 883) évêque de Paris, la garde de cette ville et du royaume contre les Normands. Il fortifie la ville en 885 : Eudes, fils de Robert le Fort, et depuis roi de France, était alors comte de Paris. Cette année-là, les Normands vinrent assiéger Paris en règle pour la première fois : dans leurs autres excursions ils s'étaient bornés à l'insulter et à en désoler les environs. Comme les plus grands événemens de ce siége et des suivans eurent lieu principalement dans le voisinage de

Il paraît que pendant long-temps on ne s'occupa plus du fort élevé sur le bord de la Seine. Les auteurs n'en parlent pas. Cependant Duchesne, sans citer ses autorités, prétend que Louis le Gros (de 1108 à 1137) fit entourer le Louvre d'une forte muraille. Cette position devint moins importante, lorsque les Normands, par leur établissement en France, eurent rendu la tranquillité aux pays qu'ils avaient ravagés pendant quatre-vingt-douze ans avant d'y avoir trouvé une nouvelle patrie. On put rendre le fort à son ancienne destination, et chasser sans inquiétude le loup et la bête fauve dans les forêts qui l'environnaient. C'est de cette chasse aux loups et de la grande quantité de ces animaux que, selon quelques auteurs, est venu le nom de *Louvre,* dérivé de celui de *Lupara,* qu'on donna à cette maison des bois ; d'autres trouvent son étymologie dans un mot saxon, *leower,* qui, dit-on, signifiait *tour* ou *forteresse.* On la fait venir aussi par l'emplacement du Louvre actuel, je vais en donner un extrait tiré du fatras, souvent inintelligible, d'Abbon, qui en fut témoin oculaire, comme il le dit, liv. 1.er, v. 593-595, et des *Nouvelles Annales de Paris,* &c., par Dom Toussaint du Plessis, qui a publié une édition du poème d'Abbon, auquel les notes qu'il y a ajoutées ne donnent pas beaucoup plus de clarté. Mais on peut consulter avec confiance la bonne traduction qu'en a faite M. Devaines en 1825, et qui se trouve dans l'excellent recueil des anciens historiens de France par M. Guizot.

Le 1.er novembre 885, trente à quarante mille Normands, suivis de leurs femmes, et montés sur sept cents grands bateaux et un nombre considérable de petits, qui couvraient la Seine à plus de deux lieues au-dessous de Paris, viennent, sous la conduite de Sigefroi, un de leurs rois, demander qu'on leur laisse le passage libre pour remonter le fleuve. Gozlin et le comte Eudes ou Odon le leur refusent. On assiége Paris. 27 novembre, premier assaut contre la tour de bois du pont de Charles le Chauve, qui traversait la Seine depuis Saint-Germain l'Auxerrois jusque vis-à-vis la rue Pavée ; il était en deux parties, fortifié de deux tours aux extrémités et, probablement d'une autre au milieu, vers la pointe de la cité. La tour est défendue avec intrépidité par Gozlin, qui fut blessé, et par Eudes, son frère Robert, et Ebble, neveu de Gozlin ; les Normands sont repoussés. Le 28, ils livrent un second assaut plus terrible que le premier ; leurs femmes les animent au combat, et leur reprochent de ne pouvoir s'emparer d'un *four,* nom que par mépris elles donnaient à la tour : ils sont chassés vers leurs bateaux et s'éloignent. Pendant le reste de l'année, Sigefroi se fortifie dans Saint-Germain l'Auxerrois, et y établit son camp ; ce qui sauva cette église. Ravages et massacres dans les environs de Paris. Le 28 juin 886, les Normands reprennent le siège. Troisième assaut ; les Parisiens brûlent les machines des assiégeans. Le 29, le pont et la tour sont attaqués avec fureur, et les assaillans repoussés avec perte. Le 30, ils renouvellent leur attaque, et essaient vainement de combler les fossés avec des fascines, de la terre, les cadavres des animaux qu'ils tuent et des prisonniers qu'ils égorgent. Le 31, quatrième assaut ; l'ennemi veut mettre le feu au pont ; il est chassé. 1.er février, Sigefroi se retire ; une partie de ses troupes va ravager la France orientale. 6 février, le pont est à moitié renversé par une crue de la Seine. Sixième assaut ; on met le feu à la tour ; douze chevaliers pris, égorgés. Les Normands repoussés vont dévaster les pays entre la Seine et la Loire ; Ebble, neveu de Gozlin, met le feu à leur camp de Saint-Germain l'Auxerrois. Dans le mois de mars, Paris est secouru par Henri duc de Saxe. Pourparler entre Sigefroi et Eudes, que les Normands veulent assassiner : il leur échappe. Le duc de Saxe se retire ; les Normands établissent alors leur camp à

corruption du vieux mot *rouvre*, *roboretum*, forêt de chênes, et l'on s'appuie de l'exemple de quelques endroits nommés *Rouvre* ou *Louvre*, et qui étaient situés au milieu des forêts. L'étymologie qui tire ce nom de *l'ouvre*, ou *l'œuvre*, le bâtiment, ainsi nommé par excellence, me paraît la moins admissible; car il est positif que ce château était appelé *Lupara*, prononcé probablement *loupara*, qui a pu se changer facilement en *louvre* à une époque où il est fort douteux que le mot *ouvre* fût employé. Et d'ailleurs aurait-on donné le nom somptueux de *l'ouvre* ou *l'œuvre* par excellence à une maison de chasse, lorsque les rois avaient déjà un palais à Paris, et que les Thermes de Julien, très-vaste édifice, y existaient encore, du moins en grande partie (1)? Le nom de *Louvre* est certainement plus ancien que Philippe-Auguste, sous lequel, en faveur des grands changemens qu'il fit au Louvre, qu'il agrandit, on eût pu l'appeler *l'ouvre* ou *l'œuvre*; mais c'eût été en détournant ce nom de son ancienne acception, et en lui donnant un autre sens qu'à son homonyme.

Saint-Germain des Prés. Septième assaut, sans succès. Sigefroi abandonne le siége; les autres chefs le poussent avec vigueur. 16 avril, mort de Gozlin; Paris est réduit à l'extrémité. Eudes part pour solliciter les secours de l'empereur Charles le Gros; Ebble soutient le siége. Retour du comte Eudes et du duc de Saxe avec des troupes. Le duc est tué; les Saxons repartent: le chef normand, Senric, les poursuit, et se noie avec ses troupes. Huitième assaut: les Normands sont sur le point de prendre la ville; elle implore le secours de ses saints patrons; les Parisiens repoussent les assaillans. Au mois d'octobre, l'empereur Charles le Gros arrive avec des troupes; en novembre, il traite, malgré ses forces, avec les Normands: on leur promet 700 livres d'argent, qui feraient aujourd'hui 56,700 francs; la livre était alors de 12 onces. Ils se retirent en Bourgogne, en traînant par terre leurs bateaux. En 887, ils reviennent pour recevoir la rançon de Paris, et veulent, en s'en retournant, piller les bords de la Seine; leur chef est tué par l'abbé Ebble; ils se désistent de leur excursion: on les reçoit à Paris pour retourner en Bourgogne; ils enlèvent vingt Parisiens, les tuent, et vont piller la Brie et la Champagne; les Parisiens massacrent cinq cents de ceux qui étaient restés. En 888, les Normands cherchèrent encore à surprendre Paris; ils sont battus par Eudes, Adhémar, Scladémar, et Anschéric, évêque de Paris. En 889, ils reviennent encore à Paris, dont Eudes leur refuse le passage; ils l'assiégent: Eudes leur fait des prisonniers, et ils s'éloignent. En 890, troisième siége de Paris, que les Normands attaquent sans succès: ils se retirent en Bretagne, en transportant par terre leurs bateaux jusqu'au-dessous de la ville; on les laisse se rembarquer. Il paraît que ce siége fut le dernier; car celui de 910, rapporté par Félibien, et qu'il dit avoir été fait par Rollon, n'est pas prouvé. En 912, Charles le Simple lui abandonne une partie de la Neustrie, qui devient la Normandie; et si Rollon assiégea Paris, ce dut être en 885 et 886, et alors il ne commandait pas en chef. Les Normands, établis dans leur nouvelle patrie, cessèrent de désoler les rives de la Seine, et ne revinrent plus à Paris, dont, au reste, ils n'avaient jamais pu s'emparer.

(1) Ce palais servait ordinairement de demeure aux rois de la première race. Il paraît que Clovis I.er habitait l'abbaye Sainte-Geneviève, et que plusieurs de ses successeurs ont demeuré au prieuré de Saint-Martin des Champs, ou dans un palais qui était près du clos Saint-Lazare. Pendant long-temps, selon Duchesne, il était d'usage que le Roi et la Reine s'y arrêtassent trois jours avant de faire leur entrée solennelle à Paris; et, après leur mort, on y exposait pendant trois jours leurs corps avant de les transporter à Saint-Denis.

Philippe-Auguste, jaloux de son autorité, et qui tenait avec raison à la faire respecter, trouvant sûre et commode la position du Louvre hors et à la portée de Paris, songea à en faire un poste important. En agrandissant considérablement l'enceinte de la capitale, il ne renferma pas son château dans les murs qu'il fit passer près du Louvre; tandis que, sous Louis le Jeune, il en était séparé par tout le quartier de Saint-Germain l'Auxerrois. Philippe voulut en même temps tenir en respect les habitans de Paris et les ennemis qui eussent pu l'attaquer par dehors. Il songeait plus à faire du Louvre un château fort qu'un palais d'habitation, quoiqu'il paraisse qu'il y demeurait quelquefois. Ce monarque augmenta les moyens de défense du Louvre. Il y fit construire, en 1204, une énorme tour ronde de 96 pieds de hauteur, et dont les murs, épais de 13 pieds par le bas, en avaient 12 dans le haut. *Voyez* planche 8 B - A. Les bâtimens qui environnaient cette tour, furent loin de gagner à sa construction : ils devinrent tristes et sombres. Mais la tour servit aux projets de Philippe-Auguste. Défendue par un fossé large et profond, B; n'ayant d'entrée que par un pont-levis, C; percée de petites fenêtres garnies de barreaux de fer, elle était inaccessible, et propre à conserver avec sûreté les chartes et le trésor du Roi : c'était une prison d'où ne pouvaient guère espérer de s'échapper les grands vassaux qui avaient voulu se soustraire à l'autorité du Roi et qu'il y faisait renfermer. Aussi cette grosse tour du Louvre inspirait-elle un grand effroi; et d'ailleurs elle jouissait d'un beau privilége : c'était d'elle que relevaient les princes, les pairs, et tous ceux qui tenaient des fiefs de la couronne; ils y venaient rendre hommage et prêter serment de fidélité, avec la crainte d'y finir leurs jours s'ils y avaient manqué. Parmi les illustres prisonniers qui y furent renfermés, on cite comme le premier, Ferrand, comte de Flandre, qui s'était révolté contre Philippe-Auguste, et qui, pris à Bouvines (1214), fut amené avec un grand éclat à Paris ; ce qui fit donner à cette tour le nom de *tour Ferrand*. Je ne nommerai pas tous les princes du sang, les grands personnages qui firent, sous les différens règnes, un plus ou moins long séjour dans la tour du Louvre ; on en trouve le détail dans Sauval et dans plusieurs auteurs. Il suffit de savoir que le dernier prisonnier fut Jean II duc d'Alençon, qui y fut renfermé en 1474. Il paraît que, depuis cette époque, la grosse tour du Louvre ne servit plus de prison d'état.

Cette tour porta plusieurs noms : *tour du Roi, tour du Louvre, forteresse de Paris*. Celui de *grosse tour* ou de *tour neuve*, qu'elle reçut d'abord, et que l'on trouve dans Rigord, Guillaume le Breton, et dans Nicolas de Bray, historien de Louis VIII, prouve qu'à l'époque de sa construction il y en avait plusieurs dans le château ; ce qui devait être, les tours étant alors une des principales parties des fortifications. On les regardait même, jusqu'aux XIV.e et XV.e siècles, comme un privilége des maisons royales. Les rois en étaient très-jaloux, et n'aimaient pas à en voir aux demeures des princes, même de leur famille ; ils les leur interdisaient, comme si c'eût été empiéter sur leurs droits. Mais on finit par en mettre partout, et même sans nécessité et comme hors-d'œuvre ; elles devinrent autant un ornement qu'une défense des châteaux des princes et des seigneurs. Elles servaient très-souvent d'ailleurs à réparer les oublis des architectes : lorsqu'il manquait à un édifice quelque partie à laquelle ils n'avaient pas pensé, ils accolaient une tour ou une tournelle en trompe au bâtiment, et y faisaient le cabinet, l'escalier ou toute autre pièce à laquelle ils n'avaient pas songé. Ils s'occupaient peu de la symétrie; et ces tours, qui quelquefois sont d'un effet agréable et qui annoncent de la hardiesse et du talent de construction, n'étaient originairement que des hors-d'œuvre et des expédiens pour cacher des fautes, et souvent on se tirait d'un mauvais pas par une témérité. Le donjon était la principale tour ou celle qui faisait la demeure particulière du Roi et des princes, et les autres lui servaient de défense. La grosse tour du Louvre en était le donjon. Je reviendrai bientôt sur les détails qui y ont rapport; je me bornerai pour le moment à dire qu'il paraît que, sous Philippe-Auguste, on y avait disposé des appartemens que le Roi pouvait occuper. Je ne puis m'empêcher d'ajouter ici que ce qu'on rapporte des appartemens de ce prince, ou du moins de sa suite, ne donne pas une haute idée de leur somptuosité. Il rendit un édit par lequel tout le *fouarre,* ou la paille, qui servait dans ses chambres du Louvre, devait, lorsqu'il le quittait, appartenir à l'université. On l'employait à couvrir le plancher des écoles, où les écoliers étaient assis à terre. Les écoles étaient assez pauvres alors; les élèves l'étaient encore plus, et recevaient, en général, l'instruction *gratis.* Ce *fuerre* ou ce *fouarre,* qu'on leur donnait, était pour eux une économie, et c'était autant de moins à acheter dans la rue du Fouarre, nom qui lui vint ou du *fouarre* qu'on y vendait, ou plutôt de celui dont on jonchait les écoles qui s'y établirent en grand nombre sous le règne de Philippe-Auguste.

Au reste, à cette époque, le Louvre n'était qu'une masse lourde et informe, privée de tout ornement d'architecture, et qui n'offrait que l'appareil de la force, et nullement l'aspect de la magnificence d'une demeure royale. Nous verrons que ce ne fut que long-temps après Philippe-Auguste que cette forteresse devint un véritable palais. Quoique sous ce prince ce château fût encore très-resserré dans ses limites, on voit cependant qu'il l'était encore plus sous ses prédécesseurs, et qu'une partie de son terrain relevait même d'autres seigneurs que le Roi; car ce ne fut qu'à la fin de son règne, en 1222, que Philippe-Auguste racheta pour trente sous de rente, qui feraient aujourd'hui quarante à cinquante francs, de l'église de Paris et du prieuré de Saint-Denis de la Chartre, les droits qu'ils avaient sur les terres attachées au Louvre.

Sous Philippe-Auguste et sous ses successeurs immédiats, selon Sauval, les bâtimens qui entouraient la cour du Louvre, n'avaient en général que deux étages, c'est-à-dire, le rez-de-chaussée et le premier; plus tard on en ajouta deux autres. Si les documens fournis par les auteurs sont exacts, on pourrait croire que le troisième étage que l'on voit dans l'aile gauche du Louvre représenté dans le tableau de Saint-Germain des Prés, y fut ajouté par S. Louis, qui fit quelques constructions dans ce château. On peut se faire une idée de la façade ou de l'entrée principale de cet antique Louvre d'après le tableau que j'ai déjà cité (*voy.* planche 8 A). On croit reconnaître une horloge dans un cartel carré au-dessus de la porte : la peinture éraillée pourrait exciter quelque doute, si l'on ne voyait pas une autre horloge très-bien conservée dans le même tableau sur une des tours de Saint-Germain des Prés. Il paraît que la première grande horloge publique que l'on ait eue à Paris, ne date que de 1370; ce fut celle du Palais, faite par un Allemand nommé *Henri de Vic*. Ainsi celle du Louvre ne pouvait pas y être sous Philippe-Auguste; mais il est naturel de croire qu'elle y fut placée par Charles V, avant qu'il eût fait réparer ce château en entier.

Le système de construction du temps de Philippe-Auguste avait en général pour caractère une grande solidité, et il serait presque inutile de dire que les murs du Louvre avaient huit ou neuf pieds d'épaisseur, si cette remarque ne nous offrait pas un moyen de rattacher à l'antique et simple château de ce grand roi le pompeux palais de François Ier, d'Henri IV et de Louis XIV. On peut facilement prouver qu'il existe encore de l'ancien palais des murs que, d'âge en âge, leur force a fait respecter. Me réservant de discuter ce point lorsque je décrirai le Louvre de Charles V, je me contenterai de dire ici que, d'après ce que rapporte M. Legrand dans son ouvrage sur Paris, et ce que m'ont confirmé MM. Percier, Fontaine et Bernier, lors de la restauration du Louvre, dont ils furent chargés ainsi que M. Raimond, on trouva sur les murs de la salle des Caryatides, du côté des Tuileries, des restes d'ornemens gothiques qui paraissaient appartenir au temps de Philippe-Auguste; l'épaisseur de cette muraille, dont on peut juger d'après les plans, pl. 9, 11, et des substructions énormes de murs circulaires, concourent, avec des preuves historiques auxquelles j'aurai recours plus tard, à démontrer qu'elles ont dû faire partie des bâtimens de Philippe-Auguste. Dans les fouilles qui ont eu lieu, à différentes époques, près des rues Froidmanteau, de Beauvais et du Louvre, on a rencontré de fortes constructions qui semblent avoir appartenu à cet ancien château et aux fossés dont il était entouré, et dont on retrouve des indices dans la différence de niveau entre les terrains près de ces rues, qui n'existaient pas du temps de Philippe-Auguste, et le sol actuel du Louvre.

On ne peut s'empêcher de reconnaître cet ancien Louvre dans le roman de *la Rose*, l'une des productions les plus anciennes et les plus remarquables des premiers efforts de la poésie française; cette description se trouve même dans la première partie de ce singulier poème. Personne n'ignore qu'il est de Guillaume de Lorris, mort en 1265, et que la seconde partie, qui commence au vers 4068, n'y fut ajoutée que quarante ans après par Jehan de Meung, dit *Clopinel* (1); mais, comme peu de personnes ont assez de patience pour

---

(1) *Voyez* la belle édition du roman de *la Rose*, 4 vol. *in-8.º*, par M. Méon, qui, pour lui rendre toute l'exactitude qu'on lui avait ôtée dans les éditions antérieures, entre autres dans celle de Lenglet du Fresnoy, a collationné quarante-trois anciens manuscrits de la bibliothèque royale. On y trouve aussi, sur l'ancien idiome français, une très-bonne dissertation que M. Raynouard, de l'académie française, avait insérée dans le *Journal des Savans* (octobre 1816). Tout le monde connaît les services que le savant auteur des *Templiers* a rendus, par ses constantes et lumineuses recherches, à la langue romane et aux poésies de nos troubadours.

lire ce long et fatigant poème, peut-être sera-t-on bien aise d'en trouver ici un échantillon qui donnera une idée de la langue et de la poésie de cette époque. Et si l'on voit le Louvre de Philippe-Auguste dans *une descente de croix* peinte sous Charles V, on ne sera pas étonné que, sous S. Louis, Guillaume de Lorris ait fait de ce château fort le palais de la Jalousie. Je donnerai la description en entier; quelques notes suffiront pour les mots les moins faciles à entendre. Ce chapitre, de même que les cent qui composent ce roman allégorique, commence par une courte exposition du sujet.

>   Comment, par envieux atour,
>   Jalousie fist une tour
>   Faire au milieu du pourpris (1)
>   Pour enfermer et tenir pris
>   Bel-acueil (2) le très-doulx enfant,
>   Pour ce qu'avoit baisé l'amant.

Vient ensuite la description.

> 3807. Dès or est drois (3) que ge vous die
>   La contenance Jalousie (4),
>   Qui est en male (5) souspeçon;
> 3810. Ou païs ne remest maçon
>   Ne pionnier qu'ele ne mant (6).
>   Si fait faire au commancement
>   Entor (7) les rosiers uns fossés
>   Qui cousteront deniers assez,
> 3815. Si sunt moult lez et moult parfont (8)
>   Li maçons sus les fossés font
>   Ung mur de quarriaux (9) tailléis,
>   Qui ne siet pas sus croléis (10),
>   Ains (11) est fondé sus roche dure :
> 3820. Li fondement tout à mesure,
>   Jusqu'au pié du fossé descent
>   Et vait amont en estrecent (12);
>   S'en est l'uevre plus fors assés.
>   Li mur si est si compassés,
> 3825. Qu'il est de droite quarréure (13).
>   Chascuns des pans cent toises dure,
>   Si est autant lons comme lés (14).

(1) Maison de plaisance ou enceinte.
(2) L'un des personnages du roman, de même que Faux-semblant, Male-bouche [la médisance], Liesse, Oyseuse, toutes les vertus et tous les vices personnifiés.
(3) A présent il est juste.
(4) La conduite de la Jalousie.
(5) Mauvais.
(6) Au pays ne demeure maçon ni pionnier qu'elle ne fasse venir.
(7) Autour des.
(8) Car ils sont très-larges et très-profonds.
(9) Pierres de taille.
(10) Qui ne pose pas sur des terres éboulées.
(11) Mais.
(12) Et va en se rétrécissant par le haut.
(13) Aussi l'œuvre, la bâtisse, en est-elle beaucoup plus forte. Le mur est fait de manière qu'il forme un carré parfait.
(14) Aussi long que large.

Les tornelles sunt lés à lés (1),
Qui richement sunt bataillies (2)
3830. Et sunt de pierres bien taillies.
As quatre coingnés (3) en ot (4) quatre
Qui seroient fors (5) à abatre;
Et si a (6) quatre portaus
Dont li mur sunt espès et haus.
3835. Ung en i a ou front devant
Bien deffensable par convant (7),
Et deux de coste et ung derriere
Qui ne doutent cop de perriere (8).
Si a bonnes portes coulans (9)
3840. Pour faire ceus defors doulans (10),
Et por cus (11) prendre et retenir,
S'il osoient avant venir.
Ens ou milieu de la porprise (12)
Font une tor par grant mestrise
3845. Cil qui du fere furent mestre (13);
Nule plus bele ne pot (14) estre
Qu'ele est, et grant, et lée, et haute.
Li murs ne doit pas faire faute
Por engin qu'on saiche getier (15);
3850. Car l'en (16) destrempa le mortier
De fort vin-aigre et de chaus vive.
La pierre est de roche naïve (17)
De quoi l'en fist le fondement.
Si iert dure comme aimant (18).
3855. La tor si fut toute réonde.
Il n'ot (19) si riche en tout le monde,
Ne par dedens miex (20) ordenée.
Ele iert dehors avironée
D'un baille qui vet tout entor (21),
3860. Si qu'entre le baille et la tor
Sunt li rosiers espès planté,
Où il ot roses à planté (22).

(1) Les tourelles sont de distance en distance.
(2) Fortifiées.
(3) Aux quatre coins.
(4) Il y en eut.
(5) Difficiles.
(6) Et il y en a.
(7) Il y en a un à la façade d'entrée aisé à défendre par une garnison.
(8) Qui ne redoutent pas les coups de pierrier.
(9) Des herses.
(10) Pour rendre tristes ceux de dehors (les assaillans).
(11) Et pour les.
(12) Droit au milieu de l'enceinte.
(13) Ceux qui furent les maîtres du travail, de l'art, font une tour avec une grande habileté.
(14) Ne peut.
(15) Le mur ne doit pas être entamé, quel que soit l'engin, la machine avec laquelle on l'attaque.
(16) L'on.
(17) Naturelle, vive.
(18) Aussi était-elle dure comme aimant.
(19) Il n'y en eut.
(20) Mieux.
(21) D'une barrière qui va tout autour.
(22) En abondance.

> Dedens le chastel ot perrieres (1)
> Et engins de maintes manieres ;
> 3865. Vous poïssiés les mangonniaus
> Véoir par-dessus les creniaus (2) ;
> Et as archières (3) tout entour
> Sunt les arbalestes à tour,
> Qu'arméure n'i puet tenir (4).
> 3870. Qui près du mur vodroit venir,
> Il porroit bien faire que nices (5).
> Fors (6) des fossés a unes lices
> De bons murs fors à creniaus bas,
> Si que cheval ne puent pas
> 3875. Jusqu'as fossés venir d'alée,
> Qu'il n'i éust avant mellée (7).

Il est aisé de voir que la description du palais de la Jalousie cadre de tous points avec celle que Guillaume de Lorris eût pu faire du Louvre, tel que, suivant les historiens, il était sous Philippe-Auguste et sous S. Louis. On y retrouve ses fossés larges et profonds, ses fortes murailles en pierre de taille, plus larges par le bas que par le haut, ainsi qu'on les faisait alors aux châteaux forts. Les cent toises de côté qu'on donne au palais de la Jalousie se rapportent même, comme nous le verrons, avec les dimensions de l'ensemble du Louvre ; et d'ailleurs les poètes n'y regardent pas de si près, et leurs mesures sont en compte rond. Les tours aux quatre angles, les tournelles, les quatre *portaux*, occupent les mêmes places qu'au Louvre ; et il serait difficile de méconnaître la grosse tour de Philippe-Auguste, qui s'élève au milieu de la cour ou de la porprise, et dont le poète dit :

> Nule plus bele ne pot estre
> Qu'ele est, et grant, et lée, et haute.
> La tor si fut toute réonde.
> Il n'ot si riche en tout le monde,
> Ne par dedens miex ordenée.

Ce qui lui convient de toutes manières, puisqu'on sait qu'elle servait non-seulement de forteresse, mais même de trésor et de demeure au Roi. Il se peut même que le détail de construction que nous laisse Guillaume de Lorris soit exact, et que, pour donner plus de force au mortier, on l'ait délayé avec du vinaigre et de la chaux vive. Le château de la Jalousie est aussi muni de toute sorte de machines de guerre, d'engins, de mangonneaux, tels que ceux qui garnissaient les créneaux, les archières, les meurtrières du Louvre.

(1) Il y en eut où il y avait des pierriers.
(2) Vous auriez pu voir les mangonneaux (machines de jet) par-dessus les créneaux.
(3) Et aux archières, espèces de meurtrières.
(4) Qu'armure n'y peut résister.
(5) Il pourrait bien ne faire que peu de chose, ou rien.
(6) Hors.
(7) Un rang de bons murs forts, avec de petits créneaux, de manière que la cavalerie ne pût pas venir d'emblée jusqu'au fossé, sans qu'il y eût eu auparavant une mêlée, un engagement.

On voit aussi, dans cette curieuse description, qu'en avant des fossés il y avait un mur crénelé qui servait de première défense ou d'ouvrage avancé. Et dans le tableau de Saint-Germain des Prés on voit un mur qui peut avoir rendu le même service. Il est inutile d'avertir que les rosiers, quoiqu'il y eût alors des jardins dans le Louvre, ne doivent pas être compris dans la description du château, et qu'ils tiennent au sujet allégorique du poème. On y trouve aussi, dès le commencement, qu'on était alors dans l'usage d'orner les murailles de peintures. Les personnages allégoriques que le poète décrit dans son songe, sont peints en azur et en or sur les murs d'un beau jardin, hors de la ville, situation tout-à-fait analogue à celle du Louvre; et quand ces peintures n'y eussent pas existé, il est à croire qu'il y en avait ailleurs, et que ce n'est pas la simple production de l'imagination du poète. On voit quel était le genre de peinture d'alors, et qu'il a le plus grand rapport avec ce qu'on exécutait à cette époque en Italie. On croirait lire la description des mosaïques de Saint-Marc de Venise et d'autres anciennes églises, dont les fonds étaient en verre doré et les figures en bleu. Telles sont aussi des peintures de Cimabué et d'autres peintres d'Italie, ou de la même époque ou un peu plus anciens, et qui commençaient à se faire connaître dans le même temps que Guillaume de Lorris, dans son roman de *la Rose*, nous donnait une idée de l'architecture et de la peinture françaises, et en particulier du Louvre au milieu du XIII.ᵉ siècle.

Les premiers successeurs de Philippe-Auguste s'occupèrent peu de ce château; ils le conservèrent tel qu'ils l'avaient trouvé, et sa solidité pouvait braver les efforts du temps et l'incurie des hommes. Les rois venaient bien quelquefois au Louvre, soit pour recevoir l'hommage de leurs vassaux immédiats, soit dans différentes circonstances; mais ils n'en firent pas leur demeure habituelle. S. Louis résidait au palais des Tournelles, à Vincennes, ou au palais de justice, qu'il augmenta: il y ajouta la Sainte-Chapelle, la salle de Saint-Louis, la grand'chambre. Après la condamnation des Templiers, Philippe-le-Bel logea au Temple et y fit apporter ses trésors.

Charles V fut, depuis Philippe-Auguste, le premier roi qui mit ses soins à embellir le Louvre, à l'agrandir et à en rendre l'habitation plus commode; ayant considérablement augmenté l'enceinte de Paris, il renferma ce palais dans ses murs. Mais, avant d'entrer dans quelques détails sur ce que devint le Louvre sous ce sage roi, l'un des princes les plus éclairés et les meilleurs qui aient régné sur la France, il convient de jeter un coup d'œil sur l'état où se trouvaient l'architecture et la sculpture à son époque, et même dans les deux siècles qui précédèrent son règne; et il ne sera pas hors de propos de lier ces considérations à celles que peuvent fournir sous le rapport des arts l'Italie et les autres contrées. Si, dans ces parallèles ou dans ces rapprochemens, l'Italie a souvent l'avantage, ce n'est pas une preuve positive que le génie de ses habitans fût plus fécond et plus propre aux arts que celui des Français: mais dans ces belles contrées bien des causes favorisèrent leur développement; et une des principales dut être la division du pays en un grand nombre de petits états, qui, rivalisant de luxe et de zèle pour l'embellissement de leurs capitales, offraient aux artistes de nombreuses ressources pour exercer leurs talens et auraient dû les empêcher de déchoir. Les monumens antiques s'élevaient aussi de tous côtés, comme pour servir de modèles et s'opposer à la décadence des arts ou les relever de leur chute. On est même étonné, à la vue de ces chefs-d'œuvre, que le génie de l'Italie ait pu tomber dans un si long et si profond assoupissement, et qu'il ne se soit pas réveillé plus tôt. Il faut, sans doute, que les plus grands exemples, les plus sublimes modèles, soient sans effet sur les arts, lorsqu'une maladie funeste les frappe, pour ainsi dire, d'une sorte de torpeur, et les précipite vers leur décadence : car nous aussi, dans le midi de la France, nous possédons en grand nombre des monumens antiques qui prouvent que jadis nos architectes et nos sculpteurs pouvaient aller de pair avec ceux de Rome, de l'Italie, et peut-être de la Grèce. Eh bien, de même qu'en Italie, les arts, perdant tout souvenir de leur ancienne gloire, ont langui et sont tombés sans force au pied de ces superbes monumens; à leur réveil, frappés de stupeur, ayant tout oublié, ils les regardaient sans les admirer, sans les imiter, et ils n'ont pas marché d'un pas plus assuré que dans les autres parties de la France, privées qu'elles étaient des restes de l'antiquité, vers le but que doivent se proposer les arts et que semblaient leur montrer les ouvrages des anciens.

Du XIe au XIIIe siècle, le goût de l'architecture se développa en France et dans le reste de l'Europe. S'établissant sur les débris des monumens du Bas-Empire, on mêla de nouvelles idées à l'architecture des Grecs et des Romains, dont on ne comprenait plus les principes et que l'on altéra. Tous les ordres furent confondus, ou plutôt il n'y en eut plus, et l'on en alliait les élémens divers, sans aucun système réfléchi et suivant le caprice, à ce qu'on se rappelait des monumens asiatiques ou arabes, que les croisades avaient fait connaître en Orient, et aux productions de l'architecture lombarde. De cette réunion de tant de parties étonnées de se trouver ensemble, naquit cette architecture que l'on est convenu d'appeler *gothique* (1), quoique les Goths n'aient été pour rien dans les combinaisons qui l'ont produite. Et en effet, on la retrouve dans tous les pays, même dans ceux où ils n'ont pas porté leurs conquêtes, sans qu'on puisse indiquer celui où on la mit pour la première fois en usage. Il est même à croire que ce ne fut que progressivement qu'elle se forma, ou plutôt qu'elle déforma l'architecture antique des beaux temps, dont elle s'éloignait en suivant le goût dégénéré qui poussait avec rapidité tous les arts vers leur ruine pendant les siècles de décadence de l'empire romain. Il était du destin de ce colosse de tout entraîner avec lui dans sa chute, et de couvrir le monde de ses vastes débris, d'où devaient un jour, par un nouveau triomphe de la civilisation sur la barbarie, renaître avec éclat les lois, les sciences et les arts. Mais l'époque où nous nous sommes transportés, n'en était pas encore à ce point. Par des idées, ou nouvelles, ou qui n'étaient que le résultat informe d'un art qui

---

(1) *Voyez* Milizia, dans le tome Ier de ses *Memorie degli architetti*, et l'excellent article sur le gothique dans le Dictionnaire d'architecture de l'*Encyclopédie méthodique*, par M. Quatremère de Quincy.

marchait sans principes certains, on dénaturait les emprunts faits sans réflexion ou sans motif à l'architecture gréco-romaine ; et ce ne fut que de caprice en caprice et par suite de dégradations des anciens modèles, que le genre gothique parvint au point où il fut porté. Plus on remonte vers ses premiers essais, plus on reconnaît qu'ils ont précédé les invasions des Goths, qui même ne l'ont pas pratiqué dans les monumens qu'on peut leur attribuer pendant leur séjour en Espagne et en Italie, du v.e au viii.e siècle. Cette architecture n'a pas été formée de toutes pièces ; et les monumens qu'elle remplaçait, auraient eu bien des reprises sur elle, et pouvaient lui reprocher de défigurer ce qu'elle s'appropriait : aussi ses plus anciens ouvrages ne sont-ils dus, en grande partie, qu'à l'oubli des règles de l'architecture antique, et à l'impuissance de reproduire la régularité et la sagesse de ses belles conceptions.

Les constructions gothiques, dans lesquelles, malgré un emploi mal entendu, on retrouve tout ce qu'elles doivent à la Grèce, à l'Italie et à d'autres contrées, durent plaire cependant par leur piquante variété, par leurs écarts même, et par une hardiesse qui séduit, quoique souvent elle soit bien plus apparente que réelle ; mais on aime à se laisser tromper par des prestiges, et l'on craint de voir détruire une agréable illusion, en découvrant les moyens employés par l'adroit magicien pour nous éblouir. L'architecture gothique était aussi peut-être plus en harmonie que celle des Grecs avec nos climats, avec la manière de vivre de nos pères, avec leurs costumes, et surtout avec les cérémonies de notre religion. Par le genre de ses distributions, elle se prêtait mieux à de vastes édifices destinés à la réunion d'un grand nombre de fidèles. Ce durent être de grands titres de succès, et le gothique devint, pour ainsi dire, l'architecture sacrée des chrétiens, tandis que celle des Grecs, délaissée aussi bien que leurs dieux, étalait en vain ses prodiges au milieu de leurs temples abandonnés, de leurs autels renversés et de leurs statues mutilées. Ce n'est pas cependant, ainsi que le proclament ses chauds partisans, que les masses élevées de l'architecture gothique, ses ogives élancées, ses formes pyramidales, transportent l'ame vers le ciel, et la disposent à la piété et au recueillement. Il me semble que la majestueuse régularité d'une ordonnance grecque, où tout est en harmonie, devrait être aussi favorable au calme de l'ame, qu'une architecture où la multiplicité des parties, l'immense variété des ornemens, doivent attirer l'attention et exciter la distraction : où y eut-il plus de piété, de recueillement, que dans les profondeurs mystérieuses des catacombes et dans les grottes de la Thébaïde, si pauvres d'ornemens, si riches en souvenirs ? Il est vrai que la lumière douteuse qui ne répand qu'un faible jour sous les détours des longues voûtes gothiques, invite à une douce rêverie et se prête aux sentimens religieux ; mais l'architecture grecque, combinée avec art et mise en rapport avec les convenances de notre culte, produirait le même effet : il régnait aussi dans les temples antiques une lumière faible et habilement ménagée ; et si elle ajoute à la majesté des lieux saints et à l'impression qu'ils doivent faire éprouver, rien n'empêcherait de l'y combiner de même.

Long-temps avant que les arts eussent repris une nouvelle vie en Italie, ou que les artistes grecs byzantins y eussent porté les restes de ce feu sacré qui dévorait autrefois les Grecs, et qui, jetant encore une faible lueur dans leur antique et malheureuse patrie, allait s'éteindre au milieu des dévastations des barbares et des chrétiens, dont Nicétas et Cédrénus offrent des descriptions si terribles; à des époques aussi anciennes que celles de la plupart des églises du moyen âge en Italie, la France pouvait en citer plusieurs qui ne leur cèdent sous aucun rapport, et qui prouvent que, dans ces temps de barbarie, le sommeil des arts n'était pas plus léthargique dans le royaume de Clovis et de Charlemagne que parmi les descendans de Romulus et d'Auguste.

Si l'on parcourt la France, de tous côtés s'y présentent, bien avant le xve siècle et la renaissance des arts en Italie, des monumens de l'architecture gothique dont la beauté ne le cède pas à ceux que, dans le même genre, on élevait aux mêmes époques de l'autre côté des Alpes. Quoique nos artistes, ou ceux qui passaient alors pour tels, ne fussent pas, comme ceux des heureuses contrées du midi, entourés de monumens faits par leur beauté pour conserver ou pour réveiller en eux le sentiment des arts, ils surent de leur propre fonds, aidés de leur seul génie, produire en architecture et en sculpture des ouvrages qui peuvent soutenir la comparaison avec ceux que l'Italie vit naître dans le même temps; car la même ignorance des formes, le même manque de goût, exerçaient alors un égal empire en France et dans la patrie future de Michel-Ange et de Raphaël. Il n'y avait guère de différence, soit pour la conception, soit pour l'exécution, entre les degrés de médiocrité auxquels on parvenait dans l'un et dans l'autre pays; et si l'on mêlait des sculptures de nos églises les plus anciennes avec celles de l'Italie des mêmes époques, il serait bien difficile de les distinguer, ou de trouver à ces dernières un caractère qui leur donnât une supériorité reconnue sur leurs rivales. Si même la statue de S. Louis conservée autrefois aux Quinze-vingts et aujourd'hui à Saint-Denis est due à un sculpteur français, ce qui est probable, elle ferait regretter que son nom ne nous eût pas été transmis, et elle prouverait qu'alors, sans avoir été instruit par les artistes grecs de Constantinople, et n'ayant pour guide que la nature, on l'imitait en France avec naïveté et vérité, et que ce sculpteur français était peut-être destiné par la nature à marcher l'égal de Nicolas de Pise et des sculpteurs de cette école qui florissaient vers ce temps.

Ce n'est pas cependant que je veuille égaler aucune des statues de cette époque que nous offrent Saint-Denis et d'autres églises, aux productions de Nicolas de Pise, qui non-seulement sont surprenantes pour le temps qui les a vues naître, et le paraissent encore plus quand elles sont comparées à celles qui les précédent, mais qui même sont bien au-dessus de tout ce que l'on fit depuis pendant long-temps. Nicolas de Pise, comme le fait très-bien remarquer M. le comte Cicognara (1), était un de ces génies extraordinaires que la nature ne produit que de loin à loin, et qui, franchissant les distances et devançant leur siècle, se placent à un intervalle immense

---

(1) *Storia della scultura*, t. III, p. 177 et suiv.

et de ceux qui les ont précédés, et de ceux qui leur succèdent en se traînant sur leurs pas, sans avoir la force suffisante pour profiter de leurs préceptes et de leurs exemples, et suivre les modèles qu'ils leur ont laissés. Mais ce ne fut pas à son seul génie que Nicolas de Pise dut tous ses succès; la vue des monumens de l'antiquité, épars en Italie, lui révéla les secrets des beaux-arts, que des esprits moins pénétrans et moins sensibles n'avaient pas même soupçonnés jusqu'alors. Il se fit, pour ainsi dire, l'élève des anciens Grecs ou des Romains leurs disciples, en s'inspirant de leurs ouvrages et en cherchant à les imiter : aussi en retrouve-t-on, en partie, les principes et le sentiment dans les productions de ce grand homme que l'on conserve avec une vénération méritée à Bologne, à Pise, à Sienne, à Florence. Ce fut aux leçons qu'il puisa dans la source la plus pure, dans les restes de la sculpture antique, que l'on dut ce *Jugement dernier* qu'il sculpta à Sienne, composition hérissée de difficultés et remplie de beautés, d'inspirations de l'antique, et qu'il exécuta bien avant que le Dante, qui ne naquit que sur la fin de la vie de Nicolas, eût épouvanté le monde par sa terrible description de l'enfer, et plus de trois cents ans avant que Michel-Ange et notre Jean Cousin aient eu la hardiesse de reproduire ce sujet dans leurs admirables tableaux. A l'époque où brillait Nicolas de Pise, il n'y avait certes en France, sous le règne de S. Louis, aucun sculpteur qu'on pût lui comparer; il est hors de pair : mais aussi ceux qui lui succédèrent, son fils Jean, et leurs élèves Jean de Cosmate, Arnolfo di Colle, Orcagna, Balduccio, jusqu'à ce que parussent André de Pise, Philippe Calendario et Pierre Paul et Jacobello de Venise, sont bien loin de valoir Nicolas de Pise. Malgré leurs efforts pour sortir du genre sec et sans principes du gothique, ils y retombent souvent; et leurs productions, si l'on peut s'en rapporter aux gravures de l'ouvrage du comte Cicognara (1), ne sont pas au-dessus de ce qu'on faisait en France sous le règne de S. Louis et jusque vers le milieu du XIVe siècle ; et l'on doit encore ajouter en faveur de nos artistes, que, n'ayant pas sous les yeux les ouvrages de l'antiquité, qui auraient pu leur donner le désir de les

(1) *Voyez* t. III, pl. 18 et suiv.
Ce n'est pas sans raison que j'exprime des doutes sur la fidélité des gravures de ce grand ouvrage; tout porte à la faire suspecter. Pour en juger ainsi, il n'est pas même nécessaire d'avoir vu en Italie les sculptures dont il contient les dessins : le peu d'exactitude avec laquelle on a rendu celles qui sont à Paris sous nos yeux, suffirait pour affaiblir et détruire même la confiance réclamée par le savant auteur pour celles que nous ne connaîtrions pas. De pareilles gravures, partie très-essentielle d'un ouvrage fort important du reste, malgré sa partialité pour l'Italie, lui font d'autant plus de tort, que, destinées à servir d'appui aux jugemens, quelquefois plus que sévères, de M. le comte Cicognara, elles semblent non-seulement ne pas prouver ce qu'il avance, mais bien plutôt le contredire. Comment ajouter foi à de tels témoignages, lorsque ceux même qui sont en faveur des artistes italiens, sont loin de justifier les éloges qu'on leur prodigue ? Que sera-ce des autres, si dans ses dessins Michel-Ange est sans caractère, sans vigueur, et Canova sans grâce; Canova, à la gloire duquel M. le comte Cicognara, emporté par l'amitié, a élevé ce monument littéraire, sur les marches duquel il immole, pour ainsi dire, tous les sculpteurs modernes ? On ne peut pas croire qu'il ait donné plus de soin à faire saisir avec plus d'exactitude par ses dessinateurs le

17..

imiter et leur auraient appris à mieux voir la nature, ils avaient plus de difficultés à vaincre et il leur fallait peut-être plus de talent qu'aux artistes d'Italie pour parvenir au même degré de médiocrité. On pourrait citer plusieurs statues de la famille de S. Louis que l'on voit à Saint-Denis et qui donnent une idée favorable de la sculpture de cette époque. Les petites figures qui ornent les tombeaux de deux des enfans du saint roi, sont bien posées, et prouvent que l'on consultait avec soin et avec simplicité la nature, et qu'en l'imitant on marchait, libre de préjugés, dans la route qu'avaient suivie les premiers sculpteurs grecs, et qui peut-être aurait mené les nôtres aux mêmes résultats, si, se trouvant en France dans les mêmes circonstances, ils eussent été placés sous d'aussi heureuses influences que ceux de la Grèce. C'est à Saint-Denis que l'on peut le mieux apprécier l'état de la sculpture et de l'architecture sous S. Louis et sous plusieurs de ses successeurs immédiats. Outre les statues de Jeanne de Bourgogne, de Blanche d'Évreux, femmes de Philippe de Valois, et celle de Charles V, on en indiquerait facilement quelques autres qui se font remarquer par les qualités dont j'ai déjà fait l'éloge, et qui sont si précieuses en sculpture et la base de toute bonne méthode.

On pardonne à ces époques de s'être plu à colorer les statues et les ornemens d'architecture, lorsqu'on pense que les anciens Grecs, nos maîtres, avaient du goût pour ce genre de représentation, et qu'il s'était conservé dans le Bas-Empire, qui l'a légué à l'Orient. On crut sans doute, de même que chez les anciens, que l'éclat de l'or, des pierres précieuses, des couleurs, en ajoutant à la pompe des tombes royales, attirerait plus les hommages que des monumens de pierre d'un ton uniforme. On conçoit aisément que l'on ait eu alors l'idée que la sculpture et l'architecture pouvaient user des mêmes droits que la peinture, et admettre les couleurs dans leurs reliefs. Aussi voit-on des statues du temps de S. Louis peintes avec beaucoup de recherche dans toutes leurs parties. Très-richement vêtues, les unes ont des robes d'or qui imitent des tissus chargés d'ornemens très-délicats en relief qui ne sont pas sculptés, mais moulés au moyen d'un mastic; les autres sont

caractère des productions étrangères à l'Italie; et l'on ne doit pas s'attendre à voir mieux traités que ces deux princes de la sculpture, les sculpteurs que la France a produits à différentes époques. Aussi Jean Goujon, Sarrazin, Germain Pilon, et tant d'autres qui ont fait honneur à notre école et qui en eussent fait à celles de l'Italie, n'ont-ils pas à se louer de la manière dont ils ont été rendus dans les gravures de M. le comte Cicognara. Il en est de même des anciens sculpteurs d'Italie: le peu de fidélité dans le dessin qui aura nui aux uns, peut en avoir favorisé d'autres; et il est plus que probable que si, pour les juger et les comparer avec nos sculpteurs des mêmes époques, on s'en rapportait à ces gravures, on courrait grand risque de se tromper. Au reste, pour être en état de prononcer avec une entière connaissance de cause sur le mérite relatif des sculpteurs d'Italie et de France des premiers temps, il faudrait pouvoir rapprocher et comparer des plâtres moulés sur leurs productions; car, malheureusement, les ouvrages où elles ont été gravées, pour la plupart entrepris par des hommes qui ne joignaient pas à leur érudition autant de connaissances positives dans les arts du dessin, n'ont été ni dirigés ni exécutés de manière à retracer exactement le caractère de ces sculptures, et ils sont plus propres à induire en erreur sur le jugement qu'on devrait en porter, qu'à servir de guides fidèles

habillées d'étoffes bleues, relevées par des ornemens en or que l'on retrouve autour du cou, au bas des robes et sur les chaussures brodées avec élégance ; il y en a aussi dans les larges bandes qui bordent les manteaux, et qui, de même que les doublures, sont d'une couleur différente de celle du manteau, qui tantôt est en or, tantôt en bleu. Des verres de couleur, enchâssés dans ces bordures, figuraient les pierres précieuses dont étaient enrichis les véritables vêtemens, qui variaient de magnificence, suivant l'importance des personnages, et qui souvent, n'étant pas des costumes du temps, sembleraient retracer ceux de dignitaires du Bas-Empire en Orient. Les peintures des manuscrits nous en offrent des représentations entières et conformes à ce que l'on ne découvre qu'avec quelque peine dans plusieurs des statues mutilées de Saint-Denis.

Cependant ce n'était que la pierre dont on relevait ainsi le peu de valeur matérielle, et, jugeant sans doute que le marbre brillait assez de sa propre beauté, on le laissait dans toute sa pureté. On voit par plusieurs tombeaux de Saint-Denis et par de très-beaux fragmens de décorations architecturales que l'on y conserve, que, sous S. Louis, les têtes, quoiqu'un peu sèches de touche, sont traitées avec soin et ne manquent pas de vérité. Si les draperies, surtout dans les figures de femmes, ne suivent que modérément les contours, ce n'est peut-être pas faute de talent pour les faire mieux sentir, mais c'était dans le costume du temps ; et il se peut, d'ailleurs, qu'on n'ait pas trouvé convenable de laisser voir dans les figures sépulcrales des formes propres à réveiller des idées trop mondaines. Du reste, ces draperies, de même que celles des statues de l'église de Chartres, ont plus de moelleux que l'on n'en trouve ordinairement au gothique. Faites sans système et copiées avec justesse, elles ont souvent plus de souplesse que celles de temps bien postérieurs, et ne le cèdent pas à ce qu'on faisait alors en Italie ; les jets des plis, naturels et bien suivis dans certaines parties, ont beaucoup de grâce dans leur ajustement. Le marbre a été manié avec adresse et avec art ; et ces plis, bien refouillés, indiquent une main qui était maîtresse de sa matière, et qui, sachant mettre de la finesse dans l'exécution, n'en craignait pas les difficultés.

Dans l'architecture, les ornemens les plus fins, les découpures les plus légères, sont taillés avec une délicatesse qu'il serait presque impossible de surpasser et même très-difficile d'atteindre. Les colonnettes, les moulures multipliées, qui s'élèvent à une très grande hauteur ou qui enveloppent les courbes des ogives, ou des trèfles qui en décorent avec légèreté la partie supérieure et qui distinguent l'architecture de cette époque, sont arrondies, profilées et refouillées avec une pureté qui donne à tous ces détails beaucoup de grâce et de vivacité. En parlant des arts du temps de S. Louis, j'aurais pu citer la Sainte-Chapelle, l'un des plus beaux ouvrages de Pierre de Montereau ; mais j'ai préféré prendre pour exemple Saint-Denis, qui offre réunies et distinctes des constructions bien conservées de différentes époques, et où l'on voit, à côté des ogives élancées de S. Louis, les arcades à plein cintre ou les ogives écrasées de Charlemagne, dont les formes lourdes et qui tiennent de celles de l'architecture abâtardie du Bas-Empire, contrastent avec l'élégance recherchée de l'architecture de S. Louis. On sait aussi que c'est à ce monarque que les rois ses prédécesseurs durent en grande partie les tombeaux et les statues qui consacrèrent leur mémoire, et que le saint roi les fit presque tous refaire : aussi ces royales catacombes, si riches en souvenirs, ne le sont pas moins sous le rapport des arts ; et c'est là, mieux que partout ailleurs, qu'au milieu de cette assemblée de rois nous apprenons, pour ainsi dire, d'eux-mêmes, à quel point chacun d'eux fit fleurir les arts dans leur belle France, et les droits que sur ce point ils se sont acquis à notre reconnaissance.

Quittons le dernier séjour de nos rois et parcourons d'autres parties de la France. Plus d'un antique manoir, des édifices remarquables, des églises, ont disparu de ce royaume, dont, pendant plusieurs siècles, ils avaient fait l'ornement ; il en subsiste cependant encore assez pour prouver que l'art de bâtir y fut toujours en honneur, et que même ses églises gothiques sont aussi belles d'ensemble et de détails que celles des autres contrées, et surtout que les églises d'Italie construites dans le même système. Moins brillantes de marbre ou de matériaux précieux, les nôtres ne leur cèdent, ni pour la hardiesse des conceptions, ni pour la recherche et la délicatesse du travail. Quelqu'élégantes et riches que soient les cathédrales de Sienne, d'Orvieto, de Bologne, l'architecture gothique française peut leur opposer avec confiance et avec un noble orgueil celles de Rouen, de Chartres, de Beauvais, d'Auch, de Reims, d'Amiens, de Notre-Dame à Paris et de Saint-Denis, sans compter une foule d'autres églises qui mériteraient d'être citées, ne fût-ce que pour montrer combien d'architectes et de sculpteurs dut produire la France à des époques reculées. Si j'ai passé sous silence la cathédrale de Strasbourg, commencée en 1277 par Erwin de Steinbach, mort en 1335, c'est que, depuis long-temps à cette époque l'Alsace ne faisant plus partie de la France, l'Allemagne pouvait réclamer Erwin comme un de ses architectes. Mais aussi peut-on contester aux Italiens l'honneur d'avoir élevé la cathédrale de Milan, l'une de leurs plus belles églises gothiques. Il faut même que leurs architectes n'aient pas eu de grands succès en ce genre, ou que du moins on n'ait pas eu assez de confiance en leurs talens, puisque parmi plus de trente architectes, la plupart italiens, qui concoururent, à différentes époques, pour la cathédrale de Milan, on choisit, en 1388, Nicolas Bonaventure, de Paris, et qu'on finit, en 1391, par charger de cette immense et magnifique entreprise un Allemand, Henri de Gamodia, que Milizia (1) croit même en avoir donné le premier projet en 1387. M. Cicognara (2) rapporte aussi qu'en 1399 on fit venir de Paris plusieurs architectes, entre autres, Jean Campomosia, Normand, et Jean Mignot, et qu'on employa quelques architectes de Strasbourg.

Mais revenons aux églises de France et d'Italie. Vers 1020, Fulbert, évêque de Chartres, qui paraît avoir été aussi architecte, reconstruisait sa cathédrale ; il est vrai qu'elle ne fut terminée que beaucoup plus tard, au XIV.ᵉ siècle. Cette église, très-remarquable par la hardiesse et la variété de son architec-

---

(1) Tom. II, pag. 137. (2) *Storia della scultura*, t. II, p 191.

ture, l'est encore par le nombre considérable de statues anciennes dont elle est ornée, et qui ne sont pas au-dessous de ce que produisait alors la sculpture dans les autres contrées. A peu près à la même époque, on refaisait à Venise, sur un nouveau plan, l'ancienne basilique de Saint-Marc : mais il paraît, malgré les dénégations de M. Cicognara, que ce ne furent pas des architectes vénitiens ni italiens que l'on chargea de cette grande entreprise ; et M. Émeric David prouve, par le témoignage d'une foule d'auteurs italiens et même vénitiens, que l'on fit venir des architectes grecs ou de Constantinople. Ce n'est pas que les arts eussent jamais été entièrement abandonnés en Italie, et qu'ils fussent restés florissans en Grèce ; de toutes parts ils étaient déchus du haut point où ils s'étaient élevés : mais, ainsi que le remarque M. d'Agincourt, invoqué par M. Cicognara et cité par M. Émeric David, si nous comparons l'école italienne à l'école grecque dans le XIe et le XIIe siècle, « nous verrons qu'elle fut constamment moins heureuse. » Et dans un autre endroit, « Pour être juste », dit-il, « il faut convenir qu'aux » époques où l'art fut totalement anéanti partout ailleurs, et lorsqu'il n'en- » fanta plus que des productions monstrueuses, à compter du IVe et du » Ve siècle, il ne cessa pas de conserver dans la Grèce un vague souvenir » des principes qui avaient fait sa gloire si long-temps, et qu'il y a montré » constamment dans le dessin quelques restes des belles formes, dans l'or- » donnance une louable conformité avec les règles suivies par les anciens. » Ce que M. d'Agincourt dit de la sculpture et de la peinture, on peut le dire aussi de l'architecture. Saint-Marc en fournit la preuve : quoiqu'on y trouve la manière de construire des Grecs mêlée à celle des Orientaux, il y a cependant plus de sagesse dans la composition et dans le style que dans les églises élevées dans d'autres pays à la même époque et par d'autres architectes que des Grecs. On les retrouve encore dans la cathédrale de Pise, construite en partie de débris de temples grecs en 1063. Quoi qu'ait pu alléguer M. Cicognara contre M. Émeric David, il n'a peut-être pas encore prouvé d'une manière irréfragable que Buscheto, l'architecte de cette belle église, ne fût pas Grec de Constantinople, et ses raisonnemens ne détruisent pas les faits positifs cités par les auteurs italiens et même pisans, qu'a rapportés, à l'appui de son opinion, M. Émeric David, dont les *Recherches sur l'art statuaire* ont souvent été très-utiles à M. le comte Cicognara, qui y a puisé quelques idées mères et fondamentales, que, du reste, il a développées avec talent, et dont il a fait un brillant emploi.

Tandis que Suger, en 1140, faisait à Saint-Denis une nouvelle église de celle qu'avait élevée avec tant de pompe le roi Dagobert, on construisait la cathédrale de Sienne, édifice de la plus grande élégance, qui fut fini en 1160 ; mais, ayant été refaite en grande partie en 1322, elle doit avoir éprouvé de grands changemens et être très-différente de ce qu'elle était au XIIe siècle. En 1220, Robert de Luzarches (mort en 1289) donna la plus grande preuve de ses talens par la construction de la cathédrale d'Amiens (1), sans contredit l'une des plus belles productions de l'architecture

(1) Elle fut continuée par Thomas Cormont, et finie par son fils en 1269.

gothique tant par son plan, sa grandeur, que par la richesse de ses ornemens et de ses sculptures, et qui peut certainement, de toutes manières, être opposée à Saint-Antoine de Padoue, commencé en 1271 (1) par le célèbre Nicolas de Pise. Ce ne fut qu'en 1290 que fut construite l'église d'Orvieto par Lorenzo Maitani; et, quoiqu'il y ait des parties très-remarquables, il s'en faut bien, si l'on s'en rapporte à Milizia, que l'on puisse la comparer pour la grandeur et la beauté, de même que l'église de Sienne, à la cathédrale d'Amiens, que cet auteur, sévère dans ses jugemens, met au premier rang parmi les églises gothiques. Sous S. Louis, Jean de Chelles (2), Pierre de Montereau (3) et Eudes de Montreuil (4), élevèrent plusieurs belles églises, surtout à Paris, et ils ajoutèrent plusieurs parties à Notre-Dame, qui ne fut terminée qu'en 1351, par Jean Ravy. Les architectes français de cette époque et les églises qu'on leur devait, eurent sans doute une grande renommée, puisque, vers la fin du XIII.e siècle, Étienne de Bonneville et dix autres architectes de Paris furent appelés à Upsal pour y bâtir l'église de la Trinité sur le modèle de Notre-Dame, qui méritait bien d'être imitée; car certainement c'est un des gothiques les plus beaux et des mieux entendus, et sa sculpture offre, dans les ornemens et même dans les figures, des détails traités avec une grande délicatesse et avec assez de vérité : aussi Milizia en fait-il un grand éloge, ainsi que de la disposition de son plan. On doit encore ajouter à la gloire des architectes français, que ce furent eux seuls qui construisirent ces superbes monumens, et que plus d'une fois dans les autres pays, et même en Italie, on eut recours à des talens étrangers pour élever les plus belles églises, dont plusieurs sont moins anciennes que celles de France.

On peut donc croire avec raison qu'aux époques qui suivirent la chute de l'empire dans l'Occident, et lorsque les arts étaient encore enveloppés de ténèbres, un jour plus pur ne brillait pas sur l'Italie, et que, malgré les exemples que lui offraient en foule les monumens antiques qui de toutes parts embellissaient son sol, malgré la pureté de son ciel, malgré la douceur de son climat, elle était loin d'être restée la terre classique des beaux-arts, et que, sur ce point, elle ne l'emportait guère sur la France. De même que ce ne fut pas chez elle que naquirent les arts qui l'illustrèrent autrefois, mais qu'ils y furent transplantés de la Grèce et de l'Orient, de même, dans les temps qui précédèrent et préparèrent leur renaissance en Italie, au

(1) Cette église n'a été finie qu'en 1307, et la coupole en 1424.

(2) Jean de Chelles fit le portique qui sert d'entrée à Notre-Dame du côté de l'archevêché.

(3) Pierre de Montereau fut l'architecte de la première chapelle de Vincennes, et il refit en partie l'ancienne église de Saint-Germain des Prés; c'est à lui aussi que l'on doit la Sainte-Chapelle de Paris. Il est mort en 1266.

(4) Eudes de Montreuil, qui suivit S. Louis en Orient, fortifia la ville et le port de Jaffa. Dans le nombre des églises qu'il fit à Paris, on citait celles de Sainte-Catherine du Val des Écoliers, de l'Hôtel-Dieu, de Sainte-Croix de la Bretonnerie, des Blancs-Manteaux, des Mathurins, des Chartreux, des Cordeliers : cette dernière église, construite en 1262, fut brûlée en 1580, et rebâtie de 1582 à 1606. Eudes de Montreuil est mort en 1289.

xv.ᵉ siècle, ce furent encore des circonstances heureuses pour elle, désastreuses pour la Grèce, qui y firent refluer les artistes grecs chassés de leur patrie, et qui reconnurent l'asile que leur donnait l'Italie en y important leurs connaissances, leurs arts, et les dernières étincelles de cette flamme céleste qui

> Leur donna chez les Grecs cette hauteur divine
> Où jamais n'atteignit la faiblesse latine.

On est autorisé à s'exprimer ainsi sur l'Italie ancienne, lorsqu'on voit le peu d'artistes célèbres qu'elle a produits, tandis que toutes les écoles de la Grèce lui étaient ouvertes, et qu'elle s'était enrichie de ses chefs-d'œuvre et peuplée de ses artistes. Les arts ne trouvèrent pas dans ce sol étranger cette séve vigoureuse qui, dans leur première patrie, leur avait fait produire de si beaux fruits; ils eurent beaucoup de peine à s'y naturaliser. Exercés presque exclusivement par des Grecs, ils restèrent pendant long-temps grecs. Les fiers vainqueurs du monde, dédaignant ces arts qui avaient embelli leurs victoires, préféraient à la gloire et au plaisir de les exercer, la vanité de les asservir et de les payer. Il faut qu'il y ait eu bien peu d'artistes italiens, puisque Pline, dans sa nombreuse nomenclature, n'en nomme que quelques-uns, dont aucun ne peut être mis en comparaison avec les talens les plus ordinaires de la Grèce. Ainsi, dans les anciens temps, les arts, entièrement grecs en Italie, y déclinèrent plutôt qu'ils n'y profitèrent; et, malgré la douce influence de son heureux climat, ils n'y échauffèrent pas le génie au point de faire égaler les modèles grecs que les Romains avaient enlevés par ostentation et comme trophées de la victoire, plutôt qu'animés à ces brillantes conquêtes par l'enthousiasme que leur inspiraient ces chefs-d'œuvre. Dans le moyen âge, ce fut encore plus au voisinage et aux souvenirs de la Grèce qu'aux inspirations des Italiens que les arts durent de se réveiller de leur long assoupissement. La Grèce, malgré sa faiblesse, mit à l'Italie le ciseau et le pinceau à la main, et, quoique marchant elle-même d'un pas mal assuré, elle lui servit de premier guide pour sortir de la barbarie, et lui apprit à mieux voir, à mieux sentir. Si les Italiens ont depuis laissé loin derrière eux leurs maîtres, peut-être auraient-ils encore mieux atteint le but dans la carrière des arts, s'ils n'eussent fait que perfectionner les principes qu'ils avaient reçus d'eux, et si, voyant la nature avec des yeux plus grecs, ils l'eussent toujours imitée avec leur première simplicité.

La plupart des églises sur lesquelles nous venons de jeter un coup-d'œil, étaient construites ou très-avancées, lorsque Charles V monta sur le trône, en 1364. Son règne fut très-favorable à l'architecture et à la sculpture. Ce sage roi en avait le goût; il aimait la magnificence et protégea les arts, qui ajoutent à sa valeur et lui donnent une véritable beauté. Ainsi que ses prédécesseurs, il éleva de belles églises, entre autres celle des Célestins à Paris, à laquelle il prodigua ses soins, et qu'il se plut à décorer avec luxe. Servant, pendant plusieurs siècles, de sépulture à une foule de personnages distingués, elle était devenue très-remarquable par la quantité de ses tombes et de ses mausolées; les monumens et les inscriptions de cette vaste église étaient, pour ainsi dire, un musée funèbre et les archives des plus anciennes familles de Paris : depuis long-temps elle n'existe plus. Mais Charles V ne se borna pas à construire des églises ; il agrandit et embellit plusieurs demeures royales, qui, par leur petitesse et le peu de commodité qu'elles offraient, ne convenaient plus, depuis les progrès de l'architecture, à l'habitation des rois de France. De nouveaux châteaux s'élevèrent, entre autres Creil, la Bastille, qui fut un château fort en même temps qu'une maison de plaisance, long-temps avant de devenir prison d'état. Charles V augmenta beaucoup Vincennes, dont il termina quelques parties, telles que le donjon, à partir du troisième étage. C'était un des châteaux qui, par la pureté de l'air et par la beauté de ses bois, plaisaient le plus à Charles V et à plusieurs de ses successeurs : aussi pendant long-temps en ont-ils fait leur séjour de prédilection ; et Vincennes excitait l'admiration non-seulement des Français, mais même des princes étrangers. D'après ce que rapportent les auteurs, sans nous donner cependant aucun détail, il paraît que le château de Beauté, que Charles V fit bâtir dans le bois de Vincennes, était la plus agréable de toutes les maisons royales. Il n'en reste plus aucune trace ; mais on sait que ce château avait été donné par Charles VII à la belle Agnès Sorel, qui, de toutes manières, mérita d'être nommée *Dame de Beauté*, et qui y mourut en 1450. Parmi les édifices construits par Charles V, il y a lieu de croire que l'hôtel Saint-Paul tenait le rang le plus distingué, et qu'il fut le plus considérable, peut-être même le plus magnifique. On peut en juger par ce que rapporte Sauval de la grandeur immense et de la richesse de ses appartemens, de ses jardins et de tout ce qui en dépendait. C'était là qu'avaient lieu les grandes réceptions et les fêtes d'apparat ; ce qui l'avait fait appeler *l'hôtel solennel des grands ébattemens*. Cet hôtel, qui en contenait plusieurs autres, occupait un vaste espace depuis la rue Saint-Antoine jusqu'au quai des Célestins. Détruit en 1516, il n'existe plus rien de son ancienne magnificence, et l'on n'en retrouve des traces que dans les noms de plusieurs rues de ce quartier, qui rappellent les édifices, les jardins, les vergers, la ménagerie de l'hôtel Saint-Paul. Les autres châteaux bâtis par Charles V ont éprouvé le même sort ; il ne subsiste plus que quelques parties de Vincennes et du Louvre, et la solidité de ces monumens prouve que si les travaux exécutés par ce monarque n'avaient pas été attaqués par la main des hommes, ils auraient bravé les efforts du temps.

Pour pouvoir établir le plan du Louvre tel qu'on peut présumer qu'il existait sous Charles V, il est nécessaire de commencer par en donner les mesures principales conservées par Sauval, qui les avait recueillies dans les *Œuvres royaux*, où il avait trouvé assez de détails pour pouvoir se flatter de parvenir, par leur secours et avec ce qui restait du Louvre à son époque, à le restituer et à en dresser le plan. Il n'a pas tenu ce qu'il avait promis, ou du moins ce plan n'existe pas dans son ouvrage : mais, en réunissant les matériaux qu'il a laissés épars, et en les confrontant avec les inductions que l'on peut tirer de ce qui subsiste encore, on rassemblera des données suffisantes pour reconstruire l'antique demeure de nos rois, ou du moins pour en donner une idée qui ait l'apparence de la vérité.

ET LES TUILERIES.

Il s'agit d'abord de fixer les limites de l'enceinte du Louvre, que nous donne non-seulement Sauval, mais que l'on trouve indiquées dans plusieurs anciens plans de Paris. Si les rues qui bornaient le château de quatre côtés, ne sont pas absolument les mêmes qu'autrefois, cependant les changemens qu'elles ont subis dans leurs alignemens, n'ont pas fait disparaître entièrement leur première direction, qu'il est facile de retrouver telle que l'offrent le plan de la tapisserie et celui de l'abbaye Saint-Victor.

A l'ouest (*voyez* planche 8 B), le Louvre, ou du moins les bâtimens et les basses-cours qui en dépendaient de ce côté, s'étendaient jusqu'à la rue Froidmanteau, qui sous Philippe-Auguste était encore hors de l'enceinte de Paris, mais qui sous Charles V, y ayant été renfermée, allait jusqu'à la Seine en changeant plusieurs fois de direction. Au nord, les maisons de la rue de Beauvais, qui passait sur la place actuelle de l'Oratoire, bordaient les jardins du Louvre, où venaient aboutir la rue du Chantre, celle du Champ-fleuri, aujourd'hui de la Bibliothèque, et la rue du Coq, alors de Richebourg, qui, dans sa largeur, n'occupait pas en entier tout le terrain de celle d'aujourd'hui. Ces rues étant toutes hors de l'enceinte de Philippe-Auguste, il n'en est pas question dans Guillot. Sous ce roi, la rue d'Osteriche (continuation de la rue de l'Oratoire) était en dedans des murs de Paris; et sous Charles V, lorsqu'on les eut reculés, les basses-cours du Louvre les remplacèrent, et elles longèrent cette rue d'Osteriche. De là jusqu'à la rue Froidmanteau, on trouve dans le plan de Jaillot, qui passe pour exact, et dans d'autres, environ 100 toises, et il y en avait à peu près autant du bord extérieur du fossé du château vers le midi jusqu'à la rue de Beauvais. Telles étaient alors les limites du Louvre, qui cependant ne remplissait pas tout cet espace. L'emplacement qu'il occupait avec ses dépendances, n'était pas tout-à-fait carré; mais il ne s'en fallait que de quelques toises. Sa longueur était dans le sens de la Seine, et sa largeur allait des fossés de ce côté vers la rue de Beauvais. On peut regarder comme des plans imaginaires ceux qu'a publiés le commissaire de la Mare dans son grand et intéressant ouvrage sur la police de Paris. La disposition qu'il assigne au Louvre, est même fausse : il a interverti la longueur avec la largeur, et il place dans ce château deux cours; ce qui ne se trouve dans aucun ancien plan, et ne peut être appuyé sur aucune autorité, ni justifié par l'inspection des localités.

Sauval, toujours d'après les *Œuvres royaux*, donne au Louvre 61 toises $\frac{3}{4}$ de long sur 58 $\frac{1}{2}$ de large. On pourrait croire, au premier aperçu, que ces dimensions sont celles du corps de ce château; mais, en opérant, le compas à la main, et en discutant les autres mesures, on voit qu'il s'agit de la longueur et de la largeur comprises entre les angles des murs de revêtement des fossés. Ce qui le prouve sans réplique, c'est que Sauval, qui rapporte de grandes étendues à moins d'un pied près, dit que les fossés de la face principale, qui était du côté de la rivière, et ceux du côté opposé, avaient 60 toises de long, et les deux autres, 57. Il faut donc que les mesures citées plus haut aient été prises des bords du fossé; car, si c'eût été celles de la masse du château, les fossés se seraient trouvés moins longs que les édifices qu'ils bordaient, tandis que leur longueur devait comprendre celle des bâtimens, et en outre la largeur des fossés de chaque côté. S'ils n'ont pas en longueur les 61 toises $\frac{3}{4}$, et en largeur les 58 toises $\frac{1}{2}$ de l'enceinte, c'est évidemment parce qu'il y avait, dans les angles, des tourelles ou des guérites, pl. 8 B *, +, qui diminuaient ces dimensions que les *Œuvres royaux* prenaient pour la longueur et la largeur totales, en dehors de ces tourelles, et en dedans pour la mesure qui restait aux fossés. C'est ce qu'expliquent dans le plan les lignes ponctuées * - + et * - * *. Ces fossés étaient à fond de cuve; c'est-à-dire qu'ils se rétrécissaient par le bas, ainsi que ceux du château de la Jalousie, dans le roman de *la Rose*, vers 3820 : ce qui venait du fruit considérable qu'on donnait aux fortes murailles de ce temps-là, qu'on faisait beaucoup plus larges par le bas; on voit encore ce talus aux murs des fossés du donjon de Vincennes. Il est aussi indiqué dans les plans du château de Couci; on le retrouve au château des d'Harcourt à Lillebonne, et dans d'autres édifices de cette époque.

Avant d'entrer dans le Louvre, portons nos regards sur ses dehors. Je ferai observer, d'après Sauval et d'anciens plans, qu'il y avait près de la Seine, du côté de Paris, une porte appelée *la porte du Louvre*, parce qu'elle conduisait à la principale entrée de ce château, qui donnait alors sur la Seine. Cette porte, pl. 8 B-H, servait en même temps de défense; elle était flanquée de tours et de tourelles. On ne saurait mettre en doute que, sous Philippe-Auguste, ce ne fût une entrée de Paris : elle s'appuyait à la forte tour que ce prince avait élevée sur le bord de la rivière, et elle conserva cette disposition lorsque Charles V eut renfermé son palais dans l'enceinte de la ville. Cette tour, connue sous le nom de *tour du coin sur la Seine devers Paris*, sans rien forcer dans les dispositions de mon plan, s'y trouve placée comme dans celui de la tapisserie, et vis-à-vis celle de Nesle, dont j'ai indiqué l'alignement par un trait ponctué : ce n'est qu'après avoir tracé mon dessin, et pour en vérifier l'exactitude, que j'ai cherché quelle était la ligne d'axe de la tour de Nesle, et elle s'est trouvée tomber juste sur le milieu de cette tour du coin.

Parmi les tours les plus célèbres du Louvre et de son enceinte, il est question de celle du *Vindal*, dont on ne désigne pas la place, et sur le nom de laquelle on ne s'explique pas. On sait seulement que c'était une des plus considérables, qu'elle était sur le bord de la Seine, et attachée à une des basses-cours du Louvre. Le plan de l'abbaye Saint-Victor offre un indice de cette disposition dans la tour qui tient à la porte du Louvre vers Paris. J'en ai profité, et je croirais volontiers que cette tour du coin était en même temps celle du *Vindal*, et que ce mot d'ailleurs, qui peut avoir été corrompu ou mal écrit dans les manuscrits, était le même que celui de *vindas*, par lequel on désignait un treuil ou un cabestan. Il se pourrait alors que ce fût dans cette tour du Vindal qu'on avait placé la prise d'eau pour remplir les fossés du Louvre. Cette tour, par sa position, se trouve au-dessus du courant par rapport aux fossés; et il est assez naturel que, pour pouvoir être maître des eaux et les distribuer à volonté, on ait fait aboutir dans une forte tour le conduit souterrain qui les portait aux fossés du château, et qui pouvait avoir la direction que j'indique par un trait ponctué. Cette tour était très-importante; car en 1411 un comte de Nevers en était concierge. On peut raisonner de même pour retrouver *la tour de l'écluse*, qui retenait les eaux : elle devait être au-dessous du courant de la Seine, eu égard aux fossés; et il est à présumer que parmi les tours qui, sur les anciens plans, bordent la rivière vis-à-vis le Louvre, c'était celle qui était le plus à l'ouest et vers laquelle se dirigeait le conduit souterrain que j'ai tracé de + en K. Il serait aussi très-possible, et peut-être mieux, sans rien changer aux mesures établies, de changer la tourelle + en une plus forte tour basse, qui serait alors celle de l'écluse, et qui remplirait la destination qu'il est convenable de lui supposer. La tour du Vindal, qui contenait et protégeait la prise d'eau, devait être sur le bord de la rivière; celle de l'écluse pouvait, sans inconvénient, être sur le fossé. Sous Charles VI, en 1391, elle servit de prison à Hugues de Salluces.

En descendant la rivière, la ligne des fortifications de l'enceinte offrait la tour du bois, qui n'a pas pu entrer dans mon plan, et qui, entourée de fossés et très-forte, servit de prison d'état jusqu'en 1382 qu'elle fut détruite par Charles VI, qui l'avait fait élever la première année de son règne. Elle terminait de ce côté l'enceinte des murs de Charles V. D'après le plan de Saint-Victor, gravé par d'Heulland, il y aurait eu en K une porte, qui devait être la Porte-Neuve, et qui conduisait à Paris, le long de la Seine, et en dehors du mur d'enceinte du Louvre. Le plan de la tapisserie ne donne pas tout-à-fait cette disposition : mais elle est probable et conforme au système de fortification de cette époque; on se trouvait par-là forcé, pour entrer au Louvre, de faire un long circuit, et de passer par la porte vers Paris. Le château était plus isolé. Il avait même, dans cette partie, une double enceinte; car, dans les plans, à côté de cette principale porte, on en voit une autre plus petite, L. La grande porte H tenait à une des basses-cours du Louvre, et peut avoir particulièrement été destinée au service du château, tandis que l'autre était pour les personnes qui venaient de la campagne. D'ailleurs, un coup d'œil jeté sur les anciens plans et sur l'état actuel du terrain du jardin de l'Infante fait reconnaître qu'il y eut toujours là une différence de niveau, et il est à croire que la partie le long de la rivière était dominée par celle qui était plus près du château. Pour établir cette double enceinte, on profita de l'élévation qu'avait le terrain au-dessus du reste de la rive, beaucoup plus basse alors qu'elle ne l'est aujourd'hui. On se rappelle que, lorsque l'on construisit le pont des Arts, on fut obligé de relever le quai de huit à neuf pieds. Parmi les jolies vues des rives de la Seine gravées avec tant d'esprit par Israël Silvestre sous Louis XIV, il y en a plusieurs où l'on retrouve cette élévation du terrain sur le bord de la Seine, avec des restes de murs et de tours. Je croirais cependant volontiers que cette élévation n'existait pas ainsi du temps de Philippe-Auguste, ou qu'elle allait en talus jusqu'à la Seine; car on ne la voit pas indiquée dans le tableau de Saint-Germain des Prés, où, du reste, par un défaut de perspective, le Louvre est trop près de la Seine; et l'on sait que sous ce roi il y avait devant l'entrée du château, de ce côté, un grand terrain, libre de constructions, qui allait jusqu'à la Seine, et où se faisaient des joutes. Ce sera Charles V qui, s'aidant de la disposition du terrain, l'aura relevé pour y faire des jardins et établir sa double enceinte. On l'aura bordé de demi-tours creuses très-basses, M, qui ne servaient en grande partie qu'à soutenir les terres, quoiqu'elles entrassent aussi dans le système de défense comme des espèces de bastions. Des vues prises par Silvestre sur ce bord de la Seine offrent des tours très-basses qui peuvent avoir été de ce genre, et des restes des anciennes.

Des plans indiquent aussi qu'à la tête du pont du Louvre, de ce côté, il y avait encore une porte, P, qui en défendait les approches. C'était ainsi que celui du donjon de Vincennes était fortifié; et ordinairement la porte, au lieu d'être en face de celle d'entrée, était pratiquée dans un des côtés de cet ouvrage avancé. Ce château, bâti, de même que la Bastille, par Charles V, devait, dans sa construction et dans plusieurs de ses dispositions, avoir beaucoup de rapport avec le Louvre. A cette porte fortifiée venaient se joindre, à droite, les petits jardins du Roi et de la Reine *devers la rivière et devers Saint-Nicolas*, O, P; ils suivaient sans doute les contours des fossés, qui alors les séparaient du Louvre. Il est à remarquer qu'il y a toujours eu des jardins dans cette partie, dont l'exposition au midi leur était favorable; et l'on verra que ceux d'aujourd'hui sont sur le même emplacement que ceux de Charles V et de Jeanne de Bourbon. En combinant le plan du Louvre, tel qu'il pouvait être à cette époque, j'ai cherché à représenter cette partie importante de l'enceinte, de manière à être d'accord avec les indications vagues des plans, avec ce que rapportent les auteurs, et avec les inductions que l'on peut tirer des peintures des anciens monumens français du xive siècle. Mais, dans un sujet où l'on n'est appuyé que par des documens très-incomplets et très-peu certains, il y aurait eu de la témérité à vouloir entrer dans tous les détails. Je me borne à la masse du plan de ces portes, quoiqu'il soit possible, sans trop se hasarder, d'en indiquer la distribution. On sait qu'outre la porte principale il y avait encore en arrière ou une herse ou des guichets, et que, lorsque la première entrée était forcée, on pouvait encore opposer de la résistance en laissant tomber la herse. Cette sorte de clôture était aussi fort en usage chez les anciens; il s'en retrouve des traces positives dans la principale porte d'enceinte de Pompéi, où se voient encore les coulisses dans lesquelles glissait la herse. Plusieurs anciens châteaux en ont conservé de pareilles, et l'on en remarque tous les détails dans une porte de Château-Thierry, de très-ancienne construction. Il est d'ailleurs impossible de ne pas les reconnaître dans celles que Guillaume de Lorris donne au château de la Jalousie, lorsqu'il dit, vers 3839 :

> Si a bonnes portes *coulans*
> Pour faire ceus de fors doulans,
> Et por eus prendre et retenir,
> S'il osoient avant venir.

Les fossés du Louvre n'étaient pas tous de la même largeur; ce dont s'étonne Sauval, et ce qui cependant s'explique facilement si l'on fait attention à leur position. Celui de la façade principale, Q, n'avait que cinq toises et demie, sans doute à cause du voisinage de la rivière, de la double enceinte, et pour laisser plus de place aux jardins. Dans la partie orientale, les murs de Philippe-Auguste, très-rapprochés du Louvre, s'étaient opposés à ce qu'on donnât au fossé, Q', de ce côté, plus de six toises deux pieds; lorsqu'ils furent abattus, on ne l'élargit pas, afin de conserver entre ce fossé et la rue d'Osteriche, qui fut mise à découvert, assez de terrain pour établir les tours et les bâtimens qui faisaient partie de ce qu'on appelait *les basses-cours*, R, où se trouvait réuni, à la portée du château, tout ce qui dépendait du service.

De même que des habitations de campagne ou de belles fermes, les palais de nos rois renfermaient alors tout ce qui pouvait servir à l'entretien de la maison et de la table du Roi. Elle était ordinairement frugale. Charles V buvait du vin de son cru, que lui fournissaient ses treilles ou ses vignes du château de Beauté près de Vincennes, du Louvre, du Palais dans la Cité, de l'hôtel Saint-Paul, dont le vignoble et les vergers, plantés par Charles V, ont été remplacés par les rues de Beautreillis et de la Cerisaie. Il y avait aussi des vignes aux Tournelles, dont le jardin, de vingt arpens, appartint depuis au chancelier de France Pierre d'Orgemont. Les domaines envoyaient le gibier, la volaille que l'on engraissait dans le Louvre. Aussi trouvait-on dans les basses-cours les galliniers ou poulaillers, la saucerie, l'épicerie, le bûcher, le charbonnier, le garde-manger, l'endroit où l'on faisait l'hypocras, la bouteillerie ou l'échansonnerie, les celliers ou la cave, la paneterie ou la boulangerie, la pâtisserie, le fruitier, dépendances qui devaient tenir aux cuisines et aux offices. L'écurie, la fauconnerie, la vénerie, la maréchaussée et tout ce qui avait rapport à la chasse, avaient aussi leurs basses-cours; et l'on cite la tour de la fauconnerie, ainsi que celle de la taillerie, où se confectionnait vraisemblablement et se conservait, de même que dans la lingerie, la fourrerie, la pelleterie et la lavanderie, une partie de ce qui concernait la garde-robe du Roi et de la Reine. Des officiers, dont les places devinrent des charges très-importantes, étaient capitaines ou gouverneurs de toutes ces tours, qui, de même que les autres, faisaient partie des fortifications du Louvre. On a vu de très-grands personnages revêtus de ces commandemens. C'étaient eux qui avaient la direction du détail de tous ces différens services; ils réglaient les distributions que l'on faisait en vin, en pain et en autres comestibles, aux commensaux du Roi, ou, comme s'exprime Christine de Pisan, à ceux qui recevaient leurs vivres *de la maison le Roy, du tonneau le Roy.* Par un manuscrit de 1313, qui donne toutes les rues de Paris, et auquel j'aurai plus tard l'occasion de revenir, on voit cependant que toutes les personnes attachées au service du Roi et des princes ne logeaient pas au Louvre, ni même dans les basses-cours; et l'on trouve, entre autres, que des *queux*, ou cuisiniers, de la Reine de Navarre et d'autres princes, avaient leurs demeures dans la rue du Champfleuri et dans d'autres rues près du Louvre.

Les plans ne nous offrent aucun document sur la distribution de la partie du Louvre qui renfermait les basses-cours, quoiqu'on en trouve une légère trace dans celui de Quesnel. Les détails dans lesquels entre Sauval, ne peuvent même nous éclairer sur ce point, puisqu'il n'indique pas les localités. Il paraît certain, d'après les plans, que ces basses-cours s'appuyaient vers le nord à une tour, S, et à des restes des murs de Philippe-Auguste. La basse-cour du côté de l'hôtel du Petit-Bourbon était une des principales; et la plus grande, vers la rue d'Osteriche, avait huit toises de long sur sept toises deux pieds et demi de large. Il y en avait de très-petites; ce dont on peut juger par des plans d'anciens châteaux, où elles n'ont que quelques pieds de large et de long. Je n'ai pas cru devoir ni même pouvoir assigner positivement la place et la forme de toutes ces basses-cours et de leurs tours; et la disposition que j'ai hasardée, sans en donner de détails, ne sert qu'à montrer que l'étendue de terrain entre la rue d'Osteriche et le fossé du Louvre suffisait pour les contenir.

Du côté du nord, on avait eu le champ libre pour donner au fossé Q" une plus grande largeur. Il n'est pas probable que la rue de Beauvais, dont il est question au XIII.ᵉ siècle, ait existé sous Philippe-Auguste. Il est à croire qu'elle se sera formée lorsque, ce prince ayant donné au Louvre plus d'importance que ses prédécesseurs, on aura peu à peu construit dans la campagne des maisons auprès du château, et le nom de *Byauvoir* ou *Beauvoir* que porta d'abord cette rue, dut lui venir des jardins sur lesquels elle donnait et qui lui offraient une belle vue; son nom même serait une preuve que cette rue ne fut établie qu'après les jardins. Dans tous les cas, étant hors de Paris, ainsi que celles qui venaient la rejoindre, telles que les rues du Coq, du Champ-fleuri, qui traversaient des prés, elle était peu importante, et laissait d'ailleurs entre elle et le Louvre assez d'intervalle pour qu'on ait pu donner au fossé huit toises de largeur, et le border extérieurement d'un jardin, T, qu'on appelait *le grand Jardin* ou *le grand Parc*. Depuis une des tours, S, de l'enceinte de Philippe-Auguste, il s'étendait tout le long du fossé, et formait même un retour de six toises sur celui qui était du côté de la rue Froidmanteau. C'est ce qui est rapporté par Sauval d'après les *Œuvres royaux*, et on le trouve d'accord avec les indications conservées par les plans. Ainsi l'on s'est singulièrement mépris, lorsqu'on a cru que ce jardin n'avait que six toises et demie de long sur six de large. En ne lui supposant que ces dimensions, comment eût-il pu contenir les distributions dont Sauval nous a transmis les détails, et qu'on a de la peine à y faire entrer en lui donnant même beaucoup plus d'étendue? ce qui est très-admissible; car cet auteur désigne bien les limites de ce jardin du côté de la rue Froidmanteau et vers l'église de Saint-Honoré, mais il ne s'explique pas aussi clairement sur sa largeur entre le fossé du Louvre et la rue de Beauvais, dont on connaît l'emplacement d'une manière positive. Elle était au moins à 30 toises du fossé; et, en admettant que les maisons, du côté du Louvre, en fussent d'une grandeur convenable, qu'il y eût même de petits jardins, et que le tout occupât une quinzaine de toises, il en serait resté encore plus de quinze pour la largeur du grand jardin du Louvre sous Charles V. C'est à peu près la largeur que je lui ai donnée; mais il se pourrait qu'elle fût plus considérable, et que le mur du jardin eût fait un des côtés de la rue de Beauvais.

Ce prince aimait beaucoup les fleurs, les fruits, le jardinage, et il est probable qu'ainsi que Childebert, il s'amusait souvent à enter ses pommiers. Aussi son jardin du Louvre, de même que celui de l'hôtel Saint-Paul et les autres, était-il rempli d'arbres fruitiers de toutes les espèces que l'on cultivait alors, tels que des cerisiers de plusieurs sortes, des poiriers, des pruniers, des figuiers et d'autres, sur lesquels Sauval donne des détails, en en marquant même les prix; et il paraît que c'était au Pont-au-Change que se trouvait le marché aux arbres et aux fruits. Le potager était très-bien fourni de légumes; il y croissait toute sorte de fleurs, soit en plates-bandes et en bordures, soit en carreaux: on aimait beaucoup alors le romarin, la sauge, la marjolaine, la lavande, la giroflée, les roses. Il y avait aussi de grandes treilles disposées en tonnelle et en pavillon, dont les treillages en losange étaient ornés de fleurs de lis. Ceux des coins étaient alternativement ronds et carrés, terminés par une espèce de clocher surmonté d'une boule dorée et d'une girouette aux armes de France. Il fallait qu'ils fussent assez grands, puisqu'ils renfermaient des bancs de gazon, des sièges, et un préau ou gazon. Au milieu du jardin jaillissait une fontaine, et probablement un jet d'eau. On y voyait aussi une grande volière d'oiseaux rares, et surtout de tourterelles et de perroquets ou *papegauts*, pour lesquels Charles V avait une grande prédilection : aussi avait-il à l'hôtel Saint-Paul une superbe cage octogone en fil d'archal, peinte en vert, pour son perroquet, et on l'appelait *la cage au papegaut du Roi* (1). Un *sauvoir* ou vivier servait à conserver le poisson en abondance. Ce n'était pas seulement sous le rapport de l'agrément que ce jardin était soigné; mais, ainsi que nous l'avons vu, il était d'un grand secours pour la table du Roi. Je ne puis m'empêcher de faire remarquer que la description de ces jardins a beaucoup de rapport avec celle que Pline le jeune nous donne de son *Laurentum*, et qui se trouve confirmée par les peintures de Pompéi qui offrent des jardins. Dans un très-petit espace, ce ne sont que bosquets, des ifs, des cyprès et d'autres arbres taillés et alignés, des statues et des vignes, de petites allées droites enfermées dans des bordures de buis de toute sorte de formes, et qui laissent à peine la place pour se promener; ce qui n'empêchait pas Pline et Charles V d'être contens de leurs jardins.

Du côté de la rue Froidmanteau, le terrain, libre en partie, avait permis de s'étendre : aussi le fossé Q''' avait-il 7 toises de largeur, et l'on verra plus bas que j'ai eu des raisons d'en courber la direction à l'extrémité du côté de la Seine. C'était là, selon Sauval, que se trouvaient placés les établissemens de l'artillerie, U, composés d'une basse-cour où étaient un hangar, a, pour les pièces de canon, un *ouvroer*, b, ou atelier de l'artillerie, un pavillon de 7 toises en carré, c, et du logement, d, du maître de l'artillerie, qui avait un jardin et des étuves ou des bains. Sa maison, près de la rue Froidmanteau, avait 14 toises de long sur 4 de large : du moins elle était ainsi en 1391; et en 1430 on démolit un hôtel, de sept travées de face, à un étage, situé du côté de la rue Siant-Thomas. En distribuant tout cet ensemble

---

(1) Sauval, t. II, p. 28.

d'édifices ainsi que je l'ai fait dans mon plan, je ne prétends pas que la disposition n'en puisse pas être autrement combinée ; mais il suffit que celle que je donne ne soit pas improbable, et l'on trouve à placer, sans que rien s'y oppose, les basses-cours vers la rivière, e, celles de Saint-Thomas, f, de la rue Froidmanteau, g, et celle qu'on nommait basse-cour de Saint-Thomas du Louvre et de la rue Froidmantel. C'était dans l'arsenal de l'artillerie que l'on fabriquait et que l'on conservait des armes de toute espèce, telles que sajettes, viretons, gairots, arbalètes à tour, et les grands et petits *engins*, ou machines de guerre, dont on trouve le détail dans Sauval, qui cite plusieurs actes, dans un desquels on voit que, parmi les personnes attachées à l'arsenal et qui y logeaient, il y avait une *empenneresse*, ou femme chargée d'empenner ou de garnir de plumes les flèches des arcs et des arbalètes. Depuis l'invention ou l'usage habituel de la poudre, on en fabriqua et l'on fondit des pièces dans cet arsenal, où François Ier en réunit une grande quantité.

Sauval, parmi les tours du Louvre, en nomme deux qui étaient faites *en fer de cheval*. Il y en avait une qui donnait dans l'artillerie, et l'autre vers le grand jardin ; mais il n'en indique pas la place. Il est à croire que ces tours devaient leurs noms à leur forme allongée, circulaire d'un côté, carrée de l'autre. On en voit une de ce genre dans le plan du château de Couci. Vers le dehors, elles pouvaient probablement servir de défense ; et vers l'intérieur, par leurs formes et ayant plus de développement qu'une tour ronde, elles offraient plus de commodité pour le logement. Quoique nous n'ayons pas de données positives pour placer ces tours, je crois pouvoir en mettre une dans la basse-cour de l'artillerie en I ; rien ne s'y oppose, et elle s'ajusterait même assez bien avec le reste des édifices. Quant aux tours de l'Orgueil et de l'Estang, rien ne m'offrant de conjectures sur leur situation et sur leur destination, je me borne simplement à les nommer. Près de l'artillerie, deux autres tours, d'après leur position, se nommaient, l'une, la tour de la basse-cour près Saint-Nicolas, et l'autre, la tour du coin vers Saint-Thomas, et pouvaient être où je les ai placées, en k et en l. Toutes ces tours, qui formaient les fortifications avancées du Louvre, avaient leurs capitaines particuliers, dont l'importance dépendait de la grandeur du terrain qu'ils commandaient et du poste qu'ils avaient à défendre.

A l'extrémité nord du fossé, vers la rue Froidmanteau, on avait, dès 1333, placé entre cette rue et le grand jardin une ménagerie ou maison des bêtes ou des lions, m ; depuis elle fut entretenue, et existait encore sous Henri III. Ces établissemens firent toujours partie du luxe des maisons royales. Des animaux rares, amenés à grands frais des pays lointains, servaient de spectacle par leur beauté et par leurs combats. On sait que Charles V avait encore une autre maison des grands et des petits lions dans son hôtel de Saint-Paul, et que c'est sur l'emplacement de cette ménagerie qu'a été percée la rue des Lions. On ne peut être étonné que, de tout temps et dans tous les pays, on ait trouvé quelque plaisir à voir combattre et s'entre-détruire des animaux féroces, qui, n'inspirant que la terreur, semblent nés pour la destruction et pour être les ennemis du genre humain, lorsqu'on voit la passion que, chez les anciens et les modernes, on a toujours eue pour les combats de coqs, de cailles, de ces héros de la basse-cour, qui, des triomphes ou des défaites de l'arène, passent sur nos tables, dernier terme de leur gloire.

Après avoir cherché à fixer les idées que l'on peut se faire des dehors du Louvre sous Charles V, nous pouvons passer au corps du château et essayer d'en déterminer le plan. Cette tâche n'est pas sans difficulté ; cependant elle ne me paraît pas impossible à remplir, et nous trouverons, je crois, pour y parvenir, assez de données dans Sauval, le seul auteur qui puisse nous servir de guide dans ce labyrinthe. Quoique le Louvre offrît de tous côtés un ensemble très-irrégulier, il est très-possible, il est même à croire, qu'il l'était moins dans son plan que dans ses élévations, dont les masses sévères, comme on le voit dans le tableau de Saint-Germain-des-Prés (*voy.* pl. 8 A), devaient, sous Philippe-Auguste, être disposées avec assez de simplicité et d'uniformité. Il est très-probable que ce château dut sa grande irrégularité à Charles V, qui, se laissant aller à son goût pour l'architecture et la magnificence, voulut l'embellir en y ajoutant avec profusion des tours et des tourelles, dont plusieurs, ne partant pas du sol, et étant en trompe ou attachées, à différentes hauteurs, aux anciens murs de l'édifice, avaient l'air d'y être suspendues ; et si elles jetaient beaucoup de variété et même un riche désordre dans l'architecture, elles ne peuvent pas cependant, ne descendant pas jusqu'à terre, être rapportées dans le plan.

Nous connaissons déjà les dimensions des fossés ; pour avoir celles du château, nous commencerons par la cour. Elle avait 34 toises ½ de long sur 32 toises 5 pieds de large (1), et les quatre côtés étaient entourés de bâtimens irréguliers, où les fenêtres, percées sans ordre, pressées dans certaines parties, plus espacées dans d'autres, n'avaient en général que 4 pieds de haut sur 3 de large ; et il devait être très-rare que celles du dedans du château répondissent à celles des façades extérieures. Il paraîtrait qu'à ces époques, où l'architecture avait oublié les principes qu'elle avait suivis avec tant de succès chez les Grecs et les Romains, on s'occupait plus des détails que des masses ; et, traitant séparément chaque partie d'un édifice selon la destination qu'elle y devait avoir, on ne s'embarrassait guère de l'ensemble. Aussi dans ces anciens châteaux, ainsi qu'au donjon de Vincennes, de petites fenêtres, des ouvertures longues et très-étroites en ogive, qui doivent donner du jour à un petit escalier, se trouvent-elles à côté de grandes croisées carrées ou arrondies destinées à éclairer de grandes salles ; des fenêtres même qui donnent dans des chambres d'une architecture soignée, ressemblent à des meurtrières, et n'ont pas plus de 5 à 6 pouces de large sur près de 4 pieds de haut. Il en était, sans doute, ainsi des fenêtres du Louvre, et, quel que fût le talent de Raimond du Temple, maître des œuvres de Charles V, il n'avait

---

(1) Pour que l'on puisse établir des comparaisons entre le Louvre de Charles V et celui d'aujourd'hui, j'ai indiqué, dans le plan de la planche 8 B, le centre de la cour actuelle et ses dimensions.

pas cru pouvoir remédier à tous les défauts de l'antique manoir de Philippe-Auguste. Peut-être même n'avait-il pas pensé que ce fût nécessaire: ce qui est probable; car il est fort possible qu'il ait été aussi chargé de terminer les derniers étages du donjon de Vincennes, ou qu'il en ait dirigé les travaux; et ce château, qu'affectionnait beaucoup Charles V, qui y était né, ainsi que Jeanne de Bourbon, et qu'il habitait encore ordinairement en 1368 et 1369, avait alors une grande réputation de beauté, et vraisemblablement on ne pensait pas pouvoir faire mieux. Raimond du Temple suivait les idées de son temps, et l'on n'en était pas encore arrivé à reconnaître la régularité et la symétrie comme un des principaux mérites d'un édifice. Il n'y avait pas d'ordres, ni rien qui pût déterminer les règles que l'on devait suivre; on faisait de l'architecture comme on écrivait des vers, sans s'assujettir à aucun système, et en s'abandonnant à ses caprices. Lorsqu'on lit le roman de *la Rose,* le poème sur la bataille de Créci, le récit en vers du combat des Trente, la déposition de Richard II, des poésies de Froissart, des canchons [chansons], et d'autres pièces de vers de ces époques, l'irrégularité qui règne dans ces poésies et qui en est comme l'essence, fait aisément concevoir qu'elles ne devaient pas rendre difficile sur celle des productions de l'architecture, et qu'elle plaisait autant dans les édifices que dans les compositions de l'esprit. Les arts se tiennent, et, dans cette sorte d'alliance, leurs progrès suivent à peu près la même marche; et l'on devait encore pendant bien des années, en France, élever des monumens, exercer la sculpture et la peinture, se livrer à la poésie, avant qu'il parût, presque à-la-fois, un Cousin, un Jean Juste, un Lescot, un Jean Goujon, un Malherbe, qui eussent assez de talent et d'influence pour réduire le génie des arts *aux règles du devoir.*

Si les anciens auteurs qui ont parlé du Louvre de Charles V, après nous avoir donné la grandeur de la cour, nous avaient laissé les mesures que chacun des corps de logis avait en profondeur, ils nous auraient, pour la détermination du plan, épargné bien des difficultés. Malheureusement ils ne nous apprennent sur ce point rien de satisfaisant; mais, à l'aide de quelques détails conservés par Sauval, on peut espérer de suppléer à leur silence. En comparant, le compas à la main, ces mesures avec ce qui existe aujourd'hui, j'ose me flatter que ce que j'avancerai ne présentera peut-être pas de simples hypothèses, ou du moins je crois pouvoir leur donner, jusqu'à un certain point, le caractère d'une probabilité assez grande pour approcher de la certitude; fussent-elles quelquefois un peu vagues, elles ne le seront pas plus que celles auxquelles on a recours tous les jours en restituant les monumens de l'antiquité, qui, malgré leur intérêt, ne doivent pas en avoir à nos yeux autant que ceux des anciens temps de notre monarchie et du premier âge de nos arts.

Afin que l'on puisse me suivre dans les détails de mes plans et discuter leur justesse, il est nécessaire de ne pas perdre de vue les mesures générales du Louvre prises entre les bords des fossés, et je rappellerai que la longueur totale du côté de la Seine était de 61 toises $\frac{3}{4}$, et la largeur de là vers la rue de Beauvais, de 58 toises $\frac{1}{2}$; que ce fossé du midi avait 5 toises $\frac{1}{2}$;

celui de l'ouest, 7 toises ; celui du nord, 8 toises 2 pieds; et le fossé de l'est, 7 toises. C'est donc entre ces limites que nous devons nous maintenir et retrouver les mesures et le plan du corps du château du Louvre. *Voyez* planche 8 B.

Pour établir mes mesures et partir d'une base certaine qui justifie l'emplacement que j'ai assigné aux différentes parties du Louvre, il est indispensable de prouver que quelques portions des anciennes constructions de Philippe-Auguste et de Charles V existent encore dans celles du palais actuel. Nous avons déjà avancé, p. 251, qu'il y a des raisons très-fortes d'admettre comme positif qu'une partie des murailles de la salle des Caryatides, du côté des Tuileries, avait appartenu au château de Philippe-Auguste. Si l'on conservait quelques doutes sur ce point, ce que l'on trouve dans plusieurs endroits de Sauval, et qui est tiré de manuscrits qui remontaient au roi Jean, les ferait disparaître, et viendrait à l'appui des observations faites par MM. Percier, Fontaine et Bernier, sur l'ancienneté de cette muraille. Elle est prouvée par la qualité de la pierre, qui n'existe plus depuis long-temps aux environs de Paris, et qui diffère même de celle des constructions de François I.er et de Louis XIV. Charles V, en réparant et en embellissant le Louvre, s'était borné à y ajouter deux étages; mais il paraît certain qu'il ne changea rien, ou qu'il changea peu de chose, au plan des murs fondés par Philippe-Auguste : ainsi l'on peut croire qu'il les laissa, quant à la masse, à peu près tels qu'il les avait trouvés. Ses successeurs s'occupèrent peu du Louvre jusqu'à François I.er, ou ce qu'ils y firent ne regardait que des détails insignifians. Ces murailles semblèrent si bonnes et si solides à Pierre Lescot, dit Sauval, que, par économie et pour être logé plus tôt, il les respecta et s'en servit comme de la meilleure base qu'il pût donner à son nouveau palais. Ce témoignage, puisé dans les *Œuvres royaux*, est positif. D'ailleurs cet énorme mur (*voy.* pl. 10) qui, à l'intérieur de la salle, et sur la façade, présente un appareil si régulier, n'était pas tel autrefois, quoiqu'il eût pu l'être, si l'on jugeait des premières constructions du Louvre par celles de la Bastille, et par les belles murailles de Vincennes, où l'appareil des pierres ne laisse rien à desirer. Mais ce mur datait de Philippe-Auguste; il devait d'ailleurs avoir été endommagé au Louvre par les travaux successifs et les ragrémens qui y ont eu lieu, et j'ai appris de M. Fontaine que l'antique muraille existait encore, avec son caractère de rudesse et d'ancienneté, sous le parement de belles pierres dont on l'a revêtue sous Lescot et à des époques plus rapprochées. Ainsi l'on peut regarder comme positif que la masse de ce mur du rez-de-chaussée et du premier étage est un reste des constructions de Philippe-Auguste réparées par Charles V.

J'irai plus loin; je crois que le mur de la salle des Caryatides qui donne sur la cour, faisait partie de l'ancien édifice. Étant tourné vers l'intérieur, il était inutile qu'il fût aussi fort que celui du dehors, qui, en cas de siége, devait résister aux secousses des machines de guerre. Et d'ailleurs ce qui me confirme dans l'opinion que ce mur est en partie du temps de Philippe-Auguste, ou du moins de Charles V, c'est que l'on retrouve aisément dans la salle des Caryatides les dimensions que Sauval donne aux grands appartemens de la reine Jeanne de Bourbon. Il est donc à croire que Lescot se sera servi de ce mur de face aussi-bien que de l'autre, et qu'il n'aura fait que le ragréer pour y adapter son architecture ; l'eût-il même abattu en grande partie, il suffirait, pour appuyer mon hypothèse, qu'il eût pu élever sa nouvelle façade intérieure sur les anciennes fondations, et tout parle en faveur de cette supposition.

Elle se trouverait encore appuyée, je crois, par la manière irrégulière dont les fenêtres sont distribuées du côté de la place ; ce serait un indice de la disposition de celles de l'ancien château : elles étaient, en général, petites sous Charles V; Lescot n'eut probablement qu'à les agrandir et à leur donner une autre forme sans en percer de nouvelles. S'il y en a moins de ce côté que sur la cour, c'est probablement parce que, la façade du dehors étant exposée à être attaquée, il était à propos, lorsque ce château servait de forteresse, qu'il y eût moins d'ouvertures dans cette partie que dans l'autre. Pour éviter de grands travaux et pour ménager de forts supports à la voûte dont il couvrait toutes ces salles, Lescot n'ouvrit pas de fenêtres dans les énormes trumeaux des extrémités de la façade extérieure (*voy*. pl. 9 et 11) ; il se contenta des deux croisées des deux angles, et il porta tous ses soins à mettre de la régularité dans la distribution de celles qui avaient vue sur la cour : car certainement, si l'on eût refait toute cette partie du Louvre sous François Ier, Lescot n'aurait pas eu de raisons, étant maître de bâtir à son gré, pour ne pas espacer également les fenêtres des deux côtés de la salle. En entrant dans ces détails, j'ai été obligé d'anticiper sur les temps pour prouver que l'aile occidentale du Louvre a la même profondeur, à peu près, que celle du château de Charles V, et qu'elle occupe le même emplacement.

Si de cette aile nous passons à celle qui s'y joint du côté de la rivière, nous verrons qu'elle peut subir une pareille épreuve avec le même succès. Il est d'autant plus probable que les anciens murs, ou leurs fondations, ont servi d'appui aux murailles qui existent aujourd'hui, que les petites salles du Musée royal sur la cour ont en œuvre la largeur que Sauval donne aux petits appartemens de la reine Jeanne de Bourbon. Il serait difficile que cette concordance dans les mesures ne fût due qu'au hasard, ou que Lescot, s'il eût reconstruit cette partie entièrement à neuf, les eût conservées avec tant de soin. Il est donc plus que vraisemblable qu'en réparant cette aile et en faisant des changemens à la distribution, il s'est maintenu entre les anciens murs. Il est presque inutile de faire remarquer que par ces murs j'entends le mur sur la cour et le mur de refend qui sépare les petites salles du Musée (pl. 11), Q-U, des grandes, P-N, qui regardent la Seine ; car personne n'ignore que la façade sur la rivière est postérieure de trois siècles à l'époque dont nous nous occupons, et même de plus de cent vingt ans à la restauration du Louvre sous François Ier : mais cette façade et ces grandes salles servent, je crois, à prouver d'une manière incontestable que la profondeur que je donne à cette aile du Louvre de Charles V, est bien celle qu'elle devait avoir. Si, à partir du mur de refend de ces salles, on mesure leur largeur en y comprenant l'épaisseur du mur de la façade, on trouvera 6 toises; et c'est, à une demi-toise près, la largeur qu'avait de ce côté, en dedans de son revêtement, qui devait être de 2 à 3 pieds, le fossé du Louvre sous Charles V. Il est évident que, lorsque cette façade a été élevée sous Louis XIV, on aura profité de ce fossé pour en établir les fondations; ce qui facilitait les travaux : il est même à croire que cette considération est entrée pour quelque chose dans le développement que Perrault a donné à sa colonnade, dont le pavillon d'angle sur la Seine est, à très-peu de chose près, sur l'alignement prolongé de cet ancien fossé. Si l'on se rappelle aussi que j'ai fait observer qu'il y a toujours eu un jardin à l'endroit où est celui de l'Infante, on conviendra que tout concourt à démontrer la concordance du plan que je donne de cette partie du Louvre de Charles V avec ce qui existe encore, et à prouver l'influence que le château de ce sage roi et de Philippe-Auguste a exercée sur le magnifique palais de François Ier et de Louis XIV.

Ce que j'ai dit sur le fossé de ce côté, me reporte à celui qui longeait la façade occidentale. J'ai avancé, p. 273, qu'à l'extrémité où nous nous trouvons il faisait un détour, en conservant toujours sa largeur de 7 toises. Qu'on prenne sur la planche 10, et sur le plan de du Cerceau (1), que je donne pl. 9, la distance de l'angle rentrant du mur de face, qui touche la petite galerie E, à la face interne du mur de gauche de la grande galerie F; on trouvera qu'elle est aussi de 7 toises : ce qui prouverait que lorsqu'on bâtit cette grande aile qui va vers la Seine, comme rien n'exigeait qu'on la mît exactement à cette distance du Louvre, le terrain étant libre, on y fut déterminé par la largeur du fossé, qui offrait en même temps une excavation toute faite pour les fondations, et dans son revêtement un appui solide pour les constructions. Ainsi l'on voit que ce n'est pas sans des motifs plausibles que j'ai donné, dans mon plan, à ce fossé, une direction différente de celle des autres. J'ajouterai à ce que j'en ai dit, que leurs bords extérieurs étaient munis d'une balustrade à claire voie en pierre, à hauteur d'appui, qui est indiquée dans le plan.

Il nous reste encore à déterminer la profondeur des deux corps de logis au nord et à l'est de la cour. Quoique les auteurs ne nous offrent sur ce point rien qui puisse nous servir de document, cependant ces mesures ne sont pas difficiles à établir, et elles se présentent, pour ainsi dire, d'elles-mêmes, et comme une conséquence nécessaire des premières, dont elles prouvent même la justesse. On sait par Sauval qu'il y avait, dans l'aile du nord, des appartemens qui donnaient sur le grand jardin vers la rue de Beauvais, et qui, destinés au Roi, à la Reine et aux princes de la famille royale,

---

(1) Ce plan du Louvre, par Androuet du Cerceau, célèbre architecte, qui travailla à ce château sous Charles IX, Henri III et Henri IV, est le plus ancien que l'on ait; il représente le Louvre tel qu'il était sous Henri II, et est tiré du grand ouvrage de du Cerceau sur les principaux châteaux de France. Quoique cet auteur soit souvent très-inexact dans ses mesures, et que ses planches soient médiocrement gravées, il n'y en a pas qui soit plus utile et où l'on puisse trouver de meilleurs renseignemens sur l'ancien Louvre.

avaient assez d'importance pour que l'on admette que ce corps de logis ne devait pas, pour la grandeur, différer beaucoup de celui du côté de la Seine, que son exposition au midi et la beauté des rives du fleuve faisaient préférer pour l'habitation aux autres ailes du Louvre. Hé bien, après avoir établi sur mon plan le fossé et le corps de logis du midi, la largeur de la cour et celle du fossé du nord, il m'est resté pour la profondeur de l'aile de ce côté, sans que j'eusse songé à la trouver par ce moyen, exactement la même mesure que celle que, d'après ce qui existe aujourd'hui, j'avais donnée à l'aile du midi; et en réunissant toutes ces mesures particlles et sans avoir cherché à les ajuster, on retrouve les 58 toises $\frac{1}{2}$ que Sauval donne pour la largeur du Louvre, prise entre les murs de revêtement des fossés du midi et du nord.

Si nous nous transportons au corps de logis de l'est, nous obtiendrons des résultats aussi satisfaisans. Ici Sauval ne nous est, pour ainsi dire, d'aucun secours, à moins que l'on ne s'autorise de son silence pour croire que cette aile avait beaucoup moins d'importance que les autres, qu'il appelle les principales. Destinée aux différens services de la demeure royale, et communiquant avec les basses-cours qui y étaient attachées, il était dans les convenances qu'elle eût moins de profondeur, non-seulement que le corps de logis qui lui était opposé, où étaient les appartemens de représentation, mais même que ceux qui servaient d'habitation à la famille royale : aussi mon plan remplit-il toutes ces données. Après y avoir déterminé, sur ma ligne de 61 toises $\frac{1}{4}$, la largeur des fossés de l'ouest et de l'est et celle de la grande aile, il reste pour les communs une profondeur moindre que celle des trois autres corps de logis, et qui cependant est plus que suffisante pour des logemens assez grands et assez commodes, vu leur destination et proportion gardée avec les appartemens de la famille royale.

Après avoir ainsi disposé la masse carrée du corps du Louvre, il s'agit de le flanquer de ses tours. Sauval, en nous apprenant qu'elles étaient placées sans ordre, à l'exception de celles des angles et des *portaux*, nous laisse toute la latitude que nous pouvons desirer ; mais, en en profitant, on peut cependant la restreindre, et trouver, par la discussion de quelques-uns de ses passages, l'emplacement probable de plusieurs de ces tours. Celles des angles ne présentent aucune difficulté; leurs noms de *tours du coin vers Saint-Nicolas*, V, *vers la Seine,* X, *vers le grand jardin,* Y, &c., indiquent assez leur situation. On verra, lorsque je décrirai l'intérieur du Louvre de Charles V, que j'ai eu des raisons particulières pour placer la tour du coin vers Saint-Nicolas, et pour lui assigner la grandeur que je lui ai donnée et qui m'a dirigé pour celle des autres tours principales : car il n'est pas douteux, quand Sauval ne le dirait pas, qu'il y en avait de formes et de dimensions différentes ; et il suffit d'avoir vu quelques châteaux, Vincennes même et les plans de du Cerceau, pour savoir qu'à côté d'une tour d'un fort diamètre, il y en avait de très-petites et qui ne portaient pas plus de sept à huit pieds en œuvre. On le voit aux anciennes tours de l'hôtel de Soubise, où logeait le connétable de Clisson sous Charles V, et à celles du Palais sur le quai de l'Horloge; elles sont très-rapprochées l'une de l'autre, et leur intérieur est très-resserré. La tour du coin, Y, *devers le grand jardin*, nous est donnée par le plan de Quesnel (*voy.* pl. 8 D), et l'on y voit aussi celle de l'autre extrémité, W, vers la rue d'Osteriche. Dans un dessin d'un manuscrit du XVI.e siècle (1), lorsque la partie occidentale du Louvre de Charles V avait déjà fait place à celui de François I.er, il reste encore à l'extrémité orientale une ancienne tour, X, qui, étant celle du coin vers la Seine, justifie la disposition de cette partie de mon plan.

Nous trouverons de même à placer les tours des *portaux*. Il paraît qu'il y en avait deux à chaque portail, mais que le portail sur la Seine, Z, étant la principale entrée, était flanqué de plus fortes tours. Aussi le roman de *la Rose* (*voyez* ci-dessus, p. 252) dit-il, vers 3833 :

> Et si a quatre portaux
> Dont li mur sont espès et haus,
> Ung en i a ou front devant
> Bien deffensable par convant.

Il est probable que l'on conserva les tours de Philippe-Auguste que nous offre la vue de la planche 8 A, et qu'on se contenta sans doute de leur donner plus de hauteur et de les orner; il en sera question, sous ce rapport, lorsque je parlerai des élévations de cet ancien Louvre. En examinant le plan de du Cerceau, pl. 9, on ne peut douter que le passage courbe qui, partant d'une fenêtre de la salle D, conduit à la petite galerie E, ne soit l'indication positive de l'entrée d'une tour. Lescot la trouva faite et s'en servit, car sans cela il n'y aurait pas eu de raison pour lui donner cette direction circulaire; il eût été plus simple de la faire en droite ligne, vis-à-vis de l'extrémité de la galerie. La même remarque s'applique au couloir arrondi qui est dans l'angle de la dernière chambre F, à gauche : il me semble offrir la trace certaine de l'entrée d'une tour; et c'est ce qui m'a confirmé dans l'idée de placer à ces endroits la tour du coin, V, et une des tours du grand portail. Il est aussi à remarquer que les courbes de ces passages circulaires donnent des cercles égaux, dont la grandeur convient à celle du vide des tours qui devaient être dans ces deux endroits; et le portail se trouve exactement à la place que semble indiquer l'ancien tableau, cité plusieurs fois, où l'on voit que le milieu de l'entrée du Louvre, dans cette façade, ne la partage pas en deux parties égales; ce qui m'a autorisé et même engagé à ne pas m'astreindre à mettre les portails du Louvre juste au milieu des façades des divers corps de logis. Je croirais volontiers qu'entre ces deux tours de l'entrée s'élevait celle de l'horloge. Il y a tout lieu de penser, ainsi qu'il a été dit p. 251, que ce qu'on aperçoit au-dessus de la porte, est un cadran qui dut y être placé par Charles V vers 1370, et lorsque les horloges publiques venaient d'être récemment introduites à Paris. Ce prince éclairé dut être un des premiers à accueillir cette précieuse nouveauté; l'horloge

---

(1) *Singularités de l'architecture*, par Merlin, Bibliothèque royale, Mss. supplément. 153.

qu'il avait fait mettre au palais par Henri de Vic, et celle que, dans l'ancien tableau cité plus haut, on voit sur une des tours de Saint-Germain des Prés, autorisent à admettre qu'il ne négligea pas d'en placer une au Louvre, dès que cette invention fut connue, et que, pour une chose qui intéressait le public, il n'aurait pas voulu se laisser donner l'exemple par une abbaye. Il n'avait pas encore fait à son château tous les changemens qu'il projetait, et il est probable que, lorsqu'il les exécuta, entre les tours du grand portail on en éleva une autre étroite et probablement en trompe, pour y replacer l'horloge : à moins cependant, ce que je ne pense pas, qu'on ne prétendît que le cartel qu'offre ce tableau était celui d'un cadran solaire qui aurait pu exister du temps de Philippe-Auguste; ce qui du reste ne ferait que fortifier ma supposition; et il eût été très-simple que Charles V mît son horloge au-dessus du cadran solaire et du même côté.

J'ai cru devoir placer en & la tour de la librairie, et les motifs en seront exposés lorsque je décrirai les appartemens du Louvre ; on verra aussi les raisons qui m'ont porté à disposer, ainsi que mon plan les offre, en *a* et en *b*, les tours de la grande et de la petite chapelle.

D'après ce que rapporte Sauval, il paraît qu'il y avait deux tours, *b*, *c*, au portail du corps de logis de l'ouest: elles n'existaient plus en 1609, lorsque Quesnel fit son plan, et elles avaient été remplacées par les constructions de François Ier et d'Henri II; je les ai rétablies aux endroits qu'elles devaient occuper. Je ferai remarquer que, d'après la place où se trouvent situées les tours de ce portail, les ouvertures qui menaient à leurs escaliers ou dans leur intérieur, durent donner à Lescot des facilités pour y substituer des fenêtres qui se trouvaient en partie faites, et c'est sans que j'y aie songé qu'en rapportant sur mon plan les fenêtres qui existent encore, quoique plus grandes, elles se sont trouvées distribuées de façon à avoir pu être les portes ou les vides de ces anciennes tours : aussi ai-je indiqué les axes des croisées actuelles, qui tombent dans les ouvertures des anciennes.

A l'époque où le plan de Quesnel fut dressé, le corps de logis du Louvre de Charles V, du côté de la rue de Beauvais, existait encore, et il ne fut détruit que sous Louis XIII, lorsque l'on étendit le château dans cette partie. On voit d'après ce plan que cette façade n'avait pas de portail comme les autres, et qu'au lieu de deux tours il n'y en avait qu'une, *d*, que l'on appelait *la tour du milieu devers le jardin*. Cette désignation m'a confirmé dans l'idée qu'il devait y avoir une *autre tour du milieu* tournée vers quelque autre endroit, et que ce pouvait être celle de l'horloge, qui occupe le milieu de la façade sur la Seine. Celle *devers le jardin* ne devait pas servir d'entrée au château, et il n'y avait, sans doute, qu'un petit pont pour aller dans les jardins, tandis qu'aux *portaux* qui servaient au public, il y avait des ponts plus grands et qui rentraient dans le système de fortification employé pour le reste du château. La place que je donne à cette tour du milieu, est d'ailleurs justifiée par celle qui lui est opposée sur la cour, et dans laquelle se trouvait le grand escalier, dont nous nous occuperons bientôt. Je crois pouvoir aussi placer de ce côté, *dd*, celle des tours *en fer de cheval* qui, selon Sauval, avait vue sur le grand jardin; non-seulement, par la position que je lui donne, elle se lie bien avec la distribution de l'intérieur de cette façade, mais elle établit même dans le plan une sorte de conformité entre cette aile et celle à l'autre extrémité, tournée vers la rivière. Cette tour peut être une de celles que Charles V avait ajoutées au château de Philippe-Auguste; et il n'est pas étonnant qu'on ne la voie pas dans le plan de Quesnel (pl. 8 D), une partie des tours du Louvre ayant alors été déjà détruite.

Nous avons vu que les façades anciennes de l'ouest et du midi ne subsistaient plus en partie du temps de Sauval, qui écrivait cette portion de son ouvrage sous Louis XIV, et avant qu'on s'occupât de la colonnade. Ainsi, lorsqu'il dit que la seconde entrée du Louvre existait encore et qu'elle était étroite et flanquée de deux tours, on ne peut l'entendre que de la façade vers Saint-Germain-l'Auxerrois : aussi n'ai-je pas hésité à y placer les deux tours, *e e*, que l'on voit dans le plan, et que j'ai d'ailleurs vues indiquées dans un ancien tableau qui appartient à un amateur, que j'aurai bientôt occasion de citer encore. Si j'ai donné une forme carrée à la tour, *f*, qui leur correspond sur la cour, ce n'est pas que j'eusse des raisons particulières pour m'y décider; mais la variété dans les constructions caractérise le goût de cette époque, et l'on se rappellera que Sauval dit que le Louvre de Charles V était irrégulièrement hérissé d'une foule de tours rondes, carrées et de toutes les formes. Et d'ailleurs, dans le plan de Quesnel, il y a une sorte d'indication d'un corps de logis avancé et carré.

Pour terminer ce qui a rapport au plan général du Louvre, il ne me reste qu'à ajouter quelques mots à ce que j'ai dit sur la grosse tour de Philippe-Auguste. Quoique beaucoup moins considérable que celle de Couci, qui avait 15 toises de diamètre et 21 toises 4 pieds de hauteur, et dont les ruines énormes semblent braver les efforts du temps, elle devait lui ressembler par son plan et sa distribution. On voit dans le plan d'Androuet du Cerceau les places qu'occupaient, dans la tour de Couci, l'escalier pris dans l'épaisseur de ses fortes murailles, le puits et le *retrait* : c'étaient, à ce qu'il paraît, des parties obligées dans ces grosses tours; aussi se trouvaient-elles dans celle du Louvre, où rien n'empêche de les placer comme dans la tour de Couci, aux n.ᵒˢ 1, 2, 3. Celle du Louvre tenait à la cour par un pont, B, d'une seule arche, et par un pont-levis; ils devaient être au midi, puisqu'on sait qu'elle était jointe au château par une galerie qui venait aboutir au grand escalier de la façade du nord. Cette galerie, sans doute très-étroite, devait ressembler à celle qui, au donjon de Vincennes, fait le tour du bord intérieur du fossé, et qui n'a que 5 à 6 pieds de large.

Près du bord du fossé et du pont, d'un côté, il y avait une fontaine, F, dans un petit édifice couvert en tuiles : ceci semblerait être indiqué par Sauval comme une particularité, et autoriserait à croire que les autres toits étaient en ardoise, et quelques-uns en plomb; ce fut ainsi qu'en 1373 Charles V fit couvrir la tour du château de Beauté, et l'on sait qu'il y avait aussi des toits en tuiles vernissées de différentes couleurs et disposées par compartimens. On voit des toitures de ce genre aux édifices représentés dans les peintures des manuscrits du temps de Charles V, et, dans le tableau de Saint-Germain des Prés, plusieurs toits sont en ardoise : ceux des basses-cours étaient, en général, en chaume. Vis-à-vis de la fontaine, et probablement à la même distance du pont, s'élevait un pavillon carré, G, qui fut détruit en 1377, parce qu'il embarrassait la cour ; ce qui prouve, d'une part, qu'il était assez grand, et, de l'autre, que le fossé, dont on ne nous donne pas la largeur, était assez large pour diminuer considérablement la grandeur de la cour. On ne nous a pas appris quelle était la profondeur de ce fossé et de ceux de l'enceinte du Louvre ; on se borne à dire qu'ils étaient profonds et revêtus de petites pierres de taille. Mais, comme le sol de la cour a peu changé, et que depuis Charles V il n'a peut-être été relevé, de même que celui du jardin de l'Infante, que de deux ou trois pieds, on peut estimer approximativement la profondeur de ces fossés d'après la différence qui existe entre le niveau de la cour et celui de la hauteur moyenne des eaux de la Seine : car il fallait que les fossés fussent creusés de manière qu'elles pussent les remplir en tout temps, et qu'on eût la facilité de les mettre à sec ; ce qui avait lieu quelquefois, soit pour les nettoyer, soit pour en retirer, lors de grandes pêches, le poisson dont ils étaient remplis et qui était d'un assez bon rapport. La différence des niveaux de la cour et des basses-cours est de 29 pieds 9 pouces ; on devrait en retrancher les deux ou trois pieds dont a été relevé celui de la cour, s'il n'était pas à croire que le sol du lit de la Seine a pris encore un plus grand accroissement : ainsi, en rapprochant ces différentes mesures, on peut donner entre 20 et 25 pieds de profondeur aux fossés du Louvre ; ce qui s'accorderait avec les localités et la profondeur des fossés de plusieurs anciens châteaux.

Ce n'est pas sans dessein que j'ai terminé mon plan du Louvre par celui de la grosse tour, quoique, par son ancienneté, par sa grandeur et par ses priviléges, ce fût une des parties les plus importantes de la demeure de nos rois, et peut-être celle qui méritât de fixer la première notre attention : mais elle se rattachait à des portions du château sur lesquelles on nous a laissé assez de détails pour pouvoir y trouver une sorte de données sur ses élévations et sur le genre de décoration qui y avait été employé ; et par le rapprochement de plusieurs mesures consignées dans Sauval, elle nous servira de transition pour entrer sur ce sujet dans quelques développemens. S'il existait encore le moindre des châteaux ou des hôtels construits par Charles V, il nous serait très-utile, et rendrait notre tâche beaucoup plus facile en nous offrant des moyens de comparaison : mais ils ont disparu depuis long-temps ; plusieurs églises ont subi le même sort ; d'autres, ayant été réparées, même entièrement refaites au XV.e et sur-tout au XVI.e siècle, sous François I.er, n'ont, pour ainsi dire, rien conservé de l'architecture du temps de Charles V. Nous ne sommes pas cependant entièrement dénués de secours, et quelques parties de l'église de Saint-Denis, de celle de Chartres, de la Sainte-Chapelle de Paris, du donjon de Vincennes, et surtout les peintures des manuscrits, pourront, en nous servant de guides, nous offrir çà et là quelques modèles.

Nous savons que la grosse tour du Louvre avait 96 pieds de hauteur jusqu'au bord du toit ; mais on ne nous dit pas si cette mesure était prise du pied de la tour dans le fond du fossé, ou si c'était à partir du pont au niveau de la cour. Tout porte à croire que c'est cette seconde donnée qu'il faut suivre. Si nous voyons des tours de cette époque qui n'ont pas de fossés, et auxquelles on donnait en hauteur le double de leur diamètre, il est probable que, voulant garder les mêmes proportions et produire le même effet, on n'aura compté la hauteur de celles qui étaient entourées de fossés, qu'à partir de la crête de leur revêtement, la partie inférieure de ces tours étant perdue pour la vue. Il y a même ici une observation qui se présente pour appuyer cette manière de mesurer. La grosse tour du Louvre dominait toutes celles dont le château était hérissé, et tous les bâtimens qui l'entouraient. Charles V, en élevant le Louvre de deux étages ou d'environ 25 à 30 pieds, diminua bien les rapports qui, sous Philippe-Auguste, existaient entre ces différentes élévations; mais certainement il ne voulut pas les faire disparaître, et c'est ce qui serait arrivé si l'on mesurait les 96 pieds de la tour du fond du fossé. Nous avons annoncé, plus haut, qu'une galerie établissait entre la tour et l'aile du château tournée vers le nord une communication qui venait rejoindre *la grande vis*. C'était ainsi qu'on appelait l'escalier principal, qui, selon l'usage d'alors, était tournant, à limon ou à noyau plein, et tel qu'on en voit encore dans beaucoup d'anciens édifices. Dans une maison très-ancienne de la rue des Bourdonnais, n.º 11, et qui, au XIV.e siècle, a appartenu à des princes de la famille royale, il y a un grand escalier dont le limon est chargé de sculptures, et qui doit donner une idée de celui que Raimond du Temple avait construit au Louvre et que l'on regardait alors comme une merveille. Il l'avait mis en dehors du bâtiment, dans une tour, E, dont on ne nous donne pas la forme, et où l'on avait répandu une grande richesse d'ornemens. Nous nous en occuperons; mais, dans ce moment-ci, nous ne considérons cet escalier que sous le rapport de ses mesures, qui doivent nous aider à déterminer d'une manière plausible les hauteurs du Louvre. Cette vis avait en totalité 61 pieds $\frac{1}{2}$ de haut; et la tour qui la renfermait, était terminée par une terrasse qui probablement était au niveau du dernier étage du château : peut-être traversait-elle tout ce corps de logis pour se rattacher à la tour *du milieu devers le jardin*. On sait que Charles V, pour donner plus d'agrément aux logemens du Louvre, y avait multiplié les terrasses, qui étaient entourées de balustrades à claire-voie, à hauteur d'appui. Il est très-probable que le quatrième étage du Louvre n'était pas au-dessous du bord du toit, mais qu'il faisait partie du comble, qui devait être très-élevé, ainsi que c'était alors l'usage. On ne trouve dans les peintures des manuscrits ou dans les anciens édifices de ces époques aucun bâtiment, excepté les tours, qui ait quatre étages comme on les entend aujourd'hui, et l'on voit aussi dans Sauval que ce qu'il appelle le premier étage, est notre rez-de-chaussée. Le Louvre devait donc, jusqu'au plancher du quatrième étage ou jusqu'au bord du toit, avoir, d'après la hauteur de l'escalier, environ 60 pieds d'élévation; ce qui s'accorde avec la hauteur du Louvre de Lescot, qui, jusqu'à la corniche, a 62 pieds de haut : on ne peut donner au toit guère moins de 20 pieds. Si à présent, des 96 pieds de la grosse tour, on en retranchait 24 pour la profondeur du fossé, il ne lui resterait au-dessus du sol de la cour que 72 pieds jusqu'au toit, et non-seulement elle n'eût pas assez dominé les bâtimens, mais même elle eût été moins haute que les autres tours, que l'on voit, d'après un dessin que j'ai déjà cité, p. 281, avoir cinq étages au-dessous de leur toit; ce qui, avec l'élévation de cette partie, leur donne de 90 à 100 pieds de haut. En admettant que le comble de la grosse tour eût 25 pieds, elle n'en aurait que 97 pour hauteur totale au-dessus de la cour; ce qui ne serait pas conforme à l'idée qu'on nous a laissée de cette tour, qui, de même que le donjon de Vincennes, était considérablement plus grande que les bâtimens qui l'environnaient, et qu'elle écrasait de sa masse. Tout induit donc à croire que les 96 pieds que lui assigne Sauval, doivent se mesurer à partir du niveau de la crête du fossé. De cette manière tout s'arrange et s'explique sans difficulté : en la couronnant d'un toit de 24 pieds de haut, elle en avait alors 120 en totalité, et offrait une masse assez imposante pour justifier le nom qu'on lui avait donné, et l'éloge qu'en fait Guillaume de Lorris dans le roman de *la Rose* (*voyez* p. 253), vers 3843 et suivans.

Sauval, après nous avoir appris la hauteur de la grosse tour, n'entre dans aucun détail sur les divisions de cette élévation : il nous laisse même ignorer le nombre d'étages qu'elle contenait; les *Œuvres royaux* n'en parlaient probablement pas. Mais, en admettant que, de même que dans d'autres grosses tours, et en prenant pour exemple celle de Lillebonne, les étages inférieurs fussent plus élevés que les autres, en donnant 18 pieds au rez-de-chaussée à partir du niveau du pont, 15 pieds au premier et au second, et 12 aux autres étages, on en place sept dans les 96 pieds jusqu'au toit, sous le comble duquel il devait y en avoir encore un; car à la plupart des fortes tours qu'offrent les peintures des manuscrits, et même à plusieurs de celles du Louvre dans le tableau de Saint-Germain des Prés, on voit sur le toit de grandes lucarnes ou même des fenêtres ornées de sculptures. Il est à croire aussi qu'au-dessous du rez-de-chaussée et jusqu'au fond du fossé il devait y avoir au moins deux étages, où pouvaient être des prisons. Ainsi il est probable que cette grosse tour avait huit étages visibles. Ils étaient occupés par plusieurs chambres, des cabinets, et par une chapelle. Les chambres du donjon de Vincennes servent à donner une idée de celles de la tour du Louvre, qui devaient aussi être voûtées et avoir des cheminées. Mais, quoique Guillaume de Lorris dise dans sa description poétique,

> Nule plus bele ne pot estre.
> ....
> Il n'ot si riche en tout le monde,
> Ne par dedens miex ordenée.

l'architecture devait en être plus rude et moins soignée dans ses détails qu'à Vincennes, château d'une époque plus avancée en architecture que celle du règne de Philippe-Auguste, qui, du reste, en élevant la grosse tour, songeait plus à en faire une prison d'état qu'une demeure royale. Il est cependant probable que Charles V et Charles VI, qui aimaient beaucoup le séjour de Vincennes, où ils se trouvaient si bien logés, qu'ils montraient avec complaisance les détails et les richesses de leur donjon aux princes qu'ils y recevaient; il est probable que, venant souvent au Louvre, et logeant, sans doute quelquefois tandis qu'on y travaillait, dans la grosse tour, ils auront cherché à en rendre l'habitation plus agréable et plus commode qu'elle ne l'était sous Philippe-Auguste. Il faut néanmoins que les appartemens de cette demeure royale aient été assez négligés; car on apprenait, par les registres des *Œuvres royaux*, qui entraient dans les moindres détails des réparations, que Charles VI, en 1398, fut obligé de faire mettre à ses fenêtres des grillages en fil d'archal, pour se garantir des pigeons et d'autres oiseaux qui venaient faire leurs nids et leurs ordures dans sa chambre. Ces registres allaient jusqu'à rapporter qu'il y avait cent quatre-vingt-deux mailles à chaque grillage; et comme ces fenêtres avaient quatre pieds sur trois, nous savons que ces grillages n'étaient pas fins, et que les mailles avaient trois pouces en carré; et si l'appartement du Roi était un peu plus à l'abri des visites des pigeons, il était encore exposé aux insultes des petits oiseaux.

Je ne me hasarderai pas à déterminer la manière dont devait être la corniche de la grosse tour sous Philippe-Auguste, quoique celle des tours du tableau de Saint-Germain des Prés puisse nous en donner une idée; mais si, comme il est vraisemblable, existant depuis plus de cent soixante ans lorsque Charles V entreprit la restauration du Louvre, elle eut besoin d'être réparée, il est à croire que ce prince, qui se plaisait aux travaux d'architecture, y aura fait des changemens qui étaient dans le goût de son temps, et qui la mettaient plus d'accord avec les autres tours qu'il ajoutait à son château. On y fit probablement une corniche très-saillante, ornée de larges feuillages très-découpés et profondément refouillés, tels que ceux du couronnement du donjon de Vincennes, qui sont d'un beau caractère et produisent un bon effet à la grande élévation où ils sont placés. On peut aussi ajouter en dehors du dernier étage de la tour une de ces galeries qui en faisaient le tour et servaient de chemin de ronde, et dont l'appui était à jour et orné de sculptures. On avait, sans doute, ménagé entre les consoles très-saillantes qui la supportaient, des ouvertures ou des mâchicoulis, à travers lesquels on lançait ou on laissait tomber des pierres ou des poutres sur les assaillans qui seraient parvenus jusqu'au pied de la tour. De distance en distance, de même qu'au bord des toits, des animaux fantastiques, de formes et d'attitudes bizarres, servaient de gouttières, et de leurs gueules entr'ouvertes rejetaient l'eau à une grande distance des murailles. C'était encore une pratique des anciens, car il faut toujours y revenir; et dans presque tous les genres, bons ou même mauvais, comme dans le cas présent, ils nous ont laissé des exemples, et cette espèce de gouttières était très-employée à Pompéi : mais il est vrai aussi que, si l'inconvénient en était le même, les formes en étaient du moins plus agréables et l'ajustement mieux combiné que dans l'architecture gothique.

Il paraît du reste que la grosse tour était de la construction la plus simple et la plus sévère; il n'y eut d'ornemens que lorsque Charles VI eut décoré par un pignon et une sorte de petit portail la porte basse qui y donnait entrée du côté du pont-levis, et qui était en bois recouvert de lames et de forts barreaux de fer. Il plaça sur ce pignon une statue haute de quatre pieds, représentant Charles V tenant son sceptre, faite par Jean de Saint-Romain, l'un des meilleurs *imagiers* ou sculpteurs de cette époque. Elle était en pierre, et lui avait été payée 6 livres 8 sous parisis; ce qui ne ferait à présent que 62 francs 32 centimes (1). En parcourant la note au bas de la page, on verra, d'après le prix des journées des ouvriers, que la sculpture était alors bien peu payée. Il est vrai que, long-temps encore après l'époque où nous nous trouvons, dans le siècle le plus brillant de la peinture et de la sculpture en Italie, on voit, dans Vasari, que les peintres et les sculpteurs d'un grand mérite avaient la table, ou peut-être un seul modeste plat, *il piatto*, dans les maisons où ils étaient employés à produire souvent des chefs-d'œuvre, et qu'ils ne recevaient, pour des ouvrages qui font aujourd'hui notre admiration, que de très-modiques appointemens. Ainsi, quoique la statue de Saint-Romain et celles d'autres sculpteurs en réputation, sous Charles V, ne leur fussent payées, à peu près, que ce que gagnait par mois un tailleur de pierres, ce ne serait pas une raison pour qu'elles ne fussent pas ce qu'on faisait de mieux alors. On ne regardait pas encore la sculpture comme fort au-dessus des métiers qui concouraient aux travaux de l'architecture ; c'était tout simplement une manière particulière et plus soignée de tailler la pierre, et on calculait, on payait, à tant par jour, pour une statue, le temps qu'elle avait employé. Plus tard, et du temps même de notre Jean Goujon, il ne fallait pas qu'on attachât à la sculpture ces idées relevées, ce travail de l'imagination, qui en font l'un des arts les plus merveilleux ; car nous verrons que

(1) On ne sait pas positivement à quelle époque cette statue fut faite ; mais dans les premières années du règne de Charles VI, en prenant une moyenne proportionnelle, le marc d'argent valait, à très-peu de chose près, 5 fr. 15 sous, et le sou d'alors vaudrait aujourd'hui 48 centimes. — Je profiterai de cette occasion pour donner les prix qu'avaient les différens travaux vers le milieu du XIVe siècle. Je les tire du t. Ier des *Mémoires intéressans sur les maisons royales*, par Poncet de la Grave, qui, dans les deux premiers volumes, donne sur l'histoire de Vincennes des détails très-abondans et fort curieux. — En 1361, sous le roi Jean, un trésorier chargé de faire construire le donjon de Vincennes avait 10 sous de traitement par jour : le marc d'argent valant alors 5 francs, le sou serait 54 centimes d'à présent ; les 10 sous feraient aujourd'hui 5 fr. 40 cent. — En 1362, les maîtres tailleurs de pierres gagnaient 4 sous par jour, 2 fr. 16 cent.; les maçons, 3 sous, 1 franc 62 centimes ; les compagnons, 2 sous, 1 franc 8 centimes ; les varlets ou manœuvres, 8 deniers, 36 centimes. — En 1363, on employa à la tour de Vincennes 80 tailleurs de pierres, 200 maçons, 200 compagnons, 100 varlets, 300 voitures. Les tailleurs de pierres avaient par jour 4 sous 6 deniers, 2 francs 43 centimes ; les varlets, 8 deniers, 36 centimes. — En hiver, les tailleurs de pierres n'avaient que 4 sous, 2 francs 16 centimes ; les chefs de charpentiers, 9 sous, 4 francs 86 centimes ; les compagnons charpentiers, 8 sous, 4 fr. 32 cent. ; le varlet, 8 deniers ; le maçon, 3 sous, 1 fr. 62 cent. Le chef des tailleurs de pierres de Vincennes se nommait Guillaume d'Arondel. — En 1373, la toise de mur pour les basses-cours coûtait, tout compris, 60 sous, 32 fr. 40 cent. Le marc d'argent valait alors 5 fr. 16 sous, et le sou vaudrait 45 cent. 46. — Les maîtres maçons recevaient 6 sous, 2 fr. 79 cent. — La menuiserie de chaque croisée coûtait 40 sous, 18 fr. 58 centimes.

les magnifiques productions de notre grand sculpteur ne furent payées que de bien faibles sommes. Il fallait qu'alors leur réputation, et l'amour de leur art, qui était le seul objet de leur vie, entrassent pour beaucoup dans les avantages que les artistes comptaient retirer de leurs ouvrages et dans les prix qu'ils en demandaient.

Nous avons vu que la grosse tour du Louvre, quoique nos rois l'aient habitée souvent, avait été d'abord principalement destinée à servir de prison d'état; c'était aussi dans cette redoutable forteresse que l'on mettait en dépôt les archives de l'état et le trésor de la couronne. Philippe y renfermait le sien, qu'il gardait aussi quelquefois au Temple; Louis VIII, d'après son testament fait en 1225, et rapporté par Guillaume le Breton (1), avait aussi réuni au Louvre les fruits de ses épargnes. Pendant plus de trois cents ans, cette tour conserva ce privilége; il ne finit qu'avec elle, et elle le légua, pour ainsi dire, au Louvre, qui, après qu'elle eut été détruite, en jouit encore long-temps. Le Roi avait les clefs des coffres forts, qu'on n'ouvrait qu'en présence du premier et du second président de la chambre des comptes, d'un maître des comptes et du trésorier de l'épargne. Comme pour réunir en un seul lieu tout ce qui contribue à la force des états, l'or et les armes, la grosse tour, pendant les deux premiers siècles de son existence, fut aussi l'arsenal de nos rois, et sous Philippe-Auguste non-seulement on y conservait les grands et les petits engins, les armures, ainsi que les nerfs, les cuirs de bœuf et le bois qui servaient à les faire, mais on y avait même établi une fabrique de toute sorte d'ustensiles de guerre. En 1391, on retira de la grosse tour une partie des armes qu'elle contenait, et on les remplaça par des livres. Nous verrons que Charles V en avait donné et favorisé le goût : les sciences et les lettres étaient déjà en honneur; le savant recevait un accueil aussi flatteur que le guerrier, et les productions de l'esprit partageaient au Louvre des priviléges que, dans des temps moins éclairés, on n'accordait qu'aux armes.

Il paraît que le grand escalier, E, fut une des parties du Louvre auxquelles *le maçon ordinaire du Roi*, Raimond du Temple, donna le plus de soin et où il prodigua toutes les ressources de l'architecture et de la sculpture. Cet architecte, certainement très-habile pour son temps, fut chargé de la plupart des grands édifices que fit élever Charles V; et il est singulier que, parmi les architectes du xiv.e siècle, il n'en soit fait aucune mention par Milizia, qui cependant, de son aveu, rapporte les noms et les ouvrages d'une quantité d'architectes sans talens et qui ont eu moins de réputation que Raimond du Temple. Sa grande vis, ainsi que nous l'avons déjà dit, communiquait à la grosse tour par une galerie, D. Il n'est pas dit si elle aboutissait au rez-de-chaussée ou au premier étage : mais il est à croire que c'était au premier, et qu'il y avait, ainsi qu'au donjon de Vincennes, un pont-levis; ce qu'on reconnaît très-facilement dans ce dernier château, où l'on voit dans les murailles, en partie refaites, les traces de la porte d'entrée au premier, et de longues ouvertures pour faire jouer les bras et les chaînes du pont-levis.

(1) *Voyez* cet auteur, t. X de la *Collection des anciens memoires de l'histoire de France*, par M. Guizot.

J'avouerai cependant que, bien que ce soit dans les idées de cette époque et dans les dispositions des châteaux forts, je ne tiens pas à ce pont-levis de la galerie de la grosse tour, que je ne vois pas pouvoir se rattacher à la cage légère de l'escalier. Mais il est vrai qu'on peut le placer plus convenablement du côté de la tour, où, pour la sûreté, il produirait le même effet : ce serait toujours de même du premier étage que partait la communication de la galerie, dont le dessous pouvait être à jour et supporté par des arcades.

Les détails donnés par Sauval sur le grand escalier sont assez circonstanciés ; ils nous font connaître qu'il était divisé en deux parties. La première, qui montait sans doute jusqu'au second étage, avait 83 marches de 6 pouces de haut, ou en totalité 41 pieds $\frac{1}{2}$. Les marches étaient de 7 pieds de long, et elles avaient 2 pieds $\frac{1}{2}$ de giron près de la coquille ou des murs de la tour qui les renfermait. La seconde partie de l'escalier, ou la petite vis qui allait au dernier étage, était beaucoup plus étroite ; les marches n'en avaient que 3 pieds de long et 1 $\frac{1}{2}$ de giron. Comme, du haut de la grande vis jusqu'à la terrasse qui terminait cette tour, il restait 20 pieds, et qu'il y avait 41 marches, chacune avait 5 pouces $\frac{1}{2}$ de haut. La voûte qui soutenait la terrasse était formée par des nervures rondes, et que Sauval appelle des *tuyaux d'orgues*. Sur la clef de la voûte, ornée d'un cartel, se voyaient sculptées les armes du Roi et de la Reine ; dans les intervalles des tuyaux d'orgues étaient celles des princes de la famille royale. Ces ornemens, ouvrage de Gui de Dampmartin et de Jean de Saint-Romain, leur avaient été payés 32 livres parisis ; ce qui ferait aujourd'hui 329 francs 9 centimes (1). On trouvait dans les *Œuvres royaux* (2) que, pour achever une partie des marches et le palier dont on avait chargé les maîtres tailleurs de pierres Jean Colombel et Pierre Enguerrand, Raimond du Temple avait acheté, le 27 septembre 1365, de Thibault de la Nasse, marguillier de l'église des Innocens, vingt tombes de terres dans le cimetière, et qu'elles avaient coûté chacune 14 sous parisis, 7 francs 20 centimes d'à présent. Aux côtés de la porte du rez-de-chaussée étaient placées, probablement dans des niches, des statues de sergens d'armes de trois pieds de haut, de la main de Jean de Saint-Romain. C'était aussi lui qui avait sculpté celles du premier étage ; mais il paraît qu'il n'y en avait qu'une à chacune des portes qui, de cet escalier, conduisaient dans les appartemens que le Roi et la Reine avaient dans cette aile. Les peintures des manuscrits offrent des statues de ce genre auprès des portes ; et, parmi les monumens du xiv.e siècle, M. Willemin a donné les figures de plusieurs sergens d'armes, tels qu'ils sont représentés sur un monument de 1314 que l'on voit dans les caveaux de Saint-Denis. Les uns, en habit civil, ont la toque ou la tête nue, un manteau dont les côtés tombent en pointe par-dessus une tunique courte, à franges ou tailladée, serrée par une ceinture ; des pantalons justes, et des bottines ornées de broderie. D'autres, en costume militaire, sont armés de

---

(1) En 1365 le marc d'argent valait 5 francs 5 sous ; la livre parisis vaudrait 10 francs 28 centimes, et le sou, 42 centimes 51.

(2) Sauval, t. II, p. 23.

toutes pièces ; mais, au lieu de casques, ils n'ont qu'un bonnet ou un morceau d'étoffe ajusté autour de la tête. Les uns et les autres ont au côté une grande épée, et ils tiennent à la main, comme insigne de leurs fonctions, une masse d'armes semée de fleurs de lis. Un de ces sergens porte au cou un collier ; et ses cheveux, relevés par une espèce de bandeau, sont assujettis sur le front par un ornement rond ou une boucle surmontée de trois pointes, comme une très-petite aigrette : celui qui a la toque se fait remarquer par le même ornement, mais il n'a pas de collier. Il y avait plusieurs grades parmi les sergens d'armes, et ceux qui sont en costume civil semblent d'un ordre plus relevé que les autres.

Il paraît que c'était surtout à l'extérieur que Raimond du Temple avait le plus employé la sculpture dans la décoration de son grand escalier : percé de plusieurs fenêtres, sans doute longues, étroites, ses ogives et leurs trèfles devaient être ornés avec toute la recherche que l'architecture de ces temps mettait dans ses découpures. Le travail de la chapelle Saint-Piat, dans la cathédrale de Chartres, est à peu près de la même époque, et peut donner une idée de ce qu'avait dû faire Raimond du Temple pour embellir son escalier, les portails et les autres parties du Louvre susceptibles d'ornemens. On peut croire qu'ils y étaient à profusion. De côté et d'autre, sans régularité, mais peut-être en se conformant à la disposition des fenêtres, qui devaient suivre, en tournant, la montée en spirale de l'escalier, il y avait des niches surmontées de dais pointus très-ornés, et telles qu'on en voit à Saint-Denis et dans un grand nombre d'édifices gothiques. Rien n'était moins favorable à la sculpture que ces niches resserrées, où, de même que dans les caisses de momies ou sur les cercueils, on ne pouvait placer que des figures droites, raides et sans mouvement. L'ajustement symétrique auquel on était forcé, ne se prêtait pas au développement que la sculpture peut donner à ses attitudes ; et la sécheresse, la minutie, l'incohérence des formes de l'architecture gothique, devaient exercer une funeste influence sur la sculpture, qui, obligée de se mettre en harmonie avec l'architecture, doit nécessairement se ressentir de ses beautés et de ses vices lorsqu'elles associent leurs travaux. Il était impossible que des édifices qui, dans leur ensemble et dans leurs différentes parties, n'offraient que des pignons élevés en triangles pointus ou tout au plus équilatéraux, où les espaces, resserrés, découpés, sans repos, étaient encombrés de colonnettes grêles, permissent à la sculpture de s'étendre, et lui fussent aussi propices que ces belles frises grecques, que ces vastes frontons, dont l'heureuse proportion admettait les plus grandes compositions, telles que celles qu'on admirait dans les édifices de la Grèce. Jadis la sculpture y naquit dans les temples : ce fut aussi dans nos églises que ce bel art retrouva une nouvelle vie ; mais il ne ressaisit son ciseau que pour de froides représentations de la mort, peu propres à ranimer la langueur qui l'avait si long-temps accablé. Ce n'étaient plus ces idées riantes qui, dans la poétique Grèce, avaient entouré le berceau de la sculpture des plus agréables images, et qui l'invitaient à voir, à étudier, à rendre la plus belle nature sous les formes les plus séduisantes : chez nous tout lui dut paraître triste et sans charme à son réveil ; elle vivait au milieu des tombeaux, et ce n'étaient pas ceux des Grecs, qui savaient entourer de gracieuses images leur dernier asile.

> De la foi du chrétien les mystères terribles
> D'ornemens égayés ne sont point susceptibles.

Cependant notre religion, malgré sa gravité, a été, plus qu'aucune autre chez les modernes, favorable à la sculpture; et c'est plutôt l'architecture gothique qui en a retardé les progrès. Il n'est pas étonnant que sa maigreur, à laquelle un art adulte et formé eût eu de la peine à résister, ait mis pendant long-temps des entraves au développement et aux progrès de la sculpture, et qu'elle ait prolongé son enfance chez un peuple sensible aux arts, et qui, depuis qu'il a concouru avec l'Italie à les relever et à leur rendre un grand éclat, les a souvent cultivés, et surtout la sculpture, avec autant de succès que sa rivale.

Rien n'est moins clair que la manière dont s'exprime Sauval sur le nombre de statues dont Raimond du Temple orna l'extérieur de la cage de l'escalier, qu'il avait enrichie de toute sorte d'ornemens en bas-relief. Il dit d'abord qu'il y avait dix grandes statues en pierre dans des niches et posées sur des piédestaux, ou plutôt sur des espèces de consoles en cul-de-lampe, chargées de moulures et de feuillages; et il ajoute qu'autour de la cage furent répandues sans ordre les figures du Roi, de la Reine, de leurs enfans mâles, et de plusieurs princes de leur famille : ce qui ferait encore huit statues. On avait placé, en outre, dans la partie la plus élevée, celle de la Sainte Vierge et de S. Jean; ce qui portait à vingt le nombre de ces statues. Chacune avait coûté 16 livres parisis, ou 164 francs 54 centimes. Celles qui représentaient Charles V et Jeanne de Bourbon, étaient de la main de Jean du Liége; la statue de Louis duc d'Orléans, second fils du Roi, et celle du duc d'Anjou son frère, furent faites par Jean de Launay et par Jean de Saint-Romain. Il est singulier qu'on ne nomme pas Charles VI, alors dauphin, et qui, de même que son frère le duc d'Orléans, était en bas âge : car il était né à la fin de l'année 1367, et il n'était que dans la première enfance lorsque cet escalier, commencé en 1365, et dont l'exécution dut être poussée avec activité, comme tous les travaux entrepris par Charles V, en fut au point d'être décoré de statues. Il serait curieux de savoir le parti que prirent les sculpteurs pour celles de ces princes enfans. Mais la statue du petit roi Jean Ier, qui ne vécut que quelques jours et qui est à Saint-Denis, peut en donner une idée : il a été représenté dans un âge beaucoup plus formé, à trois ou quatre ans, et vêtu comme les autres rois; et il a de même son petit lion sous les pieds. Les figures du duc de Berri et du duc de Bourgogne, frères de Charles V, furent confiées à Gui de Dampmartin et à Jacques de Chartres. Il paraît que Jean de Saint-Romain eut la plus grande part dans l'embellissement de cette grande vis, car c'était encore à lui qu'on devait les statues de la Sainte Vierge et de S. Jean; et il est probable qu'ayant décoré l'intérieur de l'escalier, il fut aussi chargé d'orner le fronton ou le pignon de la dernière croisée. Il y avait placé les armes de France, entourées de lambrequins et supportées par deux anges; deux autres soutenaient le casque qui couronnait le tout et était couvert d'un timbre chargé de fleurs de lis par dedans. Il est à remarquer qu'elles étaient sans nombre dans les armes : cela prouverait que cet escalier avait été terminé avant que Charles V les eût réduites à trois ; ce qui n'eut lieu, à ce qu'il paraît d'après le président Hénault, que sur la fin de son règne. Ce bel escalier, qu'on regardait alors comme une merveille, a subsisté jusqu'aux changemens survenus au Louvre sous Louis XIII, et il est à regretter qu'il ne nous soit resté aucun dessin qui retrace un ouvrage exécuté par les meilleurs artistes du temps de Charles V, et qui devait être très-remarquable pour cette époque.

On avait aussi orné de statues les divers portails du Louvre, et Charles V n'avait pas surtout négligé l'entrée principale du côté de la Seine ; mais il paraît qu'elle ne fut pas terminée sous son règne, et ce ne fut que sous Charles VII qu'on plaça des deux côtés de la porte la statue de ce roi et celle de Charles V : elles avaient été faites par Guillaume Jasse et Philippe de Foncières, les meilleurs sculpteurs d'alors. On ne nomme pas ceux de qui, dans la seconde entrée, du côté de Saint-Germain l'Auxerrois, étaient les statues de Charles V et de Jeanne de Bourbon ; mais il est à croire que c'était l'ouvrage de Jean de Saint-Romain, qui semble avoir été, sous Charles V, le sculpteur le plus en réputation. Au sujet de ce second portail, on dit que sous le chef, ou la clef, de sa première voûte, il y avait des fleurs de lis sans nombre ; ce qui rendrait probable que ce portail n'avait été que restauré par Charles V, et qu'il avait été fait avant lui. A la manière d'ailleurs dont on parle des tours de ce côté, elles eussent été plus écrasées que celles du temps de Charles V, et auraient appartenu à celui de Philippe-Auguste. On peut aussi faire remarquer qu'il est question d'une première voûte ; ce qui, en indiquant qu'il y en avait plus d'une, vient à l'appui de ce que nous avons déjà dit, que ces portails, pour plus de sûreté et pour être de meilleure défense, avaient plusieurs portes. D'après ce que rapporte Sauval (1), une grande terrasse de 9 toises sur 8, du côté de la grande entrée, eût été placée immédiatement au-dessus du grand portail. Mais cette disposition ne serait pas possible, et ne s'accorderait ni avec le bâtiment, qu'elle aurait coupé en deux, ni avec le peu de largeur du fossé, qu'elle aurait encore diminué ; et il faut que cette terrasse, tout en étant au-dessus du portail, qui, ainsi que je l'ai indiqué dans les plans pl. 8 B et 8 C, avait une grande saillie sur cette aile, ait terminé les deux tours, qui étaient celles que l'on voit dans le Louvre de Philippe-Auguste (pl. 8 A), et que Charles V dut conserver en leur donnant plus d'élévation. La terrasse s'y trouve bien placée, et elle a les dimensions que lui donne Sauval. Cet auteur, au reste, n'est pas toujours d'accord avec lui-même : il varie souvent dans les mesures ou dans les dénominations des mêmes pièces ; et après les avoir discutées, il doit être permis de s'arrêter à celles qui paraissent le plus conformes au plan général et à ce que l'examen des localités donne lieu de supposer.

D'après ces données, je me suis hasardé à représenter, pl. 8 E, une vue

---

(1) Tome II, p. 21.

cavalière, une espèce de restitution de l'ensemble du Louvre, tel qu'il pouvait être à la fin du XIV.ᵉ siècle. Comme il me serait difficile de citer ou de faire graver tous les monumens gothiques de cette époque qui m'ont servi à appuyer mes hypothèses, on pourra voir, dans les pl. 8 A et 8 D, une sorte de résumé des secours que m'ont prêtés des ouvrages contemporains du Louvre de Charles V, pour me former une idée des élévations et du caractère de son château. Je suis loin de prétendre que, s'il reparaissait tout-à-coup, mon dessin en fût une vue très-exacte, et que je n'ai oublié aucune de ses tours et de ses tourelles. Mais si, d'un côté, l'irrégularité de son architecture ne permet pas de deviner tous les caprices auxquels elle a pu se livrer, d'un autre elle autorise aussi bien des libertés, soit dans les élévations, soit dans la forme des différentes parties de ses constructions; et tout ce que permet d'espérer une semblable tentative, se réduit à ne pas se trouver en contradiction avec les édifices de la même époque, et que le Louvre que j'ai rétabli d'après les indications des manuscrits et de Sauval, puisse, au premier coup d'œil, être d'accord avec l'idée que l'on peut se faire du château élevé par Charles V et par Raimond du Temple. Cette vue est censée prise sur l'angle gauche du Louvre du côté de la Seine. En combinant la distance, nous avons cherché, M. Civeton et moi, à saisir le point de vue le plus favorable, et à embrasser tout l'ensemble du château et de ses dépendances; et il sera facile de retrouver sur le plan, pl. 8 B, les emplacemens de toutes nos élévations : ce que j'en ai déjà dit doit servir ou à les justifier ou à les combattre.

Après avoir établi l'extérieur du Louvre de Charles V sous le double rapport du plan et des élévations, nous pouvons porter nos recherches dans l'intérieur. Quoique nous n'ayons que des documens très-incomplets sur les différens changemens qu'ont éprouvés les salles et les appartemens du Louvre depuis leur origine, et qu'ils soient insuffisans pour faire retrouver d'une manière incontestable leur ancienne distribution, on peut cependant, je crois, s'en former une idée d'après les localités qui subsistent encore, en partie, avec les mêmes mesures qu'elles avaient autrefois. On sait par Sauval, qui suivait comme ses guides des ouvrages consacrés aux détails des bâtimens royaux, que les appartemens d'apparat de Charles V et de Jeanne de Bourbon, et les grandes salles de réception, occupaient le rez-de-chaussée et le premier étage de toute l'aile du Louvre où se trouve la salle des Caryatides : cette aile, d'après ce que je crois avoir prouvé, se terminait alors au mur de refend qui sépare la salle de Jean Cousin de celle de Jean Goujon (*voyez* pl. 8 B, 9, 11, 12). Ce serait trop se flatter que de croire que l'on pût indiquer avec une entière précision la distribution des appartemens dont Sauval fait l'énumération sans marquer leurs positions respectives, quoique cependant il ait l'air quelquefois de s'attacher à suivre un certain ordre. Mais il suffira, ce me semble, pour remplir le programme que je me suis donné, de montrer qu'en conservant à ces pièces leur grandeur, surtout en longueur, elles auraient facilement trouvé place dans l'étendue de cette aile. Il faut aussi ne pas perdre de vue que Sauval a sans doute omis bien des détails; que d'autres n'étaient pas consignés dans les registres qu'il consultait ; et que d'ailleurs dans un édifice il y en a toujours une foule que les descriptions les plus circonstanciées passent sous silence. Souvent aussi l'on peut n'avoir pas pris les mesures au nu des murs, et n'avoir pas tenu compte de boiseries ou d'autres applicages dont ils étaient revêtus. Du temps de Charles V, et plus tard, les boiseries étaient fort en usage, et il y en eut, sans doute, qui furent plus ou moins éloignées des murailles, ainsi qu'on le voyait encore il y a quelques années dans des salles de Fontainebleau, dans la chambre d'Henri IV au Louvre, où les boiseries, chargées de sculptures très-saillantes, étaient à plus d'un pied des murs. D'ailleurs, quoique la masse de ceux du premier Louvre ait été conservée, ils ont subi bien des modifications qui ont dû en apporter d'autres dans les mesures primitives ; et si celles qu'on prendrait entre les murs n'avaient pas aujourd'hui exactement la largeur que Sauval donne aux différentes pièces, ce ne serait pas une raison de les rejeter. Le point principal consiste dans les rapports entre les longueurs : lorsqu'elles tombent sur des divisions du nouveau Louvre qui permettent de croire que Lescot, Le Mercier et leurs successeurs se sont appuyés sur d'anciennes fondations pour établir leurs murs de refend ou leurs colonnes, c'en est assez, je pense, pour motiver l'espèce de restitution que je vais tenter, en retraçant la distribution des deux ailes occidentale et méridionale, qui, sous Charles V, étaient principalement occupées par les appartemens du Roi et de la Reine ; et, sous tous les rapports, ce sont les plus intéressans, du moins à cette époque.

Pour fixer les idées sur cette distribution, il est nécessaire d'avoir recours à la nomenclature des pièces indiquées par Sauval, qui paraît avoir, d'après les registres des *Œuvres royaux*, suivi l'ordre dans lequel étaient rangés ces appartemens. Les salles de cérémonie et de réception, les grands appartemens du Roi, étaient tournés vers la rue Froidmanteau ; ils occupaient le rez-de-chaussée et le premier étage. La partie habitée ordinairement par le Roi et par la Reine donnait sur la rivière. L'appartement de Jeanne de Bourbon, au rez-de-chaussée, relevé de quatre marches au-dessus de la cour, se composait d'une grande chambre de parade, *g*, pl. 8 B, d'une autre grande chambre, *h*, et de quelques garde-robes et de cabinets, *i*. Il n'y manquait rien de ce qui pouvait en rendre l'habitation commode ; il y avait un oratoire, *k*, et des bains, *l*, que j'ai disposés de manière à leur donner une grandeur convenable. Il sera question des oratoires dans un autre endroit. Quant aux bains, on sait que les baignoires étaient en bois, garnies de bossettes dorées et de cercles de cuivre fixés par des clous à tête dorée. D'après les mesures données à ces appartemens par Sauval, on trouve aisément à les placer dans la partie occupée aujourd'hui par la salle d'Isis et par le vestibule d'entrée sur la Seine. Cet auteur fait aussi remarquer qu'ils étaient sur la rivière, quoique de ce côté fût aussi la principale entrée du Louvre, dont les deux tours étaient réunies dans le haut par la terrasse de 9 toises de long dont il a déjà été question. On peut croire que cette grande entrée donnait dans un vestibule, *m*, qui précédait l'appartement de la Reine, et qui pouvait occuper en partie l'emplacement de la salle de la Psyché et de celle de l'Aruspice.

Il y avait sans doute, attenantes aux portes, pour en défendre l'entrée et pour le service des princes, des salles destinées aux gardes : aussi en ai-je placé en *n*, dans une des tours de ce portail, Z. Elles étaient ordinairement voûtées, avaient une grande cheminée ou un *chauffe-doux*, un poêle, et souvent au milieu s'élevait, comme dans les chambres de Vincennes, un gros pilier sur lequel s'appuyaient les retombées des voûtes, et qui servait aussi à suspendre les armes de ces corps-de-garde, auxquels j'ai cru devoir ménager des communications faciles avec l'entrée et avec les pièces du palais confiées à leur surveillance.

Quant à la salle neuve de la Reine, *o*, qui avait 7 toises 1 pied $\frac{1}{4}$ de long, sur 4 toises 3 pieds $\frac{1}{2}$ de large, j'en retrouve la mesure en réunissant la salle du Télèphe à celle de la Médée. La grande vis ronde, ou l'escalier tournant, qui communiquait des appartemens de la Reine à ceux du Roi, était à 3 toises de la salle neuve de la Reine, dans le corps de logis opposé à celui qu'elle habitait. Cet escalier serait très-bien en *p*, près de l'emplacement qui fait aujourd'hui la petite salle de Pan, et qui, dans le plan de du Cerceau (1), a les trois toises que Sauval donne à l'intervalle entre la salle de la Reine et l'escalier. Outre celui-ci, dans les coins de la grande pièce, *q*, marquée D, pl. 9, d'autres escaliers devaient conduire à plusieurs tours, et peuvent avoir occupé les positions que je leur donne en *r* et en *s*. On sait que Charles V les multiplia au Louvre d'une manière singulière. Nous verrons bientôt que celui qui est placé en *r*, conduisait à la bibliothèque.

On ne doit pas oublier qu'on ne peut pas être arrêté dans ces distributions par la disposition actuelle des fenêtres et des autres ouvertures, qui ont été changées, et qui, du temps de Charles V, étaient placées sans aucune régularité, et n'avaient pas en largeur la moitié de celles du Louvre d'aujourd'hui. Je ne propose d'ailleurs que des hypothèses plus ou moins probables; si elles étaient admissibles pour les appartemens de la Reine, elles le seraient tout autant pour ceux du Roi, dont la distribution était à peu près la même (*voyez* pl. 8 C). Je placerais la salle aux oiseaux ou aux joyaux, A, qui avait 9 toises de long sur 4 $\frac{1}{2}$ de large, au-dessus de la grande salle *q* du rez-de-chaussée; et nous retrouverons l'emplacement dont nous avons besoin dans la salle D, pl. 9, et dans celle qui lui est contiguë. Dans le plan de du Cerceau, elles ne sont séparées que par un mur peu épais, et qui ne paraît pas avoir appartenu à des constructions anciennes : mais ici l'on ne peut se servir que de la distribution de du Cerceau; car ses mesures sont inexactes dans toute cette partie, et il faut avoir recours à celles du plan de la planche 11, qui sont très-justes. Le dessus du corridor de Pan, V, et une portion de la salle M, donneraient la largeur de la salle aux joyaux. Quant à sa longueur, elle était un peu plus grande que celle de la salle M : mais il faut considérer que, depuis ces anciens temps, il est arrivé bien des changemens dans cette partie; ce que l'on voit en comparant les plans de du Cerceau, de Blondel, et ceux d'aujourd'hui. Les pilastres ajoutés au mur de gauche, et le mur même rechargé, ont dimi-

---

(1) *Voy.* dans ma planche 11, V, et dans la planche 9, la pièce F qui y correspond.

nué de trois ou quatre pieds la longueur que cette salle devait avoir sous Charles V. L'emplacement que nous verrons occupé par les chapelles haute et basse, prouvera, je crois, que la salle aux joyaux est dans l'endroit le plus convenable, étant à portée des chapelles, dont elle conservait les vases et les ornemens.

Il serait assez naturel qu'à côté de cette grande salle, qui renfermait tout ce que Charles V possédait de plus précieux en toute sorte d'objets, se trouvât sa bibliothèque, pour laquelle il avait une affection toute particulière, et qui devait être près de son appartement, avec lequel je la fais communiquer. Si je la place dans la tour de gauche, B, plutôt que dans celle de droite, C, c'est d'abord parce qu'elle est plus rapprochée de l'appartement du Roi, et ensuite parce que la tour où elle était portait le nom de *tour de la librairie*; ce qui la distingue de l'autre, qui s'appelait *tour du coin du côté de Saint-Thomas*. On sait aussi que la bibliothèque de Charles V occupait trois étages de la tour de la librairie. Par la disposition de mon plan, j'attache à l'appartement de la Reine la partie de la bibliothèque du rez-de-chaussée; au premier, elle tenait aux appartemens du Roi; ceux des princes avaient le dernier étage de la bibliothèque; et comme le bon roi Charles V en avait accordé le libre accès aux savans, l'escalier que j'ai ménagé dans cette tour leur donnait, par le vestibule d'en bas, entrée dans les différentes pièces de la librairie, sans qu'ils eussent de communication obligée avec les appartemens du Roi et de la Reine. D'ailleurs il se pourrait même que le dernier étage de la bibliothèque, où il y avait le plus de livres, eût été spécialement réservé à ceux qui venaient les consulter. Cette collection, située ainsi au midi, se trouvait dans une exposition qui lui était très-favorable. Il resterait bien peu de doutes sur l'emplacement que je lui assigne, si les recherches qu'on a bien voulu faire pour moi à la bibliothèque royale parmi les manuscrits, avaient eu le succès que nous espérions. Des savans attachés à cet immense dépôt m'ont assuré avoir vu sur trois ou quatre volumes, écrit en caractères du XIV.e siècle, *ce livre est placé sur telle tablette, du côté de la rivière, au Louvre*. Nous avons trouvé plusieurs indications de ce genre sur des livres appartenant à Charles V; mais ils étaient de la bibliothèque de Blois. Je crois cependant pouvoir me fier à la mémoire de ceux qui m'avaient donné ces renseignemens, et ne pas trop hasarder en plaçant, ainsi que je l'ai fait, la tour de la librairie du côté de la rivière.

Quoique la tour C se nommât, d'après sa position, *tour du coin devers Saint-Thomas*, il se pourrait qu'elle eût été désignée de deux manières, et que c'eût été aussi la tour de l'armoirie : on sait qu'il y en avait une de ce nom. Placée près de l'artillerie, avec laquelle il était facile d'établir une communication, cette situation lui aurait convenu; et n'eût-il pas été bien que ce que Charles V avait de plus beau en armures et en armes, fût réuni dans le même local, près de sa bibliothèque et de sa chambre aux joyaux?

En reprenant la suite des appartemens du Roi, au-dessus de la salle neuve de la Reine répondait celle du Roi, E, qui avait la même dimension. On ne trouvait plus ensuite que trois grandes chambres ou salles; celle des comptes, une autre où Charles V tenait ses requêtes, et la chambre du conseil ou de la trappe. Une de ces salles, la chambre des comptes, F, qui était fort grande, pouvait occuper le dessus du vestibule. Il y avait à l'hôtel Saint-Paul des salles encore plus vastes. Dans les renfoncemens des tours on eût ménagé de grands cabinets cintrés et voûtés; ce qui est dans le goût de l'architecture de cette époque. La chambre des requêtes, G, en eût fait la suite. La chambre de la trappe, H, serait la dernière; elle était accompagnée de quelques cabinets, qui comprenaient sans doute l'oratoire, I, qui serait bien placé dans la tour qui terminait cette aile, de bains et de garde-robes, J. Je croirais volontiers que c'était la chambre à coucher du Roi; d'une santé très-faible et souvent malade, il pouvait y tenir son conseil intime, auquel il admettait la Reine. Il serait assez simple alors que cette chambre fût placée au-dessus de l'appartement de Jeanne de Bourbon, avec lequel un escalier, L, l'eût mise en communication. Comme il devait être réservé au Roi, rien n'empêcherait de croire qu'il était fermé par une grille ou par une trappe; ce qui aurait fait donner à cette chambre le nom sous lequel elle était désignée. Je ferai observer, en faveur de cette disposition, qu'elle sauve en partie l'inconvénient qu'il y avait à ce que la grande entrée du Louvre séparât en deux parties les appartemens de la Reine. Dans l'habitude de la vie, et lorsqu'elle restait dans son intérieur, de ses appartemens elle pouvait, par cet escalier, L (pl. 8 B), l (pl. 8 C), aller chez le Roi, même sans témoins : les jours de représentation, elle n'avait qu'à traverser le vestibule, au milieu de ses gardes, pour se rendre à la salle neuve, ou à la grande chapelle, quand elle ne se servait pas de son oratoire particulier. A l'extrémité de cette aile, au bas de l'appartement du Roi, se trouvait son jeu de paume, M, qui devait être dans l'autre corps de logis, où il occupait au moins deux étages, et duquel dépendaient une basse-cour et un jardin situés sans doute de l'autre côté du fossé, et avec lesquels on pouvait communiquer par un petit pont. Il est à supposer qu'il y avait pour le Roi une entrée dans le jeu de paume par les dépendances de l'appartement de la Reine : aussi y ai-je placé, pl. 8 B, une petite galerie, l l, sur la cour, qui répond à l'escalier, et qui, réservée pour le Roi, n'a pas d'autre communication avec le reste du château, et ne s'élève que jusqu'au premier étage.

Quoique cette distribution, fondée sur le rapprochement de plusieurs passages de Sauval et sur des mesures qui ne dépassent pas celles qu'il donne et que les localités semblent justifier, pût être étayée de quelque discussion en sa faveur, je suis fort éloigné d'en garantir la certitude; mais peut-être aussi les preuves manqueraient-elles pour en contester la probabilité.

L'autre aile du Louvre offre, dans ce qui reste de ses premières constructions, des données plus positives pour en retrouver d'une manière plausible la distribution intérieure du temps de Charles V. On apprend de Sauval qu'il y avait au rez-de-chaussée une chapelle, t, suivie d'une grande salle basse, u, et d'une autre chapelle, v : la première avait 8 toises $\frac{1}{2}$ de long sur 4 toises $\frac{1}{2}$ de large. Ces mesures se rapportent avec celles de la première partie de la salle des Caryatides. Il y avait une cheminée : le tuyau de celle qui s'y trouve aujourd'hui, est d'ancienne construction;

on le voit dans le plan de du Cerceau, pl. 9, et l'on peut croire que c'est en partie le même qui existait autrefois. La forme circulaire d'une des extrémités de l'entrée de la salle des Caryatides convient à une chapelle, et c'est la forme de l'abside de toutes les églises gothiques. La force de ce mur annonce qu'il appartient à une construction très-ancienne. Rien n'empêcherait de croire qu'il était autrefois circulaire à l'extérieur, ainsi que je l'ai figuré, *a*, et que c'était la tour de la grande chapelle : cependant elle pouvait aussi être carrée ou à pans coupés ; car parmi les tours du Louvre il y en avait de toutes les formes. On voit aussi, dans le plan que je viens de citer, qu'outre les communications avec l'intérieur du château, cette pièce avait sur la cour une entrée qui est aujourd'hui masquée, et qui devait avoir en avant une tour, *t* 2, qui lui servait de portail ; ce qui est tout-à-fait dans le goût et les convenances de l'architecture du xive siècle. On sait d'ailleurs, par Sauval, que cette chapelle avait plusieurs entrées, et que la principale donnait dans la salle basse dont il sera bientôt question, ainsi que des détails de la chapelle. Bien plus, il y avait un petit escalier tournant qui montait à un clocher en menuiserie qui s'élevait au-dessus de la chapelle, ou plutôt probablement au-dessus de celle de l'appartement du Roi, où était la chapelle haute, tandis que celle de la Reine était la chapelle basse. Au bas de cet escalier on voit, dans le plan de du Cerceau, un petit palier et une entrée dans la partie circulaire ; l'escalier, *s*, le palier, *s* 2, ainsi qu'on peut s'en assurer en comparant les plans pl. 9 et 11, existent encore, quoiqu'il y ait eu quelque changement dans la forme du palier et qu'on en ait fermé l'entrée. Toute cette construction porte le caractère d'une grande ancienneté, et les carrières des environs de Paris ne fournissent plus de pierres de cette qualité. Quelques différences dans les mesures seraient peu importantes ; car il s'en faut souvent de beaucoup, ainsi que je l'ai déjà fait observer, que celles de du Cerceau soient exactes. On le voit ici : il donne dans son plan 25 toises ½ à la longueur totale des deux parties de la salle des Caryatides, sur 7 toises 1 pied, tandis qu'il n'y en a que 22 ½ sur 6 toises 4 pieds. Il me semble donc que nous avons retrouvé d'une manière positive l'emplacement de la grande chapelle basse du Louvre de Charles V. La petite, *v*, devait être à l'autre extrémité de la salle des Caryatides. Elle était aussi en partie dans une tour, *b*, et dans mon plan il s'en trouve précisément à cet endroit une des deux qui flanquaient le portail ou l'entrée de cette façade du château. La position de cette chapelle ferait croire qu'elle servait, ou aux personnes attachées au Louvre, à la garnison, ou aux gens qui venaient de l'extérieur, tandis que l'autre était destinée à la famille royale et à son service particulier.

Quant à la salle basse de 9 toises de long sur 5 de large, elle avait, sans doute, été désignée ainsi par opposition à celles du premier étage, ou plutôt parce qu'elle n'était pas de plain-pied avec les appartemens de la Reine. On voit, en outre, dans le plan de du Cerceau, qu'on descendait autrefois six marches pour aller de la première partie de la salle des Caryatides dans la seconde ; et, depuis cet architecte, tout cet ensemble a subi encore bien des changemens de niveau. Il paraît que sous Charles VI, en 1413, la petite chapelle fut changée en un avant-portail, espèce de vestibule, dont Sauval fait mention, et qui, à l'extrémité de la salle basse, faisait face à l'entrée principale de la grande chapelle. Ce fut le duc de Guienne, fils aîné de Charles VI, qui le fit construire. Il y avait au-dessus une chambre voûtée et surmontée d'une terrasse où l'on plaçait des musiciens; ce qui, soit dit en passant, prouve qu'à cet endroit le Louvre n'avait qu'un étage au-dessus du rez-de-chaussée, tandis que Charles V en avait donné quatre aux autres, en en ajoutant deux au château de Philippe-Auguste.

Avant d'entrer dans quelques détails sur les salles que nous venons de parcourir, je crois devoir achever de présenter l'ensemble du rez-de-chaussée et du premier étage de cette aile, tel que je suppose qu'il dut être sous Charles V. Dans le dénûment où nous nous trouvons de documens positifs, on ne peut pas s'attendre à me voir donner un plan qui ne laisse rien à desirer; ce qui aurait été possible si Sauval cût fait avec plus de soin et de clarté ses extraits des *Œuvres royaux*, et s'il n'eût pas négligé une foule de choses que, d'après son propre aveu, ils lui offraient, et qui, sans intérêt pour lui, auraient été pour nous du plus grand secours. Mais, sans nous consumer en regrets inutiles sur des pertes irréparables, continuons de réunir et de raccorder les débris conservés par cet auteur.

Dans la suite des pièces du Louvre, il parle de plusieurs galeries sans en indiquer la place. Mais, par le peu de largeur de quelques-unes de ces galeries, dont celle du Louvre de Lescot, E, pl. 9, nous présente une idée, et qui n'avait que 6 pieds de large, il paraît qu'on n'employait pas ce mot dans l'acception que nous lui donnons aujourd'hui. Dans Sauval (1), on trouve des galeries très-ornées de l'hôtel Saint-Paul et d'autres palais, qui ont jusqu'à 24 et même 42 toises de longueur, dont on ne donne pas la largeur; mais il y en a une de 15 pieds de large sur 108 de longueur, et même une autre qui, sur 48 pieds de long, n'a que 4 pieds de large. On voit qu'en général ce n'étaient que des espèces de corridors, quelquefois dans l'intérieur du bâtiment, ou quelquefois à l'extérieur, qui servaient de communications aux appartemens, comme on le pratiquait dans les cloîtres; d'autres étaient soutenues par des colonnes et donnaient sur des terrasses. Ainsi, lorsqu'entre les deux gros murs de face que je crois avoir fait partie des constructions de Philippe-Auguste et de Charles V, il se trouve une ou deux toises de largeur au-delà des mesures données par Sauval, on est, ce me semble, autorisé à admettre que cet excédant pouvait être occupé par une galerie. Quoique les *Œuvres royaux* rapportent avec beaucoup de détails les réparations faites aux demeures royales, il y avait sans doute bien des pièces dont ils ne parlaient pas, ou que Sauval a omis de relater. Il est difficile en effet de le croire exact lorsqu'il dit que les deux chapelles et la salle basse tenaient tout le rez-de-chaussée de l'aile le long de la rue Froidmanteau: les mesures qu'il en donne sont loin de s'accorder avec la longueur générale de cette aile du Louvre, dont ces pièces ne devaient occuper que la moitié; et il est à présumer que dans l'autre, à partir du portail, on en

(1) Tome II, p. 276, 277, 281.

trouvait plusieurs, x, dont la première, ainsi que la chambre de la tour, c, pouvaient être destinées à la garde du portail, et dont la dernière, $x\,3$, était la salle des jardins, qui devait avoir vue sur le grand jardin, le long de la rue de Beauvais. Sauval ne fait pas connaître la grandeur de cette pièce; mais il est à croire qu'elle était assez considérable, et qu'elle pouvait répondre à l'emplacement de l'escalier d'Henri IV et à une partie du grand vestibule actuel. Si cette salle ne tenait pas toute la largeur du bâtiment, ce qui est probable, car sa grandeur aurait été alors assez remarquable pour que Sauval en eût parlé, il est à présumer que derrière, du côté de la rue Froidmanteau, il régnait une galerie qui servait cette pièce et celles qui la précédaient. Il devait en exister une pareille le long de la salle basse; c'était une communication presque indispensable entre l'entrée de cette aile et la tour dont elle était flanquée. Cette galerie de dégagement pouvait être destinée particulièrement au service militaire du château, par rapport à l'extérieur; tandis qu'à l'autre angle de cette extrémité on peut placer un escalier, z, pl. 8 B, et N, pl. 8 C, qui du rez-de-chaussée menait aux salles du premier, auquel on arrivait de la cour par le grand escalier. Il correspondait sans doute, dans les deux étages, à deux autres galeries, y, qui devaient produire un bon effet, et s'accorder avec la richesse de l'escalier de Raimond du Temple, dont j'ai essayé, dans ma planche 8 D, de donner une légère idée. Quoiqu'il y eût des appartemens du Roi et de la Reine du côté de la rue de Beauvais, ils n'aimaient pas cette aile, qui, regardant le nord et étant tournée vers la ville, était moins agréable à habiter. Il est probable que c'était dans cette partie et dans celle qui donnait sur la rue d'Osteriche, que demeuraient les personnes attachées au service du Roi, de la Reine et des princes. Au reste, les appartemens de la famille royale étaient en si grand nombre, qu'il devait y en avoir aussi bien dans ces deux ailes que dans les autres; mais je ne trouve ni dans Christine de Pisan, ni dans Sauval, rien qui puisse jeter quelque lumière sur la distribution de cette partie du Louvre, sans doute la moins intéressante, puisque l'on ne nous en a pas laissé de détails.

Parmi les salles du Louvre, celle de S. Louis était sans contredit la plus vaste et celle qui jouissait de la plus grande réputation. Construite par S. Louis, réparée et embellie par Charles V, elle avait 12 toises de long sur 7 de large, et était extrêmement élevée, puisqu'elle allait jusqu'au comble. On ne peut pas supposer qu'elle fût au rez-de-chaussée : car sous Charles V elle aurait compris trois étages ; ce qui eût été démesuré par rapport à sa longueur. Ainsi je crois qu'il faut la placer au premier. Il est très-probable que, lorsque S. Louis la fit faire, ce fut une addition aux travaux de Philippe-Auguste : mais elle ne dut pas avoir d'abord toute la hauteur à laquelle depuis on l'éleva; et lorsque Charles V ajouta deux étages au Louvre, il est à croire que ce prince, plein de goût pour l'architecture, et qui souvent dessinait lui-même les plans qu'il voulait faire exécuter, ne trouvant pas cette salle assez élevée en proportion de sa longueur, l'exhaussa, et peut-être un peu trop ; ce qui dut nuire à sa solidité. Aussi, après plusieurs réparations, fut-elle détruite lors de la reconstruction du Louvre par

François I.ᵉʳ Cette salle ne pouvait pas être du côté de la rivière; le peu de largeur du bâtiment ne saurait l'admettre : d'ailleurs elle faisait partie des grands appr̄   ̄ens du côté de la rue Froidmanteau. La distribution probable de la première partie de cette aile ne permet pas de l'y placer ; et d'ailleurs, comme elle ne fut pas détruite sous Charles VI, et que l'on a vu que le duc de Guienne son fils interrompit la ligne du bâtiment en faisant faire au-dessus d'une chambre du premier étage une terrasse, on ne pourrait plus donner à cette salle la hauteur qu'elle avait sous Charles V, et qu'elle conserva toujours. D'ailleurs, en la mettant dans cette aile, on ne retrouverait plus la distribution des grands appartemens indiqués par Sauval, et dont la suite s'adapte très-bien avec celle que je leur donne dans mon plan, pl. 8 C. Il ne reste donc pour placer la salle de S. Louis, O, que la partie de l'aile du Louvre à droite du portail qui regarde la rue Froidmanteau. Elle était précédée et suivie de deux chambres de parade. L'emplacement de la première de ces chambres, P, en partie dans la tour en fer de cheval, répondrait à une petite portion de la cour actuelle; et l'autre, Q, occuperait la cage de l'escalier d'Henri II et une petite partie de la salle des séances royales. La distance qui contient l'escalier d'Henri IV et le grand vestibule du pavillon de l'horloge, a juste 12 toises de longueur entre d'énormes murs de refend, et il n'y en avait que 7 de largeur entre les murailles des deux faces avant que l'on eût fait le vestibule : cet espace me semble donc convenir, sous tous les rapports, à la salle de S. Louis, qui avait ces dimensions; et tout se combine d'autant mieux qu'elle vient se rejoindre, à droite du portail, à la partie de l'aile qui avait dû être terminée la première par Philippe-Auguste, et que continuèrent S. Louis et ses successeurs.

Après la salle de parade qui suivait celle de S. Louis, venait une grande antichambre, R, que je place au-dessus du portail et de la petite chapelle. Ce fut cette pièce dont le duc de Guienne, en 1413, changea la destination, ainsi que celle de la petite chapelle, dont il fit un avant-portail. On trouvait ensuite une grande chambre du Roi, à laquelle on peut, d'après les mesures de ses appartemens à l'hôtel Saint-Paul et au palais des Tournelles, donner 6 toises de long. A cet appartement, comme à la plupart de ceux du Louvre, qui avaient presque tous la même distribution, étaient attachés un oratoire, T, des bains, V, et ce qui en dépendait, v. En rapportant au rez-de-chaussée les mesures du premier étage, après la chambre du Roi, ce qui reste de la grande salle des séances royales jusqu'à l'aplomb des colonnes qui séparent les deux parties de la salle des Caryatides, était occupé par de grands cabinets, X. On trouvait enfin la chapelle haute, Z, qui devait être plus petite que la chapelle basse ; car c'est celle-ci qu'on appelle la grande chapelle du Louvre, et sur laquelle les anciens registres entraient dans des détails qui annonçaient qu'elle était la plus importante. La chapelle haute, n'occupant pas toute la largeur de l'aile, permet de l'accompagner d'une galerie, W, dont parle Sauval sans en indiquer la place, et qui, faisant suite aux appartemens du Roi, conduisait à la salle aux joyaux, A, et à l'escalier p, qui descendait aux grands appartemens de la Reine. Il est difficile de ne pas admettre que cette galerie était une des plus ornées du Louvre : aussi l'ai-je supposée à arcades et à colonnes. Probablement c'était une de celles qu'on se plut à décorer avec recherche, lorsqu'en 1365 François d'Orléans orna de peintures la salle aux joyaux et la salle neuve de la Reine. Derrière les appartemens du Roi, de simples galeries ou de grands corridors, Y, leur servaient de dégagement et se terminaient à la salle de S. Louis. On voit qu'en suivant la marche indiquée par Sauval, et sans nous écarter de ses mesures, nous avons rejoint par la chapelle et la salle aux joyaux les autres appartemens de Charles V dont j'ai déjà parlé. Ces plans, appuyés non-seulement sur la distribution et les mesures tirées des *Œuvres royaux*, mais même sur des parties du premier Louvre qui existent encore, offrent donc d'une manière plausible, si je ne me fais pas illusion, l'ensemble des petits et des grands appartemens qu'occupaient dans les ailes occidentale et méridionale de leur château Charles V et Jeanne de Bourbon; et je m'estimerais heureux, si l'on trouvait que j'ai rétabli avec quelque probabilité la disposition de l'antique demeure de l'un de nos rois les plus sages et les meilleurs.

L'aperçu que nous venons d'offrir sur l'aspect général et sur la distribution du Louvre de Charles V, ne laisserait qu'une idée incomplète du caractère de ce château, si nous ne cherchions pas à en donner une de la manière dont l'intérieur était décoré et meublé. Christine de Pisan, Sauval, nous offriront encore leur secours, et nous en trouverons d'assez abondans et de très-utiles dans les peintures des manuscrits des XIIIe, XIVe et XVe siècles, qui présentent le dessin et les couleurs d'une grande quantité de meubles, de vases, d'étoffes et d'instrumens très-variés de formes, et dont quelques-uns sont traités avec toute l'élégance et la délicatesse dont était susceptible le goût de cette époque. Le style gothique s'y montre dans toute sa pureté; ce qui demande une explication. Il était alors au terme le plus éloigné de son point de départ. Ayant tout-à-fait perdu de vue le style antique, dont il ne s'écarta que par l'impuissance de l'imiter, et parvenu à se faire une manière propre et indépendante, il se laissait aller, avec une liberté plus originale, à toute la bizarrerie et à tous les écarts de ses inventions; il ne reconnaissait plus d'autres règles que ses caprices, ou plutôt il n'en reconnaissait aucune. Ce genre gothique était plus lui qu'il ne le fut lorsqu'à la fin du XVe siècle et au XVIe on voulut le ramener à des idées plus simples. Le mélange que l'on en fit avec le système des productions grecques et romaines, lui enleva en partie son caractère et sa piquante irrégularité. De ces alliances forcées dut résulter un manque d'accord entre l'ensemble et les parties, et un goût mixte, qui n'appartenait plus à aucun style. Tout singulier et tout bizarre que paraît le costume de certains sauvages, il ne choque jamais plus que lorsqu'ils y ajoutent quelque partie de vêtemens européens auxquels ils ne sont pas habitués, et qui, gênant leurs allures, changent en ridicule toute leur originalité. Il en est de même du genre gothique : il n'est jamais mieux que lorsqu'assez riche de son propre fonds il n'emprunte plus rien aux Grecs et aux Romains, et que ses premiers emprunts sont tellement dénaturés, qu'on ne peut plus les reconnaître; il jouit du bénéfice d'une sorte de prescription, et tout est à lui. Telle est l'espèce de pureté que l'on peut reconnaître dans le gothique du temps de Charles V. Je ne dis pas que ce soit positivement de la beauté; elle demande plus de symétrie et plus d'ordre : mais c'est un caractère particulier, et c'est déjà beaucoup.

De ces considérations générales nous passerons à quelques détails sur l'ameublement du Louvre, que Charles V avait décoré avec la magnificence qu'il déployait dans tous ses ouvrages, et qu'on retrouvait à l'hôtel Saint-Paul, aux Célestins, aux Tournelles, à Vincennes, à Beauté, et dans ses autres châteaux.

D'après le mode d'architecture du xive siècle, et en s'en rapportant à ce qui reste des monumens de cette époque, il est à croire que la plupart des appartemens du Louvre, surtout au rez-de-chaussée, étaient voûtés. Il y en avait cependant à plafonds horizontaux, tels qu'en offrent des manuscrits, et dont les poutres, très-rapprochées, portaient par les extrémités sur des consoles qui, ainsi que les poutres, étaient couvertes de sculptures très-saillantes et de divers dessins, offrant une grande variété de feuillages et des animaux de formes fantastiques. Les nervures des voûtes étaient très-multipliées (*voyez* pl. 8 C). Variées dans leurs profils, au lieu d'être, comme du temps de S. Louis, formées de moulures rondes, elles se terminaient sur le devant presque en pointe, en langue de chat, ou par une petite plate-bande très-étroite et soutenue de côté par des courbes en manière d'S adossées et renversées. Telles sont les moulures qui caractérisent, en général, le gothique de Charles V, et que l'on trouve bien conservées dans quelques parties de Saint-Denis, et surtout dans des restes de la chapelle de ce roi, de Charles VI et de Charles VII, que l'on voit dans la sacristie et dans le premier caveau de droite. A leur naissance, les voûtes en ogive, plus surbaissées que celles de S. Louis, étaient soutenues et ornées par des fleurons ou des groupes de têtes, de petites figures entremêlées de feuillages. Dans le haut des voûtes, les nervures se réunissaient dans de grandes rosaces qui, s'abaissant de quelques pieds, ainsi qu'on en voit dans les manuscrits, à Saint-Ouen de Rouen et ailleurs, paraissaient suspendues par un merveilleux artifice, qui n'est qu'apparent, car elles sont soutenues par de fortes armatures en fer; ou bien les nervures venaient se perdre dans un cartel orné de fleurs de lis. On peut croire que tous ces ornemens du Louvre étaient refouillés avec soin, et que l'on y avait prodigué tout le luxe et toute la délicatesse de travail dont on se plaisait alors à charger ou plutôt à découper toutes les parties de l'architecture. Si l'intérieur des églises de Chartres et de Beauvais ne nous avait pas conservé en foule des ornemens de ce genre, qui nous donnent une idée de ce que devaient être ceux du Louvre, nous les retrouverions dans plusieurs manuscrits du temps du roi Jean et de Charles V, où se voit représenté avec soin tout ce qui peut faire partie des appartemens et de leur ameublement. Il est bien à présumer que, dans les miniatures de ces ouvrages dédiés au Roi ou exécutés par ses ordres, tels que ceux de Raoul de Presle, les peintres prenaient pour modèle ce qu'ils avaient sous les yeux, et qu'ils n'imaginaient rien de plus beau que ce que présentaient les appartemens des palais du Roi, où les savans et les artistes avaient un libre accès. Ainsi l'on chercherait vainement de meilleurs guides que les peintures des manuscrits. Lorsqu'on n'est pas à portée de les consulter, et de mettre à profit les immenses ressources de la bibliothèque royale et l'inépuisable complaisance, le savoir des personnes chargées de la garde de ce riche trésor, on peut avec confiance s'en rapporter à l'intéressant ouvrage de M. Willemin, dont j'ai déjà parlé, et qui y a recueilli, au prix de recherches très-laborieuses et faites avec une scrupuleuse exactitude, tout ce qui peut servir à faire connaître le genre d'ameublement de ces siècles, assez éloignés de nous pour que le caractère qui les distingue ne nous soit pas très-familier.

On voit dans les manuscrits que les nervures des voûtes, les culs-de-lampe et les clefs pendantes, les poutres des plafonds et leurs intervalles, étaient non-seulement ornés d'ouvrages de *basse-taille*, c'est ainsi qu'on appelait les ornemens en relief, mais qu'on n'avait pas renoncé à l'usage que nous avons vu pratiquer du temps de S. Louis, de les peindre de diverses couleurs; il paraît que celle que l'on préférait était un rouge vif. Ce fut ainsi que, d'après les *Œuvres royaux* cités par Sauval, François d'Orliens ou d'Orléans décora en 1365 la salle basse de la Reine; et pour relever la couleur, il en sema le fond de rosettes en étain : il n'est pas dit si elles étaient en relief, ou si l'on se borna à un applicage de feuilles de ce métal. Le même peintre décora aussi les murailles avec des peintures où l'on voyait, au milieu de bocages touffus, se jouer des oiseaux et des animaux de toute espèce; des enfans cherchaient à les attraper, ou s'amusaient à cueillir des fruits ou des fleurs : ce qui donne l'idée d'une sorte de paysages, tels qu'en offrent plusieurs manuscrits. Ce peintre avait orné de la même manière plusieurs galeries. Une de celles de la Reine à l'hôtel Saint-Paul, que Sauval nous décrit, donne l'idée du soin que l'on mettait à les décorer. La voûte en était bleu azur et blanc, pour représenter le ciel, d'où descendaient une foule de petits anges soutenant des tentures aux couleurs de la Reine : d'autres, en jouant de toute sorte d'instrumens, chantaient, dit-on, des antiennes de la Vierge; ce qui indique que des écriteaux faisaient connaître le genre de ces chants. Au reste, on ne manque pas de faire observer que les couleurs étaient très-brillantes, le vert des arbres très-gai, et qu'on y avait employé, ainsi que dans le ciel, l'orpin, et l'azur d'Allemagne, qui coûtait 10 livres parisis la livre, ou 102 francs 84 centimes d'à présent; la dépense fut de 120 écus, ou 3702 francs 22 centimes de notre monnaie actuelle. Toutes les galeries n'étaient pas aussi richement décorées; en général, on se contentait de leur donner une couche de craie détrempée avec de la colle. On voit, en 1486, plus de cent ans après Charles V, peindre à l'hôtel des Tournelles une galerie qui n'employa que quatre livres d'ocre, deux de colle, un demi-setier d'huile, et le tout revint à 3 sous 8 deniers parisis, ou 99 centimes : le marc valait alors 10 francs, et le sou, 27 centimes d'aujourd'hui.

Il n'est pas certain que l'on eût peint sur les murailles des appartemens du Louvre, des figures ou des sujets historiques; du moins les auteurs ne nous en ont-ils pas conservé la mémoire, comme ils l'ont fait pour les histoires de *Theseus* et de l'héroïne *Mathebrune*, représentées à l'hôtel Saint-Paul, et sur lesquelles on ne nous a laissé aucun détail qui puisse nous donner une idée de leur composition. Les miniatures des manuscrits ne suffisent pas pour nous faire juger de l'exécution de ces grandes peintures, qui de leur temps eurent beaucoup de célébrité ; ce qui, du reste, ne prouve rien en faveur de leur mérite. Nous ne sortirions pas de notre sujet en faisant remarquer ici que ce fut peu avant l'époque de Charles V, et durant tout son règne, que les papes firent de grands embellissemens à leur palais d'Avignon ; on y voyait encore, il y a bien peu d'années, des peintures considérables, qu'on attribuait au Giotto et qui en avaient tout le caractère. Il n'est pas improbable que ce peintre, l'un des restaurateurs de la peinture en Italie, ait fait quelques élèves pendant son séjour à Avignon. Ces peintures m'ont paru pouvoir donner une idée de celles dont on orna l'hôtel Saint-Paul et le Louvre, et qui cependant devaient être inférieures aux productions du Giotto ; ou du moins elles furent faites par des peintres qui n'avaient pas sa célébrité, et dont le temps n'a respecté ni les noms ni les ouvrages. Depuis quelque temps, ces peintures du Giotto ou de son école n'existent plus en grande partie. Que diraient le Dante, et sur-tout Pétrarque, qui probablement les avait vu faire, s'ils avaient été témoins de la manière dont on a détruit ces ouvrages, uniques en France, de leur ami Giotto, dont le talent excitait toute leur admiration et même leur enthousiasme ?

Les murs des appartemens n'étaient pas tous décorés de peintures ; il y en avait qu'on enrichissait d'ornemens sculptés dans la masse de la pierre, et dont les monumens d'architecture du XIVe siècle, d'accord avec les manuscrits, retracent le style et la disposition. Des fleurons, des feuillages détachés le long d'ogives aiguës de forme pyramidale, des rosaces soutenues par de petites colonnes effilées, en formaient la plus grande partie. Souvent aussi les murs étaient tendus, mais seulement jusqu'à l'appui très-élevé des fenêtres, de riches tapisseries, d'étoffes d'or, ou à fond bleu ou amaranthe semé de points d'or ou d'argent, quelquefois à larges raies de diverses couleurs, ou rehaussées de fleurs de lis, de palmettes et de grands feuillages en or d'un beau dessin, qui serait trouvé de bon goût aujourd'hui, et tel qu'en offrent, parmi un grand nombre de peintures qu'il serait trop long de rapporter, celles de *la Cité de Dieu*, dédiée à Charles V par son conseiller Raoul de Presle (1). Parmi ces tentures, on en voit qui paraissent avoir été en cuir doré, et sur lequel se détachaient en relief des ornemens très-variés et brillant des plus vives couleurs ; c'est du moins ce que je crois reconnaître dans des peintures dont les contours sont plus nets, plus tranchés, que dans d'autres tentures, et où l'on a indiqué une sorte de relief. Ce genre de tapisserie, très-riche, d'un grand effet, et dont l'on trouve encore des morceaux dans les cabinets de quelques amateurs, dut venir de l'Orient, où l'art de dorer le cuir et de le gaufrer a toujours été en usage ; et souvent même les dessins tiennent du caractère oriental.

(1) Bibliothèque royale, n.º 6712, t. II, fol. 169.

On chargeait aussi d'ornemens les boiseries et les portes, dont l'ensemble, quelquefois très-massif, offre des détails qui ne manquent ni de recherche ni d'élégance. Il est difficile de trouver, dans le genre gothique, rien de plus joli qu'une galerie en bois qui entoure un trône représenté dans le manuscrit cité ci-dessus (1); elle est d'une grande légèreté. Il devait y avoir au Louvre des boiseries de ce genre, et l'on conçoit aisément qu'on ait su leur donner toute la délicatesse possible, lorsqu'on voit celle avec laquelle on a taillé dans une masse de pierre l'élégante composition d'architecture qui forme aujourd'hui le grand tabernacle de Saint-Denis. Les ornemens les plus légers y sont découpés, évidés, avec une adresse surprenante; au milieu des arcades s'élèvent des colonnettes qui n'ont guère plus d'un demi-pouce de diamètre, et sur le haut desquelles retombent les ramifications des rosaces et des trèfles des ogives. Le travail en bois était plus facile; d'anciens meubles, qu'on peut croire de ces époques, montrent qu'on l'avait porté très-loin, et j'aurai encore recours aux manuscrits. Les heures du prince Jean, fils du roi Jean (2), nous ont conservé les dessins d'un grand nombre de siéges ou de trônes en bois, de dessins très-variés, et où l'on retrouve toujours, au milieu de beaucoup d'ornemens, la forme triangulaire qui constitue le caractère fondamental du gothique. Dans d'autres peintures, le trône de Charles V est recouvert d'étoffes très-riches, et surmonté d'un dais élevé, qui n'a pas plus de largeur que le dossier du trône : ces dais carrés et dont l'étoffe brodée en or ne fait pas de plis, sont suspendus au plafond par des cordes d'or.

Il paraît que du temps de Charles V l'usage des chaises et des fauteuils n'était pas très-connu, ou il était très-rare ; on en voit peu dans les peintures des manuscrits : le trône même du Roi n'avait pas de bras ; mais il était garni d'un marchepied sur lequel retombait l'étoffe qui couvrait le trône. Il y avait aussi de grands siéges à dossier, ou carré long, ou terminé en pointe. Au lieu de chaises on se servait de bancs, de formes et d'escabeaux de bois fort lourds et qui n'étaient pas rembourrés. Les côtés de ces bancs et de ces formes, qui ressemblaient assez à des caisses, et qui, ayant un dessus à charnières, servaient même de coffres, étaient chargés de sculptures et souvent ornés de clous de métal, ou peints de diverses couleurs. Sauval cite un banc de 20 pieds de long, qui servait à la table du Roi ; et il y en avait qui étaient élevés sur une ou deux marches.

Les boiseries et les meubles du Louvre exécutés par Bernard et Pierre Enguerrand (car les *Œuvres royaux*, cités par Sauval, entraient avec soin dans tous ces détails) étaient ordinairement en chêne ou en bois d'Irlande. Ce bois devait être regardé comme très-précieux; mais je ne saurais dire si c'était du pin, du chêne, ou quelque autre bois propre à la menuiserie sculptée. On lambrissait aussi les appartemens de la même manière ; il paraît qu'il y en avait qui étaient parquetés, et que c'est ce qu'entend Sauval, lorsqu'il dit qu'ils étaient *nattés* en bois d'Irlande, à moins que ce ne fût des ornemens de ce bois appliqués sur du chêne ou sur tout autre bois indigène. On

(1) Tome II, fol. 232.   (2) Bibliothèque royale, n.º 960.

voit bien dans les peintures des manuscrits, des planchers qu'on pourrait prendre pour des parquets : il est cependant plutôt à croire, vu leurs couleurs variées, que c'étaient des carreaux de briques vernissées, qui étaient alors fort en usage, et auxquelles l'art de la verrerie, qui avait fait de grands progrès dans la coloration du verre, savait donner les tons les plus brillans et les plus solides. Les couleurs qu'on trouve le plus ordinairement dans les pavés en grande mosaïque, à compartimens carrés ou en losange, sont le violet, le bleu, le vert et le jaune. On couvrait aussi les planchers de tapis, dont l'usage, qui remonte à une haute antiquité, ne s'était jamais perdu, et que les croisades et les voyages en Orient, où l'on en fit toujours de très-renommés, durent faire encore plus apprécier pour le luxe et la commodité. Dans le manuscrit 6712 (1), on en voit de très-beaux qui sont bleus, semés de fleurs de lis en or et encadrés de riches bordures.

Quoiqu'en général les fenêtres des édifices du XIV.e siècle fussent en ogive, cependant les manuscrits en offrent beaucoup qui sont à plein cintre. Il paraîtrait que la plupart de celles du Louvre étaient carrées ; on peut en juger par les proportions que leur donne Sauval, qui dit qu'elles avaient 4 pieds de haut sur 3 de large : mais il est à croire qu'elles n'étaient pas toutes d'une aussi petite dimension, et il devait y en avoir de formes plus allongées, ainsi qu'on en voit aux derniers étages de Vincennes bâtis par Charles V et dans des peintures du temps. Poncet de la Grave (2) dit qu'en 1373 la menuiserie de ces croisées coûtait 40 sous [18 francs 58 centimes], et il en était sans doute de même des prix de celles du Louvre. Les angles supérieurs en étaient souvent arrondis, ainsi que les offrent plusieurs peintures de manuscrits et des croisées de Saint-Denis. Des fenêtres conservées dans une maison de la rue des Bourdonnais, dont une partie date du XIV.e siècle, peuvent aussi nous fixer sur la forme de celles du Louvre. Elles étaient si élevées au-dessus du plancher, qu'il fallait des escabeaux à plusieurs marches pour arriver à la hauteur de l'appui et voir ce qui se passait au dehors. On peut en juger par quelques fenêtres du donjon de Vincennes ; et on lit dans une ancienne chronique, à l'année 1378, que lorsque l'empereur Charles IV logeait à Vincennes, étant malade et faible, il se fit porter autour de sa chambre pour voir à travers les fenêtres, et l'on fut probablement obligé de l'élever jusqu'à leur hauteur. La grande épaisseur des murailles faisait aussi qu'on pouvait se servir des embrasemens de ces fenêtres comme d'espèces de cabinets qui étaient entourés de bancs et de gradins. D'anciens châteaux en ont conservé, et celles du Louvre, dans la salle des Caryatides, ont dû être de ce genre. Aussi les peintures des manuscrits offrent-elles souvent des dames châtelaines travaillant, entourées de leur famille, dans les profondes croisées de leur antique manoir. Ces fenêtres donnaient en général peu de jour, et l'on dirait, ainsi que le remarque Sauval, que les architectes de ces anciens temps prenaient, pour rendre les appartemens obscurs, autant de soin qu'on en met à présent à les rendre très-clairs. Il y a même à Vincennes des

---

(1) Tome II, fol. 1.er recto.   (2) Tome I.er, p. 125.

fenêtres de chambres assez ornées, qui ressemblent à des meurtrières, et qui n'ont pas plus de 5 à 6 pouces de large à l'extérieur, sur 3 à 4 pieds de haut, et 1 pied ½ ou 2 pieds d'évasement en dedans; et certainement quelques parties des tours du Louvre devaient en avoir de pareilles.

Si la grande épaisseur des murailles était déjà un obstacle à ce que la lumière pénétrât facilement, à travers ces ouvertures étroites d'entrée et peu évasées, dans l'intérieur de l'appartement, les meneaux ou le montant et la traverse assez épais, en pierre, qui partageaient les plus grandes en quatre parties, s'opposaient encore à l'introduction du jour. Presque toutes ces fenêtres étaient, en outre, garnies de grilles et de barreaux de fer très-rapprochés l'un de l'autre, qui leur donnaient l'aspect de prisons. Les appartemens du Roi n'étaient pas même exempts de ces inconvéniens, puisque l'on sait, par les registres des *Œuvres royaux*, que Charles VI fit mettre des grillages de fil d'archal aux fenêtres de sa chambre dans la grosse tour du Louvre. Si à tous ces embarras, qui obstruaient la lumière, on ajoute les vitraux, on verra qu'elle ne devait arriver qu'avec peine dans les appartemens. Les vitraux n'y répandaient qu'un jour douteux, qui jetait sur tous les objets les teintes variées des verres brillamment coloriés qu'il traversait. A certaines heures de la journée, cet aspect devait avoir quelque chose de magique; mais habituellement l'effet en était triste et sombre. Il est cependant à croire que toutes les fenêtres du Louvre n'étaient pas aussi petites que celles dont parle Sauval, et que quelques appartemens étaient bien éclairés. Ce qui me porterait à le penser, c'est que, dans les peintures, que l'on peut regarder comme la représentation de ce qui existait alors, non-seulement on voit d'assez grandes croisées, mais au brillant des miniatures, où la plupart des objets sont dans le clair, on dirait qu'elles ont été faites pour représenter des appartemens bien éclairés, et il est probable que, s'ils eussent été très-sombres, les peintures s'en seraient ressenties. Je croirais donc volontiers qu'au Louvre, de même que dans les endroits où elles ont pu être faites et qu'on a imités, s'il y avait des chambres sombres, il y en avait aussi qui jouissaient d'une belle lumière.

Quoique l'art de colorer le verre et d'en faire des peintures transparentes eût fait de grands progrès en France dans le XIII.ᵉ et le XIV.ᵉ siècle, et que ce soit même le pays où l'on exerça ce genre de peinture avec le plus de succès, cependant il était encore loin d'être arrivé au point où le portèrent, dans le XV.ᵉ siècle et dans le XVI.ᵉ, Henri Mellin et tant d'autres peintres verriers. Ce n'est pas que dès le temps de Louis le Jeune, de Philippe-Auguste et de S. Louis, par le mélange du verre et des métaux, on ne sût déjà produire les couleurs les plus brillantes, et qu'on ne parvînt même à en modifier jusqu'à un certain point les nuances; ce qui prouverait que ces temps, où l'on sortait à peine des ténèbres de l'ignorance, possédaient déjà, dans la chimie métallurgique, plus de connaissances qu'on ne serait disposé à leur en accorder, ou que, multipliant des tentatives long-temps infructueuses, on avait, comme dans tous les arts, su profiter d'heureux hasards : car on ne persuaderait facilement à personne que l'on broyât ou que l'on fondît des pierres précieuses pour communiquer au verre leurs éclatantes couleurs; et, malgré la grave autorité d'anciens actes, on reléguera parmi les fables ces sommes considérables que l'abbé Suger dépensa en saphirs pour colorer les vitraux de l'église de Saint-Denis, réparée par Louis le Jeune. Si l'on pouvait admettre qu'un homme tel que Suger, qui avait des connaissances si fort au-dessus de celles de son siècle, ait ajouté foi à un tel conte, ce serait une preuve que ce sage administrateur, le Sully ou le Colbert de son temps, se serait laissé tromper par des ouvriers adroits et frauduleux, qui se seraient fait fournir des saphirs sous le prétexte de les employer, ou que les matières et la fabrication du beau verre bleu et du rouge étaient alors assez dispendieuses pour qu'on ait pu supposer qu'on y faisait entrer des saphirs et des rubis, pierres des plus précieuses et qu'aucune chaleur ne peut fondre. Quoi qu'il en soit, ce qui reste des plus anciens vitraux de Saint-Denis et de ceux de la Sainte-Chapelle de Paris, dont une partie date de S. Louis et de Charles V, peut nous donner l'idée la plus juste de ceux dont ce dernier prince avait orné le Louvre.

Le grand usage qu'on faisait de briques à couverte vitrifiée et coloriée, et de verres, pour les mosaïques des paremens des murailles et des voûtes, contribua à faire naître l'art de la peinture en verre. Il restait aussi, sans doute, beaucoup de verres antiques, dont les couleurs, plus fines que celles des briques ou des terres vernissées et des fragmens des mosaïques, s'en rapprochaient cependant, et il était assez naturel de chercher à les imiter en verre transparent de toute sorte de teintes. Le hasard eut sans doute aussi beaucoup de part dans plusieurs résultats heureux, et ce ne fut qu'après bien des essais et des tâtonnemens qu'on put opérer d'une manière sûre et reproduire à volonté les couleurs que l'on desirait.

Il paraît d'après Le Vieil (1), que ce ne fut que dans le XIe siècle, sous le roi Robert, trois cents ans après que l'usage des vitres fut devenu commun pour les fenêtres, que l'on commença à faire des vitraux. On conçoit qu'ils durent avoir bientôt une grande vogue : aussi, dans les miniatures des manuscrits du XIIe siècle et de ceux qui le suivirent, ne voit-on guère de fenêtres qui ne soient ornées de cette brillante peinture. Ce n'est pas cependant qu'il soit probable qu'elle était à la portée de toutes les fortunes; il est à croire que les peintres ne la prodiguaient souvent dans les manuscrits que pour leur donner plus d'éclat. Au reste, les noms de ces premiers peintres sur verre, si l'on peut donner ce titre à de simples ouvriers, ne nous ont pas été mieux conservés que ceux de la plupart des peintres des manuscrits; mais ils datent de plus loin que Cimabué et que les plus anciens peintres de la renaissance des arts en Italie. On travaillait tant de cette manière en France, dit Le Vieil, page 33, qu'on ne pensait pas à conserver les noms des auteurs d'ouvrages aussi répandus et qu'on regardait comme les productions de tout autre métier.

---

(1) Voyez *l'Art de la peinture sur le verre*, par Le Vieil, 1764, *in-fol.* Habile peintre verrier et vitrier, connaissant parfaitement la théorie et la pratique de cet art, il a traité *ex professo* et à fond ce sujet dans toutes ses parties : c'est le meilleur ouvrage à consulter. *Voyez* aussi Vasari, tom. Ier, introduction, ch. XXXII; Lanzi, *Storia* &c., tom. Ier, pag. 179 et suiv.

Ce serait fausser les idées que l'on doit se faire de la peinture, que de considérer positivement comme un produit de ce bel art les premiers essais informes que l'on fit pour réunir, au moyen de coulisseaux de plomb, des fragmens de verre coloré, et donner à cet ensemble une sorte de ressemblance grossière avec les objets que l'on voulait représenter ou plutôt rappeler. Ce n'était encore, au XI.e et au XII.e siècle, qu'une espèce de mosaïque transparente, ou, si l'on veut, de marqueterie en verres, sur lesquels on appliquait les couleurs avec de l'eau de gomme, avant qu'on eût essayé de les cuire pour leur donner de la solidité. Les morceaux, diversement figurés, n'offraient alors que des teintes plates et sans aucune dégradation. Il y eut déjà un perfectionnement, lorsqu'avec de larges traits on chercha à exprimer les parties ombrées. Cet art dans son enfance n'avait pas les ressources de la mosaïque, et l'on pourrait dire que sa palette ne possédait pas encore cette variété de nuances que fournissaient à la mosaïque les cailloux, les marbres, les verres opaques colorés, ou ceux qui étaient transparens et dorés, tels qu'en offrent les anciennes mosaïques grecques et italiennes de Saint-Marc à Venise, celles de Sainte-Marie Majeure à Rome et de Sainte-Sophie à Constantinople (1). On ne pouvait pas, pour composer les vitraux, réunir, comme dans la mosaïque, les fragmens de verre au moyen d'un mastic. Il leur fallait plus de soutien; on y employa de petits coulisseaux minces, en plomb, dans lesquels on les enchâssa; et dans les plus anciens vitraux, tels que quelques-uns de Saint-Denis, sous Louis VII, et de la Sainte-Chapelle, sous S. Louis, les morceaux de verre sont quelquefois si petits, et les liaisons en plomb si multipliées, qu'il y en a presque autant que de verre, et cette multitude de lignes noires, coupant en tout sens les figures, permet à peine de les distinguer. Il n'était pas encore question, comme dans la mosaïque, de nuances ou de dégradations de tons, et l'on ne trouve que du bleu, du jaune, du rouge d'un ton pur et entier. Souvent alors, ainsi qu'on le voit aux anciens vitraux de Saint-Denis, réparé et dédié en 1140 par Suger, les draperies étaient d'un beau rouge ou d'un verre blanc légèrement opaque, et on les bordait de jaune d'or. Plus tard on agrandit les fragmens de verre; au moyen de quelques traits et de hachures noires, on arrêta un peu plus le dessin des objets, et l'on renforça la teinte dans quelques parties. C'était avoir déjà fait quelques pas; et cette marche, qui rappelle celle des premiers peintres grecs, dut être la même dans tous les pays. La mosaïque n'en eut pas d'autre : des teintes les plus simples et les plus crues, elle passa aux tons les plus composés et les plus difficiles à rendre. Après avoir été, pour ainsi dire, le seul genre de peinture exercé à Constantinople et dans l'Italie, elle donna l'idée de peindre sur verre; pendant long-temps même, elle servit de modèle à la peinture proprement dite, dont elle suivit plus tard les progrès; et celle-ci, malgré la hauteur où elle s'éleva, trouva dans ces deux manières de peindre des rivales qui, en imitant ses ouvrages, finirent par porter les leurs presque au même degré de perfection que les siens.

(1) *Voyez*, sur la mosaïque, le Dictionnaire d'architecture de l'*Encyclopédie méthodique*, par M. Quatremère de Quincy; Vasari, t. I.er, introd. ch. XXIX, XXX.

Encouragé par la protection de Louis le Jeune, de Philippe-Auguste, de S. Louis, l'art des vitraux avait fait de grands progrès au xii.e et au xiii.e siècle. Sous Charles V, qui le favorisait par le magnifique emploi qu'il en faisait dans ses palais, et surtout à l'hôtel Saint-Paul, à la Sainte-Chapelle, à l'église des Célestins et au Louvre, il avait dû prendre un grand essor. Animant par ses libéralités les peintres vitriers, ce prince leur accordait encore des priviléges honorifiques, et les déchargeait d'impôts par des édits, qui depuis ont été confirmés par plusieurs de ses successeurs (1). La chimie, quelque peu avancée qu'elle pût être alors, était cependant parvenue à rendre la coloration du verre plus facile et moins chère. Jean de Bruges, qui fleurit vers ce temps, et qui, comme chimiste et comme peintre, mérita si bien de la peinture en inventant le procédé de l'huile, rendit aussi, par plusieurs découvertes ingénieuses, de grands services à la peinture sur verre, qui parvint à se rapprocher de la manière de peindre de cette époque, et à mettre plus de variété dans le dessin et dans la couleur des objets. On donnait de l'effet et du relief aux figures par la dégradation des teintes; les draperies, les ornemens, étaient traités de la même manière; il y avait déjà une intention de clair-obscur; les mélanges de couleurs et les procédés de cuisson se perfectionnaient: les verriers n'étaient plus de simples ouvriers; chaque jour ils acquéraient d'autant plus de droits à se voir rangés parmi les peintres, que leur art était plus difficile, et que la cuisson du verre, opposant de grands obstacles à l'emploi de la couleur, exigeait autant de soin que de talent pour que le hasard n'entrât pas pour beaucoup dans les chances du succès.

D'après ce que l'on connaît des vitraux du temps de Charles V, on se rend très-bien compte de ceux dont il avait orné les appartemens du Louvre et de ses autres châteaux. Sur des fonds d'une seule couleur brillante, encadrés de riches bordures formées de rinceaux, de fleurons, d'enlacemens, se détachaient avec éclat des figures de saints très-soignées, dont les traits et surtout les cheveux étaient rendus avec beaucoup de délicatesse et de fini. On peut juger de la manière précieuse dont la peinture traitait alors ces parties par les figures des prophètes et des apôtres, d'environ 6 pouces de proportion, qui enrichissent les heures du prince Jean, fils du roi Jean, que l'on doit citer parmi les plus beaux manuscrits de la bibliothèque royale. Plusieurs de ces figures, largement drapées et d'un très-bon style, sont assez bien faites pour qu'on puisse les croire des ouvrages des meilleurs temps des anciennes écoles d'Italie. Le travail en est d'une grande finesse de pinceau, tant dans les draperies que dans les têtes, dont plusieurs, bien dessinées, sont d'une très-belle expression. Il est même à remarquer qu'en général, et c'est assez singulier, les draperies de ces figures ne retracent pas des costumes du temps, et qu'il y en a que l'on croirait imitées ou inspirées de l'antique, que l'on ne connaissait pas alors, surtout en France. Une partie de ces heures est écrite en français, et il n'y a pas de doute que ces belles miniatures ne soient dues à un peintre

---

(1) Voyez *l'Art de la peinture sur le verre*, p. 29, 88 et suiv.

français : elles n'eussent certainement pas été désavouées par Giotto, que Lanzi nomme le Raphaël de son temps (1276-1346), ni par Giovanni da Fiesole. Ce peintre, que sa pureté et sa grâce naïve firent surnommer *l'Angélique*, excella aussi dans les peintures de manuscrits, auxquelles le rendaient très-propre la délicatesse et la finesse de sa touche ; mais, étant né en 1387 et mort en 1455, il ne fleurit que long-temps après l'époque où ont dû être peintes les heures du prince Jean. Ce manuscrit, auquel on pourrait en joindre d'autres, tels que les *Gaiges de batailles* (1), prouverait seul que, dans ces siècles anciens, la peinture n'était pas en France dans un état aussi barbare que voudraient le persuader certains auteurs italiens, et que, si malheureusement les noms et les ouvrages de nos peintres se sont perdus, ils méritaient peut-être autant d'être conservés que ceux des peintres d'Italie des mêmes époques, que la fortune a mieux servis que les nôtres, en transmettant à la postérité leurs noms et leurs ouvrages.

D'après les peintures que je viens d'indiquer, il est permis de croire qu'il y en avait du même genre, et peut-être d'aussi bonnes, parmi les vitraux du Louvre ; et certainement Charles V ne négligea rien pour les porter à toute la perfection dont ils étaient alors susceptibles. Il avait mis autant de soin et de recherche dans la variété que dans l'exécution. Les fenêtres des appartemens des princes de sa famille, ou des personnes distinguées attachées à son service, étaient ornées de vitraux qui offraient leurs portraits entourés de leurs armoiries et de leurs devises : mais les ornemens des fenêtres du Louvre consistaient surtout en fleurs de lis d'un verre jaune d'or sur un fond bleu.

En examinant les nombreux vitraux qui restent de cette époque, on voit que la couleur n'était pas dans la masse du verre, mais qu'elle n'y était qu'appliquée. Cependant le bleu, le jaune, des plus anciens vitraux de Saint-Denis, sont dans la pâte du verre ; il n'y a que le rouge foncé qui soit superficiel : peut-être cette couleur était-elle assez chère pour qu'on ne la prodiguât pas. Après avoir mis un fond bleu sur un verre blanc transparent, on le faisait cuire ; on l'égrisait ensuite avec de l'émeri et de l'eau, pour enlever le bleu et tracer le dessin de la fleur de lis, que l'on peignait en jaune ; on pouvait même y réserver des clairs : après cette préparation, la plaque de verre repassait au feu, qui fondait et fixait la couleur. C'est du moins ainsi que Le Vieil explique les procédés employés à cette époque par les peintres verriers ; je ne le suivrai pas dans l'explication de ceux qu'il croit avoir été pratiqués dans les temps postérieurs à Charles V, et lorsque cet art fut parvenu à un degré de perfection qui fait l'admiration de Vasari, de Lanzi et d'autres auteurs italiens.

La France conserva toujours, dans ce genre de peinture qui y était né, ainsi qu'on le voit dans l'ouvrage de Théophile, de la supériorité sur l'Italie. Au XIVe et au XVIe siècle, des maîtres français avaient initié aux secrets de leur art Lorenzo Ghiberti, le Donatello, et des peintres qui formèrent de nombreux élèves ; et cependant, au XVIe siècle, sous les règnes de Jules II

---

(1) Bibliothèque royale, Ms. n.° 8024.

et de Léon X, si brillans pour la peinture, ce furent encore des Français, Guillaume de Marseille et Claude, qui furent appelés à Rome pour orner de leurs admirables vitraux les fenêtres du Vatican. Les écoles qu'ils dirigèrent, produisirent des maîtres habiles, mais qui ne les surpassèrent pas. Il faut même que cette branche de la peinture, qui se propagea en Italie et y produisit de beaux ouvrages, n'y ait pas prospéré; car il est à regretter pour ce pays, de même que pour la France, que l'époque de la plus grande gloire de cet art ait été aussi près de celle de sa décadence, et qu'au XVII.e siècle on l'ait négligé au point de le perdre et de le laisser tomber dans l'oubli. Il serait à desirer que les essais que l'on a faits depuis long-temps pour le retrouver, eussent du succès; mais il ne sera complet que si les peintures sur verre, grâce au perfectionnement et à la simplicité des procédés, n'étant pas seulement des objets de luxe, peuvent être données à bon marché. On sait par Sauval, qui cite les *Œuvres royaux,* que chaque panneau des vitraux du Louvre coûtait 22 sous, qui vaudraient aujourd'hui 11 francs 88 centimes. Il est vrai qu'on en ignore la grandeur; cependant, comme les fenêtres n'avaient que 4 pieds sur 3, et qu'elles étaient, en général, divisées en quatre par le meneau et la traverse en pierre, auxquels on peut donner de 4 à 5 pouces d'épaisseur, on peut croire que par les panneaux on entendait les vitraux qui remplissaient ces carrés. Comme il fallait qu'ils fussent montés dans les châssis des croisées, dont l'encadrement ne pouvait avoir moins de 2 à 3 pouces de chaque côté, il est difficile d'accorder plus de 15 à 16 pouces de hauteur, sur 10 à 11 pouces de largeur, à ces panneaux, du moins pour les fenêtres qui n'avaient que 4 pieds sur 3. S'il y en avait de plus grandes et en ogive, comme pouvaient être celles des chapelles, elles devaient ressembler aux croisées de la Sainte-Chapelle, et il ne serait guère possible de déterminer la grandeur des panneaux qui en composaient les vitraux. Quoi qu'il en soit, si les mesures données par les *Œuvres royaux* sont exactes, ce qui est probable, on n'est pas étonné que, garnies ainsi de vitraux colorés et aussi petits, les fenêtres n'aient répandu qu'un jour sombre dans les appartemens, et il n'est même pas possible que les grandes figures de saints dont parle Sauval, et qui avaient été dessinées par Jean de Saint-Romain, aient été peintes sur les vitraux des appartemens : il faut, de toute nécessité, qu'elles aient décoré les fenêtres des grandes chapelles; et les portraits, ainsi qu'on en voit sur beaucoup de vitraux, ont pu orner les croisées des appartemens.

Les vitraux du Louvre m'ont conduit à parler des chapelles, où l'on en avait fait, sans doute, le plus bel emploi; c'était aussi parmi les pièces de ce château celles auxquelles Charles V avait donné le plus de soin, et il paraît, d'après les détails dans lesquels entre Sauval, que c'était surtout la grande chapelle de la Reine qu'on s'était plu à décorer des plus riches ornemens. On a vu que j'ai apporté des preuves qui autorisent, du moins je le crois, à la placer dans la première partie de notre salle des Caryatides, et que la principale entrée donnait dans cette salle. Il serait difficile, et même impossible, de retracer avec précision la disposition de cette entrée et la manière dont elle était ornée; mais on peut se faire une idée du style décoratif qu'y avait employé Raimond du Temple d'après celui des monumens de la même époque. On sait que la voûte était assez basse, n'ayant pas plus de 18 pieds de hauteur. Il est à croire que la porte était carrée, à angles supérieurs arrondis, ainsi qu'on en voit à la maison de la rue des Bourdonnais, et qu'elle était renfermée dans une arcade à ogive. En avant de cette entrée en pierre, ainsi qu'en général aux grandes portes des chapelles et des appartemens, il y avait une espèce de tambour moins élevé que la grande porte, à pans coupés et munis d'autant de portes battantes qui donnaient issue de plusieurs côtés, comme on le pratiquait autrefois dans les cloîtres, et comme on le voit encore dans des églises. Ces tambours, en menuiserie très-massive, étaient chargés de moulures, surmontés de petits frontons gothiques, et relevés de figures et d'ornemens sculptés, pris dans le bois. Dans le vide, entre la véritable porte en pierre et le sommet de l'ogive, étaient sans doute placées les figures de ronde bosse et de relief très-saillant que Jean de Saint-Romain y avait sculptées. La Sainte Vierge y paraissait entourée de neuf anges, dont deux l'encensaient; les autres jouaient des instrumens, ou portaient des écussons aux armes de France : cette composition, où la mère de Jésus-Christ devait dominer et occuper la partie supérieure, se prêtait à la forme de l'ogive.

Il ne nous reste pas de Jean de Saint-Romain d'ouvrages qui puissent nous mettre en état de juger du mérite de ses sculptures, qui, de leur temps, eurent une grande réputation; ce sculpteur passait pour le plus habile qu'il y eût alors à Paris. Mais on sait que ce travail ne lui fut payé que 4 francs 16 sous parisis, 51 francs 84 centimes d'aujourd'hui. Les figures du beau manuscrit de Jean duc de Berri, que j'ai déjà cité, pourraient, je crois, nous faire concevoir ce que devaient être celles de la chapelle de Charles V; et si les treize statues en pierre qui représentaient des prophètes, et qu'on y plaça en 1365, étaient en sculpture aussi bien que les personnages de ces heures le sont sous le rapport de la peinture, Jean de Saint-Romain, Jean de Launay, Jean du Liége, nos meilleurs sculpteurs d'alors, ne le cédaient guère à ceux que l'Italie possédait dans le même temps. Je ne sais si l'on ne pourrait pas les mettre sur le même rang, surtout pour le naturel et le caractère des poses, les expressions des têtes, le jet et l'ajustement des draperies; on y trouverait la même sécheresse et l'imitation minutieuse de la nature dans le rendu des détails, tels que les cheveux et les accidens de la peau. Si l'on en juge d'après ces peintures, où les mains et les pieds sont très-mal dessinés, nos artistes auraient été fort inférieurs dans le dessin des extrémités; il y a cependant à Saint-Denis, du temps de Charles V, des statues dont les mains sont beaucoup mieux. Quoi qu'il en soit, il est à croire que les prophètes et les autres personnages, qui sont au nombre de vingt-quatre dans les heures du duc de Berri, devaient avoir de grands rapports avec les prophètes de la chapelle basse de Charles V, qui, de même, tenaient à la main des rouleaux, où sans doute étaient inscrits leurs noms et quelques versets de leurs prophéties.

Il paraît qu'on avait orné de figures du même genre la plupart des autres chapelles et des oratoires du Louvre. On ne nous donne pas la grandeur de celles de la chapelle basse du Louvre; mais il est à croire qu'elles étaient de la même proportion que les douze apôtres dont Charles V avait décoré la chapelle de l'hôtel Saint-Paul, et qui avaient quatre pieds et demi de haut. Ce goût de décoration fut long-temps en usage, puisque le beau mausolée de Louis XII à Saint-Denis, qui est d'une époque très-postérieure, nous offre aussi, sous des arcades, des saints assis, qui, avec plus de mérite de dessin et d'exécution, rappellent ceux des heures du prince Jean, et peuvent donner une idée des prophètes des chapelles de Charles V à l'hôtel Saint-Paul et au Louvre, qu'on doit cependant supposer avoir été beaucoup moins bien. Quelques années après, Charles VI fit peindre les statues de l'hôtel Saint-Paul par François d'Orléans, qui employa pour les vêtemens l'or, l'azur, le vermillon et le sinople les plus fins; l'ombelle ou le nimbe placé derrière leur tête était en bois gaufré ou recouvert d'ornemens en mastic dorés et peints de blanc, de rouge et de vert. Il est vraisemblable que les statues des chapelles du Louvre avaient été peintes avec le même soin et brillaient du même éclat (1). L'autel de cette chapelle était en marbre; il devait être très-orné et chargé de sculptures, et l'on peut s'en faire une idée d'après ceux que l'on voit à Saint-Denis, et qui remontent au temps de S. Louis. Un grand nombre de petites figures et de sujets en bas-relief remplissent les arcades, d'un travail très-recherché, qui parent le devant et les côtés de l'autel; çà et là dans les ornemens sont incrustés des verres de couleur ou dorés, ornés de fleurons ou de pièces de blason. Un autel ainsi décoré a été remis en place et parfaitement restauré dans la chapelle de l'église Saint-Denis à droite en entrant, qui est due en entier au talent de M. de Bret, secondé de M. Ménager. Le dessin et tous les détails du travail en sont si conformes à ce qu'on faisait dans le bon temps de l'architecture gothique, que, si ce n'était la fraîcheur de ces nouvelles constructions, on pourrait les prendre pour un bel ouvrage du temps de S. Louis.

C'était dans le genre de cet autel que devaient être ceux qui se trouvaient dans les autres chapelles du Louvre et dans les oratoires des princes; car on sait qu'il y en avait dans tous leurs appartemens, et que, pour la plupart, ils étaient placés dans des tourelles probablement en trompe, surmontées de petits clochetons en pyramide, qui, de tous côtés, hérissaient le Louvre de leurs aiguilles effilées et chargées d'ornemens et de fleurons. Ces oratoires étaient fort ornés de peintures ou de compartimens de couleurs variées, de sculptures et d'un grand nombre de reliquaires, de vases, de flambeaux et d'objets en or et en argent d'un travail très-soigné. Cependant ce que les *Œuvres royaux* appelaient *le sanctuaire* dans l'oratoire de la chambre du Roi, ne consistait qu'en une tablette en bois d'Irlande, de 2 pieds de long sur 1 $\frac{1}{2}$ de large, fixée à la muraille, et qui servait à placer les reliquaires et les heures. On peut, au reste, juger de la recherche qu'on mettait dans la décoration de ces oratoires, qui étaient voûtés et peints, par les miniatures de plusieurs manuscrits, et entre autres par celles

(1) *Voyez* pag. 260-261.

des heures (1) de l'un des frères de Charles V, de Louis duc d'Anjou, roi de Jérusalem et de Sicile. On y voit de jolis oratoires ornés de colonnes, et dont les murs sont peints de dessins très-variés, de couleurs très-vives et rehaussées d'or; les pavés sont ou couverts de tapis, ou à compartimens de diverses nuances. Des pupitres élégamment sculptés, d'où tombent quelquefois de belles étoffes de soie ou de velours, soutiennent des livres où l'on a prodigué tout le luxe de la reliure. Il y avait aussi des prie-Dieu garnis de coussins de riches étoffes. Celui du Roi et de la Reine, dans la chapelle basse, était très-grand, et avait 8 pieds de long sur 4 de large : le dossier, en menuiserie sculptée, s'élevait tout droit jusqu'à 7 à 8 pieds, et à cette hauteur il se recourbait en avant et formait un dais richement décoré.

Du temps de nos aïeux de même qu'aujourd'hui, on aimait sans doute à trouver partout une douce température : aussi les cheminées, et les poêles, qu'on nommait *chauffe-doux*, formaient-ils une partie importante des appartemens, et nous avons vu qu'on en plaçait même dans les chapelles.

Les cheminées d'alors, surtout celles des appartemens du Roi et de la Reine, étaient d'une telle grandeur, qu'on pouvait les orner de statues. A l'hôtel Saint-Paul, celle de la chambre du Roi était surmontée de grands chevaux de pierre. On avait placé en 1365, sur une de celles de son appartement au Louvre, douze figures d'animaux et treize prophètes. Si Sauval a bien lu les *Œuvres royaux* et s'il n'a pas fait ici un double emploi, ces statues étaient sans doute des répétitions des treize prophètes de la chapelle. Il est probable que ces figures étaient placées comme on en voit au mausolée de Louis XII à Saint-Denis, sous des arcades qui formaient un couronnement à la cheminée. La disposition n'en est pas difficile à combiner ; il pouvait y avoir sept prophètes sur le devant, trois de chaque côté, et entre eux eussent été les douze animaux; mais en ne donnant que 18 pouces de largeur à chaque figure, si elles étaient sur un seul rang, la cheminée eût eu 19 pieds $\frac{1}{2}$ de large sur 10 pieds $\frac{1}{2}$ de saillie. Cette sorte de décoration, par son grand aspect et sa dignité, convenait à une demeure royale. La superbe cheminée de Fontainebleau (2), celles que l'on a placées au Musée royal dans la

---

(1) Biblioth. roy. Ms. n.º 1156 B.

(2) Voyez la *Description de Fontainebleau*, par l'abbé Guilbert, t. II, p. 50. Cette magnifique cheminée, dont les morceaux séparés existent encore en grande partie, et que tous les amis des arts regrettent de ne pas voir rétablir dans toute sa beauté, ce qui serait facile, avait demandé cinq années de travail à Jacquet, dit Grenoble, sculpteur, que cet ouvrage seul peut faire regarder comme un fort habile homme. Elle avait 23 pieds de haut sur 20 de large. Quatre colonnes de brocatelle très-riche, de 9 pieds $\frac{1}{2}$ de haut, sans y comprendre les bases et les chapiteaux corinthiens en marbre blanc, encadraient cette belle cheminée. D'après ce que rapporte l'abbé Guilbert, qui écrivait en 1731, on la démonta en 1725, lorsque la salle dont elle faisait l'ornement et qui en avait pris le nom, fut changée en salle de comédie. Il paraît que les colonnes étaient sur une seule ligne et formaient le trumeau, dont le milieu était occupé par la figure équestre d'Henri IV, en marbre blanc, de haut relief, appliquée sur un fond du plus beau marbre noir. Ce portrait, de l'exécution la plus soignée dans tous ses détails, est certainement un des meilleurs qui existent du

galerie d'Angoulême, d'autres que l'on trouve encore dans d'anciens châteaux, donnent une idée des cheminées du temps de Charles V. Cependant alors elles étaient beaucoup plus vastes, plus élevées, et même d'une autre forme. Il y en avait qui, occupant en entier de grandes tours carrées, permettaient aux personnes attachées au service des princes de s'y réunir et de s'y chauffer; elles y passaient une partie de leurs journées. Le feu était au milieu de la salle, sur un âtre qui dominait de quelques pieds le plancher. Au-dessus s'élevait la vaste cheminée, supportée dans son pourtour par de fortes colonnes; le tuyau traversait la voûte, et souvent tout autour, le long des murailles, étaient établies des échansonneries, des fruiteries, des buvettes, où se fournissaient pour leurs repas les personnes de service. C'était ainsi qu'au Palais de justice et à l'hôtel de Cluny se voyaient autrefois deux énormes cheminées : celle du Palais était même si grande, que le dessous de la salle était occupé par une superbe cuisine de 48 pieds en carré, et qui, à ses quatre côtés, avait des cheminées dont les conduits se réunissaient sans doute à celui de la grande cheminée de l'étage supérieur. Ordinairement cependant elles n'étaient pas aussi grandes, mais elles s'avançaient de plusieurs pieds dans l'appartement; il y entrait, pour ainsi dire, des arbres tout entiers, et la chaleur se répandait par-devant et des deux côtés. Toute une famille prenait facilement place sous le manteau, et c'était là que, dans les longues nuits d'hiver, elle écoutait les fabliaux, les aventures et les ballades des menestrels et des chevaliers : plus d'une fois sans doute, au Louvre, le bon Charles V, entouré de sa nombreuse famille, se plut, dans la douce intimité qu'inspirait le manteau de la cheminée, à se faire redire par du Guesclin, le bon connétable, et par Clisson, les détails de leurs grands faits d'armes, et à discuter avec le sage Hugues Aubriot tout ce qu'il projetait pour le bien de son peuple et l'embellissement de sa capitale. Ce sont de ces scènes de famille des anciens temps qu'a représentées avec autant de naïveté que de talent M. Fragonard dans quelques-unes des planches du beau *Voyage pittoresque et romantique dans l'ancienne Normandie*, que l'on doit au zèle et aux talens de MM. le baron Taylor, Cailleux et Nodier (1).

Sauval, parmi les détails du Louvre, n'oublie pas de nous en donner sur les chenets; on voit qu'on n'y avait pas mis autant de recherche que dans les autres parties de l'ameublement. Il nous apprend qu'en 1367 on en fit

bon roi. Il est très-connu par les plâtres que l'on en a pris. Au-dessous d'Henri IV, des bas-reliefs en marbre représentaient la bataille d'Ivry et la reddition de Mantes. De chaque côté du trumeau, entre les colonnes, étaient, en marbre blanc, les statues de l'Obéissance et de la Paix. Les socles des colonnes formaient les montans de la cheminée; ornés de consoles en bronze, ils étaient percés de niches remplies par de grands vases de bronze ciselés. Au-dessus de l'entablement qui terminait l'ensemble de cette grande composition, le chiffre d'Henri IV, surmonté d'une couronne, était supporté par des lions. Une inscription apprenait que ce grand roi, vainqueur de ses ennemis, avait fait faire cette cheminée en 1599. Il serait bien à désirer qu'un jour une nouvelle inscription consacrât l'année de la restauration de ce bel ouvrage.

(1) *Voyez* dans la XXXIV.e livraison

quatre paires en fer ouvré pour l'appartement de la Reine. Les plus gros pesaient cent quatre vingt-dix-huit livres; les plus petits, quarante-deux; les autres, soixante et cent. Ils avaient coûté 26 livres 13 sous 4 deniers parisis ou 181 francs 40 centimes, à raison de 16 deniers ou 0,62 la livre de fer ouvré. Il n'est guère possible, pour ce prix, à moins que ces chenets n'aient été en fonte, que le travail en ait été très-soigné, si l'on y employa la ciselure; cependant ce n'est pas hors de proportion avec ce que l'on payait les statues. On ne nous dit pas ce que coûtaient les pincettes, les pelles et le *traifeu*, qui étaient aussi en fer travaillé. Quant aux soufflets destinés à animer de pareils brasiers, ils devaient être très-grands, et ils étaient chargés d'ornemens.

Tout ce que nous venons de voir de l'ameublement des appartemens du Louvre de Charles V, n'était que bien peu de chose auprès des richesses qu'il avait réunies dans sa chambre aux joyaux, dont on a indiqué, p. 296, l'emplacement probable et les dimensions. Avec des mœurs douces et faciles, et même avec des habitudes très-simples, peu de princes ont autant que Charles V aimé la magnificence, moins pour lui que pour les autres; il se plaisait à faire de superbes présens, et son goût pour les beaux ouvrages encourageait les arts et l'industrie. Il leur fit faire sans doute des progrès, et avança, pour ainsi dire, le temps où ils devaient briller du plus bel éclat. Ce sage roi prépara et fit germer le siècle de Louis XII, de François Ier, d'Henri II; et si ces monarques, portant les arts à un haut degré de splendeur, furent pour leur beau royaume ce qu'étaient pour l'Italie les Jules II, les Laurent, les Léon de Médicis, Charles V, en favorisant les premiers efforts des arts, acquit à leur reconnaissance les mêmes droits que, quelque temps après lui, eut en Italie le vénérable Côme de Médicis. On sait que ce n'est pas seulement sous le point de vue de la richesse de la matière et du luxe qu'il faut considérer les nombreux ouvrages en or, en argent, en pierreries, en émaux, que l'on fabriquait alors, et que des ateliers des orfévres, des joailliers, sortirent, aux siècles de la renaissance, les premiers et les plus habiles sculpteurs. Le Vulcain d'Homère, après avoir ciselé les armes d'Achille ou des trépieds, animait des statues qui ravissaient les dieux; de même les artistes de ces siècles féconds quittaient un vase d'or, une armure brillant de tous les métaux, une parure en pierreries, pour s'essayer à tirer du bronze et du marbre des compositions plus hardies, et l'homme dans toute sa grandeur et dans le développement de ses formes.

Le goût de Charles V pour les belles productions de l'orfévrerie et pour tout ce qui tenait à ce genre de luxe se répandit dans sa famille. Tous les princes avaient de riches vaisselles d'or et d'argent et une grande quantité de joyaux précieux de toute espèce. C'était dans les chapelles, dans les salles de repas ou de représentation, que l'on se plaisait à déployer toutes ces

---

du *Voyage pittoresque et romantique dans l'ancienne Normandie* une cheminée des Andelys, qui peut dater du XIIIe siècle, et qui a 10 ou 11 pieds de haut en tout; dans la XXIXe livraison, celle d'une maison de la rue Croix de fer, à Rouen, qui en a 12; et dans la XXVIe livraison, on a donné la cheminée de l'ancienne abbaye de Saint-Amand, qui est aussi très-grande. Toutes ces cheminées sont d'une grande richesse d'ornemens, que les lithographies ont rendus avec beaucoup de soin.

richesses. Quoique l'on eût, comme aux temps homériques, de grands coffres ou des bahuts sculptés et incrustés d'ivoire ou de métaux qui contribuaient à orner les appartemens, ils servaient peu à renfermer le mobilier en or, en argent : une partie de la vaisselle était exposée dans des buffets assez étroits et élevés, où elle était placée sur plusieurs gradins dont le nombre était en proportion de la dignité des personnes. Il n'y avait que la Reine qui eût le droit d'avoir quatre gradins à son *dressouer*; c'est ainsi qu'on appelait ces buffets ouverts, dont la forme paraît avoir été, pour ainsi dire, consacrée, du moins pendant un certain temps ; car on la retrouve presque toujours la même dans la plupart des manuscrits du xive siècle. On en voit de très-beaux dans le manuscrit de *la Cité de Dieu*, que j'ai déjà cité (1), ainsi que dans d'autres de la bibliothèque royale. Il y en a aussi de très-remarquables dans l'Histoire d'Alexandre le Grand et dans le *Serment du Paon* de M. Bourdillon. Le fond de ces dressoirs s'élève tout droit, et il est terminé par une espèce de dais bombé qui vient en avant. Ces meubles sont en bois sculpté et rehaussé de dorures. M. Willemin en donne le dessin dans ses planches du xive siècle. Il eût fallu beaucoup de *dressouers* de ce genre pour étaler tout ce que possédait en objets précieux Charles V à l'hôtel Saint-Paul, aux Tournelles, à Vincennes, et surtout au Louvre, où il y en avait plus que dans tous les autres châteaux. C'était dans la grande salle des joyaux, peinte en 1365 par François d'Orléans, qu'on les conservait dans de grandes armoires de bois d'Irlande à plusieurs rangs de tablettes, et qui étaient garnies de vitraux et de grillages. La richesse de ce trésor et de ceux que Charles V avait dans ses autres demeures, mérite que nous fixions, quelques instans, nos regards sur cette espèce de musée d'orfévrerie et de joaillerie, et l'on me pardonnera si je fais observer que la salle où il était placé touche celle du Musée royal où sont exposés les vases en matières dures et précieuses, et que les pièces destinées à former le musée de Charles X, qui sont au-delà de la grande salle dont une partie était autrefois celle des joyaux de Charles V, occupent le même emplacement que les appartemens de ce sage roi. Nous verrons que cette même partie du Louvre donnera lieu plus tard à d'autres rapprochemens et à de doux et tristes souvenirs.

Les joyaux d'or enrichis de pierreries, la vaisselle d'or, de vermeil et d'argent, que possédait Charles V dans ses châteaux du Louvre, de Melun, de Saint-Germain en Laie, de Creil, de Vincennes, de Beauté, et dans son hôtel Saint-Paul, étaient trop considérables pour que je pusse les faire connaître ici en détail. Si l'on desire voir à quel point le luxe des bijoux et la magnificence des ameublemens étaient parvenus à cette époque, on trouvera facilement à se satisfaire dans un manuscrit très-beau et très-curieux de la bibliothèque royale, coté 8356. C'est un inventaire commencé le 21 janvier 1379 et qui contient l'énumération très-circonstanciée de ce qui composait le trésor et une partie du garde-meuble de Charles V. Outre les joyaux de la couronne et tout ce qui servait à la parure du Roi et de la Reine, à leur table et à leurs chapelles, on y décrit en grande quantité les tentures, les

---

(1) Bibliothèque royale, Ms. n.º 6712.

tapisseries de leurs appartemens. Tout y est minutieusement relaté, et l'on y rapporte même le poids d'un grand nombre d'objets en or et en argent. Poncet de la Grave (1) donne un extrait assez étendu de cet inventaire, dont je me bornerai à offrir un résumé.

En réunissant les objets d'or dont on indique le poids, on trouve qu'il y avait plus de 1403 marcs de ce précieux métal; ce qui ferait aujourd'hui, le marc d'or valant 843ᶠ,026, une somme de 1,182,765 francs. Mais il y a une infinité de choses, telles que vases, cassettes, coupes, aiguières, &c., dont on ne donne pas le poids, et qui cependant, pour la plupart, semblent n'avoir pas été d'un très-petit volume; ce qui autorise à porter au double la somme ci-dessus, et à admettre qu'il y avait au moins quatorze cent trois livres pesant d'or ou pour 2,366,000 francs d'or travaillé dans le trésor de Charles V. Je ne sais si, dans ce moment-ci, le garde-meuble d'aucun souverain de l'Europe en possède une aussi grande quantité, et il y a lieu de s'étonner que ce grand prince, après avoir eu tant de guerres à soutenir, après avoir construit tant de somptueux édifices, ait pu amasser, en partie, et laisser après lui un trésor aussi considérable sans grever son peuple, sans nuire à ses finances, qui étaient en assez bon état pour qu'il y eût à sa mort quelques millions dans les coffres de son épargne.

Les objets cités dans l'inventaire étaient non-seulement, pour la plupart, ornés de ciselures, parmi lesquelles j'ai remarqué des sirènes, des lions, des têtes de taureau, qui décoraient le corps des vases et les anses, mais ils étaient encore enrichis de pierres précieuses et de perles d'une grande valeur. Il y en avait même, ainsi que des camées et des émaux, sur des vases et des plats destinés au service de la table; et, d'après les peintures des manuscrits, on peut juger de la variété des ornemens de cette époque. En général, cependant, la vaisselle d'or était unie, avec un simple godron sur les bords, ou des écussons en relief, émaillés aux armes de France. Parmi cette foule d'objets enrichis de pierreries, il y a des articles dont le nombre de pierres est indiqué. Il est à croire que c'étaient celles qui avaient le plus de prix par leur grosseur et par leur eau; ce qu'on a soin de faire remarquer dans l'inventaire. On n'y trouve que 226 diamans, 179 rubis balais, 1218 perles, 79 saphirs, 56 émeraudes, et une seule turquoise; mais, vu la quantité de montures dont on ne rapporte pas le nombre des pierres précieuses, il devait être beaucoup plus considérable.

On se tromperait au reste très-fort si, d'après l'éclat dont brillent aujourd'hui les pierres précieuses, on pensait que cette salle des joyaux resplendissait du feu et des vives couleurs des pierres qu'on y voyait de toutes parts. Parmi ces belles matières il n'y avait que les perles qui jouissent des mêmes avantages que celles de nos jours. Il en était tout autrement des diamans et des gemmes : leur éclat ne ressemblait pas alors à celui que nous parvenons à leur donner, et qu'ils doivent à l'art de les tailler, de les polir, et, par des facettes multipliées et bien combinées, d'ajouter à leur feu et de les rendre étincelantes. Depuis long-temps, même dans l'antiquité, on savait

(1) *Histoire de Vincennes*, t. I.ᵉʳ, p. 294-307.

réduire le diamant en poudre et s'en servir pour tailler ou pour user les pierres précieuses et leur faire prendre le poli; mais on ne les taillait pas à arêtes vives, et, pour la plupart, leurs faces étaient légèrement bombées, souvent même arrondies en cabochon, et les coins en étaient émoussés. Le saphir, le rubis même, ne pouvaient alors jeter que peu d'éclat. Quant au diamant, on n'avait pas encore découvert le secret qui semblait s'offrir de lui-même, de se servir de sa propre poudre, ou d'en frotter deux l'un contre l'autre, pour leur donner une forme avantageuse et les rendre brillans au moyen de facettes. On n'employait cette belle pierre que dans l'état où la nature la produit quelquefois, soit qu'ayant été roulée dans les eaux elle ait acquis un certain poli, ce qui fait alors nommer les diamans *bruts ingénus*; soit lorsqu'on la trouve en petites pyramides qu'on nomme *pointes naïves*, et qui paraissent être le résultat de la cristallisation. Dans ces deux cas, le diamant, quoiqu'il ait été dépouillé de la croûte obscure qui l'enveloppe ordinairement, n'a que bien peu de jeu. Tels devaient être ceux de Charles V; car ce ne fut que long-temps après lui, en 1476, que Louis de Berghen, de Bruges, trouva par hasard le moyen de tailler le diamant et de lui donner toute sa valeur, ainsi qu'aux pierres précieuses, et de les faire briller d'un éclat inconnu avant cette précieuse découverte.

Parmi les joyaux de Charles V, on peut citer trente couronnes d'or garnies de diamans, de saphirs, de rubis, d'émeraudes; dix cercles d'or aussi riches. D'après ce que l'on en dit, il paraît que c'étaient des couronnes légères, formées d'un cercle, souvent cylindrique, orné de petits fleurons détachés, et tel que ces cercles qui, à Saint-Denis, fixent autour de la tête de plusieurs reines le voile qui la couvre. Les *chapels* d'or étaient aussi des espèces de couronnes, ou plutôt c'en était une partie, la coiffe en étoffe d'or enrichie de pierreries et de perles. Le *frontier* devait être placé au-dessus du cercle et pouvait s'en détacher; s'élevant sur le front, il entourait la tête, et l'on y déployait une grande richesse. Je ne parlerai pas des ceintures, des agrafes, des boutonnières, des fermails, dont les ornemens, les boutons très-forts, étaient en beaux diamans et en perles; il y en avait un grand nombre. On trouve encore dans cet inventaire dix images en or posées sur de lourdes bases d'argent, les figures de Jésus-Christ, de la Sainte Vierge, de S. Denis, de S. Michel; la première pesait 14 marcs d'or, les autres un peu moins. On voit aussi que Charles V avait des joyaux affectés à différens jours, et l'on trouve sa bague et sa croix des vendredis : celle de Rhodes était assez riche pour être réservée aux grandes cérémonies; elle était formée de dix-sept gros rubis d'Orient, de seize diamans et de dix-sept grosses perles. On ne sera pas étonné, en se rappelant les idées superstitieuses de nos crédules aïeux, qu'il y eût dans ce trésor des pierres qui passaient pour guérir de la goutte et pour procurer des enfans, et il était juste que ces propriétés méritassent à ces amulettes ou à ces salutaires talismans des entourages de pierres précieuses.

Charles V avait aussi beaucoup de camées, sans doute antiques. On sait que ce fut lui qui donna, en 1379, à la Sainte-Chapelle la belle agate qui représente l'apothéose d'Auguste; cet admirable monument, l'un des plus précieux qui existent, fait partie de la collection d'antiques de la bibliothèque royale. On avait cru autrefois que cet immense camée offrait un sujet chrétien : aussi était-il enchâssé au milieu de différens saints. La première explication satisfaisante de cette grande composition de dix-sept figures a été donnée, en 1619, par le savant Peiresc; et depuis, M. Visconti et M. Mongez, de l'académie royale des inscriptions et belles-lettres, en ont fait le sujet de leurs intéressantes recherches (1) : une planche de mon ouvrage offrira aussi cette belle agate. On sait que cette pierre, ainsi que d'autres antiques, avait été rapportée d'Orient par S. Louis, et ce monument, unique par son volume et par sa beauté, réunit pour nous au mérite de son antiquité celui d'appartenir à la France depuis plusieurs siècles, et d'être parmi les antiques une de celles dont la découverte, dans les temps modernes, remonte à la plus ancienne époque. Il est à croire aussi que le rubis oriental gravé qui, selon l'inventaire, représentait un roi sans barbe, et dont Charles V se servait pour cacheter les lettres qu'il écrivait de sa propre main, était de même une antique. Outre les pierres précieuses montées, Charles V et la reine Jeanne de Bourbon avaient de petits coffres remplis de pierreries et de perles de toutes les espèces, et plus de cent cassettes, boîtes, bouteilles, petits reliquaires en or d'une grande richesse. On voit aussi avec plaisir que l'on conservait comme de précieux souvenirs les objets qui avaient appartenu à nos anciens rois : le trésor de Charles V possédait la coupe d'or de Dagobert, pesant 4 marcs; celle de Charlemagne, enrichie de saphirs, était de 5 marcs 5 onces $\frac{1}{2}$; la coupe de S. Louis avec son aiguière était tout unie et pesait 7 marcs 6 onces.

Quant à la vaisselle d'or garnie de pierreries, c'est par douzaines que l'on trouve dans l'inventaire les gobelets, les aiguières, les pots de différentes mesures, les flacons, et tout ce qui tient au service de la table. On cite, parmi les pièces considérables en or émaillé, des nefs ou espèces de plats creux de forme oblongue, comme un bateau. La grande nef, qui aux deux bouts avait des anges soutenant des écussons de France, était supportée par six lions d'or et pesait 53 marcs. Il y en avait une autre dont des serpens formaient les anses; elle était du poids de 34 marcs : celle que la ville de Paris avait donnée au Roi en pesait 125. Je ne finirais pas si, d'après l'inventaire, je rapportais les vases sacrés, les croix, les *hanaps*, les bassins, les *estamoyes*, espèce de bouteilles, ainsi que les *justes*, les ampoules, les pots à aumônes, les salières, les gobelets, les chandeliers, ciselés ou unis, avec ou sans émaux, qui faisaient partie de cette magnifique vaisselle d'or. Tout y était en profusion, et donne une idée très-relevée de la somptuosité des repas et des fêtes que donnait Charles V, aux jours des *grands ébattemens*, à l'hôtel Saint-Paul, au Palais, ou dans la grande salle basse du Louvre. Après avoir exposé cette vaisselle d'or, celles en vermeil et en argent feraient peu d'effet; elles étaient très-considérables, et il suffit d'y faire remarquer quatre-vingts images en argent dont on ne donne pas le poids; une châsse qui pesait 114 marcs, 29 grandes croix d'église enrichies de camées, de saphirs, de

(1) *Iconographie romaine*, t. II, p. 157, pl. 26.

perles; dix-neuf douzaines d'écuelles de vermeil, vingt douzaines en argent. Il est vrai que j'aurais pu dire ci-dessus qu'il y en avait six douzaines en or, pesant ensemble 217 marcs, ou un peu plus d'une livre et demie chacune.

D'après ce que nous venons de voir, il est aisé de juger de la magnificence des appartemens de Charles V et de Jeanne de Bourbon au Louvre. Ils seraient certainement fort remarquables aujourd'hui par la somptuosité et la solidité de leur luxe : aussi n'est-il pas étonnant qu'à cette époque ils aient fait l'admiration générale, et que l'empereur Charles IV, et son fils Wenceslas, roi des Romains, lorsqu'ils vinrent à Paris en 1378, n'aient pu se rassasier de contempler les belles choses qu'ils voyaient de tous côtés au Louvre et dans les châteaux du Roi. On trouve dans une vieille chronique de la bibliothèque royale, qui va jusqu'en 1380, et que cite Poncet de la Grave (1), que ces princes eurent un grand plaisir à recevoir, de la part de Charles V, de magnifiques joyaux, *tels qu'on les savait faire à Paris,* qu'il leur fit offrir par ses frères les ducs de Berri, de Bourgogne et de Bourbon, par son chambellan Bureau de la Rivière, dont il y a une statue à Saint-Denis, et par Gilles Malet. On conçoit que Christine de Pisan ait trouvé que tout était merveilleux dans les appartemens des demeures royales; *les aornemens des sales,* dit-elle, *chambres d'estranges et riches bordeures à grosses perles d'or et soye à ouvrages divers; le vaissellement d'or et d'argent, et autres nobles estoremens* (meubles), *n'estoit se merveilles non* [étaient merveilleux].

Parmi les nombreux ouvrages en prose et en vers de Christine, femme d'une grande instruction, même pour un siècle plus éclairé que celui où elle vivait, il y en a un très-curieux et qui renferme, sur les mœurs et les usages de cette époque, des détails précieux, qui, pouvant servir à donner une idée du genre de luxe de ce temps, ne se trouveront pas déplacés ici. Cet ouvrage, que ne manque pas de citer M. Petitot à la suite de son intéressante notice sur Christine de Pisan, est intitulé *le Trésor de la cité des dames* (2). Elle y donne des règles de conduite aux femmes de toutes les conditions, depuis celles qui sont sur le trône jusqu'à celles que la pauvreté réduit à mendier leur pain, ou à faire encore pis. Christine s'élève contre le luxe immodéré qui s'était introduit dans tous les états et qui dérangeait les fortunes, et elle cite pour exemple (fol. CVIII) l'ameublement et les recherches de la femme d'un marchand, non de ceux qui, comme à Venise ou à Gênes, « vont oultre mer » et par tout pays ont leurs facteurs, achaptent en gros et font grandz frais, » et puis semblablement envoyent leurs marchandises en toutes terres à » grandz fardeaulx et ainsi gaignent grandz richesses, et tels sont appelez » nobles marchantz; mais celle dont nous disons achapte en gros et vend

(1) Tome I.ᵉʳ, p. 135 et suivantes.

(2) Ce livre n'a été imprimé qu'en 1536, long-temps après la mort de Christine de Pisan. Il y a de ce *Trésor,* ainsi que des autres ouvrages dont elle est auteur, plusieurs manuscrits à la bibliothèque royale. M. Petitot les indique tous avec soin dans les *Mémoires de Christine,* qui forment le tome V de la belle collection des Mémoires relatifs à l'histoire de France, publiés avec tant d'exactitude par ce laborieux et judicieux écrivain, dont les lettres auraient encore plus à regretter la perte s'il n'était remplacé par son frère.

» à detail pour quatre souz de denrées [2 francs 16 centimes] (se besoing
» est), ou pour plus ou pour moins (quoiqu'elle soit riche et portant trop
» grand estat). Elle fist à une gesine [*couche*] d'ung enfant qu'elle eut, n'a
» pas long-temps. Car, ains [*avant*] qu'on entrast en sa chambre, on passoit
» par deux autres chambres moult belles, où il y avoit en chascune ung
» grand lict bien et richement encourtiné, et en la deuxiesme un grand
» dressoir [*buffet*] couvert, comme ung autel, tout chargé de vaisselle d'ar-
» gent. Et puis de celle-là on entroit en la chambre de la gisante, laquelle étoit
» grande et belle, tout encourtinée de tappisserie faicte à la devise d'elle,
» ouvrée très-richement de fin or de Chippre, le lict grand et bel, encourtiné
» d'ung moult beau parement, et les tappis d'entour le lict mis par terre, sur
» quoy on marchoit, tous pareilz à or, et estoient ouvrez les grands draps de
» parement, qui passoient plus d'un espan [*empan*] par soubz la couverture,
» de si fine toile de Reims, qu'ilz estoient prisez à 300 frans [3240 francs],
» et tout par dessus ledict couvertouer à or tissu estoit ung autre grand
» drap de lin aussi delié que soye, tout d'une piece et sans cousture, qui
» est une *chose nouvellement trouvée à faire*, et de moult grand coust [*prix*],
» qu'on prisoit 200 frans [2160 francs], et plus, qui étoit si grand et si
» large, qu'il couvroit de tous lez le grand lict de parement, et passoit le
» bord dudict couvertouer, qui traisnoit de tous les costez. Et en celle
» chambre estoit ung grand dressoir tout paré, couvert de vaisselle dorée.
» Et en ce lict estoit la gisante, vestue de drap de soye tainct en cra-
» moisy, appuyée de grandz oreillez de pareille soye à gros boutons de
» perles, atournée [*parée*] comme une damoyselle. Et Dieu scet les autres
» superfluz despens de festes, baigneries, de diverses assemblées, selon les
» usaiges de Paris à acouchées, les unes plus que les autres, qui là
» furent faictes en celle gesine ; et pour ce que cest oultraige [*luxe*] passa
» les autres (quoiqu'on en face plusieurs grandz), il est digne d'estre mis en
» livre. Si fut ceste chose rapportée en la chambre de la Royne.... qui guères
» plus n'en feroit. »

Ce passage curieux de Christine de Pisan pourrait fournir matière à des recherches sur le luxe et l'industrie à cette époque ; mais ce ne serait pas ici leur place. J'ai seulement voulu donner, d'après l'ameublement d'une riche marchande, une idée de ce que pouvait être celui du palais ou des appartemens de Charles V, qui d'ailleurs, pour ce qui le regardait personnellement, était ennemi du faste.

Je ferai cependant observer qu'il y avait plusieurs espèces de lits près desquels les plus grands des nôtres n'eussent été tout au plus que des couchettes ; car ceux auxquels ils donnaient ce nom avaient 6 pieds sur 7, et les lits étaient de 10 à 11 pieds de large sur 12 de long, et pouvaient contenir toute une famille. On en voit un très-curieux exemple, et c'est le seul que j'aie rencontré, dans les heures de Jeanne de France, de la bibliothèque royale. Une des miniatures du feuillet 168 offre sept personnes couchées dans le même lit, qu'elles sont loin de remplir. Dans ces peintures et dans d'autres, les lits, qu'on trouve en grand nombre, sont entourés de rideaux très-riches et dont la couleur est ordinairement d'un beau rouge amaranthe. Les ciels, très-vastes, sont presque toujours carrés. A un de leurs angles pend un morceau d'étoffe, quelquefois d'une autre couleur, et replié, dont on se servait pour se soulever et se mettre sur son séant. Les lits sont élevés sur une marche couverte de tapis, et, de même que dans la description de Christine, les courtepointes, les draps à riches et larges bordures brodées, sont d'une grande ampleur et tombent jusqu'à terre. On ne peut mieux terminer ceci qu'en ajoutant au passage de Christine de Pisan quelques vers de Gilles Corrozet, qui, quoique beaucoup moins ancien que Christine, donne la disposition de quelques meubles d'une manière qui se rapporte avec les peintures du xiv.e siècle et avec le récit de Christine. M. Willemin, dans son ouvrage, les cite comme accompagnement des dessins d'un siége et d'un bahut très-beaux du commencement du xvi.e siècle, appartenant à M. le vicomte de Senonnes, de l'académie des beaux arts, amateur zélé, qui à la théorie des beaux-arts en réunit aussi la pratique. Voici ces vers:

> Chaire compagne de la couche,
> Chaire près du lict approchée
> Pour deviser à l'accouchée,
> . . . .
> Chaire bien fermée et bien close,
> Où le muscq odorant repose
> Avec le linge delyé,
> Tant souef fleurant, tant bien plyé.

Ayant déjà parlé, p. 307, des différentes espèces de siéges du temps de Charles V, je n'ajouterai ici que quelques mots. Quand Sauval dit que les escabelles communes, faites en manière de coffre, coûtaient 3 sous [1 franc 62 centimes], et celles qui avaient des piliers ou des pieds, 4 sous [2 francs 16 centimes], il est probable qu'il y en avait peu de ce genre dans les appartemens de Charles V. On s'asseyait cependant sur de simples tréteaux de bois; il y en avait quatre rangées autour de la table où le Roi était assis avec ses conseillers d'état. Il est à croire qu'ils étaient destinés aux personnes qui pouvaient assister au conseil sans y avoir voix. Il n'y avait de chaises pliantes et à bras que dans les appartemens de la Reine, et elle seule s'en servait. Le bois, peint en rouge, était rehaussé de roses en étain doré; de longues franges de soie attachées avec des clous dorés formaient la bordure du siége, garni de *cordouan vermeil*, cuir ou maroquin rouge de Cordoue. Les coffres ou bahuts servaient aussi de siéges; et même, dans des temps plus rapprochés, et dans un récit que fait Brantôme, on voit qu'étant chez la Reine avec un de ses amis, ils étaient assis sur un coffre.

Parmi les différentes parties du Louvre et les objets précieux qu'il renfermait sous Charles V, il n'y en a pas qui mérite d'attirer autant l'attention que la tour de la librairie, qui contenait en trois chambres la bibliothèque de Charles V, composée de 909 volumes, dont 269 volumes au premier étage, 260 au second et 380 au troisième. On ne sera peut-être pas fâché d'avoir quelques détails sur cette collection; ils sont d'autant plus curieux qu'ils sont consignés dans un manuscrit très-précieux de la bibliothèque royale, écrit en 1373 par Gilles Malet, bibliothécaire de Charles V et de Charles VI, lorsqu'il rendit compte du dépôt qui lui avait été confié. Ce catalogue, petit *in-folio* bien conservé, de 62 feuillets, sur beau papier, matière encore assez rare à cette époque, d'une belle écriture, quelquefois assez difficile à lire, a appartenu à Colbert et à son fils l'archevêque de Rouen. Il a donné lieu à trois dissertations de Boivin le cadet, insérées dans les tomes I, II et V des *Mémoires de l'académie des inscriptions et belles-lettres*. D'autres savans en ont parlé; mais il n'a pas encore été, je crois, publié en entier, et on n'en a donné que des extraits. Peut-être, au reste, a-t-on bien fait; car cette bibliothèque, très-considérable et très-curieuse pour l'époque où elle fut formée, était composée, comme nous le verrons tout-à-l'heure, de manière à ne pas exciter aujourd'hui beaucoup d'intérêt.

Charles V, instruit pour son temps, aimait les sciences et les lettres, et protégeait ceux qui s'y livraient, selon l'expression de son historien (1):
« La sage administracion du pere le fist introduire ès lettres moult suffi-
» samment, et tant que competemment entendoit son latin et suffisamment
» sçavoit les regles de grammaire. »

Charles V ne devait pas trouver dans la bibliothèque qu'il avait héritée du roi Jean son père, de quoi occuper les loisirs que lui laissait le gouvernement et qu'il employait à l'étude. Cette bibliothèque, selon les uns, n'était composée que de dix volumes; selon d'autres, elle en possédait vingt. On sait cependant que S. Louis avait rapporté de l'Orient un grand nombre de manuscrits, qui probablement ne furent pas soignés et qui se dispersèrent. Il en avait d'ailleurs légué une grande partie aux cordeliers, aux jacobins, et à l'abbaye de Royaumont. On ne sera pas étonné que ceux qu'il avait pu laisser à sa famille ne se soient pas conservés pendant les quatre-vingt-quatorze ans qui s'écoulèrent depuis la mort du saint roi (en 1270) jusqu'à l'avénement de Charles V (en 1364), lorsqu'on verra la destinée de la bibliothèque de Charles V peu de temps après sa mort.

A une époque qui précède de près de cent ans la découverte de l'imprimerie, une réunion de 909 volumes était très-considérable : le sage roi avait fait de grandes dépenses pour se les procurer dans tous les pays; il faisait rechercher les plus beaux manuscrits, et se plaisait à les faire relier avec magnificence. La plupart avaient des couvertures de cuir ou de maroquin rouge, de velours ou de drap d'or, ou de soie unie ou brodée, chargées d'ornemens en relief, ciselés ou frappés, et elles étaient garnies de riches fermoirs d'argent ou de vermeil : sur presque tous ces livres on avait appliqué les armes du Roi en or et en vermeil. Ils étaient enrichis de dessins enluminés ou de miniatures faites avec soin; ce que ne manque pas de faire remarquer Gilles Malet, qui, en décrivant ces livres, donne plutôt pour renseignement ce qui a rapport à l'extérieur que ce qui regarde le contenu : aussi ne nomme-t-il presque jamais les auteurs des ouvrages.

Il paraît que, depuis long-temps on cultivait avec soin l'art de l'écriture en France, et l'on ne peut rien voir de plus beau et de plus recherché sous le rapport de la calligraphie que le petit livre de prières connu sous

---

(1) Christine de Pisan, t. I.er, chap. vi.

le nom d'*Heures de S. Louis,* et celles du prince Jean dont j'ai déjà eu occasion de parler. Il n'est peut-être pas sans intérêt de faire remarquer que Charles V même avait une belle écriture; ce qui était très-rare à cette époque parmi les personnes qui ne se vouaient pas aux lettres. Voici un *fac simile* de sa signature et de quelques lignes de son écriture, dont l'original est parmi les manuscrits de la bibliothèque royale, et que je dois à l'obligeance de M. Méon, savant éditeur des romans de *la Rose,* du *Renard* et de fabliaux, et l'un des conservateurs des manuscrits de la bibliothèque royale. Outre la signature de Charles V, on voit sur cet exemplaire précieux de la Bible les noms des différens rois auxquels il a appartenu depuis Charles le Sage, et ils sont aussi écrits de leur propre main :

On peut juger de la beauté de la collection de Charles V par un assez grand nombre de manuscrits de la bibliothèque royale, qui, s'ils n'ont pas fait partie de celle que ce prince avait au Louvre, lui ont du moins appartenu. Il y en a même beaucoup qui ont été faits ou traduits par ses ordres, et l'on y voit souvent, ou Raoul de Presle, un de ses conseillers, ou quelque autre savant, offrir à genoux à Charles V le livre qu'il les avait engagés à composer et qu'ils lui dédient. Ces ouvrages, en général, sont très-volumineux, en très-beau vélin, remplis de miniatures, et l'écriture en est d'une grande perfection.

D'après ce que nous venons d'exposer, les manuscrits du xiv.ᵉ siècle de la bibliothèque royale donnent une très-bonne idée de celle de Charles V, sous le point de vue de l'exécution. Quant aux peintures de ces manuscrits, quoiqu'il y en ait qui soient agréablement faites et qui excitent et récompensent la curiosité par la foule de costumes, d'usages, de meubles, qu'elles nous ont conservés avec une grande naïveté de dessin, cependant on se tromperait sans doute, si on les regardait comme les meilleures productions de la peinture à ces époques. Ce n'était certainement pas le travail des artistes qui avaient le plus de talent, bien que quelques-uns des anciens peintres se soient fait une grande réputation dans la peinture des manuscrits. Souvent c'était l'ouvrage de religieux qui, par leur état, ne pouvaient pas donner aux arts tout le temps qu'ils réclament; et d'ailleurs ces dessins, de petite proportion, faits d'une manière expéditive pour rester dans les couvens, ou qui passaient dans les bibliothèques peu nombreuses, ou dans les oratoires, soit des princes, soit des particuliers, ne pouvaient pas être très-étudiés, et ce devait être des objets de commerce. Si l'on en trouve qui sont satisfaisans, on peut croire que ceux que faisaient les meilleurs peintres du temps devaient être beaucoup mieux. Renfermés, pour la plupart, dans la solitude des cloîtres, et retirés du commerce du monde, il est peu de ces enlumineurs de manuscrits qui aient laissé un nom après eux ; mais, si c'eût été des peintres proprement dits, la France en aurait eu une immense quantité, tant est considérable le nombre de ces peintures. Quant aux ouvrages des peintres dont c'était l'unique profession, le temps les a fait disparaître, et l'on ne peut plus juger de leur mérite.

Malgré la richesse de ses livres et le prix qu'il y attachait, Charles V, ne les regardant pas comme une propriété exclusive, en faisait jouir tous les savans. Les armoires qui les renfermaient, garnies de treillages et de vitraux peints, leur étaient ouvertes à toute heure du jour et de la nuit; et le Roi avait fait placer dans les chambres de sa bibliothèque des lampes d'argent et trente chandeliers, pour qu'on pût travailler la nuit et consulter ses manuscrits, qui devenaient la richesse de tous ceux qui voulaient y puiser. Les peintures des livres du xiv.ᵉ siècle et les planches que M. Willemin en a tirées, nous offrent tous les différens meubles dont nous venons de parler, et même la disposition des bibliothèques. On y voit des pupitres de formes variées, très-ornés de sculptures, ou quelquefois recouverts de riches étoffes; souvent ce ne sont que de grands plateaux ronds sur lesquels on pouvait placer plusieurs volumes qu'on élevait à volonté au moyen de la grosse vis en bois qui soutenait le plateau. Les bibliothèques, peu élevées, sont à la portée de la main. Les chandeliers ou espèces de lustres en bronze ou en fer qui descendent du plafond se divisent en plusieurs branches, et leurs formes diverses, relevées par des ciselures et des ornemens en relief dans le goût gothique, ne manquent pas d'agrément. La plupart des livres, à tranches dorées, ont des trois côtés des fermoirs en argent ou en vermeil, et il règne beaucoup de variété dans les ornemens imprimés à froid ou en or sur les reliures bleues, violettes ou d'un beau rouge. On trouverait à donner encore bien des détails sur ce qui a rapport au matériel des bibliothèques du temps de Charles V, et par conséquent sur celle de la tour de la librairie au Louvre; mais il vaut mieux avoir recours aux ouvrages originaux où l'on peut les puiser, et dont les peintures en diront beaucoup plus que mes descriptions.

Il est singulier que parmi les personnes qui ont parlé de cette bibliothèque de Charles V au Louvre, et qui ont fait observer qu'elle était très-considérable pour cette époque, il n'y en ait aucune qui ait fait remarquer que c'était peut-être la collection de livres la plus nombreuse qu'il y eût alors, et peut-être même la seule qui existât. Il aurait cependant été bon de fournir une nouvelle preuve qu'à des époques très-reculées nos rois se sont intéressés aux sciences et aux lettres autant que les autres souverains ou que les autres états de l'Europe, et qu'ils ont mis leurs soins à favoriser le progrès des lumières.

Quoique l'Italie eût produit dans le XIIIe et le XIVe siècle le Dante (né en 1265, mort en 1321), Pétrarque (né en 1304, mort en 1374), Bocace (né en 1306, mort en 1375), et plusieurs littérateurs qui, pleins de zèle pour les lettres, avaient cherché à les ranimer, et dont le génie avait porté tout d'un coup la langue italienne à une perfection ou à une vigueur qu'elle perdit bientôt après eux, cependant ce ne fut que dans le commencement du XVe siècle que les esprits se tournèrent vers l'étude approfondie des auteurs anciens et des sources de la saine littérature. On mit alors tant de zèle à étudier les écrivains grecs et latins et à se rendre leurs langues familières, qu'une grande partie des savans négligea la langue italienne, et il est curieux de voir dans des ouvrages et des lettres du temps de Côme, de Laurent de Médicis, et de Léon X, écrits par des hommes du premier mérite, à quel point l'italien, mêlé de mots latins, était devenu, surtout en prose, dur et barbare : on n'y reconnaît plus la langue du Dante, de Pétrarque et de Bocace, et on ne la retrouve que dans les vers de Laurent de Médicis et de quelques poètes. Mais aussi le grec et le latin, recevant tous les hommages, y avaient-ils beaucoup gagné; on les écrivait avec pureté, et les savans qui se réfugièrent en Italie pour se soustraire à la tyrannie des Turcs, y trouvèrent des écoliers ardens, infatigables, et qui bientôt devinrent leurs émules. Ce fut alors qu'on s'occupa avec zèle à rassembler les ouvrages épars des auteurs anciens, qui, comme le dit Roscoe (1), pourrissaient dans l'obscurité. Bocace avait bien rassemblé un grand nombre de manuscrits anciens, et on lui doit d'avoir le premier recueilli et mis en ordre les poésies d'Homère, qui reparut, pour ainsi dire, le premier pour assister à la renaissance de la littérature grecque.

On forma alors des bibliothèques; mais, à l'époque de Charles V, il n'y en avait peut-être pas une, à l'exception de celle de la Sorbonne, rassemblée sous S. Louis (2), qui égalât la sienne pour le nombre des ouvrages. Les

---

(1) *Vie de Laurent de Médicis*, t. Ier, p. 30.

(2) Dans un ancien catalogue de la bibliothèque de la Sorbonne, dressé en

Médicis, par leur crédit et leur fortune, par les relations étendues que le commerce leur donnait en Orient, contribuèrent plus que tous les autres princes à imprimer ce noble élan aux esprits et à le maintenir. Ce ne fut qu'en 1433 que Côme de Médicis, banni de Florence, fonda à Venise la bibliothèque de Saint-George. Ce grand homme fut puissamment secondé par Poggio Bracciolini de Florence (né en 1381, mort en 1459), à qui ses voyages dans la plupart des contrées de l'Europe offrirent les moyens de recueillir un grand nombre de manuscrits, dont plusieurs, à demi pourris, dit-il, furent trouvés par lui dans une tour obscure. Guarini de Vérone, Jean Aurispa, François Philelfe, tous savans distingués, réunirent beaucoup d'ouvrages à Constantinople et dans le Levant. Un naufrage fit perdre à Guarini tout le fruit de ses recherches et de ses peines. En 1423, Aurispa, plus heureux, rapporta à Venise 238 manuscrits précieux des principaux auteurs grecs, dont quelques-uns même ont disparu depuis. Philelfe, célèbre par sa science et sa mordacité, aidé par son beau-père le savant Chrysoloras, enrichit, en 1427, l'Italie d'un grand nombre de manuscrits grecs, hébreux, chaldéens, arabes, indiens, qu'il découvrait et se procurait avec beaucoup de zèle et d'adresse. C'était, en partie, aux ressources que ces savans trouvaient dans la munificence de Côme de Médicis, qu'ils devaient les heureux succès de leurs efforts, et ce fut à ces différentes collections fournies par Côme le Vénérable que la belle bibliothèque de Florence, connue depuis sous le nom de *Lorenzo-Medicea*, dut son origine et les prémices de sa gloire. Niccolo Niccoli, riche Florentin, se montra un digne émule de Côme dans l'acquisition des manuscrits ; il en rassembla 800 volumes. Roscoe trouve ce nombre très-considérable pour cette époque, et elle est bien postérieure à celle de Charles V. Niccolo Niccoli mourut en 1436, et Roscoe le regarde comme le premier qui eut la gloire, en Italie, d'établir une bibliothèque publique. Celle de Charles V, bien avant cette époque, était publique, par les facilités qu'il donna aux savans qui voulaient la consulter. On sait par le Poggio, dans l'éloge de Niccolo, que celui-ci à sa mort se trouva ruiné par les dépenses qu'il avait faites pour ses livres. Côme paya ses dettes, et acquit sa bibliothèque, dont il forma celle de Saint-Marc à Florence. Il fut

1289 et 1290, on voyait qu'il y avait alors déjà plus de 1000 volumes, et qu'ils valaient plus de 30,000 francs d'aujourd'hui. La bibliothèque s'accrut tellement, que deux ans après, en 1292, il fallut dresser un nouveau catalogue. Depuis 1292 jusqu'en 1338, la Sorbonne, d'après le catalogue fait cette année-là, acquit des livres pour 3812 livres 10 sous 8 deniers. En prenant la moyenne proportionnelle de 39 prix différens qu'eut le marc d'argent de 1292 à 1338, je trouve qu'elle le mettrait à 4 francs 5 sous 7 deniers d'alors, et donnerait 63 centimes 14 pour ce que vaudrait actuellement le sou, ou 48,144. 69 francs pour les 3812 livres 10 sous 8 deniers, en supposant que tous les ans on eût acheté des livres pour une somme égale. On voit que cette bibliothèque était alors très-considérable. Les livres y étaient rangés par ordre de matières ; ceux de quelque prix étaient enchaînés sur des tablettes, et les catalogues en indiquaient la valeur. Il paraît que ces catalogues précieux n'existent plus ; ils avaient servi à l'abbé Ladvocat, auteur du *Dictionnaire historique*, docteur et bibliothécaire de Sorbonne, à recueillir les documens que je viens de rapporter d'après lui.

aidé dans ces soins par Thomas Calandrino, l'un des savans les plus remarquables de ce siècle qui en produisit tant ; et c'est cet habile homme qui depuis fut pape sous le nom de Nicolas V. A son avénement au trône pontifical, il trouva réduite à quelques volumes la bibliothèque du Vatican, dont les livres avaient été dispersés dans les voyages des souverains pontifes de Rome à Avignon. Dans le court espace de son règne (1454-58), il s'occupa de la rétablir, l'enrichit de plus de 5000 ouvrages grecs et latins, et c'est à lui que la bibliothèque du Vatican doit son origine. Celle des Augustins de Florence avait reçu de grands accroissemens par le legs que Bocace et Marsile Ficin lui avaient fait de leurs livres. Je ne suivrai pas plus loin l'histoire des plus anciennes et des plus célèbres bibliothèques de l'Italie, et je ne suis entré dans ces détails que pour montrer que les rois de France ne sont pas restés en arrière sur ce point, et qu'ils ont peut-être été les premiers à donner l'exemple de former de nombreuses collections de livres. Ce n'est pas cependant que l'on puisse comparer pour le choix des ouvrages la bibliothèque formée au Louvre par Charles V avec celles de Florence, de Venise et de Rome, qui renfermaient les manuscrits de la plus grande partie des écrivains grecs et latins, que l'Italie dut à sa proximité de la Grèce, et aux calamités de ces contrées dévastées par les Turcs, et qu'abandonnaient les savans, les sciences et les livres.

On voit par le catalogue de Gilles Malet que la bibliothèque de Charles V, loin d'être composée de la plupart des auteurs grecs et latins, comme celles dont nous venons de parler, n'en offrait presque pas. On n'y trouve, en général, que des ouvrages de théologie, de droit, d'astrologie. La traduction des *Politiques* d'Aristote, celle de quelques historiens latins, sont les ouvrages anciens les plus considérables; pas de poètes grecs ; et en poètes latins, il n'y avait qu'Ovide, Lucain; en philosophes, que Boèce, dont *la Consolation* y est répétée plusieurs fois. On y aurait vainement cherché les œuvres de Cicéron, de Virgile, et les auteurs grecs. Mais cette collection était assez riche en romans en prose et en vers, en écrivains sur la chronologie, sur l'histoire générale, sur l'histoire d'Espagne et d'Angleterre, mais principalement sur l'histoire de France : c'était sans doute celle à laquelle le roi Charles V attachait le plus de prix. On trouvait encore dans cette bibliothèque plusieurs exemplaires de la première traduction de Tite-Live, celle de l'historien Josèphe, Solin, *la Cité de Dieu* de Saint-Augustin; Salluste, *la Conjuroison Katherine* [Conjuration de Catilina]; quelques exemplaires des *Commentaires* de César; Suétone, Valère-Maxime, et Frontin; quelques ouvrages sur l'histoire d'Orient, sur les croisades; la vie de Mahomet, celle de Godefroi de Buillon [Bouillon]; une très-vieille histoire de France en vers gascons, celle du Prêtre Jehan; les ouvrages de Marc Paul, les testamens des rois de France, la vie de plusieurs d'entre eux, des traités où l'on discutait les affaires des papes et les limites de leur puissance. La plupart des ouvrages sur l'astronomie, l'astrologie, la médecine, étaient traduits de l'arabe. La Bible et des livres de piété composaient aussi une grande partie de cette bibliothèque. Mais ce qui peut paraître assez singulier, c'est qu'il y manquât beaucoup d'écrivains de l'antiquité connus en

France à cette époque, et que cite souvent Christine de Pisan, qui avait une grande érudition et connaissait bien ses auteurs. Je croirais volontiers qu'on ne voulait admettre dans la bibliothèque du Louvre que des exemplaires d'une très-belle exécution, et que peut-être il n'y avait pas d'assez beaux manuscrits des auteurs cités par Christine. Ce que j'ai rapporté de la minutie que met Gilles Malet à rendre compte de l'extérieur et de la condition des ouvrages, pourrait faire croire qu'il tenait au moins autant à la richesse matérielle des livres qu'à la valeur de ce qu'ils contenaient.

Si nous suivons la destinée de la bibliothèque de Charles V, nous verrons qu'elle éprouva bien des vicissitudes. Depuis la mort de ce roi en 1380, on ne voit pas qu'elle ait reçu d'augmentation avant 1409. Cependant, si l'on en croit Sauval, lorsqu'on chassa les Juifs en 1394, on leur confisqua 114 volumes, qui furent apportés à la bibliothèque du Roi ; mais il paraît que ce fait n'est pas prouvé, et cette addition ne se trouve pas dans l'inventaire de Gilles Malet, bibliothécaire à cette époque, et qui n'eût pas manqué de l'ajouter à son ancien catalogue. Si d'un côté la bibliothèque du Louvre s'accrut, en 1409, de 20 volumes que lui donna le duc de Guienne, fils aîné de Charles VI, d'un autre elle essuya plus d'un échec : dès 1410, à la mort de Gilles Malet, dont Christine de Pisan fait un grand éloge, il manquait à la bibliothèque 200 volumes que Charles V et Charles VI avaient prêtés ou donnés, ou que quelques princes s'étaient appropriés. En tout il ne restait de l'ancien fonds que 730 volumes, qui, ajoutés aux 20 du duc de Guienne et à environ 200 de nouvelles acquisitions, ne portaient, en 1411, la bibliothèque du Roi qu'à 950 ; ce qui différait bien peu des 909 dont Gilles Malet avait rendu compte en 1373 : encore ces livres n'étaient-ils plus en aussi bon état que lorsqu'ils étaient sous sa garde. En 1423, après la mort de Charles VI, on fit un nouvel inventaire : il ne se trouva plus dans la bibliothèque du Louvre que 853 volumes, estimés par trois libraires 2323 livres 4 sous, qu'on peut évaluer à 17,932 francs 58 centimes ; ce qui porte les livres, l'un dans l'autre, à 21 francs et quelque chose de notre monnaie. Cependant il y a de ces énormes manuscrits remplis de miniatures, qui, ayant coûté quelques années de travail, devaient être d'un prix bien plus élevé, s'ils avaient été faits par des personnes qui n'eussent pas eu pour vivre d'autres ressources que ce travail. On ne connaît l'histoire de la bibliothèque de Charles V que jusqu'à l'année 1429. Le duc de Bedford, régent du royaume, ôta la garde des livres à Garnier de Saint-Yon, alors bibliothécaire ; il paraît qu'il les envoya en Angleterre, où l'on en a retrouvé qui, d'après la signature de Charles V, avaient dû lui appartenir. Selon Boivin le cadet, à qui j'ai emprunté une grande partie de ces détails, il est dit dans les registres de la chambre des comptes que ces livres furent achetés par le duc de Bedford 1200 livres, ou 9257 livres 13 sous, le marc d'argent valant alors 7 livres. Tel fut le sort de la bibliothèque de la tour de la librairie du Louvre, et l'on voit que, formée par trois de nos rois, S. Louis, Jean et Charles V, elle n'a pas obtenu, ainsi qu'elle le méritait par son ancienneté, la gloire de fournir un fonds considérable à la bibliothèque royale d'aujourd'hui, qui n'en possède peut-être que quelques volumes. Il y en a cependant un assez grand nombre qui ont fait partie de la bibliothèque de Blois, et qui, étant dédiés à Charles V, me feraient croire qu'ils peuvent avoir été d'abord dans celle du Louvre (1).

Tels sont les détails où j'ai cru devoir entrer sur l'ancien état du Louvre. J'ai pris quelque plaisir à m'y arrêter et à chercher dans le beau palais de nos rois des traces et des souvenirs de ce qu'il pouvait être autrefois; on me le pardonnera sans doute. Si l'on tient à honneur pour un vaisseau célèbre par plusieurs faits glorieux de conserver encore quelques parties de sa première charpente, et si, malgré les ravages des tempêtes et de la guerre, on regarde toujours comme le même bâtiment celui qu'auraient mené au combat, à la gloire, les Tourville, les du Quesne, les du Guay-Trouin, les Forbin, avec quel intérêt ne doit-on pas parcourir les salles élevées par Philippe-Auguste, par Charles V? Ce sont les mêmes murailles qui si souvent ont retenti de chants d'allégresse en l'honneur du vainqueur de Bouvines; c'est dans cette même enceinte que le sage Charles V méditait avec sa rare prudence les projets qui devaient rendre et conserver à la France son éclat et sa force, et que le bon connétable du Guesclin, Clisson, Boucicaut, venaient suspendre les trophées qu'ils avaient enlevés aux ennemis de la France.

Il ne paraît pas que Charles VI ait beaucoup travaillé à l'embellissement du Louvre tel que l'avait laissé Charles V; il ne s'en occupa que sous le rapport des fortifications, et, pour les agrandir, il détruisit le jardin du Roi et de la Reine du côté de la rivière, et, en 1382, la tour du bois, qu'il

(1) Parmi les beaux manuscrits du xiv.e siècle, remplis de peintures, que l'on peut voir à la bibliothèque royale, je citerai comme devant avoir appartenu à Charles V les livres suivans : les Heures de S. Louis; son admirable petite Bible sans peintures. N.os 6712, 6715, la Cité de Dieu de S. Augustin, traduite par Raoul de Presle, dédiée au roi Charles V, dont il était conseiller et poète. 6718, les trois premières Décades de Tite-Live, mises en français par François-Pierre Baleux ou Berchorius, prieur de Saint-Éloi, dédiées au roi Jean, dont on voit le portrait, ainsi que celui du traducteur; ce livre doit avoir appartenu à Charles V. 6719, première Décade de Tite-Live, traduite par le même, dédiée au roi Jean. 6722, Commentaires de César, dédiés au roi Jean, que la première peinture représente dans la salle du Trône, très-riche, ornée de buffets ou dressoirs, de statues et de tapisseries. 6723, deux livres des Histoires de la vie de Jules-César. 6624, Valère le Grand [Maxime], traduit en français par Simon de Hesdin et Nicolas de Gonesse, dédié au roi Charles V. 6760, Chroniques de Froissart. 6793, deux volumes du Roman de Lancelot du Lac, finis le jour de Pâques fleuries, en mars 1344; le t. I.er et le t. III, cotés 6792, 6794, paraissent être du xiii.e siècle. 6802, le livre des Propriétés des choses, dédié à Charles V en 1367 : on y voit son portrait et celui du traducteur. 6870, le même, traduit par ordre de Charles V. 6819, la Bible historiaux ou Histoires escolâtres, traduite par Guiard des Moulins, chanoine de Saint-Pierre d'Aire, en 1294. 6832, Jean Bocace, Des cas des hommes illustres, 2 volumes, xiv.e siècle. S'il n'est pas positif que ces manuscrits aient fait partie de la bibliothèque de Charles V au Louvre, parce qu'on ne les trouve pas assez clairement indiqués dans l'inventaire de Gilles Malet, cependant il n'y a presque pas lieu de douter qu'ils n'aient appartenu à quelqu'une des bibliothèques que Charles V avait à Fontainebleau, à Creil et dans ses différens châteaux, et ils suffisent pour nous donner une idée de ce que pouvait être celle du Louvre.

avait fait élever, et dont nous avons déjà parlé, ainsi que des statues dont Charles VII orna le portail de la grande entrée sur la Seine. Louis XI et Charles VIII habitèrent peu le Louvre, qu'ils ne regardaient presque plus que comme une forteresse dans laquelle on conservait des munitions et des machines de guerre. Sous Louis XII, on s'en occupa peu, du moins comme palais.

Mes recherches sur le Louvre ayant pour but principal les arts et surtout l'architecture et la sculpture, je ne me crois pas obligé d'entrer dans le détail des événemens qui s'y sont passés jusqu'à l'époque où nous sommes arrivés, en rapportant l'histoire de ce château. Ayant servi de demeure à plusieurs de nos rois, il doit avoir été témoin de contrats de mariage entre différens princes, de traités et d'une partie des grandes transactions qui ont eu lieu à diverses époques, et que l'on trouve au long dans Sauval et dans Piganiol de la Force, auxquels je renvoie ceux qui desireraient les connaître. Je me bornerai, quand je donnerai la description des salles du Musée royal, à parler des événemens qui y ont un rapport direct.

L'époque à laquelle nous sommes parvenus, vit le Louvre changer encore de face ; son architecture devint plus régulière et s'embellit de tout ce que cet art, ramené à un goût plus pur par les maîtres habiles qui l'illustrèrent sous Louis XII, acquit encore de perfectionnement sous les règnes de François I.er et d'Henri II. Les arts brillaient alors du plus vif éclat en Italie ; et la protection que François I.er et Henri II leur accordaient, attirait et naturalisait en France les artistes italiens et leurs chefs-d'œuvre. Si d'abord ils se présentèrent comme des maîtres, bientôt aussi les élèves qu'ils formèrent purent souvent devenir leurs rivaux. Fixés dans leur nouvelle patrie, les arts retrouvèrent dans la magnificence et le goût éclairé de nos rois toute la faveur et le zèle qui les élevèrent à un si haut point à Florence et à Rome sous les Médicis ; et ces arts régénérés, se rappelant les temps fortunés de l'antique Grèce, crurent voir en France briller de nouveau pour eux les siècles de Périclès, d'Alexandre le Grand, des Ptolémées et d'Auguste. A entendre cependant quelques écrivains étrangers, cette France n'eût été qu'une terre étrangère aux arts, où ils ne vivaient ou ne végétaient qu'à regret, ainsi que des plantes exotiques arrachées à de plus beaux climats. Mais il faut bien qu'elle n'ait pas été considérée ainsi dans les beaux temps de l'Italie ; car des maîtres tels que Léonard de Vinci, Primatice, le Rosso, Paul-Ponce Trebati, Benvenuto Cellini, Nicolo del Abbate, dont l'Italie ne prononce les noms qu'avec respect, auraient-ils abandonné leur patrie, cette terre chérie des arts, pour venir dans un pays dont la fatale influence eût refroidi leur imagination, et, pour ainsi dire, paralysé leur talent? Pourrait-on supposer que le vil appât du gain, ou l'espoir de quelques honneurs, eût pu les décider à sacrifier ainsi leur gloire? Recherchés par des papes tels que Jules II et Léon X, par les Médicis, les Farnèse, et par toutes les plus illustres maisons souveraines de l'Italie, comblés de distinctions dans leur belle patrie, ils venaient cependant en chercher une nouvelle en France, où les retenait encore plus par sa bienveillance que par ses largesses ce roi tout-à-fait Français, qui, dans sa générosité envers eux, allait toujours au-delà de ses promesses et de leurs espérances. Ne pouvant plus se détacher d'un souverain dont ils recevaient un si bienveillant accueil, ils vivaient honorés de ses bienfaits et mouraient heureux entre ses bras.

Si Jules II et Léon X, dans leurs règnes si courts et si brillans pour les arts, ont ajouté à la beauté de l'Italie par la découverte des monumens et des statues antiques, n'était-ce pas leur propre pays qu'ils enrichissaient, et l'Italie, sous le rapport des arts, ne devait-elle pas beaucoup de reconnaissance à François I.er, à un prince étranger qui favorisait ces précieuses découvertes par les acquisitions qu'il faisait et qui, sans appauvrir un pays, mine inépuisable de monumens, répandaient au loin l'amour des arts et leur offraient des guides? Ne pourrait-on pas ajouter d'ailleurs que, par la protection que François I.er accordait en France et en Italie aux arts et aux artistes, il avait, pour ainsi dire, acquis le droit de partager avec Rome les admirables débris de l'antiquité? Ou bien il aurait fallu qu'on n'en sentît pas alors tout le mérite, puisqu'on souffrait qu'il enrichît ses palais de chefs-d'œuvre d'une beauté comparable à celle de ce que l'Italie conservait de plus estimé; et que c'était pour ce grand prince, le père des sciences et des arts, que les peintres et les sculpteurs les plus célèbres de Rome et de Florence exécutaient leurs plus beaux ouvrages.

Le Louvre, tel que le trouva François I.er, avait été très-négligé depuis long-temps, et il n'offrait pas une habitation digne du goût et de la grandeur de ce monarque. Lorsqu'en 1539 il voulut y recevoir Charles-Quint, on fut obligé de faire à ce château de grandes réparations, pour pouvoir y déployer une magnificence digne des deux souverains. Il y eut des changemens nécessaires dans la disposition des principaux appartemens; on abattit même plusieurs parties de bâtimens, probablement la porte du Louvre du côté de Paris, pour établir des lices où l'on donna des joutes et des tournois sur le bord de la rivière. Enfin de grandes dépenses mirent ce château en état de loger Charles-Quint et sa suite, le Roi et la Reine, le Dauphin et la Dauphine, le Roi et la Reine de Navarre, les enfans de France, le cardinal de Tournon, le connétable Anne de Montmorency et la duchesse d'Étampes. Il est vrai que, par le détail des pièces de leurs appartemens, on voit qu'alors les princes se contentaient de logemens assez modestes. Les *Œuvres royaux*, cités par Sauval, et qui étaient remplis des détails des frais que coûta cette réception, rapportaient, pour en donner une idée relevée, qu'on avait doré toutes les girouettes du Louvre, et qu'on avait attaché des chandeliers de laiton aux murs des escaliers, des salles basses et des antichambres du palais; mais peut-être la matière avait-elle acquis de la valeur par le dessin et la ciselure de Benvenuto Cellini. Ce fut probablement aussi à son talent que l'on dut un Hercule en argent de 6 pieds de haut, qui plantait en terre avec effort deux grandes colonnes du même métal, statue qui fut offerte à Charles-Quint par le prévôt des marchands.

La principale entrée du Louvre ne fut plus sur la Seine; on la mit du côté de Saint-Germain l'Auxerrois. Il est cependant probable qu'on laissa cette porte telle qu'elle était sous Charles VI, et c'est du moins ce que l'on peut inférer du genre d'architecture de cette entrée, qui existait encore du temps de Sauval, et dont nous avons parlé p. 283. Ces changemens, qui n'étaient que partiels, donnèrent à François Ier l'idée d'en faire de plus considérables, et de rebâtir le Louvre sur un nouveau plan. En 1527, pour dégager la cour et rendre du jour aux appartemens, on avait déjà détruit la grosse tour, et plusieurs autres depuis eurent le même sort : cependant, selon Sauval, il en existait encore six en 1724; mais il n'indique pas leurs places. En combinant ce qu'il rapporte avec ce qu'on trouve dans des plans, on voit que ces tours devaient être celles du coin vers le grand jardin, et les autres de ce côté jusqu'à la tour du coin sur la rivière. Quant à la grosse tour, lorsqu'on la démolit, il fallut, à partir du 28 février 1527, quatre mois pour terminer ce pénible travail; il fut entrepris par Jean aux Bœufs, couvreur ordinaire du Roi, et on le lui paya 2500 livres, qui feraient aujourd'hui 10,188 francs 18 centimes, le marc d'argent valant alors 13 francs 5 sous. Quoiqu'on eût aplani le lieu où s'élevait la tour de Philippe-Auguste, les traces en subsistèrent pendant long-temps, et le terrain était plus bas que le reste de la cour. Plus de cent ans après, il y avait en cet endroit une espèce de creux où les eaux croupissaient, et qui existait encore en 1620 ou 1640; on ne manquait pas de croire parmi le peuple qu'il y avait là un abîme sans fond. Si l'on creusait dans cet emplacement, il est assez vraisemblable qu'on trouverait encore des restes des immenses fondations de cette tour, qu'on peut croire, vu leur solidité, n'avoir pas été arrachées entièrement.

Nous voici à la seconde époque du Louvre, qui, depuis les temps les plus reculés, et depuis Philippe-Auguste et Charles V, avait reçu bien des accroissemens dans son ensemble, bien des modifications dans ses distributions et dans ses destinations, mais qui cependant, ayant toujours conservé la même forme générale, servait à nos rois alternativement ou tout-à-la-fois de forteresse et de château. Cet antique manoir va changer entièrement de face, et n'offrira presque plus rien de son ancien état. François Ier donnait tous ses soins aux embellissemens de Paris (1); son goût éclairé pour les arts, tandis que les Médicis les faisaient fleurir en Italie, les encourageait en France par la faveur qu'il leur accordait et par sa libéralité; et les artistes italiens, accueillis, comblés de biens et d'honneurs en France, ne croyaient pas avoir changé de patrie. Voyant les grands changemens qu'exigeait le Louvre, et les difficultés qui s'opposaient à leur exécution, François Ier résolut de l'abattre en grande partie et de le reconstruire sur un nouveau plan; et

---

(1) On voit, par ses ordonnances, qu'il veillait sévèrement à la propreté de Paris : des tombereaux fermés emportaient les immondices considérables que l'on était obligé de réunir devant les portes des maisons; les servantes étaient tenues de balayer les rues, et il paraît que, dans certaines rues, il y avait un ruisseau d'eau courante où elles portaient les moindres ordures dans des paniers, et qui les entraînait à la rivière. François Ier, dans sa sollicitude pour Paris, ne permettait pas que les maisons fussent trop élevées, et qu'on détruisit les jardins, qu'il regardait avec raison comme un moyen de salubrité pour une grande ville.

au fait, il est plus facile et presque toujours plus avantageux de refaire un édifice que de raccorder d'anciennes constructions avec de nouvelles.

On n'est pas bien d'accord sur l'époque à laquelle commencèrent les travaux du Louvre sous François I.er, ni sur l'architecte qui fut d'abord chargé de les exécuter d'après les projets du Roi. Selon les uns, ce fut en 1528 qu'on mit la première main à cette grande entreprise, et Pierre Lescot fut l'architecte à qui on la confia (1); mais cette date, ainsi que le fait observer d'Argenville, est difficile à concilier avec l'âge de Lescot, qui, né en 1510, n'avait alors que dix-huit ans, et eût été bien jeune pour avoir acquis assez de talent et mérité assez de confiance pour être mis à la tête de travaux d'un aussi grand intérêt. D'autres auteurs, et parmi eux d'Argenville, croient avec plus de raison que les premiers travaux n'eurent lieu qu'en 1539, ou même en 1541 : Lescot avait alors vingt-neuf ou trente-un ans; à cet âge, et dans toute la force de son talent, il pouvait concevoir et diriger des plans importans. Cependant cette époque, pour être admise, éprouve encore des difficultés.

Quoique François I.er tînt beaucoup à ses projets sur le Louvre, et qu'il y fît de grandes dépenses, cependant les travaux ne prirent pas sous son règne un grand développement, et l'on fit tomber plus de l'ancien château qu'on n'en éleva du nouveau. Il paraît que l'on s'occupa surtout de la grande et belle salle des gardes ou des antiques, connue aujourd'hui sous le nom de *salle des Caryatides,* dont nous avons déjà parlé plusieurs fois, et sur laquelle nous entrerons encore dans quelques détails, lorsque nous décrirons les salles du Musée royal. Il suffit, pour le moment, de savoir qu'une inscription placée au-dessus de la porte apprenait que, bâtie par François I.er, cette salle avait été, en partie, ruinée par le temps, *vetustate collapsam*, et

---

(1) *Voyez,* sur cet architecte, d'Argenville et l'article de M. Quatremère de Quincy dans le Dictionnaire d'architecture de l'*Encyclopédie méthodique.* Il est bien singulier que Milizia, *Memorie degli architetti,* en donnant pour titre à un de ses articles les noms de Pierre Lescot et de Jean Goujon, ne dise que quelques mots insignifians sur celui-ci, et pas un seul de Pierre Lescot. Dans les autres endroits de son ouvrage où il est question du Louvre, à peine mentionne-t-il ce grand architecte. Il est vrai que cet auteur ne traite guère mieux Jean Bullant, Androuet du Cerceau, tandis qu'il parle, et souvent au long, d'architectes qui méritent à peine d'être cités. Il paraît que la famille des Lescot était très-ancienne à Paris; on trouve plusieurs personnes de ce nom dans un très-curieux manuscrit de 1313, qui est à la bibliothèque royale. Il contient toutes les rues de Paris d'alors, ainsi que les principaux habitans qui y demeuraient, et la somme dont chacun contribua pour payer une somme de 10,000 francs [197,856 livres, le marc d'argent valant alors 2 livres 14 sous 7 deniers] que la ville de Paris donnait à Philippe le Bel. Ce manuscrit mériterait d'être publié; il est très-précieux pour les anciennes familles de Paris et pour l'origine de leurs noms. Parmi plusieurs Lescot inscrits dans le registre, j'en trouve un rue du Champ-fleuri [de la Bibliothèque] près du Louvre, à côté de celle de Jean Saint-Denis, qui, quelques siècles après, en 1806, a reçu le nom de Pierre Lescot, en l'honneur de ce célèbre architecte. Il serait assez singulier que cet ancien Lescot eût été un de ses ancêtres, et que cette famille eût ainsi habité pendant des siècles près du Louvre, qu'un de ses descendans devait embellir un jour.

rétablie par Henri II, de 1548 à 1556. Il y aurait eu bien peu de distance de 1539 ou 1541 à 1548, pour que les ravages du temps eussent obligé à réparer cette salle, ou il faudrait qu'elle eût été bien mal construite ; et peut-on supposer ce défaut de solidité dans les ouvrages d'un architecte aussi habile que Lescot, dont les travaux faits depuis plus de deux cent soixante ans subsistent encore intacts? Il serait plus probable que l'ancienne salle basse et les chapelles de Charles V furent réparées et qu'on en changea la distribution, ou même qu'on les transforma en une seule salle, en 1528 ou 1529, ainsi que l'indique Corrozet (p. 160 *verso*), et que, le temps l'ayant endommagée, elle fut reprise en entier en 1548 par Pierre Lescot (1). Au reste, dans cette supposition, qui donne vingt ans d'existence à cette salle, au lieu de dix lorsqu'elle fut restaurée, on ne peut s'empêcher de trouver que c'est encore un espace de temps bien court pour qu'on puisse comprendre le *vetustate collapsam* de l'inscription, et admettre que, de vétusté, cette salle tombait en ruine : vingt ans sont bien peu de chose pour un bâtiment en pierres de taille; c'est sa première jeunesse. Tout ceci me confirme dans l'opinion que cette salle avait fait partie des constructions de Philippe-Auguste. Existant depuis plus de trois cents ans en 1528, elle pouvait avoir besoin de réparations assez grandes pour qu'on ait attribué à François I.er de l'avoir construite, et cette restauration, n'ayant pas été faite comme le demandait l'état des murailles, n'aura pas eu toute la solidité nécessaire. Le temps continua d'y exercer son action destructive, et, vingt ans après avoir été refaites, les voûtes purent menacer de tomber de vétusté; il ne faut donc pas dater cette vétusté de l'époque où cette salle fut réparée par François I.er, mais de celle où elle fut construite par Philippe-Auguste.

Quoi qu'il en soit, ce fut Pierre Lescot qui, sur la fin du règne de François I.er et sous celui d'Henri II, fut chargé des plans et des travaux du Louvre. Il est à regretter qu'il n'existe plus aucun de ces plans, ni même de ceux qui furent faits sous Henri IV : on ne les connaissait déjà plus du temps de Sauval, qui pense qu'ils avaient été égarés par négligence ou supprimés par malice; il ajoute cependant qu'ils furent en partie suivis par les architectes qui succédèrent à Lescot. Cet habile homme, de la famille d'Alissy, et dont on ne connaît pas la ville natale, avait reçu de la nature toutes les qualités qui peuvent produire un architecte de mérite, le génie des conceptions grandes, riches et sages, et le talent de les exécuter : aussi contribua-t-il à faire faire en France des pas rapides à l'architecture, et à lui imprimer un caractère plus pur et plus rapproché de l'antique que celui qu'elle avait eu jusqu'alors. Ce n'est cependant pas Lescot qui le premier, ou le seul, rendit en France, à cette époque, de si grands services à l'architecture, et à qui l'on puisse faire l'honneur de le regarder comme le restaurateur des principes des anciens. Déjà Bullant, par d'heureux changemens, s'était acquis des droits à sa reconnaissance, en élevant, avant 1540,

---

(1) Il est fâcheux que Corrozet, qui vivait à cette époque et dont l'ouvrage finit en 1559, ne nous ait pas laissé plus de détails sur ce qui regarde le Louvre sous François I.er et Henri II.

Ecouen. S'éloignant, sans l'abandonner entièrement, du système ou de la manière gothique de bâtir en vogue avant lui, et se prêtant dans certaines parties au goût qui régnait encore, il s'était rapproché de l'élégante et noble simplicité de l'architecture grecque, quoique souvent il ressemblât à ces néophytes qui, après avoir embrassé avec ardeur une autre religion, sont parfois ramenés par quelques souvenirs vers le culte qu'ils ont quitté. On peut considérer les ouvrages de Bullant comme formant la transition du goût gothique à une architecture plus pure dans son ensemble et mieux motivée dans ses détails. Ce n'est pas aussi que ce bel art, avant Bullant et Lescot, n'eût eu de grandes obligations à Juste de Tours et à Jean Joconde de Vérone, qui, sous Louis XII, avaient commencé à l'épurer et à le faire sortir de l'état de désordre où il était resté jusqu'à cette époque. Ces architectes laissèrent de beaux témoignages de leurs talens et de leur goût, qui tient cependant encore un peu du gothique, le premier dans le mausolée élevé à Louis XII, et le second dans le pont Notre-Dame, et dans le beau château de Gaillon, qu'on lui attribue et qui peut avoir été fait sur ses dessins. Élevé par le cardinal d'Amboise, ce superbe monument attestait son goût et la protection qu'accordait aux arts ce Mécène des artistes, ce digne ministre du bon roi Louis XII (1).

Les talens de Lescot lui avaient mérité de grandes faveurs; il devint chanoine de la cathédrale de Paris; François I.er lui donna l'abbaye de Clagny près de Versailles et celle de Clermont, et souvent même dans les anciens écrivains, entre autres dans Vigenère, il n'est désigné que par le nom de Clagny. Lescot fut conseiller des rois François I.er, Henri II, François II, Charles IX et Henri III. Pour que la beauté de la sculpture, dans le monument qu'il allait élever à la gloire du Roi, de la France et des arts, répondît à la magnificence de l'architecture, Lescot s'associa dans les travaux du Louvre Jean Goujon, le plus habile sculpteur français de cette époque, et sans doute l'un des plus gracieux qui aient existé depuis la renaissance des arts, et dont le talent était le plus en harmonie avec les riches conceptions de l'architecture. L'abbé de Clagny eut aussi recours à Paul Ponce, dont le ciseau vigoureux et les compositions nobles et fières rappellent le style de Michel-Ange, et permettent de croire qu'il fut élève de ce grand maître, dont il suivit les principes. La réunion d'artistes de ce mérite devait produire d'heureux résultats, et la partie du Louvre qu'on leur doit, prouve à quel point de beauté ils auraient porté ce palais s'ils eussent pu le terminer.

D'après le plan ordonné par François I.er et conçu par Lescot, le Louvre devait, selon Sauval, former un édifice carré qui renfermait une cour de 32 toises; ce n'était pas le quart de la grandeur qu'elle a aujourd'hui.

---

(1) Sur Jean Joconde, homme extraordinaire, qui rendit de grands services à l'architecture, à la littérature, aux antiquités, *voyez* Vasari, t. X, p. 46, et la préface de Guill. della Valle; Milizia, t. I, p. 222; M. Quatremère de Quincy, Dictionnaire d'architecture de l'*Encyclopédie méthodique*, au mot *Giocondo*. Voyez le même ouvrage pour Jean Bullant; il n'y est pas question de Jean Juste de Tours. M. le comte Cicognara, *Storia* &c. t. IV, p. 426, en parle avec éloge.

Mais je crois que cet auteur se trompe ; car on eût alors diminué la cour du Louvre de Charles V, qui, comme nous l'avons vu, avait 34 toises $\frac{1}{2}$ de long sur 32 toises 5 pieds de large, et il est très-probable qu'on ne changea rien à ces dimensions. Il se trompe encore lorsque, page 26, il dit que la cour aura 64 toises en œuvre. A la manière dont cette phrase est placée, on croirait qu'il s'agit de l'époque de François I.er ; ce qui ne se peut pas. Ainsi Sauval a en vue la cour du Louvre quadruplée par Louis XIII et Louis XIV, et l'on verra que cette mesure est encore fautive ; car la cour d'à présent, dont la longueur et la largeur sont en sens opposé de ces dimensions dans celle de Charles V, a 64 toises de long sur 63 de large. La partie du Louvre de Lescot tournée vers l'ouest se terminait au nord par un pavillon qui allait jusqu'au milieu de celui de l'horloge. Il n'est pas hors de propos de faire remarquer que dans le plan de cet architecte les tours rondes de Raimond du Temple furent remplacées par des pavillons carrés, qu'on disposa plus régulièrement que les tours, et auxquels on donna moins de saillie. Du côté de la Seine, l'extrémité orientale de cette façade répondait à la moitié de celle d'à présent ; mais cette partie de l'édifice avait beaucoup moins de profondeur qu'elle n'en a actuellement (*voyez* l'ancien et le nouveau plan, pl. 9 et 11). Le mur de cette aile, ainsi que je crois l'avoir prouvé, page 277, a appartenu en partie au Louvre de Charles V, et c'est aujourd'hui celui qui sépare les grandes salles du Musée royal des antiques, du côté de la rivière, d'avec les petites qui donnent sur la cour, et qui formèrent les appartemens de Catherine de Médicis. Je me borne à les indiquer, devant y revenir lorsqu'il sera question des différentes parties du Louvre. On voit, par un plan d'Androuet du Cerceau de 1570 (*voy*. pl. 9), que Lescot ne termina que les deux ailes dont nous venons de parler. L'entrée principale du palais n'était plus, comme autrefois, sur la rivière ; elle fut mise du côté de Saint-Germain l'Auxerrois : on ignore la disposition que lui aurait donnée Lescot. François I.er ne reconstruisait pas le Louvre en entier ; il l'agrandissait en quelques parties, ou plutôt, en y mettant de la régularité, il embellissait le palais vénéré de Philippe-Auguste et de Charles V. Les nouvelles constructions que l'on y ajouta furent obligées de se régler sur ce que l'on conserva des anciennes, à l'ouest et au midi. Ainsi Michel-Ange, en projetant le plan de Saint-Pierre, respecta l'ancienne et petite basilique, qui devint, pour ainsi dire, le sanctuaire de la nouvelle église, et il entoura de toutes les pompes de l'architecture ce premier et modeste monument. Il en fut de même du Louvre ; les murailles massives de Philippe-Auguste et de Charles V servirent, pour ainsi dire, de base à l'élégant palais de Lescot.

Le plan de l'abbé de Clagny, sagement entendu, réunissait tout ce que demandaient les convenances : l'étage inférieur et une partie du premier étaient destinés à l'habitation du Roi et de sa famille ; on y avait réservé de grands appartemens pour les réceptions et pour les jours de représentation ; l'élévation des deux ordres d'architecture, la richesse de leurs décorations, annonçaient cette destination. Pour ajouter à l'agrément et à la facilité des communications, un large balcon régnait au premier étage, tout autour de la cour, et formait aux grands appartemens une espèce de terrasse. Dans l'attique devaient loger les personnes qui faisaient le service auprès du Roi; ayant moins de hauteur que les deux autres étages, il les amortissait bien, et l'édifice était juste dans ses proportions et en harmonie dans ses détails. On pouvait reprocher au toit sa trop grande hauteur, qui écrasait le bâtiment; mais c'était un reste de l'ancien goût gothique, et de ces exigences de l'époque et des localités, dont Lescot n'avait pas pu s'affranchir. C'était d'ailleurs un moyen d'augmenter l'habitation, et de loger une grande quantité de personnes attachées à la cour : et combien n'y en a-t-il pas encore à présent qui habitent les palais des rois et que ferait frémir le projet de diminuer la hauteur de la toiture! Il est probable que c'était pour dissimuler, autant que possible, une partie de cette élévation, que Lescot avait couronné son attique de la balustrade richement ornée qui existe encore aujourd'hui (*voyez* planche 12), et qui, accompagnant bien le reste des ornemens, rappelle ces antéfixes, de formes variées, dont les anciens ornaient le bord de leurs toits. Pour que rien ne manquât à l'élégance de l'édifice, Lescot avait décoré le haut du comble, ainsi que l'offrent l'ouvrage de du Cerceau, et, ici, la planche que l'on vient de citer, par une large et riche bordure en plomb, formée d'une crépine de feuilles d'eau, d'oves et de glands retenus par un gros câble; le tout était terminé par des guirlandes supportées de distance en distance par des têtes de lion surmontées d'un croissant. Ces emblèmes de Diane de Poitiers, dont Henri II avait la galanterie ou la faiblesse d'orner tous les édifices qu'il faisait élever, indiquent que cette partie du Louvre fut achevée du vivant de ce prince : car après sa mort on n'aurait pas employé de semblables ornemens; Catherine de Médicis, qui chassa de sa cour la maîtresse d'Henri II, n'eût pas souffert qu'on élevât à celle qui l'avait outragée, de tels trophées dans la demeure des rois (1).

Nous avons vu que Lescot, dans la décoration du Louvre, s'était associé les talens de Jean Goujon et de Paul Ponce : celui-ci se chargea des sculptures des petits frontons de l'attique; et Jean Goujon, de celles qui ornent

(1) On peut faire la même observation en sens inverse, au sujet de la grande colonne qu'on voit encore à la halle au blé, et qui faisait partie du bel hôtel de la Reine ou de Soissons, bâti par Jean Bullant pour Catherine de Médicis. Ce qui prouve que ce n'était pas elle qui avait fait élever cette colonne pour servir à ses observations astronomiques ou astrologiques, c'est qu'elle est ornée des chiffres d'Henri II, unis à ceux de Diane de Poitiers et à d'autres emblèmes qui rappellent l'amour de ce prince pour cette célèbre maîtresse. Certainement Catherine de Médicis la détestait trop pour orner un monument avec des allusions qui lui retraçaient tous ses chagrins et celle qui les avait causés. Ainsi, quoiqu'il passe pour constant que Catherine de Médicis fit bâtir le grand hôtel de Soissons après la mort d'Henri II, il est assez probable qu'il était déjà commencé du vivant de ce prince, ou que du moins la grande colonne était déjà terminée, et que ce fut lui qui la décora des chiffres et des ornemens dont il surchargeait tous les édifices élevés par ses ordres. *Voy.* l'article *Bullant*, dans le Dictionnaire d'architecture de l'*Encyclopédie méthodique*, par M. Quatremère de Quincy.

les œils-de-bœuf. L'un et l'autre les exécutèrent avec autant de soin que de talent, et je me réserve de les décrire lorsque je passerai aux détails de la sculpture extérieure du Louvre. Peut-être a-t-on reproché avec raison à l'architecte d'avoir trop multiplié les ornemens, et d'en avoir surchargé son édifice, dont l'ensemble aurait gagné s'il y eût eu plus de repos, et qu'on eût été plus sobre de détails, très-beaux sans doute, mais qui, par leur grandeur, nuisent à celle des différentes parties où ils sont prodigués. L'attique surtout, qui, par sa position et sa destination, a moins d'importance que les autres parties de l'édifice, est trop riche, et c'est dans la décoration des étages consacrés particulièrement à l'habitation du souverain que Lescot aurait pu déployer d'une manière plus convenable toute la magnificence de la sculpture. Il a fallu souvent aussi avoir recours à des attitudes forcées, pour pouvoir faire entrer dans les frontons circulaires et dans les panneaux de l'attique des figures d'une aussi forte proportion. Leur grandeur contraste avec la petitesse des statues qui devaient être placées dans les niches entre les colonnes, et c'était réunir des géans et des pygmées. On pourrait objecter que le Parthénon et d'autres beaux monumens grecs offrent dans les frontons des figures considérablement plus grandes que celles de la frise : oui; mais peut-être des ornemens eussent produit un meilleur effet dans cette partie, et il y aurait eu plus d'accord. Quant aux bas-reliefs de la frise extérieure de la *cella* du Parthénon, il n'y a pas d'inconvénient à ce que les figures y soient plus petites que celles du fronton : étant sur un plan plus reculé, elles exigent qu'on s'en rapproche pour les voir, et, ne les embrassant pas du même coup d'œil que les figures du fronton, l'on n'est pas frappé de la différence de leurs proportions. Il me semble aussi que s'il doit ou s'il peut y en avoir une entre les représentations de figures humaines dont on orne un édifice, il est convenable que les statues soient plus grandes que les bas-reliefs; et c'est le contraire dans l'ordonnance de Lescot, où les petites statues des niches seraient écrasées par les grandes figures des œils-de-bœuf et des autres bas-reliefs.

Ce grand architecte avait peut-être aussi trop négligé les façades extérieures, pour répandre sur celles de l'intérieur de la cour toutes les richesses de l'architecture et de la sculpture; il en avait agi sans doute ainsi par un bon principe, pour ménager la surprise, et afin que la beauté de l'intérieur du palais produisît plus d'effet. C'était, au reste, dans le système de cette époque : on le reconnaît à Fontainebleau, où les cours sont plus ornées que les parties extérieures, et au château d'Écouen, bâti à peu près en même temps que le Louvre par Jean Bullant, et où l'on retrouve le même caractère d'architecture, la même recherche dans les détails. Parmi ceux qui se sont conservés dans ce qui reste de ce beau monument élevé par le connétable Anne de Montmorency, ce héros qui, dans les loisirs de la retraite, se plaisait à embellir le pays que pendant tant d'années il avait si bien servi de son épée, on doit faire remarquer les meneaux ou montans des fenêtres en pierre, sculptés avec une grande élégance : ils donnent l'idée de ceux qui étaient autrefois aux fenêtres du Louvre. On voit aussi à Écouen de ces petits pavillons ou avant-corps, trop multipliés au Louvre et sans aucune utilité pour la distribution intérieure. Les architectes aimaient probablement à les employer, parce qu'ils y trouvaient un moyen d'enrichir leurs façades et d'y multiplier les colonnes. Mais ces corps en saillie, en revenant trop fréquemment, font des ressauts qui ôtent à l'ensemble son calme, et qui, brisant les grandes lignes de l'architecture, nuisent à ses beaux développemens. D'ailleurs, les petits pavillons du Louvre offrent un juste sujet de blâme dans la manière dont les colonnes des angles se pénètrent, contre toutes les règles, et confondent leurs bases. Malgré ces imperfections, auxquelles on pourrait encore ajouter la petitesse des appartemens qui donnaient sur la cour, et qui n'étaient pas bien combinés pour la commodité de l'habitation, le Louvre de Lescot eût été un très-beau palais, où quelques défauts dans l'ordonnance auraient été rachetés par la perfection des détails.

Nous avons vu que, d'un côté, le Louvre se terminait vers la moitié du grand pavillon, et, de l'autre, au milieu de l'entrée qui regarde la Seine (*voyez* pl. 9). Ces deux extrémités étaient occupées par des escaliers, dont l'un, C, est encore celui d'Henri II (pl. 11, *x*). La largeur de cette partie du palais permettait de donner à cet escalier assez de développement. De même que le reste de l'édifice, on le décora de riches sculptures, dont nous nous occuperons plus tard. Celui de l'autre extrémité n'existe plus; mais il devait être beaucoup plus petit, cette aile étant plus étroite : à moins cependant, ce que l'on ignore faute de plans, que Lescot n'ait eu le projet de donner à la partie vers Saint-Germain l'Auxerrois autant de profondeur qu'à celle qui lui est opposée. Mais ceci est de peu d'importance, et nous n'avons aucune donnée pour établir des hypothèses.

Henri II ne borna pas les travaux du Louvre aux bâtimens de la cour; il fit construire en dehors le gros pavillon que l'on nomma *pavillon du Roi*, et où se trouve la grande entrée du Musée royal; il le joignit au Louvre par une petite galerie ou plutôt un corridor étroit (*voyez* pl. 9, E; pl. 10, C, L), qui, agrandi depuis, est devenu la salle du Candélabre. Ce passage, que l'on décorait alors du nom de galerie, servait de communication des appartemens de Catherine de Médicis avec ceux qu'Henri II y ajoutait. La façade de cette nouvelle aile, tournée vers la Seine, se portait fort en avant de celle du Louvre qui regarde du même côté; et nous avons vu, page 279, que pour l'élever on avait profité du fossé de Charles V, et que l'on avait abattu une tour qui donnait sur le quai et pouvait avoir été celle de l'écluse, ou avoir fait partie des anciennes fortifications. Le long de ce pavillon du Roi, un espace de terrain assez considérable était occupé par un jardin, comme il l'est encore aujourd'hui, et comme il l'était sous Charles V; et l'on voit que, respectant l'ensemble de son château, l'on en avait en partie conservé les fossés. La vue s'étendait de là sur les rives de la Seine, ornées de maisons de campagne, de jardins, de vignobles; mais elle était bornée à l'ouest par des églises, des hôpitaux et d'autres édifices qui s'élevaient entre le Louvre et l'emplacement où sont aujourd'hui les Tuileries.

Ce ne fut qu'en 1564, tandis qu'on travaillait peu au Louvre, que Catherine de Médicis, ne pouvant plus supporter l'idée d'habiter le château des

Tournelles depuis qu'Henri II y était mort par un funeste accident, résolut de l'abattre, et d'en bâtir un sur un terrain qui, appartenant en 1341 au surintendant des Essarts, passa depuis dans la maison de Villeroi. Cette plaine, nommée jadis *la Sablonnière*, était, en partie, occupée par des fabriques de poteries et des tuileries, dont on ne comptait que trois en 1372, et qui depuis s'étaient multipliées; lorsque la Reine y construisit un château, le nom qu'elle lui donna rappelait l'ancienne destination du lieu où on l'élevait. Catherine de Médicis chargea Philibert de Lorme du plan et des travaux de ce nouveau palais. Sa confiance ne pouvait être mieux placée : cet architecte, qui, dès l'âge de quatorze ans, avait voyagé avec fruit en Italie, où il avait étudié les grands maîtres anciens et modernes, se distingua, à son retour en France, par quelques beaux ouvrages qu'il fit à Lyon, sa patrie. Sous le règne de François I.er, mis à la tête d'une partie des grands travaux d'architecture que ce roi faisait exécuter, il avait donné des preuves de son talent et de son goût dans les demeures royales de Fontainebleau, de Meudon, de Villers-Cotterets, dans les tombeaux des Valois, et en bâtissant en 1548 le château d'Anet pour Diane de Poitiers. De Lorme, ami de Jean Bullant, à qui l'on devait Écouen, de Jean Goujon, de Germain Pilon, voulut qu'ils concourussent à la grande entreprise qu'il devait diriger. De concert, ces hommes habiles, qui presque tous à la connaissance de l'architecture réunissaient la pratique de la sculpture, élevèrent les Tuileries, palais qui, tel qu'ils l'avaient conçu, alliait, suivant le goût du temps, la convenance et l'élégance des proportions à la richesse des détails.

Ce n'est pas qu'on ne puisse reprocher à de Lorme, ainsi qu'on l'a fait à Lescot et en général aux architectes de cette époque, d'avoir abusé de cette richesse, et d'avoir nui à la grandeur de l'ensemble par la profusion des ornemens. On voit dans leurs ouvrages qu'étant à-la-fois sculpteurs et architectes, ils sacrifiaient souvent à la recherche et au fini de la sculpture la simplicité et la dignité de l'architecture. De Lorme connaissait les monumens antiques de l'Italie et les avait étudiés, mesurés, mais peut-être sans entrer dans l'esprit qui les avait inspirés; il les avait vus, ainsi que s'exprime Chambrai, avec des yeux encore gothiques. Les accessoires ou les détails, toujours motivés chez les anciens, devenaient chez lui le principal, et faisaient disparaître, en les morcelant, les grandes parties et les belles proportions de l'ordonnance; il n'y avait plus d'espace vide où l'œil pût trouver du repos. A cette époque, où l'architecture cherchait à se dégager du fatras gothique qui pendant si long-temps l'avait encombrée, plus elle était surchargée de parure, plus on la trouvait belle; c'était un reste des anciennes habitudes. Les Grecs aimaient à voir Vénus et les Grâces belles de leurs propres attraits et dans toute la pureté de leurs formes divines; dans d'autres temps, on croyait rehausser leur beauté en les chargeant de riches vêtemens, de perles et de pierres précieuses, qui, loin de les parer, dérobaient leurs attraits. Telle était encore l'architecture au temps de de Lorme et de Bullant, qui, élevés au milieu des monumens gothiques, ne pouvaient pas encore, malgré leur génie, goûter tout le charme ou de la simplicité si sage et si élégante ou de la richesse si bien entendue de l'architecture grecque.

Si l'Italie, ainsi que le fait remarquer M. Quatremère de Quincy (1), fut moins long-temps et moins fortement sous l'influence des mauvais principes, ses artistes avaient-ils autant de mérite que ceux de France à se conserver ou à redevenir plus purs? Entourés des plus beaux monumens de l'antiquité, élevés à la vue de ces admirables modèles, ils devaient se laisser moins entraîner à imiter ceux que leur offrait le goût gothique, et qui étaient si différens des chefs-d'œuvre avec lesquels ils étaient familiarisés. L'habitude de voir de belles choses donne, sans qu'on s'en aperçoive, une sorte d'aversion pour celles d'un caractère opposé; et un enfant qui n'arrêterait jamais ses regards que sur ce que la peinture, la sculpture et l'architecture présentent de plus parfait, acquerrait un tact qui, sans qu'il pût bien s'en rendre compte, lui ferait distinguer au premier coup d'œil ce qui est bon de ce qui est mauvais. Sans pouvoir juger, il sentirait que ce qui ne ressemble pas aux beaux modèles auxquels il est accoutumé, ne peut pas les valoir, et un mauvais ouvrage produirait sur sa vue le même effet qu'un son faux pour une oreille juste et délicate. Il aurait dû en être de même pour les architectes italiens à la vue des monumens gothiques. Et cependant, si l'Italie, par le bonheur de sa situation, fut la première nation chez qui les arts se réveillèrent du long sommeil où ils avaient été ensevelis, si elle fut plus prompte à revenir au bon goût et aux principes des Grecs, elle fut peut-être ensuite une des premières à s'en éloigner, ou à l'étouffer sous des innovations parasites, qui n'étaient pas en harmonie avec les leçons que l'antiquité lui avait transmises dans les monumens.

L'Italie avait reçu et répandu la lumière, et ne tarda pas à l'obscurcir. Ce fut de ces contrées, surtout de la Toscane, que nous vint, avec les Médicis, ce genre d'architecture à bossages et vermiculé, inconnu en France auparavant, et qui fait disparaître sous un amas d'ornemens inutiles les proportions des différentes parties de l'ordonnance. De là nous vinrent aussi, avec les chefs-d'œuvre qui illustrèrent ce beau pays dans l'âge d'or de sa littérature, les jeux de mots, l'affectation, le style brillanté et tout le clinquant d'esprit qui, pendant long-temps, eurent sur la nôtre une si triste influence. Cachées par une enveloppe qui leur était étrangère, et qui les rendait plus lourdes en changeant les rapports de leur grosseur avec leur hauteur, les colonnes perdirent cette élégance et cette pureté de forme que savaient, à moins de frais, leur donner les Grecs. Déjà de Lorme, n'ayant à mettre en œuvre dans la chapelle de Villers-Cotterets que des tambours de pierre de peu d'épaisseur, qui le forçaient à en employer cinq dans la hauteur des colonnes, avait cru dissimuler les joints d'une manière heureuse, en les masquant par des ornemens qui, comme des couronnes, les embrassaient à distances égales. Ces divisions rapetissent à l'œil la colonne et nuisent à la pureté de son profil par la saillie des rinceaux et des feuillages dont le fût est chargé. Il s'était flatté cependant d'avoir inventé un nouvel ordre, qu'il nommait *ordre français*; il l'employa aux Tuileries, en y épuisant toute la richesse du travail le plus recherché de la sculpture. Mais, comme c'est la

---

(1) Article *Bullant*, Dictionnaire d'architecture de l'*Encyclopédie méthodique*.

proportion des parties entre elles et avec l'ensemble, et, pour les colonnes, le rapport de la base avec la hauteur, qui constituent les différences entre les ordres, et que les détails peuvent altérer, mais ne changent pas ce caractère essentiel, de Lorme, au lieu de créer un nouvel ordre, ce qui d'ailleurs n'est peut-être plus réservé à personne, ne fit que dénaturer l'ancien ionique, en voulant y ajouter une parure qui ne lui convient pas, et qui lui ôte son élégante simplicité et l'harmonie de ses proportions. Plus riches que les colonnes du côté du jardin, qui ne sont qu'en pierre, celles du côté du Carrousel, composées en partie de beau marbre, purent, dans la nouveauté, plaire par la variété et le fini de leur travail; mais, comparées avec les colonnes du temple de Minerve Poliade et de celui d'Érechthée à Athènes, où l'ionique déploie toute sa grâce, elles ne peuvent pas soutenir le parallèle. On est forcé de convenir, avec Chambrai, que de Lorme, dans ses profils, n'a pas la pureté et la finesse de l'antique, et que le talent de ce grand architecte consistait plus dans la conduite d'un bâtiment et dans la coupe des pierres, où il était très-habile, que dans la composition des ordres et dans la partie décorative de l'architecture. Cependant les colonnes ioniques qui ornent, du côté du jardin, l'étage inférieur des deux pavillons de de Lorme aux Tuileries, sont mieux que celles du corps du milieu et des deux galeries; la proportion et le galbe en sont plus rapprochés de l'antique, bien qu'on pût y desirer plus de pureté et moins de subdivisions dans les cannelures, qui, malgré leurs défauts, sont d'un meilleur goût que celles des colonnes ioniques des autres corps-de-logis. Ici, elles sont interrompues par des bandes et des feuillages, ou plutôt, dans chaque assise des tambours, les cannelures, courtes et terminées dans leurs extrémités comme si elles partaient du haut du fût pour en parcourir toute la longueur, forment un nouveau rang; ce qui donne à ces colonnes l'air d'être composées de six tronçons de la partie supérieure de fûts ioniques. La rudenture à bâtons plats des assises du bas n'est pas non plus d'un bon effet. On peut trouver encore que les changemens introduits par de Lorme dans la base ionique des anciens, la moins bien combinée de celles qu'ils employaient, ne sont pas très-heureux, et qu'il eût mieux fait, ainsi que l'ont en général pratiqué les architectes de l'antiquité, d'adopter la base attique. Son chapiteau a bien aussi quelque chose de lourd et d'écrasé, et les guirlandes dont il a voulu l'enrichir, le surchargent plutôt qu'elles n'y ajoutent de la grâce. On peut en dire autant de la prodigalité avec laquelle il a répandu les ornemens dans son ordonnance ionique; cette profusion ne lui a plus laissé les moyens de développer dans son second ordre la richesse que réclame le corinthien, et à laquelle cet ordre a surtout droit lorsqu'il est combiné avec l'ionique, qui doit lui céder en magnificence. Le contraire est arrivé à de Lorme : ayant épuisé toutes ses ressources pour orner son ionique, qui eût eu plus de succès à moins de frais, il s'est trouvé forcé de traiter avec une sorte d'avarice son ordre corinthien, pour lequel, d'après les règles, il aurait dû réserver toute la magnificence de l'architecture et de la sculpture.

Le château des Tuileries, tel que l'avait conçu de Lorme, s'il eût été terminé sur son plan, aurait été beaucoup plus vaste qu'il ne l'est aujourd'hui, malgré les additions considérables qui y ont été faites à différentes époques. On le voit d'après les dessins qu'en donne du Cerceau ; ils sont d'autant plus précieux, que ce sont les seuls, et que cet habile architecte, qui avait vu commencer les Tuileries, y fut employé après de Lorme : il est à regretter que dans son texte il ne s'étende pas davantage, et qu'il ne nous apprenne presque rien. On serait porté à croire, à la vue du projet de de Lorme, que Catherine de Médicis, en élevant un palais en face du Louvre, voulait, par la grandeur et la magnificence qu'elle comptait y déployer, éclipser celles du monument de François Ier et d'Henri II, et montrer à la France ce que pouvaient le génie des Médicis et la nièce de Léon X.

Les Tuileries ont aujourd'hui 168 toises ½ de longueur du côté du jardin, et 145 sur le Carrousel. Par le plan de de Lorme, ce palais n'eût eu que 138 toises vers le jardin, et la façade sur la place eût été de 108 toises. Il y aurait eu, comme aujourd'hui, cinq pavillons. Celui du milieu ne devait avoir que deux ordres et un très-grand attique ; il était terminé par une coupole circulaire, couverte d'ardoises en écailles, et surmontée d'une lanterne en forme de dôme, qui se trouvait à peu près répétée aux quatre coins de l'attique. Des ornemens en fleurs de lis entouraient le pied de ces coupoles et couronnaient leurs corniches. Les pavillons des angles, de la même largeur que ceux qui les eussent précédés, n'en auraient été qu'à une distance égale à la longueur de leur façade sur le jardin ; celle en retour eût été de quelques toises plus grande. Ils ne devaient avoir, comme les autres, que trois fenêtres, tandis qu'à présent ils en ont six : la décoration extérieure était telle qu'on la voit encore à la partie exécutée par de Lorme. Vis-à-vis de ce palais, et à une distance d'environ 50 toises, s'en élevait un autre de la même grandeur sur l'emplacement du Carrousel. Pareil au premier pour la décoration extérieure, il n'en différait que par le pavillon du milieu, qui était beaucoup plus grand, et qu'accompagnaient aussi, des deux côtés, des portiques ouverts du côté du Louvre, et qui, destinés sans doute à la circulation publique, n'avaient de communication avec le palais que par l'extrémité qui touchait au grand vestibule d'entrée, beaucoup plus vaste que celui des Tuileries actuelles. Il paraît qu'une partie des deux pavillons qui suivaient celui du milieu était réservée à des chapelles. Les deux grands corps de bâtiment des Tuileries étaient liés l'un à l'autre, du côté de la rivière et vers la rue Saint-Honoré, par une ligne d'édifices qui se rattachaient en retraite aux pavillons des angles, au milieu de laquelle un autre avant-corps formait l'entrée. Ces façades n'avaient que 82 toises de longueur, et l'ensemble de tout le palais formait un carré long, dont les petits côtés étaient vers la Seine et vers la rue Saint-Honoré, et dont l'extrémité orientale eût été à environ 8 toises en arrière d'une ligne tirée par le milieu du grand guichet public qui, de la rue de Rivoli, donne dans le Carrousel. Par les entrées latérales dont on vient de parler, on arrivait de chaque côté dans une cour bâtie qui, entourée de portiques à colonnes, décrivait un ovale allongé, de 24 toises sur 14 : le grand axe était dans le sens de la longueur des palais. De ces cours, richement décorées de colonnes en dedans et en dehors, on entrait dans des portiques larges de 30 pieds, et dont le mur de fond était orné de niches. Ce mur s'alignait sur l'angle intérieur des petits pavillons actuels des Tuileries ; et les deux façades du palais, ainsi que le portique du nord et celui du midi, formaient une place de 57 toises de long sur 45 de large. Dans l'espace de 24 toises qui séparait les portiques d'avec les bâtimens latéraux extérieurs, de chaque côté de la longueur des cours ovales, il y en avait d'autres, carrées et très-simples, avec lesquelles elles étaient en communication, et qui probablement étaient destinées aux écuries et au service du palais. Telles sont les dispositions que suggère l'inspection du plan, sur lequel du Cerceau ne donne aucun détail, et qu'il sera bon de voir si l'on veut se faire une idée nette du projet de de Lorme. Il se pourrait bien, au reste, que du Cerceau y eût eu une grande part, en combinant même et en modifiant le plan primitif d'après ses propres conceptions.

Au reste, il est évident qu'en construisant les Tuileries on ne songeait pas à les mettre en accord avec le Louvre : car le côté sur la Seine et celui qui y est opposé étaient à angles droits sur les deux grandes façades des Tuileries ; alors la partie tournée vers la rivière aurait coupé obliquement le quai, et se serait éloignée encore plus qu'à présent de l'axe du Louvre. Il est probable, d'après le plan, que l'on aurait redressé la rive droite de la Seine pour l'établir parallèlement à la façade tournée de ce côté ; on devait aussi en dériver un grand canal qu'on aurait fait passer le long de la façade extérieure sur le Carrousel, entre les Tuileries et le Louvre ; il y eût eu un pont devant l'entrée du palais, et un autre sur le quai pour la communication entre les deux parties séparées par le canal. Il est à croire que ce projet fut trouvé trop vaste, et que l'on se borna à en exécuter une partie, qui n'était pas très-avancée en 1576, lorsque du Cerceau publia ses plans. Il paraît même que Catherine n'habita jamais les Tuileries proprement dites ; mais que, dans les bâtimens qui en dépendaient, elle occupait, lorsqu'elle n'était pas au Louvre, un pavillon du côté de la rue Saint-Honoré, et auquel on donna le nom de *pavillon de Médicis*. On sait d'ailleurs qu'en 1572 cette reine, s'étant dégoûtée des Tuileries, les avait presque abandonnées pour rebâtir, sur l'emplacement où est aujourd'hui la halle au blé, l'ancien hôtel de Nesle, ou de Behaigne [de Bohème], qui prit alors le nom d'*hôtel de la Reine*, et, depuis, celui d'*hôtel de Soissons*. Les dépenses et les travaux de ce nouveau palais durent faire tort à celui de de Lorme, qui, en mourant en 1570, laissa loin d'être terminée l'entreprise qui lui avait été confiée six ans avant cette époque, et que d'autres continuèrent en y apportant des changemens qui n'ont conservé qu'une partie de ses grands projets. Si les Tuileries avaient été exécutées comme de Lorme les avait conçues, malgré les défauts qu'aurait présentés ce palais, il n'est pas douteux qu'il n'eût offert plus d'accord et un plus bel ensemble que celui d'aujourd'hui. Les parties que l'on y a ajoutées, quelque soin qu'aient pris d'habiles architectes, tels que du Cerceau, du Pérac, Le Vau et d'Orbay, pour les mettre en harmonie avec ce qui existait, ne forment qu'un tout rempli d'incohérences et de disparates ; ce qui ne serait pas arrivé si ce palais eût été conduit d'après un seul système. Les changemens se sont portés sur tous les points, même sur la distribution des fenêtres et sur la disposition des entablemens, et l'on n'a pas pu parvenir à y mettre de l'accord. Nous verrons aussi que la grande galerie du Louvre, combinée d'après d'autres principes que l'architecture des Tuileries, a dû encore, en venant s'y joindre, contribuer au désordre.

Ce qui reste des constructions de de Lorme est peu considérable, et ne consiste que dans les deux ordres des trois pavillons du milieu et dans le rez-de-chaussée des deux corps de bâtiment qui les réunissent. Les terrasses qui les terminent ont même éprouvé des changemens qui doivent y avoir été favorables, d'après ce qu'on voit dans du Cerceau de la disposition donnée au premier étage des arrière-corps du côté de la cour et du jardin. On avait cherché à dissimuler en partie la hauteur du comble par des fenêtres élevées, à frontons circulaires brisés, et séparées par de grands trumeaux, plus bas, ornés de consoles saillantes, de tables à frontons triangulaires brisés, au-dessus desquels s'élevaient des écussons, et qui, sur leur corniche, supportaient des figures couchées. Il paraît que c'était Bullant qui, dans cette partie, s'était laissé aller à son goût et à sa prodigalité en fait d'ornemens. Cette ligne, ainsi interrompue à chaque instant, et qui n'allait que par ressauts, était d'un mauvais effet et ne s'accordait pas avec l'ordonnance plus sage du rez-de-chaussée. D'un autre côté, si ce qu'on a substitué à cet étage est d'une architecture plus simple et mieux entendue, ce n'est plus en harmonie avec la richesse de l'ionique de de Lorme. Le même changement a eu lieu aux deux pavillons qui touchent les terrasses, et l'on a remplacé par un simple attique la composition trop tourmentée par laquelle de Lorme avait terminé son dernier étage.

Il serait inutile d'entrer dans des détails plus circonstanciés sur l'ancien palais des Tuileries, ou plutôt sur ce qu'il devait être : mais on ne peut que regretter qu'il n'ait pas été terminé, du moins dans son vaste ensemble, ainsi que l'avait conçu de Lorme; c'eût été l'un des plus grands et des plus beaux palais de l'Europe, quoiqu'on eût pu lui reprocher, ainsi qu'aux Tuileries d'aujourd'hui, d'être mieux combiné pour la représentation du souverain que pour la commodité de l'habitation. Il suffira d'ajouter que Philibert de Lorme avait construit dans le pavillon du milieu un très-grand escalier tournant, ou une vis; les marches avaient 9 pieds de long, et le vide du milieu était de la même grandeur : la rampe de cet escalier était suspendue. Enfin, d'après ce que rapportent les auteurs, et entre autres du Cerceau, cet ouvrage, de la plus grande hardiesse, était d'une beauté d'exécution qu'on ne se lassait pas d'admirer. De Lorme y avait développé à un haut degré tout son talent pour le trait ou pour la coupe des pierres. L'entrée principale des Tuileries, à cette époque hors de Paris, était, lorsqu'on eut abandonné le grand projet de de Lorme, du côté des jardins d'aujourd'hui; ceux qu'on appelait *le parterre*, occupaient l'emplacement de la cour actuelle, et s'étendaient vers Paris jusqu'à l'ancien mur d'enceinte de Charles V; et l'on avait l'intention de les joindre à un grand jardin que l'on projetait entre les Tuileries et le Louvre. On devait, à cet effet, acheter et abattre les maisons et les autres édifices qui séparaient les deux palais (1).

Ce fut vers l'époque où l'on élevait les Tuileries que Charles IX, ou, sous son nom, Catherine de Médicis, prolongea le pavillon du Roi au Louvre, et y ajouta les salles de l'aile perpendiculaire à la Seine, depuis le vestibule du Musée des antiques jusqu'à la salle du Centaure. Mais il paraîtrait, d'après le plan de du Cerceau (*voyez* pl. 9), que l'on ne fit pas alors le pavillon circulaire du vestibule (pl. 10 C), que le mur de face de ce corps avancé de bâtiment était sur l'alignement qui passerait par les lettres *e, d*, et que c'est la muraille où l'on a percé en *c* l'arcade qui, du vestibule rond C, donne entrée dans la salle des Empereurs. Le plan de du Cerceau montre que la partie tournée vers la place n'était pas terminée, et que l'on voulait en ajouter une en retour à l'autre extrémité sur la rivière, et dont le plan offre le commencement. A cette époque aussi cette grande aile n'avait de largeur que celle des salles du Musée E, F, G, H, I, pl. 10; elle était, des deux côtés, percée de fenêtres dont les axes se répondaient, mais qui étaient beaucoup plus étroites du côté du couchant, vers les Tuileries, qu'au levant. En décrivant les salles du Musée, j'indiquerai les changemens qui ont eu lieu dans cette aile. Selon Sauval, un architecte nommé *Chambiche* fut chargé des travaux exécutés dans cette partie sous Catherine de Médicis : aussi trouve-t-on à l'architecture, du côté du jardin de l'Infante, un caractère différent de celle du Louvre de Lescot, et de ce qui a été bâti depuis, du côté de la rivière, par d'autres architectes dont nous parlerons, et qui ajoutèrent de nouvelles constructions au pavillon ou à l'aile de Charles IX. On ne voit pas ce qui put engager Catherine de Médicis à confier la direction de ces travaux à Chambiche, tandis que Lescot, qui ne mourut qu'en 1590, était dans toute la force de son talent, et que son Louvre aurait dû lui assurer l'exécution de tous les édifices qui s'y rattachaient. D'autres attribuent une partie de cette aile à du Cerceau et à Bullant, et cette opinion me paraîtrait plus probable que celle de Sauval, qui est le seul à citer Chambiche; du moins n'ai-je trouvé son nom nulle part.

L'aile dont nous venons de parler n'avait qu'un rez-de-chaussée; elle était couverte par un toit en terrasse, qui rappelait à Catherine de Médicis les terrasses d'Italie et servait de lieu de promenade à Charles IX. Il paraît que ce ne fut que sous Henri IV que l'on termina, dans cette partie du Louvre, les deux gros pavillons (DDA-KK, pl. 10), dont l'étage inférieur est occupé en entier par la salle de la Diane à la biche, l'administration du Musée, le grand et le petit escalier; et le premier, par le grand salon d'exposition et d'autres pièces. Henri IV acheva aussi l'aile de Charles IX; on lui doit la galerie d'Apollon, qui remplaça la terrasse; et du côté de la petite cour du Musée, cette aile fut doublée, pour agrandir les appartemens de la Reine et

(1) *Voyez* sur de Lorme et les Tuileries, Milizia, *Memorie degli architetti*, t. I.er, p. 350 ; Androuet du Cerceau, *Les plus excellens bâtimens de France*, t. II ; J. F. Blondel, *Architecture française*, in-fol. t. IV, p. 71 et suiv. ; d'Argenville, *Vies des fameux architectes et sculpteurs* ; M. Quatremère de Quincy, articles *de Lorme* et *Ionique* du Dictionnaire d'architecture de l'*Encyclopédie méthodique*.

leurs dépendances. Sauval donne les travaux de cette partie à deux architectes nommés *Plain* et *Fournier*, dont les noms ne sont cités par aucun auteur. D'autres, avec plus de raison, les attribuent à Androuet du Cerceau, qui, en 1578, avait commencé le Pont-neuf, et qui fut employé pour ces constructions nouvelles, dont on ne connaît pas précisément l'époque. Mais les travaux entrepris par Henri IV ne peuvent dater que de quelques années après son avénement au trône, lorsque la France fut assez tranquille pour que ce grand roi pût s'occuper de l'embellissement de Paris, qui ne lui ouvrit ses portes qu'en 1594; et ce ne fut qu'en 1596, au plus tôt, que l'on travailla au Louvre. Henri IV a dû employer un architecte de talent tel que du Cerceau, qui, d'ailleurs, ayant été persécuté pour son attachement à l'ancienne religion d'Henri IV et de Sully, avait plus d'un titre pour qu'on lui accordât en dédommagement quelque grande entreprise.

Il est assez probable, d'après l'inspection du plan de du Cerceau, que dans cette partie du Louvre tournée vers la Seine et où commence la grande galerie, on suivit en grande partie, peut-être jusqu'au lanternon, les plans de Serlio de Bologne (1), qu'on sait être venu en France et avoir été bien accueilli par François I.er et par Henri II. Quoiqu'on eût préféré pour le corps du château les plans de Lescot aux siens, et qu'il eût eu la modestie, bien rare, de trouver qu'ils valaient mieux, on peut cependant d'autant plus croire qu'on le chargea de la partie qui longe la Seine, que d'autres architectes, employés à cette grande entreprise du vivant même de Lescot, ne s'assujettirent pas au style d'architecture qu'il avait mis en usage. Nous verrons même que, sans s'inquiéter des disparates qui devaient en résulter, chacun des architectes qui se succédèrent, ou même qui travaillèrent en même temps, voulut faire des changemens, qu'il regardait comme des améliorations, et mettre du sien dans les parties qui lui étaient confiées. Les dispositions de l'étage inférieur du Louvre, du côté de la rivière, à partir du pavillon de Charles IX, rappellent assez certaines constructions de Fontainebleau et du nord de l'Italie, dont avait été chargé Serlio, pour rendre probable qu'il fut pour beaucoup dans l'exécution de cette partie du Louvre, ou que du moins il la commença, et que d'autres la poursuivirent en y apportant des modifications qui lui donnèrent un autre caractère. Si Serlio doit être compté au nombre des architectes du Louvre, ce ne put être toutefois que dans le commencement de la reconstruction de ce palais; car cet habile homme mourut en 1552, et il passa les dernières années de sa vie à Lyon et à Fontainebleau, tourmenté par la goutte, jouissant d'une grande considération, et cependant réduit à un état voisin de l'indigence. Milizia ne dit qu'un mot de ce célèbre architecte, qui a laissé sur son art et sur la perspective des ouvrages recommandables et que l'on consulte encore avec fruit.

Au reste, tous les architectes et tous les écrivains qui se sont occupés de recherches sur le Louvre, conviennent que, faute de documens, cette histoire, surtout celle de la partie où nous nous trouvons à présent, est,

---

(1) *Voyez*, sur Serlio, Milizia, *Memorie degli architetti*, t. I.er, p. 347.

pour ainsi dire, inextricable, et que des constructions faites à peu près à la même époque offrent un mélange de style et une incohérence qui font que l'on peut les attribuer à un architecte aussi bien qu'à un autre, sans que rien puisse faire saisir un fil qui guide d'une manière sûre à travers ce labyrinthe.

A l'époque où nous sommes arrivés, cette partie du Louvre, par l'addition des deux pavillons, offrait un grand édifice qui ne tenait au corps du palais que par une étroite communication (*voyez* pl. 9, E, et pl. 10), et qui, du côté des Tuileries, était formé d'un bâtiment flanqué de deux grands avant-corps séparés par une cour, celle du Musée, faite en terrasse, et beaucoup plus élevée que les terrains adjacens. Il est à regretter qu'en construisant cette aile du Louvre on ait agi comme si elle eût dû toujours être isolée, et qu'on n'ait probablement pas eu l'idée qu'un jour ce palais, qui était dans Paris, pourrait être joint aux Tuileries, alors château de plaisance hors de la ville. Si le plan de ce vaste ensemble eût été conçu tout d'un jet, on aurait sans doute relevé le terrain du quai, pour le mettre, dans tout cet intervalle, de niveau avec celui des Tuileries, et même avec le sol de l'ancien Louvre. On aurait épargné pour l'avenir bien des peines aux architectes, à qui il est impossible, sans élever des bâtimens en avant de cette partie du Louvre, de sauver la grande différence de niveau qui existe entre le sol des Tuileries et celui sur lequel sont construits ces pavillons du Louvre et ce qui en fait la suite.

Arrêtons-nous quelques instans pour jeter un coup d'œil sur l'aspect qu'offraient quelques parties du Louvre à l'époque des augmentations considérables qu'Henri IV fit à ce palais. Si, du côté des Tuileries, ce que l'on devait à Henri II et à Lescot présentait un édifice d'une architecture sans faste, mais assez régulière, il n'en était pas de même du côté de Saint-Germain l'Auxerrois. On n'avait pas encore travaillé à cette façade. François I.er avait bien, il est vrai, fait disparaître plusieurs des anciennes tours; mais il en restait encore assez pour donner au Louvre l'aspect d'une forteresse ou d'une prison. L'on voit, par le plan de Quesnel de 1609, qu'il y avait encore au Louvre plusieurs des tours du château de Philippe-Auguste ou de Charles V, et, entre autres, celle du milieu vers le grand jardin : celles vers Saint-Nicolas, de la grande et de la petite chapelle (pl. 8, A, V, *a, b*), n'existaient plus, et avaient été remplacées par une façade qui, depuis qu'elle fut élevée par Henri II, a encore subi bien des changemens. Un dessin que l'on trouve dans un manuscrit de la bibliothèque royale (1), présente l'autre tour du coin sur la Seine, et on la voit, ainsi que les deux tours basses du côté de Saint-Germain, dans un petit tableau assez ancien appartenant à M. Bourdillon, qui possède de précieux et très-anciens manuscrits, et, entre autres, un poème du XII.e siècle sur la bataille de Roncevaux, production du plus grand intérêt, et que cet amateur éclairé espère publier bientôt, avec une traduction très-bien faite.

Mais revenons au Louvre sous Henri IV. On n'arrivait à la porte d'entrée

---

(1) *Singularités de l'architecture*, &c. supplément, n.º 153.

que par un pont-levis, flanqué des deux tours dont on vient de parler; il s'abattait encore sur l'ancien fossé de Charles V. A l'extrémité de cette façade orientale vers la Seine, l'architecture élégante de Lescot venait se rattacher aux constructions gothiques de Philippe-Auguste et de Charles V. Près de riches sculptures, d'ordres décorés avec recherche, de portes et de fenêtres ornées dans le goût florentin, l'intérieur de la cour offrait des murs chargés d'ornemens gothiques, des portes écrasées, et des fenêtres petites, étroites, percées çà et là sans régularité, et où le jour ne pénétrait qu'avec peine. Vers la rivière, la façade n'était pas terminée, et il est à croire que Lescot y avait suivi le même système que dans la partie extérieure de l'aile tournée vers le couchant, et que l'architecture en était très-simple. Dans le côté du nord, l'aile du château de Charles V existait encore en entier; François I.er et Henri II n'y avaient pas touché : ainsi l'on se figure aisément l'effet singulier, mais piquant, que devaient produire les ogives, les galeries suspendues, les tourelles, et les ornemens fantastiques, les statues de Raimond du Temple, de Jean de Saint-Romain, à côté des arcs en plein cintre, des corniches bien profilées, des ordres grecs, et de tout le luxe de l'architecture et de la sculpture de Lescot, de Goujon et de Paul Ponce. Tel était le Louvre lorsqu'Henri IV tourna vers ce palais ces hautes pensées qu'inspiraient sans cesse à ce bon roi le bien de la France et l'embellissement de sa capitale.

On dut à ce monarque l'agrandissement de ce palais; il forma et commença à exécuter le beau projet de le mettre en communication avec les Tuileries, au moyen d'une grande galerie le long de la Seine. Plusieurs architectes cependant attribuent à Henri II le commencement de la galerie, à partir du gros pavillon sur la rivière, jusqu'au premier petit guichet, connu sous le nom de *guichet de Matignon;* ce qui n'est pas hors de vraisemblance, ainsi que nous l'avons fait observer plus haut. On peut même croire que ce roi avait poussé les travaux de la partie inférieure de cette galerie jusqu'au pavillon du campanille, ou guichet de Lesdiguières. S'il en était ainsi, ce ne fut donc que pour ajouter une aile au Louvre; car ce ne pouvait pas être dans le dessein d'aller rejoindre les Tuileries, puisque ce château, dont le terrain avait été acquis en 1525 par François I.er, ne fut bâti que quelques années après la mort de Henri II. Si, sous Charles IX et Henri III, on eut l'intention d'unir le Louvre aux Tuileries, on ne s'en occupa guère, et les travaux peu avancés avaient même été abandonnés. Mais il se pourrait très-bien que ce qui avait été fait sous Henri II, le long de la Seine, à la suite du gros pavillon, ait donné à Henri IV l'idée de prolonger les Tuileries jusque sur cet alignement, et de les réunir ensuite au Louvre en continuant, comme galerie, le bâtiment commencé par Henri II dans un autre dessein. Et en effet, la disposition extérieure et intérieure du plan me porterait à croire que cette aile devait se terminer au pavillon du campanille, où l'on aurait répété la masse d'édifices élevée à l'autre extrémité près du Louvre. On eût mis en regard et réuni par une galerie deux palais qui auraient pu servir au Roi et à la Reine de demeure habituelle, tandis que le Louvre, auquel on pouvait communiquer, eût été destiné en partie à la représentation pour les grands jours. Il ne faut pas oublier qu'à cette époque ce dernier palais n'était encore et ne devait même être que le quart et même moins de ce qu'il est aujourd'hui, puisque les deux façades qui existaient alors, n'avaient en longueur que la moitié tout au plus de celles d'à présent, et que même celle du côté de la rivière ne s'étendait en profondeur que jusqu'au mur de refend des salles du Musée des antiques situées dans cette aile du Louvre. Ce double palais, ainsi conçu par Henri II, eût eu sur la Seine un développement au moins deux fois plus grand que le Louvre d'alors, et eût produit un très-bel effet. Ce qui me porterait encore à admettre cette supposition, c'est qu'en relevant les mesures du plan des Tuileries de Philibert donné par du Cerceau, je vois que l'extrémité de la façade du côté de la rivière se serait avancée exactement à la hauteur, quoiqu'un peu de biais, de l'alignement de la façade extérieure du pavillon du campanille, en laissant entre cette façade et celle du corps de bâtiment qui eût regardé les Tuileries, un espace de 50 toises. Comme il n'y en aurait eu à peu près qu'une et demie de manque de parallélisme, auquel probablement on ne pensait pas alors, entre les deux extrémités du pavillon et les parties correspondantes de la grande façade des Tuileries, qui devait être moins longue qu'à présent, ce défaut eût été d'autant moins sensible, que le corps-de-logis en retraite qui aurait suivi le pavillon d'angle des Tuileries, aurait contribué à le rendre moins apparent, et que le large canal qui eût coulé devant la façade aurait encore servi à le diminuer. Toutes ces dispositions, qui n'ont certainement pas été faites sans intention, se réunissent pour me persuader qu'à l'époque où Henri II fit travailler au Louvre, l'ensemble de ce palais devait se terminer au pavillon du campanille, et que ce fut Henri IV qui changea ce plan, en allongeant les Tuileries pour établir sur une même ligne la grande galerie qui mit en communication ce palais avec le Louvre. Quoi qu'il en soit de cette idée ou de cette hypothèse sur les projets antérieurs à ceux d'Henri IV, ce ne fut qu'en 1596 que ce prince reprit les travaux du Louvre; il les poussa avec cette ardeur qu'il mettait dans toutes ses entreprises : on voit par ses lettres à Sully qu'il les avait fort à cœur, de même que ceux qu'il faisait exécuter à Saint-Germain en Laie.

Si Henri II commença la partie de la galerie qui tient au Louvre, ce fut certainement Henri IV qui en fit terminer les sculptures. Un examen scrupuleux des ornemens des colonnes et des autres détails de cette façade ne m'y a rien fait découvrir qui rappelle Henri II. Parmi les ornemens de ces bossages vermiculés (*voy.* pl. 14), auxquels on peut reprocher une profusion tout-à-fait dans le goût de ce genre d'architecture que les Médicis avaient apporté de Florence, on remarque des H enlacées de branches d'olivier, qui, au premier coup d'œil, présentent des D, formeraient des *Henri-Diane*, ce chiffre adopté et prodigué par Henri II; mais, dans les tambours au-dessous de ceux qui portent des H, on voit quatre lignes perpendiculaires qui ne sont que des I, et qui, en indiquant le nombre 4, complètent le chiffre d'Henri IV.

Les autres ornemens que l'on distingue entre les enlacemens de feuillages, sont des balances, une massue, une épée et deux sceptres, attribut de la royauté. Le sceptre convient aussi bien à Henri II qu'à Henri IV; cependant les deux sceptres ne peuvent-ils pas être les insignes des royaumes de France et de Navarre, et désigner Henri IV d'une manière qui empêcherait de confondre ses travaux avec ceux d'Henri II ? J'hésitais à admettre cette explication : mais, en examinant les ornemens et les trophées sculptés sur les clefs des arcades de la façade opposée à celle du bord de la Seine, j'y ai remarqué des bandelettes qui entourent la même épée et les deux sceptres, et qui portent pour devise *duos protegit unus*; et il n'y a plus de doute qu'elle n'appartienne à Henri IV, dont la vaillante épée protégeait à-la-fois le sceptre de France et celui de Navarre (*voy*. pl. 14); et d'ailleurs j'ai vu, depuis, que les mêmes ornemens et la même devise se trouvaient à Fontainebleau dans des parties faites sous Henri IV, et qu'il avait pris pour devise celle qui vient d'être rapportée. Allons plus loin. Dans le tambour inférieur des colonnes et des pilastres (même planche), on voit six I placés à des distances inégales l'un de l'autre et entremêlés de fleurs, de feuillages et de coquilles qui peuvent offrir plusieurs emblèmes. Au premier abord, la sculpture étant en général très-fruste, on ne devine pas ce que doivent signifier ces I; mais, en s'en éloignant un peu, il est aisé de reconnaître que la fleur qui orne l'intervalle de chaque couple, est ajustée de manière à former des M, et que ces lettres désignent clairement la reine Marie de Médicis. Henri IV l'épousa en 1600, lorsqu'il commençait à faire travailler au Louvre, et il est assez probable qu'il ait fait mettre son chiffre sur le monument qu'il élevait; les fleurs, les coquilles, pouvaient être des emblèmes flatteurs pour la princesse, qui était jeune et jolie, et qui en 1601 donna à Henri IV et à la France un dauphin, Louis XIII; et je ne serais pas éloigné de penser que les trois M pussent se traduire par *Marie Médicis mère* : cependant je ne tiens pas à cette opinion.

Parmi les ornemens de cette façade, on doit arrêter l'attention sur l'emploi élégant que l'on y a fait des fleurs de lis dans les chapiteaux de proportion dorique, dont elles forment le quart de rond; le milieu est occupé par une tête d'ange ailée (*voy*. pl. 14). C'est ici le moment de consigner un fait qui n'est peut-être pas assez connu pour l'honneur de deux des chefs de notre école actuelle d'architecture. C'est à MM. Percier et Fontaine, dont les noms, par un heureux accord, se trouvent réunis dans une foule de beaux ouvrages, que l'on doit la conservation de ces chapiteaux, ainsi que des ornemens de ce genre des Tuileries, du Louvre, et des trophées de la porte Saint-Denis. Pendant les crises les plus violentes de la révolution, il fut question de détruire tout ce qui pouvait retracer le règne des Bourbons; ces édifices devaient être dépouillés des insignes qui en avaient fait si long-temps la gloire, et dont un grand nombre rappelait les victoires de l'ancienne France. On réunit un conseil d'architectes pour aviser aux moyens les plus prompts de les faire disparaître; il ne s'agissait de rien moins que de porter le marteau sur ces ornemens. MM. Percier et Fontaine s'y opposèrent, et firent valoir avec tant de chaleur et de talent leurs raisons pour conserver des monumens honneur de l'architecture française, qu'on voulut bien se borner à les masquer, pour qu'ils n'offusquassent plus la vue des partisans de la république. Les chapiteaux et les ornemens proscrits du Louvre et des Tuileries furent, par un procédé ingénieux, recouverts de plâtre mêlé de cendres; ils disparurent. Quelques années après, une partie de ces enveloppes tomba, et les fleurs de lis se remontrèrent çà et là; les temps étaient plus calmes, et l'on ne songea plus à de nouvelles attaques. C'est donc à MM. Percier et Fontaine que l'on a l'obligation de voir encore intacts ces monumens auxquels depuis ils rendirent de plus importans services. Mais, pour en revenir à la façade dont nous nous occupions, j'y ferai observer, au sujet des pilastres, une singularité que m'a indiquée M. Percier, que dénonce aussi Blondel, et dont on retrouve des exemples aux Tuileries, sous les portiques, et à l'hôtel de Longueville. Leurs bases sont arasées ou ne sont pas profilées comme à l'ordinaire; on en a supprimé le tore et les autres moulures sur la face, et elles sont taillées tout droit. Ce fut sans doute pour laisser aux pilastres la saillie qu'ils doivent avoir sur le nu du mur, et pour éviter en même temps celle qu'on aurait été obligé de donner au soubassement qui les supporte, si le tore avait eu la saillie que les règles exigent. Cette méthode défectueuse ôte du caractère aux pilastres; et si nous la citons, ce n'est pas pour la recommander.

On peut encore relever, dans le second ordre de cette façade, une irrégularité de construction dont on ne peut guère se rendre raison. Les intervalles entre les fenêtres ou les pilastres sont occupés par de grands panneaux dont l'encadrement eût été décoré de sculptures dont plusieurs même sont commencées; la disposition de ces pierres en bossage indique que ces tables ou ces cadres auraient été remplis par des bas-reliefs. Au lieu de distribuer régulièrement, d'après les distances des fenêtres que l'on comptait ménager, les pilastres et les encadremens, de manière que ce fussent des pilastres qui terminassent chaque extrémité de la galerie, ce sont des demi-encadremens, qui, taillés net à l'extérieur, n'ont de bordures que de trois côtés, et qui ne se raccordent en aucune manière avec les côtés des gros pavillons qui enclavent la galerie. Ces licences produisent un effet désagréable, que rien n'autorise, et qu'on ne se permettrait pas aujourd'hui. On ne conçoit pas davantage que les fenêtres ne soient ni de la même hauteur, ni sur la même ligne, dans la galerie et dans les pavillons qui la flanquent. Le pavillon de Charles IX, les deux grands corps et la galerie, ayant été faits, pour ainsi dire, en même temps, il est singulier qu'ils soient de genres différens d'architecture. Ce n'étaient pas les localités qui l'exigeaient, et ce manque d'accord provient ou du goût particulier des princes qui ordonnaient ces constructions, ou surtout de ce que chaque architecte, voulant introduire ses idées, ne s'astreignait pas à suivre le plan de celui qui l'avait précédé.

La partie de la galerie qui n'est pas terminée, et qui occupe l'espace entre le guichet de Matignon et celui de Lesdiguières, offre le sujet d'une pareille remarque; la manière dont sont préparées les pierres des chapiteaux, des colonnes et des pilastres, n'annonce pas qu'ils dussent recevoir les mêmes ornemens que ceux de la première partie de la galerie. On ne voit pas à quoi pourrait servir l'espèce de médaillon ovale qui pend au-dessous du quart de rond ; il n'y a rien dans les autres chapiteaux qui réponde à cette préparation de la pierre. Il se pourrait, il est vrai, que Serlio et du Cerceau, à qui l'on doit, à ce qu'il paraît, d'avoir monté le mur de face de l'étage inférieur de cette galerie, eussent changé leur premier dessin des chapiteaux, et qu'en les décorant ils eussent supprimé ces médaillons destinés sans doute à devenir des couronnes, et qui ne sont restés qu'aux endroits qu'ils n'ont pas terminés. Nous verrons d'ailleurs qu'il est probable que ce fut un autre architecte qui acheva ou qui avança cette partie. Il n'y avait ici pour ce changement aucune difficulté, et ce n'était que de la pierre à abattre : mais il n'en est pas de même au premier étage ; les consoles dont il est décoré ont, dans la partie terminée de la galerie, beaucoup plus de saillie que les pierres préparées de l'autre côté pour les répéter, et dont on n'aurait pas pu en tirer de la même grandeur. Tout ceci prouve que, malheureusement, en travaillant à terminer le Louvre, on ne s'assujettit jamais à mettre de l'unité dans l'ensemble et dans les détails de ce palais, qui eût été sans contredit encore plus beau, si l'on n'avait suivi qu'un seul plan : car ce sont les plans bien combinés dans leurs distributions et dans leurs élévations qui impriment aux monumens le vrai caractère de la beauté ; les ornemens ne sont que les accessoires ; quelque riches qu'ils soient, ils ne font que masquer et non disparaître les défauts d'ensemble et de proportion. Il en est d'un édifice comme d'une statue : quelque bien qu'en soient traités les détails, si elle pèche par l'attitude, par les proportions, ou par le manque d'accord entre ses parties, elle perd une grande partie de ses titres à notre admiration. L'architecture, surtout celle qui inspire les grandes conceptions monumentales faites pour tenir une place dans l'histoire des peuples, est un art plus sévère que la peinture et même que la sculpture, et elle ne permet pas les écarts.

Pour terminer ce qui regarde cette première partie de la galerie, j'ajouterai qu'elle ne produit plus sans doute le même effet que lorsqu'elle fut construite. Les monumens et toutes les productions de la sculpture perdent presque toujours, lorsque, par le changement des localités, on les présente sous un point de vue différent de celui pour lequel ils ont été faits ; on détruit l'équilibre entre l'ensemble et les parties, et l'on en fait disparaître l'accord. Le premier ordre de cette galerie s'appuyait autrefois sur un soubassement élevé ; ce dont on peut juger d'après les guichets de ce côté, enterrés aujourd'hui de plusieurs pieds. Ce soubassement donnait plus de légèreté à l'ordonnance qu'il supportait. Des parties qui paraissent trop fortes à présent, telles que le bandeau qui le couronnait, étaient mieux en proportion avec le reste. On peut faire remarquer ici la manière dont sont traités les ornemens vermiculés des bossages ; tous sur le même plan, ils sont faits à très-peu de frais et heurtés, et l'on s'est, pour ainsi dire, contenté d'en creuser les contours et de donner de la vivacité et de l'effet aux détails au moyen du trépan. Par cette simplicité dans l'exécution, peut-être avait-on eu l'intention d'allier avec l'économie du travail une sorte de richesse ou de profusion dans les détails, tels qu'on les aimait alors.

On attribue ordinairement la construction de la partie de la galerie que nous venons d'examiner à Métézeau, non sans doute à Clément, qui ne naquit que dans les dernières années du xvi.e siècle, de qui l'on cite l'hôtel de Longueville, et qui en 1627 fit la belle digue qui rendit possible la prise de la Rochelle, mais à son père, qui travailla pour Henri IV. Cependant je serais porté à croire que ce fut Étienne du Pérac qui construisit ou du moins décora en partie cette portion de la galerie. On sait qu'il fut employé par Henri le Grand, qui ne s'occupa du Louvre que vers l'époque de son mariage avec Marie de Médicis. Cette princesse devait accorder sa protection à du Pérac, qui, ayant passé quelques années en Italie, s'y était fait avantageusement connaître par ses dessins et par ses gravures, dont, en 1593, il avait dédié une partie à Marie de Médicis, et qui du reste, si ce sont ceux dont on a un recueil aux manuscrits de la bibliothèque royale, n.° 487, sont peu satisfaisans. Du Cerceau ne quitta la France qu'en 1598 ou 1599; ce n'est que vers ce temps que du Pérac put lui succéder dans les travaux du Louvre : étant mort à trente-deux ans en 1602, cette année est le terme de ses travaux. Il me paraîtrait donc qu'outre les plans qu'il peut avoir donnés pour la galerie, il doit avoir fait exécuter les ornemens qui sont terminés dans la première partie, et dont il est possible que Serlio eût préparé la masse long-temps auparavant dans le goût florentin, afin de plaire à Catherine de Médicis. C'eût été de même pour flatter Marie de Médicis que du Pérac, qu'elle protégeait, aurait placé sur cette façade le chiffre et les emblèmes de cette princesse. La mort le surprit avant qu'il eût pu faire terminer la décoration de cette aile ; et c'est ce qui fait que, dans ce qui reste de la partie qui n'est pas achevée, on retrouve les pierres ébauchées par Serlio pour des ornemens différens de ceux qui furent exécutés par du Pérac. Il est très-vraisemblable que Métézeau continua, dans la galerie de ce côté, les travaux commencés depuis le gros pavillon par cet architecte. Ne peut-on pas croire aussi qu'étant chargé de terminer toute la longueur de la galerie, il porta du côté des Tuileries, où il avait achevé le pavillon de Flore, commencé par du Cerceau, toute l'activité des travaux ? Il y en eut sans doute moins à l'autre extrémité ; et Métézeau, qui suivit dans la nouvelle partie un plan différent de celui de ses prédécesseurs, y mit sans doute plus d'intérêt qu'à finir ce qu'à sa mort du Pérac avait laissé incomplet du côté du Louvre, et qu'on aurait dû achever d'après ses dessins. Ce qui me ferait aussi penser qu'on avait beaucoup plus à cœur de pousser la construction de la grande galerie que de s'occuper des ornemens extérieurs, c'est que, commencée en 1596 au plus tôt, elle devait être finie ou fort avancée en 1608, puisqu'au rapport de Péréfixe, « le Roi montrant un jour sa ga-
» lerie du Louvre à don Pèdre, ambassadeur d'Espagne, et lui demandant
» son avis, l'Escurial est tout autre chose, dit don Pèdre. Je le crois, re-
» partit le Roi ; mais y a-t-il un Paris au bout comme à mes galeries ? »

Les travaux entrepris au Louvre et aux Tuileries par Henri IV furent continués par Marie de Médicis pendant sa régence, et Métézeau poursuivit non-seulement ce qu'il avait commencé, mais la partie dont avait été chargé du Pérac, qui, outre ce qu'il avait fait au Louvre, avait aussi élevé une partie de l'aile droite qu'on avait ajoutée aux Tuileries; car il paraît que c'est à du Cerceau et à lui qu'on doit attribuer le pavillon Marsan et ce qui en fait la suite jusqu'au premier pavillon de de Lorme. Les ornemens de cette partie, de même que ceux de l'autre aile, offrent le chiffre d'Henri IV uni à celui de Marie de Médicis. Il est probable que les constructions se ralentirent, lorsque, vers 1615, la régente forma le projet de se faire élever un palais au Luxembourg. Quoique Métézeau eût présenté de beaux plans, ce ne furent pas les siens que l'on adopta, et l'on donna la préférence à ceux de Jacques de Brosse; mais ceci est étranger à notre sujet. Métézeau vécut encore assez long-temps pour terminer la galerie du Louvre dont la construction lui avait été confiée. Peut-être aussi son fils Clément fut-il associé à ses travaux et lui succéda-t-il; ce qui a pu mettre de la confusion dans les époques de ceux du Louvre et des Tuileries, dont l'un et l'autre auront été chargés.

Nous avons vu que Métézeau, ainsi que ceux qui avaient agrandi les Tuileries, s'était éloigné du style d'architecture de Philibert de Lorme. Il adopta, pour les parties qu'on ajoutait à ce palais, de grands pilastres composites qui, embrassant deux étages, présentent, dans les pavillons, des façades où les fenêtres, trop longues et trop multipliées, ne laissent entre elles que d'étroits trumeaux, et sont en outre en nombre pair, tandis que, dans les arrière-corps contigus aux pavillons, les pilastres, inégalement espacés par deux et par quatre, offrent d'immenses trumeaux occupés par de petites niches. Un défaut plus grave que l'on trouve dans les pavillons, et qui se répète dans la grande galerie, est celui d'avoir fait pénétrer les fenêtres dans l'entablement, et d'avoir par-là divisé l'architrave et la frise en petites parties. Outre le mauvais effet que produit cette disposition vicieuse, il y a même un vrai contre-sens à interrompre des parties aussi essentielles que l'architrave et la frise, qui, par leur position, sont destinées à supporter le poids des parties supérieures de l'édifice; et les règles, ainsi que le bon goût, exigent, ne fût-ce que pour rassurer l'œil sur la solidité, qu'elle s'y trouve non-seulement par le fait, mais même par l'apparence. Il serait inutile de pousser plus loin les observations sur l'architecture des Tuileries. Plusieurs parties, entre autres les arrière-corps écrasés qui bordaient les terrasses entre les pavillons, n'existent plus; et les remarques que l'on pourrait faire sur la masse et sur les détails, ne trouveraient plus leur application.

L'époque de Louis XIII, à laquelle nous sommes arrivés, apporta de grands changemens dans le Louvre; et d'un château peu considérable il devint une des habitations royales les plus vastes de l'Europe. Henri IV avait conçu le projet d'augmenter ce palais, Louis XIII le mit à exécution. Chaque jour Paris recevait, en s'accroissant, de nouveaux embellissemens : dans les dernières années du règne d'Henri IV, le Pont-neuf (1604) et l'hôtel de ville (1605), monumens remarquables de cette époque, avaient été terminés; en 1616 Marie de Médicis avait fait faire de grandes plantations qui prirent le nom de *Cours la Reine;* en 1624 les murs de la ville de ce côté avaient été reculés au-delà de l'extrémité de l'emplacement qu'occupe aujourd'hui le jardin des Tuileries. Le cardinal de Richelieu avait reconstruit, en 1629, sur un nouveau plan donné par Le Mercier, premier architecte du Roi, sous le nom de *Sorbonne*, l'école célèbre où avait professé Robert Sorbon du temps de S. Louis ; presque en même temps ce ministre faisait jeter par le même architecte les fondations de ce magnifique palais connu d'abord sous les noms de *palais de Richelieu* et de *palais Cardinal*, et qui, depuis, après bien des changemens, des agrandissemens et des embellissemens, ayant été habité par Louis XIII, à qui Richelieu l'avait légué, et par Anne d'Autriche, prit le titre de *Palais-Royal*.

Le Mercier avait la confiance de Richelieu, dont il construisait la somptueuse demeure, et qui depuis le choisit pour élever son magnifique château; il le chargea donc de l'exécution des nouveaux plans pour le palais de nos rois (1). Par ce projet, on doublait les deux côtés commencés du Louvre, et l'on en ajoutait deux autres qui enfermaient la cour dans un carré presque parfait et qui avait quatre fois plus de superficie que dans le palais de François I.er et d'Henri II. La principale entrée était tournée vers les Tuileries, et cette nouvelle disposition s'accordait avec la manière dont on les avait rattachées au Louvre par la grande galerie. Jusqu'alors il n'y avait pas proprement d'entrée au Louvre, ou du moins on n'y arrivait plus dans la cour que du côté de Saint-Germain l'Auxerrois, par une des portes de l'ancien château de Charles V; il n'y avait d'accès dans le palais que par les escaliers qui se trouvaient aux extrémités des deux ailes qu'avait bâties Pierre Lescot, et par l'escalier extérieur construit par Raimond du Temple dans le corps-de-logis septentrional du Louvre de Charles V. Les appartemens de la Reine avaient aussi une petite porte sur la cour. A moins de supposer que Lescot, pour conserver dans toute sa grandeur la salle des gardes, ait préféré de placer ses escaliers dans les pavillons d'angle du palais, cette disposition ferait croire que l'intention de François I.er et d'Henri II était de doubler un jour les façades de leur palais ; les escaliers en auraient alors occupé le milieu. Ce qui pourrait encore faire pencher vers cette opinion, c'est que dans les parties élevées par Lescot il n'y en avait pas qui l'emportassent sur les autres en élévation ; et l'on sait qu'alors il était presque de règle et de convenance, surtout dans un édifice royal, que le milieu des façades formât un pavillon beaucoup plus haut que le reste du bâtiment. Le Mercier suivit aussi cette idée.

Dans quelques parties, cet architecte se régla sur les plans de Lescot; dans d'autres, il s'en éloigna. Ayant à doubler de longueur les côtés du carré, il pensa qu'ils étaient trop longs pour que le milieu n'en fût pas décoré par un pavillon qui dominât les autres parties du palais. La grandeur de cette aile de l'édifice lui offrait d'ailleurs les moyens de déployer la richesse de l'architecture dans de vastes vestibules à colonnes qui serviraient d'entrée au Louvre. Mais Le Mercier donna trop d'élévation à ce pavillon, qui écrase les

---

(1) Outre les édifices indiqués ci-dessus, on citait de Le Mercier l'église de Saint-Roch, le portail de celle de Ruel et l'église de l'Annonciade de Tours. Il était né vers la fin du XVI.e siècle à Pontoise, et avait, pendant plusieurs années, étudié les monumens antiques et ceux de Michel-Ange. *Voyez* d'Argenville, t. I.er, p. 339.

deux corps-de-logis qu'il dépasse, et le dernier ordre n'est pas en proportion avec l'attique de Lescot (*voy*. pl. 13). Les magnifiques caryatides dont il le décora, partagent ce défaut; elles sont trop colossales pour la hauteur à laquelle il les a placées. On doit aussi lui reprocher ce fronton circulaire, enchâssé entre deux frontons triangulaires : ce qui, inutile et même vicieux comme construction, n'est pas d'ailleurs d'un bon effet; car, si cette partie dans les édifices représente le pignon ou l'extrémité du toit, on ne voit pas comment on pourrait motiver ou justifier l'emploi d'un triple comble, ou d'un toit qui en renferme deux autres. Le comble de ce pavillon, d'une hauteur hors de proportion avec le reste de l'édifice, le surcharge; et, d'un autre côté, les fenêtres en attique ou mezzanines, placées entre deux rangs de fenêtres très-élevées, paraissent avoir été écrasées par la masse du dernier ordre, affaissé sous le poids du toit qui le surmonte. Malgré ces défauts, et en les admettant comme inhérens à ce genre d'architecture si différent des principes de simplicité et d'élégance de l'antique, on ne peut disconvenir que ce côté du Louvre n'offre un aspect grand et imposant. Si le pavillon et les caryatides eussent été moins élevés, et qu'on les eût répétés dans les autres côtés, cette disposition, en harmonie avec la partie de Lescot, eût sans doute produit un bon effet. Mais je laisse à décider aux maîtres de l'art jusqu'à quel point dans la décoration d'un grand monument on peut employer comme supports des figures humaines de ronde bosse, à qui l'on donne l'apparence de la vie, et qui sont condamnées à se tenir éternellement en équilibre à une grande élévation, et à soutenir, sans avoir l'air de s'en apercevoir, des masses avec le poids desquelles leurs forces ne peuvent être nullement en rapport. Plus la vérité de l'imitation fait approcher ces statues de la nature, plus on souffre de les voir ainsi surchargées et exposées à se précipiter de la hauteur où on les a si imprudemment placées. Il me semble que les caryatides ne devraient être employées que dans des parties légères et détachées du corps des étages inférieurs, telles que des tribunes ou des galeries dont la légèreté donnerait plus de vraisemblance à la possibilité ou à la réalité de ces élégans supports. Cette opinion, que m'avait suggérée la vue des caryatides du Louvre, a d'ailleurs pour appui le bel article *Caryatides* de M. Quatremère de Quincy, dans le Dictionnaire d'architecture de l'*Encyclopédie méthodique*. Lorsque je décrirai les sculptures de la cour du Louvre, j'aurai occasion d'attirer encore l'attention sur les belles caryatides de Jacques Sarrazin.

Le Mercier n'éleva que les étages inférieurs des trois autres côtés de la cour, et il ne les termina pas : il fit cependant du côté de la rue du Coq une partie de la façade, à partir de l'angle occidental; elle est simple, mais ne manque ni de beauté ni de caractère. Ce fut alors que, pour bâtir cette aile, on abattit la partie septentrionale du château de Charles V, dont on combla le fossé, et dont les jardins disparurent; l'ancienne forme du Louvre fut entièrement changée. Dans cette aile de Le Mercier, le grand vestibule du pavillon de l'horloge se fait remarquer par une conception noble et sage, et par une distribution bien entendue des colonnes ioniques accouplées, qui, lui servant en même temps de soutien et d'ornement, forment une entrée convenable à un somptueux palais. Il paraît cependant que Le Mercier ne fit que les dispositions principales de ce vestibule, et que la décoration en est due aux architectes qui lui succédèrent. Suivant d'Argenville (1), le vestibule du palais Farnèse à Rome par Michel-Ange aurait inspiré à notre architecte l'idée de celui du Louvre, et son chapiteau ionique serait le même qu'a employé Michel-Ange.

Tandis que Louis XIII agrandissait le Louvre, Anne d'Autriche embellissait de peintures et de sculptures la partie où se trouvaient ses appartemens, qui, comme on l'a déjà dit, avaient été ceux de Catherine et de Marie de Médicis, et sur les détails desquels nous aurons à revenir. Ce fut alors aussi que la Reine fit construire une assez grande salle de spectacle dans le pavillon qu'occupe aujourd'hui la première partie du bel escalier du Musée royal. Cette salle en remplissait la cage (planche 10, D, dd), et le reste de la largeur du pavillon, A. Le fond de sa partie circulaire s'appuyait au gros mur qui sépare à présent l'escalier et la galerie d'Apollon. Toutes ces dispositions ont été changées : de circulaire, ce mur de fond est devenu droit; et en supprimant deux escaliers qui étaient ménagés dans son épaisseur, on a rétabli les angles du carré et agrandi cet espace. L'entrée de ce théâtre et du palais de la Reine était, à ce qu'il paraît, où est maintenant la porte qui donne dans la petite cour du Musée. Une construction que d'autres masquent à présent, formée de deux lignes courbes et de deux droites indiquées dans le plan, retrace une partie du vestibule; elle était répétée de l'autre côté, et l'on voit qu'il était à peu près ovale. Ce théâtre, pendant long-temps celui de la cour, ne fut abandonné que lorsque Louis XIV eut fait faire l'immense salle de spectacle des Tuileries.

Tel était l'ensemble du Louvre et des Tuileries, lorsqu'en 1660 Louis XIV projeta de terminer le premier de ces palais. Il est à remarquer que ce fut cette même année que Le Mercier mourut pauvre, après tous les travaux qu'il avait fait exécuter au Louvre avec un grand talent. Pour que les travaux reçussent toute l'activité qu'ils exigeaient, il parut une ordonnance rapportée par Félibien, et qu'on eut lieu de trouver au moins sévère; elle défendait de bâtir à Paris sous peine d'amende, sans la permission du Roi. Le Vau (2), premier architecte du Roi, continua le long de la Seine la façade de Lescot. Comme il élevait alors le collége Mazarin, il est assez naturel qu'il ait songé à mettre ces deux édifices en rapport l'un avec l'autre. Aussi l'entrée du Louvre, de ce côté, répond-elle à celle de l'église, et elles sont sur le même axe : c'était pour l'embellissement des deux rives de la Seine une heureuse

---

(1) Tome I.er, page 343.

(2) Louis Le Vau, né en 1612, directeur des bâtimens du Roi en 1653, mort en 1670. Cet architecte, d'un grand talent, éleva un grand nombre de beaux édifices, parmi lesquels on citait le château de Vaux-le-Vicomte pour le surintendant Fouquet, et celui du Raincy. Il commença à rebâtir sur un nouveau plan l'église de Saint-Sulpice à Paris, continuée depuis par Gittard, Servandoni, Oppenort; on lui devait plusieurs hôtels remarquables, entre autres, ceux de Lambert dans l'île Saint-Louis, de Pons, de Pontchartrain, de Colbert. En 1660 il fut chargé de construire à Vincennes le grand corps-de-logis où étaient les appartemens du Roi et de la Reine. Pour donner plus d'élévation à

idée, dont on sent tout l'avantage aujourd'hui, puisque le pont des Arts lie, pour ainsi dire, le Louvre au palais des quatre académies. La façade du Louvre sur la Seine, construite par Lescot et par Le Vau, ne ressemblait pas à ce qui existe à présent; elle était beaucoup moins élevée, et se composait de plusieurs pavillons en avant-corps : il s'en fallait de plus de six toises qu'elle ne fût aussi avancée vers la rivière que la façade actuelle. Les deux pavillons des extrémités et celui du milieu étaient à peu près de la même largeur et de la même hauteur; ainsi que celui de l'horloge, construit par Le Mercier, ils avaient trois fenêtres à chaque étage : mais l'architecture des pavillons d'angle était très-simple, tandis que Le Vau avait répandu dans celui du milieu une grande richesse de décoration. Il s'était éloigné de la composition de Le Mercier. Un très-grand ordre corinthien, offrant de face six colonnes, dont celles des angles étaient accouplées, embrassait les deux étages inférieurs; un attique, où l'on n'avait pas pratiqué de fenêtres, surmontait cet ordre; au droit des colonnes, des piédestaux qui, avec leurs bases et leurs corniches, occupaient toute la hauteur de l'attique, supportaient des statues; et l'on avait orné de bas-reliefs les tables des intervalles. Au-dessus de cet attique, de même qu'au pavillon de Le Mercier, s'élevait un dernier étage à grand fronton, et terminé par un dôme élevé. Mais Le Vau, dans son ordonnance, avait supprimé les caryatides; et, comme les entre-colonnemens de son grand ordre, pour donner plus de largeur à la porte qu'aux fenêtres, n'avaient pas été espacés également, les fenêtres de l'étage supérieur s'en étaient ressenties; et quoiqu'il eût surbaissé le cintre de celle du milieu, tandis que celles de côté étaient à plein cintre, cependant, malgré cette licence, son arc coupait encore la partie inférieure de la corniche sur laquelle reposait le fronton. Trop de petites divisions d'avant et d'arrière corps, des toits trop élevés, et qui, par leurs distributions, semblaient faire cinq édifices à côté l'un de l'autre, nuisaient à l'ensemble de cette façade, qui n'offrait pas le beau développement de celle d'aujourd'hui. On peut en faire la comparaison dans les ouvrages de Blondel et de Marot. Mais, d'après d'anciens dessins et des restes de construction qui existaient encore en place, lorsqu'on fit les salles de cette partie du Musée et de cette aile du Louvre, le style des ornemens était de bon goût, et la sculpture très-bien traitée. On retrouve le mur de cette façade de Le Vau dans le mur de refend de cette partie du Louvre, et les niches ainsi que des passages des salles du Héros combattant, de la Pallas et de la Melpomène, répondent aux ouvertures des anciennes fenêtres. Il paraîtrait aussi que le bâtiment

la frise de son ordre dorique de la cour, il augmenta d'un module la hauteur de la colonne, et nuisit par-là au caractère grave de cet ordre. Une méthode que Le Vau employa au château de Vaux, est encore plus répréhensible: les ailes de la façade étaient décorées de grands pilastres ioniques qui embrassaient les deux étages, tandis que le corps-de-logis du milieu offrait, dans la même hauteur, le dorique et l'ionique. Le Vau abusait des ornemens et des statues, ainsi qu'on le voit aux Quatre-Nations et au dernier étage du grand pavillon des Tuileries. Lambert et d'Orbay furent élèves de Le Vau. *Voyez* Milizia, t. II, p. 211; d'Argenville, t. Ier, p. 375.

où est aujourd'hui la salle du Candélabre, appartenait à cette ancienne aile du Louvre, et qu'il formait arrière-corps au pavillon de cette extrémité. C'étaient encore les constructions de Charles V qui avaient servi en grande partie de base à celles de Lescot et de Le Vau.

Pendant qu'on travaillait avec ardeur au Louvre, le 6 février 1661, le feu y prit avec violence; il gagnait déjà la grande galerie, qu'on fut obligé de couper pour arrêter les progrès de l'incendie. Le dommage ne fut pas considérable, et l'on s'occupa de le réparer. Le Vau, aidé de son gendre d'Orbay, et sous l'intendance de M. de Ratabon, élevait à-la-fois toutes les parties du Louvre; et la façade de Saint-Germain l'Auxerrois était déjà à quelques pieds hors de terre. Il travaillait en même temps aux Tuileries, où il ajouta au grand pavillon du milieu le dernier étage, formé d'une belle ordonnance composite et d'un attique; le tout fut surmonté d'un énorme dôme quadrangulaire; et l'on chargea de mauvaises statues, qui y sont encore, l'entablement. Par les additions et par la balustrade ornée de vases dont Le Vau couronna les pavillons de ce côté, il acheva de changer complétement l'ordonnance de de Lorme, qui n'aurait, pour ainsi dire, rien retrouvé du caractère particulier qu'il avait donné aux Tuileries.

Ces travaux se poursuivaient avec l'activité dont était doué Le Vau, lorsque Colbert, en 1664, fut nommé surintendant des bâtimens. Ce ministre, dont les idées étaient aussi magnifiques lorsqu'il s'agissait des beaux-arts et des embellissemens de Paris, qu'elles étaient grandes et utiles lorsqu'elles créaient de nouvelles ressources à l'industrie et au commerce de la France, Colbert, dont les hautes pensées embrassaient à-la-fois et le palais du Roi et le canal que Louis XIV, à la même époque, faisait ouvrir dans le Languedoc pour réunir la Méditerranée à l'Océan, ne trouva pas la façade commencée par Le Vau en harmonie avec la magnificence à laquelle il voulait porter le Louvre; elle n'annonçait pas assez la demeure des rois de France, et Colbert voulait y déployer tout le luxe de l'architecture. Il était à regretter que ces réflexions n'eussent pas été faites plus tôt, et que le projet de Le Vau, adopté sans examen, eût déjà coûté des sommes considérables; mais ces considérations n'arrêtèrent pas un ministre qui savait que la postérité n'entre pas dans les comptes d'économie des monumens qu'on lui lègue, et qu'elle n'est sensible qu'à leur beauté. Les travaux furent suspendus; cependant on ne les condamna pas encore sans appel. Colbert, ne s'en rapportant pas à ses propres lumières, eut recours à celles des architectes de Paris. Il les invita donc à un concours, et ce fut le premier que l'on établit pour les projets des édifices élevés par le gouvernement. La gloire de l'emporter sur ses émules, les intérêts de fortune attachés au succès, sont de puissans aiguillons pour le talent, et il doit produire tout ce qu'on peut attendre de ses efforts. C'est le moyen le plus sûr de distinguer le mérite et la manière la plus juste d'accorder les avantages de grandes entreprises aux artistes les plus capables de les concevoir et de les exécuter. Phidias, dans toute la force de son talent, concourut bien avec Polyclète et d'autres statuaires pour une statue qui devait être placée dans le temple d'Éphèse: son exemple doit faire taire tous les amours-propres; il ne remporta pas le prix, et n'en est pas moins resté le plus habile statuaire de l'antiquité. Tous les artistes les plus renommés des beaux siècles de l'Italie entraient également en lice dans les concours pour les grandes entreprises, et, vaincus, ils n'en éprouvaient que plus d'ardeur pour mériter un jour la victoire.

Pour juger avec plus de connaissance de cause le projet de Le Vau, on en fit faire un modèle en bois; il fut exposé, et l'on demanda aux architectes de joindre à leurs critiques les plans qu'ils voulaient substituer à celui qu'on soumettait à leur jugement. Cette épreuve ne fut pas favorable au premier architecte du Roi. Il n'y eut presque qu'une voix pour décider que la façade mesquine et sans caractère n'était pas digne du Louvre. C'était attaquer du côté le plus sensible un jeune monarque tel que Louis XIV, animé des plus nobles pensées, et dont le génie ne trouvait de beauté que dans ce qui est grand et imposant. Colbert partageait et secondait ses idées. Le plan de Le Vau fut rejeté. Mais, si les architectes de Paris eurent assez de talent pour en signaler les défauts et pour faire triompher la justesse de leurs observations, il paraît qu'ils n'en avaient pas assez pour proposer des projets qui l'emportassent d'une manière incontestable sur ceux qu'ils repoussaient. Colbert fut loin d'être satisfait: cependant, parmi un grand nombre de compositions mesquines ou bizarres, un plan attira son attention par le grand aspect de sa conception; et ce dessin n'était pas d'un architecte de profession, mais d'un médecin, de Claude Perrault, à qui l'animosité et les injustes satires de Boileau auraient donné une célébrité peu agréable, si, par un heureux concours de circonstances, il n'en eût pas acquis et mérité une très-belle.

Perrault ne suivait pas la carrière de l'architecture; mais il était né avec les dispositions les plus favorables pour se faire un grand nom dans cet art, qu'il ne cultivait que comme un amusement des loisirs que lui laissait sa profession. Outre la supériorité du plan de Perrault sur tous ceux qui avaient été présentés, il avait encore le grand avantage d'être fortement appuyé auprès de Colbert par Charles Perrault, premier commis de son ministère, et qui ne négligea rien pour mettre dans toute leur valeur les conceptions de son frère. Il devait d'ailleurs s'y intéresser d'autant plus, s'il est vrai, comme il le prétend dans ses mémoires, qu'il était pour une grande partie dans le projet de la façade. Ainsi, d'un côté, quelques écrivains, entre autres Boileau dans ses lettres, qu'il a désavouées depuis, soutenaient que le plan n'était pas de Claude Perrault, mais de Le Vau ou de tout autre; et, d'un autre côté, Perrault était, pour ainsi dire, attaqué par les siens, et sous main son frère revendiquait en partie l'honneur d'un projet dont il sollicitait avec chaleur l'exécution au nom de Claude Perrault. Quoique le plan plût à Colbert autant que celui de Le Vau lui convenait peu, il voulut cependant, avant de rejeter définitivement l'un et d'adopter l'autre, s'appuyer de nouvelles autorités et consulter les architectes d'Italie. Nicolas Poussin était alors à Rome, et, par ses talens, sa réputation et ses relations, il était plus que personne en position de seconder les intentions du ministre. Colbert lui envoya le plan de Le Vau, en le chargeant de recueillir à ce sujet les opinions des plus habiles maîtres italiens, et de les engager à présenter leurs propres idées. Il est assez singulier que, voulant éclaircir la question, l'on n'ait pas en même temps établi la discussion sur le dessin de Perrault. Il se pourrait que son frère ainsi que lui, en reconnaissant la partie faible, eussent craint de le soumettre au jugement des architectes de Rome; ce qu'il y a de certain, c'est que le plan n'y fut pas envoyé. Le Poussin s'acquitta de sa mission. Le projet de Le Vau fut loin d'obtenir les suffrages. On pouvait s'y attendre. D'un côté, la jalousie, et, de l'autre, le desir de faire adopter leurs idées et d'être chargés de cette grande entreprise, devaient avoir une grande influence sur la décision des artistes italiens. C'est ce qui arriva. Blâmé sur tous les points, le plan de Le Vau fut renvoyé accablé de critiques.

Le cavalier Bernin à cette époque jouissait en Italie, et même dans toute l'Europe, d'une réputation colossale, et tenait à Rome le premier rang comme architecte et comme sculpteur; et l'on peut bien croire, sans trop se hasarder, qu'il fut pour beaucoup dans le jugement sévère qu'on porta contre Le Vau. On ne peut guère supposer qu'il ait pu être jaloux de cet architecte, qui, malgré de grands talens, n'avait pas une assez haute renommée pour offusquer ou inquiéter la gloire de Bernin : mais les plans raisonnables et sans faste, et c'était dans la circonstance le plus grand reproche que l'on pût faire à ceux de Le Vau, ne pouvaient être du goût du cavalier, dont le génie ardent et entreprenant n'admettait en architecture que les conceptions les plus vastes, et où souvent des idées extraordinaires, hors des règles et même bizarres, se trouvaient à côté de beautés du premier ordre. Lorsqu'on apprit à la cour le jugement des artistes d'Italie, Louis XIV et Colbert n'osèrent pas continuer un monument désapprouvé par un artiste tel que Bernin, dont on avait à Paris, sur la foi de sa renommée, la plus haute opinion. Cependant aucun des nombreux projets que l'on reçut de Rome ne satisfaisait le monarque ni son ministre. Il paraît que, se livrant à toute la fougue d'une imagination peu réglée, les artistes italiens n'avaient enfanté que des productions pour la plupart fantastiques, et qui ne remplissaient pas les conditions requises.

Entraîné par les beautés qu'il trouvait au projet de Perrault, et pressé par les sollicitations de son frère, contrôleur général des bâtimens, il est à croire que Colbert était disposé à faire exécuter le nouveau plan du Louvre. Mais on ne restait pas inactif à Rome; on s'y agitait en faveur de Bernin. Le cardinal Chigi, depuis Alexandre VII, l'appuyait de tout son crédit, et il est probable que c'était d'après ses instructions que l'abbé Benedetti, ami de Colbert, ne cessait de vanter à ce ministre le génie, les talens et les grandes productions du cavalier Bernin (1). Il avait à citer, à l'appui des éloges qu'il faisait de cet homme extraordinaire, de superbes monumens, tels que la colonnade de Saint-Pierre, le baldaquin, la chaire de cette basilique, l'escalier du Vatican, la place Navone, et tant d'autres

---

(1) *Voyez*, sur le cavalier Bernin, Baldinucci dans ses *Notizie de' professori del disegno*, Florence, 1728, *in-4.º*, t. II, p. 54. Il a aussi écrit sa vie séparément : il y a beaucoup de faits et de renseignemens; mais c'est un long panégyrique sans critique. On apprend mieux à connaître et à juger Bernin, sous le

édifices dont il avait embelli Rome et plusieurs villes de l'Italie. L'architecte auquel l'église de Saint-Pierre devait ses magnifiques portiques, semblait offrir plus de garantie pour le succès qu'un médecin, doué sans doute de talent pour l'architecture, mais que le manque d'études approfondies et de pratique devait faire considérer par les gens de l'art comme un amateur qui improvisait, pour ainsi dire, de l'architecture, sans en combiner toutes les parties, et encore moins les moyens d'exécution. Les amis du cavalier Bernin et leurs louanges pompeuses produisirent l'effet qu'ils en avaient espéré : ils persuadèrent à Colbert que cet architecte était seul capable de se tirer avec honneur d'une entreprise où tant d'autres avaient échoué. Non-seulement Louis XIV approuva le projet que son ministre lui soumit d'attirer le Bernin à Paris, et de lui confier la façade et l'achèvement du Louvre, mais même il chargea son ambassadeur, le duc de Créqui, de faire toutes les démarches pour le déterminer à accepter cette brillante entreprise.

Quoique le Bernin fût dans sa soixante-huitième année, et que le changement de climat pût lui faire craindre pour sa santé et même pour son talent, on n'eut pas de peine à l'engager à se rendre au désir de Louis XIV. Ce n'était pas auprès du cavalier seul qu'il s'agissait de réussir dans cette négociation; il fallait décider à se séparer de lui le Pape et Rome, qui semblaient ne pouvoir se passer de ce célèbre artiste. Déjà, en 1644, il avait refusé les propositions les plus avantageuses que lui avait faites le cardinal Mazarin ; ou plutôt le pape Urbain VIII [Pamfili], qui s'estimait heureux qu'un aussi grand homme vécût sous son règne, ne put consentir à ce qu'il abandonnât Rome, pour laquelle, disait-il, le Bernin était fait, et qui était faite pour lui. Par sa libéralité et son amitié, il l'avait dédommagé des 1200 écus (environ 72,000 francs d'aujourd'hui) de pension que lui proposait Mazarin. Mais ce n'était plus un ministre qui parlait au nom de son souverain, c'était un roi dont les idées grandes et l'amour pour les arts étaient en harmonie avec les vastes conceptions du Bernin; c'était Louis XIV lui-même, qui, avec la grâce qui lui était particulière, lui écrivait une lettre aussi flatteuse que pressante, et qui contenait les offres les plus brillantes, pour l'engager à venir embellir son palais. Les instances du Roi auprès du Pape ne furent pas moins vives pour qu'il lui accordât la faveur de se dessaisir pendant quelque temps du Bernin, et de lui permettre d'aller jouir à Paris, à la cour la plus pompeuse, de tous les avantages qui lui étaient promis. La visite, en grande cérémonie, que lui fit l'ambassadeur de France pour lui remettre la lettre du plus puissant roi de l'Europe, aurait seule suffi pour lui faire prendre un parti que lui conseillait son ambition, et qu'il eût peut-être accepté avec joie. Pour son séjour à Paris, on lui accordait les distinctions les plus honorables; son amour-propre et sa fortune y trouvaient leur intérêt. Le pape Alexandre VII

---

rapport de ses ouvrages et de sa longue influence sur les arts, dans Milizia, *Memorie degli architetti*; M. Quatremère de Quincy, *Dictionnaire d'architecture* de l'Encyclopédie méthodique; et M. le comte Cicognara, *Storia della scultura*, t VI, p. 114, *in-8.°* Lanzi parle aussi du Bernin, *Storia della pittura*, t. II, p. 213.

ne s'opposa point à celle qui attendait son favori; il consentit à son départ. Le Bernin quitta Rome. Si l'on décrivait son voyage, on croirait voir une marche triomphale : un prince victorieux n'aurait pas été mieux accueilli au retour de ses conquêtes. Il suffira de dire qu'à Florence et à Turin, le grand duc de Toscane, Ferdinand-Côme de Médicis, et le duc de Savoie, lui préparèrent des entrées solennelles et le comblèrent de présens. Les grandes villes le recevaient avec des honneurs si extraordinaires, que, malgré le plaisir que devait y trouver sa vanité, il ne put s'empêcher de témoigner sa surprise. On allait au-devant de lui, et il était complimenté par les premiers magistrats des villes où il passait : partout des personnes attachées au service de la maison du Roi étaient chargées de veiller à ce que les hôtels où il descendait fussent fournis de tout ce qui pouvait lui plaire, et à ce que sa table fût bien servie. M. de Chantelou, maître-d'hôtel du Roi, vint à la rencontre du Bernin à quelques lieues de Paris, et l'établit, ainsi que son fils Paul, Mathias de Rossi et Jules César, ses élèves, à l'hôtel de Frontenac, meublé avec luxe par le garde-meuble de la couronne. Le 4 juin 1665 le Bernin fut présenté, à Saint-Germain en Laie, à Louis XIV, qui lui fit l'accueil le plus flatteur, et s'entretint long-temps avec lui de ses projets sur le Louvre, et des arts, que ce prince entendait si bien. Il lui assigna 3000 louis d'or de traitement (1), et, en outre, une table de plusieurs couverts. Mathias de Rossi eut 6000 livres.

A peine arrivé à Paris, Bernin se mit à vérifier ses plans sur le terrain, et à s'assurer de l'exactitude des alignemens et des nivellemens qui lui avaient été envoyés. Mathias, chargé de cette opération, trouva des irrégularités dans les mesures et dans les alignemens pris par les architectes de Paris, et ne manqua pas d'en témoigner sa surprise : ses remarques malignes, ou qu'on faisait passer pour telles, achevèrent d'exaspérer contre le Bernin les architectes, qui n'avaient pu de sang-froid le voir venir s'emparer des magnifiques travaux auxquels ils croyaient avoir des droits; ils furent humiliés d'être accusés d'une inexactitude qui pouvait faire soupçonner ou leur talent ou leur bonne foi. Les partisans de Perrault aigrissaient encore les esprits et excitaient le mécontentement. Le cavalier ne fut pas long-temps à s'apercevoir que la brillante entreprise à laquelle il avait aspiré, lui causerait peut-être plus de désagrément que de gloire, et qu'on lui disputerait pied à pied tout ce qui pourrait donner lieu à quelque discussion. Cependant, les premières dispositions préparatoires étant terminées, il s'agissait de mettre la main à l'œuvre et d'exécuter le plan de Bernin. Après y avoir fait quelques changemens, il l'avait soumis à Louis XIV et à Colbert; et l'on en fit, sans épargner la dépense, un modèle très-grand en relief. Colbert n'en fut pas émerveillé, et les Perrault prirent le soin de lui en montrer et d'en exagérer les défauts. Mais, après avoir fait venir avec tant d'éclat un homme tel que Bernin, on ne pouvait

(1) A cette époque, le louis d'or valait 11 livres. Le marc d'argent était à peu près de 29 livres 10 sous; aujourd'hui il est de 54 francs 39 centimes : le louis vaudrait à présent 20 francs 28 centimes. Ainsi les 3000 louis valaient environ 65,810 francs d'aujourd'hui; et les 6000 livres, 11,040 francs.

pas décemment lui dire qu'on pouvait se passer de ses talens, et, dût-il en coûter inutilement des frais considérables, on résolut de tenter l'épreuve de ce qu'il pourrait faire. Les travaux de Le Vau avaient été détruits; aux frais de la construction on ajouta ceux de la démolition. Le plan de Bernin étant entièrement différent de celui du premier architecte du Roi, les anciennes fondations ne pouvaient pas servir pour le nouvel édifice, et l'on en jeta d'autres. Tandis que l'on y travaillait, le Bernin faisait des essais sur la pierre, la chaux, et sur les autres matériaux qu'il devait employer. La pierre ne lui parut pas d'une bonne qualité, et, soit qu'il eût raison, soit qu'il n'eût pas bien calculé les effets de la force et de la résistance, des voûtes d'essai qu'il fit faire et qu'il chargea d'un poids énorme, n'y résistèrent pas et s'écrasèrent. Ce fut un grand triomphe pour les architectes de Paris, et un triste augure pour le Bernin. Il avait d'ailleurs à craindre que, faute de bien connaître les matériaux qu'il avait à sa disposition, il ne les mît pas en œuvre de manière à donner à ses constructions toute la solidité qu'on devait desirer. Enfin, au milieu de bien des dégoûts qu'éprouvait le cavalier, les travaux se continuaient, mais ils avançaient lentement, et beaucoup trop pour l'impatience de Louis XIV et de son ministre : il est bien à présumer que la jalousie des architectes de Paris suscitait sous main des obstacles à leur antagoniste, et qu'il était loin d'être secondé comme il aurait dû l'être, et comme il l'eût été à Rome.

Colbert commençait à concevoir des doutes sur le génie ou sur les talens du Bernin, et à croire qu'on lui en avait inspiré une trop haute opinion. La lenteur des opérations le fatiguait : et que de temps ne demandait pas l'exécution du plan de Bernin! Si d'un côté il était trop vaste, de l'autre il ne répondait pas aux grandes idées que Louis XIV avait conçues pour le Louvre. Le cavalier y réunissait, par une immense place entourée de somptueux édifices, tout le terrain entre ce palais et le Pont-neuf; au milieu de ce vaste emplacement, se serait élevé un rocher de cent pieds de haut, qui eût supporté une statue colossale du Roi, et de tous côtés se seraient répandues en abondance, des urnes des fleuves et des nymphes qui auraient été couchés sur le roc, des masses d'eau qui, partant d'un immense bassin, se seraient distribuées dans Paris, et auraient rivalisé avec les admirables fontaines de Rome. Du côté du nord, en regard de la galerie du bord de la Seine, Bernin faisait partir une autre galerie qui allait rejoindre les Tuileries; tout l'espace entre ce château et le Louvre restait vide, et le cavalier pensait que l'immensité de cette place frapperait l'imagination, qui ne s'arrêterait pas au défaut de parallélisme des façades de ces palais. La magnificence de ce projet était propre à séduire Louis XIV : mais, en exécutant son plan, le Bernin ne conservait de l'ancien Louvre que ce qui pouvait s'accorder avec ses idées; et cependant une des conditions était de respecter l'ancien palais de nos rois. L'architecte romain, sacrifiant tout à la représentation dans l'intérieur du Louvre, s'était à peine occupé des convenances du palais sous le rapport de l'habitation; ce n'était qu'une suite de salles immenses. C'est peut-être un des défauts les plus ordinaires dans les demeures royales, qui, malgré leur grandeur, ou même par cette raison, offrent des distributions moins commodes que les maisons de simples particuliers. Le Bernin en avait agi différemment pour la cour du Louvre; il l'avait diminuée, et il en conservait une grande à laquelle quatre corps-de-logis dans les angles donnaient la forme d'une croix grecque. Si cette idée eût été suivie, c'en était fait des façades de Lescot et de la plus grande partie des constructions des architectes qui avaient continué ses travaux; ces murailles, si riches des sculptures de Jean Goujon et de Paul Ponce, auraient disparu et seraient devenues des murs de refend des pavillons du Bernin. Qu'aurait-il dit, si un architecte chargé de terminer un de ses monumens eût traité avec aussi peu d'égard les parties où il aurait développé dans la décoration toute la fécondité de son imagination? Outre cette grande cour, il y en avait plusieurs autres très-resserrées, où les bâtimens qui les auraient entourées auraient reçu peu de jour. C'était une masse d'édifices qui se communiquaient, mais sans être de la même hauteur que le corps principal qui les enveloppait. S'élevant les uns au-dessus des autres, ils auraient pu, dans certaines parties, produire, par les divers plans de bâtimens, un effet assez pittoresque; mais aussi c'était diviser une grande masse imposante en trop de détails. Les nombreux corps-de-logis, de hauteurs différentes, étaient terminés par des terrasses, qui, servant les étages supérieurs et se liant l'une à l'autre par des escaliers, formaient une sorte de promenade. Cette quantité de terrasses, dans un climat tel que celui de Paris, eût été d'un entretien très-difficile et très-coûteux, et pouvait être nuisible aux bâtimens.

Du côté de la Seine, le Bernin avait coupé la longue ligne du palais par des corps avancés qui ne produisaient pas un bon effet; et, suivant l'usage de cette époque, il aurait fait régner autour du Louvre, c'est-à-dire, au nord, au levant et au midi, un large fossé sur lequel eût été jeté un pont dans le milieu de chaque côté. La façade vers Saint-Germain l'Auxerrois était la partie qui excitait le plus de critiques. Divisée en plusieurs corps de bâtimens saillans et rentrans, elle n'offrait pas un beau développement de lignes. L'ordre corinthien colossal dont elle était décorée, qui embrassait deux étages, et dont les colonnes, irrégulièrement espacées, étaient ou engagées ou adossées au mur, présentait une masse lourde et sans élégance; l'entablement à consoles, d'une grandeur disproportionnée, écrasait l'édifice. Les fenêtres entre les colonnes n'étaient pas d'un bon effet et ôtaient à cette ordonnance toute sa noblesse; celles du premier étage étaient trop grandes, les autres trop petites, et il y avait un manque d'accord entre les frontons dont le Bernin les avait couronnées, et dont les uns étaient circulaires, tandis qu'il avait fait les autres triangulaires. Prises séparément, toutes ces fenêtres, selon Blondel, étaient des chefs-d'œuvre d'élégance; mais elles péchaient par leur ensemble et par leur distribution. Deux statues colossales, élevées sur de grands socles carrés, devaient être placées à l'entrée du Louvre, et n'empêchaient pas cette entrée d'être mesquine; on y avait cependant ménagé de vastes et superbes vestibules à colonnes, qui auraient été d'un aspect imposant. Mais c'était la porte elle-même qui n'annonçait pas à l'extérieur, d'une manière convenable, qu'elle servait d'entrée à un palais tel que le Louvre. Telles étaient en partie les critiques que l'on se plaisait à répandre sur le plan qu'exécutait le Bernin, et, pour la plupart, elles étaient fondées.

Ce serait cependant s'abuser et se faire une idée très-fausse d'un aussi grand maître qu'était le Bernin, que de croire que les défauts de son projet n'étaient pas balancés, et peut-être rachetés, par des beautés du premier ordre. On ne pouvait s'empêcher d'admirer la régularité de son plan (1), la magnificence de ses vestibules, et la commodité des portiques avec lesquels ils étaient en communication. Les escaliers, placés dans les corps avancés des angles de la grande cour, étaient bien situés et eussent été très-beaux. Quoiqu'il y eût quelques reproches à faire à la façade tournée vers les Tuileries, c'était celle où le Bernin avait déployé le plus de magnificence; elle aurait été d'un grand effet, et peut-être plus conforme que celle d'aujourd'hui avec la richesse du Louvre. De même qu'à la façade de Bernin vers Saint-Germain l'Auxerrois, on pouvait blâmer dans celle du couchant le manque d'accord des ouvertures et les deux rangs d'arcades placées entre les colonnes corinthiennes colossales de l'avant-corps, qu'elles coupaient en deux par la corniche sur laquelle portait le second rang. L'avant-corps était aussi trop considérable par rapport aux pavillons des angles et aux arrière-corps. L'étage du rez-de-chaussée, qui formait le soubassement, percé de petites fenêtres, n'avait pas une hauteur en proportion du grand ordre qu'il supportait et qui l'écrasait. Ce n'est pas que des monumens antiques et de beaux édifices d'Italie n'offrissent des exemples de dispositions de ce genre; mais, ainsi que le fait remarquer J. F. Blondel, ce n'est pas une raison pour les imiter : les climats apportent et nécessitent de grandes différences dans les manières de bâtir; et dans des pays tels que l'Italie et la Grèce, où l'on est obligé de se défendre contre l'ardeur et l'éclat du soleil, des salles basses fraîches, au rez-de-chaussée, sont nécessaires, et les fenêtres ne demandent pas à être aussi grandes que dans le nord, où l'on n'a que rarement à craindre le soleil, et où bien plus souvent on desire, comme un bienfait, la douce influence de sa chaleur et de sa lumière.

Tels étaient à peu près les beautés et les défauts qu'offrait le plan de Bernin, et il est permis de croire que l'on développa plus ces derniers qu'on ne fit valoir ce qui méritait des éloges.

Colbert ne fut pas le dernier à reconnaître la justesse des critiques, et il voyait avec peine continuer des travaux qui ne pouvaient pas conduire au but que l'on s'était proposé; il eût voulu pouvoir les arrêter, et, regrettant d'avoir appelé à grands frais de Rome l'architecte qui ne remplissait pas son attente, il eût desiré lui en faire reprendre le chemin. Ce n'était pas une proposition facile à faire à un homme d'une vanité aussi susceptible que l'était le Bernin, habitué aux hommages et aux éloges de toute l'Europe. Mais les circonstances vinrent au secours de Colbert, au-delà même de ses espérances. Les dégoûts qu'on avait suscités au cavalier, le climat, le dérangement de sa santé, tirèrent le ministre d'embarras, et

---

(1) *Voyez* J. F. Blondel, liv. vi, n.° 1, pl. 3, 8, 12, 15.

décidèrent l'architecte romain à demander comme une grâce ce qu'il aurait regardé comme une insulte si on le lui eût proposé. Il desirait retourner à Rome, où l'appelaient ses liaisons, sa santé, ses affaires. On ne lui donna pas la peine de réitérer sa demande ; elle lui fut aussitôt accordée, et l'on accompagna cette permission des regrets et de toutes les démonstrations d'estime qui pouvaient flatter et consoler l'amour-propre du Bernin. Il se retira donc avec les honneurs de la guerre d'une entreprise brillante, il est vrai, et séduisante sous bien des rapports, mais qui eût été pour lui une source de désagrémens. Colbert le traita comme s'il eût craint de le voir changer de résolution, et lui fit donner par Louis XIV 3000 louis pour son voyage, une pension de 12,000 francs, et une de 6000 pour son élève Mathias. Bernin partit, satisfait sans doute d'être ainsi sorti d'une affaire que peut-être l'affaiblissement de sa santé et de ses facultés avait rendue trop pesante : car, au fait, le plan de ce grand architecte pour le Louvre ne répondait pas, sous le rapport de la magnificence, aux créations conçues par son génie à l'époque où il était dans toute sa vigueur ; si son talent avait gagné en sagesse, il avait perdu du côté de la chaleur et de l'élévation, et l'on ne retrouvait plus l'étonnant auteur de la colonnade de Saint-Pierre.

Le départ de Bernin laissa le champ libre aux architectes français. Débarrassés des craintes que leur avait inspirées de loin le colosse dont on les avait effrayés, et qui, vu de près, leur avait paru moins redoutable, ils n'eurent plus à se débattre qu'entre eux pour obtenir l'entreprise sous laquelle le Bernin aurait succombé, s'il n'y eût prudemment renoncé. Mais ce n'était pas à eux qu'était réservé l'honneur de lutter avec le cavalier et de terminer le Louvre. Les projets de Le Vau avaient été écartés ; ceux des autres architectes le furent aussi, et ce fut à Claude Perrault qu'on résolut de confier les travaux du Louvre, d'après le plan qu'il avait soumis, et que depuis long-temps Colbert desirait de voir exécuter. Peut-être eût-on prudemment fait si, profitant de plus d'une malheureuse épreuve, on l'avait discuté encore, et que l'on y eût apporté quelques modifications ; le temps a prouvé qu'elles étaient nécessaires. Mais on était dans l'enthousiasme qu'excitait la richesse de ce plan, de cette colonnade ; elle plaisait à Louis XIV, il n'y avait plus de raison d'en suspendre l'exécution (*voyez* pl. 17).

Cette résolution fut suivie de près par le commencement des travaux. Ils étaient immenses. Tout était à refaire, et les fondations, les constructions du Bernin eurent le même sort que celles de Le Vau. Le Louvre éprouvait pour la troisième fois ces vicissitudes depuis que Louis XIV avait formé le projet de l'achever. Ce fut le 17 octobre 1665 que ce monarque, avec un grand appareil, posa la première pierre des nouvelles fondations. On y mit une boîte en bronze dans laquelle étaient renfermées plusieurs médailles de ce métal et une inscription (1). Les travaux furent poussés avec la plus grande activité. Colbert y prenait le plus vif intérêt, et Charles Perrault aidait son frère par tous les moyens que lui donnait sa place de contrôleur des bâtimens. Les carrières des environs de Paris fournirent à

---

(1) Voici cette inscription : « Louis XIV, Roi de France et de Navarre, après avoir dompté ses ennemis, donné la paix à l'Europe et soulagé ses peuples, résolut

Perrault les pierres les plus belles et de la plus grande dimension; tous les matériaux furent choisis avec soin, et rien ne lui manqua pour l'exécution de son plan. La nouvelle façade s'éleva avec une telle rapidité, que cinq ans suffirent, et qu'elle était terminée en 1670. Il serait superflu d'entrer dans tous les détails de la construction de la colonnade; ils intéresseraient peu de personnes, et il nous suffira de nous arrêter aux plus importans (1).

Une des parties qui coûtèrent le plus de peine à Perrault, et où il épuisa

» de faire achever le royal bâtiment du Louvre, commencé par François I.er et continué par les Rois suivans. Il fit travailler quelque temps sur le même plan; mais, depuis, ayant conçu un dessein plus grand et plus magnifique, et dans lequel ce qui avait été bâti ne put entrer que pour une petite partie, il fit poser ici les fondemens de ce superbe édifice, l'an de grâce 1665, le 17 du mois d'octobre.

« Messire Jean-Baptiste Colbert, ministre secrétaire d'état et trésorier des ordres de Sa Majesté, étant alors surintendant de ses bâtimens. »

(1) Comme il n'entre pas dans le plan de cet ouvrage de donner toutes les mesures du Louvre; je me bornerai à faire connaître les principales de celles de la colonnade, d'après les bases que m'offrent J. F. Blondel et Patte. Le premier assure qu'il ne s'en est pas rapporté aux plans de Perrault, qui peuvent avoir été modifiés dans l'exécution, mais qu'il a relevé ses mesures sur l'édifice même. Voyez *Architecture* &c. de J. F. Blondel, t. IV, p. 42 et suivantes. Cependant il se trouve, dans les différens rapports qu'il établit, quelques petites erreurs de calcul, que j'ai rectifiées d'après ses propres données, et surtout d'après le module des colonnes, qui doit être exact.

Le diamètre des colonnes étant de 3 pi. 7 pouces 4 lignes, le module est de 21 pouces 8 lignes.

Blondel le divise en 18 parties, et la partie en 18 minutes.

La partie sera de 1 po. 9 li. 44; la minute, de 0^{li},8022.

La proportion de la longueur totale de la façade, prise entre les extrémités du nu du mur du soubassement, est à sa hauteur, mesurée du pied du soubassement jusqu'au-dessus de la balustrade qui termine la façade, comme 25 est à 4; cette hauteur totale étant de 87 pi. 7 po. 0 lig. 6, la longueur est de 547 pi. 10 po. 9 lig. 375.

La largeur de l'avant-corps du milieu est à la longueur totale comme 3 est à 19; ainsi elle est de 86 pi. 6 po. 3 lig. 9. Si les proportions données par Blondel sont exactes, il ne s'en faut que de 1 pi. 0 po. 8 lig. 7 que cette largeur soit égale à la hauteur totale de la façade. D'après la planche de Blondel, ces mesures seraient parfaitement égales. Le texte de cet auteur n'est pas toujours d'accord avec les planches de son grand ouvrage, ni avec celles de détails du Louvre, qu'il avait dédiées à M. de Marigny; au reste, les différences sont très-légères, et tombent plutôt sur des mesures partielles que sur celles de l'ensemble.

La largeur des pavillons des extrémités est à la longueur totale comme 1 est à 7: ainsi elle est de 78 pi. 3 po. 5 lig. 25. Il resterait donc pour chacun des péristyles, entre les pavillons, ou à partir des côtés extérieurs des socles des dernières colonnes, 152 pi. 5 po. 5 lig. 17.

Il y a sans doute quelque erreur dans les rapports des proportions établies par J. F. Blondel: car, en réunissant les différentes parties de la façade, on trouve 548 pieds 11 pouces 11 lignes 95 pour la longueur totale, et par le rapport donné plus haut on n'a que 547 pieds 10 pouces 9 lig. 375.

Le socle des colonnes a 3 pieds de haut, ou 1 mod. 11 part. 16 min. 40.

Colonnes, y compris la base et le chapiteau, 21 mod. ou 37 pi. 11 po.

ET LES TUILERIES. 375

toutes les combinaisons que lui suggéra son génie, fut le soffite ou le plafond de la galerie de la colonnade. On sait qu'il est en grande partie composé de caissons de 12 pieds en carré, qui renferment une partie circulaire ornée d'une tête de soleil et d'une seule pierre. Il s'agissait de donner de la solidité à ces caissons, et de les assujettir entre les plates-bandes du plafond de manière à ne pas le fatiguer. Perrault les tailla en forme de claveaux, qui devinrent comme les clefs d'une suite de voûtes plates. Pour en diminuer le poids, on n'a donné que peu d'épaisseur à ces pierres,

Elles sont renflées, au tiers inférieur, de 2 part., ou de 2 po. 4 lig. 88.

Le haut du fût a de large 1 module 13 part., ou 3 pi. 0 po. 8 lig. 643.

Hauteur du chapiteau, 2 mod. 11 part. 8 min., ou 5 pi. 0 po. 10 lig. 98 ; largeur, 1 mod. 13 part. Ceux des pilastres ont, de même que les pilastres, 2 mod. de large.

Les cannelures, au nombre de vingt-quatre, ne sont séparées que par des listeaux unis, au lieu de l'être par des moulures, comme aux colonnes des Tuileries.

A cause de l'accouplement des colonnes et pour les rendre plus sveltes, on leur a donné 21 modules, tandis que dans l'ordre corinthien elles n'en ont ordinairement que 20.

La distance entre les colonnes accouplées est 1 module.

Les plus petits entre-colonnemens, ou ceux des péristyles, sont de 7 mod. 2 part. 1 min. 39, ou de 12 pi. 11 po.

Les moyens entre-colonnemens, aux pavillons d'angle, ont 9 mod. 9 part. 17 mi. 51, ou 17 pi. 3 po.

Le grand entre-colonnement de l'avant-corps du milieu a 13 mod. 12 part. 13 mi. 36, ou 24 pi. 9 po. ; les colonnes de cette partie sont éloignées du mur de fond de 1 mod., ou de 1 pi. 9 po. 8 lig.

La hauteur totale de l'entablement est de 5 mod. 5 part. 7 min., ou de 9 pi. 6 po., ou à peu près le quart de la colonne plus 2 part. 10 min. Le quart exact de la colonne plus 2 part. 10 min. serait 9 pi. 8 po. 9 lig. On a tenu l'entablement un peu plus fort qu'à l'ordinaire, à cause de l'élévation de l'ordre et de la longueur de la façade. L'architrave et la frise ont chacune 1 mod. 10 part. 3 min., ou 2 pi. 9 po. 10 lig. 8 ; la corniche, 2 mod.

3 part. 1 min., ou 3 pi. 11 po. 0 lig. 12. Il y a ici deux légères inexactitudes dans Blondel : d'un côté, les 5 mod. 5 part. 7 min. donnent 9 pi. 6 po. 11 lig. 715, au lieu de 9 pi. 6 po. qu'il assigne à l'entablement; d'un autre côté, ses trois mesures partielles font 9 pi. 6 p. 9 lig. 7. Dans la grande planche 106 de Patte, l'entablement a juste 9 pi. ; il est d'accord avec Blondel pour l'architrave et la frise, et la différence de six pouces en moins ne porte que sur les mesures partielles de la corniche.

La balustrade a de hauteur totale 3 mod. 13 part. 11 min. 56, ou 6 pi. 9 po. 5 lig., ou à peu près les deux tiers de l'entablement ; ou exactement le rapport est comme 1 est à 0.709. Le socle de la balustrade a la moitié de la hauteur totale. Les balustres ont 1 mod. 7 part. 8 min. 75, ou 2 pi. 6 po. 8 lig. ; et la tablette, 7 part. 16 min. 22, ou 9 po. 6 lig.

La hauteur totale de l'ordre, en y comprenant le socle des colonnes, l'entablement et la balustrade, est de 57 pi. 3 po. 2 lig. 7. Le soubassement qui supporte cet ordre en a les neuf dix-septièmes, ou 30 pi. 3 po. 9 lig. 9 ; il est un peu plus bas qu'on ne le fait ordinairement, et probablement c'est dans le but de donner plus de valeur à la colonnade. La hauteur totale de l'ordonnance est de 106 pi. 6 po. 11 lig. 16.

Le fronton a 92 pieds de base sur 19 de hauteur, ou à peu près le cinquième de sa longueur ; mais le rapport exact est de 1 à 4.8421 à 0.0001 près. Patte ne donne au fronton que 18 pieds de haut sur 90 de large, et le rapport serait alors comme 1 est à 5.

Chacune des pierres de la cymaise du fronton était originairement d'un seul mor-

qui ne supportent rien; on a ménagé au-dessus un vide voûté, et ces caissons forment comme un plancher au-dessous de cette voûte, à laquelle ils sont suspendus. Mais on avait à craindre les effets de ces masses très-lourdes qui pouvaient pousser au vide et nuire à l'aplomb des colonnes, malgré la résistance de l'entablement, appuyé aux pavillons des extrémités. On eut recours à de fortes armatures et à des tirans de fer qu'on disposa avec le plus grand soin, et qui, scellés très-avant dans le mur du fond, maintiennent toute la construction. On avait goudronné ces fers

ceau. Blondel et Patte ne s'accordent pas sur les dimensions de ces énormes pierres, et le premier n'est pas même d'accord avec lui-même. Page 45, il leur donne 51 pieds de long sur 6 de large, et 18 pouces d'épaisseur; et page 11, elles ont 52 pieds sur 8 de large. Patte, t. VI, pl. 106, dit d'un côté 49 pieds; de l'autre, près de 50 sur 16 pouces d'épaisseur. On donne à ces pierres 52 pieds de long sur 8 de large et 16 pouces d'épaisseur. La différence de cette dernière dimension dans Patte et dans Blondel pourrait venir de ce que l'un prend la pierre avant d'être travaillée, et l'autre, après qu'elle l'a été: mais cette supposition n'est pas admissible, puisque Blondel dit avoir pris ses mesures sur l'édifice même. Le fait, d'ailleurs, est peu important, et je suis obligé de m'en tenir à cet à-peu-près; car ces pierres sont recouvertes de feuilles de plomb qui ne permettent plus d'en prendre les mesures avec la dernière exactitude.

L'imposte des arcades, qui forme la plate-bande tout le long de la façade, à peu près au tiers supérieur des colonnes, a de hauteur 2 pi. 8 po. 6 lig., ou 1 mod. 9 part. 4 min. 98.

Les têtes de soleil qui, dans le plafond du portique, sont encastrées dans une bordure circulaire, inscrite dans des caissons carrés de 12 pieds de côté, ont 5 pi. 9 po.; ces pierres sont taillées en cône tronqué, de manière à servir de clefs à ces voûtes plates, et nous verrons qu'elles sont renforcées et soutenues par de puissantes armatures combinées de tous côtés pour soulager la voûte et s'opposer à la poussée au vide. Mais il existe un défaut dans le refouillement de ces têtes et des ornemens; il s'approche trop des armatures, et peu s'en faut que, dans quelques endroits, il ne les mette à découvert: le peu d'épaisseur qu'on a laissée à la pierre dans ces parties y a nui, en favorisant la rouille des ferremens, qui a produit non-seulement des taches, mais qui même a fait éclater la pierre.

Les médaillons soutenus par des têtes de lion qui ornent les entre-colonnemens, ont 7 pi. 10 po. de haut sur 6 pi. de large.

De l'angle du mur extérieur de la porte de la colonnade à l'angle correspondant de l'entrée du côté des Tuileries, le Louvre a 87 toises; dans ce sens, la cour en a 63.

En prenant les mêmes mesures du côté de la Seine et de la rue du Coq, on a pour l'ensemble 89 toises, et pour la cour, 64.

Mes planches 10, 11, 12, ne donnent du Louvre que les parties occupées par le Musée royal des antiques et par la galerie d'Angoulême. Quoiqu'elles ne soient pas sur une grande échelle, je puis répondre de leur parfaite justesse. Les plans en ont été levés avec soin; ils ont ensuite été revus avec scrupule sur le terrain par M. Clémence, qui les a gravés: les architectes savent l'exactitude et la conscience que cet architecte-graveur met dans ses mesures et dans tout ce qu'il grave. Quant aux différentes vues du Louvre, dessinées par M. Civeton, et gravées avec un soin particulier par M. Hibon, élève de M. Percier, je crois qu'il suffit d'y jeter un coup-d'œil pour être persuadé qu'il n'y manque rien sous le rapport du dessin, de la perspective et de la gravure, et que l'on y trouve tout l'effet qu'on peut raisonnablement attendre de simples traits, qui n'en reçoivent que de l'intelligence et de l'adresse que l'on met à faire mordre l'eau forte.

pour les préserver de l'humidité et de la rouille. Malgré toutes ces précautions et ce travail immense, dont on peut voir les curieux détails ou sur les lieux ou dans les mémoires de Patte, Perrault n'atteignit pas le but qu'il s'était proposé; et ces plafonds, dont les caissons ont une trop grande portée, loin d'avoir la solidité qu'il espérait leur donner pour toujours, se sont déjoints depuis long-temps, et c'est peut-être la partie du Louvre qui a donné le plus de peine aux architectes chargés de son entretien. Si Perrault n'avait pas mis son amour-propre à faire la partie circulaire de ces immenses caissons d'un seul morceau, et qu'il les eût disposés, avec des pierres moins grandes, en voûtes plates, comme plusieurs de celles qu'il a faites à l'Observatoire, il aurait mieux réussi à les rendre très-solides, et aurait épargné bien du travail à ses successeurs.

Le fronton de la colonnade éprouva aussi beaucoup de difficultés. Perrault tint à n'employer que deux pierres pour les deux côtés de la corniche rampante. La carrière de Trossy, à Meudon, lui en offrit deux qui remplissaient ses vues; elles avaient 54 pieds de long, plus de 8 de large et de 18 pouces d'épaisseur. Après les avoir amenées avec beaucoup de peine à Paris, on y tailla la corniche; mais, lorsqu'il fallut les enlever pour les mettre à leur place, à une élévation de plus de 100 pieds, on se trouva dans un grand embarras : la longueur, le peu d'épaisseur et le poids de ces pierres, faisaient craindre qu'elles ne fléchissent et ne se rompissent. Perrault, très-versé dans la connaissance des auteurs anciens, quoiqu'il ne les étudiât que pour les rabaisser, dut se rappeler l'embarras de Chersiphron, architecte du temple d'Éphèse, qui, ne pouvant parvenir à placer une pierre du genre de celles du fronton du Louvre, eut recours à Diane, et la déesse, touchée du désespoir de son architecte, se fit un plaisir, pendant la nuit, d'enlever de ses divines mains et de placer le terrible bloc. Perrault n'eut pas besoin d'appeler le ciel à son secours; il fut secondé par un habile maître charpentier, nommé *Quiclin*, qui inventa une très-belle machine, au moyen de laquelle il éleva et mit en place les deux énormes corniches sans aucun accident. Ces pierres, d'après ce que rapporte Sauval, ne furent posées qu'en 1674. Il est probable que, n'étant pas assez sèches, et ayant été mises trop tôt en œuvre après avoir été extraites de la carrière, elles auront éprouvé les funestes effets de la gelée : peut-être aussi y avait-il quelque fil que l'on n'aura pas aperçu; car l'une des deux est cassée dans sa largeur, et l'on a été obligé d'en assurer la solidité au moyen de crampons et d'agrafes.

Si la critique et l'envie se déchaînèrent contre les projets d'un architecte aussi célèbre et aussi exercé aux grands travaux que l'était le Bernin, Perrault, qui de médecin s'était fait architecte, ne pouvait guère espérer d'être plus ménagé et de ne pas voir relever les défauts de ses plans. Quelqu'imposant et quelque nouveau que fût l'aspect de sa colonnade, elle pouvait donner matière à plus d'un reproche. Il était aisé de voir que Perrault y avait sacrifié tout le reste de son plan, et qu'il l'avait élevée sans se mettre en peine de l'accorder avec ce qui existait du palais construit par Lescot et continué par Le Mercier et par Le Vau. Aux yeux de bien des connaisseurs, ce n'était qu'une magnifique décoration appliquée sans but et sans utilité au Louvre, et qui, beaucoup plus large que ce palais et débordant des deux côtés, ne répondait pas aux distributions et à l'ordonnance de l'intérieur de la cour, et devait forcer de changer le plan du Louvre, pour pouvoir, en le terminant, masquer ce défaut de rapport. Et au fait, quels changemens dans l'intérieur du Louvre n'a pas nécessités la trop grande élévation de cette colonnade !

D'après le grand principe reconnu en architecture, et dont ne s'écartaient pas les anciens, que dans les grandes dispositions tout doit être utile et même nécessaire, on trouva que les colonnes accouplées étaient une innovation qui pouvait séduire au premier coup-d'œil, mais qui ne soutenait pas un examen réfléchi. L'entablement, pour avoir toute la solidité requise, ne demandait pas qu'on le fît porter sur ces doubles colonnes En les disposant une à une, comme à l'ordinaire, et en leur laissant des entre-colonnemens aussi larges que le réclamait l'élégance de l'ordre corinthien, les architraves n'auraient pas eu une portée assez grande pour inquiéter sur leur solidité; et l'on pensait qu'il y avait plus d'un moyen de l'assurer. Les colonnes placées isolément auraient aussi donné plus de jour au portique qu'elles décorent et aux grands appartemens auxquels il est adossé : car Perrault avait ouvert de grandes fenêtres dans le mur du fond du portique, et il faut que, dès le principe, il ait bien mal pris ses mesures, et qu'il n'ait pas combiné sa colonnade avec les distributions intérieures, puisque, s'apercevant, mais trop tard, que ses jours ne correspondaient pas aux fenêtres de la partie opposée à la colonnade, il fut obligé de fermer celles qu'il avait pratiquées et de les remplacer par des niches. Lors des grandes restaurations de cette partie du Louvre, faites il y a quelques années par MM. Percier et Fontaine, on a retrouvé les baies de ces fenêtres, qui avaient été masquées par des niches et des ornemens. Nous verrons bientôt que ce furent eux aussi qui, avec beaucoup de peine, remédièrent, autant que possible, à un vice important que l'on reprochait avec raison au portique de Perrault, et qui, étant inhérent à son plan, ne pouvait être que pallié. Il aurait dû faire régner ce beau portique sans interruption tout le long de la façade entre les deux pavillons d'angle; et l'on est obligé d'avouer qu'il a eu grand tort non-seulement d'interrompre ce portique par le cintre de la grande porte, qui coupe la corniche du soubassement, mais encore d'ôter à cette galerie une partie de son élégance et de son développement en interceptant la communication des deux ailes par le pavillon du milieu, dont la masse pleine et en saillie arrête la vue et ne lui permet pas de parcourir le portique dans toute sa longueur. Les angles de ce pavillon, lorsqu'on se place en face de la grande porte d'entrée de la colonnade, ainsi que les colonnes du milieu, derrière lesquelles sont des pilastres, présentent l'aspect de plusieurs colonnes accouplées, qui forment des masses beaucoup trop fortes et trop lourdes pour le fronton qu'elles supportent; on retrouve le même effet dans les pavillons des extrémités. Les rivaux de Perrault disaient sans doute alors, et ont fait répéter depuis, que la façade ne semblait avoir été faite que pour y placer autant de colonnes qu'elle pouvait en contenir, et que le reste de l'édifice n'en était plus que l'accessoire. A toutes ces critiques, assez fondées, on ajoutait que l'étage du rez-de-chaussée, qui forme comme le soubassement de la façade, était trop nu auprès de la richesse d'ornemens prodiguée dans la colonnade. D'ailleurs les fenêtres ne produisent pas un bon effet dans cette partie.

Malgré les défauts que les architectes ne manquèrent pas de reprocher à Perrault, son monument frappe d'admiration au premier abord. La noble élégance de l'ensemble, la beauté des profils, la pureté du galbe des colonnes, la magnificence des chapiteaux, la richesse et le fini des détails, plaisent et retiennent; et l'on ne pense à la critique que lorsqu'on n'a plus la colonnade sous les yeux, ou lorsque l'habitude de la voir permet de la considérer de sang-froid.

Le plan qu'avait suivi Perrault pour sa façade, le contraignit à faire dans celui du Louvre des changemens très-considérables, et qui ont eu dans la suite la plus grande influence sur l'ensemble de ce palais, qui, j'ose le dire, aurait eu plus d'harmonie dans toutes ses parties si Perrault ne se fût pas fait architecte, ou si l'on eût mieux calculé toutes les conséquences qui devaient résulter de son projet. Tout désormais dépendait de la colonnade. On éprouva mille difficultés lorsqu'il voulut terminer l'intérieur de la cour, pour lequel on avait suivi, en l'étendant, le plan de Lescot, et dont les travaux, parvenus au premier étage dans quelques parties, étaient moins avancés dans d'autres. L'élévation de la colonnade ne permettait plus de se régler sur la hauteur que Lescot avait donnée à son palais; et d'ailleurs la toiture ne pouvait plus s'accorder avec la toiture en terrasse adoptée par Perrault pour sa façade. Pour continuer celle qui y était adossée dans l'intérieur de la cour, et pour en porter l'entablement au niveau de celui de la colonnade, il fut obligé d'avoir recours à des moyens que n'avoue pas la saine architecture. Après en avoir imaginé plusieurs dont on reconnut les inconvéniens, il pensa à un nouvel ordre, à un ordre français, qui devait être plus léger que le corinthien et qui aurait pu lui être superposé. On fut tenté de continuer tout autour de la cour les caryatides de Sarrazin; mais on vit bientôt que cette longue suite de figures gigantesques ne produirait pas un bon effet et écraserait les ordres inférieurs. Enfin Perrault, pour arriver à la hauteur qu'il voulait atteindre, se contenta de remplacer l'attique de Lescot par un second ordre corinthien très-élevé et qui amortit moins bien l'édifice. Le composite du rez-de-chaussée se trouva donc alors supporter deux étages d'un ordre moins léger, tandis qu'il y en aurait eu déjà trop d'un seul. Cette nouvelle ordonnance ne se joignait pas encore à celle de Lescot, et l'on ne sentit peut-être pas toute la difficulté que l'on aurait à les accorder; et il est à croire que Perrault se souciait peu de préparer des tortures à ses successeurs.

Il s'agissait aussi de continuer, en retour de la colonnade, du côté de la rue du Coq, la façade dont Le Mercier avait fait une grande partie. Perrault respecta ses travaux; il se contenta donc de répéter en pilastres, mais sans les accoupler, l'ordonnance de la colonnade dans un grand pavillon, dont la saillie dépasse de beaucoup l'alignement de celui de l'autre extrémité. Cette disparate ne fut pas sauvée par le corps avancé qu'il éleva au milieu de cette façade, et dont il subordonna l'entablement et tous les profils à ceux de la colonnade. Il y fit un magnifique vestibule, où toutes les parties sont bien coordonnées et qui forme une belle entrée à ce côté du Louvre. Quoique cette partie ne manque pas de caractère, elle ne répond pas en beauté aux façades tournées vers Saint-Germain l'Auxerrois et vers la Seine.

Ce fut de ce dernier côté que Perrault tailla le plus dans le vif. L'extrémité de sa façade dépassait considérablement celle qu'avait élevée Le Vau, et il ne voulait pas la terminer par un grand pavillon en retour sur la Seine, ainsi qu'il l'avait pratiqué vers la rue du Coq. La partie du Louvre tournée vers la rivière était d'une trop grande importance pour que Perrault ne tînt pas à lui donner un développement en accord avec la colonnade. Il pensait probablement, d'ailleurs, que, ce palais étant quatre fois plus grand qu'il ne l'eût été d'après le plan de Lescot, il convenait de donner plus d'étendue aux appartemens, qui n'offraient, dans l'ancien château, qu'une suite de pièces très-étroites. En établissant une façade sur l'alignement de l'extrémité de la colonnade, on doublait l'épaisseur du Louvre, ce qui offrait le moyen d'y placer de grandes salles de représentation; et cela n'était pas praticable dans l'état où était cette aile, qui avait encore moins de profondeur que celle de la rue du Coq, dont les pièces n'ont pas la grandeur convenable à un palais. Il est vrai qu'en doublant l'aile du côté de la Seine, on rendait inhabitables les appartemens de la Reine, auxquels on l'adossait, et à qui on ne laissait plus d'autre exposition que celle du nord; mais ces considérations ne pouvaient arrêter Perrault dans l'exécution de son grand plan, et la façade de Le Vau fut sacrifiée. Bien des architectes, la trouvant disposée avec sagesse dans son ensemble et très-riche dans ses détails, l'ont regrettée. On a déjà fait remarquer que Perrault donna à cette partie qu'il ajoutait, exactement la largeur du fossé de Charles V; ce qui, jusque vers le milieu de cette aile, lui servit à établir les fondations. Ce fut alors qu'on fit disparaître ce qui existait encore de l'ancien château par-delà le fossé, et dont on voyait encore des traces sous le règne de Louis XIII, ainsi que le témoignent des vues d'Israël Silvestre et d'autres, prises vers le milieu du xvii.ᵉ siècle. Il suffira de dire un mot des reproches que l'on faisait à cette façade de Le Vau, et des beautés qu'on y trouvait.

Le pavillon du milieu avait de la grandeur et de l'aspect, et, sous quelques rapports, il convenait peut-être mieux que celui de Perrault à un palais tel que le Louvre. Il est vrai que, par les dessins de cet architecte, on voit que son intention avait été, au lieu de pilastres, d'y employer des colonnes, et de donner plus de saillie à son avant-corps, pour qu'il l'emportât en richesse et en importance sur les arrière-corps et sur les pavillons d'angle : le projet n'eut pas lieu, quoiqu'on eût commencé à l'exécuter. Le pavillon de Le Vau était décoré d'un ordre colossal, composé de six colonnes qui comprenaient deux étages : cet ordre était séparé de celui qui terminait ce pavillon, par un grand attique plein, et qui, entre les six piédestaux surmontés de statues au droit des colonnes, était orné de grands bas-reliefs. On reprochait à Le Vau la petitesse de son fronton ; ses entre-colonnemens inégaux, qui l'avaient forcé de faire des fenêtres de différentes largeurs, et de surbaisser le cintre de celles du milieu du dernier étage, tandis que celles de côté étaient à plein cintre : cette arcade pénétrait le gorgerin chargé d'ornemens de la corniche, et ce défaut se retrouvait dans les fenêtres de l'attique de ses arrière-corps; celles des autres étages étaient très-riches de détails, mais trop petites pour un palais. La corniche, la balustrade et les combles, trop élevés, écrasaient le tout ; et les combles, interrompus, au lieu d'offrir un seul palais, lui donnaient l'aspect de plusieurs édifices mis à côté l'un de l'autre. Dans les pavillons d'angle, les frontons, mesquins, ne portaient pas sur un avant-corps assez en saillie, et les fenêtres du troisième étage, de la même grandeur et sur la même ligne que celles de l'attique, produisaient un mauvais effet. C'est ce que l'on reprochait, et avec plus de raison encore, à la façade projetée par le Bernin, où quatre étages de fenêtres donnaient au palais du Roi l'aspect d'un édifice public où l'on aurait tenu à mettre à profit l'espace et à y faire entrer autant de logemens qu'il pouvait en contenir. Le troisième rang de fenêtres de l'architecte romain n'était même que des mezzanines ou des ouvertures en carré parfait, qui, par leur petitesse, faisaient un contraste désagréable entre les grandes et superbes fenêtres à colonnes du second et du quatrième étage. Le Bernin avait négligé de bien caractériser, ainsi que l'avait fait Lescot, la différence d'importance des divers étages, et rien n'indiquait celui que sa grandeur et sa beauté au-dessus des autres devaient faire reconnaître pour la demeure particulière du souverain. Les pavillons du Bernin étaient aussi trop petits, irrégulièrement disposés, et, en tout, son génie était resté bien au-dessous de la grandeur de ses conceptions ordinaires, lorsqu'il composa cette façade du Louvre sur la Seine, qu'on ne peut, d'après les dessins de J. F. Blondel et de Marot, s'empêcher de trouver la moins bien pensée de toutes celles que l'on avait proposées. Il est vrai que, n'ayant pas été exécutée, on n'eut pas besoin de l'abattre, comme celle de Le Vau, qui cependant, ainsi que nous l'avons déjà vu, exista encore long-temps comme mur de refend, derrière celui de Perrault : en 1755 le dôme du grand pavillon du milieu s'élevait encore derrière les constructions qui l'avaient remplacé.

Ce n'est pas que la façade de Perrault, quoiqu'elle eût été préférée à toutes celles qui avaient été présentées, fût ou soit encore à l'abri des critiques, et que le blâme ne puisse se placer à côté des éloges qu'elle mérite dans son ensemble et dans ses détails. Si son ordre colossal présente dans cette longue suite de pilastres un beau développement et un aspect imposant, il aurait, disait-on, produit encore plus d'effet si le pavillon du milieu, qui, par sa position, semble destiné à contenir les plus beaux appartemens, eût été plus grand, eu égard aux deux autres avant-corps, et si, de même que ceux-ci, il l'eût emporté sur le reste en magnificence ; ce qui, indiquant mieux les divisions dans une aussi longue étendue, aurait donné plus de mouvement et de caractère à cette façade. Il aurait été bien aussi que, suivant son projet, Perrault eût substitué aux pilastres, dans ces parties, des colonnes, véritable richesse d'un grand édifice, et qui à leur pompe architecturale ajoutent l'avantage de recevoir la lumière d'une manière plus pittoresque que des surfaces planes. On aurait aussi desiré que ces grands médaillons, qui n'offrent qu'une décoration inutile, et où le bon goût peut trouver à reprendre, eussent été remplacés par des fenêtres, qui se seraient trouvées plus en rapport avec les distributions intérieures et avec celles des dehors. Les ouvertures des pavillons du milieu auraient été mieux, si elles eussent offert entre elles moins de disparité dans leurs dimensions. Il aurait été de même à souhaiter, pour ne pas nuire à la grandeur de l'ordre, qu'on eût supprimé le large bandeau qui sépare les deux derniers étages, et qui, venant s'appuyer sur les pilastres, forme trop de divisions pour être imposant et frapper l'imagination. Il ne suffit pas qu'un palais soit grand, il faut qu'il le paraisse dans toutes ses dispositions; et, selon la remarque de J. F. Blondel, si ce bandeau n'existait pas, et n'indiquait pas le plancher qui sépare les deux étages, on pourrait croire que toute leur capacité, surtout dans le milieu de la façade, est occupée par des salles immenses de représentation, éclairées par deux rangs de fenêtres, et garnies de tribunes. Le bandeau n'empêcherait certainement pas cette distribution d'avoir lieu; mais il ne l'annonce pas à l'extérieur, et n'invite pas à la supposer. Il paraît que Perrault avait eu l'intention de surmonter d'un attique ses pavillons des extrémités, et de les terminer par des combles apparens, et qu'il voulait aussi, comme dans la façade de Le Vau, couronner d'un dôme élevé l'avant-corps du milieu. Il est probable que le peu de saillie de cette partie et des pavillons des ailes l'aura détourné de cette idée, qui ne se serait pas accordée avec son ordonnance en pilastres.

Comme le point le plus intéressant pour Perrault était la partie extérieure de la façade, il en poussa les travaux avec vigueur, et s'occupa très-peu d'exécuter les distributions intérieures: aussi pendant un grand nombre d'années n'y en eut-il pas; et, lorsque cette partie du Louvre fut reprise presque en entier par MM. Percier et Fontaine, il existait encore, de la façade de Le Vau, de très-grandes parties qui avaient conservé de beaux bas-reliefs et de très-riches ornemens. Les murailles de cette façade forment encore aujourd'hui en partie, ainsi que je l'ai fait observer, les murs de refend qui séparent, dans le Musée royal, les salles du côté de la cour d'avec celles qui regardent la Seine. Il faut qu'après avoir terminé la façade de Saint-Germain l'Auxerrois, on se soit peu occupé de celles du côté de la rivière et de l'intérieur de la cour, puisque Perrault, qui vécut jusqu'en 1688, ne les vit pas achever à l'extérieur, et qu'il n'exécuta aucune des distributions qu'il avait projetées. Ce fut sans doute ce qui porta Louis XIV à préférer d'autres palais au Louvre, encombré par les travaux, et dont l'habitation n'était pas commode. Il donnait d'ailleurs tous ses soins à Versailles, qui était entièrement de sa création, à Marly, à Trianon; et les trésors que coûtaient ces immenses et somptueuses constructions, où l'on s'efforçait non-seulement d'élever de splendides palais, mais encore de vaincre les obstacles qu'opposait la nature du terrain, ne permettaient pas d'employer au Louvre les sommes nécessaires pour en pousser l'achèvement avec activité. Louis XIV, à mesure que sa gloire et sa puissance s'accroissaient, devait aussi se trouver trop resserré dans un palais, quelque beau qu'il fût, situé au milieu de Paris : il lui fallait un plus libre espace pour développer la magnificence de ses vastes projets ; et il était difficile qu'un prince qui avait à sa disposition et autour de ses palais les parcs et les bois de Versailles, de Marly, de Saint-Germain, ne se trouvât pas bien à l'étroit dans le parterre du jardin de l'Infante, et même dans celui des Tuileries.

Perrault n'avait pas pu, à beaucoup près, exécuter au Louvre tous les projets qu'il avait formés (1); ce qui fut peut-être très-heureux pour ce palais. La cour devait être partagée en cinq parties ou cinq cours entourées de bâtimens. Celle du milieu eût été circulaire, et les quatre autres, qui s'y seraient rejointes, auraient eu cinq côtés, dont un aurait formé un arc de cercle ; chacune de ces quatre cours eût eu 26 toises de longueur : les bâtimens qui les auraient renfermées, et qui seraient partis des pavillons du milieu des quatre façades, auraient été de la largeur de ces corps avancés. Par ces changemens, le Louvre, ainsi encombré d'édifices, n'aurait rien conservé des dispositions de Pierre Lescot et de Le Mercier ; c'eût été refaire un autre palais.

Il avait aussi été question d'établir autour de la cour, dans l'intérieur, de grandes galeries de communication, qui auraient donné sur un trottoir de dix-huit pieds de large, élevé de trois marches au-dessus du reste de la cour. Cette nouvelle disposition eût considérablement diminué la largeur des salles du rez-de-chaussée, et celle des Caryatides eût été détruite par ce portique intérieur. Mais il paraît que l'on n'avait pas donné suite à ce projet ; et la planche 5 de Blondel, qui offre le tracé des cours, n'indique pas celui des galeries.

Perrault avait aussi conçu le dessein de supprimer les escaliers d'Henri II et d'Henri IV, ou du moins de n'en faire que des escaliers secondaires ; pour les remplacer, il en aurait construit un immense dans un bâtiment qu'il ajoutait au pavillon du milieu de la façade du Louvre tournée vers les Tuileries. Blondel donne deux projets de cet escalier. Dans l'un il est circulaire, et la cage, en y comprenant des galeries qui en occupent le circuit, a vingt toises de diamètre ; les repos entre les courses sont triangulaires, et la disposition n'en est pas heureuse. D'après l'autre projet, la cage de l'escalier eût été carrée, et, en y faisant entrer les péristyles, elle aurait eu, selon les plans de Blondel, dix-neuf toises de long sur quinze de large ; elle eût été décorée de colonnes avec toute la richesse de l'ordre corinthien.

J'ajouterai encore ici que l'intention de Perrault était de couvrir le Louvre avec des feuilles de cuivre, au lieu d'ardoises, et qu'il voulait y adapter le système de toiture et de charpente de Philibert de Lorme ; ce qui eût été très-avantageux pour la légèreté et la solidité.

Il est probable que pendant la vie de Perrault on respecta son ouvrage ;

(1) *Voyez* J. F. Blondel, tom. IV, pag. 24, pl. 5.

mais, après sa mort, ce monument, n'étant plus l'objet d'un intérêt aussi direct, dut être négligé (1) : il le fut en effet, et de l'abandon où on le laissait on passa à la dégradation et à l'outrage ; car on ne peut guère qualifier autrement la manière dont on traita le Louvre. Ce palais, qui rappelait tant de souvenirs, et qui, pendant plusieurs siècles, agrandi, embelli par nos rois, avait été vénéré comme un témoin des temps reculés de la monarchie, maintenant abandonné par la cour, semblait une proie dont on se disputait le partage. Il était loin d'être terminé : quelques parties en étaient encore brillantes de fraîcheur, d'autres attendaient la dernière main du sculpteur ; et il semblait déjà qu'on ne les avait élevées que pour en faire de pompeuses ruines. Pendant les dernières années de son règne, Louis XIV, qui, dans les premières, avait attaché un grand honneur à compléter l'ouvrage de ses ancêtres, avait fini par le négliger. Cet exemple ne fut que trop suivi. Tel est le sort de ces vastes monumens où l'on n'a pas suivi un seul plan bien combiné, et auxquels concourent plusieurs générations de souverains et d'artistes : il est bien difficile que l'un ne change pas ce que l'autre a fait, et que, les idées, le goût et les convenances, ayant pris d'autres directions, on ne puisse

(1) Un état dressé année par année nous apprend quelles furent les sommes employées, de 1664 à 1690, aux palais et aux grands ouvrages de Louis XIV. Cet état curieux est tiré d'un manuscrit authentique, dressé et signé par Mansard, et présenté par lui au surintendant des bâtimens. Il est probable que ce compte rendu faisait partie de ceux du cabinet du Roi ; il était relié en maroquin rouge et portait les armes de France. L'extrait suivant en a été fait pour servir à un rapport au gouvernement, par M. le comte d'Hauterive, conseiller d'état, chancelier et garde des archives du ministère des affaires étrangères. La copie qu'il a bien voulu m'en communiquer, est revêtue de sa signature, et cette pièce officielle me paraît assez intéressante pour être publiée, et ajoutée à ce que j'avais écrit, avant de la connaître, sur le Louvre et les Tuileries.

Mansard donne une liste de toutes les maisons royales et des édifices appartenant à Louis XIV.

Le château de Versailles et ses dépendances, qui sont, Trianon, Clagny, Saint-Cyr, les églises de Versailles ;

La machine de la Seine (de Marly), l'aqueduc de la rivière d'Eure (à Maintenon), Noisy, Moulineaux ;

Le château de Marly ;

Le château de Saint-Germain en Laie, et le Val ;

Le château de Fontainebleau ;

Le château de Chambord ;

Le Louvre et les Tuileries ;

L'Arc de triomphe de Paris (à la porte Saint-Antoine, par Perrault) ;

L'Observatoire (par Perrault) ;

Le bâtiment et l'église des Invalides (par Mansard) ;

La place royale de l'hôtel de Vendôme, et le couvent des Capucines ;

Le Val de Grâce, à Paris ;

Le couvent de l'Annonciade de Meulan ;

Le canal de communication des mers ;

La manufacture des Gobelins et celle de la Savonnerie ;

Les manufactures établies en plusieurs villes de France ;

Les académies de Paris et celle de Rome ;

Le Palais-Royal : Sa Majesté (Louis XIV) l'a donné en propre à M.gr le Duc de Chartres, pour partie de la dot de Madame la Duchesse de Chartres ;

La Bastille ;

L'Arsenal ;

L'enclos du Palais ;

Le Châtelet ;

La Monnaie ;

La Bibliothèque ;

Le Jardin royal ;

s'appuyer de très-bonnes raisons pour autoriser ces changemens. En général, ce n'était pas ainsi qu'en agissaient les anciens, et, parmi tant d'autres

Le Collége de France;
L'hôtel des Ambassadeurs;
La pompe du Pont-neuf;
La Tournelle;
L'aqueduc d'Arcueil;
L'hôpital général;
La pépinière du Roule;
Le château de Madrid;
La Meule de Boulogne (la Muette);
Le château de Vincennes;
Le château de Saint-Léger;
Le château de Limours;
Le château de Monceaux;
Le château de Compiègne;
Le château d'Amboise;
Le château de Marimont;
Le jardin du Roi à Toulon.

Le château et domaine de Villers-Cotterets a été donné à Monsieur, en augmentation d'apanage;

Château-Thierri, engagé à M. le duc de Bouillon;

Le palais du Luxembourg, que le Roi a acquis depuis la mort de Mademoiselle;

Le château de Meudon avec ses dépendances, qui appartient à Monseigneur (Louis, Dauphin, mort à Meudon en 1711), au moyen de l'échange qu'il en a fait avec le château de Choisy, qui lui avait été légué par Mademoiselle.

Ces établissemens, construits, agrandis ou réparés dans une période de vingt-six ans, à dater de 1664 jusqu'en 1690, ont coûté à l'état une somme de 153,282,827 livres 10 sous 5 deniers.

DÉPENSES POUR LE LOUVRE ET LES TUILERIES, DE 1664 A 1690.

Mansard met un petit avant-propos à la tête de son rapport; il n'est pas inutile de le faire connaître, pour montrer qu'à l'époque où il le faisait (en 1701) les palais étaient à peu près dans l'état où les avait laissés Perrault.

« Le Louvre n'étant pas bâti, dit Mansard, on n'a fait mention, dans ces mémoires, des dépenses qui y ont été faites, que pour ne rien omettre. Il serait difficile de faire une description agréable de ce qui est commencé: le dessein n'en paraît pas encore dans tout son jour (nous avons vu que les travaux de la cour avaient été suspendus); on croit même que, si les vœux de la capitale du royaume étaient écoutés, et qu'il plût à Sa Majesté de s'y faire bâtir un palais, on prendrait de nouveaux alignemens et de nouveaux desseins. Tout ce que l'on peut dire, c'est que rien ne paraît plus engageant que la situation de l'emplacement du Louvre, dans le plus bel endroit de la ville, ayant la rivière de Seine pour canal, et une étendue infinie pour les jardins et parcs, du côté de la campagne. »

Cette dernière phrase n'est pas très-claire : Mansard veut probablement parler des campagnes dont une partie forme le faubourg Saint-Germain, qui n'était pas encore alors entièrement bâti; l'on aurait pu faire dans ces campagnes, sur le bord de la Seine, des jardins que l'on eût réunis au Louvre par un pont.

« La galerie du Louvre est occupée par ce qu'il y a de plus habiles gens dans les arts, que le Roi loge gratis; c'est une marque de distinction pour eux.

» Le palais des Tuileries n'est point habité, quoique très-logeable; sa façade est très-agréable sur le jardin des Tuileries, dont on ne peut rien dire qui ne soit connu de tout le monde. Ce jardin passe dans toute l'Europe pour un des mieux entendus et la plus agréable promenade que l'on puisse souhaiter; c'est un des principaux ornemens de la ville de Paris: aussi coûte-t-il au Roi plus de 20,000 fr. par an à entretenir. »

On verra dans les comptes suivans qu'à dater de 1670, année où fut achevée la colonnade du Louvre, les sommes affectées à ce palais et aux Tuileries diminuent tous les ans; si elles furent plus fortes en 1674, c'est vraisemblablement parce que ce fut en cette année que l'on plaça les deux énormes pierres du fronton de la colonnade, et que, pour les élever, on fit une

monumens qu'on pourrait citer en Égypte, en Grèce, en Italie, le Parthénon, le Colisée, n'auraient pas offert un aussi bel ensemble, si l'on eût employé machine qui occasionna de grands frais de charpente et d'ouvriers. Un troisième état de dépenses nous montre que celles de Versailles augmentaient à mesure que l'on diminuait ce qu'on donnait au Louvre et aux Tuileries. Pour que l'on puisse saisir d'un coup d'œil les différences de ces sommes, j'ai cru devoir les mettre en regard dans un seul tableau, et réunir ainsi ce que Mansard présente dans deux états séparés.

LE LOUVRE ET LES TUILERIES.				VERSAILLES ET SES DÉPENDANCES.			
		l.	s. d.			l.	s. d.
En 1664	1,059,422	15	"	En 1664	834,037	2	6
1665	1,110,685	10	2	1665	783,673	4	"
1666	1,107,973	7	8	1666	526,974	7	"
1667	1,536,683	8	2	1667	214,300	18	"
1668	1,096,977	3	"	1668	618,006	5	7
1669	1,203,781	3	9	1669	1,233,375	7	"
1670	1,627,393	19	11	1670	1,996,452	12	4
1671	946,409	3	4	1671	3,396,595	12	6
1672	213,653	3	1	1672	2,802,718	1	5
1673	58,135	18	"	1673	847,004	3	10
1674	159,485	8	11	1674	1,384,269	10	3
1675	63,160	6	6	1675	1,933,755	8	1
1676	42,082	14	6	1676	1,348,222	10	10
1677	99,667	19	10	1677	1,628,638	11	4
1678	119,975	12	8	1678	2,622,655	3	10
1679	163,581	9	"	1679	5,667,331	17	"
				1680	5,839,761	19	8
Total	10,608,969	4	6	1681	3,854,382	2	"
				1682	4,235,123	8	7
				1683	3,714,572	5	11
				1684	5,762,092	2	8
				1685	11,314,281	10	10
				1686	6,558,210	7	9
				1687	5,400,945	18	"
				1688	4,551,596	18	2
				1689	1,710,055	10	"
				1690	368,101	10	1
				Total	81,151,414	9	2

« Depuis 1679, dit Mansard, il n'a été fait » aucune dépense considérable au Louvre » et aux Tuileries ; c'est pourquoi je n'en » fais pas mention. » Ceci vient confirmer ce que nous avons dit plus haut, que les travaux de Perrault au Louvre se bornèrent en grande partie à la façade de la colonnade et à celle du midi, et que, pendant les dernières années de sa vie, on s'occupa peu du Louvre, dont en 1660, et surtout

plusieurs siècles à les élever, et si Périclès et Vespasien eussent laissé à leurs successeurs l'honneur de terminer ce qu'ils avaient entrepris. La

en 1664, on avait repris les travaux avec une ardeur qui devait faire croire que ce palais serait bientôt achevé. On voit aussi par le rapport de Mansard qu'en général Louis XIV ne se livra à son goût pour les bâtimens qu'après son mariage, en 1660, et Mansard dit même que, n'ayant pas eu connaissance des dépenses qui furent faites avant 1664, sous la régence d'Anne d'Autriche, elles ne peuvent pas être bien considérables. Comme le rapport de cet architecte, qui était à la tête des ouvrages d'architecture entrepris par Louis XIV, est de 1701, et que depuis 1690 il cesse de donner l'état des dépenses des bâtimens, il faut que ce soit l'époque où Louis XIV discontinua les grandes constructions qu'il avait élevées avec tant de magnificence; et les dépenses de la guerre mirent un terme à celles qu'il faisait pour les bâtimens.

Mansard ajoute : « Dans ce total des dé-
» penses de Versailles et de ses dépendances
» j'ai compris les achats de plombs et de
» marbres en entier, quoiqu'on ait pu en
» prendre quelques parties pour d'autres
» maisons royales; mais j'ai compensé cela
» avec plusieurs autres dépenses pour Ver-
» sailles employées dans d'autres chapitres
» des comptes sous des titres généraux,
» dont il était malaisé de les distraire, et
» je crois que la compensation peut être
» juste.

» Après avoir vu en gros le total des dé-
» penses de Versailles et ses dépendances,
» il m'a semblé qu'il serait assez curieux
» de voir séparément ce qui a été dépensé
» pour chaque nature d'ouvrage et de dé-
» pense, et le montant de chacune pour
» les vingt-sept années des mémoires.

» On verra aussi les dépenses de Clagny,
» la machine de Marly et la rivière d'Eure,
» qui seront distinguées des autres dépen-
» ses, chacune en un article, quoique com-
» prise dans le total. »

DÉPENSES DE VERSAILLES, PAR CHAPITRES.

	l.	s.	d.
Maçonnerie de Versailles et de ses dépendances, compris Trianon, Saint-Cyr, et les églises de Versailles, pendant lesdites vingt-sept années, ci.	21,186,012	4	1
Charpenterie et bois...	2,553,638	1	5
Couvertures..	718,679	16	9
Plomberie et achat de plombs.................................	4,558,077	2	6
Menuiserie et marqueterie....................................	2,666,422	2	"
Serrurerie et taillanderie.....................................	2,289,062	3	9
Vitrerie..	300,878	10	9
Glaces et miroirs...	221,631	1	6
Peintures et dorures, sans les achats de tableaux.............	1,676,286	11	8
Sculptures, sans les achats des antiques......................	2,696,070	6	9
Marbreries et achats de marbres..............................	5,043,502	5	8
Bronze, fontes et cuivre......................................	1,876,504	6	3
Tuyaux de fer de fonte, compris ceux de la machine..........	2,265,114	15	8
Pavé, carreaux et ciment.....................................	1,267,464	13	"
Jardinage, fontaines et rocailles..............................	2,338,715	15	8
Fouilles de terre et corroi....................................	6,038,035	1	10
Journées d'ouvriers...	1,381,701	16	2
Diverses et extraordinaires dépenses.........................	1,799,061	12	10
Château de Clagny, dépendant de Versailles, sans les acquisitions de terres..	2,074,592	9	5
Machine de Marly, sans les conduits et acquisitions..........	3,674,864	8	8
Travaux de la rivière d'Eure et de Maintenon, sans les acquisitions.....	8,612,995	1	"
Remboursement de terres et héritages pris pour le château et dépendances de Versailles susmentionnés........................	5,912,104	1	10
TOTAL égal au précédent, par années..........	81,151,414	9	2

basilique de Saint-Pierre, malgré sa magnificence, mériterait une tout autre admiration si les grandes conceptions du Bramante, de Peruzzi et de Michel-Ange, avaient pu s'exécuter de leur vivant, et si les architectes qui, dans une longue succession de travaux, se sont, avec des considérations et des talens divers, partagé la gloire de conduire cette grande œuvre à sa fin, n'eussent pas cru ajouter à la part qui leur en revenait, en substituant leurs idées à celles des grands hommes sur les traces desquels ils auraient dû marcher avec respect, sans s'en écarter. C'est ainsi que Perrault, tout en déployant beaucoup de talent dans le Louvre, et en l'embellissant sous

AUTRES DÉPENSES POUR VERSAILLES.

« Outre toutes les grandes dépenses qui viennent d'être expliquées, dit Mansard, il en a été fait beaucoup d'autres très-considérables pendant lesdites vingt-sept années pour l'embellissement de Versailles et Trianon. »

VOICI LES PLUS CONSIDÉRABLES :

	l.	s.	d.
Pour les achats de tableaux anciens et figures antiques de tous les grands maîtres...	509,073	8	"
Pour les étoffes d'or et d'argent payées sur les fonds des bâtimens......	1,075,673	2	6
Pour les grands ouvrages d'argenterie, outre ceux payés par le trésor de l'argenterie....	3,245,759	4	8
Nota. Tous ces grands ouvrages d'argenterie ont été portés à la monnaie pendant la dernière guerre.			
Pour le cabinet des médailles, cristaux, agates et autres raretés, dont le Roi a acheté les six dernières années de ces mémoires................	556,069	"	"
Pour les appointemens des inspecteurs et préposés auxdits bâtimens et travaux de Versailles et dépendances, gratifications aux contrôleurs ou autres, il a été payé, pendant lesdites vingt-sept années, environ....	1,000,000	"	"
TOTAL..................	6,386,574	15	2
TOTAL PRÉCÉDENT...............	81,151,414	9	2
TOTAL..................	87,537,989	4	4
Dépenses du Louvre et des Tuileries................	10,608,969	4	5
TOTAL GÉNÉRAL..	98,146,958	8	9

Les dépenses du Louvre, des Tuileries, de Versailles et de ses dépendances, pendant vingt-sept ans, de 1664 à 1690, sont de *quatre-vingt-dix-huit millions cent quarante-six mille neuf cent cinquante-huit livres huit sous neuf deniers.*

De 1641 à 1690, le marc d'argent a varié de 26 livres 10 sous à 29 livres 6 sous 11 deniers; et l'on peut prendre pour moyenne proportionnelle 28 livres : la livre d'alors vaudrait aujourd'hui 1 franc 93 centimes.

	l.	s.	d.		fr.	c.
Les 10,608,969	4	5		employés au Louvre et aux Tuileries vaudraient.	20,475,310	59
Les 87,537,989	4	4		de Versailles et de ses dépendances...........	169,148,319	18
TOTAL. 98,146,958	8	9		TOTAL.	189,623,629	77

Nous avons vu que le total des dépenses, durant vingt-sept ans, pour les constructions entreprises par Louis XIV, montait à 153,282,827 liv. 10 sous 5 den., qui feraient aujourd'hui 295,835,857 francs 11 centimes; desquels en déduisant le dernier total de 189,623,629 fr. 77 cent. absorbés par le Louvre, les Tuileries et Versailles, il reste 106,212,227 fr. 24 cent. qui auraient été dépensés pour les autres ouvrages exécutés sous Louis XIV de 1664 à 1690, et dont il a été question ci-dessus.

plusieurs rapports, en a retardé l'achèvement. Il en avait, pour ainsi dire, hâté la ruine par la difficulté ou même par l'impossibilité où il avait mis les architectes qui devaient lui succéder, de combiner ou de raccorder ce qu'il avait ajouté avec ce que l'on voulait et ce qu'on devait conserver de la partie élevée par Pierre Lescot.

Cependant l'état déplorable où se trouvait, vers le milieu du XVIII.ᵉ siècle, l'antique demeure de nos rois, et dont j'offrirai tout-à-l'heure un aperçu, excitait depuis long-temps de grands regrets et des rumeurs parmi tous ceux qui attachaient quelque prix aux souvenirs, aux monumens et aux embellissemens de Paris. Les écrits du temps retentissent de justes plaintes contre ce scandaleux abandon : on faisait apparaître les ombres de Louis XIV et de Colbert, qui, s'exprimant avec douleur, éclataient en reproches sur le mépris qu'on semblait avoir pour un monument de leur gloire; le Louvre lui-même, personnifié dans des écrits ingénieux et mordans, élevait sa voix plaintive ou menaçante à la vue de ces murs naguère si somptueux, empreints de la grandeur de Louis XIV, et que cachaient de tous côtés des constructions nouvelles, au-dessus desquelles élevant sa riche architecture, il semblait vouloir venger cette insulte et les écraser sous ses pompeux débris.

Pour connaître à quel point ces sentimens douloureux étaient fondés, il suffira de remonter jusqu'en 1750 et de jeter nos regards sur l'aspect qu'offrait le Louvre, ou plutôt la masse de ces constructions parasites amoncelées autour de ses murailles, et qui, telles que ces plantes qui finissent par étouffer les arbres majestueux qui leur servent d'appui, seraient parvenues à dérober entièrement ce palais à la vue, et même à le détruire : car on ne se contentait pas d'adosser des maisons au Louvre; on en perçait les murs, les colonnes; on arrachait les ornemens pour enfoncer des poutres ou pour sceller les pierres des nouveaux édifices; et c'était aux propres dépens de ce palais que l'on assurait la solidité des édifices qui le déshonoraient. Il est inutile de parler de cette foule de maisons, d'églises, de petites rues, de masures, qui encombraient l'espace entre le Louvre et les Tuileries; il en existe encore une partie, et nous les avons vues serrer de beaucoup plus près ces palais. C'était une ville qui les séparait l'un de l'autre, et du moins elle ne leur nuisait que pour le coup d'œil et pour les approches. On ne s'occupait guère alors de dégager la place entre le Louvre et les Tuileries; car l'ancien hôtel de Longueville ou d'Alençon, bâti par Métézeau, fut en partie reconstruit en 1750, et devint la ferme des tabacs. En 1755 on rebâtit l'ancien hôtel d'Elbeuf, nommé successivement *hôtel de la Vieuville* jusqu'en 1620, ensuite *de Luynes, de Chevreuse, d'Épernon;* une foule d'autres hôtels n'étaient séparés des deux palais que par des rues étroites, où la lumière ne circulait qu'à regret.

Mais rapprochons-nous du Louvre. Du côté des Tuileries, des maisons considérables s'élevaient contre une partie de la façade et laissaient à peine la place pour entrer dans la cour; des jardins venaient jusqu'au pied des murailles : vers la Seine, les jardins de l'Infante et ceux du duc de Nevers, qui en faisaient la suite, servaient de cour aux écuries que l'on avait établies dans les anciens appartemens de la Reine et dans ces salles préparées par Perrault, et qui brillent aujourd'hui de tant de chefs-d'œuvre. Le garde-meuble et des écuries étaient adossés au Louvre dans toute la longueur de la colonnade, qui non-seulement servait de soutien à la charpente, mais encore où l'on avait fait des trous pour y pratiquer des scellemens. Les entre-colonnemens, en partie murés, offraient différentes distributions; et, de tous côtés, des cheminées et des tuyaux de poêle vomissaient une fumée qui s'attachait aux ornemens et qui les dégradait. L'hôtel des Postes était aussi de ce côté; et l'on voit qu'il y avait long-temps que le Louvre était ainsi abandonné à la dévastation, car ce ne fut qu'en 1738 que cet hôtel reçut cette destination : en 1709 c'était celui du marquis d'Antin, surintendant des bâtimens; et l'on dirait que, sous les yeux de Louis XIV, le ministre chargé de conserver et d'embellir ses palais avait accolé sa demeure au Louvre pour en surveiller de plus près la destruction : c'était comme le mineur qui s'attache au bastion pour le faire sauter.

Si l'on tournait du côté de la rue du Coq, l'hôtel de Créqui, celui du gouverneur du Louvre, des jardins, masquaient toute cette partie; quelques-uns des édifices touchaient même aux murs du palais, où l'on ne pénétrait que par une étroite entrée. On trouvait alors dans la cour deux grands bâtimens qui en occupaient une partie et qui servaient de magasins. D'un autre côté, les déblais, les immondices, s'étaient amoncelés à une telle hauteur, qu'un nouveau sol s'élevait sur l'ancien terrain du Louvre, et qu'il aurait servi à résoudre le problème des ruines de Rome, ou d'une ville qui a toujours été habitée, et dont les décombres, plus respectés que les monumens, ont accru le sol de plusieurs pieds.

D'après cet exposé de l'état déplorable où se trouvait le Louvre, on voit que ce n'était pas sans raison que l'on plaidait si fortement sa cause, et que l'on craignait, le mal empirant chaque jour, que l'insouciance qu'on mettait à l'arrêter n'amenât bientôt la destruction de ce beau monument. Ceux qu'élève l'architecture demandent tant de soin, il faut une telle surveillance pour s'opposer à l'action lente, mais énergique, du temps et de l'atmosphère, qui unissent sans cesse leurs efforts, que, si, au lieu d'y résister, on se joint, pour ainsi dire, à ces agens destructeurs, et que chaque jour on renouvelle ses attaques, il est impossible que les édifices qui paraissaient devoir braver les siècles, ne succombent pas. Malgré les dégradations qui avaient désolé le Louvre, on doit s'estimer heureux que les habitations qu'on y avait établies ne lui aient pas été plus funestes, et que ce palais, comme autrefois le Colisée et le palais des Césars, ne soit pas devenu de vastes et commodes carrières, et qu'on n'en ait pas arraché les pierres pour élever sur ses ruines d'insultans édifices. Mais ces désordres allaient cesser, ou du moins être suspendus : il parut enfin pour le Louvre un sauveur fait pour donner quelque espoir et quelque consolation aux mânes indignés des rois, de Lescot, de Colbert et de Perrault; ce fut M. de Marigny, nommé en 1754 surintendant des bâtimens. Zélé pour le bien, aimant les arts avec un goût éclairé, protecteur ardent du mérite, il se fit, comme Colbert, un devoir de le rechercher et de l'employer. Il mit aussi son honneur à poursuivre les grands plans de ce ministre pour les embellissemens de Paris. On lui doit beaucoup, et la reconnaissance se plaît à associer son nom à ceux des hommes d'état trop peu nombreux auxquels les arts ont eu de véritables obligations.

Chargé de la direction des bâtimens de la couronne, M. de Marigny tourna d'abord ses regards vers le Louvre, et un des premiers soins de son administration fut de songer à le réparer ou à le mettre en état d'être continué. En 1755 il obtint du Roi l'ordre de rétablir ce palais et de reprendre les travaux. Depuis long-temps on n'y avait vu, avec chagrin, que des ouvriers employés à en avancer la ruine, et l'on sut très-bon gré au surintendant qui voulait arrêter ces désordres. Il lui fallait une sorte de courage : des personnes puissantes occupaient les hôtels qui encombraient et qui cernaient le Louvre, et ce n'était qu'une volonté ferme qui pouvait faire parvenir M. de Marigny à les forcer de renoncer à de riches demeures, qu'elles croyaient avoir le droit de posséder tranquillement, et où l'on n'aurait jamais dû les laisser s'établir. Le premier service que le surintendant rendit au Louvre, fut de le débarrasser de toutes ces constructions qui en obstruaient l'intérieur et les alentours; et ce fut alors que l'on put mieux juger des dégâts qu'elles y avaient causés (1).

Je ne puis m'empêcher, à cette occasion, de citer le service du même genre que M. Devilliers du Terrage, préfet de Nîmes, et M. de Laugier de Chartrouse, maire d'Arles, ont rendu aux belles arènes antiques de ces deux villes. On leur doit d'avoir, avec le peu de moyens mis à leur disposition, déblayé ces deux vastes et superbes monumens des maisons ou des masures qui les remplissaient et les défiguraient. Les habitans de ces villes, les voyageurs, et les amateurs de l'antiquité, leur paieront sans doute, pour ces intéressans travaux, un juste tribut d'éloge et de reconnaissance. J'ajouterai

---

(1) Pour ne pas interrompre le fil du récit par des détails qui ne sont, pour la plupart des lecteurs, que d'un intérêt secondaire, mais qu'il est bon de conserver, je donnerai ici un aperçu de la manière dont en 1755 étaient occupés le Louvre et ses alentours. Ces documens sont tirés du texte et surtout des planches de J. F. Blondel, t. IV, p. 28 et suiv.; mais dans ma marche je suis un ordre différent du sien : en indiquant, dans les distributions, la gauche ou la droite, il sera censé que ces désignations ont rapport au spectateur qui regarde l'aile dont il sera question. Mes planches 10, 11, 12, pourront servir de guides fidèles dans une grande partie du Louvre.

CÔTÉ DE L'OUEST.

Rez-de-chaussée. Nous commencerons par l'angle de gauche, et, en allant vers la droite, nous décrirons le rez-de-chaussée et le premier étage de chaque aile, avant de passer à celle qui la suit.

La salle des Cent-Suisses ou des Caryatides, X (pl. 11), avait été respectée : on y relégua des statues antiques et modernes, des plâtres; mais, par le désordre qui y régnait, c'était plutôt un magasin qu'une collection. Du côté de la place, un rang d'hôtels ou de maisons qui, tenant toute la longueur de la façade, n'était interrompu devant le pavillon du milieu que par des restes d'anciens fossés, larges de 7 toises, longs de 8, et par le pont, ôtait le jour à cette aile, et surtout aux salles basses, dont ces édifices n'étaient séparés que par un intervalle de 25 pieds, rempli par un jardin. Le vestibule Y et les escaliers a - A (pl. 12) avaient été conservés intacts.

La salle de Jean Cousin, B, galerie

même que, pour stimuler le zèle des propriétaires d'Arles intéressés à la conservation de ces maisons, M. de Laugier en a sacrifié qui lui

d'Angoulême (pl. 12), et la première fenêtre de la salle de Jean Goujon, C, avaient été données à l'académie des inscriptions, fondée en 1663. Cette pièce passait pour être parmi celles du Louvre la plus ornée de bronzes dorés, de bas-reliefs et de bustes en marbre. Le reste de la salle de Jean Goujon, très-décoré et garni de tribunes, servait aux séances publiques de l'académie française, fondée en 1635, et dont la salle particulière occupait celle de Francheville, D. La salle de Germain Pilon, E, était le dépôt des antiques de l'académie des inscriptions. Des personnes attachées à la maison du Roi s'étaient partagé la salle du Puget, F.

Premier étage. La salle qui répond au dessus de la première partie de la salle des Caryatides, X (pl. 11), et qui précède aujourd'hui celle des séances royales, après avoir fait partie des appartemens d'Henri II et d'Henri IV, était devenue la salle d'assemblée de l'académie des sciences, fondée en 1666 : elle était très-ornée; le riche plafond qui y est encore avait été conservé ; il y avait des tribunes. Ce qui forme aujourd'hui la superbe salle des séances royales avait été diminué dans la largeur par un corridor de douze pieds : la longueur était divisée en deux; dans la première partie, qui occupait deux fenêtres sur la place, la juridiction de la varenne du Louvre tenait ses séances et jugeait les affaires relatives à la chasse : on serait tenté de croire que ce droit datait du temps où le Louvre était dans des bois dont les rois s'étaient réservé la chasse. Le reste de cette grande salle, jusqu'à l'escalier d'Henri II, *x*, avait été consacré à la collection des modèles de la marine, qui, formée par Duhamel du Monceau, de l'académie des sciences et inspecteur général de la marine, avait été déposée jusqu'en 1752 dans les salles basses de la bibliothèque royale. Cette belle et curieuse collection, à laquelle s'étaient intéressés M. de Maurepas et M. Rouillé, ministres de la marine, offrait, exécutés

avec un grand soin, les bâtimens de guerre et de commerce de toute espèce, sur une assez grande échelle et dans tous leurs détails, ainsi que toutes les machines de la marine en usage dans les ports. La chapelle, dont l'entrée était dans le grand corridor, occupait, dans le pavillon du milieu ou de l'Horloge, le dessus du vestibule. Tout le reste de cette aile était distribué en appartemens de personnes de la cour.

CÔTÉ DU NORD.

Rez-de-chaussée. A partir de la salle du Puget, E (pl. 12), toute cette aile, avec ses entresols, jusqu'au grand vestibule de la rue du Coq, était remplie par des personnes de la maison du Roi, et par l'académie d'architecture, fondée en 1671. Elle était mal logée : des quatre fenêtres qui précèdent le pavillon du milieu, elle n'en avait que trois, dont la dernière était celle d'un petit magasin des ustensiles de la maison du Roi propres à la guerre, à la chasse ou à la table. Derrière ce magasin, le dépôt obscur des modèles d'architecture n'avait que 18 pieds sur 13. Des maisons, des cours, des jardins et des murs, venaient, du côté de la rue de Beauvais, s'attacher à cette partie de la façade du Louvre, et, dans plusieurs parties, des fenêtres qui auraient dû être employées à éclairer des appartemens, ne servaient qu'à donner du jour à des latrines. De grandes écuries, des remises et leurs dépendances, encombraient le vaste et beau vestibule ; on n'y avait laissé qu'un étroit passage de communication avec la rue du Coq, dont les maisons, du côté occidental, s'appuyaient dans toute leur hauteur aux belles murailles du Louvre. Les six fenêtres qui suivent le pavillon, étaient celles des logemens et des ateliers de Bouchardon et de Paul-Ambroise Slodtz, sculpteurs du Roi. Les trois dernières fenêtres sur la cour, et une partie de l'emplacement du grand escalier actuel du nord, composaient l'appartement d'un

appartenaient, et les a fait abattre. La maison carrée de Nîmes, l'un des plus jolis temples antiques, déblayée dans tout son pourtour, habilement

premier valet de chambre du Roi, gouverneur du Louvre. Dans le reste de la cage de l'escalier étaient les ateliers d'Adam, sculpteur du Roi.

Premier étage. A partir de l'angle de gauche, les seules distributions intérieures qu'il y eût correspondaient aux cinq premières fenêtres. C'étaient la demeure et les ateliers de Coypel, premier peintre du Roi, et en 1755 ceux de Boucher, qui le remplaça. Tout le reste de cette aile était encore vide.

CÔTÉ DE L'EST OU DE LA COLONNADE.

Rez-de-chaussée. De l'angle gauche de la cour jusqu'au pavillon du milieu, cette aile était occupée par de vastes écuries; le dessous du péristyle de la colonnade contenait des ateliers de sculpteurs et des magasins de marbre; au dehors, sur la place, étaient accolées au Louvre des remises; et, le long du pavillon d'angle de la colonnade, le jardin du ministre des affaires étrangères, d'une quarantaine de pieds de large, séparait du Louvre son hôtel, qui, dans les deux ailes, n'en était à guère plus de vingt pieds de distance. On se plaignait alors avec raison de ne découvrir qu'avec peine le Louvre au milieu des édifices qui en obstruaient les approches. Il n'y avait qu'une ruelle étroite qui, de la petite rue des Poulies, menait au Louvre : à droite, elle était bordée par le grand hôtel des Postes, dont faisaient partie les remises et les écuries dont je viens de parler; et à gauche, c'étaient les écuries de la Reine, énorme bâtiment adossé et construit contre les colonnes du Louvre. Le garde-meuble de la couronne, longeant la rue des Poulies, s'étendait vers le quai dans l'alignement du pavillon d'angle, et entre les édifices et le quai il y avait l'extrémité du jardin qui y est aujourd'hui. Ces hôtels avaient été bâtis sur l'emplacement de l'ancien Petit-Bourbon, que cependant Louis XIV fit abattre pour élever et développer sa grande façade. Le pavillon du milieu n'était libre qu'en partie pour le passage; le reste,

et toute l'aile jusqu'à l'angle de droite de la cour, formaient les ateliers et les magasins de marbre de plusieurs sculpteurs du Roi, Falconet, Vinache, Le Moyne.

Le pavillon d'angle, où est le grand escalier du midi, avait été donné à des sculpteurs du Roi, Le Flamand, Vassé. Du côté de la place Saint-Germain l'Auxerrois, de même que dans presque toute cette façade, il ne pouvait y avoir que des jours de souffrance, les bâtimens des écuries de la Reine touchant les murs du Louvre.

Premier étage. Derrière la colonnade et dans toute sa longueur, rien n'était construit à l'intérieur, et l'édifice manquait même en partie de toiture. Il n'y avait que le pavillon d'angle, et deux fenêtres qui viennent après sur la Seine, qui fussent distribués intérieurement : c'étaient les appartemens de l'intendant des menus-plaisirs.

CÔTÉ DU MIDI.

Rez-de-chaussée. A l'angle de gauche, une fenêtre sur la cour et deux sur la Seine, ateliers de Francin, sculpteur du Roi. Tout le reste de cette aile, dans toute sa profondeur, formait les appartemens du duc de Nevers; son jardin faisait suite à celui de l'Infante. On avait construit contre la façade, sur la rivière, des terrasses et des escaliers de communication avec le jardin de Nevers. Dans le grand vestibule du pavillon du milieu, il n'existait de libre qu'un passage pour aller au jardin de l'Infante, le reste dépendait de l'appartement du duc de Nevers; et les deux fenêtres qui, sur la cour, précèdent le pavillon du milieu, étaient celles de ses écuries. De ce pavillon jusqu'à l'extrémité de la façade en retraite du côté de la Seine, tout l'intervalle entre le mur de face de Perrault et celui de Le Vau, de P en M, pl. 11, était resté vide et à découvert; quelques murs de refend annonçaient une distribution projetée. En partant de la gauche, ils répondaient entre

réparée, et rendue, pour ainsi dire, à son premier état, a les mêmes obligations à M. Devilliers du Terrage. Que ne puis-je annoncer de même que ces exemples ont été suivis à Vienne en Dauphiné, cette ville si riche en monumens et où ils sont en si mauvais état, et à Lillebonne, entre Rouen et le Havre (p. 75, 77), et publier qu'on a déjà dégagé son théâtre antique des terres qui le recouvrent en partie! Ce monument mérite d'autant plus d'être exhumé de son tombeau, qu'il est très-curieux par sa construction, et que c'est le seul de ce genre dans cette partie de la France. Mais il est permis d'espérer que les vœux des personnes qui attachent quelque prix aux restes précieux de l'antique France, seront enfin remplis, et que les fouilles, qui n'ont pas encore pu avoir lieu, s'exécuteront quelque jour. Il serait bien aussi à desirer que les villes pussent elles-mêmes faire des fouilles dans leur propre terrain, et qu'elles conservassent les antiquités qu'on y découvrirait : ce sont des débris, pour ainsi dire, sacrés; et ces monumens, archives vénérées du pays dont ils ont fait l'honneur et dont ils retracent les anciens souvenirs, devraient attirer les mêmes respects que les ossemens de nos pères. Si l'on en fait une spéculation,

la seconde et la troisième fenêtre, la quatrième et la cinquième. Il n'y avait de bâti intérieurement que l'espace entre la sixième et la dixième fenêtre. Cette partie sur la rivière et toute cette aile sur la cour composaient les appartemens du premier écuyer de la Reine, et comprenaient les petites salles du musée royal des antiques sur la cour. On voit d'après le plan de Blondel que la cuisine occupait les deux premières fenêtres de gauche de notre salle du Héros combattant. Le tiers de celle du Tibre, M, du côté de la Seine, étant entre les constructions de Perrault et celles de Le Vau, était encore à découvert. Cette salle, telle qu'elle était alors, et le corridor de Pan, V, faisaient partie des salles d'audience du ministre de la guerre; et, en continuant tout-à-l'heure nos excursions hors de cette partie du Louvre, nous verrons qu'elles s'étendaient plus loin.

Premier étage. Toute la partie de cette façade sur la Seine, entre les murs de Perrault et de Le Vau, était à découvert, excepté le pavillon d'angle et les deux fenêtres que nous avons indiquées plus haut; et, à partir du pavillon du milieu, il n'y avait qu'à la huitième fenêtre que l'on eût fait un logement.

Dans la cour, de l'angle de gauche jusqu'aux deux tiers du pavillon du milieu,

magasins des menus-plaisirs; les entresols servaient d'ateliers à une foule d'ouvriers de tout genre qui travaillaient aux décorations, aux costumes et aux autres détails des fêtes et des spectacles de la cour. Dans un tiers du pavillon du milieu et dans le reste de cette aile, où doit être placé le musée Charles X, on avait fait des logemens pour des personnes de la cour.

Nous avons parcouru tout le carré du Louvre : nous jetterons un coup d'œil sur les parties qui y ont été ajoutées en dehors.

On a vu qu'une portion de la salle du Tibre était destinée aux audiences du ministre de la guerre; celle du Candélabre, pl. 10, L, le vestibule d'entrée, C, les salles des Empereurs romains, E, des Saisons, F, celles qui leur correspondent sur la cour, et toute la cage du grand escalier, D, au rez-de-chaussée, appartenaient aussi à ce ministère. A l'exception d'un petit vestibule, A, tout le rez-de-chaussée de ce pavillon servait de magasin de papiers à l'imprimerie royale; les autres pièces de l'ancien appartement de la Reine, de G en I, et la première fenêtre de la salle de la Diane, K, avaient été conservées à cause de leur beauté, et on les montrait au public. L'autre partie de la salle de la Diane était occupée par des statues antiques qui, depuis, furent placées à Versailles et à Marly. Dans la

et si l'on n'exhume les antiquités que pour les lancer dans le commerce, elles seront bientôt dispersées, expatriées.

Mais revenons au Louvre. Louis XV ne se borna pas à le débarrasser des constructions qui lui étaient étrangères, et à le faire reparaître tel que l'avait laissé Perrault; il voulut aussi que l'on continuât les parties qui avaient été interrompues. On reprit donc les travaux des trois façades, que l'on éleva en suivant le système des trois ordres. Il paraît même qu'on ne fut pas arrêté par le manque d'accord qui devait nécessairement avoir lieu dans les façades intérieures du midi et du nord lorsque les constructions du troisième ordre seraient venues se joindre à l'attique de Lescot, que l'on avait conservé. Mais ces murs de face ne furent pas élevés jusqu'à cette hauteur. Gabriel, architecte distingué, dont le père et le grand-père avaient suivi la même carrière, fut chargé de réparer et de terminer le Louvre. Ce ne pouvait être pour lui de grands titres à la gloire; il n'avait qu'à suivre les plans conçus par Perrault. Mais depuis, se livrant à ses propres idées, il s'est acquis une réputation méritée par des monumens qui, malgré quelques imperfections, lui font grand honneur, l'École militaire, le Garde-meuble de la couronne, et la place Louis XV; on lui doit

dernière fenêtre de cette salle, à droite, on avait ménagé un petit oratoire. La voûte de cette grande pièce était masquée par des entresols qui, ainsi que tout le reste, *a a*, *g g*, de cette aile, étaient remplis de logemens de personnes attachées à la maison du Roi.

Premier étage. Une des salles de l'académie des sciences, ainsi qu'il a été dit plus haut, avait autrefois fait partie de l'appartement d'Henri II et d'Henri IV. Cette académie avait encore trois autres pièces, dont deux dans les deux tiers de l'immense salle actuelle qui précède celle des séances royales; là se trouvait le dépôt des instrumens et des machines de cette illustre société. La salle en retour, où sont aujourd'hui des vases antiques, le grand salon rond, tout ce que comprend la première partie de la cage de l'escalier du Musée et le pavillon d'angle qui renfermait autrefois la salle de spectacle, avaient été donnés à l'académie de peinture et de sculpture, fondée en 1650. A l'extrémité du pavillon, et le touchant, était la maison du directeur et du secrétaire perpétuel de cette académie, alors Carle Vanloo et Lépicié.

La partie de cet étage qui donne sur la cour du Musée, entre les pavillons, était habitée par des personnes de la maison du Roi. Une portion de la galerie d'Apollon où étaient exposés de beaux tableaux et des plâtres, servait à l'étude des élèves de l'académie; ils y avaient même des ateliers. Le grand salon de l'exposition des tableaux et des sculptures, qui avait lieu tous les ans au 25 d'août, était où il est aujourd'hui : on y arrivait par la galerie d'Apollon et par un escalier qui se trouvait dans la pièce de droite, *a*, où est aujourd'hui le secrétariat du Musée royal. La fenêtre du milieu de cette petite aile était la porte d'entrée. On passait du salon dans la grande galerie, dont je parlerai dans un autre endroit, ainsi que des plans des villes de guerre qu'elle renfermait; je parlerai aussi de l'imprimerie royale et de la monnaie des médailles, qui en occupaient le dessous.

Cette distribution, qui menaçait d'une destruction totale le Louvre, qu'elle défigurait, avait été faite en grande partie en 1747, et l'on peut juger des embarras de toute espèce qu'elle dut susciter à M. de Marigny, lorsqu'il entreprit de rendre le palais à son ancien éclat. Nous aurons occasion plus tard de porter encore nos regards sur l'état où ce palais de nos rois était retombé quarante ans après ce sage et zélé surintendant des bâtimens du Roi.

toute cette belle partie de Paris. Le Louvre ne lui eut pas autant d'obligations : il paraît que, quelque intérêt qu'y prît M. de Marigny, les travaux ne furent pas poussés avec une grande activité; les façades ne furent élevées qu'en partie; on ne s'occupa point des intérieurs; et quant à l'extérieur, il n'y eut que très-peu de sculptures terminées. Gabriel fit avec goût et intelligence de nouvelles dispositions dans le beau vestibule d'entrée du côté de la rue du Coq, auquel avaient déjà travaillé Le Mercier et Perrault; mais il ne l'acheva pas, et ce fut Soufflot qui en compléta l'exécution et la décoration.

En voyant reprendre avec ardeur les constructions du Louvre, on avait pu se flatter de l'espoir de voir parvenir à leur fin au moins celles qui entourent la cour : mais il était de la destinée de ce palais d'être, de siècle en siècle, de règne en règne, pris, quitté, repris, sans être jamais achevé; on dirait que sa construction doit durer autant que la monarchie, et que chaque souverain attache du prix à y ajouter quelques pierres, sans oser y placer la dernière. Ne serait-on pas tenté de croire qu'il est soumis à quelque fatalité, lorsqu'on voit toute la puissance de Louis XIV, son goût pour la magnificence, et les cent vingt ans qu'embrassent son règne et celui de Louis XV, ne laisser à Louis XVI qu'un palais incomplet, que chaque règne rendait plus inhabitable, et que ce prince trouva dans un état à peu près pareil à celui d'où l'avait fait sortir Louis XV? Et de petits rois d'Égypte élevaient, comme monumens, des montagnes de pierre, revêtues de marbre, ornées intérieurement de tout le luxe de la sculpture et de la peinture, et ils ne s'y ménageaient pour l'éternité que l'espace d'un cercueil!

Quoi qu'il en soit des causes qui se sont toujours opposées à l'achèvement du Louvre, il n'était pas réservé à Louis XVI de le terminer. Il avait cependant l'intention de s'occuper de ce palais; mais d'autres soins plus graves le détournèrent de ce projet, et de tant d'autres qu'il formait pour le bien et la gloire de la France et pour l'embellissement de Paris, et que la longue carrière qu'il pouvait espérer lui aurait permis d'exécuter, si..... Mais jetons un crêpe funèbre sur ces terribles événemens qui ont si cruellement anéanti ses nobles et généreux desseins. Ceux qu'il avait formés pour le Louvre n'eurent pas d'autre résultat que le déblaiement de la cour. Ce ne fut pas une petite opération : le terrain s'y était, par les décombres entassés, élevé à une telle hauteur, que, dans quelques parties, il atteignait presque au premier étage, et que les salles du rez-de-chaussée étaient, pour ainsi dire, enterrées. Outre ces travaux préparatoires, on ouvrit une entrée du côté de la Seine, où, depuis les anciens temps, il n'y en avait jamais eu. M. Brébion fut l'architecte du vestibule qu'on y voit aujourd'hui, et qu'il laissa à d'autres le soin de terminer.

Tel était le Louvre, du moins à l'extérieur, lorsque tant de malheurs vinrent déranger tant de projets. J'exposerai les vicissitudes qu'à différentes époques ont éprouvées les diverses parties de ce palais, lorsque la description des salles qui s'y trouvent m'en fournira le sujet. On ne s'occupait plus du Louvre; il ne pouvait plus avoir la même destination qu'aux jours prospères de nos rois, et le gouvernement républicain le voua à l'étude des beaux-arts. Mais, s'il est sorti des ateliers qu'on y forma de grands talens qui font honneur à la France, ce ne fut pas sans exposer le Louvre à de nouveaux dangers et à de déplorables dégradations.

Nos rois aussi aimaient à répandre leurs faveurs sur les arts, et à accorder des distinctions et la plus honorable retraite aux hommes de mérite qui les cultivaient. Ce palais avait été le berceau et le sanctuaire de toutes les académies. Henri IV avait pour les artistes une affection toute particulière : il voulait s'en entourer, les avoir près de lui ; il leur avait assigné des logemens dans une des parties du Louvre. Louis XIV, Louis XV, avaient suivi son exemple ; Louis XVI les imita. Dans nulle autre capitale le souverain ne partageait ainsi sa demeure avec les artistes. Mais alors, au moins, il y régnait le calme qui convient à l'étude et à une habitation royale. Au commencement de la révolution ce fut bien différent : le Louvre fut envahi ; c'était une ville prise d'assaut, livrée au pillage, et que chacun se partageait à son gré. Une jeunesse effrénée, que rien ne pouvait retenir, remplissait de nombreux ateliers, qu'elle abandonnait pour se livrer à toute l'impétuosité de ses jeux, ou de ses attaques contre des écoles rivales. Chacun s'établissait dans le lieu qui était à sa convenance. On bâtissait des maisons entières dans des salles qui n'étaient pas terminées : on ne respectait pas plus celles qui l'étaient ; elles recevaient de nouvelles distributions : on criblait de trous les plus belles parties de l'architecture. Les corridors, les salles, encombrés d'immondices, ne présentaient plus de tous côtés que des murs dégoûtans de saleté, et d'où l'on aurait dû être chassé par l'air infect qui s'en exhalait. Enfin ce nouveau temple des arts, dans les parties dont ils s'étaient emparés, n'offrait plus que l'image du plus repoussant désordre ; et le Louvre, qui renfermait alors tant de talens divers, paraissait condamné à être détruit par des mains qui auraient pu l'embellir et l'achever dans toutes ses parties.

Ces désordres étaient trop violens pour qu'on ne vît pas qu'il était temps d'y mettre un terme. Le gouvernement jeta ses vues sur le Louvre ; on y laissa les compagnies savantes qui y étaient établies depuis long-temps, heureusement pour ce palais, dont elles avaient conservé les salles destinées à leurs séances. Les victoires et les conquêtes venaient d'enrichir Paris des chefs-d'œuvre de peinture et de sculpture de la Grèce et de Rome antique et moderne, et des autres villes de la belle et malheureuse Italie. Enlevées autrefois à la Grèce, les admirables productions de l'antiquité se voyaient arrachées à leur seconde patrie, et lancées de nouveau dans des terres étrangères, comme si leur destinée eût été de parcourir le monde, et d'y répandre l'amour des arts et le goût pur et simple des grands maîtres auxquels on les devait. Jamais conquête n'excita plus de joie ; et cette immense et riche dépouille de Rome, qu'elle laissait dans le désespoir, fut accueillie à Paris avec le transport que pouvaient inspirer de si brillans trophées.

On assigna à cette collection les salles du Louvre qui forment aujourd'hui en partie le musée des antiques ; et l'on chargea M. Raimond, architecte, de les disposer pour recevoir ces chefs-d'œuvre. C'était une grande opération ; il ne s'agissait pas seulement de décorer des salles toutes faites, la plupart étaient entièrement à faire : il fallait en ordonner autrement les distributions; en reprendre quelques-unes, pour ainsi dire, dans leurs fondations; soutenir en l'air des murs énormes, afin d'y pratiquer les ouvertures nécessaires à la circulation. Ce travail présentait de grandes difficultés et exigeait beaucoup d'habileté; c'était l'ouvrage de plusieurs années. M. Raimond le commença, et débalaya quelques parties du Louvre des baraques qui l'obstruaient encore. Les salles qui, à partir de l'entrée actuelle du Musée, composaient autrefois les appartemens d'Anne d'Autriche, et celles de l'extrémité en retour sur la Seine, furent restaurées et mises en état de contenir une grande quantité de statues et de monumens antiques. Ce fut là l'origine du Musée royal tel qu'il est aujourd'hui; on réunit aux trésors apportés nouvellement d'Italie les chefs-d'œuvre que François Ier et Henri IV en avaient tirés autrefois, et qui, pendant long-temps, dispersés et même négligés dans des habitations royales et dans des salles du Louvre, étaient loin d'attirer les regards comme ils le méritaient. M. Raimond ne vécut pas assez pour achever ce qu'il avait entrepris et conduit avec talent. Après lui, les travaux du Louvre, confiés à MM. Percier et Fontaine, ne pouvaient pas être remis en des mains plus habiles et plus sûres. Familiarisés avec les chefs-d'œuvre de l'architecture antique et moderne, ces deux chefs de notre école, qui doit à leurs leçons la plupart des architectes distingués d'aujourd'hui, réunissaient tous les talens que l'on pouvait desirer, non-seulement pour continuer les travaux du Louvre, mais même pour y faire les plus heureux changemens et l'embellir par leurs riches compositions.

En 1803 les travaux furent repris avec activité. On fit de nouvelles dispositions dans la galerie du Louvre; on ménagea des jours bien entendus, pris de haut, dans les dernières travées du côté des Tuileries, et l'on y plaça une partie des tableaux des écoles d'Italie. Dans les deux années suivantes, MM. Percier et Fontaine s'occupèrent de la façade de cette galerie du côté de la rivière; ils ragréèrent les parties qui en avaient besoin, et terminèrent celles qui n'étaient que commencées. On fut obligé, du côté de la cour des Tuileries, de reprendre des fenêtres en entier, et d'y rétablir la régularité.

Les travaux de 1806 furent plus importans, sous le rapport des arts, et d'une exécution beaucoup plus difficile. Les salles du musée de sculpture, commencées par M. Raimond, et dont on verra bientôt la description, furent continuées, malgré tous les obstacles qu'en présentait la construction, et l'on y déploya dans la décoration une grande richesse, alliée à un goût pur et simple, en harmonie avec les chefs-d'œuvre de l'antiquité que ces salles devaient renfermer. Les anciens projets du Louvre n'offraient rien pour leur distribution et leurs ornemens; elles n'étaient que vaguement projetées et sans destination dans le plan de Perrault. C'est entièrement à MM. Percier et Fontaine que l'on doit cette suite de pièces, dont la beauté peut soutenir avec avantage la comparaison avec ce qu'il y a de plus magnifique en Europe. Ce fut aussi en 1806 que le gouvernement acheta et fit démolir une partie des maisons qui remplissaient l'espace entre le Louvre et les Tuileries. L'hôtel de Brionne, qui touchait presque ce dernier palais, avait déjà disparu. On prolongea la terrasse des Feuillans jusqu'à la place Louis XV. L'inégalité du terrain vers cette extrémité, les maisons, les cours qui l'encombraient, obligèrent à de grands travaux.

En nous reportant vers le Louvre, nous verrons que les difficultés s'y multipliaient à mesure que les constructions faisaient des progrès. Il ne s'agissait pas seulement de l'intérieur du palais; il fallait en terminer les façades, et coordonner celles qu'avait élevées Perrault, avec la partie que l'on devait à Pierre Lescot. Alors se renouvelèrent les anciennes discussions qui avaient eu déjà lieu à ce sujet, et qui n'avaient encore pu produire aucune solution satisfaisante. Les obstacles étaient toujours les mêmes, et pour les vaincre on aurait été de part et d'autre obligé à trop de sacrifices, auxquels il était bien difficile, si ce n'est impossible, de consentir. Conserverait-on l'ancien Louvre de Lescot, qui, par ses proportions et la richesse de ses détails, avait droit à bien des égards, et y raccorderait-on les trois autres façades? Mais alors il fallait en supprimer ce qui était déjà construit du dernier ordre; et bien plus, on aurait été forcé de détruire la colonnade, qui, beaucoup plus élevée que la façade de Lescot, n'eût plus été en proportion avec celle qu'on y aurait adossée. D'un autre côté, si l'on voulait suivre le plan de Perrault, et y subordonner ce qui restait à faire au Louvre, on en était réduit à enlever l'attique de Lescot, les belles sculptures qui le décorent, les caryatides de Jacques Sarrazin, pour les remplacer par le troisième ordre de Perrault. Qu'aurait-on dit si l'on eût pris un tel parti, si outrageant pour la mémoire d'un de nos plus grands architectes, et pour celle de François Ier et d'Henri II, dont les noms et les souvenirs, empreints sur chaque pierre de ce beau monument, rappellent des époques où les arts jetèrent en France un si brillant éclat? De tous côtés la question se présentait hérissée de difficultés, dont MM. Percier et Fontaine, ni aucun autre architecte, ne se fussent hasardés de prendre sur eux la responsabilité; et si l'on se trouve dans un grand embarras lorsque, pour terminer un monument, on est contraint de faire un ensemble des parties qui se refusent à une réunion harmonieuse, on n'en éprouve pas un moins grand pour se décider à sacrifier l'une de ces parties à l'autre, lorsque, malgré leurs défauts, elles offrent des beautés qui, les contre-balançant, ont mérité l'admiration de plusieurs générations.

Ce n'était qu'une réunion d'architectes et d'artistes du premier mérite qui, par une discussion approfondie, pouvait éclaircir des points aussi importans, et faire prendre un parti dont on n'eût pas un jour à se repentir. Ce fut aussi ce qui arriva. On vit, avec raison, que le Louvre, par la nature des plans successifs et variés auxquels il avait été en proie, était condamné à ne jamais présenter un ensemble régulier, et qu'il devait subsister comme un magnifique exemple et un monument de l'incohérence des idées qui l'avaient dirigé, et des variétés que le goût avait imprimées au caractère de l'architecture aux époques où cet art fut le plus en honneur en France.

Et au fait, le Louvre offre à-la-fois les brillantes qualités et les vices de l'architecture française pendant plusieurs siècles ; on peut dire avec justice que ses beautés égalent celles des palais les plus remarquables de l'Europe, et que ses défauts sont peut-être moins nombreux et moins apparens que ceux de bien des édifices célèbres dont se vantent plusieurs contrées. Enfin, après de nombreuses discussions et un examen approfondi sous tous les rapports, il fut résolu qu'en reprenant les travaux on conserverait des constructions de Lescot et de Perrault tout ce qu'on pourrait en respecter, et que l'on continuerait dans trois des façades de la cour le troisième ordre de Perrault, qu'on raccorderait le mieux possible avec la façade de Lescot et de Le Mercier. On eut à regretter d'être obligé de démolir l'attique de l'aile qui, dans la cour, regarde le nord ; c'était l'ouvrage de Lescot et de Goujon : mais on ne pouvait pas le combiner avec le nouveau projet d'achèvement du Louvre ; et les riches sculptures qu'on en enleva furent placées dans d'autres parties du palais. Ces travaux considérables demandaient plusieurs années : des parties entières étaient à faire ; d'autres ne présentaient que la masse des pierres, et il s'agissait de les enrichir de sculptures. Tout fut exécuté avec le plus grand soin ; et si l'on ne s'arrête qu'aux détails de l'architecture et de la sculpture, on ne peut rien voir de plus achevé. Ce travail, au reste, était ingrat et peu agréable pour nos architectes, et, quel que fût le talent qu'ils y déployaient, ils ne pouvaient pas remédier aux vices constitutifs et irréparables du Louvre. En conservant ce qu'on ne pouvait changer sans tout abattre, ils n'avaient aucun moyen de parvenir à raccorder l'extrémité des ailes, d'après le système de Perrault, avec les frontons circulaires de Lescot, qui viennent s'y rejoindre. S'il se trouve des incohérences dans ces raccords, elles étaient inévitables ; ce n'est pas à nos architectes que peut en être adressé le reproche, mais à Perrault, qui, moins sage que Le Mercier, altéra les plans de Lescot, et mit ses successeurs dans la dure nécessité de ne développer toutes les ressources de leur art que pour produire un palais incomplet.

Après avoir envisagé le Louvre sous les rapports de son histoire, de son ensemble et de son architecture sous les différens règnes de nos rois, nous le considérerons dans son état actuel, en nous occupant des sculptures dont il est orné. La description des façades et des salles de ce palais fera passer sous nos yeux une foule de bas-reliefs et de figures de ronde bosse qui le décorent dans toutes ses parties, et dont un grand nombre n'est pas remarqué, soit à cause de l'élévation où ils sont placés, soit parce que l'on fréquente peu les endroits où ils se trouvent ; il y en a même qui ne sont connus que de peu de personnes, et cependant ils méritent d'attirer l'attention. J'ai donc cru rendre service et faire plaisir aux artistes et aux amateurs, en leur offrant cette suite considérable de sculptures de haut et de bas relief qui enrichissent le Louvre, et dont une bonne partie n'a jamais été gravée (1).

(1) Les petits frontons de la cour du Louvre, les anciens œils-de-bœuf, les caryatides et quelques autres sculptures ornementales, publiés sur une forte échelle

Il n'existe plus au Louvre de sculptures ni de détails d'architecture de ses anciens temps; et, tous les ornemens et les *basses tailles* des Jean de Saint-Romain, des de Launay, et des autres sculpteurs des règnes de Charles V et de Charles VI, ayant disparu, nous ne pouvons plus, en parcourant le palais qu'ils avaient embelli, établir de comparaison entre les ouvrages de leurs époques et ceux des règnes de leurs successeurs, ni suivre la marche des progrès qu'un siècle avait fait faire aux arts depuis Charles VI jusqu'à François Ier; car c'est seulement du règne de ce grand roi que datent les plus anciennes sculptures qui décorent le palais que nous voyons aujourd'hui et dont il fut le réparateur.

Il serait difficile ou embarrassant, dans les excursions que nous allons entreprendre autour du Louvre et dans son intérieur, de suivre une marche régulière, par rapport aux époques des sculptures. Auprès d'anciens ouvrages il s'en trouve de nouveaux, et nous les décrirons à mesure qu'ils se présenteront sur notre route, en cherchant cependant, autant qu'il sera possible, à tourner d'abord nos regards sur ceux auxquels leur ancienneté donne le droit de passer les premiers. Si, dans le compte que je rendrai des anciennes productions de la sculpture française, j'énonce mon opinion sur leurs différens degrés de mérite, ces critiques sont sans inconvénient. Quant aux ouvrages modernes, dont les auteurs existent encore, on me pardonnera d'en agir autrement, et plus d'une personne, du moins je l'espère, me saura gré de ma réserve. Assez d'autres sans moi exercent et exerceront une critique plus ou moins sévère : ce n'est pas mon but en parlant des ouvrages qui sont nés sous nos yeux; je me bornerai à les décrire. Personne n'ignore qu'à côté de belles choses, près des modèles que nous ont laissés Jean Goujon et Paul Ponce, il y a des sculptures très-médiocres. Au reste, on doit reconnaître, à l'honneur de nos sculpteurs actuels, qu'en général ils se sont bien inspirés des beaux bas-reliefs qu'ils avaient sous les yeux, et que, pour la plupart, ils ont reproduit dans les leurs le style et le caractère de ceux avec lesquels ils

---

dans le superbe ouvrage de M. Baltard sur le Louvre, ont été dessinés et gravés avec talent et dans leur véritable caractère par cet architecte ; et ce sont, pour les ouvrages de ce genre, des modèles à offrir, de même que les détails d'architecture reproduits par M. Baltard. Ce recueil m'a été de la plus grande utilité. Les bas-reliefs des frontons ayant été dessinés tandis qu'on travaillait au Louvre, il a été facile, à la faveur des échafaudages, de s'en approcher et de les rendre avec exactitude; aussi me suis-je servi de ces dessins pour les sculptures dont l'élévation ne permet pas d'en saisir tous les détails : quant à celles que leur position donnait la facilité de copier, elles ont été dessinées avec beaucoup de soin par feu Caïmé, dont les arts regrettent la perte, et dont l'habileté dans les dessins au trait était bien connue, et par M. Frémy, qui partageait sa réputation pour le même genre de dessins. Mon ouvrage, dans l'exécution duquel il a succédé à Caïmé pour les parties dont il s'était chargé, lui a les plus grandes obligations. Dire que ces bas-reliefs ont été gravés en partie par M. Normand père, c'est assez faire l'éloge de la pureté, du brillant et de l'esprit de leurs traits. Feu M. Alexandre Giboy jeune, graveur, qui marchait sur ses traces, en a aussi gravé quelques-uns, et il était digne par son talent d'être associé à cet habile artiste.

entraient, pour ainsi dire, en concurrence. Mais ici, comme dans les autres parties, le génie qui préside aux destinées du Louvre, et qui a décidé que toujours ce serait un tout incomplet, a fait sentir son influence. Exécutés par diverses mains, par des talens de degrés différens, ces bas-reliefs ne pouvaient pas avoir entre eux et avec l'architecture le même accord que lorsque Pierre Lescot, Jean Goujon, architectes et sculpteurs à-la-fois, mettaient dans la composition et dans l'exécution de leurs travaux l'harmonie qui devait les lier à leur architecture. Un seul esprit, pour ainsi dire, concevait et dirigeait l'ensemble et les détails. L'architecture et la sculpture étaient dans le goût de leur école, et en avaient toute l'originalité. Aujourd'hui, ce n'est pas d'après leur propre manière de sentir, d'après un style à eux, que nos sculpteurs ont exercé leurs talens pour compléter la décoration du Louvre; ils ont été obligés de s'inspirer d'ouvrages dont le style, le costume, l'ajustement, ne leur étaient pas familiers, et qui sont en outre d'un caractère et d'un aspect différens de ce qu'offrent les chefs-d'œuvre de l'antiquité, objet de leurs études. Ils étaient obligés d'en faire de nouvelles, et dans une autre direction, pour faire prendre à leurs idées et à la manière de les rendre la tournure et l'esprit de celles des maîtres du temps de François Ier Les productions de nos sculpteurs ne pouvaient et ne devaient être, dans plusieurs parties du Louvre, qu'une imitation plus ou moins heureuse de celles du XVIe siècle. Et ce sera encore par un des traits de la destinée de ce palais que ceux de ces bas-reliefs qui approchent le plus des œuvres de Jean Goujon, ne pourront pas un jour donner une idée du style de notre école actuelle. Ceux qui rendent le mieux la manière de ce maître passeront pour être de lui; les critiques regarderont comme des imitations ceux qui en sont moins près, mais qui rentrent dans son genre; et quant à ceux qui n'en ont aucun, il serait fâcheux pour notre école qu'ils servissent dans la suite à fonder un jugement sur notre style et sur le mérite de nos sculpteurs.

Quoique, dans cette description des sculptures du Louvre, il ne doive être question de celles de Jean Goujon que lorsque, dans nos excursions, nous serons arrivés à parler de la cour du palais, cependant il me semble qu'il est à propos, avant d'entamer ce sujet, d'entrer dans quelques détails sur ce grand maître, que notre école honore avec un juste orgueil, comme un de ses premiers et de ses plus illustres chefs.

Il est fort à regretter que cette fatalité qui s'attache souvent à l'origine des personnages célèbres et l'enveloppe de ténèbres, n'ait pas épargné Jean Goujon, l'un des hommes qui, dans les arts, ont fait le plus d'honneur à la France. On ignore le lieu, l'année de sa naissance, et toutes les circonstances de sa vie. Ce que l'on sait de plus certain, c'est sa liaison avec Philibert de Lorme et Germain Pilon. Quoique l'opinion générale soit qu'il naquit à Paris, il se pourrait bien cependant qu'Alençon ou ses environs lui eussent donné le jour. On dit qu'il y existait encore, il y a peu de temps, une famille de ce nom; et il y avait autrefois, dans une des églises de cette ville, des sculptures en bois, très-belles, entièrement dans le style de Jean Goujon, et qui passaient pour être de lui. Mais que l'honneur d'être la patrie de cet habile homme appartienne à Paris ou à Alençon, il n'en est pas moins positif que l'année de sa naissance n'est pas aussi certaine que celle de sa mort; et c'est de cette dernière date qu'il peut résulter quelques notions sur celle qui le vit naître. Goujon fut tué lors de la Saint-Barthélemi. D'après les ouvrages qu'il a laissés et les monumens auxquels il a travaillé, entre autres le château d'Anet, qu'il commença vers 1548 avec Philibert de Lorme, il paraît que sa vie, comme artiste, dut être assez longue; et il était déjà sans doute au plus haut point de son talent lorsqu'on lui confia les sculptures d'Anet : ainsi l'on ne s'éloignerait peut-être pas trop de la vérité en supposant que Jean Goujon naquit vers 1510.

Si l'on ignore ce qui a rapport à sa naissance, on n'est pas mieux informé sur ce qui regarde ses premières études, ni sur le maître qui le dirigea dans la double carrière de la sculpture et de l'architecture, arts qu'on ne séparait guère alors, et dans lesquels il paraît qu'il eut également du succès. L'incertitude ou plutôt le manque absolu de documens auquel on est condamné à cet égard, laisserait le champ libre aux conjectures, et permettrait de jeter les yeux, parmi les maîtres qui auraient développé ses talens, ou sur Jean Cousin ou sur Jean Juste de Tours, hommes très-habiles, et que l'on peut croire être nés quelques années avant Goujon. Mais ce ne seraient que des suppositions, plausibles, il est vrai, mais que l'on ne saurait appuyer de raisons très-solides ; il ne nous reste pas de ces maîtres assez d'ouvrages incontestables, pour que nous puissions, en les comparant à ceux de Goujon, que nous leur donnerions pour élève, voir jusqu'à quel point, dans les différentes parties de la sculpture, son style se rapproche du leur, et peut servir à établir, pour ainsi dire, entre eux et lui une sorte de filiation ou de ressemblance de principes et d'école. Ces artistes, et d'autres qui furent ses contemporains, tels que Lescot, Bullant, de Lorme, Paul Ponce, Germain Pilon, associés avec lui dans les mêmes travaux, semblent avoir été plutôt ses amis ou ses compagnons d'étude que ses maîtres. L'histoire et les biographes ne nous donnent aucun détail sur ce point; et il est fâcheux que nous n'ayons pas eu alors un Vasari pour recueillir ces particularités, ou que ce peintre, qui écrivait à l'époque où vivaient nos artistes, se soit borné, dans son grand travail, à ceux de l'Italie. Nous verrons même que, quoique Goujon ait certainement fait des élèves, nous n'avons pas de données positives pour désigner ceux qui sont sortis immédiatement de son école. Il est assez à présumer que ce sculpteur, ainsi que plusieurs de ceux que la France possédait à cette époque, voyagea en Italie, où les attirait la renommée de l'école de Michel-Ange, qui brillait alors de tout son éclat. Il est probable aussi que Jean Goujon fut une des personnes que François I.er adjoignit au Primatice, et auxquelles il confia le soin d'acheter en Italie cette grande quantité de statues antiques dont il embellit Fontainebleau et le Louvre. Et, lorsque nous examinerons les sculptures de Jean Goujon, nous aurons lieu de rechercher et d'apprécier ce qu'il dut à Michel-Ange, à ses voyages et à l'antique, ou ce qu'il ne tint que de son propre génie.

Nous nous sommes déjà occupés, page 355 et planches 14 et 15, des sculptures qui décorent la façade du Louvre d'Henri II et d'Henri IV, du côté de la rivière, et nous allons en terminer la description; c'est d'ailleurs de cette partie que commence l'examen que nous avons à faire de l'extérieur du Louvre.

La frise de cette façade du Louvre mérite d'être remarquée (*voyez* pl. 15 et 16); elle se compose de sujets sculptés de haut-relief, qui ont rapport à la marine, à la guerre, au commerce. Les groupes de petits génies marins qui se jouent avec des animaux fantastiques, sont assez bien traités, et je croyais pouvoir les attribuer en partie à Barthélemi Prieur, qui réussissait dans ce genre de sculpture, qu'il employa à Écouen; mais il paraît, d'après Sauval (1), qu'elles sont de Pierre et de François L'Heureux, qui paraissent avoir eu du talent pour l'exécution de la partie décorative de l'architecture, et sur qui, du reste, il ne nous apprend rien; d'eux peuvent bien être aussi, en partie, les sculptures des colonnes et des pilastres de cette façade.

Il m'est impossible de ne pas m'occuper ici d'une tradition qui, près de plusieurs personnes, passe pour très-positive, et qui, je crois, peut être très-contestée; il s'agit du grand balcon qui est à l'extrémité du pavillon où nous nous trouvons dans ce moment, et d'où l'on prétend que Charles IX prit une part active à l'affreuse journée de la Saint-Barthélemi. Je ne discuterai pas si ce fait odieux, dont Brantôme charge la mémoire de ce prince, est vrai ou faux; mais, dans l'une et l'autre hypothèse, on peut prouver que ni le pavillon ni le balcon qui existent aujourd'hui n'ont été le théâtre de ces déplorables scènes, et que cette partie n'était pas bâtie du temps de Charles IX. Elle ne le fut que sous Henri III et sous Henri IV, et on l'ajouta à l'ancien édifice pour réunir l'aile construite de e en H, pl. 10, sous Henri II et sous Charles IX, à la partie I-KK, commencée le long de la Seine par Henri II et terminée, ainsi que l'aile de Charles IX, par Henri IV.

Il est aisé de voir dans la façade du jardin de l'Infante que ce qui comprend les trois dernières fenêtres du côté de la rivière est d'une architecture différente, dans les lignes et dans les détails, de la partie qui les précède, et dont les six fenêtres et la porte forment par leurs arcades et par la disposition de leurs pilastres un ensemble régulier. On voit même qu'il n'y a que cette partie qui soit ornée de bas-reliefs. Il est plus que probable que lorsque ce bâtiment, qui renferme les salles F G H, pl. 10, fut construit, il était en dehors de l'ancien fossé de Charles V, qui venait, comme je crois l'avoir prouvé, jusqu'à l'angle de cette aile, et dans l'alignement de la façade actuelle du Louvre sur la Seine. Ce fut sans doute ce qui fit que la première portion de cette aile, qui répond à la salle E, pl. 10, n'entra pas dans la disposition que l'on donna à la façade de ce grand pavillon, qui avait l'angle de droite appuyé à l'extrémité du fossé, et dont les trois salles, F G H, dans leur longueur et à leur extrémité au sud, donnaient

---

(1) Tome II, page 40.

entièrement sur ce que l'on conservait de l'ancien jardin de Charles V (pl. 8 B). Si l'ensemble, tel qu'il existe aujourd'hui, fut projeté sous Charles IX, on voit par le plan de du Cerceau, publié en 1576 (pl. 9), qu'il ne fut pas terminé ; car cet architecte, qui indique les distributions du reste du Louvre d'Henri II et de Charles IX, n'en marque aucune dans cette aile de l'édifice.

Il est donc à croire que l'extrémité de ce bâtiment, ou les trois fenêtres qui répondent à la salle du Candélabre I I (pl. 10), y ont été ajoutées depuis Charles IX. La frise ou le bandeau qui règne entre le rez-de-chaussée et le premier étage porte dans ses enroulemens le chiffre d'Henri IV réuni à celui de Gabrielle d'Estrées : ces ornemens, de même que ceux de la façade sur la Seine, sont trop peu considérables pour permettre de supposer qu'ils n'ont été exécutés que long-temps après que cette partie du pavillon a été construite; ce qui serait arrivé si elle eût déjà existé du temps de Charles IX. Ce ne fut, ainsi qu'on l'a déjà dit, que vers 1596, au plus tôt, qu'Henri IV s'occupa du Louvre; il était alors épris de Gabrielle d'Estrées, et il voulut sans doute lui donner une preuve de sa tendresse en unissant, dans les premiers travaux qu'il faisait à son palais, son chiffre à celui de sa maîtresse. La duchesse de Beaufort mourut en 1599 : ainsi c'est entre cette année et 1596 que l'on doit placer la construction de la partie qu'Henri IV ajouta à l'édifice de Charles IX.

Il se pourrait même que les bas-reliefs du côté de la Seine et le balcon eussent été terminés plus tard. Ce qui me le ferait penser, ce serait de voir sur une grande médaille d'Henri IV, frappée en 1604 en mémoire de son mariage avec Marie de Médicis, et quatre ans après, ce monarque donner la main à la Reine, qui tient une corne d'abondance. On retrouve le même emblème, deux mains unies et un caducée, dans un bas-relief qui orne la clef de l'arcade du grand guichet de ce côté (pl. 14). Malgré le mauvais état de la sculpture, on croit reconnaître deux dauphins autour de la tête d'ange qui forme le bas de l'écusson ; ce qui ferait allusion à la naissance de Louis XIII, et servirait encore à expliquer les coquilles qui sont unies au chiffre de Marie de Médicis dans les sculptures de cette façade (*voyez* pl. 14 et page 356), et les frises marines dont on l'a ornée et où se représentent plusieurs fois des dauphins : explication qu'on ne peut se refuser d'admettre lorsqu'on a vu les dauphins qui décorent les chapiteaux des colonnes de la partie de Fontainebleau élevée à l'occasion du baptême de Louis XIII, dauphin de France. Toutes ces inductions réunies concourent à prouver que ces bas-reliefs ont été exécutés après le 27 septembre 1601, époque de la naissance de Louis XIII. D'un autre côté, les Renommées sculptées des deux côtés de l'arcade du balcon portent aussi des caducées (pl. 16 B) ; ce qui leur donne un rapport avec la clef de l'arcade dont il vient d'être question, et peut les faire croire du même temps et sculptées pour la même circonstance qui fit frapper la médaille. Il me semble donc plus que vraisemblable, d'après tous ces rapprochemens, que l'extrémité du pavillon qui donne sur la Seine n'existait pas sous Charles IX , et que c'est à tort que l'on a infligé à ce balcon une affreuse célébrité.

On sait que les Renommées dont on vient de parler, ainsi que les bas-reliefs du jardin de l'Infante, sont de Barthélemi Prieur : peut-être sont-elles ce qu'il y a de moins bien dans cette suite d'ouvrages de cet habile sculpteur, tandis que ses sculptures de l'autre façade sont mises au rang de ses bonnes productions. Mais Prieur, dont la vie n'est connue que par ses ouvrages, avait travaillé long-temps, vers 1545, à Écouen, avec Jean Goujon et Jean Bullant, pour le connétable Anne de Montmorency, mort en 1567. Sans doute alors, en le supposant très-jeune, il devait avoir assez de talent pour être associé à de tels maîtres; et il aurait été très-âgé lorsqu'Henri IV l'employa comme son sculpteur de prédilection. Il est donc fort probable que les Renommées qui tiennent des caducées sont de ses derniers ouvrages, et qu'il les fit lorsque l'âge avait déjà appesanti sa main; ce qui viendrait encore à l'appui de l'opinion que j'ai émise sur la date présumée de ces sculptures et de la façade du balcon. Si même, au lieu d'être de Prieur, ces Renommées du balcon étaient de Pierre et de François L'Heureux, comme semble l'indiquer l'obscur Sauval, cela n'affaiblirait pas les preuves que j'ai apportées; c'en serait même une, que ces sculpteurs travaillaient après 1601, et l'on pourrait en inférer qu'ils étaient élèves de Barthélemi Prieur, et qu'ils furent chargés de continuer, dans la façade sur la Seine, les travaux que leur maître avait commencés dans la partie située sur le jardin de l'Infante. On pourrait presque en conclure, ou que Prieur était mort à cette époque, ou qu'il avait cessé de travailler.

On peut trouver qu'en général les Renommées de Prieur, dans les deux façades, sont un peu lourdes, et qu'il n'a pas toujours su se tirer avec adresse de la difficulté que lui opposaient la petitesse et la forme de l'espace qu'il avait à remplir dans le cintre des arcades. La disposition des jambes manque de grâce, et les têtes, trop rondes, sont aussi trop fortes : ces figures n'ont pas l'élégance que Prieur aurait dû puiser dans l'école de Jean Goujon ou de Germain Pilon, dont on le dit élève. Les génies de l'astronomie, n.° 1, de l'agriculture, n.° 3, de la musique, n.° 5, et de l'architecture, n.° 7 (pl. 16 A) (1), sont beaucoup mieux : les groupes d'enfans, bien dessinés, et qui, sans dureté et sans exagération, annoncent de la vigueur et de la vie, sont composés avec intelligence et avec variété ; on peut même les citer comme des modèles en ce genre. Les attributs que Prieur a donnés aux différens génies, les font aisément reconnaître; et c'est sans doute comme emblème du pouvoir et de la force de la musique, et pour rappeler les prodiges qu'elle produisit par la lyre d'Orphée et d'Arion, que le sculpteur a fait coucher un lion aux pieds du génie qui la représente.

Je ne quitterai ce côté de la galerie qui donne sur le jardin de l'Infante qu'après avoir fait observer qu'on y trouve réunis, surtout dans la partie supérieure, plusieurs genres d'architecture. On y voit des parties qui ne semblent pas appartenir à celles qui les touchent : on dirait un monument composé de fragmens ou de pierres de rapport; et l'on n'en est pas étonné,

---

(1) Les numéros des deux planches 16 A, 16 B, indiquent l'ordre des bas-reliefs, à partir de l'angle du pavillon du côté de la Seine.

en se rappelant qu'une portion de cette galerie fut brûlée en 1661. Les architectes chargés de la restaurer conservèrent ce que le feu avait respecté; mais ils se gardèrent bien, dans leurs raccords, de suivre les mêmes idées, et, probablement pour faire preuve d'invention, chacun voulut y mettre du sien. Tout porte ici le cachet de ce besoin de faire autrement que ceux à qui l'on succède. Les dernières fenêtres, dans l'angle rentrant, ne ressemblent pas à celles qui les précèdent; elles ont fait partie de l'ancienne ordonnance de Le Vau, qui avait changé ce qui existait avant lui, et qui vit aussi changer ce qu'il avait fait.

Ce dut être un violent chagrin pour Le Vau et pour son gendre d'Orbay, lorsqu'ils virent cet esprit de changement, attaché au Louvre, attaquer ce qu'ils avaient peut-être fait de mieux, leur grande façade du côté de la Seine, et que, sous leurs yeux, et au regret de bien des architectes, on la masqua par celle de Perrault. Ce fut alors que disparurent les beaux bas-reliefs dont ils avaient orné plusieurs des frontons de leurs pavillons et de leurs avant-corps. Ne les ayant plus sous les yeux, nous n'en parlerons pas.

Long-temps après Perrault, sa façade du Louvre du côté de la Seine était encore au même point où il l'avait laissée, et il n'en avait disposé que les masses. Nous l'avons vue encore dans cet état jusqu'en 1808; il n'y avait de terminé que les deux chapiteaux de l'angle en retour de la colonnade : le fronton, l'entablement, les pilastres, attendaient encore leurs bas-reliefs, leurs riches modillons, leurs feuillages et leurs cannelures; la balustrade supérieure n'existait pas, et les consoles des croisées n'étaient que dégrossies. C'étaient de grands travaux à entreprendre, et d'autant plus considérables, qu'ils devaient se coordonner et marcher de front avec ceux des distributions intérieures, et de l'établissement de combles immenses qui étaient entièrement à faire. MM. Percier et Fontaine exécutèrent ces travaux avec un zèle et un soin dignes du palais auquel ils étaient chargés de donner toute la beauté de détail qui jusqu'alors n'avait été qu'en projet et sur le papier. La sculpture des ornemens fut exécutée dans toutes les parties de l'ordonnance, et refouillée avec cette recherche qui leur donne tant de vivacité, et que nos architectes avaient si bien étudiée et appréciée dans les monumens antiques de l'Italie.

M. Fortin (1), connu par plusieurs autres ouvrages, fut chargé d'orner de

---

(1) M. Fortin, élève de M. Le Comte, sculpteur et membre de l'institut, remporta le grand prix en 1783. A son retour de Rome, il fut, en 1789, agréé à l'académie. Parmi les principaux ouvrages de M. Fortin, on peut citer les suivans : à Sainte-Geneviève, un bas-relief en pierre de douze pieds de long, représentant la soumission aux lois; le monument du général Desaix, d'après le dessin de M. Percier; en 1808, le fronton du Louvre du côté de la Seine. La même année, un bas-relief de l'arc du Carrousel représentant la Victoire, la Paix, l'Abondance; un autre à la fontaine de Saint-Sébastien, rue de Popincourt, la Charité donnant à boire à de petits enfans; à Saint-Étienne-du-Mont, S.te Geneviève et la Religion; plusieurs bas-reliefs de la colonne de la place Vendôme. On a vu de M. Fortin, aux expositions du salon, en 1810, les statues en marbre de Bonaparte, et de Psyché abandonnée par l'Amour; en 1812, une Madeleine, un Phocion, et

bas-reliefs le fronton. Il y fit les deux figures que l'on voit planche 16 B, et qui, depuis quelques années, soutiennent les armes de France. De lui sont aussi les deux génies debout, placés plus bas (pl. 16 C). Les deux Renommées qui ornent les deux côtés de l'arcade, sont de M. du Pasquier (1).

Passons à la façade principale, du côté de Saint-Germain l'Auxerrois ; il en a été assez question pag. 374 et suivantes, pour ne plus revenir sur ce qui en a été dit. Nous avons vu qu'abandonnée pendant long-temps, attaquée même, c'était une des parties du Louvre qui avaient le plus souffert En 1809 on en entreprit la restauration ; il y avait beaucoup de ragrémens considérables à faire, soit dans les caissons du portique, soit dans les ornemens des soffites, où, dans bien des endroits, les joints s'étaient relâchés, et dont les pierres avaient été tachées par la rouille des armatures. Les colonnes criblées de trous, leurs chapiteaux, les ornemens, fracturés en plusieurs endroits, exigeaient de grandes réparations. Un regrattage léger était même nécessaire pour en enlever tous les lichens qui s'étaient attachés depuis long-temps à la surface, et qui, ne se contentant pas de les noircir, les menaçaient, en y entretenant l'humidité et en faisant pénétrer leurs racines dans la pierre, d'y causer des accidens encore plus graves. Tous ces travaux, qui exigeaient les plus grandes précautions, furent dirigés avec tout le soin possible par MM. Percier, Fontaine et Bernier. Les énormes pierres des cymaises du fronton, brisées en plusieurs endroits, furent consolidées par des agrafes et recouvertes de feuilles de plomb. Rien ne fut négligé pour donner de la solidité à toutes les parties de cette façade et pour lui rendre son premier éclat. Les raccords furent partout exécutés avec tant de soin et d'intelligence, qu'en sachant même où ils ont eu lieu, il serait très-difficile de les apercevoir ; et les ombres de Louis XIV, de Colbert et de Perrault, durent se féliciter de voir, pour ainsi dire, renaître de ses ruines un des plus brillans monumens de leur glorieux siècle.

Le fronton de la colonnade offrait dans son immense tympan un beau et vaste champ à la sculpture ; et il avait été disposé à cet effet par Perrault en belles et grandes pierres de Saint-Leu. M. Lemot fut chargé de

les bustes de Baron, de Gresset, placés dans le foyer des Français ; en 1817, ceux de Philippe de Champagne et de La Bruyère ; en 1819, la statue en marbre d'Harpocrate, et le buste de Visconti ; en 1824, la Madeleine, bas-relief en marbre. Le mausolée du Duc de Beaujolais, que M. Fortin a exécuté pour S. A. R. M.gr le Duc d'Orléans, a été envoyé à Malte et y a été mis dans une église. Il y a une erreur d'indication dans ma planche 20 ter : le génie de la poésie est de M. Fortin, tandis que celui de la guerre est de Callamard.

(1) M. Antoine-Liénard du Pasquier, né au Louvre en 1746, est élève de M. Bridan père. Après avoir obtenu plusieurs médailles d'encouragement, il remporta le grand prix et alla à Rome en 1774. A son retour, il travailla à Bagatelle ; pour M. de Sainte-Jame à Neuilly, et pour M. de Laborde. Les principaux ouvrages de M. du Pasquier sont, les sculptures de l'hôtel-de-ville de Tours en 1785 ; la statue en plâtre du général Hoche, au Luxembourg ; celle de Démosthène, au palais des députés ; la décoration de la façade de l'arc de triomphe du Carrousel du côté du Louvre ; quarante pieds des bas-reliefs de la place Vendôme, représentant les retranchemens d'Elchingen pris par le maréchal Ney ; et la statue colossale de du Guay-Trouin en marbre, destinée au pont de Louis XVI.

cet imposant travail ; et ce bas-relief, que le jury des prix décennaux jugea digne du grand prix, fut terminé en 1811 (1).

Minerve, entourée des Muses et de la Victoire, consacre le buste de Louis XIV (pl. 18). Debout au milieu de cette grande scène, la déesse des arts de la guerre et de la paix, n'ayant pour armes que celles qui protégent, le casque, l'égide, et le bouclier, sur lequel sa main gauche s'appuie, montre de la droite au céleste chœur des Muses le buste du grand roi qui fit tant pour leur gloire. Les neuf sœurs prêtent une oreille attentive au discours de Minerve ; on les reconnaît à leurs attributs. Clio grave les hauts faits du monarque sur le monument au pied duquel la Victoire paraît lui être soumise, et prête à distribuer, à son gré, les palmes et les couronnes. Près d'Euterpe, de Terpsichore et de Thalie, l'Amour, appuyé sur Érato, semble attirer particulièrement les regards, comme pour indiquer que, si la vie du petit-fils d'Henri IV donna tant d'occupation à la muse de l'histoire et de la gloire, il sut en réserver une partie à l'amour et aux plus nobles plaisirs de l'ame. Dans les deux angles inférieurs du fronton, les génies des arts et du commerce, soutenant des guirlandes, terminent cette sage, riche et simple composition.

Le bas-relief qui orne le dessus de la porte d'entrée, et dont la composition rappelle celle de quelques camées antiques, entre autres du Jupiter foudroyant les géans, pierre célèbre du cabinet impérial de Vienne, est de M. Cartellier (2). Le sujet fait suite à celui du fronton. Couronnée de laurier, les ailes éployées, la Victoire, montée dans un quadrige, distribue des couronnes et semble fouler aux pieds des trophées d'armes renversés par ses fougueux coursiers, que modèrent avec peine deux génies. Le char est rempli des palmes que la déesse destine aux vainqueurs.

Avant de quitter la colonnade du Louvre ou ce qui a rapport à sa décoration, j'ajouterai qu'on avait dû autrefois placer des deux côtés de l'entrée les

(1) M. François-Frédéric Lemot, né à Lyon en 1773, membre de l'académie des beaux-arts, chevalier de l'ordre royal de Saint-Michel, officier de la Légion d'honneur, et professeur à l'école royale des beaux-arts de Paris, remporta le grand prix de sculpture en 1790. Ne pouvant pas citer tous les ouvrages de M. Lemot, je me bornerai à en rapporter les principaux : à la Chambre des pairs, les statues de Léonidas aux Thermopyles et de Cicéron découvrant la conjuration de Catilina ; à la Chambre des députés, la Renommée et la muse de l'histoire, bas-relief en marbre de la tribune ; la statue de Lycurgue ; plusieurs bas-reliefs au Luxembourg et à l'école royale de musique ; la statue équestre en bronze d'Henri IV, fondue le 23 mars 1817 par feu Piggiani et M. Jacquet, inaugurée sur le Pont-neuf, à Paris, le 25 août 1818 ; les bas-reliefs du piédestal sont aussi de M. Lemot ; la statue équestre en bronze de Louis XIV, coulée le 27 août 1824 par M. Jacquet, placée à Lyon le 6 novembre 1825. On cite encore de M. Lemot un Apollon Lycéen en marbre, de six pieds de proportion ; Hébé offrant le nectar à Jupiter métamorphosé en aigle, une figure de femme couchée, toutes les deux en marbre et de petite proportion. Les bas-reliefs d'un arc de triomphe à Châlons-sur-Marne, détruit en 1814, et la Victoire qui faisait partie du quadrige placé sur l'arc de triomphe du Carrousel, étaient aussi de l'auteur du grand fronton de la colonnade du Louvre.

(2) M. Pierre Cartellier, né à Paris,

groupes admirables de Monte Cavallo, moulés en bronze. Perrault avait eu aussi l'intention de supprimer les fenêtres du soubassement, qu'il ne trouvait pas en harmonie avec la richesse de son ordonnance corinthienne, et qu'il aurait remplacées par des trophées d'armes en bas-relief, dans lesquels le creux des casques lui aurait offert le moyen de ménager des jours pour éclairer le dessous du portique. Mansard a eu recours à cet artifice dans le dôme des Invalides; mais, les trophées étant à une grande élévation, ces casques, changés en lucarnes, ne produisent pas un mauvais effet. Il n'en aurait pas été ainsi au Louvre, où ces trophées eussent été à la portée de la vue, et il aurait fallu, ou que les casques fussent d'une grandeur hors de proportion, ou que les ouvertures eussent été trop petites, mesquines et de peu d'utilité. Dans le frontispice de l'édition de Vitruve publiée en 1684 par Perrault, on aperçoit dans le lointain la façade du Louvre chargée de ces trophées, et l'on en voit aussi au-dessus des pilastres de la balustrade qui surmonte l'entablement de la colonnade.

Il paraît aussi que, d'après un autre projet de Perrault pour remédier au mauvais effet que produit l'arcade de l'entrée, qui coupe l'entablement du soubassement, on voulait pratiquer à l'extérieur et en avant de la façade, comme à Fontainebleau, un immense escalier à deux rampes, qui, laissant en dessous une entrée dans la cour du Louvre, eût conduit par une pente douce aux grands appartemens de la colonnade. Mais cette addition, qui n'aurait pas été combinée d'après l'ordonnance générale, en eût altéré tout le caractère, sans en corriger les défauts. Ce pompeux applicage les eût fait encore mieux ressortir. On aurait sans doute alors été obligé de changer la disposition du pavillon du milieu et d'établir une communication plus aisée entre les deux péristyles. Cette partie, à laquelle on fait peu d'attention, parce que, n'ayant d'utilité que pour l'intérieur, elle ne produit pas d'effet sensible à l'extérieur, est cependant une de celles qui ont coûté le plus de combinaisons et de travail à MM. Percier et Fontaine. Il y a souvent plus de difficultés à réparer ou à masquer des fautes qu'à produire de belles choses. Sans entrer dans le détail des changemens et des reconstructions intérieures auxquels ils ont été forcés, je me bornerai à faire remarquer qu'il a fallu reporter en avant et recharger une partie du soubassement du grand pavillon, et dégager le haut de l'arcade pour agrandir et éclairer la communication entre les péristyles, sans qu'on ait pu cependant parvenir à faire disparaître

---

élève de M. Bridan père, membre de la Légion d'honneur en 1808, de l'académie des beaux-arts en 1810, professeur à l'école royale des beaux-arts en 1816, chevalier de l'ordre royal de Saint-Michel en 1824. Ce statuaire a exécuté un grand nombre d'ouvrages, parmi lesquels je citerai la Pudeur, statue en marbre; une statue en marbre de Napoléon Bonaparte pour l'école de droit; une de son frère Louis en grand costume, aussi en marbre. Pour le Luxembourg, Minerve, en frappant la terre de sa lance, fait naître l'olivier, statue en marbre; la statue de la Guerre, en pierre, et celles d'Aristide et de Vergniaux, en plâtre; Louis XIV à cheval, bas-relief pour l'hôtel des Invalides; Louis XV, statue colossale en bronze, pour la ville de Reims. M. Cartellier a été chargé de l'exécution du monument élevé à la mémoire de M.gr le Duc de Berry, et d'une statue équestre de Louis XV en marbre.

les inconvéniens des dispositions de Perrault, ni à donner à ces raccords, habilement exécutés, un autre aspect que celui d'un travail fait après coup et qui n'appartient pas aux premières conceptions de l'ensemble.

Ce n'est pas le seul endroit de cette aile du Louvre où MM. Percier et Fontaine aient eu à lutter contre des obstacles difficiles à vaincre. Les grands escaliers, si beaux, si somptueux aujourd'hui, et qui le seront encore plus lorsqu'ils seront ornés de tous les bas-reliefs qu'on leur destine, ont opposé des difficultés qui eussent été presque insurmontables pour des talens moins éprouvés. Lorsque l'on en admire l'ordonnance, tout y paraît si bien disposé, qu'on ne s'occupe que de leur beauté, sans penser à la peine qu'elle a coûtée. Ce n'était plus ici comme dans les autres parties du Louvre, où les architectes qui précédèrent Perrault ou qui lui succédèrent n'avaient eu qu'à continuer l'exécution de ses plans ou de ceux de Lescot et de Le Mercier : pour les escaliers, tout était à composer et à faire. Après avoir dégagé les pavillons des angles de toutes les distributions qui les encombraient, il ne serait resté que la cage ou les quatre murailles. Perrault, cependant, avait certainement bien pensé à établir des escaliers, et une partie aussi considérable du palais ne pouvait s'en passer. On trouve même dans ses plans qu'il y avait songé : mais ses idées sur ce point important n'étaient pas encore arrêtées, et il n'y a, pour ainsi dire, que l'indication d'escaliers à placer dans les extrémités de la façade; c'était loin de tout ce qu'en comportait le tracé sous le rapport de la composition et de l'exécution. On voit par ces plans que la grandeur n'en aurait pas été d'accord avec leur destination, et qu'ils ne devaient occuper qu'une partie de la cage où ils auraient été placés : c'était un défaut de convenance. Si l'on s'en était tenu à ce qu'annoncent les projets, les escaliers eussent été mal éclairés et peu conformes à la magnificence de cette partie du Louvre. Ils devaient conduire, ou au péristyle de la colonnade, ou aux grands appartemens qui lui sont opposés, et cependant ils n'auraient abouti ni à l'une ni à l'autre de ces deux divisions, dont les entrées n'auraient pas été en face de la dernière course de l'escalier. Les paliers n'étaient pas d'une grandeur suffisante; l'espace occupé par les escaliers étant assez étroit et la cage très-élevée, il aurait été presque impossible, dans la distribution décorative, de conserver de belles proportions entre la largeur et la hauteur : celle-ci eût été démesurée, de quelque manière que l'on s'y fût pris pour l'orner, soit en n'employant qu'un ordre, soit en en mettant deux l'un sur l'autre. Ce qui existe aujourd'hui en est la preuve : ces escaliers, remplissant tout l'intervalle entre les murs, sont plus larges qu'ils ne l'auraient été; et cependant la trop grande élévation de la cage a forcé, au lieu de surmonter les colonnes d'un entablement droit, d'y faire retomber des arcades qui ne sont pas dans les convenances de l'ordonnance corinthienne; ce qu'on n'aurait pu éviter qu'en employant des colonnes colossales, au moyen desquelles et de leur entablement on eût pu arriver jusqu'au plafond, mais qui, par leur grandeur, auraient été disproportionnées avec le reste de l'ensemble. Il n'est pas probable qu'il soit entré dans les projets de Perrault d'éclairer ces escaliers par en haut; car il paraît, ainsi qu'on l'a déjà vu, qu'il avait l'intention de surmonter ces pavillons d'un attique et d'un autre pavillon couronné d'un dôme.

A voir les escaliers actuels, la facilité de leur montée et la beauté de leur développement, on dirait que le lieu avait été, dès le principe, disposé pour les recevoir. Il n'en était cependant pas ainsi. Lorsqu'on eut déblayé les pavillons, on vit que les mesures et les divisions n'étaient pas égales, et que ce que l'on pourrait établir dans celui du nord, ne s'adapterait pas à l'aile du midi, dont l'espace était plus resserré. Il s'agissait pourtant de construire non-seulement deux escaliers pareils, mais ils devaient en outre, et c'était une condition rigoureuse du programme, partir du milieu de l'extrémité des grandes salles qui leur servent de vestibules, et arriver dans l'axe des portiques de la colonnade, qui, par cette disposition, devenaient de belles et vastes galeries en avant des grands appartemens. Il serait trop long de rapporter en détail toutes les opérations auxquelles ont été obligés MM. Percier et Fontaine pour parvenir à ce résultat; mais leurs travaux, commencés en 1807, ont été terminés en peu d'années et couronnés d'un plein succès. Le programme a été parfaitement rempli. A beaucoup de noblesse dans la disposition ces escaliers joignent une élégante richesse dans les détails, et nulle part on n'aperçoit la trace ou la contrainte des difficultés que l'on a éprouvées pour retrouver dans ce qui existait les mesures dont on avait besoin pour exécuter cette belle conception. Il est bien à regretter que ces grands escaliers, qui font honneur à notre école d'architecture, ne soient qu'en pierre de Conflans, superbe, il est vrai, mais qui eût été si bien et si convenablement remplacée, dans un palais tel que le Louvre, par les marbres et les granits dont le sol de la France recèle une si grande variété. Faudra-t-il que le moindre édifice de l'Italie, où le marbre monumental n'est ni plus beau ni plus abondant qu'en France, conserve toujours cet avantage sur nos plus beaux palais!

Il n'est pas inutile de faire remarquer que la planche 20, qui représente un des grands escaliers du Louvre, l'offre avec toute la décoration qui doit un jour les enrichir, et que c'est à l'obligeante amitié et même à l'habile main de M. Percier que je dois le dessin des ornemens projetés de ces voûtes. La sculpture n'a rien négligé pour orner ces escaliers, et les lunettes des arcades sont remplies de bas-reliefs qui accompagnent bien la richesse de l'architecture.

ESCALIER DU NORD. (*Voyez* pl. 20 *bis*.)

LA RENOMMÉE, par M. Dumont (1). — La déesse, couronnée de laurier, tient une tablette qu'elle appuie sur le globe terrestre; entourée d'armes et

---

(1) M. Jacques-Edme DUMONT, né à Paris en 1761, élève de M. Pajou, remporta le grand prix en 1788. Parmi les différens ouvrages dont il fut chargé, on remarque ceux qui suivent : une statue du général Marceau, placée dans le grand escalier du palais de la Chambre des pairs. Au salon de 1808, M. Dumont exposa le modèle d'une statue de Colbert qui, exécutée en pierre de douze pieds de proportion, décore le devant de la façade du palais des députés. Une autre statue en pierre, représentant la Justice, et dont le modèle fut au salon de 1812, a été placée

des instrumens des arts, elle paraît inscrire les noms de ceux qui s'en sont fait un dans les arts de la paix et dans ceux de la guerre.

VULCAIN, par le même sculpteur. — Près de sa forge, assis sur des armes, il vient de terminer celles d'Achille, et un de ces trépieds si célèbres chez les anciens et qui devenaient le prix des vainqueurs.

JUPITER, par Chardigny (1). — La tête ceinte du diadème, tenant son foudre de la main droite, le maître des dieux, avançant la main gauche en signe de commandement, semble donner un ordre à quelqu'une des divinités de l'olympe.

JUNON, par le même. — A son paon, à son sceptre, on reconnaît l'épouse de Jupiter, la reine des dieux, prête à répandre les richesses et la puissance parmi les mortels qu'elle protége.

LE GÉNIE DE LA VICTOIRE, par M. Montoni (2). — Il distribue des couronnes et des palmes aux guerriers qui les ont méritées et sur terre et sur mer.

LA FORTUNE, par le même. — On a donné pour attribut à la déesse que l'on représente ordinairement aveugle et au-dessus d'une roue, un caducée comme signe du commerce; de la main droite elle vide une corne d'abondance remplie de croix et de récompenses militaires. Si elle est assise, c'est sans doute pour indiquer que c'est une fortune faite et stable.

dans l'intérieur du palais du Temple. On voit dans la salle des Pas perdus, au Palais de justice, une statue de M. de Malesherbes en marbre, par M. Dumont; elle avait été exposée en plâtre en 1819, de même que le modèle d'une statue du général Pichegru, qui, par les ordres du ministre de l'intérieur, a été reproduite en marbre de dix pieds de proportion, pour la ville de Lons-le-Saunier. Parmi les ouvrages de M. Dumont, on doit encore nommer la Tragédie et la Comédie, bas-relief qui orne un des œils-de-bœuf de la cour du Louvre (voyez pl. 38); la statue de sapeur de l'arc de triomphe du Carrousel, et, dans le même monument, un bas-relief représentant la Valeur qui accueille avec douceur les habitans d'une ville conquise. On a aussi de lui plusieurs bustes, et, entre autres, ceux des généraux Marceau, Causse, de Boudet.

(1) CHARDIGNY, né à Paris en 1755, remporta le grand prix de sculpture en 1782. A son retour de Rome, il se fixa à Marseille, où il exécuta divers ouvrages; entre autres, plusieurs bas-reliefs fort estimés. On retrouve l'étude et le sentiment de l'antique dans le génie en marbre qu'il fit pour la colonne monumentale élevée près la porte de Paradis, et qui est consacrée à la mémoire des hommes courageux qui, pendant la peste de Marseille en 1720, bravèrent tous les périls pour sauver leurs concitoyens. Les deux bas-reliefs du Louvre cités plus haut, dont Chardigny fut chargé en 1809, furent ses derniers ouvrages; en les terminant, il tomba d'un échafaudage, et mourut des suites de cette chute en 1809.

(2) En 1810, M. MONTONI fit une statue de Bonaparte en bronze; en 1812, celle du général Lacour pour le pont de Louis XVI, et, pour le même monument, en 1817, le modèle d'une statue de Bayard.

NEPTUNE, par M. Bridan fils (1). — Couronné de plantes marines, tenant de la main gauche son redoutable trident, de la droite un gouvernail, le dieu des mers, suivi d'un triton monté sur un dauphin, parcourt les ondes, assis dans une conque traînée par un seul cheval marin.

CÉRÈS, par le même. — La déesse des moissons, couronnée d'épis et ayant à la main gauche un bouquet de fleurs, s'appuie sur une corne d'abondance qui répand ses fruits sur la terre : près d'elle, une riche gerbe, une charrue, sont les emblèmes de ses bienfaits ; son char dételé, sa torche, indiquent qu'elle se repose des fatigues que lui a causées la recherche de sa fille Proserpine.

BAS-RELIEFS DE L'ESCALIER DU MIDI. (Pl. 20 *ter.*)

LA FORCE, par M. Gérard (2). — Ici Hercule en repos, entouré d'armes et s'appuyant sur le Code des lois, est l'emblème de la force et de la sécurité que donnent à un état de bonnes lois et le courage de ses soldats.

LA JUSTICE, par le même. — Le lion, l'épée, les faisceaux, sont des signes caractéristiques de sa force ; la balance, de son impartialité. La déesse tourne ses regards vers Hercule, comme pour indiquer l'harmonie qui doit régner entre les lois civiles et les lois militaires.

L'AGRICULTURE, par M. Taunay (3). — Si la charrue, la bêche, la corne d'abondance, annoncent et les travaux et les bienfaits de l'agriculture,

---

(1) M. Pierre-Charles BRIDAN, né à Paris, est élève de son père. Aux différentes expositions du salon, on vit de lui deux statues modèles en plâtre, représentant, l'une, Pâris qui offre la pomme à Vénus, et l'autre, l'Immortalité. Il fit, en 1800, pour la galerie du Luxembourg, le buste en marbre de Marlborough. Sa belle statue d'Épaminondas blessé, exposée en plâtre au salon de 1802, ne fut exécutée en marbre qu'en 1814. En 1804, il y eut de M. Bridan, au salon, le modèle d'une figure de l'Amitié. Le buste du Titien, en marbre, qui fut exposé en 1808, a été placé dans la grande galerie du Louvre. En 1812 et en 1824, M. Bridan a exécuté en marbre, pour le pont de Louis XVI, les statues colossales du général Wallongne et de du Guesclin ; et pour Dijon, une statue de Bossuet en marbre.

(2) M. François GÉRARD, né à Paris en 1766, élève de Moitte. En 1808, il mit au salon le modèle d'un bas-relief de l'arc de triomphe du Carrousel, représentant la Sagesse et la Force accompagnées de la Prudence et de la Victoire, et tenant la couronne ; en 1814, ce sculpteur fit pour la grille du Carrousel, du côté de la Seine, deux belles figures colossales en pierre, la France victorieuse et l'Histoire ; on vit de lui, au salon de 1817, la Sculpture, modèle d'un bas-relief destiné à la fontaine de la Bastille, et dans les planches 35 et 38 on trouvera les bas-reliefs dont M. Gérard a orné la cour du Louvre. Dans la chapelle expiatoire de la rue de l'Arcade, consacrée par S. A. R. Madame la Dauphine à la mémoire de S. M. Louis XVI, de la Reine et de leur auguste famille, et construite par M. Fontaine, la plus grande partie des sculptures est de M. Gérard. Un bas-relief représente la translation des restes précieux de Louis XVI et de la Reine à Saint-Denis ; dans quatre pendentifs sont des anges en adoration ; il y en a deux autres dans le fronton de la chapelle.

(3) M. TAUNAY, né à Paris en 1768, frère de l'habile peintre de ce nom, était élève

l'Hermès d'une divinité des champs, la flûte de Pan, le bâton du pasteur et du chasseur, rappellent ses plaisirs.

Le Commerce, par le même. — Le dieu des eaux tourne ses regards vers l'agriculture, dont il semble attendre les richesses pour en charger ses navires et les répandre dans le monde par mer et par les canaux.

Le Génie des beaux-arts, par M. Fortin. —Minerve a quitté ses armes; auprès d'elle s'élève l'olivier de la paix ; elle tient une couronne de feuilles de cet arbre, récompense des triomphes obtenus par les arts; la flamme d'une lampe indique le génie qui doit les inspirer, ainsi que le calme et l'assiduité qu'ils exigent.

Le Génie de la poésie, par le même — Couronné de laurier, entouré de ses attributs, la lyre, l'arc, le trépied sacré de Delphes, le griffon, Apollon tient une couronne, et, en montrant le buste d'Homère, il semble proclamer que c'est en suivant ses traces que les poètes peuvent la mériter et parvenir à l'immortalité.

Le Génie de la guerre, par Callamard (1). — La déité qui préside aux combats, armée d'une pique, tenant une couronne, est assise au milieu de

de Moitte : il remporta le grand prix de sculpture en 1792. Je ne trouve cités parmi ses ouvrages que ceux-ci : en 1808, un cuirassier, statue en marbre pour l'arc de triomphe du Carrousel; en 1812 et 1814, M. Taunay a exécuté pour le pont de Louis XVI le modèle d'une statue du général La Salle, et un buste en marbre de Ducis. C'est aussi de lui que sont en grande partie les enfans groupés avec les trophées et les ornemens d'un beau caractère qui décorent la cage du grand escalier du Musée royal, ainsi que les Renommées et la Victoire soutenant les armes de France, dans la façade de l'hôtel des gardes-du-corps sur la Seine. On cite aussi de M. Taunay deux belles figures en marbre qui supportent une grande pendule du cabinet du Roi.

(1) Charles-Antoine Callamard, né à Paris en 1769, y mourut en 1815. Élève de M. Pajou, il remporta le second prix de sculpture en 1792; et comme il n'y eut plus de concours jusqu'en 1797, ce ne fut que cette année qu'il put obtenir le grand prix. Plein d'amour pour son art, il s'y livra à Rome avec ardeur, et, par l'étude constante et bien dirigée de l'antique, il développa son goût, et joignit au sentiment de la grâce qu'il avait reçu de la nature, la pureté de dessin et l'élégance des formes, que peut seule donner l'étude de la nature bien combinée avec celle des chefs-d'œuvre antiques. On retrouve ces précieuses qualités dans plusieurs des ouvrages qu'a laissés Callamard; entre autres, dans ses statues de l'Innocence et d'Hyacinthe, qui font partie de la galerie d'Angoulême, et que je donnerai avec les statues du Musée royal. Parmi ses autres productions on cite plusieurs bas-reliefs de la colonne de la place Vendôme; celui de l'arc de triomphe du Carrousel où il a représenté les Arts, et qui est traité avec goût; d'autres bas-reliefs que nous verrons dans la salle des Caryatides; une statue en marbre du général d'Espagne, de douze pieds de proportion, et plusieurs bustes. Il est à regretter que Callamard n'ait pas eu le temps de terminer une jolie statue en marbre de l'Adolescence, qui était tout-à-fait dans ce caractère simple et gracieux qui distinguait son talent. Il paraît cependant qu'il aurait donné des preuves qu'il savait exprimer la

monceaux d'armes; mais ses ailes annoncent son activité, et que, si elle se repose, elle peut encore porter au loin ses exploits.

MARS OU GUERRIER, par le même. — Il est en repos, mais il paraît plutôt disposé à reprendre qu'à déposer les armes; un étendard appuyé sur un Hermès à deux têtes, dont l'une de vieillard et l'autre de jeune homme, indique sans doute l'ancienne et la nouvelle gloire de la France, et les grands souvenirs qui s'y rattachent.

Outre les bas-reliefs que nous venons de parcourir, les grands escaliers du Louvre offrent encore des statues de feu M. Charles du Paty et de M. Bosio, premier sculpteur du Roi : la suite de cet ouvrage les présentera dans la collection des statues modernes du Musée royal. On y trouvera aussi celles qui sont placées dans les immenses salles qui servent aux escaliers de vestibules, ou de communication avec l'entrée du Louvre, du côté de la colonnade, et dont l'une contient quelques statues antiques, et l'autre, celles de grands généraux qui ont illustré la France. Ces belles salles peuvent être mises au rang des pièces les plus remarquables du Louvre : on les doit à MM. Percier et Fontaine; et lorsqu'elles auront reçu la décoration qui leur convient, il sera difficile de se figurer qu'en 1755, ainsi que nous l'avons vu page 389, ces vastes emplacemens, destinés à former de grandes salles, dont les plans de Blondel indiquent les colonnes et les pilastres, étaient morcelés par des distributions de logemens mesquins et par de grandes écuries.

Les deux grands bas-reliefs qui ornent le dessus de porte de chaque extrémité de la salle des Grands-Hommes (pl. 22 *bis*), sont de M. Petitot père (1).

VICTOIRE SUR TERRE. — La déesse, couronnée de laurier, assise sur des trophées d'armes, tient son sceptre de la main droite, et, s'appuyant sur un bouclier, semble, à la fierté de son regard, méditer de nouveaux triomphes et prête à y voler.

VICTOIRE NAVALE. — Le style du bas-relief monumental exigeait une sorte d'analogie et de symétrie dans la disposition de ces compositions : aussi ces deux figures, à quelques variétés près, ont-elles de grands rapports dans leur

vigueur, ainsi qu'il l'avait déjà fait dans la statue du général d'Espagne, s'il avait pu exécuter un groupe qu'il méditait depuis plusieurs années et qui représentait Thésée terrassant le géant Périphète. On conçoit une idée très-favorable de sa composition d'après l'esquisse qu'il en avait faite, et qu'après l'avoir retouchée dans les derniers instans de sa vie, il laissa à son ami M. de la Fontaine, ancien élève de David et habile bronzier du Musée royal.

(1) M. Pierre PETITOT, né à Langres, élève de M. Devosges père, directeur de l'académie de Dijon, remporta en 1784, dans cette ville, le grand prix de Rome. De retour d'Italie en 1789, il fut chargé à Paris de différens travaux. On cite de lui une statue de Condorcet, au Luxembourg; une figure en plâtre représentant la Concorde; deux Victoires, statues colossales en pierre, placées à la grille du Carrousel du côté du nord; en 1819, une statue en marbre de la reine Marie-Antoinette, destinée à être placée à Saint-Denis. Un groupe représentant la mort de Pindare l'avait fait nommer membre correspondant de l'académie de Dijon.

pose et dans leur ajustement. Ici les accessoires caractérisent la Marine; et ces deux Victoires, en jetant leurs regards sur les généraux qui si souvent ont rendu la France victorieuse sur terre et sur mer, semblent fières des faveurs qu'elles leur ont prodiguées.

Ce serait ici le moment de décrire les belles sculptures qui décorent le vestibule de la façade dont nous venons de nous occuper; mais, comme elles ont fait partie de celles des petits frontons de la cour, dont il convient de présenter la suite sans interruption, nous quitterons un instant ce vestibule pour entrer dans la cour et jeter un coup d'œil sur les grands frontons qui la décorent.

DEUX RENOMMÉES COURONNENT UN COQ, attribut de la France, par Nicolas Coustou (pl. 16 C).

Ce fronton de la façade opposée à celle de la colonnade n'est certes pas un des meilleurs ouvrages de Nicolas Coustou (1). Son imagination ne s'est pas mise en frais pour jeter dans un grand espace, dont elles n'occupent qu'une petite partie, deux Renommées qui couronnent un coq, emblème de la France, au milieu d'un cercle formé par un serpent, symbole de l'éternité. Pour compléter l'allégorie, un soleil lance de toutes parts ses rayons; ils sont censés inonder de lumière cette composition, qui doit, en rappelant la devise de Louis XIV, retracer la gloire qu'il a fait briller sur la France. Il est inutile de faire remarquer que le soleil et les nuages, qui donnent de la vie à la peinture, ont toujours été et seront toujours d'un fort mauvais effet dans la sculpture, et qu'ils y répandent un froid mortel. Le dessin des figures, lourd et sans dignité, l'ajustement mesquin des draperies, le peu de grâce des mouvemens, sont loin de donner du talent de Nicolas Coustou l'idée qu'en font concevoir ses belles statues des Tuileries et la Saone en bronze que l'on conserve dans le vestibule de l'hôtel de ville de Lyon. Quoique Coustou et plusieurs de ses élèves doivent être mis au rang

(1) Ce fronton est fort au-dessous de beaucoup d'autres ouvrages de Nicolas Coustou; cependant, ayant adopté la méthode de donner quelques détails sur les artistes lorsque je cite pour la première fois une de leurs productions, je crois devoir la suivre ici et dire quelques mots de cet habile sculpteur. Nicolas Coustou, né à Lyon en 1658, remporta le grand prix de l'académie en 1683; en 1693 il en devint chancelier et recteur, et mourut en 1733. Après avoir étudié sous Coyzevox, son oncle, et avoir mérité d'être pensionnaire du Roi à Rome, il y prit pour guides de ses études les ouvrages de Michel-Ange et de l'Algarde. On voit qu'il les étudia beaucoup plus que l'antique : aussi ses productions ont peu de choses qui le rappellent, et se ressentent souvent beaucoup plus des défauts que des grandes qualités de ses maîtres. Attitudes, expression, draperies, tout y prend l'air moderne, même dans les copies de l'antique, quoiqu'en général les formes soient d'un assez bon choix, bien dessinées, et d'une exécution facile et agréable. Versailles et Trianon possèdent beaucoup de statues de ce sculpteur, auquel on ne peut refuser du mérite et de l'habileté, et qui eût laissé un plus grand nom, si, développant son goût et les facultés dont il était doué, il n'avait choisi ses modèles que dans la nature et parmi les chefs-d'œuvre de l'antiquité. La suite des statues de cet ouvrage comprendra celles que Nicolas Coustou a faites pour les Tuileries, et il sera question alors des ouvrages qu'on a de lui dans d'autres endroits.

des sculpteurs qui, sous le règne de Louis XIV, ont soutenu l'honneur de la sculpture française, cependant, sortis de la route tracée par Jean Goujon et surtout par les anciens, ils annonçaient déjà la décadence qui les suivit et à laquelle ils contribuèrent malgré leurs talens. Ce n'est que par les principes des grands maîtres de l'antiquité et par la sévérité, la pureté du dessin, que peuvent vivre et fleurir les écoles, et une exécution brillante et facile ne les empêche pas de déchoir et de tomber.

MINERVE RÉCOMPENSE LES BEAUX-ARTS ET LES SCIENCES (pl. 23), bas-relief du fronton méridional de la cour, exécuté en 1814, par M. Le Sueur (1). La déesse, dans une attitude grave et imposante, réunit auprès d'elle les lettres et les arts, leur distribue des couronnes et paraît les animer à de nouveaux succès. D'un côté les Sciences et la Musique, de l'autre l'Architecture, la Sculpture et la Peinture, font hommage de leurs talens à la déesse : sur la droite, la Renommée, prête à les proclamer, semble recueillir avec attention les éloges et les conseils que Minerve adresse aux beaux-arts; à l'autre extrémité de cette scène, le génie du commerce et de l'industrie montre sur le globe les contrées qu'il va éclairer et enrichir en y répandant les lumières et les productions des sciences et des arts.

LE GÉNIE DE LA FRANCE ET MINERVE ENCOURAGENT LES ARTS (pl. 23), par M. Ramey père (2). — Ici se voient réunis autour du génie de la France les arts de la paix et les arts de la guerre. Mars et la Victoire

---

(1) M. LE SUEUR, élève de M. Pajou, remporta le grand prix en 1780. Dans la même année, il fit le tombeau de J. J. Rousseau à Ermenonville, en pierre de Tonnerre; un monument à la mémoire de M.ⁱˡᵉ Joly, actrice de la comédie française, à Poussande, près de Caen, chez M. Longbois; en 1789, un groupe de quatre figures de femmes, en marbre, de 3 pieds de proportion, chez M. Bergeret; deux grandes Renommées et le Destin pour la salle du tirage de la loterie royale; en 1792, l'Instruction publique, bas-relief en pierre pour l'église de Sainte-Geneviève, changée en Panthéon; Albinus et les Vestales, bas-relief pour le palais de la Légion d'honneur; la statue du général Dugommier, au palais de la Chambre des pairs; la Paix, bas-relief en marbre à l'arc de triomphe du Carrousel; en 1814, l'Espérance, figure en pierre de Conflans, de 6 pieds de proportion, placée à la façade du palais du Temple (le modèle en a été exposé au salon de 1824); le bailli de Suffren, statue en marbre destinée au pont de Louis XVI.

(2) M. RAMEY père, né à Dijon en 1754, remporta le grand prix en 1782; il fut reçu membre de l'académie des beaux-arts en 1816. Ses principaux ouvrages sont, au Panthéon, la Musique et l'Architecture, pendentif d'une des petites coupoles au midi; à l'ancien sénat et à la Chambre des pairs, Minerve et deux Victoires portant des couronnes; les caryatides du trône; Scipion, statue de 6 pieds de proportion; statue du général Kléber, de 8 pieds et demi, au grand escalier de la Chambre des pairs; bustes de Scipion et de trois sénateurs; deux femmes supportant les signes du zodiaque, bas-relief en plomb, au méridien du palais de la Chambre des pairs; statue de Bonaparte pour l'ancien sénat; à l'arc de triomphe du Carrousel, un bas-relief qui représentait l'entrevue d'Austerlitz; en 1819, statue du cardinal de Richelieu pour le pont de Louis XVI; en 1824, statue de Pascal, pour Clermont-Ferrand; une naïade de douze pieds, en pierre, pour la fontaine de Médicis au Luxembourg.

présentent leurs guerriers; Minerve, ayant près d'elle la Justice comme symbole de l'équité de ses jugemens, semble répondre à la France des succès que lui promettent les lois, les sciences, les arts et le commerce.

La marche que nous avons suivie en parcourant le Louvre ne nous a encore fait connaître que des sculptures qui, pour la plupart, sont des temps modernes de ce palais. Appartenant à notre école actuelle, elles ont de grands titres pour exciter notre intérêt; mais nous allons le reporter vers des productions plus anciennes et qui ne furent pas moins glorieuses pour la sculpture française. Si elle n'a pas toujours réalisé toutes les espérances que ses brillans commencemens avaient fait concevoir à l'époque de la renaissance des arts, s'il y eut de longues lacunes où, se fourvoyant dans des routes dangereuses, elle semblait avoir oublié ce qu'elle avait promis et les principes qui lui avaient mérité des succès à son entrée dans la carrière, nous verrons cependant, en examinant les bas-reliefs et les figures de ronde bosse dont à plusieurs époques elle enrichit la cour et les salles du Louvre, qu'elle a su se relever de ses erreurs, secouer les principes funestes qui l'avaient égarée, et peut-être marcher souvent l'égale de la sculpture italienne, sa rivale. Si les grands maîtres qui, sous François I.er, ouvrirent une nouvelle voie pour notre sculpture et fondèrent son école, reparaissaient, ils pourraient se reconnaître dans leurs descendans régénérés, et être fiers des succès qu'ils ont déjà obtenus et de ceux qu'ils font espérer pour l'avenir.

On voit déjà que je vais attirer les regards sur les ouvrages de notre Jean Goujon, et c'est avec plaisir qu'on les arrêtera sur les sculptures dont il orna la cour du Louvre, et que peuvent envier les plus beaux palais de toutes les autres contrées. Sa grâce, qui lui est toute particulière, est empreinte d'un attrait qui séduit et qui retient : ce n'est pas qu'elle soit à l'abri de tout reproche sous le rapport du dessin et qu'on ne puisse y trouver un peu de manière; mais on sent que s'il a des défauts, ils lui sont naturels et ne sont pas d'emprunt. Aussi ses imitateurs, tout en mettant plus de correction dans leurs ouvrages, n'y ont-ils pas su répandre autant de charme : ce qui n'était que négligence et abandon dans le dessin si coulant de Goujon, est devenu, sous leur ciseau, une afféterie plus calculée et moins naturelle. Il n'est pas douteux que ce grand sculpteur n'ait étudié le style de l'école florentine : on retrouve dans ses productions une partie des qualités et des défauts du Primatice, de Niccolo dell' Abbate, de Vasari, du Bronzin; car ce sont les maîtres dont on reconnaît le plus l'influence dans ses ouvrages. Il avait sans doute aussi connu et étudié Michel-Ange; mais on dirait que son esprit doux et tranquille, et qui ne saisissait dans la nature que ce qu'elle lui offrait de gracieux, tremblait devant l'ardent et fougueux génie de ce colossal Michel-Ange, dont les rapides conquêtes dans l'empire des arts ne connaissaient pas de bornes, et qui, brisant toutes les entraves et s'élançant au-delà du possible, contraignait, à force de hardiesse et de fierté, l'esprit étonné à lui pardonner et même à admirer ses écarts. Goujon, plus calme, n'eût su les concevoir, et il n'y puisa pas ces grandes leçons que donnait Michel-Ange et que lui seul pouvait comprendre; leçons qui, du reste, ne produisirent pas en Italie, de son vivant, et encore moins après sa mort, les résultats qu'avait espérés ce grand homme (1). De brillans défauts, l'appareil exagéré de la science et de la force, séduisent les esprits ardens souvent plus que ce que la raison et le calme offrent de pur et de régulier : aussi vit-on l'école de Michel-Ange outrer les attitudes, les formes, les expressions, que le maître avait déjà prononcées avec trop de violence. On n'avait pas sa science profonde; et ce qui chez lui était un excès de vigueur et l'explosion de la puissance de sa pensée, devint chez ses copistes de l'ampoulé et une sorte de fanfaronnade d'énergie. Tout était grand chez Michel-Ange; son génie sévère ne trouvait la beauté que dans la force : les grâces n'étaient pas les divinités auxquelles il sacrifiait et qui dirigeaient son ciseau, et ses figures de femmes, douées d'une beauté fière et robuste, si elles avaient plus de pureté dans leurs formes et plus de cet idéal des Grecs dans le style de leurs têtes, eussent rappelé les sévères et graves divinités d'Homère. Parmi les productions de ses élèves, il y en a peu qui inspirent cette admiration que commande un grand caractère, et qui rachètent par cette imposante qualité la pesanteur et la manière de leurs contours ou de leurs attitudes.

Ce n'était pas la force qui séduisait le plus Jean Goujon; il se sentait porté vers les compositions et les formes gracieuses : aussi ses figures de femmes sont-elles, en général, supérieures à celles d'hommes; et il est plus que douteux qu'aucun des sculpteurs des plus beaux temps de l'Italie l'emporte sur lui sous ce rapport. C'est surtout dans les bas-reliefs d'un effet doux et de peu de saillie, qui présentent plus de difficultés que ceux de haut-relief, et c'est aussi dans les compositions où la sculpture doit s'accorder avec l'architecture, que cet habile homme a été rarement atteint. Quoiqu'il eût une sorte de prédilection pour le style de quelques maîtres de l'école de Florence, cependant, loin d'être servile imitateur, il sut se créer une manière qui lui est propre et qu'on ne retrouve pas chez les sculpteurs florentins. La grâce de ses figures de femmes est remplie de dignité et de grandeur. Si l'on y reconnaît, ainsi qu'il a déjà été dit, quelque manière, ce n'est pas tant dans les poses et dans les airs de tête que dans les ajustemens et dans les draperies. Goujon s'était fait, dans cette partie si importante de la sculpture, un style particulier : il n'employait pas les costumes de son temps, quoiqu'il aimât cependant à faire entrer dans ses ornemens les perles et les bijoux dont on se parait alors; mais tout est ajusté avec un goût qui est entièrement à lui : ce n'est certainement pas la simplicité de l'antique des bons temps; mais l'ensemble de ses draperies et de ses dispositions est mieux combiné, et avec plus de grâce, que ce que présentent les productions des écoles italiennes de son temps.

On ne saurait trouver que la sculpture italienne du XVI.e siècle se soit,

---

(1) *Voyez*, sur Michel-Ange, le beau chapitre de M. le comte Cicognara, *Storia* &c., t. V, p. 103 et suiv., où ce savant écrivain porte sur ce grand homme un jugement rempli d'idées profondes et aussi justes que lumineuses.

en général, distinguée, même du temps de Michel-Ange, par le choix et le bon goût dans l'ajustement des draperies. Que n'a-t-elle suivi, en les perfectionnant, les principes si simples et si vrais de ses premiers maîtres du xiv.ᵉ et du xv.ᵉ siècle, de Nicolas, de Jean, d'André de Pise, du grand Donatello, de Ghiberti, d'André Riccio, et de plusieurs autres de cet âge d'or de la sculpture italienne, dont on peut prendre une idée dans la troisième livraison de l'ouvrage de M. le comte Cicognara (1)! En suivant

(1) Parmi les ouvrages que contient cette curieuse livraison, où, malgré les graveurs, on reconnaît les bonnes intentions des sculpteurs, en ne considérant leurs productions que sous le rapport des draperies, on peut citer celles que je vais indiquer sommairement. — Pl. 2, de belles figures de *Nicolas della Quercia* et du *Tribolo* à Saint-Pétrone de Bologne. — Pl. 5, une charmante Annonciation, une patère digne de l'antique, un crucifix, du *Donatello* ; pl. 6, son superbe S. George et son Zuccone de Florence : je ne sais si, pour les draperies, la sculpture d'Italie a jamais été plus loin et s'est plus rapprochée de l'antique. — Pl. 7, une belle descente de croix du même sculpteur ; pl. 9, des anges de lui, à Saint-Antoine de Padoue, la plupart pleins de naïveté et de grâce; à Saint-Jean à Florence (pl. 10), des figures du mausolée du pape Jean XXIII. — Pl. 16, une Sainte Vierge de *Giuliano da Majano*, au château neuf de Naples. — Pl. 20 et 21, les admirables bas-reliefs de *Lorenzo Ghiberti* dans la cathédrale de Florence et sur les portes de Saint-Jean ou du Baptistère, que Michel-Ange appelait les portes du ciel; son S. Mathieu, tout-à-fait dans le caractère de l'antique. — Pl. 22, bas-reliefs de *Luca della Robbia* : les draperies des anges sont d'une charmante composition; pl. 23-24, il y en a aussi de très-bien du même sculpteur. — Pl. 26, sculptures de *Benedetto da Majano* qui ornent la chaire de l'église Sainte-Croix à Florence. — Pl. 31 - 33, de belles sculptures de *Mino de Fiesole* au tombeau du marquis Hugo à Florence. — Pl. 36, détails du beau candélabre d'*André Riccio* à Saint-Antoine de Padoue. — Pl. 39, une jolie statue de femme des tombeaux des Mocenigo à Venise, imitée de l'antique, si même ce n'est pas une figure antique qui a été restaurée. — Pl. 40, un beau bas-relief d'*Antonio Lombardi* à Saint-Antoine de Padoue offre aussi beaucoup d'inspirations de l'antique, de même que (pl. 41) la Sainte Vierge et le S. Pierre de l'autel de Notre-Dame della Scarpa, dans l'église de Saint-Marc à Venise, et (pl. 42, 43) le superbe mausolée Vendramin à Venise : des figures charmantes de femmes et d'enfans (pl. 44), de très-petite proportion, seraient aisément prises pour de l'antique. — Pl. 52, figures de *Niccolo dell' Arca* et de *Properzia de Rossi*. — Pl. 53, statues colossales de *Ciccione* à Saint-Jean de Carbonara et à Saint-Dominique-Majeur, à Naples. Je terminerai cette espèce de revue des productions de la sculpture d'Italie au xv.ᵉ siècle, ou du moins avant la grande vogue de l'école de Michel-Ange, par le beau bas-relief d'*Alphonse Lombard*, représentant (pl. 50), dans une composition de quatorze figures, Jésus-Christ ressuscitant la jeune fille de Naïm. Je ne crois pas que la sculpture italienne ait jamais rien produit de mieux, sous le rapport de la composition et de la dignité des attitudes, du dessin et de l'expression ; les draperies y sont traitées dans le caractère et le goût des anciens. Parmi les bas-reliefs du xvi.ᵉ siècle en Italie, il n'y en a pas qui vaille celui-ci, qui, au reste, est daté de 1519, et se trouve dans l'oratoire della Vita à Bologne. Si les écoles italiennes avaient toujours suivi la même route qu'Alphonse Lombard, elles se fussent plus approchées de la perfection des Grecs, surtout dans l'expression convenable à la sculpture, et dans l'art de disposer avec goût les draperies et de revêtir une figure de manière à montrer sans affectation toute

la nature comme un guide sûr, ils avaient, pour ainsi dire, deviné la marche des grands maîtres de l'antiquité. Et d'ailleurs, quoique les débris de la sculpture ancienne retirés des monumens fussent peu nombreux et peu répandus jusqu'à une époque assez avancée du xv.ᵉ siècle, on voit cependant, à n'en pouvoir douter, qu'ils avaient été utiles à plusieurs de ces habiles sculpteurs qui précédèrent Michel-Ange. On s'éloigna de ces modèles, lorsque, se jetant dans des systèmes et des conventions, on quitta la route qui avait été tracée avec tant de simplicité. Ce n'était pas Michel-Ange dont le talent fût propre à faire prendre une bonne méthode de draperies : on dirait qu'il les regardait comme peu dignes d'exercer ses méditations; il ne pouvait s'astreindre à les combiner de manière qu'elles suivissent avec facilité les formes des corps qu'elles enveloppent. Qu'on examine avec impartialité les planches 56-57 de la quatrième livraison de l'ouvrage de M. le comte Cicognara, et l'on verra si même le Moïse, regardé avec raison comme un des chefs-d'œuvre les plus remarquables de Michel-Ange, si sa Vierge soutenant sur les genoux Jésus-Christ mort, ne donnent pas lieu de reprocher aux draperies d'être lourdes et souvent

la beauté des formes, et à faire deviner celles qu'on ne découvre pas : car souvent, dans les figures du xvi.ᵉ siècle, il y a de la prétention et presque de l'indécence dans la façon dont on ajuste les draperies pour laisser voir le nu. Ce n'était pas ainsi qu'en agissaient les Grecs; et leurs figures, dans toute la nudité où ils les offrent, sont plus décentes que bien des statues drapées du xvi.ᵉ siècle.

Au reste, on est forcé de reconnaître, dans l'intérêt des arts, que les planches de l'ouvrage de M. le comte Cicognara font grand tort à la plupart des sculptures qu'elles représentent : il me serait facile de fournir de nombreuses preuves à l'appui de ce que j'avance; je me contenterai de citer, comme exemples, l'admirable candélabre d'André Riccio, et le riche support des étendards de Venise par le Léopardi. Cette planche 39 est donnée comme bien gravée, de même que les planches 43-44, qui offrent le beau mausolée Vendramin. Que l'on compare ces deux planches, et l'on jugera, à part le travail, qui est plus que médiocre, que l'une ou l'autre est inexacte, ou même que toutes les deux le sont. On dirait à peine que c'est le même monument; toutes les figures, grandes ou petites, et je n'en excepte pas une, quoique les mêmes, sont toutes différentes d'attitude et de costume dans les deux planches. Vêtues dans l'une, elles sont déshabillées dans l'autre : ici, elles sont loin d'atteindre le haut des arcades où elles sont placées; là, les arcades n'ont pu les contenir, et elles touchent presque de leurs têtes l'entablement : dans la première planche, le bras droit manque au doge, et il est vêtu en partie d'hermine; dans la seconde, on lui a rendu son bras, et on le dépouille de son hermine. Il n'y a presque aucune des divisions du monument et aucun de ses ornemens qui soient semblables dans les deux planches : ici, ce sont des satyres; là, des enfans les remplacent. On ne sait à laquelle des deux gravures ajouter foi, d'autant plus que M. le comte Cicognara en loue l'exactitude. De telles planches, et il y en a un grand nombre de ce genre, donnent l'idée la plus fausse de monumens dont M. le comte Cicognara fait avec raison l'éloge, et sur lesquels il s'exprime souvent de la manière la plus juste. Il est triste de penser que, pour être mises d'accord avec son bel ouvrage, après tant de soins et de dépenses, elles demanderaient presque toutes à être refaites. L'opinion que j'émets ici n'est qu'en faveur des arts et du monument littéraire que leur a consacré M. le comte Cicognara; car je puis dire de lui : *Mihi nec beneficio nec injuriâ cognitus.*

mal combinées dans la disposition et la répartition des masses et des plis. Ne paraissent-elles pas plutôt faites pour étouffer que pour couvrir les corps, qu'elles écrasent? Au lieu de suivre et de laisser voir la direction des membres, parfois elles les coupent, et l'on dirait que ce sont des vêtemens jetés sur des figures nues pour les dérober aux regards, et qui ne doivent pas y rester. Qu'on poursuive l'examen des planches (1) qu'offre la quatrième livraison de l'ouvrage de M. le comte Cicognara, et qu'on dise si, à l'exception de quelques figures, et en petit nombre, de Sansovino, de Rustici, de Guillaume della Porta, de Bandinelli, il y en a beaucoup, dans ces beaux temps de la classique Italie, dont on voulût donner les draperies pour modèles, et qui ne fassent pas reporter avec regret les regards vers celles du xv.e siècle, mieux raisonnées et plus motivées dans leurs attaches, leurs jets et leurs développemens. Nous verrons que plus tard le style simple et pur de ces premiers maîtres ne revint pas animer les écoles d'Italie, aux époques qui suivirent celle des élèves de Michel-Ange, et que si le mauvais goût dans l'ajustement des draperies se glissa dans notre école, ce fut peut-être en grande partie à l'Italie qu'elle le dut.

Ces considérations me portent à croire que ce n'est pas sans quelque raison que M. Émeric David, en parlant des arts du dessin en général, a avancé, ce qui révolte M. le comte Cicognara (2), que « ce serait une question
» neuve et bien digne d'examen, que celle de savoir si les artistes italiens
» employés par François I.er à Fontainebleau, si les Rosso, les Primatice,
» les Cellini, dont le dessin systématique se ressentait déjà des erreurs qui,
» de leur temps, commençaient à entraîner l'Italie vers sa décadence, si
» ces maîtres, dis-je, n'ont pas égaré notre école, au lieu d'améliorer ses
» principes, en l'induisant à abandonner sa manière simple et franche, pour
» y substituer le style de convention qu'ils avaient eux-mêmes mis à la
» place de la grâce naturelle de Raphaël. Quant à moi, ajoute M. Émeric
» David, je crois qu'il est résulté de cette révolution un mal réel pour la
» France (3), &c. »

(1) En examinant les ouvrages que contiennent en grande quantité ces planches où M. le comte Cicognara a sans doute réuni ce que l'Italie possède de plus beau en sculptures du xvi.e siècle, je ne crois pouvoir citer, sous le rapport des draperies, quoiqu'il y eût encore bien des choses à reprendre, que les productions suivantes : le Moïse de *Michel-Ange* (pl. 56); — un S. Jean, de *Baccio da Montelupo*; — le mariage de la Vierge, de *Giovanni dall' Opera*; — une femme assise, de l'*Ammanato* (pl. 60); — trois belles figures de *Baccio Bandinelli* (pl. 64 et 65); — S. Jacques le Mineur, de *Giovanni dall' Opera* (pl. 61); — deux superbes figures de *Rustici*; — le S. Jean-Baptiste du *Sansovino* (pl. 62); — la Paix, de *Léon Lioni* (pl. 69); — deux grandes figures michel-angelesques de *Guillaume della Porta*, qui rappellent celles des tombeaux des Médicis à Florence (pl. 80); — un bas-relief de *Daniel de Volterre* (pl. 81); — de charmantes gravures sur cristal de roche, par *Valerio de Vicence* (pl. 87); — et un bel ivoire (pl. 88). Quant aux planches où sont gravées quelques productions de nos sculpteurs du xvi.e siècle, je ne les cite pas; elles n'en donneraient pas une idée juste, et souvent c'est à peine si l'on peut les y reconnaître.

(2) Voyez *Storia* &c. du comte Cicognara, t. IV, p. 436.

(3) Voyez la *Revue encyclopédique*, xix.e année, août et mois suivans.

Et au fait, qui pourrait contester que la sculpture ne se fût élevée en Italie, et par conséquent en France, où on l'imita, à un plus haut degré de perfection, et n'eût été plus près de celle des Grecs, si, dans ses conceptions, elle s'était toujours inspirée du goût pur et angélique de Raphaël, dont la sagesse et la simplicité d'expression conviennent parfaitement au génie qui doit diriger les compositions de la sculpture? Est-ce manquer à la reconnaissance que l'on doit à cette seconde patrie des arts, que de regretter que le génie divin de Raphaël, que son ame si douce et si sensible aux impressions de la beauté, n'aient pas toujours animé les écoles d'Italie? En étudiant la nature avec Raphaël, en choisissant avec son sentiment exquis ce qu'elle offre de plus parfait, en le rendant avec sa grâce et sa naïveté, la sculpture italienne se serait plus rapprochée de cette beauté surhumaine, qu'on sent plutôt qu'on ne peut la définir, et dont les artistes grecs possédaient le secret; secret que Raphaël, plus que tout autre, sans être servile imitateur des Grecs et en s'identifiant avec eux, a su s'approprier, tel que l'abeille, dont le doux nectar rappelle vaguement les sucs et les parfums des fleurs, sans que l'on puisse y reconnaître chacune de celles qui ont été en proie à ses heureux larcins.

Si les arts ont fait la gloire de l'Italie, la peinture, ce me semble, y a encore plus contribué que la sculpture. Les ouvrages de ses grands peintres approchent plus que les productions de ses sculpteurs, de la perfection à laquelle les Grecs avaient porté les arts, et dont nous donnent une idée, probablement encore incomplète et au-dessous de ce qu'elle devait être, les chefs-d'œuvre qu'ils nous ont laissés en sculpture, en pierres gravées et en médailles : car les fragmens médiocres de peinture que nous possédons, quoique nombreux, sont trop peu importans, n'ayant servi qu'à décorer les murailles des appartemens, pour pouvoir appuyer de leur témoignage des parallèles entre la peinture des anciens et celle des modernes. En accordant à la sculpture italienne qu'elle ait, ainsi que chez les Grecs, cherché le beau idéal, ce qu'on pourrait lui contester, il y aurait encore lieu de n'être pas d'accord avec M. le comte Cicognara (1), et de ne pas ratifier tous les complimens qu'il lui adresse, en dépréciant la sculpture française, lorsqu'il dit que les Italiens marchèrent avec succès vers la perfection des Grecs, tandis que *les autres tentèrent avec moins de bonheur ce que la nature ne parut accorder exclusivement qu'à la terre classique de l'Italie*. Mais la sculpture italienne a-t-elle bien trouvé cette perfection, ce beau idéal des Grecs, vers lesquels elle marchait avec tant de succès? Est-il empreint dans les œuvres de ses plus grands statuaires? Se croit-on, même en les admirant, transporté devant les chefs-d'œuvre des Grecs? Phidias, Alcamène, Praxitèle, Lysippe, s'y seraient-ils reconnus? y auraient-ils retrouvé leurs principes et leur goût? auraient-ils brigué d'y inscrire leurs noms? Je ne puis me le persuader, et je croirais plutôt que Protogène, Zeuxis, Parrhasius, Apelle, seraient restés frappés d'étonnement et enchantés devant les admirables peintures de la chapelle Sixtine et des loges ou des grandes fresques du Vatican.

(1) Tome IV, p. 425.

Si les Grecs ont atteint la perfection de la beauté, si leurs chefs-d'œuvre en sculpture font éprouver un charme irrésistible, la sculpture italienne peut-elle se flatter de produire le même effet? Ses ouvrages les plus parfaits paraissent avoir été conçus dans un autre système que ceux des Grecs. Souvent, sans doute, ils offrent de grandes beautés ; mais ce n'est pas cette beauté des Grecs, qui élève l'ame et la transporte dans un monde inconnu et céleste, et paraît au-dessus de celle qui fut accordée à la nature humaine. La sculpture italienne a-t-elle jamais pris un essor aussi sublime ? Dans ses momens les plus brillans, n'est-elle pas encore restée bien en arrière de la perfection des Grecs, et peut-on convenir avec M. le comte Cicognara que l'Italie ait reçu exclusivement, de la nature, des faveurs qu'en mère injuste elle aurait refusées aux autres peuples? N'est-il même pas permis de douter que les principes que suivaient les écoles d'Italie au XVI.e siècle, les eussent conduites à la perfection des Grecs ? Il en serait sorti sans doute des chefs-d'œuvre ; mais ils auraient été le résultat d'idées moins relevées, moins générales, que celles des Grecs. Ils tiendraient plus à la terre ; tandis que ceux que créa l'imagination de ce peuple né pour les arts, et nous ne possédons pas ceux qu'ils admiraient le plus, semblent avoir eu pour modèles une beauté que les passions, les habitudes terrestres, n'ont pas altérée, qui n'existe plus sur la terre, et qui, s'affranchissant de ce qu'elle avait de matériel, s'est réfugiée dans le ciel.

Il est donc permis de croire que si l'Italie, au XVI.e siècle, nous a rendu de grands services sous le rapport des arts, et si nos sculpteurs y ont trouvé des maîtres qui ont pu leur être très-utiles, ils auraient fait encore plus de progrès si, s'attachant moins à suivre les principes de l'école florentine, ils s'étaient mieux pénétrés de la simplicité de celles des XIV.e et XV.e siècles, et s'ils eussent plus profité des leçons que leur offraient l'antique et Raphaël. A quel point ne serait pas parvenu notre Jean Goujon, si, pour développer le goût et la grâce dont il était doué, il n'eût eu recours qu'à l'étude de la nature, aux chefs-d'œuvre des anciens et à ceux du divin peintre d'Urbin ? On n'eût pas si souvent retrouvé dans ses ouvrages une partie de l'affectation et du style de convention qu'au milieu de grandes beautés l'on peut reprocher à l'école de Florence. Ses draperies sont cependant d'un caractère particulier, et les sculptures de Michel-Ange et de ses élèves ne lui en ont pas fourni les modèles. On les retrouverait plutôt, ainsi que je l'ai déjà indiqué, dans le style de maître Roux, de Vasari, et surtout du Primatice, de Niccolo dell'Abbate, qui avaient laissé de si riches monumens de leurs talens dans ces belles peintures de Fontainebleau, dont bientôt il n'existera plus que la place qu'elles avaient décorée, et des souvenirs dans les croquis de ceux de nos peintres et de nos architectes qui les ont vues avant qu'elles fussent réduites à un si triste état. Goujon offre aussi de certains agencemens de draperies que présentent les ouvrages de Cellini, quoique certainement notre sculpteur disposât les siennes avec plus de goût : mais ce goût quelquefois est un peu maigre; et quoiqu'en général elles ne nuisent pas à la pureté des contours des figures, et qu'elles les suivent avec souplesse et avec grâce, souvent aussi, n'offrant pas d'assez grands partis, trop subdivisées, trop brisées, et semblant vouloir rivaliser avec la peinture et affecter la prétention d'être plus légères que ne l'admet la sculpture, ces draperies tombent dans un papillotage qui ne convient pas à sa sévérité, et que la peinture, malgré toutes les ressources qu'elle trouve dans la couleur et la lumière, a souvent bien de la peine à se faire pardonner. Quelque belles que soient les figures de plusieurs œils-de-bœuf du Louvre de la main de Jean Goujon, elles nous offrent des exemples de ces imperfections qu'il sut, il est vrai, racheter par de grandes beautés, par une élégance de formes que ne leur font pas perdre quelques incorrections de dessin, et que peuvent lui envier les plus grands sculpteurs des écoles d'Italie.

Lorsqu'on parle de Jean Goujon, il est difficile de le séparer de Paul Ponce Trebati, l'un des artistes italiens que François Ier attira en France, où il paraîtrait que cet habile sculpteur passa une grande partie de sa vie. Les auteurs italiens, et entre autres Vasari, n'en rapportent aucune particularité, et n'indiquent ni les époques de sa naissance et de sa mort, ni sa ville natale. Si, comme l'avance M. le comte Cicognara (1) en voulant nous enlever le Poussin, *ce grand peintre, qui,* selon lui, *n'est né en France que par une bizarrerie du hasard,* si, comme il le dit, la patrie d'un artiste est le pays où il a reçu les meilleures leçons, et où son talent est arrivé à son plus haut point de perfection, nous aurions à réclamer Paul Ponce, dont il n'existe peut-être aucun ouvrage en Italie, et dont le talent, parvenu probablement en France à toute sa maturité et à sa perfection, nous a laissé de nombreuses productions d'une beauté comparable à tout ce que possède de mieux l'Italie en sculpture monumentale. M. le comte Cicognara ne cite aucun de ses ouvrages parmi les sculptures d'Italie; il est vrai qu'il ne dit aussi presque rien de ceux qu'il exécuta en France, et qu'on

---

(1) Il est bien à regretter pour le Louvre qu'aux talens de Jean Goujon et de Paul Ponce n'ait pas pu se réunir celui de ce Jacques d'Angoulême qui, dans le même temps, étonnait Rome par la beauté de ses productions, et qui même, si l'on en croit Vigenère (*sur Callistrate*, p. 855), eut la gloire de voir une de ses statues, un S. Pierre, préférée, en 1550, par les artistes italiens, à celle qu'avait faite Michel-Ange. M. le comte Cicognara (t. V, p. 363) ne veut pas absolument que le fait soit possible, et il s'indigne, et contre M. Émeric David (*Art statuaire*, p. 451), et contre ceux à qui il viendrait même l'idée d'admettre cette possibilité. Il me paraît cependant, à mes risques et périls, que non seulement la chose est possible, mais même qu'elle est plus que probable. On n'a d'abord aucune raison plausible de suspecter la bonne foi de Vigenère, grand admirateur, ami même de Michel-Ange, qui lui accordait, ce qui était une faveur très-particulière, la permission de le voir travailler. Ce qu'il avance sans phrases, sans prétention, comme une chose connue, dont il a été presque témoin, et qui faisait le plus grand honneur à Jacques d'Angoulême, paraît porter le caractère de la vérité. Et n'aurait-il pas craint d'être démenti par les enthousiastes de Michel-Ange, s'il eût inventé, à l'honneur de Jacques d'Angoulême, un succès qui, à leurs yeux, si c'eût été un conte, serait devenu un outrage, un blasphème, contre Michel-Ange? Il me semble donc que plus ce fait est extraordinaire et presque incroyable, plus il mérite qu'on y ajoute foi. Il n'est d'ailleurs pas nécessaire d'admettre, ce qui répugne à M. le comte Cicognara, qu'il y ait eu un concours posi-

n'en trouve pas dans les planches de l'*Histoire de la sculpture*. C'est une lacune; car, soit que Paul Ponce appartienne par sa naissance et ses premières études aux écoles d'Italie, soit que le long séjour qu'il fit à Paris et à Fontainebleau le fasse, pour ainsi dire, considérer comme Français, il n'en est pas moins un des sculpteurs qui ont fait le plus d'honneur à leur art, et il y en eut peu en Italie qui aient eu sur lui, surtout dans la sculpture destinée aux grands édifices, une supériorité incontestable.

Il paraît que dans ses travaux, du moins au Louvre, Paul Ponce fut associé à Jean Goujon : aussi se trouve-t-on embarrassé pour assigner à chacun de ces sculpteurs les ouvrages qui lui appartiennent; et assez généralement on donne à celui-ci plusieurs des petits frontons de la cour, qui sont cependant de Paul Ponce : Germain Brice, dans sa *Description de Paris*, les lui attribue positivement. Quand on ne serait pas appuyé par ce témoignage, l'examen de ces bas reliefs (pl. 21 - 26) y ferait reconnaître un caractère différent de celui des productions de Jean Goujon : on y trouve une expression plus ferme, plus prononcée, une vigueur plus michel-angelesque, que dans les ouvrages de Jean Goujon, dont les figures de femmes se distinguent par cette élégance et cette finesse de contours, peut-être un peu recherchées, qui n'appartiennent et qui ne vont bien qu'à lui, et que, si j'osais, je comparerais à la gentillesse un peu maniérée des poésies de son contemporain Marot. Les figures de Paul Ponce, au contraire, frappent par une grandeur et une fierté de style qui rappellent Michel-Ange dans ses meilleures productions. Quoique l'on y reconnaisse l'école de ce grand homme, cependant Paul Ponce n'en a pas conservé tout le caractère; il l'a adouci, et peut-être y trouverait-on plus de pureté et de noblesse que dans la plupart des ouvrages des élèves de Michel-Ange. Le long séjour que Paul Ponce a fait en France, la liaison qu'on peut croire avoir existé

---

tif entre Michel-Ange, ce colosse de renommée, et Jacques d'Angoulême. Michel-Ange avait fait une statue de S. Pierre; Jacques, sans être son émule et encore moins son rival, en avait fait une autre : on les a comparées, et la dernière a été préférée. Ce ne serait pas la première ni la dernière fois qu'un maître, inférieur de talent à un autre, aurait eu une heureuse inspiration, et qu'il aurait produit un ouvrage qui l'eût emporté sur celui d'un artiste habituellement plus habile. Michel-Ange avait d'ailleurs alors soixante-seize ans, et à cet âge le talent peut se ressentir du poids des ans. Il n'existe plus rien, il est vrai, des productions de Jacques d'Angoulême citées avec tant d'éloge par Vigenère, et l'on ignore ce qu'est devenue une superbe statue de l'Automne qu'il avait faite pour Meudon. Mais la disparition de ses ouvrages ne serait pas un motif de douter de son talent : et M. le comte Cicognara ne se plaint-il pas (t. V, p. 177) de ce que plusieurs chefs-d'œuvre de Michel-Ange en marbre et en bronze se sont perdus, et en Italie, et à Rome même, où il était, pour ainsi dire, l'objet d'un culte public, et où ses ouvrages attiraient sans cesse des admirateurs ? Est-il donc extraordinaire que ceux de Jacques d'Angoulême, dont plusieurs même étaient modelés en cire, aient éprouvé le même sort? et serait-ce une raison pour qu'avec aussi peu de convenance que de critique M. le comte Cicognara traitât de *fable* et d'*ineptie* ce que Vigenère et d'autres auteurs français ont rapporté des succès obtenus par cet habile sculpteur sur Michel-Ange? Que de victoires remportées sur les plus grands généraux par de moins illustres capitaines!

entre lui et Jean Goujon, ne permettent-ils pas d'admettre que ces deux habiles artistes se sont prêté de mutuels secours, et qu'il s'est fait entre eux, pour ainsi dire, un échange de qualités qui dut être utile au talent de l'un et de l'autre, et y apporter quelque modification? Ne se pourrait-il pas que Goujon eût appris de Paul Ponce à mettre de la noblesse et de la dignité dans ses figures, et que celui-ci eût cherché à se rapprocher de la grâce de son émule? La manière de draper de Jean Goujon aurait eu aussi quelque influence sur celle du sculpteur italien : car, autant que l'on peut s'en rapporter aux planches de la quatrième livraison de M. le comte Cicognara, il est à remarquer que dans les ouvrages, soit de ronde-bosse, soit de bas-relief, de l'école de Michel-Ange ou des autres sculpteurs italiens du XVI.ᵉ siècle, on ne trouve pas le genre de draperies qu'a suivi Paul Ponce. Il se peut bien qu'il lui ait été en partie inspiré, ainsi qu'à Goujon, par le Primatice, qui dirigeait leurs travaux; mais cependant il est probable aussi que l'exemple de Goujon y aura contribué. Ce n'est pas que je prétende que les draperies de Paul Ponce soient exemptes de reproche, et qu'en s'éloignant du style de l'école de Michel-Ange, il les ait toujours combinées avec le goût pur et la sagesse de l'antique. On trouve encore dans ce sculpteur de la manière et une abondance de détails qui nuit souvent à la grandeur de l'ensemble. Souvent aussi ses draperies, dont on ne se rend pas bien compte, ne tombent pas comme elles le devraient; elles sont trop froissées et s'ajustent mal, surtout autour des jambes, et quelquefois la disposition y décèle plus de pratique et de convention que d'étude de la nature. Une partie de ces défauts peut cependant trouver une cause et une excuse dans la difficulté et la contraction des attitudes que la forme peu favorable des frontons forçait l'habile sculpteur de donner à ses figures. Mais, au reste, qu'on examine avec soin et sans prévention les planches 56 à 90 de la quatrième livraison de l'ouvrage de M. le comte Cicognara, et l'on se convaincra facilement que les draperies étaient la partie la plus faible de la sculpture italienne du XVI.ᵉ siècle. En s'écartant de la manière simple des sculpteurs des XIV.ᵉ et XV.ᵉ siècles, Michel-Ange fit, sous ce rapport, une révolution funeste aux écoles d'Italie; et parmi tous les ouvrages du XVI.ᵉ siècle que donne M. le comte Cicognara, qui certainement a choisi ce qu'il y avait de mieux, on verra qu'il y en a très-peu dont on puisse de bonne foi comparer les draperies à celles de Jean Juste de Tours, de Jean Cousin, de Bontemps, de Jean Goujon, et de Paul Ponce, qui adopta en partie leur manière.

De ces considérations sur le caractère des ouvrages de Jean Goujon et de Paul Ponce, je passerai à la description de ceux dont ils ont orné le Louvre. Si je commence par ceux du dernier de ces sculpteurs, c'est qu'ils se présentent d'abord à nos regards dans le vestibule de la colonnade. Ces beaux bas-reliefs (*voyez* pl. 21 - 22) remplissaient autrefois deux petits frontons de la cour du Louvre dans l'angle que fait la façade qui regarde le nord avec celle qui est tournée vers l'est. Lorsqu'on fut obligé de détruire de ce côté l'attique, pour le remplacer par le troisième ordre de Perrault, on ne trouva pas pour ces bas-reliefs de place plus convenable que les lunettes de la voûte de ce vestibule ; mais on ne put pas y ajuster les figures qui accompagnaient ces frontons. Quoiqu'elles ne fassent plus partie du Louvre, et qu'elles soient dans des salles de l'école royale de dessin aux anciens Petits-Augustins, j'ai pensé qu'on ne me saurait pas mauvais gré de les regarder comme une dépendance du Louvre, et d'en reproduire ici les dessins.

La Justice (pl. 21). — La balance et l'épée, emblèmes de l'équité et de la sévérité des lois, font reconnaître le génie de la justice dans cette belle figure ailée; mais peut-être aurait-on raison de desirer dans sa pose quelque chose de plus grave, et, dans le style et l'ajustement de ses draperies, une sévérité qui donnerait plus de dignité à cette austère divinité, et qui serait plus en harmonie avec ses redoutables et salutaires fonctions.

Numa. — Ce roi, dont les sages lois et les institutions adoucirent les mœurs des Romains, et qui régla les cérémonies de la religion, est ici représenté dans le costume de grand-prêtre, près d'un autel sur lequel brûle le feu sacré; une patère à la main, la tête voilée et couronnée de laurier, il est prêt à offrir un sacrifice. Le *camille,* ou jeune ministre des autels, que l'on a placé près de lui, un couteau de sacrifice à la main, est assis sur les dépouilles de la victime qu'il vient d'immoler. La pose de Numa, dont la tête est fort belle, paraît un peu gênée par l'espace, et la draperie n'est pas, dans la partie inférieure, aussi bien ajustée que dans la supérieure.

Zaleucus. — C'est sans doute pour établir une sorte de liaison entre ses personnages, qui n'ont cependant aucun rapport historique entre eux, que le sculpteur a dirigé l'attention du camille vers un jeune homme qui se crève un œil d'un coup de poignard. Zaleucus son père, parmi les lois qu'il avait données aux Locriens, en avait porté une dont l'infraction était punie par la perte de la vue : son fils, l'ayant transgressée, encourut cette terrible punition; le législateur crut satisfaire à la loi en partageant la peine entre son fils et lui, et chacun d'eux se creva un œil. Comme disposition, ces figures sont moins bien que les autres, et les jambes de Zaleucus font surtout un très-mauvais effet. Il paraît, au reste, que plusieurs de ces personnages de haut-relief, placés sous les frontons, pourraient ne pas être de Paul Ponce; et il y en a où l'on ne retrouve ni sa grande manière, ni sa composition savante.

La Religion (pl. 22). — La tête couverte d'un grand voile qui retombe sur ses épaules et enveloppe en partie une large robe qui descend jusqu'à ses pieds, assise, et dans une attitude calme, la Religion tient d'une main une boîte d'encens, et de l'autre une patère, symboles des prières et des offrandes. Sur sa figure, remplie de dignité, règne l'expression de la douceur et d'une compatissante bonté. Si ses mains n'étaient pas occupées par les objets qu'elles tiennent, on pourrait croire que, par la disposition des bras, qui n'est pas très-heureuse, l'artiste a voulu indiquer que la Religion ouvre les siens et offre ses secours à tous ceux qu'elle appelle et qui reviennent à elle.

La Charité romaine. — Le trait si connu, et rapporté par Valère-Maxime et par Pline l'ancien, d'une jeune femme romaine qui nourrit de son lait son malheureux père, condamné à mourir de faim, a fourni à Paul Ponce le sujet de la Charité. Il paraît qu'il lui plaisait; car il l'avait répété à Fontainebleau, dans la galerie de François I.ᵉʳ (1). Quoique cet exemple touchant de la piété filiale soit d'un bien meilleur effet dans les descriptions de l'histoire que dans les productions de la peinture ou de la sculpture, cependant le sculpteur en a tiré un bon parti, surtout dans la figure de la jeune femme, dont le dessin a de la grandeur et de la grâce, et la tête, bien ajustée dans le goût florentin, porte l'empreinte de la bonté et du courage.

Les deux soldats qui suivent ne méritent pas qu'on s'y arrête; et si je les donne, ce n'est que pour ne rien omettre. Ils ne sont pas dignes du ciseau de Paul Ponce, et il est même probable qu'il ne les avouerait pas.

David. — En le voyant assis sur la dépouille du géant Goliath, on croirait, au premier coup d'œil, que le jeune et vaillant fils de Jessé vient de remporter la victoire sur l'arrogant et terrible Philistin : mais les rouleaux qu'il tient à la main l'offrent aussi comme le chantre sacré des psaumes et des poésies divines ; et, dans ces deux circonstances, l'âge de cette figure, trop jeune comme roi-prophète, trop âgé comme berger, ne convient pas à David, ni sous l'un ni sous l'autre rapport. Quant à la disposition de l'ensemble, la pose en est gênée ; et il est presque inutile de faire observer que la coiffure n'est pas celle que devait avoir David, et que les plis du manteau, d'une étoffe trop cassante et trop mince, ne sont pas d'un heureux effet.

Du grand vestibule de la colonnade nous entrons dans la cour. Les bas-reliefs des frontons que nous allons examiner, commencent à l'angle de gauche, en regardant le vieux Louvre, et nous les suivrons en marchant vers notre droite.

L'Abondance (pl. 24). — Cette belle figure est peut-être une de celles où Paul Ponce a le plus empreint ce caractère de fierté et de vigueur qui distinguait si éminemment Michel-Ange. La tête, les mains, les pieds, tous les détails, en sont superbes et grandement dessinés. Par la savante disposition de l'ensemble, l'habile sculpteur a su triompher des difficultés que lui opposait l'espace dans lequel il avait à placer sa composition. Je ferai observer aussi que, quoique ces bas-reliefs soient à une grande hauteur, le travail en est très-soigné dans toutes ses parties, et que les draperies, bien refouillées, leur donnent un effet très-prononcé. Rien n'a été

_____
(1) Voyez la *Description de Fontainebleau*, par l'abbé Guilbert, t. I.ᵉʳ, p. 85.

négligé dans ces magnifiques sculptures monumentales, et l'on a même varié, comme si l'on eût dû les voir de près, l'expression des têtes de satyres et les guirlandes qu'elles soutiennent.

L'Océan. — Ces trois urnes d'où s'échappent des eaux avec force, cette longue barbe mouillée, font reconnaître l'Océan, le père de tous les fleuves: mais on ne le retrouve pas dans le vieillard dont le regard timide, les jambes mal assurées et l'attitude courbée, sont en contradiction avec ses formes athlétiques, et conviendraient à un malheureux mortel qui souffre du froid; et le dieu des mers semble se baisser pour pouvoir se tenir dans le réduit bas et étroit où on l'a placé. Cependant cette figure, qui pèche par sa conception et par sa pose, considérée dans ses différentes parties, est d'un beau dessin, et c'est l'erreur d'un grand maître.

Les têtes du suivant de Bacchus et du satyre ont l'expression qui leur convient. La coiffure de la première est bien ajustée, et toute la figure pose bien. Quant à la seconde, il eût été plus adroit de la disposer de manière que l'encadrement ne coupât point en partie le dos.

L'Agriculture. — Ce qu'il y a de mieux dans cette figure est certainement le haut du corps, et surtout la tête, dont la coiffure est agencée avec goût; car, du reste, la pose est froide et sans grâce, les formes sont lourdes, et le geste du bras gauche n'indique pas ce qu'il veut exprimer.

Génies de la Gloire (pl. 25). — Les ailes de ces figures, d'après les conventions reçues, suffisent pour en faire des génies; les lauriers dont ils couronnent un bouclier et des armes, annoncent que ce sont ceux de la gloire, et le serpent est l'emblème de l'immortalité qu'elle assure. De ces deux génies, celui de gauche, quoiqu'il y ait de la gêne dans le mouvement du haut du corps, est le mieux, par l'élégance de son attitude, de ses contours, et par l'ajustement de ses draperies; on voit aussi dans sa coiffure, qui rappelle celle des Vénus antiques, une imitation des anciens que l'on trouve rarement à cette époque dans l'école florentine.

Mars. — Cette figure, dont la pose, surtout dans le haut du corps, est bien et a du naturel, n'offre rien de particulier à faire remarquer, si ce n'est qu'il me paraît qu'on avait donné au profil du visage un certain air de ressemblance avec François I.er On voit aussi qu'en armant Mars à l'antique, on lui a cependant mis à la main une masse d'armes, dont les anciens ne faisaient point usage.

Les têtes des deux captifs enchaînés sont d'une bonne expression : la pose de celui de droite, à cause du raccourci de la cuisse, était difficile à rendre en bas-relief; et dans le dessin du torse et du bras replié en arrière on retrouve un élève de Michel-Ange.

Minerve. — Par son attitude, qui manque de dignité dans l'ensemble et dans les détails, et par son costume, cette déesse guerrière ressemble peu à la Minerve des anciens; mais à l'époque de Paul Ponce on n'avait pas encore assez étudié leurs monumens pour en saisir le caractère. En admettant même que le costume soit ce qu'il doit être, et que d'une main on n'ait pas fait tenir à la déesse une haste antique, et de l'autre une lance moderne, on ne pourrait pas trouver qu'il soit bien ajusté; et cette robe, que traverse le fût de la pique, et qui se relève sans grâce sur les jambes comme pour découvrir le lion qui est aux pieds de Minerve, serait toujours maladroitement drapée. La tête du lion est d'un beau caractère. Je ferai remarquer que si l'on ignorait l'époque de cette figure, on l'apprendrait par les ornemens du bouclier, sur lequel on voit un croissant qui supporte un foudre, entouré de traits ou d'éclairs; emblèmes qui font allusion au pouvoir irrésistible que Diane de Poitiers exerçait sur Henri II, et qu'il avait la faiblesse de proclamer et de consacrer sur tous ses monumens.

Le Commerce (pl. 26). — Le caducée que tient à la main cette belle figure, lui donne le caractère de génie de Mercure ou du commerce; et sa pose tranquille fait naître l'idée du commerce bien établi et jouissant avec calme de sa prospérité. La fermeté, la grandeur du dessin de cette composition si simple et qui remplit si bien le champ qu'elle était chargée d'occuper, la placent parmi les meilleures compositions de Paul Ponce, et c'est une de celles où l'on retrouve le plus le style de Michel-Ange.

L'Astronomie, la Géométrie, et leurs Génies. — Le caractère et la vigueur du grand Buonarotti sont empreints avec encore plus d'énergie dans ces deux personnages, qui, par la sévérité de leur expression et le calme de leur attitude, annoncent la gravité de leurs fonctions et la profondeur de leurs méditations. Le dessin de ces bas-reliefs, savant et très-prononcé, ne va cependant pas jusqu'à l'exagération, et les raccourcis, surtout dans celui qui représente la Géométrie, sont traités avec une grande habileté. Ce personnage, qu'on pourrait croire être Archimède, à voir tous les instrumens qui l'entourent et qui servent à l'application de la géométrie et de la mécanique, est fortement occupé d'une grande pensée; il touche au moment d'une importante découverte : qu'on lui donne un point d'appui, et il soulevera le monde. Il est difficile de voir une figure mieux pensée dans son ensemble et dans ses détails, et qui dise mieux ce qu'on a voulu lui faire exprimer. L'Astronomie ne me semble pas conçue avec autant de profondeur; par sa pose, ce n'est qu'Atlas qui soutient le monde, et qui, les yeux dirigés vers le ciel, est absorbé dans la contemplation de cet admirable spectacle et de la marche des astres; mais il n'y a pas autant de génie dans cette figure, et elle n'indique pas des idées aussi puissamment combinées que celles que poursuit la Géométrie, qui, par son mouvement subit et une sorte d'inspiration et de fixité dans le regard, paraît sur le point de les saisir. Les jolies figures d'enfans ou de génies qui accompagnent ces deux personnages et semblent partager leurs études, complètent bien cette composition, qui convient parfaitement au génie du commerce, dont l'Astronomie dirige les voyages au-delà des mers, et pour lequel la Géométrie, soumettant à ses calculs la terre et les cieux, invente les mesures, les poids, les métiers, et tous les prodiges de la mécanique.

C'est ici que finit la suite des bas-reliefs de Paul Ponce qui ornent la cour du Louvre, et ce sont les seuls de ce genre que l'on possède de ce grand maître. On peut, je crois, avancer, sans crainte d'être réfuté, qu'aucun édifice moderne de l'Italie ne présente d'aussi beaux modèles de sculpture monumentale; le Louvre les doit, il est vrai, à un sculpteur italien, mais qui n'a presque travaillé que pour la France, devenue pour lui une autre patrie, et où il modifia son style en y apprenant à mettre dans ses compositions plus de sagesse et de goût que l'on n'en trouve, en général, dans la plupart des ouvrages des écoles d'Italie du XVI.e siècle.

En revenant à l'angle gauche de la cour, nous trouverons les figures élégantes dont Jean Goujon a enrichi cinq des œils-de-bœuf. La forme du champ qu'il avait à remplir était peu favorable à la disposition qu'il pouvait donner à ses personnages; cependant il s'est tiré de ces difficultés en homme habile qui ne les craint pas, et dont le talent flexible sait, sans effort, se plier aux circonstances et se rendre maître de son sujet. A leur beauté ces bas-reliefs ajoutent un nouvel intérêt, lorsqu'on sait qu'ils furent les témoins et presque la cause de la mort de Jean Goujon; car, le jour de la Saint-Barthélemi, il fut tué d'un coup d'arquebuse tandis qu'il retouchait à ces belles figures du Louvre, de ce palais que depuis tant d'années son habile ciseau enrichissait de ses superbes productions: c'était bien, pour un artiste, mourir au champ d'honneur; et cette fin si triste pour les arts rappelle celle qui porta un coup si terrible aux sciences lorsqu'Archimède, absorbé dans ses sublimes méditations, fut tué au siège de Syracuse. Quelques auteurs cependant prétendent que Goujon fut tué à la fontaine des Innocens : le fait est possible, quoique les travaux de cette fontaine eussent été terminés en 1550; mais il se peut qu'en 1572 elle ait eu besoin de réparation. Une discussion sur ces localités serait, au reste, de peu d'importance, et d'ailleurs on ne trouverait pas de témoignages assez positifs pour établir d'une manière incontestable l'une ou l'autre de ces opinions. Il n'est pas question de cet événement dans des ouvrages contemporains, tels que les *Mémoires de l'état de la France sous Charles IX*, qui entrent dans des détails si affreux et si bien circonstanciés de cette horrible nuit et des jours qui la suivirent; on n'en fait pas non plus mention, ni dans de Thou, ni dans Félibien, qui, dans son *Histoire de Paris*, parle au long de ce qui eut lieu au Louvre lors de la Saint-Barthélemi. Enfin, soit que Goujon fût occupé à embellir le palais de nos rois, soit qu'il travaillât à l'ornement de Paris, ce qui passe pour constant, c'est qu'ayant le ciseau à la main et terminant un chef-d'œuvre, il perdit la vie le jour de la Saint-Barthélemi.

Il n'est pas inutile de faire remarquer ici, pour confirmer ce qui a été dit page 403 de l'âge présumé de Jean Goujon, qu'avant de travailler à Anet pour Diane de Poitiers, il avait déjà été employé avec Bullant, entre 1540 et 1545, au château d'Écouen, pour le connétable Anne de Montmorency;

il fallait que d'autres travaux l'eussent rendu digne d'être associé à un tel maître, et c'est ce qui me fait supposer que Goujon naquit vers 1510. J'ajouterai ici qu'on ne connaît pas de portraits authentiques de cet habile sculpteur, et que ceux que l'on en a faits sont de pure invention (1).

La suite des bas-reliefs de Jean Goujon commence aux deux œils-de-bœuf qui précèdent l'angle de gauche de la cour du Louvre.

(Pl. 40.) La Victoire, l'Histoire (2). — Par la noblesse et l'élégance du dessin, le premier de ces génies rappelle les beaux ouvrages antiques, et c'est une des figures dans le costume desquelles Jean Goujon a le plus de rapport avec celui des anciens pour l'ensemble des draperies, ainsi que pour l'agencement et le jet des plis, quoiqu'il fût à desirer qu'ils s'ajustassent mieux sur la jambe droite et sur la cuisse gauche, dont ils coupent malheureusement les contours. Peut-être aussi y a-t-il un peu de manière dans le mouvement de la tête : plus de simplicité eût mieux fait. Le génie ou la muse de l'histoire pose le pied sur le globe du monde, soumis à ses recherches, à ses jugemens. Elle est bien occupée de ses graves compositions, et il n'y a rien à reprendre à l'intention de toute la figure. Quant à la draperie, elle pourrait offrir des partis plus grands et plus heureux ; et l'on trouverait avec raison que, trop chiffonnée et se relevant sans raison au lieu de tomber, elle ne suit pas avec grâce les contours de ce génie, que la beauté de ses bras fait supposer devoir être très-bien. C'est aussi la seule figure de Jean Goujon où les ailes qu'il donne à ses génies n'accompagnent

---

(1) Dans la description de la galerie d'Angoulême, qui fait partie du Musée royal du Louvre, j'avais exprimé, en 1824, le regret que l'on n'eût pas encore recueilli dans un corps d'ouvrage tout ce qui existe, en assez grande quantité, à Paris, des sculptures de Jean Goujon, dont une partie, entre autres ce qu'il avait fait pour Saint-Germain l'Auxerrois, a disparu. Je pensais que ce monument élevé à la gloire de la France, à celle de Jean Goujon et de la sculpture française, ferait honneur à celui qui l'entreprendrait. Les vœux des amateurs des arts vont, je crois, être exaucés, et ils apprendront avec plaisir que M. Vauthier, un de nos meilleurs dessinateurs, et avantageusement connu par ses ouvrages, va faire et publier un recueil complet de tout ce qui a été conservé de Jean Goujon et de Paul Ponce. Le format de cette intéressante collection sera d'une grandeur qui permettra de rendre avec fidélité le caractère et les détails des productions de ce grand maître ; et le talent de l'artiste qui se charge de cet important travail, est un sûr garant du soin qu'il y apportera et de la beauté de l'exécution. M. Vauthier est aussi sur le point de faire paraître la collection de toutes les sculptures du Parthénon ou de l'école de Phidias, qui se trouvent à Londres ou à Paris. M. Miel, dans le tome Ier de la *Galerie française*, a donné sur Jean Goujon un article très-intéressant et rempli d'excellentes idées, dictées par une saine critique, jointe à un sentiment vif et délicat et à des connaissances approfondies des arts.

(2) Une inadvertance dans le classement et dans le numérotage des planches a fait placer à la planche 40 les deux premiers bas-reliefs de Jean Goujon, qui se trouvent, il est vrai, les derniers lorsqu'on fait le tour de la cour en allant de gauche à droite. Mais, pour ne pas interrompre cette suite dans le compte que je vais en rendre, je crois devoir les remettre à leur place, et en parler avant ceux de la pl. 27, dont ils sont si mal-à-propos séparés dans la série de mes planches.

pas agréablement le corps. Ici cette aile en dérobe une partie, et découpe l'autre perpendiculairement d'une manière peu gracieuse.

La Guerre, le Commerce (pl. 40). — Le dauphin qui orne le casque de la déesse ; dans celui qu'elle foule aux pieds, la forme de la tête de ce poisson que l'on a donnée à la visière, et le dragon ailé ; la colonne que soutient la Guerre, la font reconnaître pour celle qui se soumet les mers, et qui, portant ses exploits aux extrémités du monde, en recule les limites. Tout, dans cette belle figure, est empreint du caractère de la force et de la confiance qu'elle inspire. Quoique le Commerce soit aussi armé, sa contenance offre quelque chose de plus doux et de moins assuré que celle de la Guerre, qui semble lui promettre son appui. Le pied que ce génie pose sur un rocher, indiquerait, ou le commerce de terre, ou les dangers qu'il a à courir. Je ne sais si Goujon a eu l'idée de quelque allusion en découvrant ainsi la jambe droite de cette figure, mais ce n'est pas d'un bon effet ; et ici les draperies sont moins bien entendues que celles du génie de la guerre. Il y a aussi quelque affectation dans la disposition des doigts des mains. Malgré les dénominations que j'ai assignées à ces deux génies, il se pourrait bien que l'un fût celui du commerce maritime, l'autre le génie du commerce de terre.

La Victoire et la Renommée (pl. 27). — Il est fâcheux que Jean Goujon et ceux qui l'ont suivi n'aient pas mis plus de variété dans les sujets dont ils ont orné les œils-de-bœuf du Louvre ; les mêmes personnages allégoriques y sont répétés plusieurs fois, et il aurait sans doute été mieux qu'il en fût entré une plus grande diversité dans la décoration du Louvre : c'est presque toujours la Victoire et l'Histoire qui y ont exercé le ciseau de notre grand sculpteur. Ici la Victoire, sous la figure d'une jeune fille ailée, dans toute la fraîcheur de la jeunesse et de la beauté, vêtue d'une robe légère qui trahit ses formes charmantes, tient d'une main une palme, de l'autre une couronne de fleurs que, les yeux baissés avec modestie, elle paraît près de mettre sur sa tête. Si c'est une Victoire, c'est celle qui fait triompher la beauté. Ne serait-ce pas encore ici un hommage à Diane de Poitiers, dont les murs du Louvre répètent sans cesse les louanges? La tête de la divinité est surmontée d'un croissant, et l'on peut d'autant mieux supposer que Jean Goujon pensait à Diane dans cette figure allégorique, que, si on ne l'apprenait, pour ainsi dire, par lui-même ou par un ancien biographe, on ne se douterait jamais du personnage, célèbre alors il est vrai, qu'il avait en vue en composant sa figure de la Renommée. Jean Goujon dînant un jour à la table d'Henri II, le Roi lui demanda ce que signifiait la trompette qu'embouchait la Renommée ? « Sire, lui répondit le » sculpteur, elle proclame le génie et la vigueur du plus grand poète de la » terre, qui porte dans tout le monde par la beauté de ses vers le nom et la » gloire de votre Majesté : elle célèbre M. de Ronsard (1). » Malgré la barbarie

(1) Ce fait, selon Sauval (II, 31), est rapporté par Cl. Binet dans la *Vie de Ronsard*.

de son français, où, comme s'exprime Boileau, il parlait grec et latin, Ronsard était un homme de beaucoup d'esprit et un grand poète à l'époque où il vivait; cependant il serait difficile de reconnaître dans cette belle figure de la Renommée, qu'elle fut faite pour célébrer la gloire de Ronsard. Ainsi l'on peut bien admettre que la Victoire faisait allusion à Diane de Poitiers, qui cependant, depuis long-temps, avait passé l'âge où l'on doit ses triomphes à la beauté. Ces deux figures ont toutes les qualités et tous les défauts de Jean Goujon, l'élégance du dessin, sa grâce un peu recherchée, ses draperies légères, auxquelles on desirerait de se rapprocher moins de celles de la peinture et d'être plus simples; ce serait surtout dans la manière boursouflée dont est drapé le milieu du corps de la Renommée, que l'on trouverait le plus à reprendre.

L'Histoire et la Victoire. — Si la jambe gauche de la première de ces figures avait plus de souplesse et que la draperie y fût mieux ajustée, il serait difficile d'en voir une plus jolie, par l'élégance et le naturel de sa pose, et par la simplicité d'expression qui règne dans son mouvement et dans son attention. La tête et le bras ont de la grâce sans manière, et dans plusieurs parties, surtout dans le haut du corps, les draperies, d'un jet facile, sont disposées avec un goût digne de l'antique. On ne peut pas faire tout-à-fait le même éloge de la Victoire: son ensemble a quelque chose de plus recherché; l'attitude du bras droit, et surtout les doigts, ont une sorte d'afféterie. C'est principalement dans ces dernières parties, que souvent Goujon faisait trop fines, que l'on retrouve de la manière et la prétention de quelques maîtres de l'école florentine qui, séparant trop les doigts des mains de femme et donnant à leurs extrémités une inflexion trop prononcée, les ont fait trop longs, trop effilés, et y ont mis une grâce affectée, dont une femme chercherait à se défaire, même si elle lui était naturelle. Il est inutile de faire observer que les coiffures de ces différentes figures ne sont pas tirées de l'antique: mais elles le rappellent, et sont ajustées avec goût; celle de la Victoire a quelque chose de capricieux dont la sculpture peut tirer un bon parti.

Lorsqu'on s'occupe des ouvrages de Jean Goujon, c'est moins sous le rapport de la pensée que sous celui de l'exécution qu'il convient de les considérer. L'iconologie ne marchait pas alors d'après des règles bien fixées, et les attributs, souvent arbitraires, qu'elle donnait à ses figures allégoriques, ne les caractérisent pas d'une manière assez certaine, pour qu'on ne soit pas exposé, en les décrivant, à des interprétations bien vagues et qui peuvent s'appliquer à plusieurs sujets (pl. 28). C'est ce qui m'est arrivé ici, et ce qui m'a empêché de donner des noms à ces deux belles figures, qui seraient susceptibles de plusieurs dénominations. Les armes brisées que jette à ses pieds le génie qui est sur la gauche, pourrait le faire regarder comme celui de la paix; mais cette attitude fière, ce geste presque menaçant, lui conviendraient-ils? A moins que ce ne soit une paix glorieuse qui donne des lois, s'établit à force de victoires, et qui, foulant aux pieds les armes des vaincus, permet au vainqueur de conserver une partie des siennes. La palme, des couronnes de rois, de triomphateurs, que tient l'autre génie, le gouvernail, le globe terrestre qui est à ses pieds, désigneraient la Fortune, la maîtresse du monde, qui distribue à son gré les biens et les honneurs. Mais, avec cet air et cette pose doux et modestes, pourquoi l'armer de ce coutelas recourbé? Le sculpteur aurait-il eu l'idée d'indiquer que la Fortune arrive à ses fins par tous les moyens, et que, cachant ses vues sous des apparences trompeuses et perfides, elle emploie tour-à-tour, pour dominer le monde, le bien, le mal, la ruse et la violence; et la Fortune de Jean Goujon, si c'en est une, aurait pu inspirer les beaux vers,

> Fortune, dont la main couronne
> Les forfaits les plus inouïs.

Ce ne sont que des conjectures; mais les ouvrages de Jean Goujon et les idées qui ont dirigé les sculpteurs de cette époque, sont déjà assez loin de nous, pour autoriser, ainsi que ceux des anciens, à hasarder des hypothèses.

Ce génie de la paix est certainement une des figures où Jean Goujon à la dignité et au gracieux de la pose a réuni le plus d'élégance dans le dessin. Les draperies, souples et d'un joli mouvement, sont d'une légèreté admirable et telle qu'il convient à une étoffe transparente qu'agiterait le zéphyr; et l'on croit les voir se mouvoir et s'enfler sous son souffle caressant. Dans ces deux figures, les draperies ont toute la grâce de Jean Goujon; elles voilent voluptueusement plutôt qu'elles ne couvrent les contours ondoyans de ces charmantes divinités: mais il est aisé de remarquer que l'ensemble et la division des parties du costume sont tout-à-fait inspirés de l'antique; et pour celui de la Fortune, qui suit avec tant de souplesse les formes séduisantes de la déesse, il ne serait pas surprenant que Jean Goujon se fût aidé de notre jolie Vénus genitrix (1), l'une des nombreuses statues antiques que François I.er avait fait venir d'Italie; et si l'on comparait ces deux figures entre elles, on verrait que la Fortune, en en redressant un peu l'attitude, a de grands rapports avec la Vénus genitrix (2).

C'est ici que se terminent les grandes figures que l'on doit à Jean Goujon dans la cour du Louvre; mais il y en a de lui beaucoup d'autres qui, sans avoir la même importance, n'en méritent pas moins d'attirer l'attention, et qui montrent que le ciseau de cet habile maître savait se prêter à tous les sujets. Le grand escalier marqué x dans le plan (pl. 11), et dont la planche 29 A donne une vue, conduisait aux appartemens du Roi: ayant été construit sous Henri II, on lui a conservé le nom de ce prince; et c'est par ce même escalier que fut transporté dans sa chambre Henri IV,

---

(1) Musée royal, n.º 46.
(2) M. le comte Cicognara (pl. 83) a donné la première de ces deux figures. Les deux caryatides de ma pl. 28 doivent être regardées comme non avenues : n'étant ni bonnes, ni à leur place, elles ont été refaites, et on les trouvera à la planche 45.

après avoir reçu le coup funeste qui l'enleva à l'amour et au bonheur de la France.

Comme construction, cet escalier n'a rien de remarquable ; il monte jusque dans l'attique entre deux murailles, autour d'un noyau carré : mais Jean Goujon y répandit en profusion, sur toute la voûte, les plus riches ornemens. Il y a déployé tout son goût, et tantôt la grâce, tantôt l'enjouement, et, pour ainsi dire, le *laissez-aller* de son ciseau, dans une foule de compositions variées, qui offrent, en général, de même que ses productions plus sévères, le caractère et la souplesse de son talent. Partout aussi s'y voient répétés les emblèmes si chers à Henri II. Ici (pl. 29 B), au-dessus des portes du premier étage, des groupes d'amours se pressent autour du chiffre Henri-Diane, et le portent en triomphe. Ces enfans, d'un dessin facile et coulant, ne manquent pas de grâce, quoiqu'ils soient loin d'avoir la simplicité et le naturel de ceux de François Flamand. Les enfans de Jean Goujon sont un peu des enfans de décoration, et ont un caractère de convention. Dans ceux de du Quesnoy, c'est la nature bien choisie et avec toute la grâce et le moelleux, le vague même, des formes et des mouvemens de l'enfance. On ne se croirait pas toujours en sûreté au milieu des enfans de Goujon ; ils sont trop forts, et, avec des formes trop arrêtées, ils ont l'air trop rusé pour leur âge : ceux du Flamand ont toute la candeur de l'innocence. Parmi les autres bas-reliefs de ces voûtes, on remarque (pl. 29 B et pl. 30) des satyres des deux sexes qui, couchés dans différentes attitudes et enlacés l'un à l'autre par des guirlandes de fleurs et des croissans, forment comme de petites frises qui rappellent celles de couvercles de sarcophages antiques qui offrent des sujets de ce genre (1) ; et, malgré le peu de hauteur des encadremens, Jean Goujon a su donner à ses différens personnages des poses qui ne sont pas trop forcées. La figure de Diane, un peu lourde pour être de ce sculpteur, des amours qui posent le pied sur un globe et élèvent en signe de triomphe un croissant, sont répétés dans plusieurs parties de l'escalier : on y distinguera cet amour qui, de même que celui qui ornait le bouclier d'Alcibiade, porte un foudre et lance autour de lui des éclairs, des traits et des flammes. On voit aussi dans les plafonds et sur les murs de cet escalier, au second étage (pl. 29 B), de jolis cartels destinés à recevoir des armoiries ou des chiffres, et une figure dans le genre de l'arabesque, d'une composition très-singulière, où deux corps de tritons jouant de la flûte sont réunis par une rosace et présentent une figure droite, de quelque côté que l'on arrive. Enfin les groupes de têtes de cerf, les chiens, sculptés de côté et d'autre dans des caissons richement ornés de feuillages, exécutés avec goût par Jean Goujon ou ses élèves, sont moins des monumens de l'amour d'Henri II pour la chasse que de sa passion pour Diane de Poitiers. On retrouve encore (pl. 31) ces emblèmes et ces hommages, trop publics, dans les ornemens qui couronnent les fenêtres de la cour, et dont l'exécution est plus recommandable que la composition. La frise du second

---

(1) Voyez *Description des antiques du Musée royal*, n.° 307.

étage, où des enfans et des oiseaux se jouent au milieu de guirlandes, mérite qu'on s'y arrête: très-riche et très-variée dans ses détails, elle a été continuée tout autour de la cour par les sculpteurs qui ont succédé à Jean Goujon dans la décoration du Louvre.

Les sculptures que nous avons jusqu'à présent examinées, à l'exception des grands frontons, tiennent à l'école des règnes de François Ier, d'Henri II et de Charles IX; il paraît que sous Henri IV on ne s'occupa point des ornemens de la cour, et ce ne fut que sous Louis XIII que les travaux reprirent une nouvelle activité, qui cependant se porta moins sur la partie décorative que sur la construction. Ce que l'on exécuta en sculpture se borna au grand pavillon élevé par Le Mercier. L'étage considérable qu'il ajoutait, sans nécessité, à l'ordonnance de Lescot, lui permettait d'y déployer un grand système de décoration. Ce fut sans doute ce qui le séduisit. Il eût mieux fait de se conformer davantage à l'esprit du plan de Lescot, et de ne pas donner, le premier, l'exemple funeste de substituer, dans la continuation du Louvre, ses idées à celles du grand architecte qui en avait conçu le premier projet. Comme ornement de la partie supérieure de sa façade et pour supports de son fronton, Le Mercier adopta des caryatides (pl. 29). La composition et l'exécution de ces groupes furent confiées à Jacques Sarrazin (1), et elles ne pouvaient alors être en de meilleures mains.

Pendant un long séjour à Rome, Sarrazin avait déjà donné plus d'une preuve de son talent, et avait montré que les grands ouvrages n'étaient pas au-dessus de ses forces. Docile aux conseils et aux exemples du Dominiquin, il avait su résister au mauvais goût qui faisait irruption de toutes parts dans l'école, et il s'était attaché à acquérir et à conserver dans ses formes la grandeur et la pureté, et dans ses costumes la noblesse, qu'il avait puisées dans la belle nature de Rome et dans les chefs-d'œuvre de

(1) Jacques SARRAZIN, né à Noyon en 1590, mort à Paris en 1660, étudia chez Guillain le père; il annonça et développa les plus heureuses dispositions pour la sculpture. Étant allé à Rome, le Dominiquin, qui s'y était retiré, chassé de Naples par les persécutions auxquelles il avait été en butte, conçut de l'amitié pour Sarrazin, lui donna des conseils dont il sut profiter, et le trouva assez habile pour l'associer à ses travaux à la villa Aldobrandini et à Frascati, quoiqu'il ne manquât pas alors de sculpteurs italiens à Rome. Notre sculpteur y passa dix-huit ans, très-occupé, étudiant l'antique et Michel-Ange; et il ne revint en France qu'en 1628. En passant à Lyon, il fit pour les Chartreux un S. Bruno et un S. Jean-Baptiste. Peu après son arrivée à Paris, il fut employé par le cardinal de Richelieu et par le maréchal d'Effiat à son château de Chilly. Quoique Sarrazin pût marcher seul, et servir plutôt d'appui aux autres artistes que d'en avoir besoin pour lui-même, il se mit, pour ainsi dire, à la suite et se déclara l'élève de Simon Vouet, qui passait alors pour le meilleur peintre, et dont le style maniéré et lourd lui fit oublier, en partie, les bons principes qu'il avait puisés à Rome dans l'étude de l'antique et dans les avis du Dominiquin. Il épousa même la fille de Vouet. Ce fut probablement vers 1630 qu'il fit les modèles pour les caryatides de la cour du Louvre, sous la surintendance de Sublet des Noyers. Louis XIII en fut si satisfait, qu'en outre d'une pension il lui donna un logement au Louvre. Sarrazin, chargé de travaux

l'antiquité. Sarrazin avait été assez heureux, comme le fait remarquer M. le comte Cicognara (1), pour étudier Rome avant que le Bernin y eût établi sa funeste influence et se fût asservi tous les arts, et pour arriver à Paris lorsqu'il n'y était pas encore question de Le Brun et de sa tyrannie; et je ne vois pas qu'il y eût alors à Rome ou en France aucun sculpteur qu'on eût pu préférer à Sarrazin, et qui eût offert plus de garanties pour le succès de travaux importans. Si les belles caryatides de Sarrazin pèchent par leur proportion trop colossale pour l'endroit où elles sont placées, ce n'est pas à cet artiste que doit en être adressé le reproche; il ne fit que suivre les intentions et les mesures de Le Mercier, et le sculpteur n'était responsable que de la composition et du travail des figures qu'on lui avait confiées. Celles de Sarrazin, d'un grand aspect, sont bien groupées, et le dessin, d'un beau caractère, en est coulant et plein de dignité : peut-être les lignes de l'architecture demanderaient-elles plus de symétrie et moins de mouvement dans les poses de ces belles matrones et dans la disposition de leurs bras; elles produiraient plus d'effet si, dans une situation aussi périlleuse, elles ne paraissaient pas se livrer sans crainte aux charmes d'une douce conversation. M. Cicognara semble préférer à nos caryatides celles de Vittoria que l'on voit à Venise; peut-être cependant celles de Sarrazin sont-elles encore mieux en rapport, comme décoration et comme supports, avec les convenances de l'architecture. Ce n'est pas que de pareils groupes puissent jamais, surtout dans un dernier étage, remplacer l'élégance et la pureté de colonnes corinthiennes ou composites isolées, qui, occupant moins d'espace en largeur, offrent à l'œil une légèreté dont on ne peut approcher, lorsqu'on veut les remplacer par des caryatides, qu'en les employant isolément.

Quoiqu'en général les draperies des figures de Sarrazin soient ajustées avec goût et qu'on y retrouve l'étude de l'antique, cependant on pourrait

pour Anne d'Autriche, fut aussi employé par plusieurs églises. Aux Carmélites de la rue Saint-Jacques, il fit le tombeau du cardinal de Bérulle. Il éleva, aux frais du président Perrault, le mausolée d'Henri de Bourbon, prince de Condé; grande composition, enrichie de plusieurs statues en bronze et d'un nombre considérable de bas-reliefs. M. le comte Cicognara (*Storia* &c. v.e livraison, pl. 17) donne deux de ces bas-reliefs, tirés de l'ancien musée des Petits-Augustins, et dont en général la composition est sage et bien entendue : il y a des réminiscences de Rome ; mais ils auraient été encore mieux s'il les y eût faits, et dans la société du Dominiquin. J. F. Blondel (t. IV, p. 27) cite comme très-bien, mais on ne peut guère s'en rapporter au goût de cet auteur en fait de sculpture, deux statues de Sarrazin de deux pieds de proportion, S. Pierre pleurant son péché, et une Madeleine. Ces figures, ainsi que treize bustes en terre cuite, étaient au Louvre, dans le cabinet des dessins. Sarrazin fut un de ceux qui contribuèrent à l'établissement de l'académie de peinture et de sculpture, dont il fut recteur en 1655. Parmi ses nombreux élèves, on cite les Anguier, les Marsy, Girardon, des Jardins, Lérambert, Le Gros, Jacques Buirette, Le Hongre. *Voyez* d'Argenville, *Vies des plus fameux sculpteurs*, &c. t. II, pag. 145. Cet écrivain indique plusieurs ouvrages de Sarrazin. L'*Abecedario* d'Orlandi ne dit qu'un mot de cet habile sculpteur.

(1) Tome VI, page 291.

desirer qu'elles fussent plus légères, et mieux ajustées dans certaines parties. Ce n'était pas sans raison que, dans de pareilles circonstances, les anciens les faisaient à plis droits et tombant presque perpendiculairement, ces formes étant plus en harmonie avec l'architecture que des parties de plis qui prennent des directions obliques. Ils n'oubliaient pas que, pour éviter les porte-à-faux et les lignes onduleuses et sans divisions régulières, surtout dans les angles de l'édifice, les caryatides que l'on substitue à des colonnes, doivent non-seulement en conserver les proportions dans leur ensemble, mais même en rappeler autant que possible le galbe dans leur dessin. Il paraît, au reste, que ces caryatides ne sont pas de la main de Sarrazin, et qu'il se contenta d'en faire des modèles, d'environ trois pieds de haut, qu'on voyait encore, dit-on, il y a quelques années, chez un sculpteur de Paris. L'exécution de ces belles figures fut confiée, suivant Sauval, à Buister (1), qu'il nomme Bistel, et à Louis Guérin (2), que cependant d'Argenville ne cite pas parmi les élèves de Sarrazin. Quoique ces sculpteurs aient montré beaucoup de talent, on peut croire qu'ils négligèrent quelque partie de leur travail, et ils n'y mirent certainement pas ce qu'on pouvait attendre de cet habile homme, qui, en élevant ses modèles à des proportions colossales, les aurait encore perfectionnés. Les mêmes artistes, d'après les dessins de Sarrazin, sculptèrent les Renommées du fronton (pl. 31), qui, dans leur pose et leur ajustement, ne manquent ni de souplesse ni d'élégance, qualités presque perdues à la hauteur et dans le lieu où ces figures sont placées. Buister et Guérin exécutèrent aussi les trophées qui entourent l'horloge (pl. 38), et ils continuèrent la charmante frise formée d'enfans et de guirlandes. Ces sculpteurs apportèrent beaucoup de soin dans le travail de ces détails, et ne se bornèrent pas à reproduire la frise de Jean Goujon; mais ils mirent plus de variété dans la composition des guirlandes et dans les mouvemens des enfans. Nous apprenons par Sauval que les chapiteaux des colonnes de cette partie du Louvre ont été sculptés par Le Clair, surnommé *Capitoli*, qui les travailla avec une grande recherche, mais qui leur donna peut-être moins d'effet que n'en ont ceux qui furent sculptés sous la direction de Lescot et de Goujon. On ne sait, au reste, sur les ouvrages de ce Le Clair Capitoli, rien de plus que le peu de mots qu'en dit Sauval.

(1) Philippe BUISTER, né à Bruxelles, vint en France vers le milieu du XVII.ᵉ siècle, et s'attacha à Sarrazin, d'après les dessins ou les modèles duquel il exécuta beaucoup de bas-reliefs et de sculptures de ronde bosse. Parmi ses ouvrages, on citait le mausolée du cardinal de la Rochefoucauld à Sainte-Geneviève; deux satyres, un joueur de tympanon, ayant près de lui un jeune satyre : ces statues font partie de celles du jardin de Versailles, de même que le Poëme satirique et la Flore du même sculpteur. Voyez l'*Abecedario* d'Orlandi, &c.

(2) Louis GUÉRIN naquit à Paris, et fut un des premiers membres de l'académie de peinture et de sculpture, dont il devint professeur. Outre ses sculptures du Louvre, on cite de lui des groupes de tritons et de chevaux, qu'il fit dans les bains d'Apollon à Versailles, et qui sont près de ceux de Gaspar et de Balthasar de Marsy: il mourut en 1677. (Voy. l'*Abecedario* d'Orlandi.

C'est ici que finit la suite des sculptures dont on orna la cour du Louvre sous les règnes de Louis XIII et de Louis XIV ; et l'on pourrait dire aussi que c'est la fin de l'école de Jean Goujon (mort en 1572), à laquelle se rattachaient encore, en quelque sorte, les élèves de son ami Germain Pilon (mort en 1590) et de Prieur, et, par la tradition ou la transmission des principes, Simon Guillain, né en 1581, et son élève Sarrazin, né en 1590. Pendant près de cent cinquante ans, ce ne fut que de loin à loin, et comme pour ne pas laisser établir la prescription contre ce monument, qu'on eut l'air de vouloir s'occuper d'en continuer la décoration. Souvent, d'ailleurs, on eût dit qu'il s'agissait plus de le détruire que de l'orner, et les murailles, attaquées par le temps et surtout par les hommes, réclamaient encore plus des soutiens que les richesses de la sculpture. Ce fut peut-être un bonheur que, pendant un long espace de temps, elle n'ait pas exercé son ciseau sur le Louvre. Cet art était tellement sorti de la route où l'avaient conduit avec gloire les Cousin, les Jean Goujon, les Paul Ponce, les Germain Pilon, les Sarrazin, qu'il ne paraissait plus le même art que celui qu'ils avaient pratiqué avec tant de succès. Lorsqu'on voit le bas-relief de Coustou, l'un des meilleurs sculpteurs des époques de la décadence de notre sculpture, on félicite le Louvre de l'oubli où on l'avait laissé. Que serait devenu ce palais, si on l'eût abandonné, sous le règne de Louis XV, aux mains d'une foule de sculpteurs dont les brillantes dispositions, et même les talens, avaient été étouffés par les plus fausses doctrines? Marchant sans guides sûrs et errant à l'aventure, on consultait la nature au hasard et sans choix. Ils s'éloignaient dédaigneusement des anciens, et, n'ayant d'autre caractère que celui de ne pas en avoir, ils n'auraient su, en continuant les sculptures du Louvre, ni se rapprocher, en lui donnant plus de naturel, de la grâce étudiée de l'école de Florence, ni la remplacer dans leurs productions par les beautés plus pures et plus sévères de l'antique. Il est donc heureux pour le palais de nos rois que l'achèvement en ait été réservé, par l'effet des circonstances, à une époque où notre sculpture, secouant des principes qui si long-temps l'avaient énervée et frappée de nullité, est entrée dans une meilleure voie. Recouvrant ses forces par l'étude de la nature et de l'antique, elle en a acquis assez pour pouvoir en disposer à son gré, et combiner, dans les sculptures du Louvre qu'elle avait à compléter, ce que lui ont appris ses graves études, avec ce qu'exigeait l'accord qui devait exister entre les productions de Jean Goujon, de Paul Ponce, et celles qu'il s'agissait d'y ajouter pour terminer cette belle suite.

Déjà depuis plusieurs années la sculpture française, revenue aux bons principes, se livrait avec ardeur à l'étude de la nature, telle que l'avaient vue les grands maîtres de l'antiquité, et elle avait donné aux écoles d'Italie l'exemple de cet heureux retour à de saines doctrines, lorsqu'on songea sérieusement à reprendre les travaux du Louvre. Il n'était que trop juste qu'ils devinssent l'honorable récompense des sculpteurs qui, par leurs constans efforts et leurs travaux, avaient le plus contribué à un changement si utile à la sculpture. Le choix ne pouvait mieux tomber que sur Roland,

Moitte et Chaudet. Tous trois distingués par les couronnes académiques, par des études à Rome, par de beaux ouvrages, ils marchaient avec autant de talent que de fermeté dans la nouvelle carrière qu'ils avaient ouverte à l'école, et servaient de guides, par leurs conseils et leurs exemples, à un nombreux et laborieux essaim de jeunes sculpteurs. Ces trois habiles statuaires furent donc chargés d'orner de bas-reliefs l'aile droite du corps-de-logis du vieux Louvre. Ce n'était pas là une tâche légère; et ce que dit M. Quatremère de Quincy dans sa Notice historique sur Roland, peut s'appliquer à chacun des trois concurrens : « L'épreuve était périlleuse : il avait à combattre des » deux côtés; il lui fallait se mesurer contre deux de ses plus célèbres con- » temporains; et, comme eux, il avait pour adversaires, dans l'aile opposée » du bâtiment, des élèves de l'école de Michel-Ange. »

La Loi (pl. 32), par Moitte (1). — En choisissant un sujet analogue à celui qu'avait traité Paul Ponce (*voyez* pl. 21), et en y faisant même entrer Numa, un des personnages représentés par ce grand maître, Moitte s'était donné à vaincre une difficulté de plus, et il s'en est tiré en homme habile. On peut trouver que la figure de la Justice de Paul Ponce est plus largement pensée, plus fière de mouvement et d'expression, que la Loi de Moitte, et qu'elle remplit mieux son cadre. Plus d'élégance que de grandeur caractérise tout l'ensemble de la figure de notre sculpteur, qui serait une muse charmante, mais à laquelle, pour exprimer le caractère de la Loi, on aimerait à voir un peu plus de sévérité. Ne serait-ce pas pour se rapprocher de l'école florentine, quoique Paul Ponce ne lui en donnât pas ici l'exemple, que Moitte a mis une sorte de grâce affectée dans la manière dont cette figure tient son style? Si ce sculpteur est inférieur à Paul Ponce dans cette partie de son

---

(1) Jean-Guillaume Moitte, né à Paris en 1747, mort en 1810, l'un des sculpteurs les plus habiles et les plus laborieux de notre école moderne, était fils et frère de graveurs distingués. Elève de Pigalle et de Le Moyne, il abandonna heureusement leurs principes, lorsqu'en 1768 il alla en Italie, après avoir remporté le grand prix de sculpture, auquel il avait prélude les années précédentes, en obtenant presque toutes les médailles dans les concours de l'académie. En étudiant avec choix à Rome la nature et l'antique, il acquit un dessin d'un grand caractère, et de la sévérité dans les formes. Dans ses compositions variées et sages, il déploya beaucoup de fécondité et de goût. Outre les services qu'il rendit à la sculpture, on lui est redevable d'avoir épuré le style qui régnait autrefois dans l'orfévrerie, à laquelle, par une immense quantité de beaux dessins, il apprit à donner de meilleures formes à ses riches productions. M. Auguste, orfévre du Roi, contribua beaucoup à cet heureux changement, en profitant pour ses beaux ouvrages des compositions de Moitte. Cet habile sculpteur a laissé un grand nombre de sculptures et de projets qui lui assurent une place distinguée dans notre école. On cite, entre autres, les bas-reliefs de plusieurs barrières de Paris; il orna celle de Passy des statues colossales de la Bretagne et de la Normandie. Le fronton qui était au Panthéon, et qui a disparu depuis que ce monument, redevenu une église, a été rendu à la patronne de Paris, était aussi de Moitte. On peut voir sur ce sculpteur de grand mérite l'éloge qu'en a fait M. Quatremère de Quincy dans le *Moniteur* du 6 mai 1810, et son article dans la *Biographie universelle*.

ouvrage, il soutient certainement avec avantage le parallèle dans les autres figures, sous les rapports de l'expression de la tête, de la pose et des draperies. Le NUMA de Moitte ne le cède pas à celui de Paul Ponce; et si les formes du premier sont un peu faibles, si tout l'ensemble laisse à desirer plus d'ampleur, d'un autre côté aussi peut-être Paul Ponce a-t-il donné à son législateur des formes trop lourdes, et je ne sais que préférer, ou de la gêne qu'il a mise dans le haut du corps, ou du bras tenant le *lituus* ou bâton augural, que Moitte fait lever à Numa d'une manière un peu théâtrale. Les deux figures d'ISIS, législatrice des Égyptiens, et de MANCO-CAPAC, qui donna des lois aux Péruviens, ne peuvent pas être appelées en témoignage dans ce parallèle : le sculpteur, en leur donnant des poses raides, carrées, et, pour ainsi dire, hiéroglyphiques, et en les chargeant des symboles de leurs cultes, n'a voulu qu'indiquer l'état à demi sauvage où se trouvaient ces peuples lorsqu'ils reçurent des lois. Mais le MOÏSE de Moitte est une figure d'un grand style, bien composée, d'un beau caractère, et qui satisfait beaucoup plus les yeux et l'esprit que le Zaleucus de Paul Ponce.

LA VICTOIRE ET L'ABONDANCE (pl 33), par Roland (1). — Il est aisé, dans un sujet qui s'exprime avec autant de clarté que celui-ci, de saisir tout ce qu'il veut dire; un seul coup-d'œil met bientôt au fait. La VICTOIRE récompense par des palmes et des lauriers les exploits de l'armée ; l'ABONDANCE, tenant l'olivier de la paix, va répandre ses fruits sur la terre; HERCULE, l'emblème de la valeur, dans toute sa force, et le regard fier, se repose après ses travaux ; les pommes des Hespérides annoncent ses succès : c'est sur les

(1) Philippe-Laurent ROLAND, né en 1746 à Marcq, près de Lille, d'une famille ancienne et distinguée, ruinée par des revers de fortune, se voua aux arts. Après avoir travaillé pendant quelque temps à sculpter des ornemens en bois, il devint élève de Pajou, qui, jugeant favorablement de ses talens, l'employa avec succès au théâtre de Versailles et à des sculptures du Palais-royal; comme praticien, il lui confiait même des parties de ses travaux, dont il lui laissait pousser l'exécution plus loin que la mise aux points. Roland acquit l'habitude de manier le marbre. Les soins qu'il donnait aux ouvrages de son maître le mirent en état, à force de travail et d'économie, d'aller à ses frais à Rome, où il fit un séjour de cinq ans. Se livrant sans relâche à l'étude des grands modèles de l'antiquité et de l'école romaine, il s'efforçait à Rome, ainsi qu'il l'avait déjà fait à Paris, de sortir de la mauvaise route où l'on avait engagé la sculpture. A son retour, ses talens, encore plus que l'amitié et l'appui de Pajou, le firent, en 1779, agréer à l'académie, dont il devint membre en 1781. Ce sculpteur, l'un des plus habiles de notre école, qui lui a de grandes obligations, développa dans tous ses ouvrages de la vigueur, du style, l'étude approfondie de la nature et le goût de l'antique. On cite parmi ses productions les plus remarquables une statue de la Loi et des bas-reliefs qu'il avait faits pour le Panthéon ; la statue de Minerve placée devant le péristyle de la Chambre des députés : la belle statue d'Homère de la galerie d'Angoulême, n.º 75, est son dernier ouvrage. On voit de lui au Louvre, dans la salle des Grands-Hommes, n.º 819, une statue du grand Condé. Il aurait reproduite, avec des modifications, dans des proportions colossales, pour le pont de Louis XVI,

bords du NIL et du DANUBE que l'armée française a obtenu les siens, et MINERVE, la déesse des arts et des armes, secondant la Victoire et l'Abondance, est près de verser sur le monde les lumières et les bienfaits des sciences et des beaux-arts. Les personnages de cette composition allégorique ont le grand mérite d'être disposés avec aisance dans les encadremens étroits qui les resserrent, et nous avons fait observer, au sujet de Paul Ponce, que c'est déjà surmonter une grande difficulté. La Victoire et l'Abondance, variées dans leurs costumes et dans leurs poses, mais sans nuire à l'espèce de symétrie qu'exigeaient des compositions de ce genre, sont drapées et ajustées avec goût, et l'on voit que le sculpteur a fait une espèce de transaction entre le style antique et celui de l'école florentine. On ne peut pas cependant se dissimuler que ces deux figures ne peuvent pas être comparées, pour la verve, la chaleur de l'expression et le grandiose, à l'Abondance de Paul Ponce (pl. 24), et au génie de la gloire, placé à la gauche de la planche 25. On pourrait trouver à Minerve un peu de raideur et quelque chose de trop incertain dans ce que son geste et son expression doivent signifier. L'attitude du Nil a plus de caractère que celle du Danube. Le haut du corps de l'Hercule, dont la tête est très-belle, est remarquable par la noblesse de son mouvement : modelé avec fermeté et sans exagération dans les formes, il rend bien le calme du héros qui se confie à sa force et à son courage; et si la disposition des jambes de cette figure était plus heureuse, elle l'emporterait sur le Mars de Paul Ponce (pl. 25), et serait d'un plus grand aspect.

LA POÉSIE HÉROÏQUE (pl. 34), par Chaudet (1). — Si l'on ne voyait dans cette jolie figure qu'une muse, ou si on lui donnait même les attributions de

s'il n'eût pas été emporté par une apoplexie en 1816. Plusieurs beaux bustes exécutés par ce sculpteur font voir qu'il avait porté à un très-haut degré le talent du portrait, et il le prouva par la statue de Tronchet et par le buste de l'héroïque Malesherbes, la gloire de la magistrature française. Des indications, des souvenirs, et des dessins peu exacts, suffisaient à la sagacité de Roland, pour retrouver, et faire, pour ainsi dire, renaître sous ses doigts, l'image qu'il devait reproduire, et pour créer des bustes d'une ressemblance aussi frappante que s'il en avait eu le modèle sous les yeux. M. Quatremère de Quincy, à la séance publique de l'académie des beaux-arts, le 2 octobre 1819, a lu une notice historique sur cet habile sculpteur. *Voyez* aussi la *Biographie universelle*.

(1) Antoine-Denis CHAUDET, né à Paris en 1763, annonça dès son enfance les plus

grandes dispositions pour le dessin, et surtout pour la sculpture. Il étudia d'abord sous M. Stouf; et, après avoir, en 1784, remporté le grand prix, il alla développer à Rome son goût et ses talens, et se consacra avec ardeur et avec fruit à l'étude approfondie des chefs-d'œuvre de l'antiquité, de Michel-Ange, de Raphaël, et des meilleurs maîtres de l'école romaine. Chaudet puisa dans les anciens ce goût pur et simple qui distingue toutes ses productions, soit en sculpture, soit en dessin, et il y répandait une sensibilité et une grâce qui leur donnent un grand intérêt. Ces qualités précieuses, et que le talent doit bien plus à l'ame qu'à la justesse de l'œil et à l'habileté de la main, se trouvent dans la belle statue d'Œdipe, dans celles de Cyparisse pleurant un faon chéri, de l'Amour présentant une rose à un papillon ou séduisant l'ame par l'attrait du

la poésie légère, on n'aurait que des éloges à faire de la grâce et du naturel de sa pose et de la facilité de son mouvement; et elle ne pourra que plaire par l'élégante simplicité du costume et du dessin. Mais, si l'on veut la considérer comme la muse ou le génie du poème héroïque, peut-être alors lui desirerait-on plus de gravité dans l'attitude, et qu'il y eût dans son expression et dans son inspiration quelque chose de plus ferme et de plus sévère. Quoiqu'en général Homère soit bien, et qu'il y ait beaucoup de sagesse dans la manière dont cette figure est conçue, cependant le dessin du haut du corps est un peu maigre, et il y a dans la pose du poète divin plus de gêne que d'inspiration. Virgile me semble mieux : il médite bien; tout son ensemble, et surtout l'expression de ses traits et de son regard, sont empreints de cette douceur mélancolique et de cette sensibilité que le cygne de Mantoue a répandues avec tant de charmes dans ses chants immortels. On dirait qu'il s'attendrit sur le triste sort, ou de Didon, ou de Nisus et d'Euryale, ou que le *tu Marcellus eris* va s'échapper de son cœur profondément ému. Les draperies de cette figure sont peut-être aussi mieux entendues que celles d'Homère, dont le manteau qui enveloppe le dos et l'épaule gauche n'est pas d'un jet heureux. Le génie de la guerre et celui de l'amour, qui caractérisent les deux princes des poètes grecs et latins, sont l'un et l'autre dans le style qui leur convient; ils accompagnent et complètent bien cette composition, que l'on peut mettre au rang des meilleurs ouvrages de Chaudet.

S'il s'agissait de porter un jugement sur le mérite respectif des frontons de Moitte, de Roland et de Chaudet, je me bornerais à répéter celui qu'en a émis M. Quatremère de Quincy dans son éloge de Roland. « Aucun » des trois concurrens, dit le savant académicien, ne resta au-dessous de » ce qu'on attendait d'eux; mais aucun aussi ne sortit de ce concours avec

plaisir. Son Bélisaire en bronze est aussi un de ses meilleurs ouvrages, et, parmi plusieurs autres, on peut encore citer la Sensibilité qui touche une sensitive, le Nid d'amours, et Paul et Virginie. De lui étaient aussi l'ancien fronton du palais du Corps législatif, et la statue en bronze, de quinze pieds de haut, placée autrefois sur le sommet de la colonne de la place Vendôme. Un de ses premiers ouvrages fut, à son retour de Rome en 1789, après avoir été agréé à l'académie, un groupe qui représentait l'émulation de la gloire et qu'on mit au Panthéon. La Paix, statue en argent, placée aux Tuileries, est aussi d'après le modèle de Chaudet. Beaucoup de bustes d'une grande ressemblance, entre autres ceux de M. de Malesherbes et de l'abbé Mauri, montrent qu'il réussissait dans les diverses parties de la sculpture, et tous ces ouvrages lui assignent un rang distingué parmi nos meilleurs sculpteurs. On a aussi de cet habile artiste un grand nombre de dessins remarquables par beaucoup d'esprit et de facilité, surtout ceux qu'il fit pour une édition de Racine, et un assez grand nombre pour les médailles de l'Institut. Chaudet dérobait souvent à la sculpture des momens qu'il donnait à la peinture, où il aurait sans doute obtenu des succès s'il s'y fût livré tout entier. Ses tableaux, bien composés, sont purs de dessin, mais faibles de coloris, et l'on y voit l'artiste plus familiarisé avec les formes qu'avec la couleur. A tous ces talens Chaudet joignait celui de bien écrire sur les arts, et il a enrichi de très-bons articles le dictionnaire de la langue des beaux-arts dont s'occupe l'académie. Lorsqu'en 1810 la mort l'enleva à la sculpture, tous les arts déplorèrent en lui la perte d'un des plus beaux ornemens de l'école française.

» plus de succès que Roland, qui, ayant eu dans son lot le plus grand des
» trois frontons, dès-lors plus de difficultés à vaincre, obtint une plus grande
» part de louange. » Cependant je crois pouvoir ajouter qu'il me paraît que
Roland se rapproche plus du caractère de l'école florentine, et que Moitte
et Chaudet ont mis dans leurs productions plus du goût de l'antique; les
figures de Moitte sont peut-être plus grandement pensées, et celles de Chaudet l'emporteraient pour la grâce et pour le charme de l'expression.

La Poésie lyrique et la Poésie pastorale (pl. 35), par M. Mansion (1).

La Force et la Musique, par M. Gérard. — Tandis que le génie de la force, sous la forme d'une femme ailée, d'une beauté imposante et sévère, a contraint un lion, qu'elle tient en lesse, de se courber à ses pieds, la Musique, pour adoucir un tigre et se le soumettre, n'emploie que l'attrait des doux sons de sa flûte; c'est le pouvoir de la civilisation : elle exerce même son empire sur la Force, qui, oubliant son triomphe, prête à celle qui la charme une oreille attentive. Ces deux génies, ajustés avec goût dans l'espace étroit qui les renferme, sont drapés d'une manière qui convient à leurs attributions. (*Voyez*, sur les travaux de M. Gérard, la page 414.)

La Puissance et la Richesse (pl. 36), par van Opstal (2). — Lorsque je fis dessiner et graver ces figures, je croyais, d'après leur style, qu'elles pouvaient appartenir à l'école de Jean Goujon; mais, en relisant Sauval (3),

(1) On a vu de M. Mansion aux expositions du salon les ouvrages suivans : en 1810, une statue d'Aconce, en marbre; en 1812, Ajax bravant les dieux, en marbre; en 1814 et 1817, une nymphe de Diane; en 1819, un groupe représentant la découverte de la vaccine, acquis par la maison du Roi; les bustes de Rembrandt, de Philippe de Champagne; la statue de Cydippe, amante d'Aconce, pour le ministère de l'intérieur; en 1822, le buste de Téniers pour le ministère de la maison du Roi.

La disposition des sujets n'a pas toujours permis de suivre dans les planches l'ordre où ils se trouvent dans la cour; mais j'ai cru devoir le rétablir dans le texte.

(2) Gérard van Opstal ou Obstat était de Bruxelles, et a beaucoup travaillé en France. On voit par ses ouvrages qu'il tenait encore à l'école de Jean Goujon, quoiqu'il n'eût pas à beaucoup près autant de goût et de grâce. Van Opstal joignait à la sculpture le talent de travailler l'ivoire

avec beaucoup d'adresse. J. F. Blondel, t. IV, p. 22, cite de ce sculpteur seize bas-reliefs et des rondes-bosses en ivoire, remarquables par la délicatesse et la pureté du travail, et qui étaient autrefois au Louvre dans le cabinet des dessins, de même qu'un beau crucifix en bronze. Une partie de ses ouvrages existe encore au Musée royal. Ce que van Opstal exécuta de plus considérable en ivoire est le sacrifice d'Abraham, que l'on conserve au palais Volpi à Venise. Les torses, les cuisses, avec les jambes, les bras, sont tirés d'énormes dents de près de six pouces de diamètre; les draperies sont en bois de couleur foncée. Ce groupe, d'après ce qu'en rapporte M. le comte Cicognara, *Storia* &c. t. V, p. 516, est plus recommandable par le travail et par la grandeur de l'ivoire que par le dessin, le style et l'expression. Van Opstal fut, avec Sarrazin, un des douze fondateurs de l'académie de peinture de Paris, dont il était recteur lorsqu'il mourut en 1668.

(3) Tome II, page 29.

j'ai trouvé qu'elles étaient de van Opstal, qui les fit sous la direction de Jacques Sarrazin, et qu'il avait voulu représenter la richesse de la terre et celle de la mer. On reconnaît bien à la branche de corail et aux perles les richesses de la mer; mais la couronne et le sceptre que tient l'un des deux génies, indiqueraient plutôt le pouvoir : d'autres emblèmes auraient mieux désigné la richesse des produits de la terre. Quoique ces figures soient bien de pose et de style, et que leur dessin ne manque ni de facilité ni d'une sorte d'élégance, cependant on peut leur reprocher, surtout à celle de gauche, qui est la meilleure, de ne pas être, dans toutes leurs parties, drapées d'une manière agréable; le manteau qui sépare le corps en deux parties est lourd, d'un mauvais effet en sculpture, et nuit au développement de la figure.

LA PAIX, L'ABONDANCE (pl. 35), par M. Cortot (1). — Une femme, d'une taille remplie de noblesse, foule avec calme des armes qui sont à ses pieds, et auxquelles elle met le feu en présentant une branche d'olivier au génie de l'Abondance. Par la douceur de son expression, la Paix

(1) M. Jean-Pierre CORTOT, né à Paris en 1787, est élève de M. Bridan fils. En 1809 il remporta le grand prix; au salon de 1824 il fut décoré de l'ordre de la Légion d'honneur, et au mois de décembre 1825 l'académie royale des beaux-arts le reçut dans son sein. On vit au salon de 1819 sa statue de Pandore et celle de Narcisse, qu'il avait exécutées en marbre à Rome, ainsi qu'une statue de Sa Majesté Louis XVIII. La première orne le musée de Lyon; la seconde, celui d'Angers. A son retour d'Italie, M. Cortot fit un modèle d'*Ecce homo*. Sa S.te Catherine, dont il exposa le modèle en 1819, lui a été demandée en marbre par la ville de Paris. M. Cortot a prouvé, par cette charmante statue, que l'on peut concilier le style des draperies des beaux ouvrages de l'antiquité avec les convenances exigées pour une statue destinée à faire l'ornement d'une église. La S.te Catherine et l'*Ecce homo* sont à Saint-Gervais. La Sainte-Vierge tenant Jésus enfant entre ses bras, qu'il mit au salon en 1824, a été reproduite en marbre, ainsi que le joli groupe de Daphnis et Chloé, qui a fait partie de l'exposition, même salon. Il a été chargé, pour le Palais de justice, d'un grand bas-relief en marbre qui fait partie du monument de M. de Malesherbes. La ville de Rouen a de M. Cortot une statue de Corneille, en marbre; et Arras, une Sainte-Vierge. Il a fait aussi, en marbre, la statue du duc de Montebello; le buste d'Eustache de Saint Pierre, pour la ville de Calais, et le bas-relief du fronton de l'église du Calvaire. Un autre bas-relief de lui décore l'arc de triomphe du Carrousel. La statue colossale de Louis XVI, destinée à la place qui prendra son nom, doit être exécutée en bronze d'après le modèle de M. Cortot. Aux coins du piédestal seront placées les statues de la Piété, de la Justice, de la Modération et de la Bonté, vertus qui caractérisaient l'infortuné monarque : représenté tenant une palme à la main et levant les yeux vers le ciel, il est sur le point d'y monter et d'y aller prendre la place que lui méritaient ses vertus. M. Cortot est aussi chargé d'exécuter en marbre, d'après l'ébauche de feu M. Charles Dupaty, la statue équestre de Louis XIII, et plusieurs figures du monument consacré à la mémoire de S. A. R. M.gr le Duc de Berry. La statue de la Justice, dont est chargé pour la Bourse M. Cortot, sera en marbre, et de proportion colossale. C'est aussi de ce sculpteur qu'est le modèle d'une grande statue de la Sainte-Vierge en argent, que la ville de Marseille fait faire, sous la direction de M. le comte de Forbin, pour Notre-Dame de la Garde, et qui doit être coulée et ciselée dans les ateliers de M. Soyer.

semble l'inviter à profiter du repos qu'elle procure à la terre, et à s'unir à elle pour y répandre leurs bienfaits. Le style des draperies et des ajustemens est dans le caractère des beaux temps de notre école du XVI.e siècle, et rappelle celle de Jean Goujon. Il est inutile de dire que les ailes que l'on donne aux génies, et qui conviennent à ces êtres allégoriques, ont encore l'avantage d'être d'une grande ressource pour remplir en partie l'espace destiné à ces bas-reliefs, et dont la forme est peu favorable à la disposition d'une seule figure.

LA LOGIQUE, L'ÉLOQUENCE (pl. 35), par M. Lange (1). — La Logique presse de toute la force de ses raisonnemens l'Éloquence, qui oppose à ses argumens le puissant ascendant de ses brillans discours. La différence dans le costume de ces deux figures, dont l'une est plus richement vêtue que l'autre, indique sans doute que l'art de convaincre a moins d'éclat que le talent de persuader.

L'HISTOIRE, L'ÉLOQUENCE (pl. 36), par M. Romagnesi (2). — Le génie de l'histoire, dans l'attitude de la méditation, tient dans la main gauche un rouleau sur lequel il s'apprête à inscrire les faits dont il veut transmettre la mémoire : à ses pieds, sont ses écrits et des lauriers. Les traits de la foudre, que l'Éloquence a pour attribut, indiquent que dans ses discours elle sait à son gré allier la douceur et la grâce à la vigueur et à l'éclat.

(1) M. LANGE, né à Toulouse en 1754, est élève de François Lucas, professeur de sculpture à l'académie de cette ville. Il y remporta un premier prix d'anatomie et celui de composition en sculpture. Après avoir passé plusieurs années à Rome, il fit, à son retour à Paris, une statue de Philopœmen qui lui mérita un prix à l'exposition du salon de 1798. Nommé restaurateur du Musée des antiques en 1793, il a fait d'importantes restitutions à un grand nombre d'ouvrages antiques mutilés. On a aussi de lui plusieurs bons bustes.

(2) M. ROMAGNESI, né à Paris en 1776, élève de M. Bardin à Orléans, et ensuite de M. Cartellier, a d'abord commencé par se livrer à la sculpture ornementale; depuis il est devenu statuaire. On a de lui, à la mairie de Toulouse, une statue de marbre représentant la France tranquille sous l'égide de Minerve; et il vient de faire pour une fontaine de la même ville trois naïades en bronze terminées par des rinceaux et de riches ornemens, et qui se groupent élégamment autour d'une grande vasque de marbre blanc. M. Romagnesi a fait plusieurs bustes ressemblans de Sa Majesté Louis XVIII : l'un, de moyenne proportion, a été multiplié et très-répandu par le moulage; il y en a un, de grandeur naturelle, en marbre, à Fontainebleau, et un autre au foyer de la Comédie française. Celui qu'il a fait de Sa Majesté Charles X est au musée de Bordeaux. Le buste de Fontenelle, donné au musée de Rouen par le ministre de la maison du Roi, est aussi de ce sculpteur. M. Romagnesi a contribué à répandre le bon goût dans les ornemens par les ateliers qu'il a formés et où l'on en exécute de tous les genres et de toutes les dimensions en *carton-pierre*, composition très-anciennement connue, mais que l'on a perfectionnée de nos jours, et qui joint à la plus grande solidité beaucoup de légèreté et l'avantage de bien prendre toutes les finesses du moule. Les ornemens en carton-pierre employés à Reims lors des travaux d'architecture pour le sacre de Sa Majesté Charles X, ordonnés avec tant de célérité et de goût par MM. Mazois, Hittorf et Lecointe, sortent en grande partie des ateliers de M. Romagnesi.

La Tragédie, la Gloire (pl. 38), par M. Ramey fils (1). — A la richesse et à l'ampleur de son costume, au diadème qui orne sa tête, au masque, au sceptre et au poignard qu'elle tient, il est aisé de reconnaître la muse de la scène tragique. La Gloire l'accompagne, et célèbre ou les hauts faits des héros, sujets de ses poèmes, ou les succès de ceux que la Tragédie favorise de ses énergiques et sublimes inspirations.

La Chasse et la Pêche, ou la Terre et l'Eau (pl. 37), par M. Roman (2). — Une des compagnes de Diane, armée de son arc, une nymphe des eaux appuyée sur sa ligne, et dans le costume léger qui convient aux exercices dont elles font leurs délices, s'offrent réciproquement, en signe d'union, un oiseau, un poisson, emblèmes de leurs fonctions et de leurs plaisirs, et qui présentent aussi ces nymphes sous le caractère allégorique de la Terre et de l'Eau.

La Victoire, la Guerre (pl. 37), par M. Bra (3). — La Victoire présente une couronne à la Guerre, qui, tenant un foudre à la main, l'épée haute, et foulant aux pieds les trésors de l'abondance, paraît prête à s'élancer vers de nouveaux triomphes.

---

(1) M. Étienne-Jules Ramey, né à Paris en 1796, élève de son père, remporta le grand prix en 1815. Pendant son séjour à Rome, il fit pour le musée de Dijon Hector combattant, figure de six pieds de proportion en bas-relief. La statue de l'Innocence, qu'il mit au salon de 1822, attira les regards de Madame, Duchesse de Berry, qui en fit l'acquisition et la plaça à Rosny. Le grand et beau groupe de Thésée terrassant le Minotaure, que l'on vit à l'exposition de la même année, fut commandé en marbre par M. le marquis de Lauriston, ministre de la maison du Roi. M. Ramey a été chargé du monument consacré, dans l'église de la Sorbonne, à la mémoire de M. le duc de Richelieu; le Christ à la colonne, figure de sept pieds de proportion, que l'on a vu au salon de 1824, a aussi été placé à la Sorbonne. Ce sculpteur doit exécuter, pour le fronton de l'église de Saint-Germain en Laie, un bas-relief représentant la Religion protectrice, entourée des Vertus.

(2) M. Jean-Baptiste-Louis Roman, né à Paris en 1792, élève de M. Cartellier, remporta le grand prix de sculpture en 1816. A son retour de Rome, il exposa au salon de 1822 le modèle en plâtre d'un groupe représentant Nisus et Euryale, qui avait été commandé en marbre par le ministre de la maison du Roi; la statue en marbre d'une jeune fille tenant un lézard mort (elle est au grand Trianon); les modèles des statues de S. Victor, pour Saint-Sulpice, et de Ste Flore, pour Saint-Germain des Prés, ainsi qu'un grand bas-relief destiné à l'arc de triomphe du Carrousel, et qui offre S. A. R. Mgr le Dauphin faisant son entrée à Madrid. Les Sciences et les Lettres, bas-relief en pierre qui décore le cadran de la Sorbonne, sont de M. Roman, ainsi que la statue de la Prudence destinée à la Bourse : cette figure en marbre aura douze pieds de proportion. C'est aussi de ce sculpteur et de M. Petitot fils que sont les sculptures en marbre du monument consacré à la mémoire des victimes de Quiberon.

(3) M. Théophile-François-Marcel Bra, né à Douai en 1797, est élève de M. Bridan fils et de M. Stouf. En 1818, un bas-relief qui représentait Léonidas poursuivant Cléombrote dans le temple de Neptune, lui mérita le second grand prix. Le modèle de la statue d'Aristodème au tombeau de sa

La France et la Charte (pl. 38), par M. Gérard (*voy.* pl. 20 *ter*, 35, et p. 414). — S'avançant l'une vers l'autre en signe d'union, elles allient à la puissance de la couronne le pouvoir et la garantie des lois.

La Poésie épique, l'Élégie (pl. 37), par M. Petitot fils (1). — Tandis que la Poésie épique, que l'on reconnaît au calme et à la dignité de sa pose et de son costume, ayant quitté la lyre, se livre à de graves inspirations et célèbre dans ses vers les dieux et les héros, la plaintive Élégie, les cheveux épars, les vêtemens en désordre, fait entendre près d'un tombeau ses douloureux accens, et accompagne des accords de sa lyre ses soupirs, ses chants d'amour et ses regrets.

La Justice, la Force (pl. 37), par M. Laitié (2). — Portant une couronne, marque de son empire, la Justice tient son glaive levé, et, protégeant la faiblesse, elle conserve à chacun ce qui lui appartient. Près d'elle la Force, douce et calme, semble soumise à ses lois : le lion qui la caractérise repose paisiblement à ses pieds, et la colonne qu'elle soulève ainsi qu'Hercule, et qu'elle présente à la Justice, offre l'emblème des limites que cette sévère divinité sait imposer à la puissance et la force irrésistible de ses arrêts.

fille fut commandé en marbre par les ministres de l'intérieur et de la maison du Roi, et cette belle statue fut donnée par le Roi à la ville de Douai, après avoir été exposée au salon de 1822. On y vit aussi Ulysse dans l'île de Calypso : M. le marquis de Lauriston, ministre de la maison du Roi, le fit exécuter en marbre. Un S. Pierre de M. Bra et un S. Paul sont placés à Saint-Pierre et à Saint-Paul dans l'île. La statue de M.gr le Dauphin, exposée en 1824, a été commandée en marbre par le Roi; et celle de M.gr le Duc de Berry, en bronze, par le même sculpteur, doit être placée à Lille. Au salon de 1824, M. Bra reçut la croix d'honneur.

(1) M. Petitot fils, né à Paris en 1794, élève de M. Cartellier, a remporté le grand prix de sculpture en 1814. Au salon de 1819, à son retour de Rome, il a exposé un Ulysse en marbre de six pieds et demi de proportion ; le héros est représenté au moment de lancer un palet : cette figure a valu à son auteur une des grandes médailles d'or distribuées à la fin de ce salon. On vit aussi au même salon Claude de Forbin, chef d'escadre, beau buste colossal en marbre. En 1824 M. Petitot exécuta deux grands bas-reliefs pour l'escalier du Musée royal ; ils ornent les lunettes du palier du Musée des tableaux et font partie de cet ouvrage (*voy.* pl. 98). Un chasseur blessé, exposé au salon de 1824, a été commandé en marbre à M. Petitot, ainsi qu'une statue colossale de Louis XIV en pied, pour la ville de Caen. Parmi les bas-reliefs en marbre de l'arc de triomphe du Carrousel, celui qui représente la capitulation de Ballesteros est de M. Petitot.

(2) M. Laitié, né à Paris en 1782, et élève de M. Dejoux, remporta le second grand prix en 1803, et le premier en 1804. En 1822, il mit au salon la statue en marbre de notre La Fontaine, et il fit en pierre, pour la cathédrale d'Arras, une statue de S. Luc de douze pieds de haut. A l'exposition de 1824, on a vu de M. Laitié la Charité portant un enfant entre ses bras et en conduisant un autre par la main : ce joli groupe, de grande proportion, a été placé à Saint-Étienne du Mont. La Peinture, l'un des bas-reliefs de l'escalier du Musée, est de M. Laitié.

La Tragédie, la Comédie (pl. 38), par M. Dumont (*voy.* pl. 20 *bis* et p. 412). — La gravité de l'expression, le diadème, le poignard, un masque larmoyant, les couronnes et les sceptres que foule aux pieds la muse de la tragédie, indiquent assez les terreurs qu'elle excite. On reconnaît celle de la comédie à sa physionomie plus douce, à sa couronne de lierre, au masque satirique, et au bâton pastoral qu'elle tient à la main, ainsi qu'au tambourin, emblème de sa gaieté et de ses plaisirs.

La Poésie, la Musique (pl. 36), par M. de Bay (1). — Couronnée du laurier d'Apollon et se livrant à ses divines inspirations, le génie de la poésie lyrique, que font reconnaître la lyre, la trompette, une sorte de désordre dans son costume, fait entendre ses sublimes chants; la Musique charmée paraît, en l'écoutant, suspendre un instant ses accords, et, partageant l'enthousiasme de sa compagne, à l'harmonie de la poésie elle va joindre les sons mélodieux et variés de la lyre.

---

(1) M. Jean-Baptiste DE BAY, né à Malines en 1779, fut reçu chevalier de la Légion d'honneur au salon de 1824. Ses premiers travaux ont été exécutés à Nantes. A la Bourse, dix statues en pierre : du Guay-Trouin, Jean Bart, Duquesne, Cassard, les quatre parties du monde, l'Astronomie, la Prudence. A la cathédrale, S. Pierre, S. Paul, S. Jean-Baptiste; à Saint-Clément, deux anges adorateurs; à Saint-Similien, un crucifix. Pour la porte de l'hôtel-de-ville, la Loire et la Sèvre, figures de ronde-bosse dans un fronton; pour le musée d'histoire naturelle, deux enfans groupés avec divers animaux, fronton; pour la bibliothèque publique, soixante-quatre bustes, dont quatre colossaux : Auguste, Charlemagne, François I.ᵉʳ et Louis XIV. Tombeaux de MM. Van Ennen et Collin; les modèles en ont été exposés au salon de 1817. Les travaux de M. de Bay indiqués dans la notice qui suit ont été exécutés à Paris. *Salon de 1819,* la Mort de M.ᵐᵉ Ternaux, bas-relief en marbre (M. de Bay reçut alors une médaille d'or); Sébastien, statue pour Saint-Merry; une Naïade; buste de Montesquieu en marbre; buste de M. de Barante père, en marbre; la Foi, l'Espérance et la Charité, pour le maître-autel de l'église des Missions étrangères. *Salon de 1822,* le chancelier de l'Hôpital, statue en marbre, commandée par le ministre de l'intérieur pour la ville d'Aigueperse; une Sainte Vierge tenant l'Enfant Jésus, donnée par le préfet de Paris à Saint-Nicolas du Chardonnet; bustes en marbre de Sa Majesté Louis XVIII et de M. le comte de la Rivalière; S. Mathieu, statue en pierre, de douze pieds de proportion, pour Arras. *Salon de 1824 ,* un jeune discobole nu et prêt à lancer le disque ; Mercure en marbre, il est assis et sur le point de saisir son épée recourbée pour tuer Argus endormi : cette dernière statue, qui, servant de pendant à l'autre, complète cette scène, a été commandée en marbre par le ministre de la maison du Roi , M. le duc de Doudeauville. Ces belles figures ont mérité la croix d'honneur à M. de Bay. On peut citer parmi ses autres ouvrages un S. Jean-Baptiste pour l'église de Bonne-Nouvelle; le buste de Girodet, commandé en marbre par le ministre de l'intérieur; celui de M. Gros, l'auteur des *Pestiférés de Jaffa* et de la coupole de Sainte-Geneviève ; les bustes en marbre de M. le marquis de Clermont-Tonnerre, ministre de la guerre, et de M.ᵐᵉ la marquise de Clermont-Tonnerre. L'Afrique, l'Amérique, et le Commerce, sous l'emblème de Mercure et des génies de l'agriculture et de la navigation, sont des bas-reliefs qui ont été commandés pour la Bourse à M. de Bay par le préfet de la Seine, M. le comte de Chabrol.

La Justice, l'Innocence (pl. 36), par M. David (1). — Vêtue d'un double manteau par-dessus son ample et longue tunique, la Justice, dont ce costume sévère annonce la gravité, tient d'une main la balance; le geste de l'autre annonce qu'elle prend sous sa protection l'Innocence. Un énorme serpent était sur le point de l'envelopper de ses plis, ainsi que son agneau fidèle, emblème de sa candeur; la redoutable déesse foule à ses pieds le reptile. Levant les yeux au ciel et portant la main sur son cœur, la timide Innocence, pour gage de sa reconnaissance, présente à celle qui lui prête son appui une de ces branches de verveine renouées de bandelettes que portaient autrefois les supplians en invoquant les dieux; elle n'a pour offrande que cette branche, et pour défense que ses larmes et la pureté de son cœur.

L'Astronomie, la Géographie (pl. 39), par M. Matte (2). — L'accord qui règne entre ces deux génies semble indiquer les secours que se prêtent

---

(1) M. Pierre-Jean David, né à Angers en 1789, élève de MM. David et Roland, remporta en 1810 le second prix de sculpture; en 1811, le grand prix. Au salon de 1824 il reçut la croix d'honneur; et en 1826, au mois d'août, il fut nommé membre de l'académie royale des beaux arts.

A son retour de Rome, il exposa à l'école des beaux arts la statue d'un jeune berger en marbre qu'il avait faite à Rome, et dont le Gouvernement a fait présent à Angers. *Au salon de 1817,* modèle de la statue colossale du grand Condé, qu'il a été chargé d'exécuter en marbre. *Au salon de 1819,* on a vu le modèle de la statue du bon roi René, exécutée depuis en marbre pour la ville d'Aix en Provence. A Angers il y a de M. David un Christ en bronze groupé avec la Sainte-Vierge et S. Jean-Baptiste en pierre. En 1824 il y eut de lui au salon une belle statue colossale en marbre, représentant le général vendéen Bonchamps, au moment où, blessé à mort et se soulevant avec peine, ce héros demande avec ardeur la grâce de cinq mille républicains pris par les Vendéens. Cette figure est placée à Saint-Florent, témoin de cette grandeur d'ame, sur le mausolée élevé à Bonchamps, et dont les bas-reliefs offrent la Religion et la France éplorée et couronnée de cyprès. M. David a aussi terminé en 1826 la statue de Fénelon. L'illustre archevêque de Cambrai est à demi étendu sur la partie supérieure du monument qui lui a été consacré dans cette ville. Dans les trois bas-reliefs qui le décorent, on voit ici Fénelon se livrant aux soins de l'éducation de son royal élève; là, pansant des blessés; et d'un autre côté, ramenant, avec une bonhomie digne de l'âge d'or, à de pauvres villageois, leur vache qui s'était égarée. La statue de Racine, dont le modèle était à l'exposition de 1824, et que M. David exécute en marbre, est destinée à la Ferté-Milon. Parmi les bustes nombreux qu'on lui doit, on cite ceux de François Ier et de Louis XVI, en marbre et de grandeur colossale; ils ornent une salle de l'hôtel-de-ville du Havre. Celui d'Henri II, de la même proportion, mais en bronze, exécuté dans les ateliers de M. de Lafontaine, bronzier du Musée royal, sera placé à Boulogne-sur-mer. M. David a été chargé de l'exécution des monumens du général Foy et de Talma.

(2) M. Nicolas-Augustin Matte est né à Paris en 1781. Elève de M. Monot et de M. de Joux, il a obtenu plusieurs premières médailles aux concours de la tête d'expression; en 1807 il remporta le second grand prix. Il exposa au salon, en 1810, un groupe, l'Amour et l'Amitié; en 1814, deux bas-reliefs, Achille et le Sommeil; et l'Amour effeuillant une rose, figure de ronde-bosse. L'Amour pressant des lis

mutuellement l'astronomie et la géographie, dont les travaux sont figurés par les instrumens qu'elles tiennent à la main ou qui sont à leurs pieds.

La Sculpture, la Peinture, par le même. — La pose de la Sculpture lui donne un caractère plus grave que celui de la Peinture, et on les reconnaît d'ailleurs aux attributs qui les distinguent : la Sculpture tient son trépan et son ébauchoir ; la Peinture, une palette et un pinceau.

La Danse, la Musique, par le même. — L'un et l'autre de ces génies se livrent aux exercices des arts qui font leurs occupations et leurs plaisirs.

La Comédie, la Tragédie, par le même. — La Comédie est le miroir des mœurs, le sculpteur lui en a donné un pour attribut ; la Tragédie tient son poignard, et le mouvement de son bras gauche indique qu'elle entre en action.

INTÉRIEUR DU LOUVRE.

La salle des Caryatides, nommée d'abord *salle des Gardes*, ensuite *des Cent-Suisses*, et à laquelle les superbes caryatides de Jean Goujon ont fait donner le nom qu'elle porte aujourd'hui, fut aussi appelée *le Tribunal*, ainsi qu'on le voit dans les plans de du Cerceau. A tous égards, soit par sa beauté, soit par son ancienneté, elle mérite d'attirer la première les regards dans une description de l'intérieur du Louvre. Nous avons vu que, fondé sur plusieurs motifs, on pouvait en faire remonter l'origine à Charles V et même à Philippe-Auguste, et qu'elle a conservé des traces non-seulement de sa première construction, mais même de son ancienne distribution. Nous nous sommes trop occupés de la chapelle basse de Jeanne de Bourbon, qui était dans l'emplacement de la première partie de la salle des Caryatides, de la salle basse de cette reine, et d'une autre chapelle, que la salle proprement dite *des Caryatides*, ou sa seconde partie, a remplacées, pour qu'il ne fût pas superflu de revenir sur ce sujet.

Il paraît que la salle dont nous allons donner la description fut une des parties du Louvre vers lesquelles se dirigèrent les premiers travaux, lorsque François I.er et Henri II entreprirent l'entière restauration de ce palais, et qu'elle devint alors la salle des Gardes qui précédait l'appartement de

sur son cœur, aussi en ronde-bosse, fit partie de l'exposition de 1816, et Sa Majesté Louis XVIII en agréa l'hommage. Psyché abandonnée parut au salon de 1818, et mérita une médaille. Parmi les autres ouvrages de M. Matte, on peut citer le buste de Van Dyck en marbre, placé dans la grande galerie du Musée royal, et celui de M. Poivre, commandé par le ministre de la marine. Ce sculpteur a aussi rétabli pour l'église de Champ-Moteux, entre Étampes et Fontainebleau, la statue du chancelier de l'Hôpital, en grande partie mutilée, et il a exécuté en marbre pour l'église de Notre-Dame du Port à Clermont-Ferrand deux monumens consacrés l'un à la mémoire de Louis XVI, et l'autre à celle de Pie VI.

Catherine de Médicis. Formant, par un vestibule qui était sous l'escalier d'Henri II, la principale entrée dans l'intérieur du Louvre, elle devait, par la richesse de son architecture, annoncer la magnificence du palais : aussi Pierre Lescot, aidé des talens de Jean Goujon et de Paul Ponce, y déploya-t-il un grand luxe d'ornemens; cependant il n'y prodigua ni le marbre, ni la dorure, qui brillaient avec profusion dans d'autres pièces du château destinées aux appartemens de la famille royale. L'architecture et la sculpture n'eurent à s'exercer que sur de la pierre, très-belle il est vrai, et qui s'est si bien prêtée à toute la délicatesse du ciseau, qu'elle est travaillée avec une recherche et une finesse qui ne le cèdent pas à ce que Goujon et Paul Ponce auraient pu obtenir du marbre. Mais, avant d'entrer dans de plus grands détails sur les différentes parties de cette salle, je crois qu'il est à propos de prévenir que l'on se tromperait étrangement, si l'on pensait qu'elle ait été entièrement décorée par les habiles artistes qui en commencèrent les travaux. Loin de les avoir terminés, ils n'en exécutèrent qu'une très-petite partie, et l'on verra tout-à-l'heure que Paul Ponce, qui s'était chargé des ornemens, et de la mort de qui l'on ne connaît pas l'époque, ne dut probablement pas les continuer long-temps après la mort de Lescot (en 1578) et celle de Goujon (en 1572). A cette époque, s'il vivait encore, il devait être très-âgé, étant venu en France vers 1530. Ce qu'il y a de certain, c'est qu'il n'y eut rien d'ajouté à ce que ces sculpteurs avaient laissé d'incomplet dans cette salle, et que sous Charles IX, Henri III, Henri IV et Louis XIII, on n'y travailla pas, du moins pour la terminer. Sous Louis XIV, Perrault fut trop occupé de sa colonnade et des bouleversemens qu'il exécutait au Louvre, pour achever une salle projetée par d'autres et qui n'entrait pas dans ses plans. Il y eut une époque du règne de Louis XV où l'on fut loin d'y songer, puisque le cardinal de Fleury, effrayé des dépenses qu'occasionneraient l'achèvement et même l'entretien du Louvre, avait proposé de l'abattre et d'en vendre les matériaux; et lorsque M. de Marigny, dont la mémoire doit être chère à ceux qui s'intéressent aux arts et aux monumens, fit reprendre des travaux depuis si long-temps délaissés, cet heureux mouvement qu'il avait imprimé fut de trop courte durée et il y eut trop de désastres à réparer, pour qu'on pût penser à compléter l'ornement d'un palais dont le premier besoin était d'être sauvé d'une ruine totale. L'abandon où il retomba pendant plusieurs années, malgré le desir qu'avait Louis XVI de le terminer et à l'accomplissement duquel tant de tristes circonstances s'opposèrent, frappa presque toutes les parties du Louvre, et la salle des Caryatides dut, comme les autres, être victime de cet oubli général. Enfin, il faut le dire ou l'avouer, quelqu'étrange qu'un pareil aveu puisse paraître, il y avait au moins deux cent vingt ans que l'on ne s'était occupé, si ce n'est pour la dégrader, de la belle salle des Caryatides, lorsqu'en 1806 MM. Percier et Fontaine furent chargés de la terminer.

Il est bon de constater ici, ce que l'on ignore généralement, qu'il n'y avait alors de terminé en sculpture que les caryatides, une très-petite partie de la tribune qu'elles soutiennent, quelques pieds de l'entablement dans cette partie de la salle, et deux chapiteaux; les autres, ainsi que les arcs doubleaux, n'étaient encore qu'en pierres d'attente, et les cannelures des colonnes n'existaient pas. Le peu de sculpture ornementale exécutée par Paul Ponce put servir de modèle pour les parties analogues; mais il y en avait beaucoup où ces ornemens, qui demandaient à être variés, ne devaient pas être répétés. Aucun dessin n'avait transmis les projets des premiers artistes, et ce ne fut qu'en se réglant sur le style d'autres ouvrages de Jean Goujon et de Paul Ponce épars dans le Louvre et ailleurs, et d'après leurs propres idées, que MM. Percier et Fontaine firent exécuter les immenses et magnifiques détails de l'architecture et des ornemens de cette salle, avec une perfection qui tromperait certainement les yeux de Lescot, de Goujon et de Paul Ponce, au point de leur faire croire qu'ils sont sortis de leurs mains. Mais, en offrant les détails de cette salle, plus remarquable encore sous le point de vue de la décoration et du travail que sous celui de sa disposition architectonique, il sera facile de prouver qu'elle a presque autant d'obligations à nos architectes et à nos sculpteurs actuels qu'à ceux qui l'avaient conçue.

C'était proprement la première partie de la salle des Caryatides, ou ancienne chapelle de Charles V, qui s'appelait *le Tribunal*; du Cerceau, dans les plans de qui l'on trouve ce nom, ne dit pas ce qui l'avait fait donner à cette salle. De son temps, comme aujourd'hui, il y avait une grande cheminée; mais on voit par les dessins donnés par cet architecte, qu'alors elle était très-simple, sans ornemens, et que dans la partie supérieure elle était terminée par les armes de France. La cheminée actuelle, d'une grande beauté dans l'ensemble et dans les détails (*voy.* pl. 41, 42), a été ajustée avec un goût exquis par MM. Percier et Fontaine, qui ont réuni des fragmens de sculptures du temps de François Ier et d'Henri II pour en former cette riche et élégante composition. Les morceaux qui manquaient ont été remplacés avec une adresse qui ne permet pas de distinguer ce qui a été refait et ajouté aux parties anciennes, et il est difficile de trouver une réunion d'ornemens de tout genre combinée avec plus d'art et d'une exécution plus achevée. La cheminée elle-même, entièrement moderne, a été exécutée dans les ateliers de M. Belloni, habile mosaïquiste du Musée royal, et on lui a donné tout le caractère de celles du XVIe siècle. Les deux statues de Bacchus et de Cérès (*voy.* pl. 42, 46) accompagnent bien cette riche composition, et l'on dirait qu'elles ont été faites pour occuper la place qu'on leur a donnée. Il n'en est pourtant rien, et l'on ne sait même pas l'endroit où elles étaient autrefois, ni la manière dont elles y étaient disposées. Il paraîtrait cependant, par l'analogie de leurs poses, qu'elles ont été destinées à se servir de pendant, et qu'en les restaurant, car elles étaient très-mutilées, dans toutes leurs parties, lorsqu'on les trouva à terre dans cette salle au milieu de débris, on a saisi la pose qu'elles devaient avoir lorsqu'elles étaient dans leur intégrité. Il serait trop long et inutile de détailler toutes les difficultés que l'on a rencontrées lorsqu'on a voulu faire entrer ces statues dans la composition de cette cheminée, et il a fallu que les combinaisons des architectes aient été bien secondées par l'adresse de M. Lange, à qui cette restauration difficile avait été confiée. La manière dont on les a placées est tout-à-fait d'accord avec le style d'ornement noble et sévère employé autrefois dans la décoration des cheminées des grands appartemens.

Il y a lieu de croire, d'après leur style, que ces deux statues sont de Jean Goujon ou de son école. La Cérès, ou la Flore, car c'est à la restauration, qui a suppléé la tête, qu'elle doit ce caractère, est charmante de souplesse et de grâce, du moins de cette grâce que Goujon s'était créée, qui n'est pas celle de l'antique, mais qui a plus de naturel et moins d'affectation que ce qu'on trouve dans les ouvrages florentins. La pose est simple, et plaît par son abandon. Quoiqu'il y ait bien quelques reproches à faire aux draperies dans certaines parties, et que les plis qui tombent du haut de la cuisse droite ne soient ni bien motivés ni heureusement agencés, cependant on ne peut disconvenir que le corps ne soit drapé avec goût, et que la robe ne suive avec grâce les contours élégans de cette jolie déesse. Il est aisé de voir que Jean Goujon s'était inspiré de l'antique ; les costumes de son temps ne ressemblaient pas à celui qu'il avait adopté. Mais, en étudiant l'antique, il n'en avait pas apprécié tous les effets et les savantes combinaisons : il s'en éloigne ici, si cette statue est de lui, en relevant et en attachant avec une agrafe la robe sur chaque cuisse ; ce qu'on ne voit jamais dans les ouvrages grecs. Peut-être dut-il cette mauvaise méthode, de même que celle de former un gros nœud avec la draperie sur le milieu de la ceinture, à Benvenuto Cellini ; car, parmi tous les sculpteurs italiens du XVI.e siècle, dont on voit les ouvrages dans celui de M. le comte Cicognara, je ne trouve que ce sculpteur (1) qui ait suivi dans ses draperies ces deux manières vicieuses. La première n'est employée qu'une fois par un sculpteur dont on ne donne pas le nom, dans une figure d'ange (pl. 88) ; et la seconde, dans un seul personnage d'un bas-relief d'Augustin Busti (pl. 76) ; tandis que sur six bas-reliefs de Cellini il y en a quatre auxquels on peut reprocher l'un ou l'autre de ces défauts de goût, ou tous les deux à-la-fois. En disposant ainsi la draperie, on se prive du contraste heureux que produit une partie drapée près d'une autre qu'on découvre. Peut-être croyait-on que cette altération du costume antique était compensée par l'avantage de montrer sans voiles les formes gracieuses des jambes ; mais ici l'on pourrait trouver que le statuaire n'a pas tout-à-fait atteint son but, et que les jambes de la Flore sont croisées d'une manière trop uniforme et peut-être trop droite pour la pose du haut du corps. Au reste, je ne trouve ce genre de draperie ni dans les figures des œils-de-bœuf du Louvre, ni dans aucune autre production de Jean Goujon, et c'est ce qui me porte à douter très-fortement que cette Flore soit de lui.

Quoiqu'il y ait du mérite dans la partie supérieure du Bacchus, cependant, en général, cette figure est lourde et manque de finesse dans ses attaches, surtout dans les genoux. La grâce étant un des principaux caractères de Jean Goujon, il devait mieux réussir dans les figures de femmes que dans

---

(1) IV.e livraison, pl. 67.

celles d'hommes, dont il rendait peut-être les formes avec trop de mollesse. On est aussi forcé de reconnaître que la draperie, maintenue par le baudrier, coupe le corps d'une manière peu agréable, et que le ceinturon, qui la relève sur le devant, ne produit pas un bon effet; et comme dans l'ouvrage de M. le comte Cicognara je ne trouve que deux exemples de ce genre de draperie, mieux motivés même que dans le Bacchus, l'un dans une figure de Jean de Bologne (pl. 64), et l'autre dans une caryatide de Vittoria (pl. 75), on peut en inférer que ce n'était pas une pratique en usage dans les écoles d'Italie du XVIe siècle. D'après les principes du goût, on sait que la sculpture doit éviter dans les draperies ces lignes tranchées et presque horizontales, qui divisent, pour ainsi dire, le corps en deux parties égales.

Cette salle du Tribunal avait autrefois ou du moins était destinée à avoir la décoration d'architecture que nous lui voyons aujourd'hui; car on la trouve indiquée en partie par du Cerceau. Quelques-unes des dispositions qu'on y avait faites ont cependant éprouvé des changemens considérables. Lescot en avait tenu le sol environ trois pieds au-dessus de celui de la grande salle, où l'on descendait par six marches. Cet exhaussement nuisait à la grandeur de la voûte. MM. Percier et Fontaine l'ont rétablie en abaissant le pavé au niveau de la salle des Caryatides, et en faisant porter les colonnes sur un soubassement qui, en se continuant du côté de la fenêtre, divise cette salle en deux parties, l'une carrée, l'autre demi-circulaire, et l'on a ménagé dans celle-ci un arrière-cabinet décoré avec élégance. La partie carrée a opposé, en raison de la projection des voûtes, de grandes difficultés à la régularité que l'on voulait y mettre. Il n'y arrivait que peu de jour, qu'elle recevait du couchant. Pour y faire circuler toute la lumière dont on pouvait disposer, on a été obligé d'évider dans le haut les côtés des arcades; ce que l'on n'aurait pas fait si l'on eût été maître de ménager une autre fenêtre pour éclairer cette salle : mais, si l'on avait ouvert celle qui donne sur la cour, elle ne se serait pas trouvée dans l'axe de la salle. Du côté de celle des Caryatides, l'ordonnance que l'on voit dans du Cerceau a été changée; on a supprimé des frontons triangulaires qui couronnaient la corniche de chaque côté de l'entrée, et dont l'effet n'était pas agréable. Avant de quitter cette première salle pour passer dans celle des Caryatides, je ferai observer, en faveur des personnes qui se plaisent aux effets piquans et pittoresques, que c'est surtout quelques heures après midi que tout cet ensemble offre le plus beau coup d'œil; les colonnes et les statues du premier plan, dans l'ombre et dans la demi-teinte, se détachent alors avec vigueur sur un fond d'un beau ton de couleur et d'une grande richesse de détails que met dans toute leur valeur la lumière brillante et dorée du soleil sur son déclin.

Si la salle des Caryatides, où nous entrons, est remarquable par sa grandeur (1), elle l'est encore plus par la richesse de son architecture et par

(1) La longueur totale des deux salles est de 140 pieds, dont 26 pour la largeur de la première, 4 pour le massif des colonnes, et 110 pour la salle des Caryatides, dont la largeur est de 40 pieds. La longueur de la salle d'entrée jusqu'à l'embrasure de la fenêtre est de 53 pieds, sur lesquels l'hémicycle en a 12, en y comprenant le soubassement des colonnes. Il reste 40 pieds pour la partie carrée de la salle.

l'exécution des ornemens; rien n'a été négligé pour les porter à la perfection, et il n'est guère possible de pousser plus loin la recherche dans le travail de la pierre; c'est à M. Mouret fils que l'on doit l'exécution de ces ornemens. Quant à l'ordonnance générale, on trouverait, peut-être avec raison, que Lescot l'a un peu trop écrasée. La voûte surbaissée ne laisse pas assez de hauteur à la salle en proportion de ses autres dimensions, et le caractère d'élégance qu'il y a déployé demandait plus d'élévation et de développement dans la courbe. Ceci serait encore une preuve que Lescot n'a pas construit cette salle à neuf, qu'il n'a fait que réparer celle qui existait avant lui, et qu'il n'a pu s'étendre comme il l'aurait desiré : car, s'il eût rebâti entièrement les murs dans toute la hauteur de l'édifice, rien ne l'aurait restreint dans ses élévations, tandis qu'au contraire il a été arrêté par les étages supérieurs du château de Charles V, que l'on ne détruisait pas en entier. Il est évident que, comme l'ancienne salle basse, dont il a été question page 298, était plus étroite et plus petite que la salle des Caryatides, et qu'en outre il y avait une galerie de communication qui longeait cette pièce par derrière, il y avait assez de hauteur pour les voûtes de cette distribution; mais, lorsque Lescot, voulant réunir ces pièces et la petite chapelle (pl. 8, B) pour en faire une seule grande salle, s'empara de tout ce vaste espace et fit porter sa voûte sur les deux murs de face, il fut obligé de la surbaisser, puisque le plancher du premier étage ne lui permettait pas de s'élever et de donner plus de hauteur à sa courbe. Cet habile architecte tira tout le parti possible de sa position; mais il fut gêné dans ses développemens par les anciennes dispositions de Raimond du Temple, qui peut-être, de son côté, avait bien calculé ses hauteurs et ses largeurs d'après les dimensions plus petites des salles qu'il avait à construire.

Quelqu'élégant que soit le style que Lescot a introduit dans la décoration de la salle, peut-être n'a-t-il pas toute la pureté qu'on lui desirerait. Tenant au dorique par la simplicité du profil de la base et par la partie supérieure du chapiteau, la richesse de la première et celle de l'entablement le rapprochent du corinthien, dont il n'offre pas les élégantes proportions dans le profil du chapiteau, ni l'agréable fusellement dans la colonne. Ceci dépendait de Lescot; mais il n'en était pas ainsi des socles, qu'il n'aurait pu faire plus élevés pour donner plus de hauteur à sa voûte et de grâce à l'ensemble que si le local le lui eût permis. Peut-être aussi les colonnes, accouplées quatre à quatre sans nécessité, présentent-elles des masses trop fortes ; et l'on pourrait retrouver dans cette disposition quelques restes des habitudes de l'architecture gothique, dont on cherchait alors à s'affranchir, mais qui exerçait encore assez d'empire pour qu'on eût quelque peine à s'en défendre. Autrefois entre ces colonnes groupées il y avait aussi des niches destinées à des statues et qui ont été supprimées. Enfin, si l'on peut relever quelques légers défauts dans l'ordonnance de cette salle, ils sont bien rachetés par des beautés qui la placent au premier rang parmi les productions de l'architecture du xvi.e siècle; et cette pièce magnifique, le plus riche ornement du Louvre, fait le plus grand honneur aux talens de Lescot et des habiles architectes qui, plus de deux cents ans après lui, ont achevé ce qu'il avait commencé.

De toutes les parties de cette salle qui étaient restées incomplètes, celle qui est occupée par la tribune est peut-être ce qui a présenté le plus de difficultés. Tout y était à faire pour en assurer la solidité; le goût exigeait aussi que la décoration répondît par la richesse à la beauté des caryatides de Jean Goujon, et, en fait d'ornemens, il n'y avait de terminé qu'une portion de l'entablement qu'elles soutiennent (pl. 44 et 45) : on l'a continué en suivant le même dessin, et l'exécution ne laisse rien à desirer. La balustrade n'existait pas, et l'on ne s'est pas réglé pour la faire sur celle que l'on trouve dans les plans de du Cerceau, et qui est plus lourde et moins bien sous tous les rapports. Quant au fond de la salle, on avait le champ libre; la muraille était nue, et l'on a été obligé de la reprendre et de la soutenir pour y établir un cintre qui, servant à soulager la construction, se prêtait à un genre de décoration d'un beau caractère, le seul que pût admettre le peu d'élévation de cette partie de la salle. Il s'agissait aussi de disposer tout cet ensemble de manière qu'il fût d'accord avec l'ordonnance générale, et que, malgré la saillie de la tribune, on pût, à une distance convenable, voir dans la partie demi-circulaire tout le bas-relief qui devait y être placé. Ces obstacles étaient réels, et il a fallu toute l'adresse de MM. Percier et Fontaine pour parvenir à les surmonter, et à produire un tout si bien ordonné et si régulier, que dans son ensemble et dans ses détails il semble avoir été conçu et exécuté d'un seul jet.

Ce fut, certes, un coup de fortune pour les architectes chargés de l'achèvement de la salle des Caryatides, de pouvoir faire entrer dans la composition de la tribune les superbes bas-reliefs en bronze qu'ils y ont placés, et qui à tous leurs mérites ajoutent celui d'être d'André Riccio et de Benvenuto Cellini, tous deux contemporains de Lescot, ainsi que de Jean Goujon, qui eut probablement de fréquens rapports avec le dernier de ces sculpteurs. Par le rapprochement heureux de leurs ouvrages, on est à portée de comparer sous plusieurs rapports le style de ces grands maîtres, que, d'un accord unanime, l'Italie et la France mettent au rang de ceux qui au XVI.e siècle ont fait le plus d'honneur à leurs pays et aux arts.

Si l'on voulait suivre ici la marche chronologique, on aurait à s'occuper d'abord des bas-reliefs de la porte, magnifique production d'André Riccio, qui terminait sa brillante carrière lorsque Benvenuto Cellini et Jean Goujon n'étaient encore que peu avancés dans la leur. Mais ce serait faire passer l'accessoire avant la partie principale, et les caryatides ont assez d'importance pour attirer nos premiers hommages. Lorsque Jean Goujon conçut l'idée d'employer ce genre élégant de support dans l'ordonnance de sa tribune, on connaissait peu de statues de cette espèce dans les monumens antiques de l'Italie, où il n'en était pas resté debout, et dans les édifices modernes; ce n'était tout au plus que par le récit de quelques voyageurs que notre habile sculpteur aurait pu savoir qu'il en existait au temple de Minerve Poliade à Athènes : car ce ne fut que bien long-temps après lui que l'on dégagea ces belles figures du mur où Leroy les vit encastrées dans son voyage à Athènes, en 1754. Il est probable qu'à Rome, ou dans les autres villes d'Italie, il n'y avait pas de caryatides du xv.ᵉ ou du xvi.ᵉ siècle qui méritassent d'être prises pour modèle, puisque, dans l'ouvrage de M. le comte Cicognara, on ne trouve en statues de femmes caryatides que celles d'Alexandre Vittoria, l'un des plus habiles sculpteurs vénitiens du xvi.ᵉ siècle, contemporain de Goujon, mais qui, beaucoup plus jeune que lui (1), n'avait pas encore produit les siennes lorsque la sculpture française pouvait s'enorgueillir de celles que notre sculpteur avait employées pour soutenir sa tribune. Il se pourrait même que Jean Goujon fût le premier sculpteur moderne qui ait ainsi remplacé les colonnes, et que l'idée lui en fût venue de Vitruve, qui parle de caryatides, et pour l'ouvrage duquel il avait fait des dessins qui devaient accompagner une édition de 1547, époque qui a précédé celle des travaux qui lui furent confiés au Louvre.

Quoi qu'il en soit, il n'est pas très-important de savoir si Goujon a le premier chez les modernes fait revivre l'usage des caryatides, ou s'il a suivi l'exemple de quelque autre architecte : le point essentiel est d'examiner avec impartialité ses caryatides. Leur réputation de beauté semble établie assez bien et avec assez de justice pour qu'on ne craigne pas de la voir détruire; et l'on peut dire avec M. Quatrèmere de Quincy (2), « que Jean Goujon a conçu la » plus juste, la plus véritable comme la plus grandiose idée de ce style de » décoration », et ajouter avec le savant académicien, « que l'Italie moderne » ne présente rien en ce genre de sculpture qui puisse rivaliser avec l'ou- » vrage de Jean Goujon. » Les caryatides de Vittoria sont certainement fort belles; l'attitude, le mouvement de tête, en sont gracieux (3), et les draperies traitées avec plus de goût que celles de son temps en Italie. Mais c'est précisément cette attitude et ce mouvement gracieux auxquels on pourrait, je crois, faire quelque reproche; et ces compositions remplies de mérite ne sont peut-être pas dans les convenances du sujet. Si, d'après les exemples que nous en ont laissés les anciens, on admet des figures de femmes ou d'hommes pour servir de support à quelque partie d'un édifice, il faut aussi que, de même que chez eux, et comme le bon goût le demande, ces belles figures par leur pose et par leur ensemble soient en rapport avec les lignes de l'architecture. Destinées à remplacer les colonnes, elles doivent avoir l'apparence de la solidité, pour que l'on puisse, ce qui n'est déjà pas très-facile, se prêter à l'illusion et croire pendant quelques instans que des figures humaines auxquelles l'art du sculpteur a donné de la vie, ont assez de force pour servir de support. Plus la direction de leur corps suivra la perpendiculaire, plus elles seront censées être capables de résister à ce pénible emploi. Les caryatides de femmes de Vittoria, car je ne parle pas de ses esclaves, qui ne sont que de lourds portefaix, semblent n'en faire qu'un amusement, et elles manquent de la gravité et du sérieux que doit faire supposer une pareille position. Otez-les de leurs places, ce sera toujours de

---

(1) Il naquit en 1525 et mourut en 1608. Voyez la *Storia* &c. du comte Cicognara, tome V, pag. 288-290.

(2) *Dictionn. d'archit.* t. II, p. 533-34.
(3) Voyez la *Storia* &c. du comte Cicognara, planche 75.

charmantes statues, mais dont rien n'indiquera l'état d'où on les a tirées. Que l'on déplace les figures du temple de Minerve Poliade ou celles de Jean Goujon, et tout y rappellera aussitôt la statue-colonne et la situation où elles se trouvaient, et dont rien ne pourra leur enlever le caractère; on dirait de belles femmes changées en pierres pendant les pénibles et humiliantes fonctions auxquelles on les avait condamnées. La beauté sévère de leurs têtes, la gravité de leurs costumes, tout est en harmonie dans ces superbes figures; et ces voiles mêmes, repliés en masse sur leurs têtes, semblent disposés ainsi pour adoucir la dureté du poids qu'elles supportent, et, en tombant des deux côtés du cou, ils donnent à cette partie une ampleur qui s'accorde avec la force que doit avoir le haut de la colonne. Ce n'est pas qu'il n'y ait quelque reproche à faire aux statues de Jean Goujon. Au premier aspect, les regards et l'esprit peuvent être désagréablement affectés en voyant privées de leurs bras ces belles caryatides, et l'on se rappelle, du moins d'après les monumens qui sont venus jusqu'à nous, que les anciens ne suivaient pas cette méthode : les caryatides du *Pandrosium* d'Athènes avaient des bras, et l'on en voit à celles du Vatican et de la villa Albani, ainsi qu'à d'autres figures de ce genre. Tantôt elles les laissent tomber le long du corps, tantôt elles les croisent sur leur poitrine et les enveloppent de larges draperies; d'autres, comme celles de la villa Albani, les relèvent au-dessus de leurs têtes, et soutiennent ou l'entablement ou une corbeille qui remplace le chapiteau, et elles pourraient représenter à-la-fois et des caryatides et des canéphores, jeunes filles qui, dans les pompes d'Éleusis, portaient les corbeilles sacrées remplies des objets mystérieux du culte de Cérès.

Il ne sera pas hors de propos de dire un mot ici d'un superbe bas-relief grec qui, en 1813, faisait partie du beau musée du palais royal de Naples, et qui depuis a passé dans le musée Bourbon de la même ville (1). On est d'autant plus certain que ce monument représente des caryatides, que l'inscription qu'il porte, et dont les caractères sont très-beaux, dit qu'il fut sculpté *en mémoire de la victoire remportée sur les Caryates,* ΥΠΟ ΤΩΝ ΝΙΚΗΘΕΝΤΩΝ ΚΑΡΥΑΤΕΩΝ. Parmi les trois figures que présente ce curieux bas-relief, on voit deux belles caryatides qui supportent un entablement léger ou une simple architrave. Vêtues d'une robe longue et d'un petit *peplum*, elles ont les bras nus, selon le costume dorique ou laconique. La jeune captive de droite élève le bras gauche, et celle de gauche, le bras droit, au-dessus de leurs têtes, et toutes deux touchent de la main l'entablement. Cette partie, au reste, ne

---

(1) M. Mazois a publié ce bas-relief, page 24 du tome I.er de son magnifique ouvrage sur les ruines de Pompéi. On le donnait comme ayant été nouvellement découvert du côté de Tarente; mais j'en ai trouvé une gravure assez médiocre, accompagnée d'une explication, dans un très-ancien ouvrage napolitain dont le nom m'est échappé. Tout ceci était écrit lorsque les arts ont perdu dans le mois de décembre 1826 M. Mazois, que je regrette vivement et comme ami et comme homme à talent. Ce Pompéi que nous avons si souvent parcouru, étudié ensemble, et qu'il m'a appris à voir, a fait en lui une grande perte, et il n'est guère possible de trouver quelqu'un qui puisse remplacer Mazois pour continuer son bel et excellent ouvrage.

porte pas de tout son poids sur l'espèce de chapiteau placé sur la tête des caryatides : car à côté d'elles, aux deux extrémités du bas-relief, l'entablement pose sur deux pilastres ; ce qui fait que réellement les caryatides ne supportent rien, et ne sont pas condamnées à soutenir un fardeau sous lequel il aurait été impossible qu'elles ne succombassent pas : elles ne paraissent que comme des captives vêtues avec dignité, et que dans une fête, pour les humilier, on aurait exposées sous un portique aux regards de leurs vainqueurs. On conçoit que des peuples chez qui les vengeances étaient souvent si cruelles et si offensantes, aient pris plaisir à ce spectacle ; ce bas-relief en donne plus l'idée que celle d'une décoration architecturale, d'autant plus que la troisième figure, assise à terre et paraissant déplorer son triste sort, est de la même proportion que les deux autres, dans le même costume, et semble destinée aux mêmes fonctions. Ce sont trois captives qui ont les mêmes rapports, les mêmes intérêts. Elles ne sont pas représentées élevées sur des plinthes et comme des statues qui feraient partie des ornemens d'un édifice, mais comme les images de trois personnages vivans et dont l'ensemble compose une scène.

Des scènes réelles de ce genre et le desir de perpétuer le souvenir de la vengeance exercée par les Spartiates contre les habitans de Caryes, qui avaient trahi la cause des Grecs dans la guerre des Perses, donnèrent sans doute l'idée de les transporter dans l'architecture. C'était imiter, avec un autre motif, l'exemple que, de temps immémorial, les Égyptiens et les Perses avaient donné en employant comme supports dans leurs temples immenses les figures colossales de leurs divinités et de leurs souverains. Mais les Égyptiens attribuaient une vertu, un pouvoir céleste, aux simulacres de leurs divinités, et l'on ne peut s'empêcher de trouver qu'il y avait de la grandeur dans l'idée de fixer ainsi parmi eux leurs dieux. Ce n'étaient plus aux yeux de l'Égyptien des statues qui soutenaient les temples, c'étaient ses dieux eux-mêmes, qui, s'élevant au milieu de leurs adorateurs et touchant de leurs têtes le firmament semé d'étoiles d'or, que figuraient les plafonds des édifices sacrés, prêtaient leur bienveillant appui aux lieux consacrés à leur culte, et, les remplissant de leur majestueuse présence, accueillaient l'encens, les prières et les vœux. De pareilles idées n'inspirèrent pas les Grecs dans l'invention de leurs caryatides ; et à mesure que l'on s'éloigna de l'époque où l'on commença à les introduire dans l'architecture, on perdit de vue la cause qui les avait produites, et pour la plupart des Grecs ces figures ne furent plus que des ornemens : elles le sont devenues encore bien plus pour l'architecture moderne, qui n'y attache ni les idées religieuses des Égyptiens, ni les souvenirs de vengeance des Grecs.

Lorsque Jean Goujon conçut l'idée d'employer les caryatides, il pensa avec raison que ce genre de décoration qui, chez les anciens, parlait à l'esprit et offrait ces figures, ou comme des divinités protectrices, ou comme des souvenirs de victoire, ne présentait plus le même intérêt aux modernes, et que ce n'étaient plus que d'élégans supports. Goujon sentit que, pour se faire pardonner la licence de leur emploi, ces figures devaient rester des pierres et ne pas prétendre à toute l'illusion que la sculpture peut donner à ses ouvrages. Ce fut vraisemblablement cette réflexion qui l'engagea à priver ses caryatides d'une partie de leurs bras, et à les représenter comme des statues retirées, ainsi mutilées, des ruines d'un monument, et que leur beauté, en harmonie avec les lignes de l'architecture, avait fait employer pour supports. Le socle sur lequel il les a élevées indique même son intention de les rapprocher, autant que possible, de la proportion des colonnes qu'elles remplacent : aussi les a-t-il isolées comme des colonnes, des masses de pierre, qui peuvent d'elles-mêmes, par leur solidité, supporter le poids qu'il leur a imposé. Vittoria et Sarrazin se sont montrés moins sages et n'ont pas fait preuve du même goût en groupant leurs caryatides et en les adossant aux murs de leurs constructions. Ainsi engagées dans les murailles qui leur servent de fond, elles semblent avoir besoin d'appui; et c'est un manque de réflexion ou d'adresse de la part de ces sculpteurs, du reste très-habiles : ainsi qu'Orcagna, le Puget et d'autres, ils ont été trop sculpteurs et pas assez architectes. Pour faire preuve de leurs talens en sculpture, ils ont oublié ce qu'exigeait d'eux l'architecture, et en ont blessé les convenances et faussé pour ainsi dire les lignes, en ne s'occupant que de leurs figures, sans s'embarrasser de l'emploi qu'ils leur donnaient, et, comme le fait remarquer M. Quatremère de Quincy, par le desir de leur donner de la vie, ils les ont rendues invraisemblables. Goujon, au contraire, est à-la-fois architecte et sculpteur : ses caryatides ne sont que des simulacres de figures humaines; la sévérité de leurs traits, la fixité de leurs yeux sans regard déterminé, tout concourt à écarter l'idée qu'on ait voulu représenter des femmes vivantes privées de leurs bras; et il ne résulte aucune impression désagréable, si on ne les considère que comme des statues mutilées. C'est un trait d'esprit chez Jean Goujon, tandis que d'après les idées des Égyptiens et des Grecs, qui voyaient dans les caryatides des personnages ou mythologiques ou historiques, il y aurait eu chez eux ou de l'impiété ou de la barbarie à les représenter ainsi.

Lorsque l'architecture grecque se fut emparée de ce genre de décoration nouveau pour elle, on ne tarda pas à déterminer les rapports qu'il devait avoir avec les parties des monumens où on le faisait entrer. Ces ornemens n'étant plus qu'un souvenir des scènes qu'il rappelait, les colonnes ou les pilastres auprès desquels on exposait les captives de Caryes furent supprimés; ces figures les remplacèrent et devinrent de véritables supports, des statues-colonnes : en les élevant sur des socles ou sur des soubassemens continus comme au Pandrosium d'Athènes, on en rapprocha le plus possible les proportions de l'ensemble de celles des colonnes doriques ou ioniques auxquelles on les substituait, et l'on donna à leur pose, à leur ajustement, toute la régularité et toute la symétrie qu'exigeait l'architecture. Quoiqu'il fût bien reconnu que du marbre, des pierres, pouvaient supporter un poids considérable, le bon goût des Grecs combina les caryatides de manière a ne pas trop blesser la vraisemblance et à ne pas surmonter d'une masse trop considérable des figures qui, dans la réalité, n'eussent pu la supporter même pendant quelques instans. L'entablement qu'elles soutenaient avait toute la légèreté dont il était susceptible; souvent même, comme dans le Pandrosium, on en retranchait une partie et l'on n'y laissait que la frise et la corniche. Et d'ailleurs l'ordre ionique, adopté pour ce petit temple, avait une grâce et une élégance qui s'accordaient avec les formes des caryatides. Ce n'est cependant pas cet ordre qu'a employé Jean Goujon; il s'est servi d'une sorte de dorique dans la composition de sa tribune : mais ce dorique est dans des proportions plus légères qu'on ne le trouve dans la plupart des monumens antiques (1). L'ordonnance de Goujon est même plus élevée que celle de la tribune du Pandrosium, quoique celle-ci soit ionique; ce dont il est facile de se convaincre par la comparaison du nombre de modules qui entrent dans leur ensemble et dans leurs différentes parties (2). Il est aisé de voir que les caryatides de Goujon, plus sveltes et plus élancées que celles d'Athènes, supportent aussi un entablement beaucoup plus léger. Ce n'est pas que je prétende faire la critique de celles du Pandrosium; ce sont des chefs-d'œuvre des beaux temps de la Grèce, et ils méritent tous nos respects. Peut-être même sont-elles plus en rapport avec l'architecture et donnent-elles plus que celles de Jean Goujon l'idée de la solidité; leur aspect plus grave est plus monumental, et il y a dans tout leur ensemble quelque chose de plus à plomb. Les plis perpendiculaires de leurs robes réveillent en quelque sorte l'idée des cannelures d'une colonne, et c'est ainsi que dans leurs métamorphoses les Grecs auraient conçu celle d'une femme transformée en statue-colonne. L'ajustement de ces belles figures se distingue par plus de noblesse et de dignité que celui qu'a adopté Jean Goujon, qui, s'il eût moins fait sentir les contours de ses figures, aurait mis plus de calme et de symétrie dans ses lignes. Soit qu'il ait emprunté à Cellini, soit que celui-ci ait pris de lui cette manière de draper, le nœud que forme la robe vers le milieu du corps, quoiqu'il soit bien ajusté, n'est pas d'un heureux effet. Peut-être aussi le chapiteau ionique des caryatides du Pandrosium accompagne-t-il leur coiffure avec plus d'élégance que ne le fait le chapiteau dorique que Jean Goujon fait porter par ses statues. Quant à son entablement, quoiqu'en comparant sa hauteur avec l'élévation de l'ordonnance il soit plus léger que celui du Pandrosium, cependant le profil n'en étant pas aussi simple le fait paraître plus lourd. La frise bombée, qui n'est pas d'un goût pur, quoiqu'on en trouve des exemples, il est vrai très-rares, dans l'antique, contribue encore à ôter de la légèreté à l'entablement. Il est probable qu'en la faisant ainsi, Jean Goujon ne fit pas attention au profil qui en résulterait, et qu'il crut même alléger

(1) On voit dans le *Nouveau Parallèle des ordres d'architecture* de M. Normand père, que le dorique du théâtre de Marcellus, pl. 10, a 15 mod. 18 part.; celui d'Albano, pl. 11, en y comprenant l'entablement, a 18 mod. 20 part.; aux thermes de Dioclétien, pl. 12, il est de 20 mod. 3 part.

(2) En comptant le chapiteau, les caryatides de Jean Goujon ont 9 pi. 5 po. 7 lig. ou 12 mod. 9 part. ½. Le chapiteau a 7 po. 4 lig. ou 29 part. 75; il reste pour la caryatide 8 pi. 8 po. 3 lig. ou 11 mod. et 7 part. L'entablement a 2 pi. 6 po. 6 lig. ou 3 mod. 9 part. 75; le socle et la plinthe ont 1 pi. 10 po. 53 ou 2 mod. 14,5. Ainsi toute l'ordonnance, sans la balustrade, a 18 mod. 12 part. de haut ou 13 pi. 11 po. 1 lig. 22. Les caryatides du Pandrosium ont 7 pi. 3 po. ou 10 mod. en y comprenant le socle et le chapiteau qui a 8 po. 0 lig. 12, ou 27 part.; il reste pour la caryatide 6 pi. 8 po. 11 lig. 88, ou 9 mod. 3 part. L'entablement a 2 pi. 10 po. 3 lig. 18, ou 3 mod. 25 part. 5 : toute l'ordonnance a de haut 10 pi. 3 po. 3 lig. 18, ou 16 mod. 25 part. 15.

autant que possible son entablement en en détaillant les parties et en formant sa frise de guirlandes de feuillages. Il pensa, sans doute, qu'il satisfaisait à la fois et les yeux et l'esprit, et que, si par la pensée on voulait animer ses figures et donner de la réalité aux objets représentés dans son entablement, on ne se refuserait pas à admettre que, n'étant composé que de rinceaux, de feuillages, et de parties délicates qu'on peut supposer de bois léger, il ne surchargerait pas quatre véritables caryatides de manière qu'elles ne pussent pas le supporter pendant un certain temps (1).

Cet entablement de Jean Goujon, et surtout la frise bombée, peuvent donner lieu à une observation qui n'est pas sans quelque intérêt. En le comparant à l'entablement des thermes de Dioclétien à Rome, on trouve à très-peu de chose près les mêmes profils, la même modinature et la même disposition dans les ornemens; chez Jean Goujon l'ensemble est seulement un peu plus léger. Quant à la frise, elle a le même nombre de parties que celle des thermes. Mais il n'a divisé son architrave qu'en deux bandes, tandis qu'au monument de Dioclétien elle en a trois. Si l'entablement de Jean Goujon est de son invention, il serait bien singulier qu'il se fût ainsi rencontré avec l'antique, non-seulement dans les proportions générales, mais même pour les profils et pour les divisions. D'un autre côté, il n'est guère présumable qu'il ait tiré son dessin de quelque ouvrage qui offrît à cette époque, en gravures, les monumens de l'architecture antique; on s'en occupait bien déjà, mais pas assez pour que ces ouvrages fussent très-répandus. Celui de Serlio est un des plus anciens, il parut en 1525, et il n'y a pas de modèle de ce genre d'entablement. On ne trouve celui des thermes que dans Palladio, qui ne publia sa première édition qu'en 1577, trois ans avant sa mort et cinq ans après celle de Jean Goujon. Ces considérations me porteraient donc à penser que notre sculpteur fit un voyage en Italie, qu'il y étudia les monumens antiques, et qu'il adopta pour sa tribune l'entablement des thermes de Dioclétien en y faisant quelques légers changemens. Ce voyage, s'il eut lieu, fut sans doute très-utile à Jean Goujon : échauffant son génie à la vue des chefs-d'œuvre de l'antiquité et des grands maîtres de l'Italie renaissant aux beaux arts, il étendit ses idées en sculpture et en architecture; mais ce ne fut qu'à ses propres conceptions qu'il dut ses belles caryatides, dont il ne trouva nulle part le modèle. Si on les juge avec impartialité et dans leur ensemble et dans leurs détails, elles peuvent supporter sans crainte la comparaison avec tout ce que les anciens et les modernes ont fait de mieux dans ce genre de décoration, qui, lorsqu'il est employé avec sagesse, est aussi élégant qu'il montre de prétentions et manque de convenance lorsqu'on le met en œuvre sans réflexion et sans ce goût et cette raison qui dirigeaient dans leurs ouvrages les Grecs et Jean Goujon.

Sauval nous a conservé le prix que l'on avait payé à ce sculpteur pour ses caryatides : elles coûtèrent 737 livres tournois, qui feraient aujourd'hui

---

(1) Voyez pl. 26, 27, 52, du *Nouveau Parallèle des ordres d'architecture* &c. par Charles Normand, architecte, ancien pensionnaire de l'académie de France à Rome. — Paris, de l'imprimerie de Pillet aîné, rue Christine, n.º 5. 1825.

2653 francs 2 centimes. Sur les 737 livres il y en avait 46 pour chaque modèle en plâtre. Il était indispensable qu'il y en eût deux, puisque les caryatides de droite n'ont pas la même attitude que celles de gauche. Chacune des figures exécutées en pierre revint à 80 écus sous, ou à 580 francs d'aujourd'hui. Il faut avouer que la meilleure sculpture et la mieux soignée était alors à bien bon marché (1).

Les beaux bas-reliefs qui ornent la porte des caryatides sont d'André Riccio (2), l'un des sculpteurs et des ciseleurs les plus habiles qu'ait eus l'Italie.

---

(1) De 1547 à 1560, années entre lesquelles on peut placer celle où furent faites les caryatides, on trouve que la valeur moyenne du marc était de 15 livres à très-peu de chose près. La livre d'alors vaudrait aujourd'hui 3 francs 60 centimes, et l'écu sou eût été de 2 livres tournois, ou de 7 francs 20 à 25 centimes d'à présent.

(2) André Riccio naquit à Padoue en 1480. On ne sait pourquoi ni à quelle occasion il fut surnommé *Briosco* : quant au nom de *Crispus* qu'il se donnait et que l'on trouve dans les écrivains de son temps, c'est tout simplement le mot italien *riccio*, qui, de même que *crispus*, signifie *crépu*, et que l'on avait traduit en latin suivant l'usage de cette époque.

Quant à sa famille, on sait seulement qu'il était parent et ami de Jean Cavin et d'Alexandre Bassien, dont le talent dans la gravure et la ciselure des médailles a donné le change à plus d'un antiquaire, en faisant prendre pour antiques les belles médailles de ces habiles faussaires, connus sous le nom de *Padouans*. Il n'est pas inutile de prévenir qu'André Riccio a été confondu, ce que prouve l'abbé Morelli *, par plusieurs écrivains, et entre autres, pour quelques ouvrages, par Scardeone et par Orlandi, avec Antoine Riccio de Vérone, statuaire très-habile, plus ancien qu'André, ainsi que le témoignent des statues d'Antoine de 1462. Quoi qu'il en soit, André Riccio est plus connu par ses ouvrages que par les détails qui nous ont été transmis sur lui; et l'on ignore la route qu'il suivit dans ses premières années pour acquérir les talens qui lui méritèrent une brillante renommée comme architecte et comme sculpteur et ciseleur.

Riccio, qui devait un jour rendre son nom si célèbre parmi les premiers artistes de l'Italie, commença, ainsi que presque tous ceux qui se destinaient alors à la sculpture, par être orfévre, et Gauric, p. 110, qui dans sa jeunesse avait beaucoup connu Riccio, tenait sans doute de lui que c'était grâce à la goutte que d'orfévre il était devenu sculpteur. D'après le même écrivain, il aurait eu pour maître Bellano (mort en 1501 à quatre-vingt-douze ans), très-habile dans les ouvrages de fonte et de ciselure. Cependant Bernard Scardeone, qui a écrit sur les antiquités de Padoue (*De antiquitate urbis Patavii*, &c. *Basileæ, 1560*), dit bien que Riccio imita Bellano, mais il ne dit pas qu'il fut son élève; et d'après l'âge auquel mourut cet artiste, il est à croire que depuis plusieurs années il n'avait plus d'élèves. Riccio travailla aussi beaucoup d'après les peintures d'André Mantegna (né en 1430 et mort en 1506). Ce peintre florissait de son temps; il aimait et recommandait l'étude des statues antiques, où il trouvait réuni avec le plus de goût le choix de ce que la nature offre de plus beau (Vasari, tom. VI, p. 209). Je croirais aussi, comme je l'ai indiqué dans un autre endroit, que souvent Riccio s'inspira des belles têtes de vieillard de Léonard de Vinci, qui finit de son temps sa longue et admirable carrière. Contemporain de ces grands maîtres, de Raphaël et de Michel-Ange, Riccio eut encore l'avantage d'être, comme eux, témoin des découvertes nombreuses que l'on faisait chaque jour des précieux restes de l'antiquité; ainsi qu'eux aussi, cet habile homme sut les mettre à profit, et, en étu-

* *Notizia d'opere di disegno, scritta da un anonimo. Bassano, 1800.* Cet ouvrage, rempli de recherches et de renseignemens curieux sur les arts, est de l'abbé Jacques Morelli, bibliothécaire de Saint-Marc à Venise.

Formé sur les ouvrages du grand Donatello, ce sculpteur, que M. le comte Cicognara (tome IV, p. 278) nomme avec raison le Lysippe vénitien, soutenait avec honneur en Italie par la variété et l'élégance de ses ouvrages la gloire que s'était acquise avant lui Lorenzo Ghiberti par ses magnifiques portes en bronze du baptistère de Florence, qui, selon Michel-Ange, auraient dû être celles du paradis. Les bas-reliefs de Riccio n'avaient cependant pas été destinés à former l'ornement d'une porte; ils faisaient autrefois partie d'un très-beau monument, brillant de porphyre, de granit et de serpentin, élevé dans l'église de San-Fermo à Vérone en honneur de Jérôme della Torre et de son fils Antoine par trois autres fils de Jérôme, comme lui hommes de lettres et médecins très-habiles.

diant la nature et en consultant les ouvrages du Donatello, qui la rendait avec tant de naïveté, il ne négligeait pas les exemples et l'instruction que lui offraient les monumens de l'antiquité : les génies les plus féconds étaient alors dociles aux leçons de ces grands maîtres, et cherchaient à se pénétrer de leur esprit ou du moins à les comprendre, et ils se trouvaient bien de devenir leurs élèves.

Riccio a laissé un grand nombre de beaux ouvrages surtout dans les églises de Saint-Antoine et de Sainte-Justine à Padoue; et il est singulier que Vasari, qui parle au long de ces édifices, ne dise rien de Riccio. Ce fut cependant lui qui éleva Sainte-Justine. Il fit en 1515 pour Saint-Antoine un grand candélabre en bronze de 11 pieds de haut, regardé, sous le rapport soit de la composition, soit de la richesse des détails et de la perfection de la ciselure, comme une des plus belles productions de la sculpture du XVI.e siècle. Aux yeux d'André Riccio, c'était ce qu'il avait fait de mieux. Il est malheureux pour les amateurs que les planches de l'ouvrage de M. le comte Cicognara (*Storia* &c. t. IV, p. 279, pl. 35-36) soient aussi loin de répondre à l'idée que le texte du savant auteur fait concevoir de ce chef-d'œuvre. On peut en dire autant du bas-relief où Riccio a représenté David dansant devant l'arche, et qui, ainsi que celui de Judith et d'Holoferne, orne la porte en bronze du chœur de Saint-Antoine. On voit dans ce candélabre que Riccio avait le bon esprit de se servir de l'antique, et qu'il a réuni dans sa composition des trépieds, des autels, des figures antiques, mais cependant avec un mélange de quelques formes contournées qu'on aimait assez à l'époque de ce sculpteur; époque à laquelle, surtout en architecture et en ornemens, on n'était pas encore arrivé à la simplicité et à la pureté de goût des Grecs.

Quant aux bas-reliefs du monument de la famille della Torre qui ont donné lieu à cet article, il est singulier que la tradition n'ait pas mieux conservé la mémoire de leur auteur. Scardeone, qui met Riccio au nombre des artistes qui ont illustré Padoue, ne cite pas ce monument; et Maffei, qui en parle dans sa *Verona illustrata*, part. III, p. 197, ne dit pas qu'il soit de Riccio, et il en parle même d'une manière inexacte en n'y comptant que six panneaux au lieu de huit. Ce n'est que par une épitaphe faite pour Riccio par frà *Desiderio del Legname*, dominicain, et qui n'est pas celle qui a été mise sur le tombeau de ce sculpteur à Saint-Jean *in Verdara* à Padoue, où il mourut en 1535, que l'on a acquis la certitude que Riccio était l'auteur de ces beaux bas-reliefs. Quelques écrivains, entre autres Maffei, les avaient attribués à Jules della Torre, qui exerçait aussi avec talent l'art de la fonte et celui de la ciselure, dans lesquels il avait peut-être reçu des leçons d'André, avec qui il était lié. D'un autre côté, Scardeone donne à André Riccio les statues de marbre d'Adam et d'Eve qui sont à Venise dans le palais du doge, et qui ne sont pas de la main de cet artiste, mais, ainsi que le prouve une inscription, de celle d'Antoine Riccio dont il a été question plus haut.

Les bas-reliefs de Riccio sont remarquables sous plus d'un rapport. Si on les considère comme travail en bronze, on peut y observer la franchise et la hardiesse avec lesquelles le métal a été attaqué, et la vivacité de l'outil. On sent que l'habile ciseleur en est maître, et la largeur du travail montre avec quelle facilité Riccio maniait le bronze et quelle était la sûreté de son exécution. Quoique par-ci par-là il y ait bien quelques incorrections dans le dessin, et que les extrémités ne soient pas toujours aussi fines qu'elles pourraient l'être, il est aisé de voir qu'il n'appartient qu'à un grand sculpteur de ciseler ainsi et de modeler, pour ainsi dire, le métal comme si c'eût été une argile molle et liante. Dans un pareil ouvrage, de même que dans ceux de Ghiberti et de Cellini, la dureté du bronze a cédé aux inspirations de l'artiste, et l'on y trouve peut-être encore moins d'adresse de main que de feu et de hardiesse de conception. Les têtes, malgré la petitesse de leurs proportions, ont une expression, un sentiment, une vie qu'on serait heureux de produire et qu'on n'obtient qu'avec le plus grand talent dans des ouvrages de plus forte dimension et dont la matière est plus facile à traiter. Si l'on porte ensuite son attention sur la composition de ces bas-reliefs, on est agréablement arrêté par sa variété et par sa richesse. Sans trop multiplier les plans et sans confusion, l'habile sculpteur a su faire entrer dans un espace resserré un grand nombre de figures qui sont bien à leurs places et qui ne se nuisent pas les unes aux autres. Les attitudes justes, variées, sans prétention, annoncent, ainsi que le style des figures et l'ajustement des draperies, l'étude réfléchie de la nature et de l'antique. Il était peut-être moins rare dans le xve siècle que dans le suivant de voir imiter l'antique; mais il est peu d'ouvrages italiens, si ce n'est ceux de Donatello, de Ghiberti et d'Alphonse Lombardi, qui en offrent une application aussi bonne que les bas-reliefs de Riccio. On croirait aussi reconnaître dans plusieurs têtes le caractère de celles de Léonard de Vinci, qui jouissait alors de la plus haute renommée et dont les ouvrages étaient consultés par tous les maîtres de l'art.

Lorsque l'on connaît les productions des arts et de la littérature de ces temps où l'étude des anciens avait pris une grande faveur, on n'est pas surpris de voir Riccio, dans des compositions destinées au mausolée d'un chrétien, n'employer, pour ainsi dire, que des idées tirées des cérémonies du paganisme; et si c'est le sujet d'un reproche, c'est moins à lui qu'à l'esprit de son époque que l'on doit l'adresser. Quoique l'explication des sujets de ces beaux bas-reliefs se présente assez naturellement, et qu'il soit facile de voir que sous l'image des vicissitudes de la vie ils doivent avoir rapport à la vie, à la maladie et à la mort de Jérôme della Torre, cependant ils ont été interprétés de différentes manières. Le comte Ignace Bevilacqua-Lazise pensait qu'ils offraient la mort de Mausole, roi de Carie, et les funérailles que lui fait Artémise sa femme. Cette opinion, appuyée d'une description ingénieuse et élégante, a été pleinement réfutée par M. le comte Cicognara dans le quatrième volume de son *Histoire de la sculpture moderne en Italie*, et le savant auteur a donné la véritable explication de ces bas-reliefs; il y en a cependant quelques parties où il ne m'est pas possible d'être de l'avis de M. le comte Cicognara.

Études ou Succès littéraires (pl. 47). — M. le comte Cicognara place avec raison ce bas-relief en tête des huit qui forment cette intéressante série, et il pense qu'il représente une consultation de plusieurs médecins au sujet de la santé de Jérôme della Torre. Mais il me semble que l'on doit y voir cet habile médecin professant sa science et répandant l'instruction au milieu des nombreux auditeurs qui l'entourent : auprès de lui, Minerve, Apollon, et peut-être la déesse de la santé, divinités protectrices de la médecine, prennent part à cette scène, que complète la figure allégorique de la ville de Vérone, théâtre des leçons que donnait Jérôme della Torre, et des succès qu'elles lui méritaient; à ses pieds est l'Adige, fleuve sur lequel cette ville est située. La jeunesse de la plupart des spectateurs paraît s'opposer à l'idée que ce sont des médecins dont on demande les avis, et les ferait considérer comme des élèves plutôt que comme de graves docteurs. Et d'ailleurs dans le bas-relief qui offre les Champs-Élysées, je retrouve un personnage assis et dans le même costume que celui qui fait l'objet de cette discussion; ce ne peut être que Jérôme della Torre : il se livre dans les Champs-Élysées aux occupations qui lui plaisaient et auxquelles il avait dû sa célébrité sur la terre. Dans l'un et dans l'autre tableau sont à ses pieds les mêmes accessoires, un globe et un livre, qui, en annonçant l'identité des deux personnages, indiquent encore que l'étude du globe et probablement de l'astrologie faisait partie des sciences dans lesquelles les vastes connaissances de Jérôme della Torre lui avaient fait obtenir de grands succès.

Maladie (pl. 47). — S'appuyant d'une main affaiblie sur son lit de douleur, Jérôme della Torre paraît toucher à ses derniers momens. Sa femme, ses enfans, toute sa famille empressée, l'entourent et lui prodiguent leurs soins. Apollon près de lui et un médecin dans une attitude grave lèvent la main et semblent sur le point de prononcer la terrible sentence. A la tête du lit du malade, les Parques, dont l'une est assise à gauche de la composition, filent encore; mais l'inflexible Atropos est près de trancher le fil fatal. De l'autre côté de la scène, la Destinée, ainsi qu'on le voit dans des bas-reliefs antiques, entre autres dans la Mort de Méléagre, se dispose, au signal des funestes sœurs, à jeter dans un brasier un reste de tison auquel tient encore l'existence du mourant. La tête de Jérôme della Torre est remplie d'expression; il sent toute la profondeur de son mal; il s'y résigne, et semble repousser les inutiles secours qui lui sont offerts. Les figures de cette touchante composition, surtout celles qui sont autour du lit, sont bien disposées, et le dessin du principal personnage est d'un beau caractère et bien soutenu : toute cette scène est rendue avec un grand intérêt. Les accessoires d'un bon style, le lit, le trépied de formes antiques et le fond de draperie y sont ajustés avec goût. C'est probablement comme emblèmes de la gloire que s'est acquise Jérôme della Torre que Riccio a fait entrer dans sa composition un palmier et une colonne.

Sacrifice (pl. 48). — On n'avait pas encore renoncé à toute espérance: les parens, les amis du malade, rassemblés près d'un temple, adressent des vœux aux dieux; on leur offre un grand sacrifice: le nombre des victimes, un bœuf, des moutons, des verrats, l'empressement de ceux qui les amènent de tous côtés, indiquent assez l'intérêt que porte tout Vérone à celui pour lequel on va les immoler. Un serpent, le génie d'Esculape, goûte les offrandes déposées sur l'autel; un vieillard à genoux semble rendre grâces au ciel de cet heureux pronostic. Mais les prières, les sacrifices, sont inutiles; les dieux sont sourds; les prêtres consternés reconnaissent que les prémices jetées sur le brasier sacré n'annoncent que de sinistres présages : l'abattement des assistans ne dit que trop que l'espoir dont on s'était flatté s'est évanoui; les dieux n'agréeront pas leurs victimes, et ils leur offriront en vain des parfums et des fruits; c'est ce que semblent se dire entre eux et ceux qui apportent les offrandes et ceux qui préparent le sacrifice.

CONCLAMATION (pl. 48). — Les prières, les sacrifices, ont été repoussés; le chef de famille vient de rendre le dernier soupir. Il avait employé le reste de ses forces à dire un éternel adieu à sa famille et à ses amis. Ses fils le soutiennent et le placent sur son lit de mort : un prêtre achève les prières. La femme et les filles de Jérôme della Torre, couvertes de voiles, sont abîmées dans la douleur; des femmes éplorées s'arrachent les cheveux et éclatent en gémissemens; un de ses fils, penché vers lui et frappé de stupeur, est encore dans l'attitude où il vient de recueillir son dernier soupir et ses dernières volontés. Plusieurs amis expriment avec plus de gravité leurs regrets : les uns sont absorbés dans leurs réflexions; d'autres s'entretiennent sans doute des vertus de l'ami qui leur est enlevé. Des torches annoncent les lugubres cérémonies qui vont avoir lieu. Sur le devant, un enfant qui souffle le feu n'est là probablement que comme un accessoire convenable à la chambre d'un malade, de même que celui qui porte un vase, est l'acolyte du prêtre. On pourrait regarder le génie ailé qui tient une palme et un livre comme un emblème de la célébrité promise à Jérôme della Torre; mais il est plus probable que c'est, ainsi que l'auraient représenté les anciens, son ame qui s'envole triomphante vers le céleste séjour. Ce bas-relief, remarquable par sa composition et par la beauté de plusieurs des têtes, offre de nombreuses réminiscences de l'antique; on y retrouve dans les personnages une disposition qui rappelle celle de plusieurs *conclamations* : c'était une cérémonie qui consistait à appeler trois fois le mort à grands cris, et dont il sera question quand nous nous occuperons des bas-reliefs antiques.

FUNÉRAILLES ET MONUMENT (pl. 49). — Le monument consacré à la mémoire de Jérôme della Torre est entouré de la foule empressée de ses parens et de ses amis. Le prêtre, qui vient de prononcer l'oraison funèbre, répand l'eau sainte sur les assistans; deux jeunes ministres des autels soutiennent le vase qui la contient. On pourrait croire que par les deux enfans qui semblent jouer, et dont l'un effraie l'autre en se couvrant le visage d'un masque, le sculpteur a voulu rappeler les jeux qui souvent avaient lieu aux funérailles, ou plutôt indiquer que la vie était un drame mêlé de scènes variées. Le monument retrace celui qu'on avait érigé à Vérone à Jérôme della Torre avec plus de magnificence dans les détails que de goût dans l'ensemble. Le lapis lazuli, les pierres dures les plus riches, y brillaient de toutes parts; des génies funèbres en couronnaient le faîte, et l'on voit dans les quatre côtés du sarcophage, qui repose sur des sphinx, les places qu'occupaient les huit bas-reliefs.

Caron passe les ames dans sa barque (pl. 49). — Ici Riccio nous offre l'enfer des poètes grecs et romains; et si la description en était faite, on y retrouverait en partie ce que Virgile a si merveilleusement dépeint dans les tableaux qu'il en a tracés. Au milieu de la composition et non loin des rochers qui servent de remparts au ténébreux empire, s'élève l'arbre sous le feuillage duquel se retiraient les songes. D'un côté s'avancent à grands cris vers les bords du Styx, au-devant de Caron, les centaures, les scylles, les sphinx, les gorgones et toute la foule des monstres infernaux; de l'autre, faisant contraste à cette hideuse scène, des ames sous la figure de jolis enfans ou de génies ailés se pressent sur la rive, et attendent avec impatience que la barque fatale les transporte au séjour des bienheureux, où ils ne pouvaient être admis que lorsqu'on avait rendu sur la terre les derniers honneurs à leurs restes mortels. On s'est acquitté de ce pieux devoir envers Jérôme della Torre, et parmi les ames on reconnaît, au livre qu'elle porte sous le bras, celle qui met le pied sur l'esquif du nocher des enfers pour être l'ame que nous avons vue, dans la scène de la conclamation (pl. 48), se séparer de Jérôme della Torre au moment de sa mort.

Les Champs-Élysées (pl. 50). — Parmi les scènes qui composent cette suite, celle-ci est peut-être la plus variée et la plus animée; c'est un tableau charmant des plaisirs innocens que goûtent au fortuné séjour ceux qui ont mérité de l'habiter. De tous côtés, au milieu de bosquets arrosés d'ondes pures, au son mélodieux de la cithare et de la lyre qui se marient à la voix des génies, les chœurs des grâces et des amours forment des danses légères. Avant de s'y joindre, une ame nouvellement arrivée boit des eaux du Lethé, sans doute pour perdre le souvenir des chagrins qui l'ont attristée pendant la vie. Ce doit être celle de Jérôme della Torre. On la retrouve encore sur le devant du tableau; le livre qu'elle tient ne permet pas de s'y tromper, et il n'est pas rare de voir dans les compositions de cette époque le même personnage représenté plus d'une fois dans la même scène. Il me semble qu'ici elle est conduite par la volupté pure qui préside aux plaisirs de l'esprit et que l'on peut reconnaître à sa couronne d'immortelles et à la décence de son costume, et je crois qu'elle cherche à attirer à elle par une innocente caresse un jeune homme que s'efforce de retenir ou la paresse ou la volupté grossière des sens. Cette ame paraît tourner avec regret ses regards vers Jérôme della Torre, à qui elle fut unie pendant sa vie et dont elle a partagé les vertus, les talens et les succès. Ce bon génie voit avec un tendre intérêt la Renommée proclamer les mérites de celui qu'il dirigea et le couronner de laurier. Mais ce n'est plus que la larve de Jérôme della Torre, ou l'apparence de ce qu'il était sur la terre; il paraît absorbé dans une profonde méditation ou dans un doux repos, au milieu des savans et des philosophes avec lesquels il a vécu ou dont les ouvrages ont charmé ses loisirs. Le masque qui est aux pieds d'un de ces graves personnages pourrait indiquer quelque ancien tragique; et si Riccio les a représentés comme endormis, c'est pour donner l'idée du repos éternel et pour exprimer de deux manières différentes la vie dont ils jouissaient sur la terre et celle qu'ils retrouvent aux Champs-Élysées, et qui, selon les anciens, se passait au milieu des illusions et des songes. Il est difficile de voir rien de plus gracieux que les groupes d'enfans de ce charmant bas-relief.

La Renommée (pl. 50). — La déesse aux cent voix, au vol rapide, après avoir accompagné Jérôme della Torre aux sombres bords, revient sur la terre et la parcourt en célébrant ses vertus et ses talens. Il était poète et littérateur: le laurier et Pégase le rappellent, de même que la palme, la lampe, et le vase qui porte pour inscription VIRTVTIS (præmia), *récompenses de la vertu*, offrent les emblèmes des recherches, des veilles savantes de Jérôme della Torre et des succès qui les ont couronnées. Le squelette ailé aux pieds duquel est une faux et qui est lié à un arbre desséché, est le Temps, que la Renommée a sans doute arrêté ainsi dans sa course pour qu'il n'exerçât pas ses ravages sur les œuvres et sur la mémoire de Jérôme della Torre.

Telle est la suite des intéressans et beaux bas-reliefs d'André Riccio, dont trois seulement sont gravés dans l'ouvrage de M. le comte Cicognara, savoir: le Sacrifice, la Conclamation et les Funérailles (pl. 36, 37).

Si j'arrête un instant les regards du lecteur sur les ornemens en bronze (pl. 51, fig. 1) qui encadrent les bas-reliefs de Riccio, ce n'est que pour les offrir comme des modèles d'un goût pur et simple; ils ont été exécutés par M. de Lafontaine d'après les dessins de M. Fontaine. Le fond de la porte qu'ils enrichissent n'est, il est vrai, qu'en bois (1); mais, s'il était en bronze, cela n'ajouterait rien à la richesse de la porte, et ce n'est qu'en faveur des bas-reliefs et pour les ajuster avec plus de solidité qu'on en a agi ainsi.

Nymphe de Fontainebleau (pl. 46), par Benvenuto Cellini (2). — Des beaux ouvrages de Riccio nous passerons à une composition d'un autre

---

(1) Cicognara, *Storia* &c. t. IV, p. 293.

(2) La vie de ce célèbre artiste ne se trouve avec des détails que dans ses propres mémoires, réimprimés en 1811 à Milan en trois volumes. Les biographies n'en donnent presque pas. Cette histoire est assez intéressante pour que l'on ne me sache pas mauvais gré de m'être un peu plus étendu sur Cellini que sur les autres artistes dont j'ai eu à parler.

Si l'on s'en rapportait à ce que dit sur sa famille Benvenuto Cellini dans sa Vie écrite par lui-même, l'un des livres les plus amusans qu'il y ait, elle remonterait à Jules César et à un Fiorino Cellini qui aurait suggéré à ce grand capitaine l'idée de fonder Florence. Il parait, au reste, que la famille Cellini était ancienne et considérée dans cette ville, et qu'elle avait produit de braves hommes de guerre et des artistes distingués et surtout des architectes. André Cellini, grand-père de Benvenuto, avait de la réputation sous ce rapport, ainsi que son père Jean

genre ; elle est d'un de ses plus célèbres contemporains, et au mérite d'un dessin élégant elle joint celui d'une très-belle exécution. Benvenuto Cellini avait certainement mis dans ce bas-relief, dont la dimension est forte

Cellini, qui, très-habile dans le travail de l'ivoire en figurines et en ornemens, avait en outre de grands talens pour la mécanique. Employé comme musicien à la cour de Laurent et de Pierre de Médicis, il avait pour la musique la passion la plus folle ; et dès que son fils, né en 1500 et auquel, dans la joie que lui causait sa naissance, il avait donné le nom de *Benvenuto*, le Bienvenu, eut la force de tenir une flûte ou un fifre, Jean n'eut d'autre ambition que d'en faire un musicien. Malheureusement les goûts de Benvenuto ne répondaient guère à ce desir, et il n'avait d'inclination que pour les arts du dessin et pour les armes. Il fallut cependant, bon gré mal gré, qu'il apprît à jouer de la flûte, et le mélomane Cellini ne lui permit d'entrer chez un orfévre que sous la condition expresse que le temps de son fils seroit partagé entre le ciselet et la flûte : aussi pleurait-il de joie lorsque son Benvenuto, pour lui faire plaisir, paraissait prendre du goût à la musique, et jouait un air de manière qu'on pût le reconnaître. Ainsi contrarié dans sa vocation très-prononcée pour le dessin, Benvenuto n'avait pu, jusqu'à quinze ans, s'y livrer qu'avec réserve, chez Marcone, orfévre habile, auquel il avait été confié. On sait qu'alors les orfévres étaient vraiment des artistes, dont on exigeait les mêmes études que du sculpteur.

Benvenuto fit des progrès rapides dans son art, et profita non-seulement des conseils de Marcone, mais de ceux de Bandinelli, père de Baccio Bandinelli, et des leçons de Michel-Ange. Mais, malheureusement pour son repos, il avait pour la musique plus de talent qu'il n'en aurait voulu, et il la prit en horreur : poursuivi par la flûte comme par un spectre, il s'enfuit de la maison paternelle, où l'on eut beaucoup de peine à le faire revenir ; il n'y eut que la santé de son père en danger qui pût le ramener, et il finit par le laisser jouir du triomphe auquel il aspirait avec tant d'ardeur et par se faire inscrire parmi les musiciens du duc de Toscane.

Il serait difficile et trop long pour une notice de suivre toutes les folies, tous les travaux dont Cellini nous offre les détails, souvent d'une manière un peu prolixe, mais toujours très-gaie, dans ses Mémoires, dont le style, par son *laissez-aller*, par ses hardiesses, et par des tournures et des mots qui lui sont tout-à-fait particuliers, peint à merveille le caractère de Cellini. Irascible, fier, indépendant au-delà de toutes les bornes, de l'esprit le plus vindicatif, d'une force de corps, d'une adresse et d'un courage à toute épreuve, Benvenuto avait annoncé dans sa jeunesse ce qu'il serait un jour, et l'on pouvait s'attendre à le voir courir toutes les aventures les plus hasardeuses et les plus folles. S'enflammant à la plus légère offense, il ne l'oublierait jamais, et il se ferait un jeu d'en tirer vengeance par les moyens les plus violens. Rien ne paraissait moins convenir que les occupations sédentaires à une ame aussi bouillante et à une activité aussi infatigable que celles dont était doué ou tourmenté Cellini. Presque toujours couvert d'une cotte de mailles, une longue épée et la dague au côté, à la manière terrible dont il les maniait il semblait plutôt un spadassin de profession, ou un chevalier errant, redresseur des torts, qu'un artiste. Aussi est-on étonné qu'au milieu des courses, des plaisirs, des débauches et des rixes sanglantes qui en étaient la suite, et malgré ses fréquens séjours en prison, Cellini ait trouvé le temps d'étudier, de travailler assez pour acquérir cette facilité de dessin, cette habileté de main, qui le mirent, très-jeune encore, hors de pair avec la plupart de ses concurrens, et le firent marcher l'égal de Lautizio, de Caradosso, d'Amerighi et d'autres célèbres graveurs.

Forcé de se retirer à Rome après une mauvaise affaire qu'il avait eue à Florence, Cellini y eut des rapports avec les artistes les plus habiles ; il se lia même avec le Rosso, Jules-Romain, Lucas Penni, dit le *Fattore*,

et dont plusieurs parties sont de ronde-bosse, tout ce qu'il possédait de talent comme sculpteur et comme fondeur; et il est à croire que les difficultés qu'il a rencontrées en le jetant en bronze, le lui rendirent encore

et plusieurs autres maîtres, élèves de Michel-Ange et de Raphaël. Partageant son temps entre ses amis, ses travaux, la chasse et les plaisirs, il se livrait aussi à l'étude et à la recherche des antiquités, et il en recueillit un grand nombre. Accueilli par le pape Adrien VI, qui lui fit faire plusieurs beaux ouvrages, Benvenuto, après la mort de ce souverain pontife (1523), fut aussi bien traité par Clément VII. Il était à Rome lorsque le connétable de Bourbon vint y mettre le siége en 1527. A la vue du danger, Cellini abandonne aussitôt les arts pour les combats; il offre ses services au pape et se propose pour défendre le château Saint-Ange. On connaissait son amour pour la guerre et la fertilité de son esprit dans tout ce qui avait rapport aux armes; il s'était, pour son usage, fabriqué de la poudre, ainsi qu'une arquebuse, qui, entre ses adroites mains, manquait rarement le but. Il s'en servit si bien, que dès le commencement du siége il tua le connétable de Bourbon et blessa le prince d'Orange. On lui donna le commandement de quelques pièces d'artillerie, et il défendit avec succès le château Saint-Ange contre l'armée de Charles-Quint. Ses prouesses guerrières ne faisaient cependant pas oublier à Benvenuto son état d'orfévre; il fut utile sous ce rapport, pendant le siége, au pape, qui le chargea de démonter les pierres précieuses et les perles d'une grande quantité de riches joyaux, et, entre autres, de plusieurs tiares, et d'en réduire l'or en lingots; il y en avait pour des sommes immenses. Ce travail, dont Cellini s'occupa, à ce qu'il paraît, avec beaucoup de loyauté, fut pour lui la source de tous les malheurs qui l'accablèrent dans la suite.

Étant retourné riche et capitaine à Florence, où il fit lever son ban (1527), il alla pendant quelque temps à Mantoue travailler pour le cardinal Gonzague. Son père étant mort (1528) à Florence, Cellini y passa encore quelque temps, cultivant l'amitié de Michel Ange, qui faisait assez de cas de ses talens pour ne pas vouloir se charger de travaux qu'on était disposé à confier à Benvenuto. En 1530 Clément VII l'appela à Rome pour le mettre à la tête de la monnaie, et lui commanda de très-beaux ouvrages, parmi lesquels on citait une énorme agrafe d'or et de pierres précieuses, ornée de plusieurs petites figures émaillées, et qui passait pour un chef-d'œuvre de l'art. Le pape releva Cellini de l'accusation portée contre lui de s'être approprié pendant le siège une partie de l'or qu'on lui avait confié. Cet artiste, recherché par tout ce qu'il y avait de plus grands personnages en Italie, pouvait mener une vie heureuse et tranquille : mais son caractère intraitable, ses talens, la faveur dont il jouissait avec trop d'arrogance, lui attiraient de dangereux ennemis. Pompeo, habile graveur de Milan, avait été son concurrent pour la belle agrafe, et Bandinelli, sculpteur célèbre, voulait faire donner à un autre qu'à Cellini la direction de la monnaie; de là des haines et des vengeances auxquelles on se livra de part et d'autre. On tue dans une rixe le frère de Cellini, qui venge bientôt sa mort. Accusé du crime de fausse monnaie, il se justifie; mais sa place est donnée à Sébastien del Piombo. Entraîné par ses passions, ses désordres et ses maîtresses, Benvenuto négligea ses travaux, entre autres un magnifique calice que desirait le pape. Une nouvelle querelle sanglante le força de se réfugier à Naples pendant quelque temps. A peine cette affaire était-elle assoupie par le crédit du cardinal Hippolyte de Médicis, et Cellini, de retour à Rome, était-il rentré en grâce auprès du pape, que celui-ci meurt (1534). Aussitôt notre artiste spadassin, se faisant jour à travers une troupe nombreuse de braves qui protégent son ennemi Pompeo qui l'avait bravé, le tue de deux coups de poignard. Quoiqu'il y eût plus de vingt ans qu'il eût commis ce meurtre au moment où il écrivait ses Mémoires à cinquante-

plus cher que ses autres productions, malgré toute l'affection qu'il leur portait. Nous avons déjà vu, p. 114, qu'il avait pour celle-ci une vraie prédilection, et qu'il la cite comme modèle pour les procédés de la fonte.

huit ans, il en parle comme d'une chose toute simple et d'un de ses plus beaux faits d'armes. La protection des cardinaux Cornaro et de Médicis le sauvèrent encore des peines que méritait cet assassinat. Le pape Paul III, de la maison de Farnèse, voulut même le prendre à son service : mais Pierre-Louis Farnèse, fils naturel de ce souverain pontife, et aussi violent, aussi vindicatif que Cellini, protégeait Pompeo et sa fille, et il voua au meurtrier une haine implacable. N'ayant pu parvenir, au moyen de ses sicaires affidés, à se défaire d'un homme aussi brave et aussi bien sur ses gardes que l'était Cellini, il différa sa vengeance, et feignit même de se réconcilier avec lui. On obtint sa grâce du pape, et il put aller à Venise, à Ferrare, à Florence, où il travailla pour le duc de Toscane, Alexandre de Médicis, et pour le cardinal d'Est ou de Ferrare.

De retour à Rome en 1536, Benvenuto fut chargé par le pape de faire une partie des riches présens qu'il offrait à Charles-Quint, qui les trouva d'une grande beauté: Cellini en reçut tous les éloges qu'il méritait, et un autre eut l'adresse de se faire donner l'argent que l'empereur destinait à l'habile artiste. Le pape promit de le dédommager; mais ce ne fut que quelque temps après et d'une manière incomplète qu'il exécuta sa parole.

Vers cette époque, en 1537, le duc Alexandre de Médicis fut assassiné par un de ses cousins Laurent de Médicis, et, malgré les projets des conjurés, qui voulaient une république, le duc Côme de Médicis s'empara du gouvernement. Cellini, qui avait regretté Alexandre, vit avec joie échouer les desseins des conjurés et des exilés de Florence. Desservi auprès de Paul III, il quitta Rome pour venir en France, où l'attirait la munificence de François I.er envers les artistes. Cellini, présenté au Roi à Lyon par le cardinal de Ferrare, qui le protégeait bien et le payait mal, fut bien accueilli; mais, étant tombé malade, il retourna à Ferrare et de là à Rome, où il s'occupa de beaux ouvrages pour la femme de Jérôme Orsini, et fit pour le cardinal une magnifique aiguière et son bassin en argent et en or, l'un de ses plus beaux ouvrages.

François I.er regrettait de ne s'être pas attaché un artiste de ce mérite, et, desirant le faire revenir près de lui, il chargea Montluc, son ambassadeur à Rome, de lui faire des offres avantageuses. Cellini les aurait acceptées, lorsque, par les instigations de Pierre-Louis-Farnèse, accusé de l'homicide pour lequel il avait déjà reçu sa grâce, et du vol des joyaux de Clément VII, dont il avait été reconnu innocent, il fut arrêté et enfermé dans ce même château Saint-Ange qu'il avait autrefois défendu avec tant de courage et d'adresse. Il y languit pendant quelque temps, tantôt bien tantôt mal traité par le commandant du fort, qui, n'ayant pas le cerveau bien sain, aimait à conserver un prisonnier de la trempe de Cellini, dont l'esprit, les bizarreries et les saillies le récréaient. Benvenuto goûtait beaucoup moins que le châtelain les agrémens qu'il répandait dans la prison. Enfin, au moyen d'une échelle qu'il fit avec ses draps, et à travers bien des dangers, le hardi prisonnier était parvenu à s'échapper, lorsqu'en franchissant la dernière muraille de l'enceinte, il se cassa la jambe; recueilli et soigné par le cardinal Cornaro, il obtint sa liberté de Paul III, qui se rappelait que lui aussi dans sa jeunesse il s'était évadé de prison. Mais, poursuivi de nouveau par l'implacable Pierre-Louis, abandonné par le cardinal Cornaro, il fut repris et mis en prison, où il était gardé étroitement par le châtelain, que la fuite et ce qu'il appelait l'ingratitude de Cellini, avaient irrité contre lui. L'affaire était sérieuse, et il n'y allait pas moins que de sa vie. Les représentations de Montluc, qui le réclamait au nom de François I.er, la protection du cardinal de Ferrare, de la duchesse Marguerite d'Autriche,

Mais ce que ne dit pas Cellini, et ce qui doit à nos yeux ajouter du prix à son ouvrage, c'est qu'il est probable, ainsi qu'on peut l'inférer de ses Mémoires, que ce fut à ce bas-relief que François I.er lui avait commandé

née Farnèse, de la femme même de Pierre-Louis Farnèse, furent long-temps sans effet. Il paraît que l'on chercha à se défaire de Benvenuto par le poison. Peu s'en fallut que, malgré sa force et son courage, il ne succombât aux mauvais traitemens qu'il éprouvait dans le cachot obscur et humide où il était enfermé. Ses idées se tournèrent d'abord vers la religion, dont, malgré tous ses excès, il avait conservé le sentiment. A l'aide d'une faible clarté, il se livrait à la lecture de la Bible et de livres de piété. Bientôt son imagination, exaltée par les veilles et le peu de nourriture qu'on lui laissait prendre, se dérangea : il avait des visions; sa prison lui paraissait illuminée par des clartés célestes; les anges, les saints, des êtres mystérieux, lui apparaissaient, ou pour lui annoncer sa fin prochaine, ou pour soutenir son courage et lui rendre de l'espoir. Étant en pleine santé et dans toute sa force, il s'était livré avec la plus grande crédulité aux illusions et aux prestiges de la nécromancie, et les idées superstitieuses qu'il avait toujours eues devaient avoir pris encore plus d'empire sur ses organes affaiblis. Toute cette partie des Mémoires de Cellini (t. I, p. 420 et suiv.; voyez aussi p. 223 et suiv.) est très-curieuse. Enfin, après toute sorte d'épreuves effrayantes et cruelles, après avoir été plusieurs fois sur le point de s'entendre lire son arrêt de mort, et avoir cherché même à mettre un terme à ses souffrances et à sa vie, Cellini fut traité avec plus de douceur par le châtelain, à qui il avait envoyé un assez mauvais sonnet de sa façon. Quelque temps après, le châtelain, étant sur le point de mourir, parla en faveur de son prisonnier, à qui l'on accorda bientôt la liberté, qu'il dut aux pressantes sollicitations du cardinal de Ferrare. François I.er y avait aussi contribué. Sorti de prison et craignant probablement d'y rentrer, Benvenuto se décida à se rendre auprès de ce monarque. Il se mit donc en route le 22 mars 1540, à la suite du cardinal de Ferrare, emmenant avec lui deux de ses élèves, Paul Romain et Ascagne, de Tagliacozzo dans les Abruzzes, qui était auprès de lui depuis longues années et que plusieurs fois il avait éloigné et repris. Cellini ne pouvait voyager sans aventures : aussi ne lui en manqua-t-il pas dans sa route. Il eut quelque peine à se défendre des attaques et des embûches de ses ennemis : sans le vouloir il tua un maître de poste; plusieurs de ses gens furent blessés. Le cardinal d'Est le laissa à Ferrare, où il travailla à sa belle aiguière et fit quelques médailles. Enfin Cellini arriva à Fontainebleau, où se trouvait François I.er, à qui il fut présenté par le cardinal de Ferrare : l'aiguière qu'il montra à ce prince, lui donna la plus haute idée de ses talens.

Cellini était à peine arrivé, que, mécontent des offres qu'on lui avait faites, il était reparti seul : dans son désespoir, il ne songeait à rien moins qu'à faire un pélerinage au Saint-Sépulcre. On eut presque recours à la force pour le faire revenir auprès de François I.er, qui lui assigna le même traitement qu'avait eu Léonard de Vinci et qui était de 700 écus * : il lui en donna 500 pour les frais de son établissement, et en outre on devait payer ses ouvrages. Il serait inutile et même impossible de donner un détail circonstancié de ses travaux, et de suivre l'ordre chronologique qu'il observe dans ses Mémoires. Ce fut pour le Roi de France qu'il travailla le plus et le mieux, et malgré quelques désagrémens passagers, que souvent il s'attirait par les défauts de son caractère, il trouva dans ce monarque l'appui le plus éclairé pour les arts et la bienveillance la plus constante et la plus indulgente : aussi n'appelle-t-il François I.er que son *merveilleux*, son *très-merveilleux* Roi. Ce prince lui commanda d'abord, pour

* En 1540 l'écu d'or était de 45 sous; le marc d'or valait 165 liv. 7 s. 6 d. Il y avait 171 ½ écus au marc. Le marc d'argent valait 14 liv.; le sou répondrait à 0,19 cent. 38 d'aujourd'hui ; la livre à 8.877, et l'écu à 8 fr. 721. Ainsi les 700 écus équivaudraient à 6004 fr. 70 c., et les 500 à 4360 fr. 50 c.

pour Fontainebleau, ou à d'autres grands travaux qu'il exécuta pour ce prince, qu'il dut le développement de toutes ses facultés. Jusqu'alors, se jouant des difficultés dans des ouvrages d'une extrême délicatesse et où le servir de candélabres dans une salle de festin, douze divinités en argent; elles devaient, selon Cellini, être de la taille du Roi, ou avoir près de trois brasses de Florence, environ cinq pieds huit pouces. Notre artiste se mit aussitôt à l'ouvrage et travailla chez le cardinal de Ferrare; il s'occupa des petits modèles de quatre de ces statues. Le Roi en fut très-satisfait; et, pour le lui prouver, il donna cent écus de pension à deux de ses élèves, et ajouta à son traitement la faveur de lui abandonner le château du Petit-Nesle pour s'y loger avec ses ateliers : ce château, aujourd'hui palais de l'Institut, était dès-lors destiné à servir de séjour aux beaux-arts.

Ce ne fut pas sans peine que Cellini put prendre possession de sa nouvelle demeure; elle lui fut disputée par le prévôt de Paris, à qui l'on y avait accordé un logement. Cellini n'était pas homme à céder, surtout se trouvant dans son droit, et ayant été autorisé par le Roi à se maintenir par la force au Petit-Nesle. Il arma ses ouvriers, fit bonne contenance, et resta triomphant et sans coup férir en possession de son château. Il se plut dans la suite à en partager le séjour avec les Florentins de distinction qui venaient à Paris. Ses ateliers prirent un grand accroissement; il employait un nombre considérable d'artistes et d'ouvriers qu'il formait et auxquels ses leçons et surtout ses exemples furent de la plus grande utilité. Le Roi ne lui refusait rien de ce qui pouvait contribuer aux progrès des arts. Cellini commença ses statues par celle de Jupiter. Lorsque le modèle de grandeur d'exécution fut terminé, François Ier vint le voir, et lui fit livrer trois cents livres pesant d'argent pour l'exécuter; il ordonna en outre qu'on lui donnât mille écus d'or de bon poids pour faire une immense salière de ce métal, enrichie de figures de divinités et d'animaux, et dont le cardinal de Ferrare lui avait montré le modèle en cire que Cellini avait fait à Rome. Ce cardinal avait fait hommage au Roi de sa belle aiguière; et ce présent lui valut une bonne abbaye. Quoique François Ier eût recommandé Benvenuto au cardinal, et qu'il eût même ordonné qu'on lui donnât une bonne somme, il fut oublié et n'eut rien. La manière dont notre artiste parle du Jupiter fait connaître qu'il n'était pas fondu, mais qu'il était travaillé au marteau, et que ses élèves en exécutaient les différentes parties séparément d'après son modèle; elles étaient réunies ensuite au moyen d'assemblages, comme les productions de la toreutique chez les anciens. Il est aussi à remarquer que l'or dont il fit sa salière ne lui fut pas livré en lingots, mais en écus, et que le trésorier de l'épargne rechercha soigneusement, dans cette vue, les pièces qui avaient le poids.

Lorsque le Jupiter en argent fut presque terminé, Cellini voulut en fondre un pareil en bronze; c'était la première fois qu'il essayait les opérations de la fonte en grand, mais il l'avait vu pratiquer en Italie. Il eut cependant recours aux conseils des maîtres fondeurs de Paris, allemands et français. Ils paraissaient très-sûrs de leurs procédés, et se vantaient de reproduire la statue avec toute la finesse du modèle en terre. Cellini ne fut pas aussi persuadé de leur habileté, et préféra les moyens qu'il comptait employer. Il leur proposa donc de fondre en concurrence, eux son Jupiter, et lui deux très-grandes têtes. Malgré les conseils dont il voulut bien les aider dans leur embarras, la fonte des maîtres fondeurs ne réussit pas, et celle de Benvenuto eut un plein succès: il n'en fut pas enorgueilli, et chercha même à les consoler de cet échec.

Les succès et la faveur de Cellini allaient toujours croissant près de François Ier, qui lui donna en 1543, sans qu'il sollicitât cette grâce, des titres de naturalisation, faveur très-considérée alors et dont il fut très-flatté; il fut en outre nommé seigneur du château de Nesle. Ce fut vers cette époque que Cellini fit pour son Jupiter une très-belle base en bronze sur laquelle il représenta en bas-relief

travail le plus recherché ajoutait tant de valeur aux matières les plus précieuses, le talent de Benvenuto ne s'était exercé que sur de très-petites figures, des bijoux, des médailles. Peut-être, s'il fût resté en Italie, aurait-il

les aventures de Ganymède et de Léda.

Malgré ses bizarreries, Benvenuto était, en général, bien vu dans une cour où l'on n'était pas exigeant sur la régularité des mœurs; ses talens lui faisaient facilement pardonner ses désordres. Il se voyait protégé par le Dauphin (Henri II) et sa femme Catherine de Médicis, par la spirituelle Marguerite de Navarre, sœur de François I.er, par le cardinal de Lorraine et d'autres personnages de la plus haute importance. Mais il se fit une puissante ennemie en ne se ménageant pas assez les bonnes dispositions où était pour lui la duchesse d'Étampes, maîtresse de François I.er, et du caractère le plus absolu. C'était parce qu'elle le desirait que ce prince, après avoir vu presque terminé le Jupiter de Cellini, lui avait demandé de lui présenter des plans et des modèles des embellissemens qu'il projetait pour Fontainebleau. C'était principalement un grand portail et la fontaine qu'il s'agissait de décorer avec une magnificence digne de cette belle demeure royale et des grandes idées de François I.er Nous avons vu plus haut, au sujet du bas-relief de la nymphe, ce que Cellini fit pour la porte qu'il était chargé d'embellir. Quant à la fontaine, elle devait être très-vaste; le bassin, profond et carré, aurait été revêtu de marbre blanc, et l'on y serait descendu par de larges escaliers. Aux quatre angles, des groupes en bronze de grande proportion auraient représenté les sciences, les lettres et les beaux-arts, la musique, la philosophie et la libéralité. Un Mars colossal de cinquante-quatre pieds de haut se serait élevé au milieu du bassin de la fontaine. François I.er, charmé de la grandeur et de la beauté des plans de Benvenuto, lui en ordonna l'exécution. Bientôt notre artiste se mit en état de montrer ses modèles au Roi, qui leur donna des éloges. Les princes et toute la cour partagèrent son admiration et allèrent même au-delà. Mais Cellini ne les avait pas soumis à l'approbation de la duchesse d'Étampes, qui

ne lui pardonna pas cet oubli : pour l'en punir elle eut recours à l'empire qu'elle avait sur le Roi, et il est probable qu'elle contribua à faire suspendre le paiement de 7000 écus d'or [61,047 fr.] que le Roi avait ordonné de compter à Cellini; elle parvint même à lui faire enlever les travaux de Fontainebleau et à les faire donner au Primatice. Mais Cellini vit François I.er, qui lui rendit ses bonnes grâces; et les menaces terribles du fougueux sculpteur intimidèrent le Primatice au point qu'il se hâta de renoncer à l'entreprise dont il s'était imprudemment chargé. La duchesse d'Étampes poursuivit Cellini jusque dans son château de Nesle; elle y obtint des logemens pour d'autres personnes : mais il les eut bientôt mises à la porte avec violence, et il jeta leurs meubles par les fenêtres. Un procès s'ensuivit; l'intrépide Benvenuto se présenta avec audace à ses juges et le gagna. Alors, sous le prétexte de favoriser les progrès des arts, la duchesse d'Étampes engagea le Primatice à demander à François I.er (1543) de l'envoyer en Italie recueillir des statues antiques et faire mouler en plâtre celles dont il ne pourrait pas procurer au roi les originaux. Mais, à entendre Cellini, ce fut à la jalousie qu'il inspirait au Primatice que l'on dut ces précieuses acquisitions, et ce n'était que pour rabaisser ses ouvrages que son rival voulait leur opposer les chefs-d'œuvre des anciens.

Malgré ces contrariétés, Cellini poussait avec activité ses travaux; le Roi fut si content de son Jupiter, même avant qu'il fût terminé, qu'il assigna à son auteur 2000 écus de revenu sur plusieurs abbayes. Malheureusement on trouva le moyen de rendre sans effet cette nouvelle marque de la munificence royale. C'est ici le lieu de relever une erreur qui m'est échappée p. 336; j'avais supposé que l'Hercule en argent et d'autres objets précieux que François I.er avait fait faire lors du passage de Charles-Quint à Paris, pouvaient être de la main de Cellini : mais d'abord il n'était pas encore

continué à exceller comme orfévre et ne se serait-il pas élevé jusqu'à la statuaire, et il n'aurait mérité que la moitié de l'éloge que faisait de lui Michel-Ange. Mais à peine a-t-il vu François I.er, que son génie s'inspire des idées de

en France à cette époque; et d'ailleurs il parle de l'Hercule comme d'une figure lourde et détestable, dont les défauts, qui n'avaient pas échappé à François I.er, frappèrent encore plus le Roi lorsqu'il la compara avec le Jupiter de Benvenuto.

Tandis qu'il continuait les bas-reliefs et les autres figures de la porte de Fontainebleau, il fit en plâtre, de grandeur d'exécution, le modèle de son Mars colossal (*voyez* p. 114). On voit par ce qu'il en rapporte dans ses Mémoires et dans son Traité de la sculpture, que ce modèle était fait avec beaucoup d'art. Soutenu intérieurement par une puissante armature, il était creux, et l'on montait facilement dans l'intérieur, car Ascagne cacha pendant quelques jours dans la tête du colosse une jeune fille qu'il aimait. Cette immense statue, placée dans un pré, se voyait de loin et l'on en était très-occupé à Paris; et comme à travers les ouvertures des yeux on apercevait quelquefois du mouvement, bientôt le bruit se répandit dans le quartier que le colosse était possédé par un esprit malin et qu'il était prêt à parler et à se mouvoir. Cellini prétend que cet esprit n'était pas à craindre et qu'il était revêtu de formes charmantes. Ce fut vers cette époque que notre ardent et jaloux artiste surprit un de ses élèves, Paul Micceri, en qui il avait confiance, dans l'entretien le plus intime avec sa maîtresse: il fut sur le point de tuer les deux amans qui l'outrageaient; mais, changeant de résolution et de projet de vengeance, il envoie chercher un notaire, et force, l'épée sur la gorge, le pauvre Micceri à épouser sur l'heure l'objet de ses perfides amours. Cellini se vengea presque aussitôt du mari de la manière qui pouvait lui être le plus sensible; et lorsque son cœur vindicatif fut satisfait, au bout de quelques jours, après avoir chargé de coups et d'injures Catherine la nouvelle mariée et sa mère, il les chassa de chez lui. Ces deux femmes, qui, au reste, n'étaient que des personnes de mauvaise vie, lui intentèrent un procès et l'accusèrent de crimes infames, dont il se justifia tant bien que mal, et il fut acquitté.

Mais la duchesse d'Étampes n'était pas encore apaisée: à son instigation, le Primatice, de retour d'Italie, fit couler en bronze par le Vignole et d'autres habiles fondeurs une partie des belles statues en plâtre qu'il avait rapportées. Ces chefs-d'œuvre étaient le Laocoon, l'Apollon du Belvédère, la Vénus du Vatican imitée de celle de Cnide, la Zingarella, l'Ariane endormie, vulgairement appelée *Cléopatre*, et le groupe d'Hercule et de Téléphe du Vatican, connu sous le nom d'*Hercule Commode*. Le Jupiter de Cellini étant terminé, on le porta à Fontainebleau; le Roi, suivi de toute sa cour, devait venir le voir. Dans l'intention de nuire à une statue à laquelle Cellini avait mis tout son talent et qui lui avait valu tant d'éloges, on la plaça au milieu de tous ces bronzes moulés sur les chefs-d'œuvre de l'antiquité, dans la grande galerie de Fontainebleau, richement décorée des bas-reliefs de Paul Ponce, de Niccolò dell'Abate, et des plus belles peintures de *cet admirable* Rosso, ainsi que le nomme Cellini. Aussi dit-il qu'on voulait le faire passer par les armes, tant était périlleuse et perfide l'épreuve à laquelle on l'exposait sous prétexte d'honorer son chef-d'œuvre. On fit même en sorte de reculer l'heure de la visite de François I.er jusqu'à la chute du jour. Mais Cellini, voyant le piége qu'on lui tendait, mit à se défendre autant d'adresse que ses rivaux ou ses ennemis déployèrent de ruse pour lui nuire. Son Jupiter, tenant le globe terrestre d'une main, levait l'autre dans l'attitude de lancer la foudre. Cellini ajuste artistement une torche de cire blanche dans ce foudre, et, à un signal, faisant pousser en avant par ses élèves sa statue, il la détache des statues voisines qu'il laisse dans un faux jour, et il dispose d'une manière si adroite la lumière sur tout son Jupiter, qu'il produit le plus grand effet, et que François I.er, malgré les critiques amères de la duchesse d'Étampes, en est

ce prince, les siennes s'agrandissent, la sphère de ses travaux s'étend; il entreprend la vaste décoration de Fontainebleau; il médite des colosses, et peut-être l'Italie doit-elle à l'influence de François I.er sur cet habile artiste

émerveillé, surtout lorsque Benvenuto eut enlevé une draperie légère qui couvrait une partie de la statue et que la duchesse ne croyait placée que pour cacher des défauts. Ce fut inutilement qu'elle chercha à attirer les regards sur les chefs-d'œuvre antiques, et à relever, avec raison, leur beauté bien au-dessus de l'ouvrage du statuaire florentin : François I.er ne voyait que le Jupiter et il se félicitait d'avoir attiré d'Italie à son service l'homme le plus habile qu'elle eût jamais eu; ce qui prouverait, ou que ce prince n'avait pas le goût aussi sûr qu'il le croyait, ou que Cellini, avec son amour-propre ordinaire, a enflé ses éloges. François I.er lui fit donner à-compte mille écus d'or, et le laissa comblé de joie et très-fier de son succès, qu'il devait à son adresse peut-être autant qu'à son talent.

Mais la duchesse d'Étampes n'abandonnait pas si facilement sa vengeance : à quelque temps de là, François I.er retourna visiter les ateliers de Cellini, qu'il traitait familièrement, qu'il se plaisait à voir travailler, et auquel il accordait un accès facile auprès de lui. Pressé par son impérieuse maîtresse, qui craignait les brusques incartades de Cellini, le Roi avait eu la faiblesse de lui promettre, pour prix de sa condescendance à le laisser aller seul chez lui, de lui témoigner du mécontentement, quoiqu'il n'eût pas à s'en plaindre. Il lui tint parole, malgré tout le plaisir que lui causaient les beaux ouvrages en or et en argent que lui montrait en foule Benvenuto. Au lieu de reproches, François I.er ne trouvait que des éloges à en faire; ne sachant comment s'acquitter de sa promesse, il se rejeta sur les douze statues d'argent que depuis plus de quatre ans il avait commandées à Cellini, et lui reprocha sévèrement de les avoir négligées pour s'occuper d'ouvrages qu'il avait moins à cœur. L'artiste, que rien ne pouvait effrayer, se jeta aux pieds du Roi, et, lui parlant avec humilité, mais en même temps avec fermeté, il n'eut pas de peine à lui prouver que tout

ce qu'il avait fait n'était que dans l'intérêt de la gloire du Roi et en faveur des arts. D'ailleurs il n'avait fait que suivre ses ordres dans ce qu'il avait entrepris pour Fontainebleau. Et quant aux douze statues, plusieurs des modèles en étaient terminés; mais, n'ayant reçu d'argent que pour le Jupiter, il lui avait été impossible d'exécuter de ses propres fonds les autres figures. Cellini ajouta que, si le Roi n'était pas content du modèle de son Mars colossal, il le prendrait à son compte, qu'il ne désirait que les bonnes grâces du grand prince son bienfaiteur, et qu'il le priait de lui accorder la permission de retourner en Italie. François I.er releva Cellini avec bonté, lui parla d'une manière affectueuse, refusa de le laisser partir, et le fit rembourser de tous les frais de son colosse. Mais Benvenuto, qu'on ne ramenait pas facilement, tenait à ses projets de départ. Sur ces entrefaites, Charles-Quint, qui était entré en Champagne et que favorisaient les démêlés ambitieux de la duchesse d'Étampes et de Diane de Poitiers, maîtresse du Dauphin, donnait des craintes de quelque tentative hardie sur Paris. On voulut augmenter les moyens de défense de la capitale. François I.er songeait à charger Cellini de combiner de nouvelles fortifications; mais la duchesse d'Étampes et l'amiral d'Annebaut se mirent à la traverse de ce projet, et firent confier ces travaux importans à Jérôme Bellarmato de Sienne, homme habile et premier ingénieur du Roi, à qui l'on devait en partie la ville et les fortifications du Havre. Cellini prétend que son système pour la défense de Paris était mal conçu ou trop long à exécuter, et que si l'armée de Charles-Quint se fût avancée avec promptitude, elle s'en serait facilement emparée.

Benvenuto ne put résister à tous les dégoûts qu'on lui faisait éprouver et dont ne pouvait même le défendre la bienveillance de François I.er : il venait de terminer et de mettre ensemble les beaux ouvrages qu'il

d'avoir vu ses richesses monumentales s'accroître de ce que lui a laissé de beau en sculpture Benvenuto Cellini.

En offrant la nymphe qui préside au beau séjour de Fontainebleau, Cellini avait exécutés pour la porte de Fontainebleau. Quoique l'on eût donné des louanges à ses autres modèles, ses travaux restaient suspendus : les frais qu'occasionnait la guerre ne permettaient pas de les continuer. Le cardinal de Ferrare, qui devait être son protecteur, et que le Roi, en lui recommandant expressément Cellini, avait chargé de veiller à ses intérêts, pensait beaucoup plus aux siens ; et, soit qu'il eût été attiré dans le parti de la duchesse d'Étampes, soit qu'il ne fût pas fâché que Cellini fût rendu à l'Italie, il s'était très-faiblement occupé de la fortune de son protégé. Se voyant sans appui, malgré la faveur constante dont l'honorait le Roi, Benvenuto prit son parti : il mit en ordre ses affaires, paya et congédia, à l'exception d'Ascagne et de Paul Romain, les artistes qui travaillaient sous sa direction. Étant allé à Argentan, où se trouvait François I.er, il lui présenta deux beaux vases qu'il avait fait faire dans ses ateliers avec l'argent qui était resté de ce que l'on avait donné pour le Jupiter ; il demanda son congé au Roi, qui ne put se décider à le lui accorder ; il lui ordonna même de retourner à Paris et de dorer les deux vases. Mais Cellini, voyant, au bout de quelque temps, que ses travaux languissaient, qu'il ne touchait pas d'argent, et qu'il ne recevait pas de réponse du cardinal de Ferrare, qui avait presque approuvé son dessein de s'éloigner, confia son château et tout ce qu'il avait à Ascagne et à Paul Romain, emballa ses deux vases et partit de Paris au mois de juillet 1545. Il avait pour compagnons de voyage Hippolyte de Gonzague, François Tedaldi de Florence et plusieurs autres personnes. A peine était-il parti, qu'il fut rejoint en route par Ascagne, qui, au nom des trésoriers de François I.er, lui conseilla de renvoyer à Paris les deux vases qu'il avait faits pour ce prince. Cellini s'en sépara avec peine ; son intention n'avait pas été de les emporter en Italie, mais de les déposer à Lyon dans l'abbaye du cardinal de Ferrare.

Ayant laissé le Roi en mauvais état de santé, il croyait que sa fin n'était pas éloignée, et il espérait assurer le paiement de ces magnifiques vases, qui faisaient la charge d'un mulet, en les mettant en dépôt entre les mains du cardinal de Ferrare.

Le voyage de Cellini fut triste ; il s'éloignait avec regret et pour son malheur, dit-il, de François I.er, de ce prince pour qui il avait fait ses plus beaux ouvrages et qu'il n'était peut-être pas destiné à revoir. Quant aux productions de son talent, il les aurait regrettées bien plus s'il eût prévu, malgré le cas que l'on en faisait, le sort qui les attendait. Il n'en existe presque plus à Paris que l'on puisse lui attribuer d'une manière positive, et ce ne sont d'ailleurs que des objets peu considérables ; il avait formé des élèves assez habiles pour qu'on ait pu souvent confondre leurs ouvrages avec ceux de leur maître. Il est à croire que, sous Louis XIV et dans des temps où la guerre entraînait à de grandes dépenses, la plus grande partie des chefs-d'œuvre que Cellini et son école avaient faits pour François I.er et Henri II, ont été portés à la monnaie et fondus comme de la vaisselle et tant d'autres riches ouvrages.

Échappé comme par miracle à une grêle affreuse qui l'assaillit en route près de Lyon, et qui porta le ravage et la mort dans tous les environs, Cellini arriva en Italie. Je ne le suivrai pas dans les voyages qu'il y fit à différentes époques et qui le ramenaient toujours à Florence ; j'attirerai plutôt l'attention sur les principaux ouvrages dont il fut chargé par le grand duc de Toscane. Un de ceux sur lesquels il fonde le plus sa réputation, est le groupe en bronze que l'on voit près du palais vieux sur la grande place de Florence, et qui représente Persée au moment où, venant de trancher la tête à Méduse, il foule son corps aux pieds. Cette figure, de proportion héroïque et d'une exécution très-soignée, offre de grandes beautés, quoiqu'on n'y trouve pas la pureté et la noblesse de dessin des chefs-

a suivi, quoique ce ne soit pas l'opinion de l'abbé Guilbert, l'idée assez accréditée qui fait venir l'étymologie de ce nom de la beauté des eaux de cette demeure royale, si chère à S. Louis, à Charles V, à François I.er et

d'œuvre des anciens, et que les formes soient un peu lourdes. Elle lui coûta beaucoup de peine, même avant qu'il l'eût entreprise par l'ordre du grand duc Côme I.er Baccio Bandinelli, détracteur de Michel-Ange, d'un caractère jaloux, caustique et presque aussi difficile que Cellini, répandait que ce nouveau sculpteur, c'est ainsi qu'il l'appelait, n'ayant jamais rien fait de grand, n'était pas en état de composer et d'exécuter un pareil groupe. Cellini connaissait ses forces; et ce qu'il avait exécuté pour François I.er et que n'avait pas vu Baccio, était un sûr garant de succès pour l'ouvrage qu'on lui demandait. Il serait trop long de rapporter toutes les difficultés qu'il éprouva et sur lesquelles il entre dans de grands détails. Ne trouvant pas d'ouvriers, il en forma. Que de fois ne regretta-t-il pas amèrement, et le beau pays de France, et son *merveilleux* Roi François I.er, et la considération dont il jouissait près de lui ! Plusieurs fois ce monarque le fit presser de retourner près de lui et de reprendre possession de ses beaux ateliers. C'eût été peut-être pour Cellini le meilleur parti à prendre; mais il ne pouvait se résoudre à quitter encore et pour toujours Florence, et à laisser, en abandonnant la partie, la victoire à ses adversaires. Il négligea même les grands intérêts qu'il avait encore à Paris, quoiqu'il n'ignorât pas que ses élèves en qui il avait le plus de confiance, Ascagne et Paul Romain, cherchaient à lui nuire dans l'esprit du Roi. En butte de part et d'autre à bien des désagrémens, il aima mieux les braver à Florence que d'avoir l'air de les craindre et de les fuir en retournant à Paris. Il se mit donc, bien-que d'autres travaux lui survinssent quelquefois, à travailler avec ardeur à son Persée, dont le modèle lui demanda un temps considérable, et dont le grand duc fut très-satisfait. Malgré les avis de quelques fondeurs allemands, qui insistaient pour la fonte d'un seul jet, il résolut, pour être plus sûr de son opération, de le couler en plusieurs pièces. Toutes ces fontes successives lui réussirent comme il le desirait et ainsi qu'il l'avait annoncé. Les détails qu'il en donne sont très-curieux. On le voit tourmenté par la fièvre que lui avait donnée l'incertitude du succès, au milieu de ses ouvriers découragés, son opération sur le point d'être détruite par les crevasses que la violence du feu avait formées dans le fourneau, son métal ne coulant pas : on s'anime avec lui lorsqu'il se décide tout-à-coup à faire jeter dans son bronze rebelle toute sa vaisselle d'étain pour le rendre plus liquide et le faire couler facilement ; ce qui lui réussit parfaitement.

On voit par ce que rapporte Cellini des prétentions qu'il appelle folies des fondeurs allemands, qu'il ne croyait pas que l'on pût couler une statue de bronze de manière qu'elle n'eût pas besoin d'être réparée au marteau et au ciselet, ainsi que l'ont pratiqué, dit-il, les *merveilleux* anciens et les modernes qui ont bien travaillé le bronze. Il faut que cette opération du réparage ait coûté bien des soins à Cellini et qu'il ait remanié tout son groupe d'après le modèle; car ce que je viens de rapporter est presque toute l'histoire de sept ou huit ans de sa vie, et son groupe commencé en 1546 ne fut terminé qu'en 1554. Bandinelli et les autres rivaux de Benvenuto l'attendaient à la mise ensemble des différentes parties de son groupe ; c'était ce qu'on trouvait le plus difficile, et on ne lui croyait pas assez de pratique pour bien s'en tirer. Il y réussit cependant parfaitement, et ses envieux mêmes furent obligés de lui rendre justice et d'admirer son ouvrage : il reçut du grand duc les éloges les plus flatteurs, qui ne lui furent pas plus pour son amour-propre que ceux du Pontorme, d'Ange et d'Alexandre Allori et des artistes qui étaient alors à Florence. Lorsqu'il s'agit de le payer, il l'estima 10,000 écus. Bandinelli, appelé comme arbitre, jugea qu'il en valait 16,000, et cependant on ne lui en accorda que 3500, qui ne furent même entièrement

à Henri IV : aussi dans ses Mémoires l'appelle-t-il toujours, de même que Vasari, *Fontana Belio,* Fontaine *Belle eau.* La nymphe des belles eaux a quitté ses vêtemens; mollement étendue sur le gazon qui lui doit sa fraîcheur, elle s'appuie d'une main sur l'urne qui laisse échapper ses ondes, tandis que l'autre passe sur le cou du cerf favori qu'elle vient d'orner d'une guirlande des mêmes fleurs dont elle a tressé sa couronne. Goûtant un doux repos sous les ombrages frais qu'elle embellit, elle jette des regards tranquilles et satisfaits sur les animaux qui accourent de toutes parts pour se désaltérer dans ses eaux, et qu'on pourrait croire poursuivis par la déesse de la chasse, qui fait ses délices de ces vastes forêts. Tout dans cette belle figure rappelle le goût de dessin des écoles de Florence et de Fontainebleau, et l'on y retrouve le caractère des ouvrages du Rosso, du Primatice et de Paul Ponce, soit dans l'ensemble, soit dans les détails. Peut-être y a-t-il un peu de manière et de prétention à l'élégance dans les proportions trop allongées de quelques parties et dans la disposition des doigts de la main gauche; et si l'on compare cette nymphe avec de bonnes productions de Goujon, je crois que dans celles-ci l'on trouverait plus de correction de dessin et plus de grâce. Le peu de lumière que reçoit cette figure, et tout le-bas relief dans l'endroit où il

payés que long-temps après. Tandis que Cellini travaillait à son Persée, il fut aussi employé aux fortifications de Florence : mais ses grands travaux ne lui firent pas abandonner l'orfévrerie, et souvent le duc Côme venait le voir travailler; il fit pour la duchesse de Toscane les ouvrages les plus précieux. On voit par ce qui est rapporté par Vasari dans la Vie de Bandinelli, qu'il n'était pas ordinaire alors qu'un bon orfévre fût aussi un bon sculpteur et fît des statues et surtout des colosses. C'était cet avantage que Cellini avait sur Bandinelli qui donnait à celui-ci tant de jalousie. Ce fut en 1546 que, pour répondre à un défi de Bandinelli, Benvenuto travailla le marbre pour la première fois : il paraît que cet essai ne lui réussit pas très-bien, qu'il ne prit pas les précautions nécessaires et qu'il n'avait pas fait de modèle. Son ouvrage, qu'il ne termina pas, était un groupe d'Apollon et d'Hyacinthe. Il fit aussi en marbre un Narcisse, et restaura en Ganymède un joli torse antique. Quelques années après avoir fini son Persée, en 1559, il fut encore aux prises avec Bandinelli au sujet d'une statue colossale en marbre représentant Neptune et qui avait été commandée à ce dernier sculpteur. Cellini eut le tort de vouloir lui enlever cette entreprise, quoiqu'il eût à lutter contre la duchesse de Toscane, qui l'avait promise à Bandinelli. Cellini demandait qu'elle fût mise au concours : les plus habiles sculpteurs d'alors, l'Ammanato, François Mosca, Jean de Bologne, Vincent Danti, entrèrent en lice. Bandinelli mourut de chagrin de se voir enlever l'ouvrage sur lequel il avait dû compter. Mais, quoique le modèle de grandeur d'exécution qu'avait fait Cellini eût eu beaucoup de succès, et que la grande duchesse lui eût promis le marbre pour l'exécuter, cependant il n'en fut pas chargé. Il paraît qu'à la suite de discussions d'intérêts dans des affaires pour des biens qu'il avait achetés, il avait été empoisonné : sa santé s'en était ressentie. L'Ammanato, élève de Bandinelli, favorisé par la duchesse et par le Vasari, qui l'avait aidé à faire son modèle du Neptune, fut chargé de l'exécuter en marbre ; et c'est à lui que l'on doit le Neptune colossal que l'on voit à Florence. Peut-être aurait-il été mieux, d'un dessin plus soutenu et moins mou de formes, s'il eût été de la main de Cellini. Cet échec lui causa un vif chagrin, et il ne l'oublia jamais, quoiqu'il eût vécu encore assez long-temps, puisqu'il ne mourut qu'en 1570. Cependant on voit par ses Mémoires qu'il ne fit plus de travaux considérables, si ce n'est cependant un

est placé, nuit aussi à son effet. Il devait gagner beaucoup à être mieux éclairé. Cellini l'avait fait pour être dans une situation assez élevée; et bien des détails qui paraissent à présent trop accusés, l'auraient été moins, étant vus à une plus grande distance. Ce fut une jeune et belle Française qui servit de modèle à Cellini pour cette nymphe, et il nous apprend qu'il s'enflamma pour son modèle et qu'il en eut une fille. Ce bas-relief, d'après le rapport de cet artiste dans ses Mémoires, t. Ier, p. 140, était au-dessus d'une porte dont il avait rectifié la forme et qu'il avait agrandie. Des deux côtés du cintre étaient des victoires en bronze, et la corniche qui le soutenait était supportée par de grandes figures de satyres, mais qui n'avaient que la tête et les cornes telles que la fable les donne à ces divinités champêtres: le reste de leurs formes n'avait rien qui différât de celles de l'homme. Le faîte de cette composition était terminé par une salamandre, l'emblème adopté par François Ier Au reste, ce bas-relief n'a jamais été placé à Fontainebleau. Sous Henri II, Diane de Poitiers l'employa dans les embellissemens qu'elle faisait à Anet, où il resta jusqu'à ce qu'il en fut enlevé pour être transporté à Paris. La plupart des têtes d'animaux répandus dans ce bas-relief sont modelées avec une grande vérité; le travail en est plein de franchise et de

très-beau crucifix en marbre, de grandeur naturelle, qui lui fut payé 1500 écus d'or. Conservé autrefois dans l'église souterraine de Saint-Laurent à Rome, il est aujourd'hui en Espagne. En 1562 Catherine de Médicis voulut attirer à Paris ce célèbre artiste pour le charger d'élever le mausolée qu'elle consacrait à la mémoire d'Henri II: mais le grand duc de Toscane ne put consentir à laisser partir Benvenuto. Il est à croire qu'il fut depuis chargé de diriger tous les beaux ouvrages en or et en argent qui s'exécutaient pour la cour de Toscane. Cependant, comme on le voit dans les documens qui font suite à ses Mémoires, il ne laissa qu'une fortune extrêmement médiocre (*voyez* t. II, *ricordo 42,* p. 487). Parmi les ouvrages commencés que l'on trouva dans ses ateliers après sa mort, on cite les modèles d'une statue d'Hercule et d'un groupe d'Hercule étouffant Antée. Probablement cet ouvrage avait été entrepris pour l'emporter sur le groupe où Bandinelli avait représenté Hercule qui étouffe Cacus; production remplie de défauts et de boursouflures, et qui, dans une discussion de la dernière violence qu'il avait eue avec Bandinelli devant le duc de Toscane, avait attiré à son auteur de la part de Cellini la critique la plus amère et la plus insultante (*voyez* les Mémoires, p. 254 et suiv., et Vasari, t. XI, p. 316).

Les obsèques de Cellini se firent avec beaucoup de pompe à Florence: son corps, porté par quatre professeurs de l'école de dessin, fut déposé dans un caveau de l'église de l'Annonciation, où l'on prononça en son honneur une oraison funèbre qui attira tout Florence.

Ce grand artiste avait eu de plusieurs maîtresses, entre autres de celles qui lui servaient de modèles à Paris, des enfans naturels; mais il ne se maria que vers 1560 avec une belle servante qui lui avait donné les soins les plus assidus dans la longue maladie qui fut la suite de son empoisonnement. Il en eut cinq enfans, desquels, lorsqu'il mourut, il restait encore deux filles, ainsi qu'un garçon de quatorze mois, qui n'hérita pas des talens de son père. Cellini, sous tous les rapports, a mérité la réputation du plus habile ciseleur et d'un des meilleurs sculpteurs qu'ait produits l'Italie, et, en outre, celle d'un des hommes les plus bizarres et les plus difficiles à vivre qui aient jamais existé. Outre ses Mémoires et le Traité sur l'orfévrerie et la sculpture, *voyez* Vasari, t. XV, p. 215; t. XI, dans la Vie de Baccio Bandinelli; et le comte Cicognara, *Storia* &c. t. V, p. 224 et suiv.)

chaleur, et l'on doit surtout attirer l'attention sur les sangliers, sur la tête du cerf et sur celles des trois gros chiens que l'on voit à la droite : il serait difficile d'y mettre plus de naturel et d'expression.

Les deux génies de la chasse (pl. 46), qui accompagnent des deux côtés le bas-relief de Benvenuto Cellini, sont de Callamard, dont il a été question p. 415.

C'est à M. Stouf (1) que l'on doit la jolie figure de Diane que l'on voit (pl. 46) et qui orne la clef de l'arc-doubleau qui fait le milieu de la salle des Caryatides. La chaste déesse est représentée au moment où elle vient de punir de sa témérité et de changer en cerf Actéon, qui a surpris au bain les secrets de tous ses charmes qu'abandonnait aux regards de l'indiscret chasseur le voile léger qui voltige autour d'elle. Ce bas-relief, par la grâce de sa composition et par son exécution facile, mérite de figurer auprès des ouvrages de Jean Goujon et de Paul Ponce, dont il rappelle le style au point de le faire croire de la main de l'un ou de l'autre de ces maîtres.

On attribue à Benvenuto Cellini les deux vases de bronze (pl. 44, 51 et 52) placés sous la tribune, et qui sont moins remarquables par le dessin de leur profil que par la ciselure dont ils sont enrichis. Les ornemens, de bon goût et d'un travail soigné, feraient honneur à l'habile ciseleur florentin ; mais peut-être trouverait-on que les figures du vase n.º 3, en général lourdes de formes, ne sont pas traitées d'une manière digne de son talent. Il paraît cependant que c'est un travail florentin du XVI.º siècle, et la fleur de lis que l'on voit près d'une femme à la fin de la seconde bande à partir d'en bas (pl. 52), au lieu de faire regarder cet ouvrage comme ayant été fait en France, pourrait appuyer l'opinion qu'il fut exécuté à Florence ; car on sait que, vers la fin de son règne et du XV.º siècle, Louis XI accorda aux Médicis l'honneur d'ajouter des fleurs de lis à leurs armes. Il serait naturel qu'un artiste florentin eût rappelé ce privilège flatteur dans les ornemens d'un vase peut-être destiné à la France : c'était, à son sens, une espèce de signature qui indiquait la ville de Florence. Je ne vois pas, à part ce motif, ce qui aurait pu engager à placer ainsi sur ce vase une fleur de lis qui n'a aucun rapport avec cette composition. Il serait inutile d'entrer dans des détails sur les sujets de ces bas-reliefs ; l'invention en est bizarre : ici ce sont quelques-unes des aven-

---

(1) Jean-Baptiste Stouf, né à Paris en 1742, élève de Caffieri, remporta en 1769 un second grand prix. Agréé en 1784 à l'académie royale de peinture et de sculpture, il en fut nommé membre en 1785, et cette année on vit au salon pour son morceau de réception un groupe en marbre représentant *Caïn qui tue Abel*; c'est un de ses meilleurs ouvrages. Il exposa au salon de 1787 le modèle en plâtre, de six pieds de proportion, d'un S. Vincent de Paul qu'il exécuta depuis en marbre et qui fut placé à Saint-Thomas d'Aquin. Son principal ouvrage en 1789 fut une grande figure d'Androclès qui panse un lion blessé à la patte. Les années suivantes les travaux de M. Stouf furent moins considérables, et se bornèrent à des terres cuites de petites proportions. Depuis il a fait pour l'Institut la statue du chancelier de l'Hôpital, et pour le pont Louis XVI celle de Suger, de 12 pieds de proportion. M. Stouf compte plusieurs de ses élèves, entre autres Chaudet, parmi nos meilleurs sculpteurs ; il est mort en 1826.

tures d'Hercule entremêlées d'animaux et d'un chasseur dans le costume du XVI.ᵉ siècle; là des femmes nues, des ornemens qui n'ont aucune liaison avec le héros thébain. Au milieu de toutes ces incohérences, on trouve dans plusieurs de ces groupes d'assez heureuses inspirations ou des réminiscences de quelques bas-reliefs antiques.

Outre les chefs-d'œuvre de sculpture antique et moderne qui donnent tant de magnificence à la salle des Caryatides, et de l'ensemble desquels les planches 43 et 53 offrent un aperçu, on doit encore y faire remarquer les belles colonnes en porphyre, de neuf pieds de hauteur, qui la décorent et qui faisaient partie de la collection Borghèse. Nous nous occuperons, lorsqu'il sera question des antiques, de celles d'où sortent deux bustes pris dans la masse et qui sont presque entièrement de ronde-bosse. Que devaient être dans leur intégrité les monumens où les anciens employaient avec profusion, dans la construction, des colonnes de matières si riches, d'un travail si difficile, et que nous nous estimons heureux aujourd'hui, au milieu de notre luxe, de pouvoir exposer, dans nos plus somptueux palais, comme des objets rares et dignes, ainsi que des statues, d'être placés sans autre but que de faire l'ornement des plus riches musées? La colonne de porphyre bréché qui supporte une figure de Minerve d'ancien style, était, lorsqu'elle était entière, d'une plus forte dimension que les dix autres; elle avait souffert, et l'on a été obligé de la diminuer et de la retravailler. Ce ragrément a demandé treize mois de travail à plusieurs ouvriers. Ce beau monument de porphyre provient de la collection de M. le comte de Choiseul-Gouffier, de même que la plus grande partie des bas-reliefs et des inscriptions antiques qui décorent les profondes embrasures des croisées de cette salle.

Nous ne quitterons pas la salle des Caryatides sans jeter un coup d'œil sur ses différentes destinations et sur les principaux événemens qui s'y sont passés. De toutes les parties du Louvre c'est, depuis l'origine de ce château, celle dont l'histoire fait le plus souvent mention, et de manière à ne pas laisser lieu de la confondre avec aucune autre. Il est inutile de rappeler que ce fut probablement de ce côté que commencèrent les additions considérables que Philippe-Auguste fit au premier Louvre; mais il est bon de ne pas perdre de vue que sous Charles V les deux parties de la salle actuelle avaient une autre distribution, et qu'on y trouvait deux chapelles, une galerie et une grande salle basse : aussi le nom de *salle basse* servit-il pendant long-temps à la désigner, et on le retrouve dans les historiens, même après que François I.ᵉʳ et Henri II, ayant réuni toutes ces pièces en une seule, en eurent fait la salle des gardes, qui servait d'entrée à leur palais.

La grandeur qu'on donna à cette salle, les magnifiques caryatides, les colonnes élégantes et les ornemens dont on l'enrichit, permettent d'admettre que si par sa position elle convenait à la réunion de la garde du Roi, elle semblait destinée par sa beauté aux grandes solennités de la cour. Il n'en est cependant pas question, sous ce rapport, dans l'histoire de François I.ᵉʳ et d'Henri II; mais ce fut là que se célébrèrent en partie les fêtes magnifiques données lors du mariage d'Henri IV et de Marguerite de Valois, et qui ne précédèrent que de quelques jours la Saint-Barthélemi, dont les scènes affreuses ensanglantèrent cette salle peut-être encore plus que les autres parties du Louvre. Ce fut aussi dans cette pièce que le duc de Mayenne, fatigué des excès des Seize, en fit pendre, en 1591, quatre des plus fougueux, qui avaient eu la plus grande part au supplice des présidens Brisson et Tardif. Peut-on, sans un vif et douloureux intérêt, arrêter ses regards sur la tribune des caryatides, en pensant qu'elle reçut les derniers soupirs du bon Henri, qu'on y déposa pendant quelques instans lorsqu'après son assassinat on le transporta dans son appartement? La porte par laquelle on le fit entrer dans la tribune existe encore dans l'escalier d'Henri II : mais elle est plus petite qu'elle n'était alors, et les changemens qui ont eu lieu dans cette partie n'ont permis d'y laisser qu'un passage très-étroit et peu commode. On voudrait qu'un lieu arrosé d'un sang si précieux pour la France fût devenu, pour ainsi dire, sacré, et l'on apprend avec peine qu'il fut encore destiné à des fêtes, et qu'en 1658 Molière obtint de jouer la comédie dans la salle des Caryatides, et que l'ouverture se fit en présence du Roi et de la Reine, le 24 octobre, par la tragédie de *Nicomède*, suivie d'une farce de la composition de Molière, intitulée *le Docteur amoureux*. Sans égard pour des chefs-d'œuvre de la sculpture, les belles statues furent masquées par les échafaudages et les charpentes que l'on y appuya pour dresser le théâtre, et qui auraient pu y causer les plus grands ravages. Sauval parle comme témoin oculaire de cette barbarie. On sait par les mémoires dramatiques de cette époque que Molière joua le rôle de Nicomède. Ce grand homme aimait beaucoup à paraître dans des rôles tragiques, quoiqu'il n'y eût aucun succès; et ce fut peut-être à l'occasion de l'ouverture de son théâtre au Louvre que fut fait le portrait qui l'offre dans un costume tragique, portrait que possède M. Auger de l'académie française. On est étonné de voir laisser outrager ainsi les chefs-d'œuvre des beaux temps de François I.er et d'Henri II, au moment même où Louis XIV allait mettre sa gloire à terminer le Louvre, dont les murs célébraient si éloquemment celle dont ces monarques avaient fait briller les arts.

On ne trouve plus, après 1658, qu'il soit question d'une manière particulière de la salle des Caryatides. Négligée par Perrault, elle le fut de même par les architectes qui lui succédèrent; et ce bel ouvrage de Lescot, de Goujon, de Paul Ponce, partagea le sort des autres parties du Louvre laissées si long-temps dans l'oubli. Cette superbe salle, n'ayant plus de destination, devint presque inabordable; ce ne fut plus qu'un magasin sale et humide de statues et de bustes antiques et modernes, de moules et de figures de plâtre, placés ou plutôt encombrés comme au hasard et sans ordre, ou sur des tréteaux, ou à moitié ensevelis sous des débris ou des gravats. Il fallait cependant une permission spéciale pour dessiner et même pour voir ces statues et ces modèles que François I.er et Louis XIV avaient rassemblés à grands frais pour le bien des beaux arts, et il était rare qu'on fût tenté d'user souvent d'une permission que le désordre qui régnait dans cet amas confus empêchait de mettre à profit. Cette salle servit aussi pendant quelques années aux séances de l'Institut, et il y avait alors entre les colonnes des statues de magistrats et de savans français célèbres. Tel fut pendant de longues années l'état déplorable de la salle des Caryatides; il ne cessa que lorsqu'en 1806 MM. Percier et Fontaine furent chargés de l'en faire sortir, et de lui donner, en terminant ce qui n'avait été que commencé par Lescot et par Jean Goujon, toute la magnificence d'architecture et de sculpture dont elle brille aujourd'hui et que nous avons décrite.

En sortant de la salle des Caryatides, nous entrons dans celles qui donnent sur la cour (*voy*. pl. 11, Q, R, S, T, U, V), et qui, ainsi qu'on l'a déjà vu, formaient dans les anciens temps du Louvre l'appartement de Jeanne de Bourbon, femme de Charles V; du moins est-ce la première Reine que l'on sache positivement les avoir occupées. Si, pour arriver à ces salles, on est obligé de passer dans une galerie étroite ou dans un corridor obscur, ce n'est pas aux architectes actuels du Louvre, mais bien à Perrault, qu'il faut en adresser le reproche. Il n'a pas dépendu d'eux d'y donner plus de jour; les anciennes constructions s'y sont opposées : elles ont de même empêché de placer la porte dans l'axe de la salle des Caryatides, au lieu de la mettre de côté. Un coup d'œil jeté sur le plan montre que les fenêtres de la salle du Tibre M, et les ouvertures régulières que l'on eût voulu ménager pour entrer dans la salle des Caryatides, ne pouvaient pas se correspondre, et il est évident que l'on a été forcé de renoncer à l'idée impraticable d'accorder le plan et la distribution de cette salle et de la galerie V avec la disposition de la salle des Caryatides. Il en est de même des fenêtres de toute cette façade sur la Seine : elles ne correspondent pas aux ouvertures de l'ancien bâtiment de ce côté et sur la cour; ce qui s'est opposé à tout ce que l'on aurait désiré de faire pour établir de l'harmonie entre les salles des deux parties de cette aile, et pour faire servir les unes à agrandir les autres, ou à les éclairer d'une manière plus convenable. Mais, lorsque Perrault refit le Louvre, il avait le champ libre. Au lieu de négliger les anciennes constructions et de les regarder comme un hors-d'œuvre de sa colonnade, il lui eût été facile, ce qui depuis est devenu impossible, de les faire entrer dans son plan de cette partie du Louvre, et de le combiner de manière que ce qui existait déjà se rattachât à ce qu'il y ajoutait, et que le salon M (pl. 11), qu'il plaçait à l'extrémité de cette aile sur la Seine, fît suite, par de grandes communications, à la salle des Caryatides, dont il aurait pu mettre l'entrée dans l'axe de cette pièce. La circulation aurait été alors plus facile, la lumière se serait répandue partout, et l'ensemble de cette suite de salles aurait offert un aspect plus imposant et plus grandiose.

Dans les anciens temps du Louvre, ainsi qu'on le voit dans le plan de du Cerceau et de Lescot (pl. 9), la salle D, beaucoup moins grande que ne l'est aujourd'hui celle du Tibre, occupait tout l'espace entre le mur de face du côté de la Seine et le gros mur de refend auquel s'adosse la salle des Caryatides. Très-régulière et bien éclairée, elle était en proportion avec le reste des appartemens de la Reine, et on ne lui avait donné avec la salle des Gardes que ce qu'il fallait de communication pour le service intérieur : ce service pouvait aussi avoir lieu dans les appartemens du Roi au premier par le petit escalier rond dont nous avons déjà parlé et qui dans cette partie les liait à ceux de la Reine.

Si à cette salle D on joint la pièce qui lui est contiguë et qui occupe la dernière fenêtre de ce corps de logis avancé, si l'on y suppose des tours comme dans le plan de la planche 8 B, on aura, je crois, presque tout l'emplacement qu'occupait dans l'origine le premier Louvre, ou l'ancien et modeste rendez-vous de chasse de nos rois, et l'on voit que ce pouvait être à la fois un château fort près des bords de la Seine et une maison de plaisance au milieu des bois. L'épaisseur considérable des murailles dans cette partie, reste des anciennes et massives constructions respectées par Lescot, des portions circulaires de tours retrouvées dans les fouilles qu'ont nécessitées les travaux faits de nos jours ; tout concourt à appuyer cette opinion, que je n'ai vu émise nulle part, et qui fixerait la position et presque la forme de l'antique manoir qui, depuis les premiers siècles de la monarchie, s'agrandissant de règne en règne, a suivi, pour ainsi dire, dans ses accroissemens et ses embellissemens les progrès des arts et la fortune de nos rois.

On a remarqué avec raison que les salles de N en P (pl. 11), que Perrault ajoutait au Louvre du côté de la Seine en en doublant la profondeur, n'étaient pas assez vastes pour la représentation, et que, d'un autre côté, n'offrant pas une distribution propre à l'habitation, elles privaient de lumière et de chaleur les anciens appartemens des reines (de V en Q). On enleva à ces pièces l'exposition au midi et la vue sur la Seine, sans qu'il en résultât un grand avantage pour l'autre partie de cette aile. Perrault les condamna à ne plus voir que le nord : aussi n'est-il pas étonnant qu'elles aient été abandonnées. Catherine de Médicis avait mis beaucoup de soin à les orner et y avait déployé tout le luxe de son temps ; elle chargea les meilleurs peintres de les décorer : les plafonds, les murailles, s'enrichirent des ouvrages de maître Roux (1), du Primatice (2), de son élève Niccolò dell' Abate, et des sculp-

---

(1) LE ROSSO, nommé en France MAÎTRE ROUX, paraît n'avoir été connu que sous ce surnom, que lui avait valu la couleur de ses cheveux ; et Vasari, qui, dans son dixième volume, p. 255-285, a écrit assez au long la vie de ce grand peintre, ne nous apprend pas quel était son nom de famille. Il nous dit bien aussi, de même qu'Orlandi dans son *Abecedario*, qu'il naquit à Florence ; mais il n'est question ni de l'année qui le vit naître, ni du maître qui dirigea ses premiers pas dans la carrière de la peinture. Il paraît qu'il ne s'attacha particulièrement à aucun, et que, doué d'un caractère fier et indépendant, d'une grande facilité, d'une imagination vive et poétique, et de toutes les qualités qui peuvent annoncer et produire un grand peintre, il avait assez de confiance en ses propres forces pour ne pas craindre de marcher seul et de se faire une manière à lui. Cependant son génie le portait vers Michel-Ange : aussi fréquenta-t-il, comme il y a lieu de le croire, les ateliers de ce maître sublime, et il étudia son célèbre carton, où tant de peintres puisèrent les plus savantes leçons. Elles profitèrent au Rosso, qui joignit à sa facilité une grande fierté de dessin, de la chaleur et une expression vigoureuse dans ses caractères de têtes ; une composition vive, animée, pleine de poésie, et un sentiment profond de la couleur et du clair obscur. Aussi Vasari en parle-t-il comme d'un peintre qui s'éleva dans les différentes parties de la peinture à un degré que peu d'autres ont atteint.

Sorti très-jeune encore de l'atelier de Michel-Ange, un Christ mort et une Assomption de la Sainte-Vierge entourée d'anges, qu'il fit à Florence, attirèrent les regards et lui valurent les éloges de tous les peintres. Les beaux ouvrages qu'il exécuta à Piombino, sa Descente de croix à Volterre, ajoutèrent à sa réputation et le

tures de Paul Ponce, de Rolland Maillard et de sa femme, d'après les dessins du Primatice. Rien ne peut plus rappeler ces beaux ouvrages, et il ne reste

firent juger digne de remplacer Raphaël pour des tableaux que ses occupations ne lui permettaient pas d'entreprendre. Les peintures de la chapelle de la famille Dei dans l'église de San-Spirito, à Florence, prouvèrent que le Rosso portait à un haut point la science du dessin et de l'anatomie dans les attitudes les plus difficiles, et il s'y fit remarquer par l'entente du coloris et du clair obscur. Vasari compare ces productions à ce qu'ont fait de mieux les plus grands maîtres, et il y en a peu, selon lui, qui l'aient égalé pour la facilité du travail, la douceur du coloris, l'expression des têtes dans le dessin du nu, et pour la manière dont il savait ajuster et varier ses draperies. Le Rosso aimait à revêtir ses figures de femmes d'étoffes souples et légères, dont la transparence ou la finesse ne dérobait presque rien de leur beauté; il se plaisait aussi à orner leurs chevelures de tresses ajustées avec élégance, sorte de parure qu'on retrouve dans les belles têtes de Jean Goujon, et qu'il peut avoir imité de maître Roux.

Malgré les éloges que le Florentin Vasari fait de ce peintre de Florence, il avoue que le Rosso n'eut pas autant de succès à Rome lorsque ses ouvrages eurent à soutenir la comparaison redoutable avec les chefs-d'œuvre de Michel-Ange et de Raphaël : on n'y trouva ni la fierté et l'énergie du premier, ni le charme et la grâce simple et angélique du divin peintre d'Urbin.

Le Rosso se trouvait à Rome en 1527, lorsque cette capitale des beaux arts fut pillée par le connétable de Bourbon : maltraité, dépouillé, sans ressources, il se retira à Pérouse. Il serait trop long d'énumérer les tableaux qu'il fit, ainsi que dans plusieurs villes de la Toscane, entre autres à Arezzo : je n'en citerai qu'un de cette dernière ville pour montrer qu'il n'était pas exempt du reproche de mêler le sacré et le profane, que l'on peut adresser à presque tous les peintres de cette époque. Dans un très-beau tableau d'Adam et d'Ève,

il avait introduit Apollon et Diane comme emblèmes du jour et de la nuit.

Des désagrémens que son caractère fougueux lui fit éprouver à Arezzo, et le desir de sortir de l'état misérable où il était malgré ses grands travaux en Toscane, où l'on aimait les arts, mais où on les payait peu, lui inspirèrent le desir d'aller tenter fortune en France. Il est assez singulier que pour faire avec plus de succès ce voyage il ait eu l'idée d'apprendre le latin, lorsqu'on sait par les lettres d'Érasme qu'à cette époque il ne se trouvait pas en Allemagne et en France trois personnes qui parlassent latin, et que ce fut François I.er qui tâcha de remettre en honneur l'étude et l'exercice de cette langue et du grec. Le Rosso reçut de ce prince l'accueil qu'il faisait à tous les hommes de talent qu'il attirait à lui par sa grâce, son goût et sa générosité. François I.er lui assigna 400 écus de pension avec un logement à Paris; mais le Rosso préféra le séjour de Fontainebleau, où il ne tarda pas à être mis à la tête des grands travaux que le Roi y faisait exécuter. Il entreprit la grande galerie richement décorée d'ornemens très-variés en stuc et de figures de grandeur naturelle, de haut-relief ou de ronde-bosse. Les panneaux offraient dans vingt-quatre tableaux l'histoire d'Alexandre le Grand. Rosso se bornait à en faire les dessins à l'aquarelle en clair obscur, et ses élèves les exécutaient sous ses yeux et d'après ses conseils. Ainsi que Raphaël et Michel-Ange, cet habile maître faisait de grands cartons pour étudier le nu, et il ne passait pas de jour sans le dessiner d'après nature.

Il serait inutile d'entrer dans des détails sur les peintures que le Rosso fit à Fontainebleau; il n'en existe plus, ou ce qui en reste a été terminé et en partie refait par le Primatice : on prétend même que celui-ci fit détruire un grand nombre des ouvrages de ce redoutable rival. Si le fait était vrai, ce que l'on a de la peine à croire, ce serait une grande tache à la mémoire du Primatice.

Maître Roux n'était pas seulement

au Louvre rien qui les retrace : mais ce qui existe encore à Fontainebleau, ces peintures, ces arabesques rehaussées d'or, que le temps dévore et qui

chargé de tout ce qui avait rapport à la peinture et à la décoration des salles de Fontainebleau; c'était encore lui qui faisait les dessins pour les vases, la vaisselle d'or et d'argent et les armes de François I.er Lorsque Charles-Quint vint à Paris en 1539, ce fut le Rosso et le Primatice qui dessinèrent et exécutèrent en partie tout ce dont on eut besoin pour les fêtes magnifiques qui furent données à ce prince. Ce que fit maître Roux, surtout en architecture, fut préféré aux compositions du Primatice : on n'avait encore rien vu de plus beau que des figures colossales qu'il avait fait entrer dans sa décoration.

Les espérances de fortune de maître Roux se réalisèrent. François I.er lui donna un riche canonicat, et le combla de tant de biens et d'honneur, que ce peintre vivait, selon Vasari, plutôt en prince qu'en peintre, et avec une magnificence qui était tout-à-fait dans ses goûts. On aimait à trouver en lui, non seulement un grand peintre, mais même un poète aimable et un agréable musicien. Entouré de nombreux élèves et des personnes les plus distinguées qu'attiraient près de lui ses manières élégantes et son esprit, le Rosso eût pu couler une vie longue et paisible au milieu des plaisirs et des succès. Il vivait intimement avec un de ses amis; ayant été volé d'une somme assez considérable, il eut la faiblesse de soupçonner son ami et de le traduire en justice. Mis à la torture, celui-ci prouva son innocence, et, pour venger son honneur injustement compromis, il attaqua maître Roux dans un écrit très-mordant. Au désespoir de se voir déshonoré et d'avoir accusé sans preuve celui qu'il aimait tant autrefois, le Rosso ne put supporter tant de honte et de chagrin, et mit fin à sa vie en s'empoisonnant à Fontainebleau, en 1541.

Voyez sur le Rosso, outre Vasari, édition de Milan, les *Entretiens* de Félibien, tome II; l'*Histoire de Fontainebleau* par l'abbé Guilbert, tome I.er Ces différens écrivains entrent dans des détails sur les ouvrages de Rosso. Il en est aussi question dans la Vie de Benvenuto Cellini.

Nous avons vu que maître Roux fut secondé dans ses travaux par des peintres et des sculpteurs qui étaient venus avec lui, ou qu'il avait attirés d'Italie. On cite, parmi ceux qui travaillèrent aux ornemens en stuc, Lorenzo Naldini de Florence, maître François d'Orléans, maître Claude et maître Simon de Paris, maître Laurent de Picardie, et surtout Domenico del Barbiere, qui peignait et modelait avec un grand talent et qui fut aussi employé par le Primatice. Les principaux peintres qui travaillèrent alors à Fontainebleau sous maître Roux, furent Lucas Penni, frère de celui qu'on surnommait *il Fattore*, Léonard le Flamand, Bartolommeo Miniati de Florence, Francisco Caccianemici de Bologne et Jean-Baptiste de Bagnacavallo, sur lesquels on peut consulter les auteurs qui sont cités dans cet article.

(2) François PRIMATICE, *Primaticcio*, d'une famille distinguée de Bologne, n'eut pas l'avantage de pouvoir, dans sa première jeunesse, suivre la vocation très-prononcée qu'il avait pour les beaux-arts. Ses parens le firent entrer dans le commerce; et comme les biographes ne nous apprennent pas l'année de sa naissance, ni le nombre de celles qu'il perdit dans un état qui ne convenait pas à ses goûts, on ignore à quelle époque il en sortit : mais il paraît que ce fut de bonne heure, et que son ardeur et ses dispositions pour le dessin lui firent faire en peu de temps de rapides progrès en sculpture et en peinture dans les ateliers d'Innocent d'Imola et de Barthélemi de Bagnacavallo, que Baldinuzzi lui donne pour premiers maîtres, tandis que Vasari lui fait recevoir ses premières leçons de Jules Romain. Quoi qu'il en soit, il travailla pendant six ans avec tant de zèle et de succès sous les yeux de cet élève chéri de Raphaël, qu'il fut regardé par son maître et par ses émules comme un des meilleurs coloristes de cette école. Sa facilité pour le dessin et pour modeler en stuc les

mériteraient d'être respectées et rétablies, ces ornemens si variés et de si bon goût des élèves de Raphaël et de Michel-Ange, peuvent donner une idée de

figures d'ornement et les arabesques dont on accompagnait alors les fresques, tenait du prodige, et son imagination se jouait des plus riches compositions : aussi fut-il d'un grand secours à Jules Romain, qui s'occupait alors de celles dont il ornait le palais du T à Mantoue. Les travaux du Primatice le firent connaître du duc Frédéric de Gonzague, qui le prit en amitié et lui en donna des preuves en le choisissant le premier parmi les peintres qu'il envoya, en 1531, à François I.er, qui voulait décorer avec une magnificence digne d'un Roi de France ses palais de Fontainebleau et du Louvre. Selon quelques auteurs, le Primatice ne serait venu en France qu'en 1539, lorsque depuis plusieurs années maître Roux jouissait de la plus brillante réputation et de toute la faveur de François I.er, qui lui avait confié tous les grands travaux de sculpture ornementale et de peinture qu'il méditait, et cette opinion me paraît assez probable. Au reste, tant que maître Roux vécut, le Primatice ne tint pas le premier rang, et il paraît qu'il était sous sa direction. Si l'on en croyait quelques écrivains, ce serait la jalousie que les talens du Primatice inspiraient au Rosso, qui porta celui-ci à engager en 1540 François I.er à éloigner ce redoutable rival, et à le faire voyager en Italie pour en rapporter des antiquités. Mais Benvenuto Cellini, non-seulement contemporain mais compagnon de travaux de ces deux maîtres, et qui mieux que personne pouvait être au fait de ce qui se passait alors, ne place qu'en 1543 ce voyage du Primatice. Son activité, son goût, les recherches qu'il fit à Rome, furent très-utiles à François I.er, à la France et aux beaux arts; des statues antiques, des bustes, des torses, au nombre de cent vingt-cinq, recueillis par ses soins, furent envoyés en France, et forment encore en partie les principales richesses de notre musée royal. Le Primatice fit aussi mouler, sous la direction de Jacques Barozzi de Vignole, de François Libon et de plusieurs sculpteurs, les chefs-d'œuvre les

plus remarquables de Rome, le Laocoon, le Nil, le Tibre, l'Ariane (prétendue Cléopatre), la Vénus du Capitole, la statue équestre de Marc-Aurèle et même presque toute la colonne Trajane. Vasari ajoute que François I.er, ayant, au retour du Primatice, fait couler en bronze par Vignole et par François Libon les statues dont il avait rapporté les plâtres, en orna, ainsi que de statues antiques, les jardins de la Reine à Fontainebleau, et que cette habitation royale devint une nouvelle Rome. Cet écrivain fait aussi remarquer que ces bronzes étaient si légers et si bien venus à la fonte, qu'il n'y avait presque pas besoin de les réparer.

Lorsque le Primatice revint en France, maître Roux était mort (1541), avant d'avoir pu terminer les belles compositions dont il ornait Fontainebleau, telles que les amours de Psyché, l'assemblée des dieux, et tant d'autres qui n'existent plus en grande partie, et dont on peut voir le détail dans l'*Histoire de Fontainebleau* par l'abbé Guilbert. Le Primatice continua les ouvrages de maître Roux; on lui reproche même d'avoir, par jalousie, changé ou détruit ses compositions pour y substituer les siennes. Primatice en fit un grand nombre d'autres remarquables à Fontainebleau et à Paris. Souvent cependant il se bornait à des esquisses qu'il faisait exécuter par les élèves qu'il avait amenés d'Italie et par des peintres français. Ses compositions se distinguent par la richesse de l'invention, par la noblesse des poses, la pureté et la facilité du dessin, que peu de peintres ont portées à un si haut degré. Souvent cependant il n'est pas exempt de recherche et de manière dans ses attitudes et dans la disposition de ses draperies; et ces défauts, qui caractérisent l'école de Florence de cette époque, eurent, ainsi que nous l'avons déjà fait remarquer, une grande influence sur les ouvrages de nos artistes dont il dirigea les travaux. Primatice entendait bien l'effet : mais, s'il fut proclamé grand coloriste par Jules

l'élégance que Catherine de Médicis avait répandue dans ses appartemens du Louvre. Marie de Médicis se plut aussi à les décorer, et elle chercha à surpasser ce qui avait été fait avant elle. Les peintres les plus habiles s'empressèrent à l'envi de seconder l'amour de la Reine pour les beaux arts et pour la magnificence. Parmi ceux que cette princesse employa, on cite

Romain, ce fut probablement parce que, dans sa manière de rendre la nature, sa couleur se rapprochait de celle de son maître et tombait souvent dans le violet.

Les services que rendit Primatice à Fontainebleau, à Meudon et à notre école, lui méritèrent les faveurs de François I.er, qui en 1544 lui donna, avec un bon revenu, l'abbaye de Saint-Martin de Troyes : aussi est-il ordinairement désigné, surtout par les auteurs italiens, sous le titre d'*abbé de Saint-Martin*. Ce peintre habile jouit des mêmes avantages sous Henri II, François II et Charles IX : après la mort de Philibert de Lorme, il fut nommé surintendant des bâtimens et des beaux arts; et ce fut sous sa direction que s'élevèrent les somptueux édifices dont Paris et la France s'embellirent dans ces temps si brillans pour les arts. Il s'élève ici une difficulté que je ne puis résoudre. Tous les biographes placent la mort du Primatice en 1570; il y en a qui mettent à la même époque celle de Philibert de Lorme. En supposant qu'elle ait précédé de quelques mois celle du Primatice, celui-ci n'aurait rempli que bien peu de temps la place de surintendant; mais la difficulté serait bien plus grande si, avec Milizia, on assignait l'année 1577 pour l'époque de la mort de Philibert de Lorme. Il s'est glissé quelques erreurs dans ces dates; mais il y a quelque raison de croire que de Lorme est mort vers 1569 ou 1570, et que de son vivant même, après la mort de Rosso, le Primatice fut chargé, dans les bâtimens royaux, de la direction de la peinture et de la sculpture, et qu'il succéda ensuite à de Lorme dans la surintendance des bâtimens. Ce fut lui que Catherine de Médicis chargea d'élever un superbe mausolée à Henri II; il en fit les dessins, et la mort ne lui permit pas d'en voir terminer l'exécution, qui fut confiée à Germain Pilon.

Parmi les nombreux élèves de Primatice qui travaillaient avec lui en France, on cite NICCOLÒ DA MODENA, plus connu sous le nom de *Niccolò dell' Abate*, soit que son nom de famille fût *Abati*, soit que son dévouement pour *l'abbé de Saint-Martin* lui eût fait prendre le surnom de l'abbé, *dell' Abate*. Il naquit à Modène en 1511, et devint en sculpture et en peinture assez habile pour que le Primatice lui confiât l'exécution de ses plus grandes compositions. Vasari dit qu'il maniait la fresque avec une telle pureté et tant de soin, que ses peintures en ce genre paraissaient être à l'huile. Ce fut lui qui peignit en grande partie l'histoire de Psyché, ainsi que celle d'Ulysse, qui, selon le même biographe, occupait cinquante-huit tableaux dans la galerie de Fontainebleau.

Jean-Baptiste RAMENGHI, dit LE BAGNACAVALLO, RUGGINI de Bologne, Prosper FONTANA, peintres de talent, travaillaient aussi avec Primatice, ainsi que Domenico DEL BARBIERE, sculpteur de Florence, habile pour tout ce qui regardait l'ornement, et qui fit dans ce genre de beaux ouvrages à Fontainebleau et à Meudon.

On peut consulter sur Primatice, Vasari, édition de Milan, t. XIV, p. 399 (il n'en est question dans l'index qu'à l'article *Bologna*), et les *Entretiens* de Félibien, t. II, in-12. On ne trouve dans celui-ci que ce qui est dans Vasari; cependant il y ajoute les ouvrages que Primatice a exécutés à Paris. Le premier volume de l'*Histoire de Fontainebleau*, p. 81-212, offre beaucoup de détails sur les peintures de maître Roux et de Primatice. L'*Abecedario* d'Orlandi ne dit presque rien de ce peintre.

Rolland MAILLARD et sa femme sont cités, en passant, par Sauval; mais il n'y a rien qui les concerne, ni dans Félibien, ni dans les autres écrivains auxquels on peut avoir recours pour les arts.

Toussaint du Breuil (1), dont les dessins, dit-on, et la composition étaient préférables au coloris; Fréminet (2), qui par ses talens mérita en 1603

(1) Toussaint DU BREUIL. Ni Félibien ni l'abbé Guilbert n'indiquent le lieu et l'année de la naissance de ce peintre. On sait seulement qu'élève du père de Fréminet il eut assez de talent pour être nommé premier peintre d'Henri IV, et pour se voir chargé, de concert avec Bunel, de continuer à Fontainebleau la suite des cinquante-huit tableaux où le Primatice et Niccolò dell' Abate avaient représenté l'histoire d'Ulysse, et dont plusieurs n'étaient qu'ébauchés. Outre ces peintures et d'autres des mêmes maîtres, qu'il termina ou qu'il répara dans la salle des Cent-Suisses ou dans la grande galerie, il peignit à fresque les aventures d'Hercule, qui devaient former vingt-sept tableaux : mais du Breuil n'en fit que quatorze ; ce fut Roger de Rogery qui fit les autres. C'était aussi de du Breuil qu'étaient autrefois, dans la galerie des Cerfs, les vues de Fontainebleau et de treize autres demeures royales; ces tableaux avaient 27 pieds de haut sur 13 de large. Du Breuil travailla avec Bunel à la petite galerie du Louvre (galerie d'Apollon), et leurs ouvrages y périrent lors de l'incendie de 1660. Je ne crois pas qu'il en existe à Fontainebleau, ou du moins ne sont-ils pas assez bien conservés pour qu'on puisse juger du talent de du Breuil, qui, suivant Sauval, en avait beaucoup plus pour la composition et pour le dessin que pour l'effet et le coloris. Ce peintre paraît être mort en 1602 ou 1603. Félibien ne dit, t. III, que quelques mots de du Breuil, sur les ouvrages de qui l'on trouve plus de détails dans l'*Histoire de Fontainebleau* par l'abbé Guilbert, t. I, p. 183; t. II, p. 45-56.

(2) Martin FRÉMINET naquit à Paris en 1564, la même année que mourut Michel-Ange, dont il devait un jour chercher avec ardeur à suivre les sublimes exemples. Il fut d'abord élève de son père, peintre assez médiocre, que l'on n'occupait qu'à peindre des canevas pour des tapisseries, et qui cependant, par ses conseils, meilleurs que ses ouvrages, avait formé de bons peintres, entre autres du Breuil. Fréminet étudia aussi sous Jean Cousin; les leçons de ce grand maître le firent soupirer vers l'Italie, et il partit pour Rome. La grâce du Parmesan, le style sublime, la fierté de Michel-Ange, le séduisirent à un tel point, qu'il fit des ouvrages de ces grands maîtres les principaux objets de ses études. Fréminet devint bon dessinateur, habile anatomiste ; mais peut-être voulait-il trop le paraître, et il abusait de sa science en faisant trop sentir les muscles et en se plaisant à des attitudes forcées. Tout en admirant la vigueur de ses expressions, on ne se sentait pas attiré vers ses ouvrages, et l'on trouvait à son coloris trop d'austérité et même de dureté. Ce peintre cependant était regardé comme un des plus habiles à son époque. Après avoir passé sept ans à Rome, et autant et même plus à Venise et dans d'autres villes d'Italie, où il se fit avantageusement connaître, Fréminet revint en France, où il ne tarda pas à être apprécié : après la mort de du Breuil, selon Félibien, t. III, p. 313, ou de du Moutier, suivant l'abbé Guilbert, t. I.er, p. 58, il fut nommé en 1603 premier peintre d'Henri IV. Ce prince le chargea de toutes les peintures dont il voulait orner, avec une grande richesse d'ornemens et de stucs, la chapelle de Fontainebleau. Fréminet ne commença qu'en 1608 cette grande entreprise, qu'interrompit la mort d'Henri IV ; mais on la continua sous Louis XIII, qui, ainsi que Marie de Médicis, témoigna la même bienveillance qu'Henri IV à Fréminet, qui, en 1615, fut décoré de l'ordre de Saint-Michel. Il ne jouit que peu de temps de sa faveur et de ses succès, étant mort en 1619 ; cependant il eut le temps de terminer en grande partie les peintures de la chapelle. Elles étaient à l'huile sur plâtre et se composaient d'un grand nombre de tableaux, parmi lesquels il y en avait vingt-deux qui représentaient des patriarches et des rois des Hébreux; quatorze offraient des traits de la vie de Jésus-Christ. On en trouve le détail dans l'*Histoire de*

d'être nommé premier peintre d'Henri IV ; Bunel (1), peintre habile ; Pierre Biard (2), sculpteur, et Ambroise Dubois (3), premier peintre de Marie

Fontainebleau de l'abbé Guilbert, tom. I, p. 60 et suiv. Fréminet, ainsi qu'il l'avait désiré, fut enterré dans l'abbaye de Barbeaux près de Fontainebleau, pour l'église de laquelle il avait fait plusieurs tableaux.

(1) Jacob BUNEL, fils de François Bunel, naquit à Blois en 1558. S'il était trop jeune lors de la mort du Primatice (1570) pour que l'on puisse le mettre au nombre de ses élèves, il paraît que du moins il entra dans l'école qu'avait formée ce grand peintre, et qu'il acquit assez de talent pour qu'on le jugeât digne de continuer à Fontainebleau les ouvrages que le Primatice n'avait pas terminés. Il faut, ou que Bunel y ait travaillé étant encore très-jeune, ou qu'on ait négligé pendant plusieurs années de les achever; car ce ne fut que sous Henri III, et même vers le milieu de son règne, que Bunel put avoir porté son art au point de se faire considérer comme un maître. Ce peintre passait pour bien dessiner et pour avoir un bon coloris. Il fut associé à du Breuil, et partagea les travaux que celui-ci entreprit au Louvre pour décorer la petite galerie, aujourd'hui galerie d'Apollon, et les appartemens de Catherine de Médicis. Nous ne pouvons plus juger du degré de mérite de Bunel, et il n'existe plus, que je sache, d'ouvrages de lui. Ils ont suivi à Fontainebleau et au Louvre le sort de ceux de Primatice et des autres peintres de cette époque; et dans ce qui en reste, il serait difficile, si ce n'est impossible, de distinguer ce qui appartient à Bunel ou à du Breuil dans des peintures où d'autres peintres ont encore à réclamer leur part. On citait autrefois de Bunel, aux Grands-Augustins, une Descente du Saint-Esprit; et aux Feuillans, une Assomption de la Sainte-Vierge; au Louvre, dans le cabinet de la Reine, deux tableaux dont les sujets étaient tirés de la Jérusalem délivrée. Guillaume Dumée était un des peintres qui travaillaient avec Bunel : il fit pour le même cabinet trois tableaux qui représentaient l'épisode de Clorinde, d'Olinde et de Sophronie. Il peignit aussi sur les portes et les lambris des figures de divinités. Henri Lérambert, qui fit beaucoup de beaux dessins pour des tapisseries, Pasquier Testelin, Jean de Brie, Gabriel Honnet, Jérôme Baulleri, furent aussi employés, avec ou sans Bunel, aux peintures du Louvre, de Fontainebleau, des Tuileries et de Saint-Germain en Laie. Ces peintres avaient probablement du talent; mais Félibien, t. III, p. 127, se borne à les citer et ne donne aucun détail sur leurs ouvrages. Il nous apprend aussi que les ornemens en stuc et les dorures qui accompagnaient les peintures de Bunel, furent faits par David et Nicolas Pontheron, Nicolas Bouvier, Claude et Abraham Halle.

Voyez Félibien, *Entretiens* &c. t. III. L'*Abecedario* d'Orlandi ne fait, sur plusieurs de ces peintres, que copier Félibien.

(2) Pierre BIARD, sculpteur et architecte, né à Paris en 1559, y mourut en 1609. Après avoir étudié pendant quelques années à Rome, il revint à Paris, où il se fit connaître par plusieurs bons ouvrages. Sauval cite de lui, comme très-belles, deux figures d'esclave placées aux côtés d'une porte de l'appartement de Catherine de Médicis qui devait donner sur le jardin de l'Infante, et qui fut détruite lors des changemens que l'on fit à cet appartement du temps de Marie de Médicis; Sauval regrette que ces statues n'aient pas été conservées. Un des principaux ouvrages de Pierre Biard, qui paraît avoir eu un talent ferme, plein d'expression, qu'il avait sans doute puisé dans l'école de Michel-Ange, était la statue équestre d'Henri IV, de grandeur naturelle, qui était placée au-dessus de la porte de l'Hôtel-de-ville de Paris. En 1662, cette statue fut endommagée dans une émeute, et depuis elle a disparu pendant la révolution.

(3) Ambroise DUBOIS, né à Anvers en 1543. On ne connaît pas le peintre dont il fut élève : mais on sait que Dubois était déjà fort habile lorsqu'à vingt-cinq ans il vint à Paris, où ses ouvrages lui acquirent bientôt une grande réputation, et il fut employé

de Médicis. En 1606 il avait étudié à l'école de Michel-Ange, et pouvait rivaliser avec les bons peintres des écoles d'Italie; un grand nombre de ses beaux ouvrages ornaient autrefois les salles de Fontainebleau, et allaient de pair avec ceux du Primatice et de maître Roux. Il en existe encore une partie, entre autres les amours de Théagène et Chariclée. Le temps leur a nui et les a fait pousser au noir; mais on y retrouve encore, au milieu d'inconvenances dans les costumes, dont on s'occupait peu alors, le dessin, la touche ferme, et dans quelques endroits le coloris d'un grand maître. Ces belles productions, qui remontent aux premiers temps de notre école, sont d'ailleurs plus importantes et plus intéressantes pour son histoire et pour sa gloire que tout ce qui pourrait les remplacer. Une main habile et adroite pourrait faire revivre ces peintures et rendre à cet ancien maître un service que nos chefs-d'œuvre réclameront un jour aussi des peintres qui doivent nous suivre. Si nous les laissons périr, c'est perdre quelques anneaux de la chaîne qui lie les arts des siècles passés à ceux de notre temps. En donnant à ces précieux restes de notre ancienne peinture tous les soins qu'ils méritent, nous acquerrons des titres à ceux de notre prospérité; et des enfans ne doivent-ils pas attacher quelque prix à conserver les monumens et les titres d'honneur de leurs pères et à leur rendre tout leur lustre?

à Fontainebleau et au Louvre. Ce fut un des peintres qui firent le plus d'honneur à l'école française. En 1601 il se fit naturaliser, et en 1606 il fut nommé premier peintre de Marie de Médicis. Ces dernières particularités, dont ne parle pas Félibien, sont tirées de l'*Histoire de Fontainebleau* par l'abbé Guilbert, qui ne la publia que six ans après la nouvelle édition des *Entretiens* de Félibien. Si le fait est exact, il faudrait qu'Ambroise Dubois fût resté bien long-temps, plus de vingt-cinq ans, à Paris, avant que ses ouvrages eussent attiré les regards et les faveurs du Roi. Quoi qu'il en soit, il fit plusieurs tableaux pour les appartemens du Roi et de la Reine, et, entre autres, l'histoire de Tancrède et de Clorinde, dans le cabinet de Marie de Médicis. Parmi ses nombreux ouvrages, on citait avec de grands éloges les amours de Théagène et de Chariclée, dont il fit une suite de quinze tableaux pour la chambre ovale de Fontainebleau, où naquit Louis XIII; ce que rappellent les dauphins qui font partie des ornemens. Les cartouches en relief dont cette salle est décorée et qui entourent des paysages, des vues de Fontainebleau et d'autres châteaux, par Paul Brill, sont d'une grande richesse et d'une incroyable variété; ils mériteraient, ainsi que les peintures, d'être conservés et réparés. Après avoir fait deux beaux tableaux pour la chapelle de Fontainebleau, Dubois mourut en 1615, au moment où il commençait le troisième.

Il avait eu pour l'aider dans ses travaux Jean de Hoey, peintre habile, né à Leyde en 1545, et qui mourut aussi en 1615. Henri IV, qui estimait son talent, l'avait rapproché de lui en lui donnant une place de valet de chambre ordinaire, et il l'avait chargé de la garde de tous ses tableaux.

Parmi les élèves d'Ambroise Dubois, on cite Jean Dubois, son fils, qui fut chargé de faire plusieurs tableaux pour Fontainebleau; Paul Dubois, son neveu; Ninet Flamand; Maugras de Fontainebleau, qui orna de peintures l'appartement de Monsieur. *Voy.* Félibien, *Entretiens* &c. t. III, p. 313; et surtout l'abbé Guilbert, qui, dans l'ouvrage cité plus haut, t. I.er, p. 137, 161, 170, et t. II, dans plusieurs endroits, donne très au long des détails sur les tableaux qu'Ambroise Dubois et ses élèves exécutèrent à Fontainebleau.

Parmi les tableaux que Marie de Médicis avait placés dans ses appartemens, on remarquait une suite de portraits de Florentins illustres et surtout de grands hommes de la famille des Médicis, que la Reine avait fait faire par des peintres de Florence. On ne nous a pas fait connaître leurs noms : mais il est à croire qu'on ne se tromperait pas en mettant au nombre de ceux qui furent employés à ces travaux, Christophe Allori, qui jouissait alors d'une grande réputation, et ses élèves Zannobi Rossi, Vanni, Valerio Tanteri, Laurent Cerrini, dont Lanzi parle avec éloge (*Stor. pitt.* t. II, p. 236), et qui travaillèrent à la suite des portraits des hommes illustres de Florence. A ces peintres il faudrait ajouter Matteo Rosselli, qui eut une école nombreuse, et qui représenta dans le palais de Poggio Imperiale près de Florence plusieurs traits de l'histoire des Médicis. Il est à présumer que ces peintres, qui florissaient à la cour de François de Médicis (père de Marie), de Ferdinand et de Côme II de Médicis, prêtèrent à Marie de Médicis, pour orner son palais, le secours de leurs talens.

Il paraît que ces appartemens devinrent ceux des reines mères, quand Anne d'Autriche leur préféra ceux de l'autre aile du Louvre (pl. 11); mais ils redevinrent ceux de la Reine, lorsque cette princesse les occupa pendant qu'on travaillait aux siens, après l'incendie qui eut lieu au Louvre en 1661. Mais on voit par ce qu'en dit Mme de Motteville, qu'on ne les regardait que comme les petits appartemens. Si l'on en croit Sauval, qui écrivait à l'époque où Anne d'Autriche les faisait embellir, le luxe de Catherine et de Marie de Médicis, dont il parle avec une sorte de dédain, fut bien éclipsé par la magnificence que déploya Anne d'Autriche. Il ne faut cependant pas s'en rapporter entièrement au jugement de cet écrivain, dont le goût est peu sûr en fait d'arts; et l'on croira difficilement que les peintures de Simon Vouet et de son école, celles de Romanelli, les paysages de Patel et de Fouquières et les ornemens de quelques stucateurs, aient pu rivaliser de beauté avec les ouvrages des grands peintres et des habiles sculpteurs des règnes d'Henri II, de Charles IX et d'Henri IV. Il ne paraît même pas que le Poussin, quoiqu'il fût premier peintre de Louis XIII, y ait employé ses talens; et l'on sait que, dégoûté par des intrigues que ne pouvait supporter son caractère loyal et ferme, il se retira après avoir fait un court séjour à Paris, et renonça, malgré les instances réitérées qui eurent lieu pour le ramener, à coopérer autrement que de loin et par des conseils aux travaux du Louvre.

Une des pièces de ses appartemens auxquelles Anne d'Autriche donna le plus de soin, fut la salle de bain, qui occupait la salle D (pl. 9) ou une partie de celle du Tibre (pl. 11 M), et qui, dans le Louvre de Charles V, formait probablement un grand vestibule, que l'on voit en V dans la planche 8 B. Ainsi que je l'ai déjà dit, il est à croire que, dans les premiers temps du Louvre, cette pièce était la plus importante et peut-être la seule un peu considérable du modeste manoir ou de la maison de chasse de nos rois. Si elle subit de grands changemens sous Charles V et sous François Ier, il est à présumer cependant qu'ils n'allèrent pas jusqu'à la détruire entièrement, et qu'on en conserva en partie les dispositions fondamentales.

Elles ne disparurent même pas lors de la façade de Le Vau, qui ne fit que compléter le plan de Lescot; et ce ne fut que lorsque Perrault fit la sienne du côté de la rivière, que cette salle éprouva le même sort que les autres parties du Louvre et qu'elle fut agrandie du côté de la Seine; mais ces changemens n'avaient pas encore eu lieu, lorsque cette pièce était occupée par les bains d'Anne d'Autriche. Perrault n'éleva cette façade qu'après avoir terminé celle de la colonnade en 1670; et cette reine mourut en 1666. Ce ne fut même que près de cent quarante ans après Anne d'Autriche et de nos jours, que l'on a donné à la salle du Tibre la grandeur et la forme qui lui étaient assignées dans le plan de Perrault.

Anne d'Autriche prodigua dans ses bains les marbres les plus rares, et cette salle semble avoir été destinée à en réunir toujours d'une grande beauté; car il est difficile de voir en ce genre rien de plus magnifique que les colonnes de vert d'Égypte, de vert de mer, de brèche dorée, d'albâtre oriental fleuri, qui la décorent aujourd'hui, et dont les couleurs sont aussi riches et aussi variées que le galbe en est pur et le travail soigné. D'après la description que fait Sauval du marbre qui fut le plus employé pour les colonnes des bains de la Reine, on peut y reconnaître le grand antique (noir et blanc pur), marbre très-beau, très-estimé, et qui jusqu'à présent a été réputé comme antique, ou comme un de ceux que les anciens employaient et dont on ne connaît plus les carrières. Nous avons vu, p. 178, qu'on l'avait retrouvé dans le département de l'Ariége, d'où le tiraient probablement les Romains. Je ne serais donc pas éloigné de penser que celui dont on décora les bains d'Anne d'Autriche, ne venait pas des monumens antiques, mais des carrières des Pyrénées, qu'affectionnait Henri IV, et qui, exploitées sous son règne, avaient été depuis négligées au point d'être ignorées et perdues, jusqu'au moment où elles furent, il y a quelques années, découvertes de nouveau et rendues aux beaux arts par M. Layerle-Capel.

Les chapiteaux des colonnes et les autres ornemens des bains d'Anne d'Autriche étaient en bronze doré, travaillé avec le plus grand soin par Poissant, que Sauval nomme à tort *Perlant*, sculpteur et ciseleur de talent, qui est cité dans les lettres du Poussin et dans les *Entretiens* de Félibien. Les trumeaux et tout le reste de la salle, ornés de stucs rehaussés d'or par Tritani et Arudini, artistes italiens très-habiles en ce genre de travail, offraient des paysages de Patel et de Fouquières. Celui-ci, élève de Breughel de velours, était bon paysagiste et rendait la nature avec vérité; mais son talent, dont cependant Félibien fait l'éloge, était encore bien moins remarquable que sa vanité, qui lui avait mis dans la tête, depuis qu'il avait reçu des lettres de noblesse, de ne plus peindre qu'une longue épée au côté. Quant à Patel, ce qui nous reste de ses ouvrages et de ceux de son fils, qui travailla avec lui, montre qu'ils mettaient beaucoup de richesse dans leurs compositions, qu'ils savaient les varier et que leurs formes avaient de l'élégance.

Ce fut Errard (1), l'un des meilleurs peintres des règnes de Louis XIII

---

(1) Charles ERRARD, peintre et architecte, naquit à Nantes en 1606. Il fit pour Fontainebleau plusieurs plafonds, et Louis XIII le chargea de la direction de

et de Louis XIV, qui peignit le plafond dont cette salle était ornée. Il fit aussi quelques peintures dans les autres pièces de ces bains. On y voyait en outre une suite de portraits de rois d'Espagne depuis Philippe I.ᵉʳ jusqu'à Philippe IV; ils étaient de Velasquez (1).

Nous avons vu (page 393) qu'à partir de la salle du Tibre, beaucoup moins grande sous Anne d'Autriche qu'elle ne l'est aujourdhui, celles du

toutes les peintures qu'il faisait exécuter dans ce château et au Louvre. Errard fut envoyé par le cardinal de Richelieu à Rome pour y faire mouler plusieurs statues antiques, du nombre desquelles devaient être les admirables colosses de Monte Cavallo, que l'on aurait coulés en bronze pour les placer devant l'entrée du Louvre. Il est à regretter qu'on n'ait pas donné de suite à ce projet. Errard étudia les monumens antiques, et en releva même les mesures; il ne sut cependant pas mettre à profit ces études, lorsqu'il fut chargé d'élever l'église de l'Assomption à Paris, et l'on est forcé de convenir avec Milizia (*Memorie degli architetti*, t. II, p. 197) que si le portique corinthien de cette église ne manque pas d'élégance, c'est en pure perte pour l'ensemble, et que les colonnes sont écrasées par l'entablement, le fronton, et par le dôme lourd et sans grâce qui surmonte toute cette composition. Peut-être aussi, dit Milizia, exécuta-t-on mal les plans qu'avait envoyés Errard. En 1648 Errard fut un des douze artistes qui, sous la protection du chancelier Séguier, fondèrent l'académie de peinture. Ce peintre architecte fut nommé directeur de l'académie de Paris, et ensuite de celle de Rome, où il mourut en 1689. Il est singulier que Félibien, dans ses *Entretiens*, ne parle pas d'Errard; il n'en est pas non plus question dans Orlandi : mais on trouve quelques détails sur ses ouvrages dans l'*Histoire de Fontainebleau* par l'abbé Guilbert.

(1) Diego VELASQUEZ DE SYLVA, d'une famille distinguée de Séville, naquit en 1596. Dès ses premières années, ayant annoncé les plus grandes dispositions pour la peinture, on le confia à Herrera, habile peintre, qui lui donna tous ses soins. Il reçut ensuite des conseils de Pacheco, un des meilleurs peintres qu'il y eût en Espagne, dont l'école était alors si florissante. Velasquez étudia beaucoup la nature : son goût le portait à peindre le paysage, les animaux, les fruits; cependant il s'éleva jusqu'au genre historique et il fit des portraits : un de ses tableaux, qu'il peignit très-jeune encore, fut jugé digne d'être placé dans un des châteaux du roi d'Espagne. L'école romaine et le coloris de celle de Venise devinrent les principaux objets de ses études; et la manière dont il en profita, lui mérita des succès. Rubens, étant venu avec le titre d'ambassadeur à Madrid, se lia avec le jeune Velasquez; il encouragea ses efforts et lui promit des succès. Pour donner à ses talens tout le développement dont ils étaient susceptibles, Philippe IV le fit partir pour l'Italie, et le chargea de lui faire une collection de tableaux et de statues. S'étant arrêté à Venise, Velasquez y copia la belle Descente de croix du Tintoret. Arrivé à Rome, il y fut reçu de la manière la plus honorable par le cardinal Barberini, qui lui offrit sa table et sa voiture. Le séjour de Rome fut très-utile au jeune peintre, qui, se livrant avec ardeur au travail, dessina la plus grande partie des ouvrages de Raphaël, le *Jugement dernier* de Michel-Ange, et les meilleurs tableaux des grands maîtres; il laissa aussi à Rome un grand nombre de beaux portraits. A son retour en Espagne, il fut créé chevalier de la Clef d'or. Après y avoir passé quelque temps, et y avoir porté sa réputation au plus haut point, il repassa en Italie, où il reçut l'accueil qu'on eût fait à un grand d'Espagne. Il y peignit un portrait d'Innocent X, que Lanzi (*Storia*, t. II, pag. 191) compare à ceux de Léon X et de Paul III par Raphaël et le Titien. Enfin Velasquez, comblé d'honneurs et de richesses, revint à Madrid, où il mourut en 1660.

Héros combattant, de la Pallas (pl. 56, 58), qui forment une si belle suite jusqu'à la salle de la Melpomène, sont une création nouvelle due à MM. Raimond, Percier et Fontaine, qui en ont fait la distribution et en ont aussi composé et exécuté toute la partie décorative. Perrault avait laissé tout à faire dans le grand espace renfermé entre la nouvelle façade sur la Seine et celle du levant, qu'il masqua sans la détruire entièrement. On eut donc à construire toutes les voûtes et à établir, au moyen de grandes arcades, les communications entre les différentes salles. Ces travaux, auxquels les anciennes constructions du levant, du côté de la salle du Tibre, opposaient de grands obstacles, présentèrent une foule de difficultés qui furent habilement surmontées et dont aujourd'hui l'on n'aperçoit plus les traces. Ce ne fut pas non plus sans peine que l'on mit de la régularité dans les divisions architectoniques des murailles : l'une appartenait au Louvre de Lescot, l'autre à celui de Perrault, qui, ne songeant qu'à sa façade, lui avait donné des proportions qui ne pouvaient plus s'accorder avec ce qu'avaient fait ses prédécesseurs, et qu'il aurait changées s'il eût exécuté ses plans. Nos architectes en conçurent un qui convenait à la distribution de ces salles : ils se servirent, en les régularisant, des ouvertures de l'ancienne façade, qui forme aujourd'hui le mur de refend de cette aile, pour y faire, en correspondance avec les fenêtres, des arcades propres à recevoir les statues et les autres monumens. S'il eût été possible de les faire à jour et de mettre en communication les unes avec les autres les salles des deux parties de cette aile, cette disposition aurait peut-être donné à tout cet ensemble un aspect plus grandiose ; mais cela n'était pas praticable, les fenêtres du côté de la cour n'étant ni de la même grandeur ni sur le même axe que celles qui regardent la Seine. La suite des salles de cette partie du Louvre offre une magnificence réelle et bien entendue, et c'est autant dans l'intérêt des monumens que pour ajouter à la richesse de l'architecture que l'on a revêtu les murailles d'un marbre dont la couleur douce à l'œil forme aux statues un fond qui s'harmonise bien avec le marbre statuaire. C'est un luxe solide, digne du palais des Rois de France. On attend avec impatience le moment où, pour l'honneur des chefs-d'œuvre antiques que possède la couronne, elle déploiera ce luxe dans toutes les salles du Louvre qui en sont susceptibles. L'ombre du bon Henri, qui prenait tant à cœur les marbrières de France, sourirait de plaisir en voyant celles de ses Pyrénées fournir, avec une abondance qu'on ne pourrait épuiser, leurs plus riches marbres pour achever et orner ce Louvre qu'il s'était plu à embellir.

En parcourant les salles qui donnent sur la Seine, on est frappé de la beauté des colonnes qui les décorent et qui sont toutes des matières les plus riches : les unes sont en granit rose d'Égypte, d'autres en albâtre oriental rubané et fleuri, ou en brèche arlequine très-rare. Mais les plus remarquables de ces colonnes par leur grandeur et la perfection du marbre sont les huit en vert antique de la plus belle qualité ; elles viennent de Fontainebleau et du château d'Écouen, et il est probable qu'elles sont en France depuis très-long-temps et qu'elles faisaient partie des objets précieux que François Ier et Henri IV firent venir d'Italie. (*Voy.* sur ce marbre brèche la page 178.) Dans la salle de la Melpomène (pl. 11, P, et pl. 56), qui termine cette belle suite, on a prodigué avec goût les plus beaux marbres. La partie circulaire, commencée par M. Raimond, a été terminée par MM. Percier et Fontaine, qui l'ont enrichie de grandes dalles d'une superbe brèche violette. Mais c'est dans le pavé qui est aux pieds de la statue que l'on a fait le plus riche emploi des marbres les plus précieux et des substances vitrifiées et changées en émaux. A l'exemple des anciens et de Rome moderne, on a décoré cette salle d'un magnifique pavé en mosaïque, dont le dessin, dû à M. le baron Gérard, aujourd'hui premier peintre du Roi, a été peint par MM. Franque et exécuté par M. Belloni (1) avec une grande exactitude dans les formes et dans la couleur. Cette peinture en mosaïque peut être mise à côté de celles de Rome et au-dessus de la plupart de celles qui nous restent de l'antiquité, et, de même que les autres ouvrages sortis des ateliers de M. Belloni, elle prouve que cet art, importé en France par cet artiste romain, s'y est naturalisé, et que, lorsqu'on voudra, on pourra, comme à Rome, reproduire les chefs-d'œuvre de nos grands maîtres et perpétuer le souvenir de leurs talens dans des copies fidèles, et qui résisteront mieux au temps que les productions de la peinture.

On voit représentée sur cette mosaïque (pl. 57), avec tous les tons de la palette, Minerve montée sur son char attelé de quatre beaux coursiers. La déesse de la valeur et de la sagesse les guide d'une main, de l'autre elle tient une Victoire; la Paix et l'Abondance la suivent. Quatre fleuves, le Nil, le Danube, le Pô et le Niémen, couchés et appuyés sur leurs urnes, sont entourés d'accessoires qui les caractérisent, de couronnes, de trophées

---

(1) M. François BELLONI est né à Rome en 1772. Il se livra d'abord aux arts plutôt par goût que pour en suivre la carrière. La mosaïque était alors, sous Pie VI, fort en honneur à Rome. M. Belloni reçut dans cet art des leçons de deux artistes habiles en ce genre, de Vechis et de Nochia, qui étaient employés aux immenses et superbes tableaux en mosaïque du Vatican. Mais ce fut en France que M. Belloni exerça le plus son talent, et depuis plusieurs années il est chargé des mosaïques et des riches pavés à compartimens du Louvre. Ses principaux ouvrages, dont plusieurs ont été exposés aux divers salons, sont, après la grande mosaïque de la salle de Melpomène, un grand portrait de Sa Majesté Louis XVIII, et la majeure partie des belles cheminées ornées de mosaïques placées à Saint-Cloud, au Louvre et dans plusieurs beaux hôtels de Paris. M. Belloni a aussi exécuté en pierres dures, telles que des agates, des jaspes, des cailloux, des mosaïques dans le goût de celles qui ont donné tant de réputation aux ateliers de Florence, et il a employé de la même manière les pierres tendres; au moyen de certaines préparations il a coloré d'une manière durable le marbre blanc, et a imité par cette ingénieuse ruse différens marbres de couleur. C'est aussi lui qui, surmontant de grandes difficultés d'exécution, a restauré la belle mosaïque antique trouvée à Lyon par M. Macorse, et il a rendu le même service à d'autres mosaïques découvertes dans cette ville. Ces précieux monumens ont été savamment expliqués et publiés avec de belles planches par M. Artaud, directeur de l'intéressant musée de Lyon. Les petites pierres qui forment ces mosaïques ne tenaient plus les unes aux autres, l'humidité en ayant altéré le ciment : pour les réunir et les réparer, M. Belloni a été obligé d'avoir recours aux procédés dont on se sert pour rentoiler un tableau, et qui lui ont très-bien réussi.

d'armes; des guirlandes enrichissent les encadremens disposés autour du tableau principal; une grecque ou un méandre de couleurs variées et à l'effet termine par une riche bordure cette magnifique mosaïque. Je ferai remarquer qu'elle n'est pas exécutée en entier de la même manière, que les sujets sont en petits cubes ou en fragmens, comme en général les mosaïques antiques, et que ce sont des émaux ou des pâtes de verre coloriées et opaques, tandis que la plupart des ornemens, entre autres la bordure, sont composés de plaques et de marbres divers, travaillés dans le genre des mosaïques de Florence en pierres dures. Les anciens pratiquaient aussi ce genre de travail avec beaucoup d'adresse dans de grandes mosaïques ornementales en marbre, telles que celles que j'ai vu déterrer dans le temple de Sérapis à Pouzzoles, et recomposer par M. le chanoine Jorio, savant et infatigable amateur d'antiquités, aux talens et au zèle de qui pour les découvertes mon amitié aime à rendre ici l'hommage qu'ils méritent.

La salle du Candélabre (L, pl. 10), où l'on entre en sortant de celle du Tibre, ne faisait pas partie des bâtimens du Louvre à la première et à la seconde époque de ce château. On voit par le plan (pl. 8, B) que l'emplacement où elle se trouve était occupé par le fossé, du temps de Charles V; et lorsque, sous François I.er, Lescot agrandit le Louvre et en refit en partie les constructions, il s'arrêta de ce côté au fossé et n'éleva rien au-delà. Sous Henri II et sous Charles IX, lorsqu'on eut ajouté, en dehors du Louvre et du fossé, la grande aile perpendiculaire à la Seine (pl. 10, de E en I), on voulut la mettre en communication avec le palais et l'on en établit une à travers le fossé. Mais on voit par le plan (pl. 9, E) que ce n'était alors qu'un passage, une galerie, qui n'avait que 7 pieds de large, et il est probable aussi que cette construction ne s'élevait pas en masse du fond du fossé, et que c'était un pont couvert. Il est même à croire et presque certain que ce petit corps de logis n'avait qu'un étage, puisque ce passage, lorsqu'il fut établi, était à l'extrémité d'une aile qui n'en avait aussi qu'un, et qui était terminée en terrasse. Par le plan de du Cerceau que je donne (pl. 9), on voit que cette galerie avait été faite avant le gros pavillon (G, pl. 10), qui n'était que commencé et auquel on ne comptait pas donner la forme qu'on lui voit aujourd'hui. On peut même remarquer que les deux murailles d'angle de cette aile du côté de la place sont pleines et qu'il n'y a pas d'ouvertures. Ce grand bâtiment qui allait vers la Seine était entièrement réservé au Roi et à la Reine, qui pouvaient y passer de leurs appartemens au rez-de-chaussée et au premier étage du Louvre. Ce fut sous Henri IV et sous Louis XIII, lorsqu'on agrandit les appartemens de Marie de Médicis et d'Anne d'Autriche pour y faire de beaux bains et une salle de spectacle, que de ce passage on fit une grande salle, et que l'on étendit du côté de la place la façade en lui donnant la grandeur et la forme qu'elle a présentement, quoiqu'il paraisse que ce ne fut qu'à plusieurs reprises, et qu'il y eut quelques changemens apportés au premier plan, que l'on attribue en partie à du Cerceau. Aussi de ce côté tout porte le caractère de constructions ajoutées après coup, et l'on voit que par la disposition des salles C et L (pl. 10) on a été forcé de mettre les portes dans les angles de la salle L pour établir une communication directe avec la longue suite des appartemens de la Reine (de V en Q, pl. 11), les seuls qui existassent alors dans cette aile. Le mur de face de la salle du Candélabre, du côté de la Seine, occupe la même place que dans le plan de du Cerceau (pl. 9, E); il était dans l'alignement de la façade de Lescot, et fut conservé par Le Mercier, par Le Vau et par Perrault, qui se bornèrent à y faire des changemens dans l'ordonnance extérieure.

Sous Catherine de Médicis, cette petite galerie était ornée de peintures sur mur : elle le fut de la même manière lorsqu'elle devint une salle des appartemens d'Anne d'Autriche. Grimaldi surnommé *le Bolognese* (1), habile peintre, fut chargé de l'embellir de paysages. Ces peintures, qui eurent une grande réputation, ont disparu depuis long-temps dans les changemens qui eurent lieu dans cette salle.

Lors du premier établissement du Musée des antiques, cette salle reçut de la belle statue de Diane à la biche qu'on y avait placée, le nom de *salle de la*

---

(1) Jean-François GRIMALDI naquit à Bologne; ce qui lui fit donner le surnom de *Bolognese*, sous lequel il est plus connu que sous son nom de famille. Il étudia dans l'école des Caraches et s'y distingua. Son goût le portait surtout vers le paysage, genre dans lequel il eut assez de succès pour que plusieurs de ses dessins et de ses tableaux fussent pris pour être de la main d'Annibal Carache et pour pouvoir lutter avec ceux de Paul Brill. Grimaldi s'attachait à imiter la nature avec vigueur, évitant cette sécheresse et ces minuties de détails inutiles que souvent les peintres flamands mettaient dans leurs ouvrages. Ses fabriques sont variées et d'un beau caractère; sa touche, dit Lanzi, est légère, et son coloris vigoureux, quoiqu'on puisse lui reprocher un ton général trop vert. Grimaldi possédait la science de la perspective, science si indispensable au peintre et que trop souvent il néglige ou ne connaît pas assez à fond. Le Bolognese ne se borna cependant pas au simple paysage : il dessinait la figure avec goût et avec pureté, et il avait fait toutes les études qui forment le peintre d'histoire. Il peignit de beaux plafonds à Rome, surtout dans les palais Borghèse et Colonna, où il laissa beaucoup de ses ouvrages. Ce peintre avait aussi, selon Lanzi (*Storia* &c. t. V, p. 155), un grand talent comme architecte, et Orlandi, dans son *Abecedario*, dit qu'il le fut de Paul V. Cependant Milizia ne le nomme pas parmi les architectes dont il a donné une nombreuse suite. Grimaldi était encore bien jeune à la mort de Paul V en 1621 : pouvait-il avoir assez d'expérience dans un art qui en demande tant, pour que le pape l'ait employé comme architecte? Il réussissait aussi très-bien dans la gravure à l'eau-forte, et il grava avec succès ses paysages et ceux du Titien. Lorsque le cardinal Mazarin s'occupa de la décoration de son palais, aujourd'hui la Bibliothèque du Roi, il fit venir d'Italie Grimaldi, qui arriva à Paris en 1648. Mais il paraît, d'après Félibien (*Entretiens* &c. t. IV, p. 530), que les troubles qui divisaient alors Paris s'opposèrent à ce que ce peintre pût commencer dès son arrivée les travaux pour lesquels il avait été appelé. Lorsque le calme fut rétabli, le Bolognese, de concert avec Romanelli, peignit plusieurs plafonds de la Bibliothèque et d'autres grandes salles du palais du cardinal Mazarin : il travailla aussi au Louvre. A peine ces différens ouvrages furent-ils terminés, qu'il retourna à Rome, où il passa de longues années au service de plusieurs papes. Il paraît qu'il travailla surtout pour Innocent X, qui l'employa au Vatican, au Quirinal, et même à l'église Saint-Martin du Mont, où il fit plusieurs paysages enrichis de sujets historiques. Le Bolognese mourut presque octogénaire. Selon Lanzi, ce peintre vivait encore en 1678; ce qui porterait sa naissance vers l'an 1600.

Diane : aussi retrouve-t-on, quoiqu'elle ait changé de nom, dans les peintures et les bas-reliefs qui la décorent, des sujets qui ont rapport à la chaste déesse de la chasse, et qui avaient été indiqués avec goût par le célèbre Visconti. (*Voy.* pl. 59.)

DIANE PRIE JUPITER DE NE PAS L'ASSUJETTIR À L'HYMEN (pl. 60). — Ce tableau, qui remplit le milieu de la voûte de cette salle, est de Prudhon (1). Le

(1) PRUDHON, né en 1760, à Cluny, dans le département de Saone-et-Loire, montra dès son enfance, au collége, où il était condamné au latin, les plus heureuses dispositions pour les arts du dessin. S'il cherchait à rendre ses idées soit par des traits ou de la couleur, soit en ébauchant des figures avec son canif, ses essais décelaient à des yeux exercés le talent de l'imitation, et l'on y découvrait un génie capable d'inventer la peinture et la sculpture. Frappé du talent qu'annonçait le jeune Prudhon et qui pour se développer ne demandait que la liberté de s'abandonner à ses efforts, M. Moreau, évêque de Mâcon, le retira de l'école, où ses livres barbouillés de dessins attestaient son peu de respect pour les auteurs classiques. Il le fit entrer dans l'atelier de M. Devosges, peintre de talent et directeur de l'académie de Dijon. Prudhon avait alors près de quinze ans. Doué de la plus grande facilité, pour lui le travail était presque un jeu, et ses essais devenaient des succès. Ceux qu'il obtenait dans un art qu'il devait honorer un jour, ne remplissaient pas seuls son cœur sensible ; il en desirait, il en mérita d'autres. Entraîné par le sentiment le plus tendre, Prudhon se maria à dix-neuf ans. Sa jeunesse cependant et ses nouveaux liens ne le détournèrent pas de ses études autant qu'on aurait pu le craindre; car à vingt ou vingt-un ans il remporta le premier prix de peinture à l'académie de Dijon. Cette victoire procurait un séjour de trois ans à Rome au jeune artiste qui l'avait remporté. Pendant le séjour qu'y fit Prudhon, il étudia avec ardeur Raphaël, les chefs-d'œuvre de la sculpture antique, Léonard de Vinci, le Corrége, et il contracta une liaison intime avec Canova, qui, par sa manière de sentir et de rendre la nature en sculpture, offrait de grands rapports avec Prudhon. De retour en France à l'époque de nos premiers troubles, les circonstances malheureuses où se trouvaient les arts forcèrent notre peintre d'abandonner pendant quelque temps la peinture historique, dont les productions n'étaient pas de défaite, pour se livrer à la miniature, qui trouvait mieux à se placer. Ce fut alors que naquirent en foule sous le crayon facile de Prudhon ces dessins charmans, remplis d'idées et d'une grâce indéfinissable, et qui de tous côtés révélaient le grand peintre. Sans le savoir, pour ainsi dire, il produisait des chefs-d'œuvre qui, s'échappant de sa retraite presque malgré lui, ou sans qu'il se doutât du bruit qu'ils faisaient parmi les gens de goût, ne tardèrent pas à le faire connaître de la manière la plus avantageuse, et lui acquirent une réputation qu'il ne recherchait pas plus que la fortune et que la vogue qui lui attira un grand nombre d'ouvrages. Tous ceux qui parurent de lui se distinguèrent par les qualités les plus aimables et les plus attrayantes. C'était le peintre des Grâces ; presque toujours elles guidèrent son pinceau. On eût dit qu'en étudiant la nature il l'avait presque vue avec les yeux du Corrége, et qu'il s'était inspiré du même genre de beauté. Le charme qu'il répandait sur ses figures, le moelleux abandon de leurs attitudes, le vague des contours, la volupté douce et naïve qui anime leur sourire, tout y rappelle le Corrége. Ce n'est pas cependant que, malgré toute la suavité du pinceau de Prudhon, on retrouve dans son coloris un ton local aussi vrai, aussi enchanteur, que celui du peintre italien : souvent l'effet en est un peu froid, la lumière n'en est pas assez colorée, et il abuse du violet et du jaune. En général, son dessin a de la pureté et de l'élégance, et il ne manque même pas de vigueur, quoique

fond de la composition est occupé par les célestes habitans de l'olympe : on y reconnaît Minerve, Vesta. Jupiter, sur son trône, reçoit la supplique de sa fille; l'aurore commence sa carrière, et le ton brillant et harmonieux du coloris place la scène au moment où l'avant-courrière du jour répand sur la nature l'or de ses premiers rayons. On retrouve dans cette agréable composition le ce ne soit pas le caractère de son talent. De même que d'autres grands maitres et que Corrége, il s'était créé un genre de beauté qui lui était particulier, et qui répand peut-être un peu d'uniformité dans l'expression de ses figures : ce sont toujours aux différens âges et dans les deux sexes les personnages d'une même famille. Le visage arrondi, des yeux larges et couverts, le nez assez fort et carré, la bouche grande et dont les coins sont fortement sentis, les mains et les pieds d'une forme séduisante, mais un peu longs, sont des caractères généraux qui distinguent les figures de Prudhon en leur donnant quelquefois un peu de manière, et qu'on retrouve dans presque toutes ses compositions. Parmi les principales on cite, pour un plafond de Saint-Cloud, *Minerve élevant le génie vers l'empyrée*. Prudhon, dans ce tableau, porta à un haut degré la grâce qui lui était naturelle. Il développa de la vigueur de pensée et d'exécution et une expression d'un grand caractère dans *la Justice et la Vengeance qui poursuivent le crime*. Peut-être, avec M. Quatremère de Quincy, aurait-on raison de dire que, par un manque d'accord entre les idées allégoriques, Prudhon a mêlé dans ce bel ouvrage le réel avec l'idéal. Ses deux belles divinités vengeresses appartenant à l'allégorie ou à des idées personnifiées, il en devrait être de même du Crime, tandis que Prudhon n'a représenté qu'un criminel qui serait poursuivi par deux femmes ailées, et l'on croit même y reconnaître quelques traits du féroce Caracalla. Cet habile homme a fait aussi une belle Assomption pour la chapelle des Tuileries. Les sujets qui plaisaient le plus à Prudhon et où il réussissait le mieux, étaient ceux où il pouvait se livrer à tout le charme de son imagination : aussi Vénus, les grâces, les nymphes, les amours, et les scènes riantes de la mythologie grecque, étaient-ils les objets favoris de ses gracieuses compositions. On se rappelle avec plaisir avoir vu de lui aux diverses expositions du Louvre *Adonis et Vénus*, *l'Enlèvement de Psyché par Zéphire*, ce dieu folâtre se balançant au-dessus d'un ruisseau; tous ces sujets sont traités d'une manière remplie de charme, et l'on y trouve, suivant l'expression de M. Quatremère de Quincy, la pureté des contours antiques alliée à la mollesse des grâces du Corrége. *La pauvre Famille*, qui fut au salon de 1824, retenait par le charme qui s'attache à l'infortune. Cette exposition et plusieurs autres offrirent de très-beaux portraits de Prudhon, dont le dernier tableau et peut-être un des plus beaux ouvrages fut un Christ sur la croix, ayant à ses pieds la Sainte-Vierge et S. Jean. Il sut dans cet ouvrage se tirer en homme habile de la difficulté que lui opposait la forme en hauteur et trop allongée de la toile; mais il répandit dans toute sa composition un sentiment profond de tristesse. C'était le chant du cygne : ce tableau fut exécuté en 1824 au milieu des souffrances qui annonçaient la fin de Prudhon; trois jours après l'avoir terminé, il fut enlevé à la peinture, à laquelle il laissait un chef-d'œuvre. M. Quatremère de Quincy, le 2 octobre de cette année, fit l'éloge de ce grand peintre. Ses dessins, dont la plupart sont sur papier bleu et rehaussés de blanc, sont recherchés comme très-précieux dans les plus riches collections. La gravure a reproduit un grand nombre de ses ouvrages, et la société des Amis des arts de Paris en a fait graver trois : *Psyché enlevée par Zéphire et les Amours*, d'après le dessin original; *le Zéphire se balançant*, d'après le tableau qui fait partie de la collection de M. de Sommariva, et *la pauvre Famille*. La première de ces belles estampes a été gravée par M. H. C. Müller; la seconde, par M. Laugier; la dernière est de M. Caron.

caractère, le dessin et les airs de tête gracieux qui distinguaient Prudhon. Peut-être, pour donner de la chaleur et de la suavité à son coloris, a-t-il abusé des tons jaunes et violets. Mais le reproche le plus fondé que l'on pourrait faire à cette estimable production, c'est que le sujet ne s'y explique pas avec clarté. On voit bien que Diane sollicite une grâce de Jupiter; mais rien n'indique qu'elle le supplie de ne pas la forcer à contracter des liens que sa chasteté et sa fierté repoussent.

Les bas-reliefs, tels que les faunes, les satyres des deux sexes, et les chiens qui ornent les riches caissons de cette voûte, ont été moulés sur ceux dont Jean Goujon a décoré l'escalier d'Henri II, et dont il a déjà été question p. 438. (*Voy.* pl. 29 *bis* et 60.) Les quatre grands bas-reliefs ont été exécutés par trois de nos sculpteurs modernes.

DANSE DE JEUNES FILLES SPARTIATES EN L'HONNEUR DE DIANE (pl. 61), par M. Cartellier (*voy.* p. 409). — Plusieurs des jeunes et belles compagnes de la déesse des forêts, la tête ornée de ces couronnes de roseaux qu'on nommait *thyréatiques*, dans le costume élégant et léger qui convient à leurs courses à travers les bois, forment des danses autour du buste de la déesse; elles invitent par leurs gestes les autres nymphes à se joindre à leurs jeux. Ces jeunes filles ont orné de festons l'image de Diane; les fruits qu'elles lui offrent sont déjà sur l'autel : elles vont y déposer des couronnes, et le jeune faon qu'elles traînent à leur suite sera la victime qu'elles immoleront à la déesse.

DIANE ET SES NYMPHES DEMANDENT À VULCAIN LEURS ARMES DE CHASSE (pl. 61), par M. Espercieux (1). — La déesse de la chasse et ses compagnes

---

(1) M. Jean-Joseph ESPERCIEUX, né à Marseille en 1760, se livra dès l'âge de quatorze ans aux travaux de la sculpture, et on l'exerça sur le bois et sur la pierre. Pour développer ses dispositions naturelles on l'envoya à dix-neuf ans à Paris, où il eut successivement pour maîtres MM. Bridan, chez qui le plaça M. Dandré-Bardon, et ensuite Foucou, Julien, Roland, et surtout David, qui le mit dans la bonne route. M. Espercieux n'a paru au salon qu'en 1795. Lorsque sous le Directoire les arts purent reprendre avec plus de tranquillité leurs travaux, une statue de la Liberté fit obtenir à M. Espercieux le premier prix de sculpture conjointement avec Chaudet. Sous le consulat il fit en marbre, pour le musée de Versailles, une statue de la Paix, et celle de Mirabeau pour le sénat. Il y eut de lui au salon de 1806 une *Femme grecque se disposant à entrer au bain*; en 1808, une statue de Bonaparte pour le sénat, et depuis, pour l'arc de triomphe du Carrousel, un bas-relief qui avait pour sujet la bataille d'Austerlitz. En 1810, ce sculpteur exécuta en marbre, pour le pont Louis XVI, la statue colossale du général Roussel. Il fit aussi, pour la Chambre des Députés, un bas-relief de 26 pieds de long représentant la reddition de Vienne, et la même année, quatre bas-reliefs pour la fontaine de Saint-Sulpice. On vit de lui aux diverses expositions du Louvre un *Ulysse reconnu par son chien* (1812), *Diomède enlevant le Palladium* (1816), *Philoctète tourmenté par les douleurs de sa blessure*. Cette dernière figure a été exécutée en 1817 en marbre par M. Espercieux, et elle est à Compiègne. Cette même année il fut chargé de faire pour le pont Louis XVI la statue de Sully. En 1824 le Gouvernement lui demanda de

ont épuisé leurs carquois; l'une même paraît triste d'avoir perdu ses armes. Elles se présentent à Vulcain, qui, près de son enclume et appuyé sur son marteau, les reçoit à l'entrée de ses ateliers, et paraît disposé à accueillir favorablement la demande de la troupe chasseresse.

DANSE DES AMAZONES À LA FONDATION DU TEMPLE DE DIANE À ÉPHÈSE (pl. 62), par Foucou (1). — La statue de la déesse, telle ou du moins à peu près telle qu'on l'adorait dans cette capitale de l'Ionie, indique que la scène s'y passe; rien cependant ne fait voir que les danses ont lieu pour la fondation du temple, et sans le titre de ce bas-relief on n'y verrait tout simplement qu'une fête en l'honneur de Diane. On pourrait trouver aussi que l'habile sculpteur auquel on le doit, n'a pas assez observé le costume antique, et que celui qu'il a suivi n'est pas toujours bien ajusté, et qu'il est plus léger qu'il ne convient à de sévères amazones qui célèbrent les fêtes de la chaste déesse.

ORESTE ET IPHIGÉNIE ENLÈVENT LA STATUE DE DIANE TAURIQUE (pl. 62), par Foucou. — Thoas est renversé près de l'autel où il voulait faire sacrifier par Iphigénie Oreste et son fidèle Pylade; un des siens cherche en vain à le défendre, et il adresse d'inutiles prières à Pylade, qui est sur le point de lui arracher la vie. Oreste s'est emparé de la statue de Diane, et, précédé par Iphigénie, il va monter sur le navire prêt à les recevoir et à les soustraire à ces bords inhospitaliers. Cette composition, dont l'exécution est en général assez satisfaisante, a peut-être le tort d'être divisée en deux parties qui ne se lient pas assez l'une à l'autre.

Nous retrouvons encore Diane dans les deux tableaux qui ornent les cintres de cette salle.

---

reproduire en marbre une *Figure de jeune homme entrant au bain* dont il avait exposé le modèle au salon. Outre ces grands ouvrages, on en connaît de M. Espercieux beaucoup d'autres moins importans, tels que des bustes, *le poète Lebrun, MM. Lemercier, Arnaud*, de l'académie française; des terres cuites; *l'Envie expirant au pied du mausolée de Racine*; quatre statues de petite proportion qu'il avait faites pour Talma, *Corneille, Racine, Molière* et *Voltaire*. La fontaine du marché Saint-Germain est décorée de quatre bas-reliefs de M. Espercieux: *l'Agriculture, les Sciences et les Arts, la Paix, le Commerce*. Chaque sujet est composé de plusieurs figures qui, par leurs costumes et leurs attributs, concourent à l'expliquer.

(1) FOUCOU, né à Riez en Provence en 1744, était élève de Caffieri; il obtint en 1768 le second grand prix, et en 1769 le premier. Agréé en 1783 à l'académie de peinture et de sculpture, il en devint membre en 1785. Son morceau de réception fut une figure de ronde-bosse en marbre représentant un fleuve. Au salon de 1789 on remarqua sa statue de *du Guesclin*, qui est placée au Louvre, et une *Ariane abandonnée*. Il existe de Foucou une statue du *Puget*, dont il fit la tête d'après un portrait peint par ce grand maître. Son dernier ouvrage est le modèle d'un bas-relief destiné à la fontaine de la Bastille et qui représente les travaux de la chimie sous l'emblème de deux génies. Il est sorti de bons sculpteurs de l'école de cet habile homme, dont les compositions, conçues avec sagesse et avec goût, sont d'une exécution facile et d'un dessin assez pur. Foucou est mort en 1815 ou 1816.

HERCULE OBTIENT DE DIANE LA BICHE AUX CORNES D'OR (pl. 61), par M. Garnier (1). — La scène se passe aux bords du Ladon, dont on voit la divinité entourée de ses nymphes à la gauche du tableau. Hercule a déjà saisi la biche merveilleuse qu'il poursuivait depuis un an. Diane l'avait prise sous sa protection; mais elle ne peut refuser au demi-dieu, fils comme elle de Jupiter, l'animal qu'Eurysthée lui a ordonné de lui ramener vivant. Le peintre a rappelé dans son tableau l'attitude et le costume de la belle Diane à la biche, à laquelle cette salle était autrefois consacrée.

DIANE REND À ARICIE HIPPOLYTE RESSUSCITÉ PAR ESCULAPE (pl. 62), par M. Mérimée (2). — Le moment représenté par l'artiste est celui où le vertueux et bel Hippolyte commence à revenir à la vie. Esculape lui prête une main secourable; Aricie, dans sa surprise et dans l'ivresse de sa joie, se jette aux pieds du dieu, et tend les bras vers l'amant qu'il rend à ses vœux, et surtout aux prières de Diane, qui va réunir et transporter dans son char loin de ces lieux funestes les amans qu'elle protége.

La salle ronde où nous entrons et qui forme aujourd'hui le vestibule du Musée des antiques, ainsi que nous l'avons déjà vu, dépendait autrefois

(1) M. Étienne-Barthélemi GARNIER, né à Paris en 1759, n'entra qu'à dix-sept ans dans la carrière de la peinture. Élève d'abord de du Rameau et de Doyen, anciens académiciens, il eut ensuite pour maîtres Vien et David. En 1787 il remporta le deuxième grand prix, et en 1788 le premier. Pendant le temps que M. Garnier passa à Rome comme pensionnaire du Roi, il se livra à ses études avec ardeur et avec succès sous la direction de Ménageot, peintre de talent et membre de l'académie royale de peinture et de sculpture. Parmi les tableaux que M. Garnier, d'après les réglemens de l'école de France, envoyait chaque année à Paris, on peut citer ceux de 1791 et de 1792. Le premier, qui représentait *Ajax échappant du naufrage*, a été placé au Luxembourg; le second avait pour sujet *Dédale et Icare prêts à s'envoler du labyrinthe*. On vit aussi de lui *Nausicaa recevant Ulysse* et un *S. Jérôme*. Quelque temps après son retour de Rome, M. Garnier obtint un logement au Louvre. En 1799 un grand tableau qui offrait la consternation de la famille de Priam et qui reparut en 1814, mérita les éloges du jury des prix décennaux. En 1801 il traita d'une manière nouvelle le sujet connu de *la Charité romaine* en représentant une jeune femme qui nourrit de son lait sa mère retenue dans les fers. Son tableau de 1803 offrait des *Nymphes se reposant*. On voit de lui à Saint-Denis la *Pompe funèbre des obsèques de Dagobert, accompagnée de ses deux fils encore enfans*. En 1814 il y eut de M. Garnier au salon *Orphée et Eurydice*. Cette même année le Roi fit l'acquisition de son tableau *d'Éponine et Sabinus réfugiés dans un souterrain*; il l'avait fait en 1810. En 1819 il représenta la galerie du Louvre bâtie par Henri IV. La ville de Chartres, ayant voulu consacrer par un tableau le souvenir du passage de M.gr le Duc d'Angoulême à son retour de la glorieuse campagne d'Espagne, en chargea M. Garnier, qui a choisi pour sujet de sa composition le moment où Madame, Duchesse d'Angoulême, reçoit son auguste époux dans le palais épiscopal. Ce tableau a 12 pieds de haut sur 8 de large. En 1816 M. Garnier fut reçu à l'académie des beaux arts; il en était président lors de la mort de Girodet, et il a déploré sa perte dans un discours qu'il a prononcé sur la tombe de ce grand peintre.

(2) M. Jean-François-Léonor MÉRIMÉE, né en 1757 à Broglie, dans le département de l'Eure, ne se destina à la peinture qu'à dix-neuf ans, et fut successi-

des appartemens d'Anne d'Autriche, et, après avoir été en partie projetée sous Henri II et sous Charles IX, ce ne fut que sous Henri IV et Louis XIII qu'elle reçut sa forme actuelle. Quant aux sculptures qui la décorent, elles ne furent exécutées que vers 1660, à l'époque du mariage de Louis XIV et lorsqu'Anne d'Autriche renouvela entièrement tous les ornemens de ses grands appartemens; dépenses que, pendant plusieurs années, n'avaient pu permettre celles que nécessitaient la guerre en Allemagne et en Espagne et les troubles de la Fronde. Michel Anguier, le meilleur sculpteur qu'il y eût alors à Paris après la mort de Sarrazin (1660), fut chargé des sculptures de cette partie du Louvre, et peut-être l'Italie n'avait-elle pas alors de sculpteurs qui eussent mis autant de goût que lui dans ce genre d'ornemens.

La sculpture n'était certainement plus dans la bonne voie en France à l'époque où le calme, en renaissant, permit à Louis XIV de ranimer les arts par la puissance de son génie et par sa munificence; on ne peut cependant pas l'accuser d'avoir abandonné les anciens, puisqu'elle ne les avait jamais bien connus et qu'elle n'en avait ni étudié ni pénétré les principes. Tous ces chefs-d'œuvre antiques et les plâtres moulés sur les plus belles statues, que François Ier, Henri IV et le cardinal de Richelieu firent venir à si grands frais d'Italie, au lieu de vivifier et de propager les bonnes maximes par la force de l'exemple, ne servaient, pour ainsi dire, que de stériles ornemens à des palais, à des jardins. Il y avait en France plus de modèles antiques qu'il n'en fallait pour former une bonne école, si on les eût consultés avec goût; mais le temps n'était pas encore venu de savoir apprécier leur mérite. On dirait qu'on ne s'était procuré ce qu'il y avait de plus accompli en antiques que pour se moquer de la simplicité et de la pureté qui les caractérisent, et pour s'éloigner des principes qui dirigeaient ces grands maîtres. On s'en serait rapproché si du moins on avait imité la naïveté de nos premiers sculpteurs; mais on la dédaignait et on lui préférait un style de convention, et, faisant tant que d'en adopter un, on aurait aussi bien fait de suivre la route qu'avaient tracée Jean Goujon et son école, et qui eût moins écarté de celle où la sculpture devait rentrer un jour.

Mais en Italie la sculpture était-elle alors dans de meilleurs principes, et marchait-elle sur les traces des anciens, ou même sur celles qu'avait si forte-

---

vement élève de Doyen et de Vincent. Séduit par le coloris de l'école flamande, qu'il ne trouvait pas dans les maîtres qui le dirigeaient, il fit un voyage en Hollande pour y étudier la couleur et les procédés employés par Van Eyck, Rubens, Van Dyck et les autres bons peintres flamands. Attiré surtout par le coloris de l'école vénitienne, il alla en 1788 à ses frais en Italie; il y passa cinq ans. Le premier tableau qu'il fit à Rome avait pour sujet *des chasseurs qui trouvent les ossemens de Milon de Crotone*. On a vu de M. Mérimée aux expositions du Louvre, *l'Innocence nourrissant un serpent*; en 1794, une *Bacchante jouant avec un Satyre*; en 1796, *Vertumne et Pomone*; ce tableau reparut en 1798; *Vénus qui s'est blessée en touchant une flèche de l'Amour*. L'étude approfondie de la chimie, à laquelle s'est livré M. Mérimée par rapport aux couleurs, lui a enlevé une partie du temps qu'il aurait pu employer à la peinture, et a réduit à un petit nombre ses productions. En 1820 il a reçu la décoration de la Légion d'honneur.

ment imprimées le génie de Michel-Ange? Qu'eût dit ce grand-homme si, reparaissant soixante ans après qu'il eut été enlevé aux beaux arts, il eût vu l'Italie laisser échapper le sceptre de la sculpture qu'il lui avait légué, ou ne le tenir que d'une main faible et vacillante? Le Bernin et l'Algarde (1) régnaient alors en despotes sur les beaux arts, et ce règne ne devait pas leur faire produire de beaux fruits; la facilité du travail, la promptitude de l'exécution, une fausse chaleur de style, furent mises à la place de l'étude : on eût dit qu'on s'attachait à professer la décadence des arts, au lieu de chercher à la prévenir. D'après des ouvrages de cette époque et surtout de celle qui suivit le Bernin, il semblerait qu'on pensait que la nature était toujours et dans toutes les circonstances bonne à imiter, et qu'il suffisait à un homme d'avoir une tête, des bras, des jambes quelconques, pour être un sujet digne de la sculpture.

La sculpture italienne avait perdu les qualités de Michel-Ange, et n'avait même plus l'énergie de ses défauts; il n'en était resté que de la manière et de l'exagération sans caractère. En parcourant dans la quatrième livraison de

---

(1) Alexandre ALGARDI naquit à Bologne en 1602, suivant Orlandi, et en 1598, selon Milizia (*Memorie* &c.). Après avoir quitté, très-jeune encore, le commerce de soierie où l'avait fait entrer son père, il suivit la vocation qui l'attirait vers les beaux arts, et de l'atelier de Jules-César Conventi, bon sculpteur bolonais, il passa dans celui de Louis Carache, ou du moins il eut toute confiance en ses conseils. L'Algarde resta plusieurs années à la cour du duc de Mantoue, et de là se rendit à Rome pour y étudier les chefs-d'œuvre des anciens. Il paraît cependant qu'il n'en retira pas tout le fruit qu'on eût pu espérer, et qu'il s'exerça long-temps sur de petits ouvrages en orfèvrerie et en ivoire, genre de travail que des sculpteurs flamands avaient apporté à Rome et y avaient mis à la mode. Aussi dans la suite les productions de ce sculpteur se ressentirent-elles des habitudes de minutie et de recherche qu'il avait contractées en se livrant au travail de l'ivoire. Ce ne fut qu'à trente-huit ans qu'il se mit à sculpter le marbre ; ce qui pourrait expliquer et justifier en partie la peine qu'il eut à obtenir du Bernin qu'il le chargeât d'ouvrages en marbre : il est possible que le Bernin ne lui crût pas assez de pratique dans le travail de cette matière. L'Algarde devint enfin sculpteur, et tint un rang distingué dans son art, quoiqu'en général son dessin soit sans vigueur, et ses draperies lourdes et ajustées avec peu de goût. On lui reproche avec raison d'avoir introduit dans la sculpture des compositions qui ne conviennent qu'à la peinture. Son bas-relief d'*Attila mis en fuite par S. Léon* est un des exemples les plus remarquables de ce défaut. Cet immense bas-relief, que l'on voit dans l'église de Saint-Pierre à Rome, est encombré de figures d'une telle saillie, que plusieurs sortent du cadre, et que S. Pierre et S. Paul, planant dans les airs, se détachent du fond et présentent des raccourcis d'un très-mauvais effet. Ce bas-relief plut tant à Innocent X, qu'il conféra l'ordre du Christ à son auteur, et lui passa au cou une chaîne du poids de 300 écus d'or. L'Algarde a montré plus de goût dans la décoration des voûtes des grands appartemens de la villa Pamfili, l'un des plus beaux palais de Rome, dont il avait été l'architecte. Les bas-reliefs dont il a orné les salles n'ont qu'une saillie très-douce, et l'effet en est très-agréable. Ce sculpteur a produit un assez grand nombre d'ouvrages, et on lui doit comme architecte la façade de l'église de Saint-Ignace à Rome, qui n'est pas ce qu'il a fait de plus pur. Il mourut en 1654, et laissa de nombreux élèves qui héritèrent de ses défauts plutôt que de ses talens. (*Voy.* Milizia, *Memorie*, t. II; Cicognara, *Storia*, t. VI.)

M. le comte Cicognara (1) les ouvrages italiens du XVIIe siècle, on est frappé de leur médiocrité, de leurs prétentions et d'une sorte de jactance d'attitudes et d'expressions outrées qui dépassent et faussent celles de la nature. Souvent dans l'école du grand Buonarroti c'était un excès de vigueur, ici ce n'est que de l'enflure, et l'on dirait des histrions transformés en saints, en héros, qui, pour enlever les applaudissemens de la multitude, cherchent à l'étonner par les poses les plus bizarres, les plus prononcées, et par les ajustemens du plus mauvais goût.

Le Bernin et l'Algarde, à qui sans injustice on ne pourrait refuser de grands talens, méconnurent les limites de leur art, et pensèrent que tout ce qu'offre la nature entrait dans le domaine des arts qui s'efforcent de l'imiter. Si d'un côté l'Algarde transportait dans la sculpture les compositions de la peinture, d'un autre côté le Bernin forçait la peinture à imiter les lourdes draperies sous lesquelles il écrasait ses statues, et que M. le comte Cicognara appelle avec raison *rupi Berninesche*, les rochers du Bernin. Il y eut alors en Italie peu de sculpteurs, s'il en fut, qui eussent assez de talent ou de courage pour se soustraire à la funeste influence de ces deux maîtres, et pour préférer les leçons de la nature et de l'antique à celles que le Bernin imposait aux écoles qu'il dominait avec un despotisme qui n'accordait des travaux qu'aux artistes qui marchaient avec soumission à sa suite. Michel Anguier (2) en fit partie pendant plusieurs années, et s'attacha à l'Algarde.

(1) Lorsqu'on a vu une charmante figure de Stefano Maderno (pl. 1), quelques statues du Bernin, où, malgré de lourdes draperies, on découvre de bonnes choses (pl. 1, 2, 3, 4), deux figures de Marchiore et un groupe de Torretti qui seraient mieux s'il y avait moins de prétention, on ne trouve plus que des poses sans naturel, des draperies pesantes et tourmentées, des expressions sans caractère et souvent ridicules, dans tous les ouvrages de sculpteurs italiens qu'offre cette livraison : car je ne citerai pas les belles statues (pl. 6 et 7) du Flamand François Duquesnoy, qui n'était pas Italien, et qu'on pourrait presque regarder comme Français, puisqu'il était à Rome pensionnaire de Louis XIII. Que l'on considère avec impartialité les productions de Guillain, de Sarrazin, de Girardon, du Puget, de Le Gros, des Coustou, on verra que, malgré leurs défauts, par la sagesse de la composition, de même que par le caractère du dessin dans le nu et de l'ajustement dans les draperies, non-seulement ils se soutiennent avec avantage au milieu de ce que produisait alors en sculpture l'Italie, mais qu'ils l'emportent même sur les ouvrages de Michel-Angelo Rossi, de Pietro Pacilli, à Rome ; de Corradini, de Finelli, de San-Martino, à Naples ; de Foggini, à Florence ; de Tirali, de Longhena, de Bonazza, à Venise. C'étaient alors les sculpteurs auxquels était réduite l'Italie ; c'étaient du moins les meilleurs, et ils étaient médiocres : les nôtres auraient pu lutter avec des rivaux plus dignes d'eux.

(2) ANGUIER (François et Michel). Ces deux frères ayant souvent réuni leurs talens dans les mêmes ouvrages, je crois qu'il est à propos de les faire connaître l'un et l'autre, quoique ce soit Michel qui ait été particulièrement chargé des sculptures qui ornent les salles du Musée royal des antiques.

François ANGUIER, nommé ANGUIÈRE par Piganiol de la Force, naquit dans la ville d'Eu en 1604. Il eut d'abord pour maître Carron, d'Abbeville, sculpteur et architecte ; il passa de là à Paris dans l'atelier de Simon Guillain, qu'il quitta bientôt pour voyager en Angleterre et en Italie. Dans le séjour qu'il fit à Rome, Anguier se lia étroitement avec le Poussin, Stella et

Il eût mieux fait de tourner plus souvent ses regards et ses études vers la nature et vers les chefs-d'œuvre de l'antiquité dont Rome était alors peuplée, qu'il aimait et que son bon goût lui faisait apprécier. Malheureusement, dans nos temps modernes, il y a de la mode en sculpture comme en toute autre chose. Les ouvrages de l'Algarde, prônés, exaltés, étaient à la mode, et Anguier s'y laissait entraîner. Il paraît cependant que ce ne fut pas sans regret ou sans combat, et sans jeter quelquefois des regards de repentir vers les antiques modèles, dont la simplicité contrastait tant avec les productions qui avaient alors la vogue: aussi ses personnages, quoiqu'ils ne soient pas exempts, à beaucoup près, de manière dans les attitudes et dans les expressions des figures, en ont-ils moins que ce qu'on faisait à Rome et en France à cette époque; ses draperies, souples, légères et en général bien ajustées, suivent avec grâce et sans effort les contours de ses figures, et elles se rapprochent de l'antique. On voit que celles des anciens avaient été utiles à Anguier, et qu'il a mieux profité de leurs leçons que les sculpteurs italiens de son temps. Il est vrai aussi que, dans des sculptures telles que celles qui décorent notre salle ronde et qui sont de pur ornement,

Dufresnoi, et acquit assez de talent pour qu'à son retour en France Louis XIII le logeât au Louvre et en le chargeant de la garde des antiques, et que des travaux importans lui fussent confiés. Parmi ceux qu'il exécuta, l'on citait, dans l'église de l'Oratoire, rue Saint-Honoré, le *tombeau du cardinal de Bérulle;* dans celle des Célestins, une *statue de Henri duc de Rohan-Chabot,* et à Moulins, dans l'église des religieuses de la Visitation, le *mausolée de Henri duc de Montmorenci,* décapité à Toulouse en 1632. Aux pieds du duc était, en partie voilée, sa femme, Marie-Félice des Ursins: aux côtés du monument, les statues d'*Hercule* ou de *la Valeur,* de *la Libéralité,* de *la Noblesse* et de *la Piété,* rappelaient les grandes qualités du duc. Anguier orna aussi de statues le *mausolée de la famille de Thou* à Saint-André des Arcs, et le *tombeau du commandeur de Souvré,* qui était à Saint-Jean de Latran. Parmi les ouvrages de ce sculpteur, on regarde comme un des meilleurs le *monument* qu'il éleva dans l'église des Célestins *à la mémoire d'Henri I.er, duc de Longueville,* descendant du comte de Dunois, fils naturel du duc d'Orléans assassiné en 1407, à Paris, dans la rue Barbette. Ce monument se composait d'un obélisque et de quatre statues, que nous décrirons lorsque, dans le cours de cet ouvrage, nous examinerons les sculptures de la galerie d'Angoulême. En 1651, François Anguier fit le modèle d'une *statue de Louis XIII* qui fut coulée en bronze pour la ville de Narbonne, et il fit pour Reims *deux anges en argent* qui portent la tête de S. Remi.

Michel Anguier, né en 1612 dans la même ville que son frère, après y avoir fait de même que lui quelques ouvrages, devint aussi élève de Guillain, qui avait alors une nombreuse école et qui jouissait d'une grande réputation, qu'il méritait en partie sous plusieurs rapports. Cependant Michel, animé du désir d'étudier les grands maîtres, partit pour l'Italie. Les dix ans qu'il consacra dans Rome à l'étude de l'antique lui auraient été même plus utiles qu'ils ne le furent, s'il eût eu plus de confiance dans les leçons de la nature et des modèles de l'antiquité que dans celles de l'Algarde. Il mit cependant à profit son séjour dans la capitale des beaux arts, et travailla aux sculptures de la basilique de Saint-Pierre et à celles de Saint-Jean des Florentins. Michel revint en France avec un talent supérieur à celui de son frère. D'Argenville n'indique ni l'année du départ d'Anguier pour l'Italie, ni celle de son retour; mais il est probable qu'il était depuis quelque temps à Paris lorsqu'en 1651

on pardonne bien des irrégularités qu'on ne supporterait pas dans d'autres compositions; et si l'on admet ce genre de décoration, qui n'est pas d'un goût pur en architecture, il faut bien en quelque sorte se prêter à l'illusion, et regarder ces personnages comme des êtres aériens qui se soutiennent en l'air et auxquels toutes les poses sont faciles. Il paraît que cette manière de décorer était fort goûtée de l'Algarde, et il se pourrait qu'il en eût puisé l'idée dans les peintures des Caraches, dont il avait été élève, et qui aimaient à charger de figures, dans toute sorte d'attitudes, les corniches feintes dont ils ornaient leurs plafonds. Mais, de quelque manière que ce système de décoration soit employé, il est rare, malgré son apparence de richesse, qu'il produise un bon effet, surtout lorsque ce sont des figures de ronde-bosse sur de véritables corniches. Ces membres de l'architecture perdent à être interrompus dans leurs lignes et dans leurs profils; on n'y trouve plus le calme et l'harmonie qu'on y desire et qui en font le charme. Ces statues les surchargent et leur ôtent leur élégance : elles ne semblent pas à leur place, et, en vous menaçant de leur chute, elles inspirent plus de crainte par leur situation et leur poids qu'elles ne causent de plaisir par leur beauté. Ce genre d'ornement demande donc à n'être admis, de même que les caryatides,

il fit en terre cuite pour son frère deux statues, Hercule et Alexandre le Grand, destinées au mausolée du duc Henri de Montmorenci. Il fut chargé par Anne d'Autriche de la décoration des appartemens du Louvre, et d'une grande partie des sculptures du Val de Grâce, qui furent terminées en 1667 : il exécuta, entre autres, le groupe de la Nativité, qui passe pour son chef-d'œuvre, et qui, quoiqu'il y ait de bonnes choses, est loin de mériter la réputation qu'il valut à Michel Anguier. Ce fut probablement ce morceau qui contribua le plus à le faire recevoir en 1668 à l'académie, dont il devint recteur en 1671.

En 1674 Michel Anguier termina, d'après les dessins de Le Brun, les bas-reliefs de la porte Saint-Denis, commencés par Girardon, qui avait étudié sous lui et son frère, ainsi que les Marsy, Regnauldin et d'autres. Ces bas-reliefs, composés avec chaleur et qui offrent de très-belles parties, sont *la Hollande* et *le Rhin*, grandes figures au pied des pyramides ; *le Passage du Rhin*, du côté de la ville ; et vers le faubourg, *la Prise de Maestricht, un lion qui terrasse un sanglier*. Anguier et son frère étaient, selon M. Cicognara, t. V, p. 390, du nombre des meilleurs sculpteurs de France à cette époque, et cependant de tous leurs ouvrages il ne cite que ce dernier bas-relief. Michel Anguier fit de grands travaux pour plusieurs églises de Paris. Il y avait de lui dans la chapelle basse de Saint-Denis de la Chartre, église détruite en 1810, une Apparition de Jésus-Christ à S. Denis : c'était un mélange de ronde-bosse et de bas-reliefs, genre de composition qui ne convient pas à la sculpture, et auquel Anguier avait été conduit par l'exemple d'un de ses maîtres, l'Algarde, et de quelques autres sculpteurs d'Italie. Anguier avait fait pour les Filles-Dieu les statues de S. Jean et de S. Benoît. Son dernier ouvrage fut un crucifix en marbre de sept pieds de haut, assez médiocre, et qu'on plaça à la Sorbonne. Celui qu'il avait exécuté précédemment en bois pour Saint-Roch, ne passait pas pour une de ses bonnes productions. Anguier mourut en 1686. Il fut aidé dans plusieurs de ses travaux, surtout à la porte Saint-Denis, par Van Clève (né en 1645, de l'académie en 1681, mort en 1732), qui avait été élève de François Anguier, et qui, après avoir étudié l'antique à Rome, fut employé aux sculptures de Versailles, de Marly, de Trianon, et de plusieurs églises de Paris. La suite de cet ouvrage offrira plusieurs de ses statues. *Voy.* d'Argenville, et l'*Abecedario* d'Orlandi.

qu'avec la plus grande sobriété : il faut imiter les anciens, qui, en plaçant des ouvrages de ronde-bosse dans les frontons de leurs temples, se gardaient bien de les laisser empiéter sur l'architecture, et ne souffraient pas qu'aucune partie en altérât les lignes et les profils et en troublât l'ordonnance.

Il serait inutile d'entrer dans une description circonstanciée des figures de femmes et d'enfans qui ornent les corniches et les voûtes du vestibule et de la salle des Empereurs du Musée royal, et dont les planches 63, 64, 70 et 71 offrent l'ensemble et les détails : elles sont aussi bien que le comporte ce système de décoration, qui peut encourir le reproche d'une surabondance de richesse qui jette de la confusion dans les ornemens, et à laquelle on préférerait une élégante et noble régularité, qui convient mieux à l'architecture. Mais, considérés séparément et comme sculpture, les femmes et les enfans qui se groupent et se jouent au milieu de guirlandes ne manquent pas de grâce, et l'on trouve de la variété et du mouvement dans leurs attitudes et dans le jet de leurs draperies : sous ce dernier rapport, à l'époque où Michel Anguier drapait ainsi ses personnages, on n'en trouvait nulle part qui fussent ajustés avec autant de goût et de souplesse et d'une manière qui rappelât mieux les costumes des anciens. Quoique les enfans ne soient pas aussi bien que ceux du Flamand et du Poussin, et qu'on pût leur desirer souvent une expression plus agréable, cependant ils sont animés et ont assez de naturel. Mais passons aux autres morceaux qui décorent le vestibule.

LE GÉNIE DE LA SCULPTURE (pl. 65), bas-relief par Chaudet (*voy*. p. 445). — N'ayant pour vêtement qu'une draperie légère jetée sur ses épaules, ce beau jeune homme, auquel ses ailes donnent le caractère d'un génie, tient d'une main une torche, emblème du feu qui doit animer ceux qui se consacrent aux arts, et de l'autre il porte une petite statue de Minerve, la déesse qui inspire les grandes compositions. Cette figure, bien pensée et dans le goût des bas-reliefs antiques, est d'un dessin pur et élégant.

LES TROIS ARTS DU DESSIN (pl. 66), bas-relief par Chaudet. — La Peinture, la Sculpture et l'Architecture, que l'on reconnaît à leurs instrumens, se tenant l'une l'autre embrassées pour montrer leur union, offrent un groupe charmant, rempli de grâce et d'élégance dans les attitudes, les contours des figures, et dans l'ajustement des draperies. Celle qui s'élève autour d'elles est bien combinée pour leur servir de fond. Il est à regretter que ce beau bas-relief ne soit pas placé d'une manière qui lui soit plus favorable.

Les enfans qui tiennent des lis, et qui, de chaque côté de ce bas-relief, s'élèvent au milieu de riches arabesques, sont de Michel Anguier (pl. 66).

LA FRANCE MONTRE LE MILON DU PUGET (pl. 67), bas-relief par M. Lorta (1). — Tenant à la main droite un caducée et appuyée sur un

---

(1) M. LORTA, né en 1759 à Paris, est élève de Bridan père. On vit de lui au salon de 1791 un *Amour endormi* et une *tête d'enfant* en marbre, en 1794 une

bouclier orné d'un coq, la France offre à l'admiration le chef-d'œuvre d'un de ses plus grands sculpteurs.

L'ITALIE MONTRANT LE MOÏSE DE MICHEL-ANGE (pl. 67), par M. Lorta. — Couronnée de tours, ayant à la main gauche une corne d'abondance et à ses pieds un chapiteau qui rappelle les monumens de sa gloire dans les arts, l'Italie paraît fière du Moïse de Michel-Ange, l'une des plus belles productions de ce grand homme et de la sculpture moderne.

L'ÉGYPTE MONTRE LE COLOSSE DE MEMNON (pl. 68), bas-relief par M. Lange (voy. p. 449). — Le génie de l'Égypte a sur la tête la fleur sacrée du lotus, et il tient le sistre qu'il agitait dans ses fêtes; dans le fond s'élèvent près du colosse de Memnon les pyramides, antiques et inébranlables témoins de la magnificence de l'empire des Pharaons.

LA GRÈCE MONTRE L'APOLLON PYTHIEN (pl. 68), bas-relief par M. Lange. — Assise, tenant à la main une couronne et environnée des symboles des arts, une déesse que le Parthénon et la statue d'Apollon désignent pour être la Grèce, semble se féliciter des chefs-d'œuvre qu'elle a produits et les offrir pour modèles.

L'HOMME FORMÉ PAR PROMÉTHÉE ET ANIMÉ PAR MINERVE (pl. 69), plafond peint par Berthellemy (1). — Après avoir formé l'homme, Prométhée, protégé

figure de la Liberté; il exposa en 1796 une *statue de la Paix*, et en 1799 un *Hercule en repos* et un *buste d'Helvétius;* en 1803 une statue assise et qui offrait allégoriquement *l'Union conduisant le Peuple français à la victoire;* en 1805 il représenta *le Peuple français;* il mit au salon de 1810 un *Zéphire*, modèle de plâtre, et un groupe en marbre, *Vénus et l'Amour. Diane surprise au bain, Minerve protégeant les arts*, et un *buste du Corrége*, parurent en 1812.

(1) Jean-Simon BERTHELLEMY, né à Paris en 1743, remporta le grand prix de peinture en 1767; agréé en 1779 à l'académie royale de peinture et de sculpture, il y fut reçu en 1781. Il se sentait porté vers les grandes compositions, dont il entendait bien l'ordonnance, et qu'il rendait avec un dessin qui ne manquait ni de pureté ni d'élégance. Souvent cependant il abusait de sa facilité, et ne consultait pas assez la nature; son pinceau était plus facile que vigoureux, et son coloris avait de la finesse et du brillant; il portait même quelquefois cette dernière qualité à l'excès. En 1777 il avait mis au salon le *Dévouement d'Eustache de Saint-Pierre au siége de Calais;* il le reproduisit en 1779 avec de grands changemens. En 1781, son tableau de réception à l'académie représentait *Apollon faisant rendre les honneurs funèbres au corps de Sarpedon.* En 1782, il avait pris pour sujet *le capitaine Jean Maillard qui, en 1358, pour sauver Paris, tue le prévôt Marcel;* on reprochait à ce tableau d'être trop noir. Au salon de 1785, Berthellemy exposa un tableau de 10 pieds qui représentait *le consul Manlius Torquatus condamnant son fils* pour avoir combattu et vaincu sans ses ordres. Il n'y eut rien de ce peintre au salon de 1787; mais en 1789 on y vit deux de ses ouvrages, *la constance d'Éléazar qui préfère la mort au crime de manger de la chair défendue,* et *S.te Catherine soutenant la foi chrétienne au milieu des docteurs d'Alexandrie.* Au salon de 1791, Berthellemy fit reparaître le sujet de Manlius, que probablement il n'avait fait que retoucher;

par Minerve, lui communique le feu sacré qu'il a dérobé au ciel : d'un côté, le Temps semble commencer pour le nouvel être à marquer les instans de son existence ; de l'autre, les Parques filent ses jours, dont la sévère Atropos, que l'on voit dans le fond du tableau, tranchera peut-être bientôt le fil ; les beaux arts s'apprêtent à les embellir. On peut reprocher à cette composition, telle du moins qu'elle était lorsqu'on l'a dessinée pour mon recueil, un peu trop de symétrie dans sa disposition, et des raccourcis qui ne sont pas heureux ; mais elle offre des groupes gracieux, et certaines parties étaient d'un coloris fin et léger qui convient à un plafond. Si je parle de ce grand ouvrage comme s'il n'existait plus, c'est que ce n'est plus celui qu'avait fait Berthellemy. Le temps, ou plutôt une infiltration d'eau, l'avait presque entièrement détruit, et il a été refait par M. Mauzaisse d'après une copie réduite du plafond ; il ne s'y est permis que quelques légers changemens qui sont loin d'y avoir nui : mais, sous le rapport du coloris et de la touche, on ne peut plus le citer comme une production du pinceau de son premier auteur.

Avant de décrire les différens ouvrages de peinture et de sculpture qui décorent la voûte de la salle des Empereurs, je ferai observer les belles colonnes qu'on y a placées. Les quatre de l'arcade sont en granit rose oriental ; des deux qu'on trouve à l'entrée de la salle, l'une est en magnifique fleur de pêcher antique, et l'autre en albâtre oriental veiné ; celles qu'on voit dans l'embrasure de la croisée principale sont de porphyre, et remarquables par leurs bases et leurs chapiteaux d'ordre ionique pris dans la masse.

Le grand tableau, ornement principal du plafond de cette salle (pl. 74), est de M. Meynier (1).

car ce tableau était de la même dimension que celui de 1785 (10 pieds sur 8). Dans cette même année 1791 il y en eut un nouveau de lui, *la Sainte Famille en Égypte* (12 pieds de haut sur 7 de large). J'ignore ce que sont devenus les ouvrages de ce peintre de mérite, qui, en 1805, fut nommé professeur à l'école des beaux arts ; ce fut vers cette époque qu'il fit un grand et beau plafond au Luxembourg. Berthellemy est mort à Paris en 1811.

(1) M. Charles MEYNIER, né à Paris en 1767, a été élève de M. Vincent ; il eut le grand prix de peinture en 1789. Le tableau des *Adieux de Télémaque et d'Eucharis*, qui parut en 1796, fut cité avec éloge dans le compte rendu par le jury des prix décennaux : il dut à cet ouvrage d'être chargé, sous le ministère de M. le comte Chaptal, du grand plafond de la salle des Romains au Musée royal, ainsi que d'autres peintures qui accompagnent cette grande composition. Il y eut encore au salon de 1796 deux muses de M. Meynier, qui depuis en a continué la suite : en 1801, *Érato écrivant sous la dictée de l'Amour*. L'intérieur de l'arsenal d'Inspruck, qu'il mit au salon de 1808, fut encore distingué d'une manière honorable par le jury. En 1810, la belle collection de M. de Sommariva s'accrut d'un tableau où M. Meynier offrait *la Sagesse préservant l'Adolescence des traits de l'Amour et des charmes de la volupté*, et cette même année il représenta *l'Entrée des Français à Berlin* et *la Fin de la bataille d'Austerlitz*. Le salon de 1812 vit de ce peintre *la Dédicace de Saint-Denis devant Charlemagne*, tableau destiné à Saint-Denis, et *les Français dans l'île de Lobau après la bataille d'Essling*. Il y eut encore de lui *la Naissance de Louis XIV*, et *le berger Phorbas présentant Œdipe enfant à la reine de Corinthe*. Son tableau de 1817 fut *la dernière*

La Terre reçoit des empereurs Adrien et Justinien le code des lois romaines. — Une déesse que sa couronne crénelée, les fruits qui s'échappent de sa corne d'abondance et le lion étendu à ses pieds font reconnaître pour la Terre, accueille avec l'expression de la reconnaissance les codes de lois que lui donnent Adrien et Justinien, et que leur ont inspirés la nature et le génie de l'empire romain. Rome se distingue par son casque et son attitude guerrière. Elle tient à la main une Victoire, et deux génies soutiennent ses insignes consulaires et le bouclier de la reine du monde. La Justice et la Sagesse, qui ont présidé à l'établissement de ces lois, prennent leur essor et vont les proclamer et les répandre sur la terre.

Deux grisailles qui imitent des bas-reliefs en bronze sont aussi de M. Meynier.

La voie Appienne rétablie par Trajan (pl. 65). — Cette figure, qui d'une main s'appuie sur une roue et de l'autre tient un fouet, rappelle, ainsi que les médailles qui portent les mêmes symboles, les travaux que fit Trajan à l'antique voie Appienne, qu'il rendit plus commode et qui prit son nom.

Trajan fait construire des aqueducs (pl. 80). — Cet empereur discute avec un architecte, peut-être Apollodore, et lui ordonne les travaux de l'aqueduc qui reçut de ce prince le nom d'*Aqua Trajana*, et qui amenait une grande abondance d'eau à Rome. La nymphe de ces eaux semble apprendre avec plaisir que bientôt elle en embellira la capitale du monde.

Les autres sujets représentés dans le plafond et que donnent les planches 72, 73, 80, sont des bas-reliefs en plâtre qui imitent le bronze.

L'Éridan (pl. 72), par M. Gois (1). — Le cygne et les peupliers

---

Communion de S. Louis, dont le ministre de la maison du Roi fit l'acquisition. Les plafonds du Musée royal, dont il sera question plus loin, furent exécutés en 1819 et en 1822 par M. Meynier, dont on vit aussi au salon de 1810 *une femme de Mégare donnant la sépulture aux restes de Phocion*: ce tableau a passé de là au Luxembourg. Le *S. Vincent de Paul* qu'il fit en 1824, décore une chapelle de l'église Saint-Jean à Lyon. M. Meynier a peint depuis pour la grande salle de la Bourse de Paris plusieurs grisailles de l'effet le plus vrai. En 1826 il a été chargé de faire un des plafonds du musée Charles X. Cet artiste, reçu à l'académie en 1815 et nommé en 1818 professeur à l'école des beaux arts, a été décoré en 1822 de la croix de la Légion d'honneur.

(1) M. Edme-Étienne-François Gois, né à Paris en 1765, est fils de M. Étienne-Pierre-Adrien Gois, sculpteur, agréé à l'académie de peinture et de sculpture en 1767, académicien en 1771, et dont on cite avec éloge un buste de Louis XV, la statue du chancelier de l'Hôpital, et un bas-relief pour la paroisse du Roule. Après avoir obtenu des médailles et le second grand prix de sculpture, M. Gois remporta le premier en 1791. A son retour de Rome à Paris, il exposa au salon de 1796 une statue de *Vénus sortant du bain*, et *Adonis rencontrant Vénus*; en 1797, une *Victoire*, et un *groupe des Horaces* qui lui valut un prix de 4000 fr. Il fut ensuite chargé de faire au Louvre le bas-relief de l'Éridan. En 1803, M. Gois jeta en bronze pour Orléans une belle statue de Jeanne d'Arc, dont on avait vu le modèle à l'exposition de 1799. En 1810, il y mit *Céphale après le meurtre de Procris*; en

rappellent les aventures tragiques de Phaéton et de ses sœurs, que la mythologie place sur les bords de ce fleuve.

Le Nil (pl. 72), par M. Bridan fils (*voy.* p. 414). — On reconnaît ce fleuve à sa couronne de lotus, au sphinx qui le soutient et au crocodile qui se glisse à travers les roseaux de ses rives, d'où un ibis est prêt à prendre son vol.

Le Tibre (pl. 73), par M. Blaise (1). — La louve de Romulus et de Rémus indique assez le fleuve-roi des Romains.

Le Rhin (pl. 73), par M. Le Sueur (*voy.* p. 418). — Ce fleuve, moitié gaulois, moitié germain, s'appuie sur un hermès dont les deux têtes sont celles de la France et de l'Allemagne, que le Rhin réunit et sépare.

Marc-Aurèle donne la paix aux Marcomans (pl. 80), par Roland (*voy.* p. 444). — Assis sur son tribunal, l'empereur offre l'olivier de la paix aux députés marcomans, qui, dans l'attitude la plus humble, l'assurent de leur soumission. Ce bas-relief, qu'on regrette de ne voir qu'en plâtre et dont la composition est noble et simple, fait honneur au talent de Roland.

La salle des Saisons (pl. 10, F), où nous entrons, et qui a reçu son nom des sujets qui en composent la décoration, ne le cède en richesse à aucune autre pièce des appartemens d'Anne d'Autriche. Au milieu de toute la magnificence qu'il voulait y déployer, Michel Anguier a mis plus de gravité dans l'ensemble de ses ornemens. Au lieu des jeunes nymphes et des enfans qui, dans les salles précédentes, semblent voltiger de toutes parts à travers les fleurs, ici ce sont des hermès ou des demi-figures de faunes et de satyres

1812, *Philoctète abandonné, Latone vengée,* et en 1814, une statue d'*Orphée*. Parmi les statues colossales en marbre destinées au pont Louis XVI, celle de Turenne a été exécutée en 1816 par M. Gois, qui a répété en 1820 la même statue en bronze pour la ville de Sedan. Il est l'auteur du mausolée en marbre érigé en 1822 à Lille en l'honneur de S. A. R. M.gr le Duc de Berry. De lui est encore une *statue de Charlemagne,* qu'il fit en 1800 et que l'on voit à Saint-Denis. En 1816 il a décoré la fontaine du marché Saint-Martin de bas-reliefs en bronze qui ont pour sujets *la chasse, la pêche, l'agriculture.* Il y avait de lui au salon de 1819 un groupe représentant une Descente de croix pour l'église de Saint-Gervais. Plusieurs des bas-reliefs de la colonne de la place Vendôme sont de ce sculpteur; ce sont les 3.e, 4.e, 5.e, 6.e circonvolutions. Outre ces grands ouvrages, M. Gois en a exécuté en marbre plusieurs de petite proportion dans le genre gracieux, tels que *la Naissance de Vénus, Léda regardant éclore Castor et Pollux, une statue de Psyché tenant une lampe et un poignard,* et quelques autres sujets agréables qui sont encore dans son atelier.

(1) Blaise, agréé à l'académie en 1785, mort en 1819. On ne trouve que peu d'ouvrages de ce sculpteur dans les livrets des expositions du Louvre. En 1796, il y mit deux terres cuites, *Diane et Vénus au bain,* et un modèle de pendule qui représentait *la Renommée, accompagnée de deux génies, déposant sur un autel la récompense de la vertu.* En 1802, on vit de Blaise au salon *Phocion au moment de boire la ciguë,* et en 1814 deux marbres : *la statue d'un berger* et *le buste de l'Innocence.*

qui s'élèvent au-dessus de la corniche, et qui de leurs mains vigoureuses soutiennent sans effort le plafond ou y rattachent des guirlandes (pl. 75). Variées dans leurs attitudes autant que peuvent le permettre les gaînes d'où elles sortent, ces figures le sont en général dans leur expression et dans la manière dont elles sont drapées. Les formes en sont mieux modelées qu'on n'aurait le droit de l'attendre de sculptures ornementales. On doit surtout faire remarquer les satyres qui occupent les angles du plafond : vifs et pleins de mouvement, ils semblent s'intéresser aux scènes diverses qui les entourent, et l'on sent qu'ils sont disposés à y prendre part.

Ce fut à François Romanelli (1) que la reine-mère Anne d'Autriche

(1) Jean-François ROMANELLI, né à Viterbe en 1617, annonça dès la plus tendre jeunesse les plus heureuses dispositions pour la peinture; il était à peine sorti des écoles des jésuites, qu'à treize ans il peignit pour eux à Viterbe une *Visitation*, où il développa beaucoup de talent. Ses premiers pas dans la carrière furent dirigés par le Dominiquin; et il eût sans doute mieux fait de s'attacher à ce grand maître que de le quitter pour se mettre sous la direction de Pietre de Cortone, dont la chaleur et la brillante facilité eurent pour le jeune Romanelli plus de séduction que les études graves et le travail soigné dont le Dominiquin lui offrait les conseils et l'exemple. Ses commencemens furent rudes; ne recevant aucun secours de sa famille, qui était très-pauvre, les dessins qu'il faisait d'après nature et qu'il vendait lui fournissaient à peine de quoi subsister, quoiqu'il ne donnât, emporté par la passion du travail, que quelques minutes à ses légers repas, qu'il emportait dans sa poche aux lieux de ses études. Il fut enfin assez heureux pour être connu du cardinal Barberini, qui se déclara son Mécène et le traita comme son enfant : il reçut de ce prélat éclairé tous les encouragemens et tous les secours qui pouvaient lui être utiles. Cette protection affectueuse et paternelle lui fut, dans tout le cours de sa vie, aussi fidèle que le fut sa reconnaissance envers son bienfaiteur. Romanelli fut employé par le Cortone, avec un de ses amis nommé *Botalla*, à peindre avec lui les plafonds des grandes salles du palais Barberini. Pendant un voyage de leur maître, les jeunes peintres imitèrent à un tel point sa manière, qu'ils donnèrent de leurs ouvrages pour être du Cortone, et qu'ils parurent ensuite avoir le dessein de lui enlever une partie des travaux qui lui étaient confiés. Dans son juste ressentiment, le Cortone, de retour, les chassa de son atelier. Romanelli eut alors recours au Bernin, qui plus que tout autre devait apprécier son étonnante facilité; il lui fit changer sa manière et lui procura des travaux. Le voyant en état de se produire comme peintre, le cardinal, qui, dans son noble désintéressement, n'avait d'autre but que de favoriser les talens et les succès de son élève, lui fit faire plusieurs très-grands tableaux pour le roi d'Angleterre Charles I.er : c'étaient *une assemblée des dieux* et *une bacchanale;* destinés à servir de modèles pour de riches tapisseries, ils étaient peints sur des fonds d'or. Ces tableaux ne furent pas envoyés en Angleterre et restèrent au palais Barberini. De son côté, Romanelli, pour faire honneur à son bienfaiteur, travaillait avec une telle ardeur, qu'il en devint éthique, et que le cardinal, après l'avoir fait soigner comme son fils, fut obligé de l'envoyer recouvrer la santé sous le beau climat de Naples en le recommandant aux soins du cardinal Filomarino. Barberini appuya de son crédit Romanelli auprès du pape Urbain VIII, qui lui ordonna de grands travaux pour le Vatican ; ce qui ne l'empêcha pas d'y ouvrir une école nombreuse. Parmi les beaux tableaux dont il orna ce palais, on cite *les Aventures de la comtesse Mathilde; la Naissance de Jésus-Christ*, qu'il fit pour la chapelle secrète; *S. Pierre qui guérit une possédée;* une *Présentation* et un *S. Grégoire*. Ces diverses productions eurent un tel succès,

confia en 1660 le soin d'embellir de peintures cette salle et celles qui la suivent. Quelques années auparavant, il avait donné dans le palais du cardinal Mazarin des preuves de son talent, qui depuis avait pris encore plus de développement. La facilité avec laquelle il exécutait de vastes compositions était un sûr garant que l'entreprise dont on le chargeait ne traînerait pas en longueur. La France ne manquait pas alors de bons peintres français qui eussent pu la mener à bien, et il avait à-la-fois à soutenir l'honneur de l'Italie et la réputation qu'il s'était acquise en devenant le rival de Pietre de Cortone après avoir été son élève.

C'est la première fois que l'on fait connaître par la gravure, même au

que toutes les grandes maisons de Rome, les Albani, les Chigi, les Cottaguti, les Altemps, les Lanti, voulurent avoir des ouvrages de Romanelli, et que les églises ambitionnaient la faveur d'en obtenir. Des distinctions flatteuses furent la suite de ces triomphes : la noblesse de Viterbe l'admit dans son sein, et, quoique fort jeune, il fut élu à Rome chef ou prince de l'académie de Saint-Luc. Après avoir produit pendant plusieurs années à Rome non-seulement un grand nombre de tableaux, mais même des dessins très-considérables pour les mosaïques du Vatican et pour les belles tapisseries que faisait faire le cardinal Barberini, Romanelli vit arriver le moment où il porterait ailleurs ses talens. A la mort du pape Urbain VIII en 1644, le cardinal Barberini, qui avait eu des démêlés avec Innocent X, s'était retiré avec toute sa famille à Paris. Il proposa vers 1646 son cher Romanelli au cardinal Mazarin, qui voulait richement décorer de peintures son beau palais de la rue de Richelieu, aujourd'hui la Bibliothèque du Roi. Cette offre fut acceptée, et trois mille écus que l'on envoya à Romanelli lui servirent pour les frais de son voyage. Il fut accueilli aussi bien qu'il pouvait l'espérer, et Anne d'Autriche lui exprima l'intention de le charger de grands travaux pour le Louvre. Mais, dans ce premier séjour à Paris, Romanelli ne s'occupa que du palais du cardinal et des portraits des personnes de la cour, que souvent, dit-on, il plaçait dans des sujets tirés des Métamorphoses d'Ovide, dont il ornait les galeries et les appartemens du palais Mazarin. Ces portraits eurent une vogue prodigieuse. Romanelli d'ailleurs,

âgé de vingt-sept ans, était d'une belle figure, et joignait à ses talens en peinture du feu dans ses réparties et beaucoup d'originalité et de grâce dans la conversation. Aussi Anne d'Autriche, et Louis XIV, quoiqu'il fût encore enfant, se plaisaient-ils à l'entendre raconter, et ils l'admettaient dans leur familiarité. Il ne fallait pas tant ni de si hautes faveurs pour lui valoir bien des succès à la cour. Les femmes les plus jolies et du rang le plus élevé se disputaient le pas ou employaient la ruse pour être les premières à se faire peindre par lui, et elles briguaient comme un titre de beauté l'honneur de figurer dans ses tableaux. Il paraît que cette manière agréable d'exercer ses talens fatigua Romanelli, et, malgré ses succès et les présens dont il fut comblé de toutes parts, il repartit pour l'Italie avec le cardinal Barberini après avoir promis au Roi et au cardinal Mazarin de revenir à Paris.

En passant à Bologne, Romanelli se lia avec quelques peintres de l'école de Carache, et ce qu'il vit de leurs ouvrages le disposa à modifier la manière de peindre qu'il avait prise chez le Cortone. On vit déjà des résultats de ce changement à Florence, ainsi qu'à Viterbe, où il s'arrêta et où l'on sollicitait vivement de lui quelques-unes de ses productions. A la demande du cardinal Brancacci, il fit un beau S. Laurent pour la cathédrale de Viterbe. Arrivé à Rome, la réputation et la bienveillance dont il y jouissait excitèrent contre lui la jalousie des autres peintres, qui voyaient avec peine le grand nombre d'ouvrages qui lui arrivaient de tous côtés et dont son étonnante facilité pour le travail lui assurait

simple trait (1), les peintures nombreuses à fresque dont Romanelli a orné le Louvre et qui méritent qu'on s'y arrête : on ne me saura pas mauvais gré, je pense, si je donne quelque développement à ce qui concerne leur auteur et l'époque où il occupa en Italie et en France un rang élevé parmi les meilleurs peintres. Lorsque Romanelli entra dans cette belle carrière, on n'y suivait plus depuis long-temps les traces et les principes de Léonard de Vinci, de Raphaël. On négligeait les modèles qu'ils avaient laissés du sentiment avec lequel le peintre, s'il aspire à la perfection, doit voir et rendre la nature : les leçons qu'elle offre sans cesse à qui sait la voir et l'étudier, étaient remplacées par de la manière et de l'affectation. Chaque jour, les études sérieuses, moins en honneur, perdaient de leur autorité; on se piquait d'une folle vitesse, et la facilité de l'exécution passait avant des qualités plus solides. Il semblait qu'on eût oublié que, si l'on peut exprimer vivement le premier jet de sa pensée et composer avec chaleur, il faut exécuter avec la prompte exécution. Il serait trop long de les énumérer, et je ne citerai, comme les plus beaux, qu'une *Adoration des mages et des sibylles* à Saint-Éloi, pour la confrérie des orfévres; à Saint-Philippe, une *S.te Vierge entourée d'anges*, et une *Assomption* pour l'église *dell' Anima*.

Les succès sans cesse renouvelés que Romanelli obtenait à Rome, ne lui faisaient pas oublier les engagemens qu'il avait pris avec Louis XIV. qui le rappelait à Paris. Il y revint en 1659, et y fut reçu avec toute sorte de recherches et de grâces par le Roi, qui le mena lui-même au Louvre dans les salles qu'Anne d'Autriche voulait faire orner de peintures. Romanelli se mit aussitôt à l'ouvrage, et exécuta en moins de deux ans tout ce qu'on voit de lui dans les salles du Louvre. Mais, soit qu'il travaillât avec trop d'ardeur, soit qu'il en mît trop aussi dans ses plaisirs, il tomba gravement malade. Le Roi le fit soigner par ses médecins, et ne lui permit plus de se livrer à la peinture; la Reine et toute la cour lui prodiguaient aussi les soins les plus aimables, et on lui procurait à la ville et à la campagne tous les divertissemens qui pouvaient le distraire. Louis XIV le créa chevalier de Saint-Michel; et, pour le fixer près de lui et assurer le rétablissement de sa santé, il l'engagea à retourner en Italie et à en ramener sa famille. Romanelli partit en 1661. Mais les tableaux nombreux qu'on lui demanda à Rome, le forcèrent d'y rester plus long-temps qu'il n'avait compté; il se préparait cependant à retourner à Paris lorsqu'en 1662 une goutte remontée mit fin à ses jours à Viterbe. Quoique Romanelli, dont le caractère avait beaucoup de noblesse, mit un grand désintéressement dans toutes ses entreprises, il laissa cinquante mille écus romains (environ cinq cent mille francs d'aujourd'hui) à partager à ses enfans. Il leur légua aussi, pour ainsi dire, en héritage l'amitié et la protection dont le cardinal Barberini lui avait donné des preuves si constantes pendant toute sa vie et qu'il reporta sur sa famille. Mais des deux fils de Romanelli un seul se voua à la peinture ; il mourut jeune après avoir fait concevoir de grandes espérances : on découvre un vrai talent dans le petit nombre d'ouvrages qu'il a laissés à Rome, au palais Barberini, à Velletri et à Viterbe. (*Voyez* Baldinucci, *in*-4.º, 1728, t. II, p. 540; Pascoli, *Vite de' pittori* &c. Roma, 1730, t. I.er, p. 93; Lanzi, *Storia pittorica* &c. t. II, p. 213.)

(1) Cet ouvrage-ci étant particulièrement destiné à la sculpture, c'est uniquement pour que la description des salles du Louvre consacrées aux statues antiques et modernes soit complète que je donne les traits des peintures de Romanelli et des autres peintres qui ont travaillé à les orner. Mais je m'arrêterai là, et je n'accompagnerai pas de dessins ce que j'aurai à dire sur les autres peintures qui décorent les diverses parties du Louvre.

calme et soumettre à la réflexion et à la sagesse de l'étude les élans de l'imagination. C'était du moins ainsi que pensaient et agissaient Léonard de Vinci, Michel-Ange et Raphaël, et ceux qui les prirent pour guides. Mais, lorsque Romanelli se voua à la peinture, l'école romaine était divisée entre deux chefs que leurs grands talens et leur brillante imagination ne rendaient que plus dangereux pour l'école, et qui semblaient se disputer à qui lui ferait le plus de tort et la mettrait dans la route la plus fausse : c'étaient le cavalier Bernin et Pietre Berettini de Cortone. Du même âge, fiers l'un et l'autre de leurs nombreux succès et des importans travaux qui leur étaient confiés, ils se partageaient en conquérans le domaine des beaux arts. Leurs parts cependant n'étaient pas égales. Le Bernin avait encore mieux profité que le Cortone de la faveur dont il jouissait à Rome : il avait sur lui la supériorité que donnent de grandes entreprises, et il s'en était, pour ainsi dire, approprié le monopole. Sous le rapport des arts, on ne formait plus en Italie de projets qu'il n'en obtînt ou qu'on ne lui en offrît l'exécution, et ses rivaux de talens étaient même obligés, pour avoir des travaux, de se soumettre à son empire et de servir son ambition et sa fortune. Le Cortone se plia sous ce joug, et de son émule il devint son protégé. Sa prodigieuse facilité était d'ailleurs d'un grand prix aux yeux du Bernin, qui, embrassant les plus vastes entreprises, tenait encore plus à la prestesse du talent qu'à l'étude. Il en faisait néanmoins peut-être plus de cas que le Cortone. Ses principes étaient plus sévères, et, quoique souvent il s'en éloignât et que sa fougue l'entraînât à la négligence et à une exécution de pratique, il recommandait de joindre à l'étude de la nature celle des chefs-d'œuvre des anciens et des grands maîtres modernes. Malheureusement les exemples qu'il donnait dans ses productions, et la vogue qu'elles lui attiraient, détruisaient en partie l'effet de ses conseils.

Romanelli, dont le talent précoce luttait déjà avec celui de peintres plus âgés, s'étant brouillé avec son maître le Cortone, ne crut pouvoir mieux faire que de se mettre sous la direction du Bernin, à qui, par sa promptitude dans le travail, il convenait peut-être encore mieux que Pietre : aussi le cavalier finit-il par le lui préférer et l'employer plus souvent; il lui procura même des travaux considérables. Mais la protection qu'il lui accordait lui fut aussi funeste qu'à d'autres peintres : il fallait adopter ses systèmes et se soumettre à son style, et ils n'étaient pas toujours réglés par le bon goût. Le Bernin nuisit surtout beaucoup à Romanelli pour les draperies, et l'on retrouve souvent dans les siennes la manière lourde et sans grâce que le cavalier suivait pour ses statues. Cependant sur plusieurs points Lanzi trouve que Romanelli gagna à s'attacher au Bernin et à quitter le Cortone, qui, négligeant la nature, dédaignant le divin Raphaël et la pureté de son dessin, cachait sous le vague de ses contours l'incorrection de ses formes et cherchait dans des attitudes difficiles et surnaturelles à produire de l'effet par la singularité des contrastes. C'était, pour ainsi dire, transporter dans la peinture les antithèses et les *concetti* dont la littérature brillantait alors son style, et dont avaient su se préserver ou auxquels n'avaient pas pensé les auteurs et les artistes des beaux temps. Mais, suivant le même habile critique, si Romanelli, guidé par le Bernin, acquit une manière plus agréable dans ses formes et plus séduisante, d'un autre côté sa composition perdit peut-être en grandeur et en science, parties où le Cortone l'emportait sur son rival. Il paraît, d'après Pascoli et Lanzi, que le premier voyage que Romanelli fit en France fut très-utile à son talent; qu'y prenant, disent-ils, de cet esprit et de cette vivacité qui y abondent, il en répandit davantage dans ses ouvrages, et qu'il donna depuis à ses figures plus de mouvement et de vie qu'il ne le faisait avant son séjour à Paris. Ce fut aussi à son premier retour de France en Italie qu'il chercha à se rapprocher de l'école des Caraches en donnant à son style plus de correction et de caractère, et à son coloris plus de solidité. Les peintures de Romanelli dont sont enrichies les salles du Louvre et celles de la Bibliothèque du Roi, sont donc précieuses en ce qu'elles nous offrent les deux manières de ce peintre; elles le seraient encore plus si elles étaient encore dans leur intégrité et telles qu'elles sortirent de ses mains : nous serions alors plus en état de juger de son talent et des heureux changemens qu'il y fit. Mais ces fresques sont altérées dans bien des parties : les unes ont baissé de ton, et la couleur s'en est affadie; d'autres ont passé au rouge et au bleu. On voit que dans sa fraîcheur ce coloris devait avoir de la finesse, de la suavité et de l'éclat, et c'est du temps et de son action destructive, plutôt que de Romanelli, qu'on doit se plaindre, si l'on n'y trouve pas toujours la transparence et l'harmonie que sans doute il y avait mises et que l'on regrette en plus d'un endroit. Il ne faut pas, surtout en de certains climats, se montrer trop difficile sur le fait de la couleur. Que de tableaux brillans aujourd'hui de fraîcheur et qui dans quelques années peut-être auront déjà tristement payé leur fatal tribut au temps et seront ternes et sans effet! Ce qui survit à la couleur et assure au peintre des triomphes plus durables, c'est la composition et le dessin, et c'est principalement sous ce point de vue que nous pourrons hasarder quelques observations sur les fresques de Romanelli.

Michel Anguier a rempli des médaillons du plafond de bas-reliefs en plâtre bronzé ou doré, dont il est plus facile de distinguer les sujets dans les dessins que dans les ouvrages originaux; ils n'offrent d'ailleurs rien d'intéressant, et je ne les donne que pour ne rien omettre.

Le Génie du temps (pl. 76) est exprimé par une femme ailée et par un génie qui semblent précipiter leur course et qui portent pour emblèmes un sablier et un cadran.

Le Génie de l'année (pl. 79) est caractérisé par ce petit génie qui tient un serpent qui se mord la queue, et par le Temps, vieillard ailé et vigoureux, qui entraîne avec lui le cercle du zodiaque.

La Navarre (pl. 77), la France (pl. 78). Ce n'est qu'à d'Argenville que je dois l'interprétation de ces bas-reliefs, où rien, dans ces deux femmes assises et qui tiennent, l'une un sceptre, l'autre une main de justice, n'indique d'une manière particulière que ce soient la France et la Navarre que l'on ait voulu représenter; car on pourrait tout aussi bien y voir la loi et la justice.

Le Feu, l'Air, l'Eau, la Terre (pl. 91), sous les figures de Vulcain forgeant la foudre, de Junon appuyée sur son paon, de Neptune monté sur un cheval marin, et de Cybèle sur son lion, remplissent les médaillons dorés et de forme ovale. Quoique ces bas-reliefs soient de peu d'importance, on peut y remarquer de la grâce dans la pose de Junon, de la dignité dans celle de Cybèle; les draperies, d'un bon style, rappellent l'antique, et sont d'un meilleur goût que ce que l'on faisait ailleurs à cette époque, même dans des ouvrages qui demandaient plus d'étude que les ornemens d'un plafond.

Mais venons aux peintures à fresque de Romanelli, auxquelles les sculptures de Michel Anguier servent, pour ainsi dire, d'encadrement; l'histoire d'Apollon et de Diane, les Saisons, ont fourni des sujets aux compositions du peintre de Viterbe, et c'est ce qui a fait donner à cette salle le nom de *salle des Saisons*. Nous avons vu, p. 394, que cette pièce et celles qui la précèdent, après avoir fait partie des appartemens d'Anne d'Autriche, avaient été occupées par le ministre de la guerre; elles le furent aussi par l'académie de médecine, et ensuite par le grand conseil : on croit leur donner quelque intérêt en rappelant qu'elles furent habitées par le vertueux et héroïque Malesherbes.

Diane et Actéon (pl. 77). — La chaste déesse, se baignant avec deux de ses nymphes, vient d'être surprise par l'indiscret Actéon; Diane, indignée de cette témérité, jette de l'eau sur le malheureux chasseur en lui adressant de terribles malédictions. Il s'éloigne, mais il en éprouve déjà les effets : les bois de cerf qui poussent sur sa tête annoncent que dans quelques instans ses formes prendront celles de cet animal; la métamorphose qu'il est près de subir est ainsi indiquée d'une manière ingénieuse. La pose, l'ajustement, l'expression d'Actéon qui fuit à regret, le joli groupe de nymphes, et surtout celle qui se couvre de son voile en jetant un regard de compassion sur l'infortuné chasseur, offrent une composition simple et bien pensée, d'un dessin élégant, où l'on regrette l'altération qu'a éprouvée le coloris, qui paraît avoir été fin et léger.

Apollon et les Muses (pl. 76). — Le dieu de la poésie et des arts distribue des couronnes aux doctes sœurs et aux déesses des arts, parmi lesquelles on reconnaît l'Astronomie et la Peinture. Dans l'attitude maniérée d'Apollon, dans ses draperies lourdes et mal ajustées, on retrouve le Bernin et Pietre de Cortone, et l'on voudrait que Romanelli se fût moins rappelé leurs principes et leurs exemples.

Diane et Endymion (pl. 79). — Abandonnant son char et ses nymphes, la sévère Diane, ou plutôt la Lune, descend seule du céleste séjour, et vient trouver le bel Endymion, endormi dans les vallons frais et ombragés du Tmolus; des amours cachés derrière un arbre l'attendent et se disposent à prendre part à leurs doux entretiens. Il y aurait bien des reproches à faire à cette composition ; les nuages sur lesquels la déesse semble agenouillée sont lourds et solides : Endymion, commun de formes, n'est pas d'une beauté à séduire une déesse ; il dort mal, sans abandon, et il est écrasé par ses draperies, qui paraissent plutôt de marbre que d'étoffe. Ce n'est pas ainsi que, dans sa brillante imagination, notre Girodet avait conçu et la beauté de l'amant de Diane et les chastes amours de la déesse, et c'est en s'inspirant d'idées plus élevées et plus poétiques qu'il a produit dans son Endymion un des plus beaux ouvrages de la peinture moderne.

APOLLON ET MARSYAS (pl. 78). — Cette composition est froide et sans intérêt. Le dieu de la poésie et de la musique préside à son atroce vengeance ; le jeune Scythe l'exécute sans y mettre aucune expression, et le malheureux Marsyas, dont l'affreux supplice a déjà commencé, paraît tout habitué à être écorché vif. Le dessin du satyre est asez pur et meilleur que celui d'Apollon, mais sans caractère, et il n'exprime pas les contractions de muscles et la douleur que doit éprouver l'infortuné musicien. Les draperies d'Apollon le surchargent et ne sont pas d'un bon effet.

L'HIVER (pl. 80). — Un vieillard couché et chaudement habillé se ranime à la chaleur d'un brasier dont deux enfans ou deux génies, trop légèrement vêtus pour la saison, vont entretenir la flamme, tandis qu'un autre génie baisse la tenture qui doit abriter le vieillard. Ces enfans sont jolis, et la draperie qu'agite le vent est bien entendue ; mais il y a peu de poésie à personnifier ainsi le génie de l'hiver, pour qui les frimas ne sont que des plaisirs : ce n'est qu'un homme ordinaire qui a froid ; en l'offrant entouré de génies, on mêle l'idéal avec le positif, et c'est un manque d'accord entre les idées reçues dans les arts.

LE PRINTEMPS (pl. 80). — Cette composition-ci est mieux conçue : le costume de cette femme assise peut la faire regarder comme la déesse du printemps ou comme une de ses nymphes, et l'on peut admettre autour d'elle des génies. Cette scène est gracieuse, et les enfans ont beaucoup de naturel dans leurs attitudes et de souplesse dans leur dessin.

L'ÉTÉ (pl. 81). — Mollement étendue sur une gerbe de blé, Cérès cède au poids de la chaleur et se laisse aller au sommeil : à ses pieds un génie paraît près de s'y abandonner ; d'autres étendent un voile pour défendre la déesse des rayons du soleil, tandis qu'un quatrième, pour l'empêcher de se livrer à de nouvelles fatigues, lui a enlevé l'instrument de la moisson. Cette composition, peut-être trop symétrique dans sa disposition, est cependant agréable, et le coloris en est assez bien conservé pour faire juger que, lorsqu'il sortit du pinceau de Romanelli, il dut être en même temps suave et brillant.

L'AUTOMNE (pl. 81). — Parmi les saisons représentées par ce peintre, l'automne est peut-être celle dont la composition offre le plus d'agrément :

ce beau jeune homme, dont la pose a de l'aisance, et le dessin de l'élégance, rappelle par le caractère de sa tête et par sa coiffure d'un style noble les belles têtes antiques de Bacchus; ces branches de vigne chargées de raisin, et que font serpenter avec grâce ces vigoureux enfans, répandent de la fraîcheur et de la variété dans ce tableau et donnent l'idée de la richesse de l'automne.

APOLLON ET DIANE (pl. 82). — Au milieu de l'empyrée, qu'il éclaire de sa splendeur, le dieu du jour et de l'harmonie fait entendre ses divins accords. Diane, sa sœur, s'abandonnant au charme de la mélodie, oublie en l'écoutant les plaisirs de la chasse : cette figure est remarquable par la grâce de sa pose et le bon goût de son ajustement, et c'est une de celles où l'on voit le mieux que Romanelli avait amélioré sa première manière. L'Apollon est moins bien, et la draperie lourde qui lui enveloppe le haut du corps contraste avec cet éclat radieux qui émane de lui et qui répand au loin des torrens de lumière. Sa tête rayonnante est celle d'un dieu, et son corps ainsi ajusté conviendrait à Apollon transformé en berger chez Admète.

La salle de la Paix, qui sert de passage à celle des Romains, a reçu ce nom des peintures dont elle est ornée, et qui, de même que celles que nous avons déjà vues, sont de Romanelli. Ce ne fut pas sans une intention particulière qu'il y traita ce sujet; l'époque où il peignait ces salles coïncide à peu près avec celle de la paix conclue, le 7 novembre 1659, par le cardinal Mazarin, dans l'île des Faisans sur la Bidassoa, avec l'Espagne, et qui fut suivie le 9 juin 1660 du mariage de Louis XIV avec l'Infante d'Espagne. Comme ils firent le 26 août leur entrée solennelle à Paris, il est à croire que les peintures de ces salles furent finies à cette époque. Je penserais même que cette salle-ci fut décorée la dernière; elle n'avait d'abord servi que d'une espèce d'entrée ou de vestibule qui séparait en deux parties les appartemens de la reine Anne d'Autriche. Ces pièces ont dû être décorées les premières, et l'on n'y trouve rien qui ait rapport à la France. Il est donc probable que la circonstance de la paix qu'on venait de conclure et du mariage qui se projetait, fit employer dans la décoration de cette salle des sujets analogues à ces mémorables événemens, qui ramenaient avec la paix la tranquillité, les arts et le commerce. De chaque côté des peintures qui ornent les cintres richement décorés (pl. 83), on voit en figures presque de ronde-bosse les quatre grands fleuves de France. Au vaisseau, armes de Paris (pl. 64), qu'un fleuve personnifié soutient de sa main, on reconnaît la Seine; le Rhône est indiqué par le lion sur lequel il est assis et qui sert d'emblème à la grande ville qu'il arrose. La Garonne et la Loire (pl. 63) sont moins caractérisées : cependant les fruits qui entourent un de ces fleuves et qu'il tient à la main, rappellent que la Loire traverse la Touraine, le jardin de la France. Ces figures, surtout celles du Rhône et de la Garonne, sont d'un beau caractère et d'un dessin ferme et vigoureux, et l'on sent que Michel Anguier s'était inspiré de figures antiques et qu'il se ressouvenait de celles de Michel-Ange au tombeau des Médicis, dont on trouve des réminiscences surtout dans le Rhône et dans la Loire. Les victoires ou les génies qui supportent les écussons de France au-dessus de la porte et de la fenêtre (pl. 84 et 85), ne manquent pas d'élégance, et il y en a beaucoup dans la disposition des draperies des deux figures de droite dans ces deux planches. Mais passons aux peintures.

Minerve, Mercure, Mars et les Génies des arts célèbrent la paix (pl. 86). — On ne peut guère approuver dans cette composition la manière dont, pour annoncer la paix, ces trois divinités élèvent une bandelette chargée d'une inscription; ce qui n'est pas d'un bon effet : il serait à desirer que le peintre eût trouvé un autre moyen. Mais il y a eu sans doute des changemens faits à ce tableau, et je trouve dans une ancienne description, que chacune de ces divinités tenait autrefois une fleur de lis, au-dessus de laquelle chacun des génies suspendait une couronne : on voit par la disposition des mains de Minerve, de Mercure et de Mars, que les fleurs de lis étaient placées comme dans l'écusson de France. Ainsi la bandelette et l'inscription ne sont pas de Romanelli, et c'est une innovation moderne qui tient à une époque où les fleurs de lis étaient proscrites en France. On pourrait reprocher à Mercure de n'avoir pas la légèreté de formes qui convient au messager des dieux. Le groupe de Mars et de Minerve n'est pas heureusement combiné, et le mouvement du dieu de la guerre, un peu théâtral, est trop prononcé pour une action qui ne demandait aucun effort. Quoique le groupe de génies soit joli et que le dessin en soit gracieux, cependant il ne se lie pas assez au reste de la composition, et ce sont deux scènes séparées qui ne se rattachent pas assez l'une à l'autre et où les acteurs ne concourent pas à l'unité de l'ensemble : mais, comme effet général, ce tableau a de l'éclat et convient bien à un plafond.

La Paix brûle des armes (pl. 86). — Couronnée d'olivier et tenant une branche de cet arbre à la main, la déesse, appuyée sur un faisceau, symbole de la force, est assise sur un monceau d'armes qu'elle foule aux pieds et auxquelles elle met le feu. Près d'elle, des prisonniers sont couchés au pied d'un trophée, et une femme ou une déesse que rien ne caractérise grave pour inscription sur un bouclier, DE BELLO PAX, *la guerre amène la paix*. La tête et le haut du corps de la déesse ont de la douceur et de la dignité; l'ajustement en est d'un style agréable, mais la partie inférieure est surchargée de draperies.

L'Agriculture distribue les fruits de la terre (pl. 86). — Neptune, qu'on voit dans le fond du tableau, peut dans cette composition rappeler le commerce par mer, qui s'apprête à répandre dans le monde les bienfaits de l'agriculture; à moins que le peintre, en suivant les idées mythologiques, n'ait fait paraître ici ce dieu comme l'amant de Cérès.

Les huit colonnes qui décorent cette salle sont de granit de l'île d'Elbe; elles étaient autrefois à Aix-la-Chapelle. Vers le commencement de la révolution, cette salle était en fort mauvais état : au lieu de colonnes, il n'y avait que des murailles, et c'était un lieu de passage pour aller au jardin de l'Infante, qui, planté de quelques arbres et de bosquets, servait de promenade publique. Il paraît, d'après ce qu'on lit dans quelques écrivains, qu'autrefois ces murailles étaient ornées de beaux paysages peints par le Bolognese et par François Borzone (1).

La décoration de la salle des Romains, qui succède à celle de la Paix, est remarquable par la dimension des fresques que Romanelli y a peintes et par la richesse de ses ornemens, auxquels on peut même reprocher de la profusion de dorure. Aux angles des voussures, des figures en ronde-bosse, de jeunes guerriers et de jeunes femmes, groupés autour de beaux candélabres, soutiennent dans le plafond de grands médaillons remplis par des bas-reliefs dorés (pl. 84, 85). Parmi ces figures, celles de femmes (pl. 85) se distinguent par la grâce et la souplesse de leurs mouvemens, la pureté de leurs contours et l'élégance de leurs costumes, et, sous le rapport du style, elles sont bien supérieures aux autres personnages. Les bas-reliefs des médaillons (pl. 95) représentent UN SACRIFICE ROMAIN; L'INNOCENCE DE LA VESTALE TUCCIA RECONNUE : on l'avait soupçonnée de l'avoir perdue, et, pour se justifier, elle porta de l'eau du Tibre dans un crible, qui, par une faveur de Vesta, ne la laissa pas échapper. LE DÉVOUEMENT DE CURTIUS, qui se précipite dans un gouffre pour le salut des Romains, ROMULUS ET RÉMUS allaités par une louve et trouvés sur le bord du Tibre par des bergers, sont les sujets des deux autres médaillons.

La plupart des peintures de cette salle représentent, de même que les sculptures, des traits de l'histoire romaine. Nous commencerons à les décrire par les tableaux des extrémités.

MUTIUS SCÉVOLA (pl. 87). — L'intrépide Romain, pour montrer à Porsenna, roi des Étrusques, que rien ne peut l'intimider, et pour se punir d'avoir trompé l'espoir de Rome en tuant, au lieu du prince, son secrétaire, expose sa main sur un brasier ardent. Porsenna et les soldats qui ont arrêté Mutius Cordus témoignent l'étonnement que leur cause ce trait de courage et d'impassibilité. Il est presque inutile de faire observer que, dans ce tableau, le costume étrusque est loin d'être exact, et qu'il n'offre nullement

(1) François BORZONE, de Gênes, naquit en 1625; ayant du goût pour la peinture, il l'étudia sous son père Lucien Borzone, et s'y voua tout entier après avoir échappé à une maladie contagieuse qui emporta presque toute sa famille. S'étant attaché à la manière de Claude Lorrain et de Gaspar Dughet connu sous le nom de Gaspar Poussin ou du Guaspre, il devint très-bon peintre de paysage et de marine. Il réussissait bien à rendre les effets de mer et les naufrages. Borzone vint à Paris, s'y fit avantageusement connaître, et fut reçu en 1663 à l'académie. Sa réputation étant parvenue à la cour de Louis XIV, ce prince l'attira près de lui en 1674, et l'y retint par les ouvrages qu'il lui fit faire et par la manière honorable dont il le traita. Aussi Borzone passa-t-il le reste de sa vie en France, où il mourut en 1679; ce qui a rendu, selon Lanzi, *Storia*, t. V, p. 335, ses tableaux très-rares en Italie. Il est à regretter qu'ils aient aussi disparu à Paris avec les parties du Louvre qu'avait décorées Borzone.

le caractère d'une haute antiquité. Peut-être le peintre n'aurait-il pas dû mettre la couronne sur la tête du roi ; car, s'il l'avait eue et que son costume eût été très-différent de celui de son secrétaire, Scévola, qui depuis quelque temps était dans le camp étrusque, n'aurait pas pris l'un pour l'autre ; et si l'on voyait emporter le corps du secrétaire, la scène s'expliquerait encore mieux.

Le sénat offre à Cincinnatus la pourpre de dictateur (pl. 87). — Les Volsques et les Èques tenaient les Romains assiégés étroitement dans leur camp ; le sénat, dans ce pressant besoin, nomma dictateur L. Q. Cincinnatus, vieillard d'une probité, d'un courage et d'une fermeté à toute épreuve. Cette composition offre le moment où les envoyés du sénat trouvent Cincinnatus près de sa chaumière, occupé à bêcher son modeste jardin ; ils le pressent de se rendre aux vœux de Rome et de lui prêter le secours de son expérience : la femme de Cincinnatus paraît les écouter avec surprise. Cette scène est claire et bien rendue. On pourrait cependant trouver que la manière dont Romanelli a caractérisé Rome par la statue du Tibre, ne convient pas à cette époque ; que Cincinnatus, l'homme le plus simple qu'il y eût, prend une attitude trop théâtrale, et que le costume manque d'exactitude ; car on ne doit jamais, surtout dans ces temps reculés, représenter les Romains ni les Romaines avec des manches longues.

Enlèvement des Sabines (pl. 88). — Romanelli a développé du talent dans cette composition, dont le dessin soutenu ne manque ni de fermeté dans les figures des guerriers romains, ni d'élégance dans celles des Sabines qu'ils enlèvent. Si le peintre a trop étendu la scène, et si ses groupes dispersés ne se lient pas assez les uns aux autres, on peut croire qu'il a été en partie conduit à cette disposition par l'espace long et peu élevé qu'il avait à remplir, et il a voulu y mettre du mouvement sans y jeter de confusion. L'intérêt aussi, trop divisé, n'est pas appelé et fixé sur un groupe principal. Mais ce qui serait un défaut dans un tableau que l'on peut saisir d'un coup d'œil, est moins marquant dans une peinture que sa longueur ne permet pas de voir dans son ensemble, et qui offre, pour ainsi dire, successivement les différentes parties d'une grande scène aux regards du spectateur qui la parcourt. Quoique, sous le rapport du mouvement, de la chaleur et de l'énergie de l'expression, et sous celui de la pureté et de la sévérité du dessin, l'on ne puisse pas comparer cette fresque de Romanelli aux tableaux où le Poussin et David ont traité le même sujet, cependant elle mérite de fixer l'attention. Il serait superflu de discourir sur le coloris, qui est très-altéré, et qui a perdu toute son harmonie ; mais il ne sera pas hors de propos de consigner un fait que m'a rapporté un des peintres employés autrefois aux restaurations des anciennes peintures du Louvre, et ce fait donne une idée du soin que l'on avait mis dans leur exécution : on trouva sur les corniches des restes du bleu qui avait servi dans les draperies, dans les ciels et dans les fonds de ces peintures, et ce bleu n'était autre chose que de l'outremer et de la cendre bleue. Il est probable que ces couleurs n'étaient pas alors aussi chères qu'elles le sont aujourd'hui; il y a cependant lieu de s'étonner qu'on les ait ainsi prodiguées, et qu'on en ait rejeté, comme inutiles, des portions considérables qui pouvaient encore servir. L'emploi de cette couleur est, au reste, en partie cause du manque d'accord qui règne dans le coloris de ces fresques : les couleurs mêlées à l'outremer ont pâli et changé de ton; tandis que, résistant aux efforts du temps, il s'est conservé pur et se montre aujourd'hui avec trop de crudité.

CONTINENCE DE SCIPION (pl. 88). — Romanelli a représenté le moment où le jeune général romain, n'écoutant que la voix de la vertu et réprimant l'amour que lui avait inspiré une belle captive qui lui était échue en partage en Espagne, la rend intacte à sa famille et refuse les présens qu'elle lui offre. Quoique l'on pût desirer plus d'expression dans les traits et dans le mouvement de Scipion, au moment où il renonce à l'objet de son amour, et plus de sensibilité dans la jeune fille, dont le cœur devrait être partagé entre la reconnaissance pour son généreux vainqueur et la joie de retrouver sa famille, cependant cette composition, dont les figures sont bien dessinées et bien disposées, se fait remarquer par sa simplicité et par la manière claire dont le sujet est rendu.

LA POÉSIE ET L'HISTOIRE CÉLÈBRENT LES HAUTS FAITS DE ROME (pl. 89). — Porté sur des nuages au milieu d'un ciel brillant de lumière, un groupe de déesses occupe le milieu de la composition qui décore ce plafond. Appuyée sur sa lyre, la Poésie se livre aux pensées élevées que lui inspirent les grandeurs de Rome; l'Histoire, en montrant au Temps le génie de l'immortalité, semble lui ordonner de respecter les chefs-d'œuvre et les souvenirs de la maîtresse du monde, que l'on reconnaît à son costume guerrier et que couronne le génie de la gloire. La Renommée, fidèle messagère de Rome, la contemple avec plaisir et va publier de nouveaux triomphes. Dans son attitude un peu maniérée, dans son costume et dans son expression, Rome n'a pas ce caractère de grandeur qui conviendrait à la cité conquérante; les autres figures, quoiqu'on puisse leur reprocher çà et là d'être lourdes et mal ajustées, sont mieux d'action et de dessin. Le Temps surtout, malgré quelques rondeurs, offre un dessin d'un beau sentiment, et la tête a du caractère et de l'expression. En somme, ce plafond, lorsqu'il était dans sa fraîcheur, devait être léger de ton et d'un bel effet.

La salle du Centaure (pl. 90), qui suit celle des Romains, terminait autrefois de ce côté les appartemens d'Anne d'Autriche; mais elle était alors divisée en deux parties, que l'on voit indiquées dans le plan de J. F. Blondel, et dont les deux plafonds montrent les dispositions. Le premier, en entrant, était celui de la chambre à coucher de la Reine : le second n'existait pas autrefois; la pièce où il se trouve, et qui donne sur la rivière, était le grand cabinet d'Anne d'Autriche, dont il est souvent question dans les Mémoires de Mme de Motteville, et où elle travaillait avec ses ministres. Ces deux chambres étaient décorées avec beaucoup de goût et de richesse.

Les parquets, des bois les plus rares, offraient d'élégans dessins; les murailles, qui n'étaient pas alors telles qu'on les voit aujourd'hui que les portes en ont été agrandies, étaient ornées d'arabesques très-variées et de peintures. Elles étaient de Romanelli: il avait représenté dans le plafond Minerve assise sur un trophée d'armes; les sujets des autres tableaux peints sur les murailles étaient Moïse sauvé des eaux, le Passage de la mer Rouge, Moïse faisant aussi sortir l'eau du rocher, la Manne, le Veau d'or, les Filles de Jéthro, les Cailles tombant dans le camp des Israélites. Toutes ces peintures ont disparu, de même que de jolis paysages dont Patel et son fils avaient orné les portes richement sculptées. Les volets et les embrasures des fenêtres étaient couverts de peintures soignées et rehaussées d'or, et sur des portes étaient des portraits de Louis XIII et d'Anne d'Autriche, de Louis XIV et de Marie-Thérèse.

Les figures de ronde-bosse (pl. 91, 92) qui décorent les voussures du plafond, sont de Michel Anguier; d'Argenville, du moins, les lui attribue, quoique d'autres les aient données à Girardon. J'ai suivi l'opinion de cet écrivain; mais il est à croire que, lorsqu'on changea les dispositions de ces chambres et que l'on n'en fit qu'une seule salle, on ne put pas conserver les sculptures en plâtre placées dans les angles qui touchaient au mur de séparation, et celles que l'on a refaites dans les deux côtés et qui représentent la Force guerrière et la Renommée. Minerve et le génie de la gloire (pl. 91, 92) sont de De Joux (1), un des sculpteurs qui ont fait le plus

---

(1) DE JOUX naquit en 1731, à Vadans, près d'Arbois, d'une famille pauvre, mais qui autrefois avait eu de l'illustration, et à laquelle avait appartenu l'ancien château de Joux en Franche-Comté. Destiné dans sa jeunesse à devenir ou menuisier, ou tourneur, ce ne fut qu'à vingt-cinq ans qu'ayant fait un voyage à Marseille, De Joux s'enflamma à la vue des ouvrages du Puget, et se sentit naître la noble ambition de devenir statuaire. Familiarisé avec le travail du bois, il s'exerça, de même que le Puget, qui d'abord avait été sculpteur en bois, à façonner des figures de cette matière, dont le travail présente des difficultés et conduit aisément à celui du marbre. De Joux sculptait ou plutôt taillait du bois et de la pierre; mais les notions du dessin, les seules qui puissent produire des ouvrages dignes de la sculpture, lui manquaient presque entièrement. Il voulut les acquérir. Étant parti pour Paris, il fut recommandé à Guillaume Coustou, habile sculpteur, qui l'admit dans son atelier, où Julien tenait le premier rang parmi ses élèves. De Joux ne tarda pas à se lier avec lui, à profiter de ses exemples et de ses conseils, et il trouva dans ce camarade, pour ainsi dire, un second maître, qui lui faisait retirer plus de profit des leçons de Coustou. Bientôt De Joux, par un travail opiniâtre, acquit assez de talent et de pratique pour pouvoir aider Julien dans ses ouvrages, et ils travaillèrent de concert. Celui-ci, ayant remporté le grand prix, devait aller à Rome: De Joux, n'ayant pas obtenu les mêmes succès, ne pouvait pas y suivre son ami comme pensionnaire du Roi; mais il s'était préparé à ce voyage, et, employant toutes les ressources de la santé la plus robuste, il avait travaillé jour et nuit avec une telle assiduité, qu'il s'était mis en état de le faire à ses frais. Les six ans que De Joux passa à Rome furent employés sans relâche à l'étude, à laquelle il se livrait avec une ardeur et un courage infatigables. Assez heureux pour savoir sentir et apprécier les beautés et le génie des anciens, il fut un des premiers parmi nos sculpteurs qui cherchèrent à empreindre leurs ouvrages du noble caractère de l'antique. A son retour à Paris,

d'honneur à notre école moderne : il a su accorder ses compositions élégantes avec celles de Michel Anguier.

Nous commencerons la suite des peintures de cette salle par celles de Romanelli.

JUDITH ET HOLOFERNE (pl. 93) est le premier sujet au-dessus de la porte d'entrée : l'intrépide Israélite est sur le point d'immoler au salut de Béthulie le général ennemi, plongé dans le sommeil; sa servante, en prière, attend avec angoisse l'issue de cette terrible scène. Au pied du lit sont les armures d'Holoferne, et dans le fond du tableau on voit, à la clarté de la lune, les tentes du camp. La composition de ce tableau est froide et sans expression; je ne parlerai pas du style, qui est nul, et dont le caractère n'appartient à aucun pays.

ESTHER ET ASSUÉRUS (pl. 93). — Le roi des rois se lève avec empressement de son trône et va toucher de son sceptre la timide Esther, que soutiennent deux de ses femmes, et qui se sent défaillir en paraissant devant le monarque persan. Le groupe de femmes a de la grâce, et c'est la meilleure partie du tableau.

LA TEMPÉRANCE ET LA PAIX (pl. 93). — Si ce n'est sa pose tranquille, rien dans cette femme armée ne caractérise la paix d'une manière particulière : mais cette figure qui assujettit un lion au frein, peut se faire recon-

on s'aperçut de l'avantage qu'il avait retiré des leçons de ces grands maîtres : le morceau de réception qu'il présenta en 1779 à l'académie, frappa les connaisseurs par un style à la beauté duquel on n'était pas habitué, et qui était bien supérieur de caractère et de pureté à ce que produisait alors la sculpture ; c'était un S. Sébastien mourant. Cette figure, en marbre, était petite et n'avait que deux pieds et demi de proportion ; mais De Joux était porté vers les grandes conceptions, et il eût aimé à s'exercer sur des figures colossales. Rarement satisfait de ses productions, il travaillait avec lenteur et réflexion, et mettait le plus grand soin à tout ce qu'il exécutait : aussi avait-il projeté beaucoup de grands ouvrages qu'il n'eut pas le temps de terminer. On vit de De Joux, au salon de 1781, le modèle de la belle statue de Catinat, dont il produisit, en 1783, le marbre, qui est aujourd'hui au Louvre dans la salle des généraux français. Ce fut au même salon qu'il mit un Achille de sept pieds de proportion. *Philopœmen buvant la ciguë* parut en 1785, et le groupe d'Ajax et de Cassandre fit partie de l'exposition de 1787; c'est le plus bel ouvrage de De Joux, qui s'y distingua par la noblesse de la composition, la correction du dessin, la grandeur du style. Cette même année, il y eut encore de lui un bas-relief de six pieds de proportion qui représentait Phryxus monté sur le belier à toison d'or. Cet habile sculpteur fit aussi un assez grand nombre de beaux bustes. En 1795, il prit place à l'Institut; en 1802, il fut décoré de l'ordre de la Légion d'honneur, et en 1816 il fut de l'académie des beaux arts. Doué d'une santé à toute épreuve, et d'un caractère aussi sévère et aussi inflexible que l'était sa probité, ce vénérable vieillard se livra, presque jusqu'à ses derniers momens, aux occupations de son art et aux soins qu'il donnait à ses élèves. La mort le surprit à quatre-vingt-cinq ans, en 1816, au milieu de ses travaux. M. Quatremère de Quincy, dans la séance du 30 octobre 1818, prononça son éloge, qui m'a fourni la plus grande partie de cet article.

naître pour la déesse de la tempérance ; d'un bon mouvement et d'un dessin soutenu, elle est mieux que la Paix dans son ensemble et dans ses détails.

La Justice et l'Abondance (pl. 93). — La première de ces deux divinités allégoriques s'appuie sur le code des lois, et tient une règle et une épée, emblèmes de ses devoirs et de sa puissance; la branche d'olivier et la corne d'abondance qui servent d'attributs à la seconde de ces déesses, annoncent assez que c'est à la paix qu'elle doit ses richesses. Au reste, cette composition est froide et manque de liaison, et les draperies sont en général lourdes et sans souplesse.

La Continence (pl. 87). — Romanelli a développé ici plus de talent et a répandu plus d'intérêt dans cette scène, à laquelle concourent tous les personnages qui la composent. L'Amour s'était approché de la Continence, qui paraît effrayée du danger qu'elle vient de courir, et au secours de qui arrive la Vertu, qui, un lis à la main, emblème de sa candeur, éloigne le dieu malin. Ces figures, vraies et simples d'attitude, sont bien conçues, et l'ajustement en est beaucoup meilleur que dans celles que nous venons de voir.

La Prudence (pl. 87). — La Prévoyance présente un miroir à la Prudence, que fait reconnaître le serpent qu'elle tient à la main. Auprès d'elles est une lampe, qui rappelle qu'elles doivent veiller sans cesse. Ces figures, surtout la Prudence, sont drapées avec goût, et la pose et le dessin de celle-ci ont beaucoup de naturel. Il n'est pas hors de propos de faire remarquer que Romanelli ne s'est pas mis en frais d'imagination pour les fonds de ces différens tableaux, et qu'il a toujours eu recours à de grands rideaux pour détacher les personnages.

Le plafond qui se présente à l'entrée de la salle, est aussi de Romanelli.

La Religion (pl. 95). — Tenant en main le serpent, symbole de l'éternité, dans un costume grave, et la tête couverte d'un voile, la Religion est assise sur des nuées au milieu du ciel, qu'elle éclaire de sa splendeur. Près d'elle sont groupées la Foi, dont le faisceau annonce la force, et la couronne, les récompenses; l'Espérance, et la Charité, qui presse de jeunes enfans sur son sein. Ce dernier groupe, plein de grâce, donne du charme à toute cette partie de la composition.

Aux deux extrémités de la salle, Michel Anguier a représenté, dans des bas-reliefs qui imitent le bronze, l'Étude et la Méditation, et le Génie de la Gloire (pl. 82).

Les autres peintures de cette salle sont dues à des peintres de notre école moderne.

L'Hercule français (pl. 95), par M. Hennequin (1). — C'est un Hercule

(1) M. Philippe-Auguste Hennequin, né à Lyon en 1765, est élève de Taraval, de Gois, de Brenet et de David. On a vu de lui, au salon du Louvre, en 1796, *Pâris s'arrachant des bras d'Hélène pour aller combattre Ménélas*; un por-

paisible : sa massue est entourée de branches d'olivier; il se repose après avoir terrassé la Discorde et l'Envie; les génies des sciences et des arts s'empressent autour de l'autel de l'immortalité; le génie de l'abondance répand ses richesses sur la terre, et la Gloire lui présente le symbole de la paix.

L'Étude et la Renommée (pl. 89), par Peyron (1). — Tenant à la main un flambeau, symbole de ses veilles, l'Étude se livre dans le calme de la nuit à de savantes recherches : une palette, un bas-relief, un globe et un livre indiquent qu'elles ont pour objet les sciences et les arts; près d'elle, la Renommée promet à ses travaux une couronne de laurier et une palme, nobles récompenses du mérite. Le coq doit être ici l'emblème de la vigilance, et peut aussi faire allusion à la France. On pourrait trouver que la figure de la Renommée n'est pas assez grandement pensée, et que son costume manque de dignité.

La Victoire et les Génies des arts (pl. 89), par M. Lethière (2). —

trait du général de brigade Marmont se distinguant à l'attaque de Malte; en 1799, *le Dix Août*, tableau allégorique, et *les Remords d'Oreste*; en 1804, *la bataille de Quiberon*; en 1806, *la bataille des Pyramides*, et *la Distribution des croix de la Légion d'honneur à l'armée de l'Ouest*.

(1) Jean-François-Pierre Peyron, né à Aix en Provence en 1744, fut élève de Lagrenée l'aîné; agréé à l'académie en 1785, il y fut reçu en 1787. Cette même année il était inspecteur des Gobelins. Il est mort le 20 janvier 1815 à Paris. N'ayant pu me procurer des renseignemens particuliers sur la vie et les études de ce peintre de mérite, je me bornerai à indiquer les principaux ouvrages qu'on a vus de lui aux diverses expositions du Louvre. En 1785, il parut de lui deux tableaux : l'un, de 10 pieds carrés, commandé par le Roi, représentait *la Mort d'Alceste au milieu de toute sa famille*; l'autre, plus petit, offrait *Socrate arrachant Alcibiade aux charmes de la Volupté*. Les sujets que Peyron traita en 1787 furent *Curtius refusant les présens des Samnites*, et *la Mort de Socrate*, esquisse dont le tableau, de 13 pieds sur 10, pour le Roi, ne fut exposé qu'au salon de 1789. En 1791 il n'y eut de lui que des dessins, des figures académiques peintes, et une es-

quisse, *Ulysse demandant l'hospitalité à Nausicaa*. Il peignit ce tableau sur bois, et le mit au salon de 1798, ainsi que de beaux dessins : *les jeunes Athéniens tirant au sort pour être livrés au Minotaure; Catilina faisant prêter serment aux conjurés*. A l'exposition de 1799, on vit de Peyron *le Temps, Minerve et le génie de l'histoire décernant l'immortalité aux grands hommes*. En 1800, il n'y eut de ce peintre que des dessins. Pendant plusieurs années il ne mit rien au salon : il n'y reparut qu'en 1804, avec un grand tableau qui représentait *Paul-Émile, vainqueur de Persée roi de Macédoine, cherchant à relever le courage de ce prince*. Le sujet qu'il traita en 1806, fut *Œdipe à Colone, soutenu par Antigone, et maudissant Polynice, tandis qu'Ismène implore son père en faveur de son frère*. La mort du général Valhubert fournit en 1808 une composition intéressante à Peyron, qui mit au salon pour la dernière fois en 1812 deux tableaux : l'un, *l'École de Pythagore*; l'autre, *l'Entretien de Démocrite et d'Hippocrate*.

(2) M. Guillaume-Guillon Lethière, né à la Guadeloupe en 1760, fut d'abord élève de M. Descamps à Rouen, jusqu'en 1777, époque vers laquelle il entra dans l'atelier de M. Doyen. Quoiqu'en 1785 il n'eût obtenu que le second grand prix, on

Ce trophée d'armes, ce caducée, cette branche d'olivier, que le peintre a introduits dans sa composition, indiquent assez que, dans la guerre comme dans la paix, la France a vu fleurir dans son sein ces beaux arts qui ont tant contribué à sa gloire, et qui sont les plus brillans fruits de la victoire et de la paix.

Des jolis groupes de génies qui remplissent six médaillons du plafond de cette salle, quatre sont de Romanelli (pl. 94). — Les Génies des eaux. — Les Génies du temps. — Les Génies de la justice. — Les Génies de la gloire. — Ils sont en général dessinés avec grâce; le ton de couleur en est léger, et l'effet agréable. Les deux autres médaillons sont de Prudhon et de M. Guérin.

Génies des arts (pl. 94), par Prudhon (voy. p. 505). — C'est sans

jugea que son tableau et ses talens le rendaient digne d'aller à Rome, et M. le comte de Montmorin, par une faveur spéciale du Roi, lui fit accorder la pension. M. Lethière partit alors pour Rome avec MM. Percier, Baltard, Bernier et Auguste Beudot, tous quatre architectes. Ce fut pendant son séjour à l'école de France à Rome, qu'il s'occupa de la grande composition de la mort des fils de Brutus, tableau qu'il n'exécuta que long-temps après. De retour à Paris, dans des temps de troubles peu favorables aux beaux arts, M. Lethière fut pendant plusieurs années sans pouvoir travailler et mettre à profit les études auxquelles il s'était livré à Rome; cependant, en 1794, il représenta dans un grand tableau *Virginius qui tue sa fille pour sauver son honneur*. On vit aussi de lui, cette année-là, *Herminie chez les bergers*, et *les Grâces dérobant la ceinture de Vénus*. Lorsque le calme reparut et que les artistes purent reprendre leurs travaux d'une manière utile, son tableau de *Philoctète*, qui est au palais des Députés, lui mérita en 1798, sous le ministère de M. François de Neufchâteau, l'honneur de partager avec Girodet le grand prix qu'on décernait aux ouvrages les plus remarquables. En 1807, M. Lethière fut nommé directeur de l'école de France à Rome, et il exerça cette place aussi importante qu'honorable jusqu'en 1816. En 1818, il fut reçu à l'académie des beaux arts. Parmi les productions de ce maître, on cite, comme les principales, en 1812, *la Mort des fils de Brutus*, tableau qui lui fit obtenir la décoration de la Légion d'honneur, et qui a été placé au musée du Luxembourg; en 1797, *le Sommeil de Vénus*, *deux jeunes Femmes au bain jouant avec un cygne*; en 1806, *les Préliminaires de la paix de Léoben*, *le Passage du pont de Vienne*, *le Jugement de Pâris sur le mont Ida*, *Homère chantant ses poèmes*. Ces deux derniers tableaux ont passé en Angleterre. *Le Départ* et *la Mort d'Adonis* ont fourni les sujets de deux tableaux de chevalet, acquis par M. le duc de Berwick d'Albe, ainsi qu'une *Prédication dans les catacombes*. Ne pouvant pas indiquer toutes les productions de M. Lethière, j'ajouterai à celles que j'ai nommées, *Caton d'Utique*, *Archimède méditant*, *Jésus-Christ dans le jardin des Oliviers*; en 1822, *S. Louis visitant et touchant les pestiférés*, *Esculape nourri par une chèvre*, *Romulus et Rémus allaités par une louve et trouvés par le berger Faustulus*; en 1824, *François I.er, entouré des savans qu'il protégeait, institue le collège royal*. M. Lethière a aussi traité avec succès le paysage dans le style héroïque, et, entre autres sujets, il a représenté *la Tempête qui force Énée et Didon à se réfugier dans une grotte, et qui fut si favorable à leurs amours*.

doute pour indiquer que la carrière des arts, avec les succès qu'on peut y recueillir, est ouverte à l'un et à l'autre sexe, que Prudhon a représenté ses génies sous les figures de deux enfans ailés et des deux sexes, qui se tiennent embrassés et s'élèvent vers le ciel. On y retrouve le caractère que ce maître s'était approprié et qu'il donnait à tous ses ouvrages.

Génies de l'immortalité (pl. 94), par M. Guérin (1). — L'un tient une couronne étoilée, celle de l'autre est de laurier, double emblème de la gloire qui attend le génie sur la terre, et qui le porte jusqu'aux cieux.

(1) M. Pierre-Narcisse Guérin, né à Paris en 1774, est élève de Brenet, de Taraval, et de M. le chevalier Regnault, anciens académiciens. En 1797, il remporta le grand prix de peinture. Reçu à l'académie en 1814, il fut décoré de la croix de la Légion d'honneur, lors de l'institution de cet ordre; en 1819, il fut fait chevalier de Saint-Michel, et en 1823 il a été nommé directeur de l'école royale de France à Rome. Parmi les ouvrages de cet habile maître qui ont paru avec succès aux différentes expositions, on doit citer, en 1795, *Géta assassiné par les ordres de Caracalla*, et un grand dessin qui représentait *la jeunesse romaine défendant Coriolan condamné à mort par un tribun*. Ce fut au salon de 1799 que parut le *Marcus Sextus de retour à Rome après un long exil* et trouvant sa fille en pleurs auprès de sa femme expirante. Ce tableau fit un grand honneur à M. Guérin, et assura sa réputation. Il y eut aussi de lui, cette année, un petit tableau qui offrait une scène de séduction. La belle composition de *Phèdre et Hippolyte*, qui fit partie de l'exposition de 1802, a reçu les honneurs du Luxembourg. N'ayant pu, en 1797, par suite des circonstances politiques, profiter des avantages que lui offrait son grand prix et aller à Rome, M. Guérin fit ce voyage en 1803. Ce ne fut qu'à son retour que l'on vit de lui au Louvre de nouveaux ouvrages attendus avec impatience depuis long-temps par le public. En 1808, il mit au salon *le général en chef Bonaparte pardonnant aux révoltés du Caire*, et un tableau intitulé *Amyntas*, qui représente deux bergers qui, à l'ombre d'un arbre, près d'un tombeau, écoutent une jeune fille. Vers la même époque, on vit de M. Guérin un *Père et ses Enfans qui présentent des offrandes à Esculape en action de grâces pour la santé qu'il a rendue à leur père*. En 1810, M. Guérin prit pour sujet de sa composition *Pyrrhus qui, cédant aux prières d'Andromaque, et malgré les menaces d'Hermione, refuse à Oreste de livrer Astyanax aux Grecs*. Il y eut encore de lui, cette année, un autre grand tableau, *l'Aurore et Céphale* : la jeune déesse, éprise de Céphale, vient de l'enlever à son épouse Procris ; l'Amour et Zéphire célèbrent son triomphe, et répandent des fleurs sur la terre. Ce tableau fait partie de la précieuse collection de M. de Sommariva. Les deux sujets que fit paraître, en 1817, M. Guérin, étaient de caractères bien différens. Dans l'un, Clytemnestre, incertaine, hors d'elle-même, excitée par Égisthe, est sur le point d'assassiner Agamemnon plongé dans le sommeil ; c'est un effet de lampe et une scène d'horreur. Dans l'autre, c'est le ciel brillant des côtes de Carthage et une scène de la plus douce volupté : Énée raconte à Didon ses aventures ; Anna, sœur de Didon, et Cupidon sous les traits d'Ascagne, les écoutent ; la belle reine de Carthage est tout entière à l'intérêt que lui inspire le héros troyen, et l'ardente langueur de ses yeux décèle l'amour qui la dévore. Ces deux grandes compositions ont été placées au Luxembourg. En 1819, M. Guérin consacra son pinceau à deux héros de la Vendée, Henri de la Rochejaquelein et le prince de Talmont : ces deux portraits historiques appartiennent à M.me la princesse de Talmont.

La salle qui suit, en retour sur la Seine, celle du Centaure, très-simple aujourd'hui d'architecture et sans ornement, était autrefois très-riche ; Anne d'Autriche l'avait divisée en plusieurs pièces qui avaient diverses destinations (*voy.* pag. 363 et la note de la page 394). Une de ces pièces avait été ornée de statues antiques; ce qui lui avait fait donner le nom de *salle des antiques*. Cette partie communiquait avec des chambres qui donnaient sur la cour, et avec un escalier qui occupait une partie du local du secrétariat actuel du Musée royal. C'était là qu'était il y a vingt-cinq ans la salle des Muses. Il paraît, d'après les dispositions que l'on peut combiner en lisant les Mémoires de M.me de Motteville, que cet escalier servait de communication des appartemens d'Anne d'Autriche avec une partie de ceux de Louis XIII et des princesses. Cette salle des antiques était ornée de marbres rares, de colonnes, et de niches où étaient placées les statues. Il y avait aussi de très-riches boiseries, et ce qu'on appelait alors des cabinets, qui étaient ou en laque de la Chine ou en panneaux vernis et décorés. Les peintures, sur lesquelles nous n'avons aucun détail, étaient de Bunel, dont il a déjà été question page 496. Parmi les statues, Sauval cite un nègre, un très-joli joueur de flûte, une Vénus d'après l'antique, par Baccio Bandinelli, et cette même belle Diane à la biche qui fait aujourd'hui, comme autrefois, l'ornement de cette salle, à laquelle elle a donné son nom, et que François I.er avait laissée à ses successeurs comme une des plus précieuses conquêtes que son amour éclairé pour les arts lui avait fait faire sur l'Italie.

Lorsque Louis XIV eut abandonné le Louvre pour habiter Versailles, Marly et les autres palais, on y transporta les objets rares ou curieux qu'on avait rassemblés dans la salle des antiques; elle subit le sort du reste du Louvre, et fut délaissée, dépouillée. Dans des temps très-postérieurs à cette époque, ces salles devinrent celles du parquet du procureur général du grand conseil, et il y eut une chapelle pour le grand conseil, probablement dans la partie qui auparavant avait servi d'oratoire et qui était dans la dernière arcade à droite.

Après avoir vu en détail les salles d'une grande partie du rez-de-chaussée du Louvre, nous sommes obligés de revenir sur nos pas pour jeter un coup d'œil sur celles dont nous avait écartés la marche que nous avons suivie. Le grand escalier du Musée royal attirera d'abord notre attention : il serait inutile de la détourner sur celui qui y conduisait autrefois, et qui ne sert plus aujourd'hui que d'escalier de dégagement; il a été fait par Brébion, et n'offre rien de remarquable. Il n'en est pas de même de celui qui, du vestibule du musée des antiques, conduit à la galerie des tableaux et au musée Charles X : c'est, sous tous les rapports, une des parties du Louvre les plus riches et les plus belles; et si, par la grandeur de ses proportions et la magnificence de son architecture et de sa décoration, il frappe d'admiration au premier coup d'œil, il paraît encore plus digne d'éloges lorsque l'on connaît les difficultés sans nombre qu'il a fallu surmonter pour le construire.

Ce grand escalier occupe, ainsi qu'il a été dit pag. 363-395, une grande partie de la salle de spectacle de Catherine de Médicis et d'Henri IV, dont il n'existait plus rien, lorsque, dans ces derniers temps, on songea à construire un vaste escalier dans cet emplacement, dont toutes les distributions avaient été changées sous Louis XV, et qui contenait plusieurs salles dépendantes de l'académie de peinture. Lorsqu'on eut dégagé cet espace et mis à nu les gros murs qui le renferment, il parut très-grand et très-propre à la construction d'un escalier qui devait servir deux parties opposées du palais. Cependant, lorsqu'on en vint à s'assurer des mesures et à étudier le plan sur le terrain, on se vit assailli par une foule de difficultés qu'il ne suffisait pas d'avoir reconnues, mais dont il fallait triompher. Cette grande cage n'avait pas dans toutes ses parties des dimensions uniformes. L'espace consacré à cet escalier se divisait en deux portions inégales : l'axe de la première, qui était la plus considérable, ne passant pas par le milieu de la seconde, la divisait en deux parties, dont l'une, étant beaucoup plus petite que l'autre, n'admettait pas les mêmes dispositions. L'escalier se partageait en plusieurs volées qui devaient arriver à la même hauteur. D'un côté l'on avait 6 toises et demie pour le développer, et de l'autre on ne pouvait disposer que de 4 toises. D'après cet exposé, où je ne me suis pas hasardé à entrer dans des détails qui ne conviendraient qu'à des architectes, et qu'eux seuls d'ailleurs sont appelés à rendre d'une manière convenable, on peut se faire une idée des obstacles qu'ont opposés des données aussi irrégulières; et l'on conçoit que MM. Percier et Fontaine ont dû, dans le tracé de cet escalier, essayer dans tous les sens toute sorte de combinaisons pour parvenir à des résultats aussi réguliers, et faire disparaître dans la beauté de l'ensemble les peines qu'il leur en a coûté pour remplir avec autant de succès leur programme. Tout ce qu'il y a de beau et de bien dans cet ouvrage leur appartient; les inconvéniens que l'on peut y trouver ont été, pour ainsi dire, commandés par des difficultés insurmontables que présentaient les localités. Si la partie inférieure de l'escalier est resserrée entre des massifs élevés; si l'entrée est de côté, et si l'on ne jouit du développement et de la beauté de l'ensemble que lorsqu'on est arrivé au haut de l'escalier, ce n'est qu'à l'inégalité du terrain qu'il faut s'en prendre, et il ne reste que des éloges à adresser aux architectes. Toute la partie décorative est conçue et traitée avec une dignité et une élégance dignes d'un somptueux palais; et ces colonnes de marbre qui soutiennent de riches arcades, les peintures, les sculptures qui ornent les plafonds, ces vases de belles matières disposés avec goût, tout concourt à déployer dans ce bel escalier une magnificence dont peu de palais offrent un emploi aussi noble et aussi bien entendu; et si dans un édifice l'escalier est la partie la plus importante et la plus difficile à combiner, ceux de la colonnade du Louvre et du Musée royal ont prouvé que nos architectes étaient à la hauteur des plus grandes conceptions.

La décoration de cet escalier n'étant pas encore terminée, je ne puis que l'indiquer et qu'exprimer mes regrets de n'être pas à portée de faire connaître, du moins pour ce moment, par la gravure, les bas-reliefs qui doivent orner les faces latérales : on doit y placer à droite, en allant au Musée, l'Architecture, par M. Caillouette (1); — la Gravure, par M. Guillois (2); — et sur la gauche, la Sculpture, par M. Guersant (3); — et la Peinture, par M. Laitié (*voyez* pag. 451).

Les sculptures qui règnent autour de la cage de l'escalier et qui ornent les arcades, sont de M. Taunay (*voyez* pag. 414 et pl. 98 et 98 *bis*). Elles sont remarquables par le bon goût de leur composition et par la pureté de leur exécution. Le sculpteur a mis toute la variété que comportaient ses sujets et que l'on peut désirer, dans la manière dont il a disposé ses trophées d'armes et les génies qui les couronnent : ceux des arts du dessin, qui déposent leurs offrandes sur les autels de Minerve, de Jupiter, d'Hercule et de Mars, forment de jolis tableaux, et il est difficile de réunir plus de richesse et d'élégance que cette suite de sculptures ornementales. Les peintures qui doivent remplir les voussures de ce plafond, en compléteront la magnifique décoration; le dessin qu'en offre la planche 97, donnera une de celles que l'on a projetées : je le dois, ainsi que celui des Renommées, à l'extrême obligeance de M. Percier.

Le grand tableau qui remplit le plafond termine bien ce bel ensemble;

---

(1) M. Louis-Denis Caillouette, né à Paris en 1791, est élève de M. Cartellier; en 1818 il obtint le second grand prix de sculpture. On vit de lui, au salon de 1822, une statue d'un jeune pêcheur, le buste en marbre de Jacques Ruisdael, et le modèle d'un bas-relief destiné à la fontaine de la Bastille et représentant les mathématiques. En 1824, on vit de lui une statue de la Sainte-Vierge, au moment de la conception : cette figure a été placée dans l'église de Saint-Ambroise; une figure de la Foi pour la même église. M. Caillouette a fait pour le grand escalier du Louvre un bas-relief dont le sujet est l'Architecture, et pour la Bourse, la Justice, l'Asie et l'Europe. Il mit aussi à ce salon une Psyché abandonnée, en marbre, qui a été acquise par la société des Amis des arts.

(2) M. François-Pierre Guillois est né à Paris en 1765. On vit de ce sculpteur, au salon de 1817, *un jeune Berger en repos éprouvant l'amour pour la première fois;* cette figure reparut en marbre en 1819; et cette même année M. Guillois mit au Louvre le buste en marbre de *Pierre Corneille* et *un jeune enfant couché qui donne à manger à un serpent :* cette figure lui fut commandée en marbre par le ministre de la maison du Roi, et fit partie de l'exposition de 1822. Il y eut encore du même sculpteur, cette année, *une Nymphe considérant un papillon,* et *la Candeur,* tête d'expression.

(3) M. Pierre-Sébastien Guersant, né à Déols près de Châteauroux en 1786, est élève de M. Cartellier. Il parut au salon de 1814 avec deux bas-reliefs : l'un, *S. M. Louis XVIII accordant la grâce d'un homme condamné aux fers;* l'autre, *le Retour de l'enfant prodigue dans sa famille*. En 1817 il n'y eut de ce sculpteur que des figures allégoriques et des ornemens en arabesques. Il mit au salon de 1819 un bas-relief commandé par M. le ministre de l'intérieur pour la fontaine de la Bastille, et qui représente *Homère couronné par les génies de la poésie lyrique et de la poésie pastorale*. *La colère d'Achille* lui fournit aussi cette année le sujet d'un autre bas-relief. On vit de lui au salon de 1822 une *statue de la Sainte-Vierge* qu'il exécuta en pierre pour un monument du cimetière du P. La Chaise; et le buste en marbre de *Jeanne Hachette* pour le ministère de l'intérieur. Il y eut en 1824 une autre *Sainte-Vierge* de M. Guersant, commandée par le préfet de la Seine, et le buste en marbre de *Germain Pilon* pour la maison du Roi.

il est de M. Abel de Pujol (1). Au milieu d'un ciel éclatant de lumière, le génie des beaux arts, son flambeau à la main, les fait sortir des ténèbres où les retenaient le Fanatisme et l'Ignorance; la Peinture, la Sculpture, l'Architecture et la Gravure, que l'on reconnaît à leurs attributs, se tenant comme des sœurs par la main, s'élèvent vers le céleste séjour; la Vérité, le Commerce, la Liberté et la Paix, les encouragent et prennent part à leurs succès.

Le plafond qui orne le palier de l'escalier du côté du musée des tableaux est de M. Meynier (*voyez* p. 517), et représente

La France protégeant les beaux arts. — Elle est sous les traits de Minerve; près d'elle s'élève l'olivier, qui lui dut la naissance et qui est consacré à rappeler les bienfaits de la paix; le génie sert de guide aux beaux arts et dirige leur essor vers le ciel.

Aux deux côtés du plafond les lunettes sont décorées de bas-reliefs de la main de M. Petitot fils. (*Voy.* p. 451 et pl. 108.)

Apollon reçoit les hommages des beaux arts.

Minerve préside aux récompenses accordées aux arts.

Des génies que leurs attributs font reconnaître pour ceux des arts

(1) M. Abel de Pujol est né à Valenciennes le 3 janvier 1785. Son père, le baron de la Grave, était chevalier de Saint-Louis, et il remplit les places de commissaire des guerres, de prévôt et de chef du magistrat de Valenciennes. M. Abel de Pujol fit ses premières études à l'académie de peinture de cette ville sous la direction de M. Momal, qui en était professeur. A l'âge de vingt ans il vint à Paris, entra dans l'atelier de David, et remporta le grand prix de peinture en 1811. En 1814, il exposa au salon *la Mort de Britannicus*, et son beau tableau de *la Prédication de S. Étienne* lui fit partager le grand prix décerné lors du salon de 1817. *La Sainte-Vierge mise au tombeau par les apôtres* fit partie de l'exposition de 1819. On y vit aussi *Sisyphe aux enfers*; — *César allant au sénat le jour des ides de mars:* Calpurnie ne peut le retenir, et Albinus, entouré de conjurés, l'entraîne. Ce tableau appartient à S. A. R. M.gr le duc d'Orléans. La même année, M. de Pujol orna de son grand plafond l'escalier du Musée royal. La chapelle de S. Roch à Saint-Sulpice, décorée par lui de belles fresques en 1821, jointe à ses autres travaux, lui mérita la croix d'honneur qu'il reçut en 1822. Cette entreprise considérable, dans un genre de peinture nouveau pour lui, ne l'empêcha pas de faire pour le musée de Lille, *Joseph expliquant les songes de deux prisonniers*. C'est de M. Abel de Pujol que sont les peintures de la chapelle des dames du Sacré-Cœur à Paris, dont l'architecture élégante est due à M. Achille Le Clerc, l'un des élèves les plus distingués de M. Percier et ancien pensionnaire de Rome. Au salon de 1824 on vit de M. de Pujol une grande composition de 22 pieds de long, dont le sujet était *Germanicus recueillant les débris des légions de Varus*. En 1825, ce peintre a terminé une suite de vingt-deux tableaux de la galerie de Diane à Fontainebleau. De sa main sont aussi huit des grandes et belles grisailles qui décorent les voûtes de la Bourse. Pour compléter la liste de ses principaux ouvrages, je citerai encore *la Prise du Trocadero*; *le baptême de Clovis*, tableau de 17 pieds de long, pour la cathédrale de Reims.

auxquels ils président, présentent d'un côté leurs instrumens, et de l'autre offrent des couronnes aux bustes d'Apollon et de Minerve.

L'escalier qui donne sur ce palier et qui conduit au Musée lorsque l'entrée n'en est pas publique, a été construit par M. Brébion, architecte du Louvre de 1780 à 1790. On se rappelle qu'autrefois cet escalier, beaucoup plus large qu'il ne l'est à présent, était le seul qui menât au salon d'exposition ; la cage en était carrée et vaste, et le milieu vide (pl. 10, G). Nous y avons vu placer des tableaux lorsque le nombre de ceux qu'on avait admis se trouvait trop considérable pour pouvoir entrer au salon. De cet escalier nous passerons dans la cour, où MM. Percier et Fontaine, pour mettre à profit des bas-reliefs antiques dont plusieurs n'étaient peut-être pas assez beaux pour figurer dans les salles du Musée, ont adopté un genre de décoration fréquemment employé en Italie dans les musées et dans les palais (voy. pl. 99). Ce mélange pittoresque de bas-reliefs et de fragmens de différens styles et de mérites divers sert, pour ainsi dire, d'annonce aux ouvrages variés que renferment les grandes collections ; avant de parvenir aux chefs-d'œuvre, on reçoit un avant-goût du plaisir qu'on éprouvera, et l'on respire un certain air d'antiquité. Mais malheureusement le climat de Paris n'est pas aussi conservateur que celui de Rome et de Naples, et l'architecture du Louvre et ses convenances ou ses exigences ne sont pas avec les monumens antiques aussi en harmonie que l'architecture de palais qui leur ont été destinés dès le principe, ou qu'on leur a consacrés en sacrifiant tout à leurs intérêts. Dans quelques années peut-être, se repentant, trop tard, d'avoir exposé à l'inconstance de nos saisons et à la funeste influence de l'humidité et de la gelée des bas-reliefs antiques en marbres nés sous le ciel de la Grèce ou de l'Italie, on aura à regretter bien des ouvrages qui, à plus d'un titre, méritaient d'être conservés. L'exécution n'en est pas en général, il est vrai, d'un mérite remarquable ; mais la plupart offrent de l'intérêt, soit par la composition, où l'on retrouve la pensée d'anciens originaux meilleurs que leurs copies, soit par les dissertations curieuses et savantes qu'ont inspirées aux Winckelmann, aux Zoëga, aux Visconti, ces monumens, que détruira l'intempérie de notre atmosphère et qui disparaîtront sous les sombres lichens qui les dévorent. Cette petite cour servait autrefois d'entrée aux appartemens d'Anne d'Autriche et formait une sorte de terrasse. Quoique depuis cette époque elle ait éprouvé plus d'un changement et qu'on l'ait dégagée et embellie, elle n'est pas encore terminée : elle doit être pavée de dalles dans son entier ; et lorsque l'on aura ragréé cette aile du palais, on complétera la décoration de la cour de la même manière qu'on l'a commencée, en plaçant des statues devant les pilastres. Il y a sous les portiques des Tuileries plusieurs figures antiques mutilées qui ne conviennent pas à ce palais, et parmi lesquelles on peut en trouver qui seraient mieux dans la cour du Musée royal.

Nous avons annoncé ci-dessus qu'en poursuivant nos excursions dans le Louvre nous serions obligés de quitter la partie où nous nous trouvons, et de reporter nos pas vers des salles de l'aile occidentale de la cour qui n'ont été qu'indiquées p. 392, et que la marche que nous avons suivie ne nous a pas permis d'explorer. Après les avoir vues, nous monterons de là au premier étage, qui, par une suite non interrompue de grands appartemens, nous menera jusqu'aux Tuileries. Nous sommes dans la cour du Louvre, et nous entrons dans la galerie d'Angoulême par le vestibule qui est au pied de l'escalier d'Henri IV (pl. 12, A). Cet escalier n'offre rien qui puisse nous arrêter : la disposition en est la même que celle de l'escalier d'Henri II; mais il n'a pas été terminé, et n'est pas enrichi de sculptures comme celui-ci. Il est inutile de rappeler que les salles où nous nous trouvons ne faisaient pas partie de l'ancien Louvre; qu'elles y ont été ajoutées par Louis XIII, et que ce fut alors que disparurent les jardins de Charles V et de François Ier du côté des rues du Champ-Fleuri, du Coq, et des autres qui donnent dans la rue Saint-Honoré. Ces salles, qui étaient en dehors des grands appartemens de représentation au rez-de-chaussée et qui en étaient séparées par le grand vestibule du pavillon de l'Horloge (pl. 12, Y), furent, à ce qu'il paraît, longtemps sans destination particulière. Enfin, lorsque les académies furent établies au Louvre par Louis XIV, il les donna à l'académie française et à celle des inscriptions pour y tenir leurs séances. Ces salles, décorées alors d'une manière analogue à leur nouvel objet et digne des sociétés savantes qu'elles devaient recevoir, se sont conservées ainsi jusqu'à l'époque où les académies les ont quittées pour occuper d'autres emplacemens. On peut voir, p. 392, la distribution qui avait été faite de ces salles entre les deux académies. La pièce qui appartenait à l'académie des inscriptions (salle de Jean Cousin, B, et première fenêtre de celle de Jean Goujon, C), avait été ornée de bustes et de tableaux : l'un de ceux-ci représentait Louis XIV dans un grand médaillon soutenu par Mercure; il était du célèbre Rigaud : des deux côtés du tableau s'élevaient sur de riches consoles les bustes de Clio et de Mercure. Ceux d'Apollon et de Minerve flanquaient un autre grand tableau qui avait pour sujet le Temps qui découvre la Vérité et met en fuite l'Ignorance. La composition qu'on avait placée en face des croisées offrait l'éducation de Louis XIV confiée à Minerve, qui le conduit au temple de la Gloire. Les bustes de Colbert et du régent servaient d'accompagnement à ce tableau. L'académie française occupait deux salles : les grandes assemblées se tenaient dans la première (formant deux tiers de celle de Jean Goujon); on y avait établi des tribunes pour les spectateurs, et elle était décorée de tapisseries des Gobelins qui représentaient Louis XIV, Louis XV, et les reines Marie-Thérèse d'Autriche et Marie Leczinska. La seconde salle (salle de Francheville, D) servait aux séances ordinaires de l'académie. On voyait encore dans ces deux salles en 1787, et quelques années après, les portraits de Louis XVI et de la reine Marie-Antoinette, de la reine Christine de Suède, des rois de Danemarck et de Suède, du cardinal de Richelieu, fondateur de l'académie française, et les bustes de Molière, de Boileau, de La Fontaine, de Quinault, de Racine, de Rotrou, de Thomas Corneille, de La Chaussée, d'Helvétius, de Crébillon, de Voltaire ; tous ces bustes étaient de la main de

Caffieri (1), qui en avait fait hommage à l'académie française; mais on ne dit pas de qui était une petite statue de Corneille assis dans un fauteuil.

Ici se terminent les recherches et les observations auxquelles nous nous sommes livrés en parcourant le rez-de-chaussée du Louvre; les pièces que nous pourrions encore y visiter, abandonnées pendant long-temps à des habitations particulières, n'offriraient aucun intérêt, et l'on peut voir, p. 392, ce qui est dit sur l'état où se trouvait cette partie du Louvre en 1755, et qui depuis n'avait éprouvé que des changemens ou des améliorations partielles et insignifiantes. Mais depuis plusieurs années on s'occupait de mettre le Louvre en état d'être habité; on rétablissait ou même on faisait tous les plafonds et les parquets du premier étage où un grand nombre de pièces n'en avaient jamais eu, et l'on y mettait des croisées. Enfin en 1818 il fut décidé que ces salles serviraient à l'exposition des produits de l'industrie; et ces travaux considérables furent poussés avec tant d'activité, qu'elle put y avoir lieu en 1819. Jusqu'alors il n'avait été question que des premières dispositions et de ce qui était indispensable pour que ces grandes salles pussent recevoir d'une manière convenable les objets auxquels on les destinait : mais en 1825 le Roi consacra, dans les ailes au nord et au couchant, un quart du premier étage du Louvre aux salles et aux bureaux du Conseil d'état, et ce fut un grand pas vers l'achèvement si désiré de ce palais. Plusieurs vastes salles furent mises à la disposition des architectes du Louvre, et bientôt le Conseil d'état put y tenir ses séances. Ces pièces n'avaient pas encore reçu la décoration qui convenait à leur nouvelle destination, et ce ne fut qu'à la fin de 1826 que le Roi ordonna les travaux

(1) Jean-Jacques CAFFIERI était d'une famille napolitaine qui s'était distinguée dans les armes sous Charles-Quint, sous Philippe II, et qui finit par quitter cette carrière pour celle des beaux arts.

Philippe, grand-père de Jacques, né à Rome en 1634, fut en 1658 attiré en France par le cardinal Mazarin; quelques années après, Colbert lui donna un logement aux Gobelins et employa ses talens pour la sculpture dans plusieurs maisons royales. Il mourut en 1716. De ses quatre fils, François-Charles et Jacques se vouèrent à la sculpture. Ce dernier, né aux Gobelins en 1678, fut sculpteur et fondeur, et travailla pour les palais du Roi. Il est mort en 1755. Jean-Jacques Caffieri, son second fils, qui fit les bustes dont il est question ici, naquit en 1723 et fut élève de Jean-Louis Lemoyne. Reçu à l'académie en 1759, il en fut nommé professeur en 1773. Il était aussi des académies de Rouen et de Dijon. Parmi les ouvrages de Caffieri, on citait les bustes de Lulli, de Quinault, de Rameau, qu'il fit pour l'Opéra; ceux de Piron et de Corneille, pour la Comédie Française; l'*Amitié surprise par l'Amour*, groupe qui eut du succès au salon de 1773; les statues en marbre et de six pieds de proportion de Corneille et de Molière qu'il fit pour le Roi en 1779 et en 1787; les bustes de La Fontaine, de Molière, de Rotrou, de Thomas Corneille, de Boileau, de J. B. Rousseau, de du Belloy, que lui demanda la Comédie Française. Le buste de Marivaux fut placé aux Italiens. On voit que Caffieri ne fit que peu de statues, et dans les cinq expositions du Louvre qui eurent lieu de 1779 à 1789, dernière année où il mit au salon, je ne trouve de lui que deux compositions : en 1789, *l'Amitié pleurant sur les cendres d'un ami à l'ombre d'un cyprès*, et *une Naïade*. Il paraît que ce n'étaient que des terres cuites et de petite proportion. Plusieurs sculpteurs habiles sont sortis de l'école de Caffieri, qui mourut en 1792.

qui doivent embellir et compléter cette partie de son palais. Un grand nombre de peintres furent appelés pour l'orner de leurs ouvrages; M. le vicomte de la Rochefoucauld, chargé du département des beaux arts, et M. le comte de Forbin, directeur général des musées royaux, indiquèrent les sujets des plafonds et des tableaux, qui feront le plus riche ornement de ces vastes salles, et dont les compositions retraceront les législateurs de l'antiquité, des magistrats dont s'honore la France, ou les hauts faits de l'histoire de nos Rois. Au moment où j'écris, ces peintures ne sont pas encore assez avancées pour se prêter à une description complète, et je dois me borner à en indiquer les sujets. Je commencerai par celle de ces salles qui est la seconde dans l'aile du nord, ou la quatrième en arrivant au Conseil d'état par l'escalier d'Henri IV.

LA SAGESSE DONNE SES LOIS, plafond par M. Mauzaisse (1). — Du haut de son trône placé dans le ciel, ayant pour conseil de sa cour céleste la Prudence, l'Équité, la Clémence et toutes les autres vertus, la Sagesse promulgue ses lois; elle transmet à Moïse celles qui doivent régir le peuple de Dieu. Le Génie, conduit par le Temps, indique que ce n'est qu'une longue expérience qui mène vers la perfection. Derrière Moïse sont groupés les législateurs des différentes nations; parmi eux on remarque Sémiramis, Numa, Romulus, Confucius, Mahomet, Charlemagne, Alfred. Dans le haut du tableau à partir du fond on voit les Rois de France qui se sont distingués par leurs lois, Clovis, Louis le Gros, S. Louis, Charles V, Henri IV, Louis XIV et Louis XVIII. A la droite de la composition, des

(1) M. Jean-Baptiste MAUZAISSE, né à Corbeil en 1784, est élève de M. Vincent et de M. Guérin. En 1824 il reçut la décoration de la Légion d'honneur. Au salon de 1808, le premier où aient paru des ouvrages de M. Mauzaisse, il n'y eut de lui que des portraits; en 1812 il y mit un *Arabe qui pleure son coursier étendu mort sur le sable du désert.* Ce tableau, qui a mérité à son auteur une médaille d'or, est au musée d'Angers. On vit de lui en 1817 *Clorinde baptisée au moment de mourir* (musée de Bordeaux); — *l'Arioste respecté par des brigands qui l'avaient arrêté, et qui, en apprenant son nom, tombent à ses pieds* (ce tableau est au musée du Luxembourg); *le portrait en pied du général vendéen comte de Susannet* (il avait été commandé pour le cabinet du Roi). Le sujet principal traité par M. Mauzaisse en 1819 représentait *Laurent de Médicis réunissant auprès de lui les savans et les artistes les plus célèbres de son temps*; S. A. R. M.gr le duc d'Orléans en a fait l'acquisition. La mythologie lui fournit trois autres compositions : un groupe de *Danaïdes au milieu des flammes des enfers,* — *Prométhée déchiré par le vautour,* — et *Tantale dévoré de soif au milieu des eaux;* ces ouvrages sont à Versailles. Il fit aussi, cette même année, le portrait de *M. le comte de Pradel.* En 1822, M. Mauzaisse orna d'un plafond et de grisailles deux salles du Musée royal dont il sera question dans un autre endroit. Il y eut trois tableaux de ce peintre au salon de 1824 : *le portrait équestre d'Henri IV,* placé à Fontainebleau par le ministre de la maison du Roi; — *l'Entrée de S. A. R. M.gr le Duc d'Angoulême à Madrid,* pour le préfet de la Seine; — et le *Martyre de S. Étienne,* qui lui avait été commandé par le ministre de l'intérieur pour la cathédrale de Bourges. On cite de M. Mauzaisse *trois Évangélistes* de très-grande proportion qu'il fit pour une église de Lyon, et il y a de lui au musée de Grenoble un *Hercule qui jette Lichas dans la mer.*

génies bienfaisans repoussent et dispersent l'Ignorance, la Fraude et toutes les passions haineuses qui s'opposent à l'exécution des lois.

Dans les voussures, sont placées, de distance en distance, des maximes célèbres qui servent de base à la morale, et les figures enchaînées représentent les vices et les crimes que réprime une législation sage.

La Justice, l'Industrie et l'Abondance, tableau par M. Alaux (1). — Le groupe de ces trois déesses, qui se tiennent par la main et se portent un mutuel appui, retrace les bienfaits des lois, qui, en favorisant l'industrie, permettent à l'Abondance de répandre ses fleurs et ses fruits sans craindre les attaques de l'envie, que le peintre a caractérisée par un serpent qui poursuit les déesses.

La Justice veille sur le repos du monde, par le même. — Dans le silence de la nuit, une femme, son enfant entre ses bras, et son mari, sur lequel elle s'appuie, se livrent sans crainte aux douceurs du sommeil : à leurs côtés la Justice veille à leur tranquillité; son lion, à ses pieds, caractérise la force de la sévère déesse. Ce tableau, conçu par M. Alaux, a été exécuté par M. Pierre Franque (2).

La Guerre, par M. Dejuinne (3). — Tenant d'une main son redoutable

(1) M. Jean-Baptiste Alaux, né à Bordeaux en 1784, a eu pour maître M. Vincent. En 1816 il obtint le grand prix. On vit de lui au salon de 1824, *un Christ au tombeau;* — *une scène du combat des Centaures et des Lapithes* (ce tableau est au Luxembourg); — *Pandore portée par Mercure et descendant sur la terre* (cet ouvrage a été acquis par le ministre de la maison du Roi); une *scène de brigands.*

(2) Quoique M. Pierre Franque soit le seul des deux frères jumeaux de ce nom qui ait travaillé au Louvre, comme ils se sont presque toujours réunis dans l'exécution de leurs ouvrages, on ne peut guère les séparer. MM. Pierre et Joseph Franque, nés en 1774 au Buis, département de la Drôme, sont l'un et l'autre élèves de David. En 1806, M. Pierre Franque fit paraître au salon *le Songe d'amour par l'influence de l'harmonie*, et en 1808, *Daphnis montrant à jouer de la flûte à Chloé.* Conjointement avec son frère, il représenta en 1812 la *fin de la bataille de Zurich*, ou le moment où l'on amène les prisonniers et l'on apporte les drapeaux enlevés à l'ennemi. Ce fut aussi avec son frère qu'il exposa, en 1814, *Hercule délivrant Alceste,* tableau qui avait déjà paru en 1806. Ce fut vers cette époque que M. Joseph Franque alla s'établir à Naples. En 1817 il y eut de M. Pierre au salon, *Josabeth dérobant Joas aux fureurs d'Athalie. La Conversion de S. Paul*, qu'il fit paraître en 1819, fut exécutée en tapisserie aux Gobelins et envoyée à Dijon par le ministre de l'intérieur, qui fit aussi en 1812 l'acquisition d'un tableau du même peintre qui représente *Angélique pansant les blessures de Médor et le rendant à la vie.* Il y eut de lui au même salon, *l'archange S. Michel terrassant le démon,* — une *Bergère effrayée par l'orage.* En 1810, on vit de M. Joseph Franque au salon une allégorie sur *l'état de la France avant le retour d'Égypte*, et le portrait de *l'ambassadeur persan Asker-kan;* — en 1812, plusieurs autres portraits, et *Jupiter endormi dans les bras de Junon.* Ce dernier tableau a été acquis par le ministre de la maison du Roi.

(3) M. François-Louis Dejuinne, né à Paris en 1784, est élève de Girodet. En 1808 il remporta le second grand prix, et

glaive, de l'autre élevant des palmes, des lauriers, une couronne, noble récompense de la victoire, la déesse des combats, au milieu du fracas des armes, s'élance triomphante sur des fortifications qui ont croulé sous ses attaques.

LE GÉNIE DE LA GUERRE, dessus de porte, par le même. — Ce génie tient une épée et un casque, et semble s'élancer sur la terre pour y porter la fureur des combats.

MINERVE ACCEPTE LE CODE QUE LUI PRÉSENTE LE GÉNIE DES LOIS, par M. Colson (1). — Les génies des beaux arts accompagnent la Sagesse et descendent avec elle sur la terre.

LE GÉNIE DES LOIS, par le même. — Une flamme divine émane de son front. Il est assis et tient en main les lois, sur lesquelles il médite.

LA JUSTICE PROTÉGE L'INNOCENCE, par M. Steuben (2). — Une jeune fille se jette dans les bras de l'auguste déesse, qui, l'accueillant avec douceur et dignité, met en fuite le génie malfaisant qui la persécutait.

en 1824 il reçut la décoration de la Légion d'honneur. On vit de lui au salon de 1819, *Jésus-Christ guérissant des boiteux et des aveugles*; — *S. Fiacre, fils d'Eugène IV, roi d'Écosse, refusant la couronne;* — *l'Été*, représenté par une moisson où Cérès ordonne à Triptolème d'enseigner la culture du blé; — *l'Automne* : le sujet de ce tableau est une vendange à laquelle préside Bacchus; — *la maison de Michel-Ange à Rome*. A l'exposition de 1822 M. Dejuinne fit paraître *Girodet travaillant à sa Galatée en présence d'un de ses élèves et de M. de Sommariva;* — *l'Hiver*, ou Borée enlevant Orithye. Le sujet que ce peintre traita en 1824 offrait, dans une grande composition de plusieurs figures, *la famille de Priam pleurant la mort d'Hector;* Pâris jure de le venger. Ce tableau, acquis par le ministre de la maison du Roi, a été placé au musée du Luxembourg. *La maison du Tasse à Sorrente* fit aussi partie de cette exposition.

(1) M. Guillaume-François COLSON est né à Paris le 1.er mai 1782, et a eu pour maîtres Vincent et David. En 1812 il mit au salon un tableau qui retraçait la *Clémence de Bonaparte envers une famille arabe*. On ne vit de lui en 1814 que des portraits. Il fit paraître en 1817 *Agamemnon sur le point d'être assassiné par Égisthe et par Clytemnestre*. En 1819 il représenta *S. Charles Borromée donnant la communion à des mourans pendant la peste de Milan*. Ce tableau avait été commandé par M. le préfet de la Seine. Celui que l'on vit au salon de 1824 et qui était pour le ministère de l'intérieur, avait pour sujet *Agamemnon méprisant les prédictions de Cassandre*.

(2) M. Charles STEUBEN, né à Manheim en 1799, est élève de M. le baron Gérard. Il n'avait que treize ans lorsqu'en 1812 il débuta au salon par un tableau considérable, *Pierre le Grand sur une barque rassurant les matelots au fort d'une tempête*. Cet ouvrage a été reproduit en tapisserie aux Gobelins. En 1819, ce jeune peintre fit paraître une autre grande composition d'un caractère différent; c'était *S. Germain qui, après avoir dépensé tous ses biens en aumônes, reçoit de Childebert sa vaisselle pour le même usage*. A l'exposition de 1822, M. Steuben se présenta avec deux tableaux : la mythologie avait fourni l'un des sujets, *Mercure qui endort Argus;* et l'histoire de Suisse, l'autre,

La Force, par le même. — Un jeune homme dans la force de l'âge repose sur la peau de lion d'Hercule, et tient à la main sa terrible massue.

Les bienfaits de la Paix, par M. Lancrenon (1). — D'une main la Paix tient le sceptre de la justice, symbole de celle qu'elle va faire régner sur la terre; de l'autre elle répand les trésors de l'abondance. Les combats ont cessé; et le guerrier, qui les a livrés avec gloire, va goûter dans ses foyers les douceurs d'un honorable repos.

Le Génie de la paix, par le même. — Il a pour attributs une palme et la corne d'abondance.

Dans la salle qui suit celle que nous quittons, le plafond est de M. Drolling (2)

Le Triomphe de la Justice. — Montées sur un char triomphal, que dirige la déesse de la paix, la Sagesse et la divinité qui inspire les lois parcourent le monde; un génie les précède et chasse devant lui l'Ignorance : elles ont pour cortége le Commerce sous l'emblème de Mercure, les beaux

Guillaume Tell s'élançant de la barque où il se trouve avec Gessler et qu'il repousse avec force du rivage. Le salon de 1824 offrit la suite de cet événement: *les trois Suisses Werner Stauffacher, Walther Furst et Arnold de Melchthal font le serment de rendre la liberté à leur patrie.* La scène se passe au bord d'un lac, et la lune l'éclaire d'une lumière douce et mystérieuse. Ce tableau est de moyenne proportion; les figures des autres sont de grandeur naturelle. Il y eut cette même année au Louvre plusieurs grands portraits de la main de M. Steuben.

(1) M. Joseph-Ferdinand Lancrenon, né à Lod, département du Doubs, le 17 mars 1794, est élève de Girodet; il obtint en 1816 le second grand prix de peinture et en 1817 une médaille d'or. Il a paru de lui au salon de 1819, *Tobie rendant la vue à son père;* en 1822, *Borée enlevant Orithye.* En 1824 le ministère de la maison du Roi acquit pour le musée du Luxembourg le tableau que M. Lancrenon mit cette année au salon, et qui représentait une *jeune Fille venant trouver le fleuve Scamandre.*

(2) M. Michel-Martin Drolling, né à Paris en 1786, a eu pour maître David. En 1810 il remporta le premier grand prix de peinture. Le premier tableau de lui qui parut au salon fut, en 1817, *la Mort d'Abel.* On avait annoncé pour cette année une grande composition dont le sujet était *Orphée qui perd Eurydice;* mais elle ne parut qu'en 1819. Au moment où Orphée, oubliant l'arrêt des dieux, se retourne pour voir sa chère Eurydice que Pluton avait rendue à ses prières, elle meurt; Mercure la soutient, et la reporte au sombre séjour. La société des Amis des arts de Paris a fait graver ce tableau. Outre plusieurs portraits, il y eut encore de M. Drolling au salon de 1819 une composition allégorique, *la Force.* Ce tableau fut acheté par le ministre de la maison du Roi. *Le bon Samaritain* parut avec succès en 1822; et en 1824 on vit *la jeune et belle Polyxène arrachée des bras de sa mère Hécube par les Grecs, qui vont l'immoler aux mânes d'Achille.* Ce grand ouvrage, dont le Roi a fait acquisition, a reçu les honneurs du Luxembourg. C'est à cette même exposition que M. Drolling a reçu de la main du Roi la croix de la Légion d'honneur.

arts, l'Agriculture, et l'Abondance, qui sème sur leurs pas toutes les richesses qu'elle leur doit et qu'elle se plaît à répandre.

La Vigilance, — la Force, tableaux par M. Dassy (1).

Numa donnant des lois aux Romains, par M. Cogniet (2). — Debout et appuyé sur un rocher dans la grotte de la nymphe Égérie, le législateur de Rome médite les sages lois qui doivent assurer le bonheur et la gloire de son peuple.

Les Pandectes de Justinien, par M. Delacroix (3). — Sous un des portiques de son palais, l'empereur, assis sur son trône, dicte à un secrétaire le recueil de ses lois, que semble lui inspirer un génie que l'on voit à ses côtés et qui est sans doute celui de la justice et de la sagesse.

Moïse donne des lois aux Hébreux, par M. Marigny (4). — Le législateur divin, que troublent encore et qu'inspirent les merveilles dont il a

(1) M. Dassy est né à Marseille en 1793; il est élève de Girodet, et a remporté en 1824 une médaille d'or. Il y eut de lui au salon de 1819 le *Sacrifice offert par Noé au sortir de l'arche*. Le ministre de la maison du Roi en a fait l'acquisition. En 1824 on vit de M. Dassy une *Madelène pénitente*.

(2) M. Léon Cogniet, né à Paris en 1794, a étudié sous M. Guérin; il a remporté en 1817 le grand prix de peinture. Pendant son séjour à Rome, on a vu de lui, au salon de 1819, une *jeune Chasseresse qui déplore la mort d'un faon, innocente victime de son adresse*; en 1822, un grand tableau où il a représenté *Métabus, roi des Volsques, poursuivi par ses ennemis et lançant au-delà d'un torrent sa fille encore enfant, qu'il avait attachée à un javelot*. A l'exposition de 1824, M. Cogniet fit paraître plusieurs tableaux, dont deux, dans le style historique, avaient leurs personnages de grandeur naturelle. Dans l'un, qui a été placé au Luxembourg, il représenta *Marius assis sur les ruines de Carthage et répondant avec fierté à l'envoyé du proconsul romain*: dans l'autre, *une jeune Mère retirée dans un endroit écarté porte avec effroi sa main sur la bouche de son enfant; elle cherche à étouffer ses cris et à le sauver du massacre dont* les horribles scènes se passent à quelque distance; des soldats avides de carnage s'approchent du réduit où elle se tient cachée. Dans un troisième tableau, de petite proportion, M. Cogniet avait retracé pour l'hôtel-de-ville de Paris *l'action courageuse du jeune tambour Matrau à la prise de Logrono*. Il y avait aussi de lui au salon de cette année deux portraits: celui de son père, et celui de M. Thévenin, ancien directeur de l'académie de France à Rome, et une *tête d'étude* d'après une jeune paysanne de la campagne romaine.

(3) M. Ferdinand-Victor-Eugène Delacroix, né à Charenton Saint-Maurice en mars 1798, est élève de M. Guérin. En 1824 il a obtenu une médaille d'or. On a vu de lui au salon de 1817 une *Prêtresse de Vesta surprise au moment où le feu sacré vient de s'éteindre*; — *les habitans de Bordeaux accourant au-devant de S. A. R. Mgr le Duc d'Angoulême au 10 mars 1815*; — en 1819, un *S. Jean-Baptiste* et un *S. Jean l'Évangéliste*. En 1822, M. Delacroix mit au salon un tableau qui de là a passé dans le musée du Luxembourg, et qui représente *le Dante et Virgile conduits aux enfers par Phlégyas*; et en 1824 le sujet que traita ce peintre fut *le Massacre des habitans de Scio*.

(4) M. Michel Marigny, né à Paris en

été témoin, est descendu des hauteurs du redoutable Sinaï; il tient les tables sacrées où Dieu vient de tracer ses lois, qu'attend avec respect le peuple des Hébreux.

LES CAPITULAIRES DE CHARLEMAGNE, par M. Scheffer (1). — Un des conseillers de l'empereur recueille les lois et les ordonnances que médite ce grand homme pour ses vastes états.

Les dessus de porte de cette salle sont de M. Caminade (2).

GÉNIES DE MOÏSE. — Au milieu des nuages et des éclats de la foudre, ils embouchent la trompette et proclament les lois du législateur des Hébreux. Dans le fond on aperçoit l'arche d'alliance.

GÉNIES DE NUMA. — Un de ces génies se prépare à faire des libations sur un autel, auprès duquel sont un gouvernail et l'olivier symbole de l'esprit pacifique de Numa. L'autre génie porte un *ancile*, ou bouclier sacré.

GÉNIES DE JUSTINIEN. — Assis et recueilli, un de ces génies compare les lois des prédécesseurs de Justinien, dont il va composer le recueil qu'il dicte

---

1797 et élève de M. le baron Gros, a eu en 1822 une médaille d'or. Il a mis au salon de 1824 un *Christ au pied de la croix*, tableau commandé par M. le préfet de la Seine, et *Henri IV buvant dans un festin à la santé des Suisses en renouvelant avec eux en 1602 le traité d'alliance entre la France et la Suisse*.

(1) M. Ary SCHEFFER, né en 1795 à Dordrecht dans les Pays-Bas, est élève de M. Guérin. En 1817 il obtint une médaille d'or. Parmi ses tableaux, on cite au salon de 1812 *Abel et sa femme chantant les louanges du Seigneur au lever du soleil*; — en 1814, *Eurydice mourant dans les bras d'Orphée*; — en 1817, *la Mort de S. Louis*. Des deux tableaux d'histoire qu'il exposa en 1819, l'un représentait *Socrate défendant Alcibiade à la bataille de Potidée*; l'autre, *le Dévouement d'Eustache de Saint-Pierre et de six bourgeois de Calais en 1342*. En 1822 les sujets que traita M. Scheffer furent *S. Louis accompagné de son fils Philippe le Hardi et visitant ses soldats malades de la peste dont il est lui-même atteint*; — les *Ombres de Françoise de Rimini et de son amant apparaissant au Dante et à Virgile*. Au salon de 1824 il n'y eut de M. Scheffer qu'un grand tableau, *Jésus-Christ sur les genoux de sa mère*, et quatre tableaux de chevalet : une *jeune Fille soignant sa mère malade*, — le *Lendemain de l'enterrement*, — *des parens qui pleurent la mort de leur enfant*, et une *jeune Fille à genoux près d'un tombeau*.

(2) M. Alexandre-François-Maurice CAMINADE, né à Paris en 1784 et élève de David, obtint en 1807 le second grand prix de peinture. Il n'y eut de ce peintre aux salons de 1812 et de 1814 que des portraits; mais en 1817 on y vit de lui un *Repos de la Sainte Famille en Égypte*. Ce tableau, commandé par M. le préfet de la Seine, a été placé à Saint-Nicolas des Champs. Les expositions de 1819 et de 1820 n'offrirent de M. Caminade que des portraits. En 1824 il peignit pour l'hôtel-de-ville de Paris *l'Arrivée de S. A. R. Madame, Duchesse d'Angoulême, à Bordeaux, le 7 avril 1823*. — *Le Mariage de la Sainte-Vierge*, qu'il mit aussi cette année au salon, lui avait été demandé par M. le préfet de la Seine.

à un autre génie. La couronne et la croix grecque rappellent l'empire de Constantinople.

GÉNIES DE CHARLEMAGNE. — L'un tient une épée; l'autre, le globe surmonté d'une croix, symbole de l'empire; il déroule les capitulaires ou le recueil des ordonnances établies par Charlemagne.

Le tableau placé entre les fenêtres au couchant est de M. Coutan (1).

APOLLON APPUYÉ SUR UN CIPPE. — Le dieu de l'harmonie tient à la main sa lyre d'or; à ses pieds sont réunis les attributs des arts, les masques de la tragédie et de la comédie, ainsi que le buste d'Homère.

La salle du Conseil d'état, où nous entrons, est la plus grande de celles que nous visitons dans ce moment, et c'est aussi la pièce où l'on a déployé le plus de richesse dans la décoration. Le plafond est de M. Blondel (2), qui

(1) M. Amable-Paul COUTAN, né à Paris le 13 décembre 1792, est élève de M. le baron Gros. Il eut le premier grand prix en 1820. On a vu de lui au salon de 1824 *Ceyx et Alcyone qui recueille sur le rivage le corps de son mari*. Ce tableau a été placé au Luxembourg. L'histoire fabuleuse d'*Arion* et celle d'*Érysichthon* fournirent aussi à M. Coutan les sujets de deux compositions.

(2) M. Marie-Joseph BLONDEL, né à Paris le 25 juillet 1781, devint en 1798 élève de M. Regnault, ancien académicien, dont les conseils et les exemples ont fait sortir de son atelier depuis longues années plusieurs peintres distingués par leur talent. En 1802 M. Blondel remporta le premier grand prix; mais ce ne fut qu'en 1808 qu'il put profiter des avantages de ce succès et aller à Rome. Pendant les trois ans qu'il y séjourna, il envoya les tableaux d'usage, entre autres *Prométhée sur le Caucase*. A son retour, il exposa au salon de 1812 *Zénobie trouvée mourante sur les bords de l'Araxe* (ce tableau, de 13 pieds de haut sur 10 de large, a mérité d'être placé au musée du Luxembourg); — *Homère à Athènes demandant l'hospitalité*. — En 1814, *Hécube qui s'évanouit au moment où Ulysse vient lui arracher sa fille Polyxène* (12 pieds de haut sur 10 de large). Le Roi a donné ce tableau au musée de Dijon. — 1817, *Louis XII dans ses derniers momens bénit son successeur François Ier* (11 pieds de haut, 12 pieds de large). Ce tableau a été placé dans le musée de Toulouse. — *L'Assomption de la Sainte-Vierge*, que M. Blondel avait mise au salon de 1819, avait été commandée par M. le préfet de la Seine (17 pieds de haut, 13 pieds de large). On y vit aussi un *Christ au tombeau*, destiné pour Bordeaux (9 pieds et demi de large, 9 pieds de haut), et un tableau de chevalet qui représente *Philippe-Auguste recevant avant la bataille de Bouvines les sermens des chevaliers français*. Ce tableau fait partie de la galerie de S. A. R. Mgr le duc d'Orléans. Ce fut en 1820 que M. Blondel peignit dans la salle ronde du Louvre les compartimens que nous décrirons plus loin, et en 1822 les trois tableaux du plafond de la chambre d'Henri II. Il y eut de lui au salon de cette année une *Femme grecque qui pleure sur l'urne qui renferme les cendres de son époux*. Ce fut après cette exposition du Louvre que M. Blondel reçut la décoration de la Légion d'honneur. En 1824 le préfet de la Seine fit faire à ce peintre, pour l'église de Sainte-Élisabeth, un tableau qui représente cette sainte reine *déposant, avant d'entrer dans une église, sa couronne au pied d'un crucifix* (10 pieds de haut, 12 pieds de large), et

a peint non-seulement le grand tableau qui en forme le milieu, mais tous les sujets variés des voussures, qui comportent 180 pieds de développement; les ornemens des caissons figurés sont aussi de lui, ainsi que les peintures qui décorent les dessus de porte.

Louis XVIII donne la charte, plafond. — Au milieu des rois législateurs et de jurisconsultes français, la France reçoit de Louis XVIII, assis sur le trône de S. Louis, la charte, que protége de son égide la déesse de la sagesse, qui tient à la main la branche d'olivier, symbole de la paix qu'elle ramène. La Prudence et la Justice sont près du Roi. Plus bas, la Loi soutient des tables où sont gravés ces mots, *in legibus salus;* un enfant endormi sur les codes indique la sécurité qu'ils inspirent. La droite du tableau est occupée par un groupe qui présente Louis le Gros, S. Louis, Henri IV, et les grands magistrats qui ont illustré leurs règnes, Suger, Sully, l'Hôpital, Molé, Séguier; la partie gauche est remplie par Louis XIV, Colbert, d'Aguesseau, Montesquieu et Malesherbes. Dans le fond de cette grande composition l'on aperçoit une partie du Louvre.

Les peintures qui ornent les voussures offrent des bas-reliefs en carré long qui imitent le bronze et sont séparés par des groupes de figures allégoriques colorées. Dans les angles sont les armes de France soutenues par Mars, Vulcain, Neptune, Hercule, Apollon, Mercure, la Constance et le Silence.

Voici la suite des bas-reliefs et des groupes en commençant par le bas-relief qui est au-dessus du tableau qui représente Achille de Harlay : — Louis le Gros accorde aux communes leurs premières franchises ; — *groupe,* la Charité; — Louis le Gros affranchit les serfs; — S. Louis donne au clergé la pragmatique sanction; — *groupe,* l'Abondance; — S. Louis établit à Paris la cour des comptes; — création de la chambre des Pairs et de celle des Députés par Louis XVIII; — *groupe,* l'Espérance et la Foi; — Louis XVIII admet la liberté des cultes; — Philippe le Bel établit les parlemens; — *groupe,* la Piété et la Fidélité; — création du Conseil d'état par Louis XIV. Les peintures des dessus de porte représentent Moïse, Lycurgue, Solon et Numa.

Les sujets des tableaux qui décorent cette salle sont tirés de l'histoire de France.

Mort de Mazarin, par M. Schnetz (1). — Au moment de rendre le dernier soupir, le cardinal tient d'une main défaillante celle de Colbert, qu'il

le ministre de l'intérieur lui ordonna pour la ville de Rodès une *Assomption de la Sainte Vierge enlevée par des anges* (13 pieds de haut, 9 pieds de large).

A ces grands et nombreux ouvrages de M. Blondel, il faut ajouter quarante-un panneaux qu'il a peints en sept ans pour la galerie de Diane à Fontainebleau, et qui offrent en figures de grandeur naturelle l'histoire de la chaste déesse de la chasse. A la Bourse, on lui doit un plafond colorié et six grisailles qui rendent à s'y méprendre la saillie et l'effet du bas-relief.

(1) M. Jean-Victor Schnetz, né à Versailles en 1786, a successivement étudié sous MM. David, Regnault, et sous M. le

présente à Louis XIV, qui, assis dans un fauteuil, est profondément touché de la perte qu'il va faire.

Boèce, par le même peintre. — L'ancien favori, le vertueux ministre de Théodoric, sous le poids de l'accusation la plus grave, et faussement accusé d'avoir attenté à l'honneur de l'impératrice Justine, a long-temps langui dans un cachot. Ce fut même là qu'il écrivit son ouvrage sur la consolation que procure la philosophie. Des soldats viennent chercher Boèce pour le conduire au supplice. Sa femme éplorée s'élance vers la grille de la prison, et lui présente un de ses enfans, auquel il s'efforce, à travers les barreaux, de donner un dernier baiser. Sur le devant de cette scène de douleur, une vieille esclave maure, nourrice des enfans de Boèce, est accablée de chagrin et déplore la triste fin de son maître.

Achille de Harlay. — Cet illustre premier président du parlement de Paris sous Henri III refuse d'enregistrer l'ordre que lui donne Bussy le Clerc, chef fougueux des Seize, de ne plus reconnaître la maison royale. Ce tableau, de M. Thomas (1), a fait partie du salon de 1824.

Le président Molé à la journée des barricades, par le même. — Au

baron Gros. En 1816 il remporta le second grand prix, et au salon de 1819 il mérita une médaille d'or de première classe. Mais il s'était déjà fait connaître aux expositions du Louvre par plusieurs ouvrages. On vit de lui en 1808 un *Soldat français défendant son drapeau contre deux Calabrois.* — *La mort du général Colbert* lui fournit un beau sujet pour le salon de 1810. En 1812 il y eut de lui un *Christ en croix*, et *l'Amitié secourant l'homme près de succomber sous le poids du malheur.* Trois tableaux de caractères différens firent honneur à M. Schnetz au salon de 1819 : *Jérémie versant des pleurs sur les ruines de Jérusalem* ; — *le bon Samaritain pansant les blessures d'un Juif de Jéricho.*
— Le troisième ouvrage était un *petit Voleur de raisin.* En 1822 M. Schnetz parut avec des sujets tirés de l'histoire de France : il offrit *la douce et bienfaisante S.te Geneviève distribuant des vivres pendant le siège de Paris* ; — *l'impétueux grand Condé à la bataille de Senef.* En 1824 le même peintre retraça ce héros à la bataille de Rocroi. Ce tableau fut acquis pour la galerie de Diane par Sa Majesté, et on l'a placé au Luxembourg. — La

Diseuse de bonne aventure qui prédit au berger Montalte sa grandeur future, et qui semble deviner qu'il sera un jour Sixte-Quint. — *S. Martin qui coupe son manteau pour en donner la moitié à un pauvre* a fait partie des acquisitions du ministre de l'intérieur. Deux tableaux de chevalet ont accru la belle collection de S. A. R. M.gr le duc d'Orléans : un *Pâtre de la campagne de Rome*, et une *Femme de brigand qui fuit avec son enfant.* La même exposition offrit plusieurs autres compositions du même genre de la main de M. Schnetz : un *Pélerin et son fils*, — une *Femme assassinée*, — une *Femme de brigand endormie*, — un *Ermite confessant une jeune fille.* A la fin du salon, il reçut de Sa Majesté la décoration de la Légion d'honneur.

(1) M. Antoine Thomas, né à Paris en 1791, a eu pour maître M. Vincent, et il remporta le grand prix en 1816. On vit de lui au salon de 1819 *les Vendeurs chassés du Temple*, grande esquisse dont le tableau parut en 1822. Il y mit aussi cette année la *Procession de S. Janvier à Naples pendant une éruption du Vésuve* ; en 1824, une *jeune Fille indiquant un abri à un vieil ermite surpris par l'orage.*

milieu des barricades (1648), une troupe de factieux arrête le président Molé; l'épée et le pistolet à la main, ils exigent qu'on leur rende les conseillers du parlement que l'on a mis en prison, ou qu'on leur livre Mazarin en otage. Un capitaine de quartier saisit par le bras le courageux Molé, et, le pistolet sur la poitrine, menace de le tuer s'il ne rebrousse chemin. De tous côtés sa vie est menacée par des furieux : un frondeur lui barre le passage avec sa hallebarde; rien n'émeut l'impassible président : *Eh bien, quand vous m'aurez tué,* dit-il sans se déranger, sans écarter l'arme, *il ne me faudra que six pieds de terre.* Son sang-froid, et quelque chose, dit le cardinal de Retz, de surnaturel et de plus grand que la fermeté, imposa à ceux qui l'attaquaient : on le laissa passer, et il continua sa marche, au petit pas, dans le feu des exécrations, des injures et des blasphèmes.

ÉTIENNE DURANTI, par M. de la Roche (1). — Pendant les troubles de la ligue sous Henri III, Duranti, premier président du parlement de Toulouse, pousuivi par des furieux armés, s'est retiré dans un couvent. En vain les religieux s'efforcent d'arrêter les flots de la populace qui veut violer cet asile, et se pressent autour de l'intrépide magistrat, qui serre entre ses bras sa jeune femme éplorée et un de ses enfans encore à la mamelle; un autre se précipite aux pieds des assassins et leur adresse d'inutiles prières. Les factieux accablent d'outrages Duranti; un d'eux lève sur lui un pistolet dont à quelques pas de là il lui fracassera la tête. Le courageux président jette sur les brigands un regard de mépris.

LE PRÉSIDENT BRISSON, par M. Gassies (2). — Des furieux, par mille mauvais traitemens, ont forcé le courageux et vertueux magistrat à s'age-

(1) M. Paul DE LA ROCHE, né à Paris en 1797 et élève de M. le baron Gros, a obtenu en 1824 une médaille d'or. Le tableau qu'il exposa au salon de 1819 avait pour sujet *Nephthali dans le désert;* et celui de 1822, *Joas sauvé par Josabeth.* Il y eut aussi un *Christ déposé de la croix.* Ce tableau appartient à S. A. R. M.me la duchesse d'Orléans. On vit de M. de la Roche, au salon de 1824, *Filippo Lippi qui, peignant dans un couvent, devient amoureux de la religieuse qui lui sert de modèle;* — *le cardinal de Winchester adressant des menaces à Jeanne d'Arc, qu'il interroge dans sa prison;* — *S. Sébastien secouru par Irène,* et un tableau que lui avait commandé S. A. R. Madame, Duchesse de Berry, et qui offre *S. Vincent de Paul prêchant devant la cour de Louis XIII pour les enfans trouvés.*

(2) M. Jean-Baptiste GASSIES, né à Bordeaux le 25 octobre 1786, y a étudié sous M. Lacour, et à Paris sous Vincent et David. En 1810 il reçut une médaille d'or, et en 1822 la décoration de la Légion d'honneur. On vit de lui au salon de 1810 *Homère abandonné sur un rivage par des pêcheurs,* — une *Famille naufragée,* — un *Laboureur tenant d'une main une tête de mort, et de l'autre une épée rouillée;* — en 1814, *Virgile lisant son Énéide devant Auguste;* — en 1817, *Horace au tombeau de Virgile.* A l'exposition de 1819, M. Gassies fit paraître *Jésus-Christ et S. Pierre marchant sur la mer;* — *la dernière Communion de S. Louis,* tableau acquis par le ministre de la maison du Roi; — *Homère abandonné sur un rivage;* — un autre tableau de chevalet offrait ce poète chantant ses poèmes devant des bergers. En 1822 on remarqua de

nouiller, dans son grand costume, aux pieds du séditieux Bussy le Clerc; un greffier qu'on trouva au petit Châtelet, où se passe cette horrible scène, lui lit sa sentence de mort. Brisson, que rien n'intimide, l'écoute avec calme, et semble lui dire : *Où sont mes juges? où sont les preuves?* Un religieux l'exhorte à la mort, dont on fait les apprêts dans le fond de la salle.

S. LOUIS RENDANT LA JUSTICE SOUS UN CHÊNE DU BOIS DE VINCENNES, par M. Rouget (1). — Ce grand roi, revêtu de son costume royal, pour donner plus d'appareil aux fonctions de juge qu'il exerce au pied d'un chêne, a près de lui sa mère, quelques personnes de sa cour, et des gens du peuple qui le prennent pour arbitre. Il juge un différend qui s'était élevé entre son frère et un particulier, auquel il donne gain de cause, et qui, se jetant à ses pieds, lui rend grâces de sa justice.

S. LOUIS REPOUSSE L'ODIEUSE PROPOSITION D'OCTAÏ, ASSASSIN DU SULTAN

(1) M. George ROUGET, né à Paris le 2 mai 1784, est élève de David. En 1803 il remporta le deuxième grand prix; en 1814 il reçut une médaille d'or, et en 1822 la croix d'honneur. En 1812, il mit au salon plusieurs portraits; *Œdipe et Antigone* y furent exposés en 1814, ainsi qu'un grand tableau qui représentait la *Mort de S. Louis,* et qui a été placé au Luxembourg. En 1817 on vit de lui un *portrait en pied de S. M. Louis XVIII* et celui du *maréchal duc de Coigny.* Il fit paraître en 1819 un *Ecce Homo,* — *Œdipe et Antigone sur le mont Cithéron,* — et *S. Louis recevant les envoyés du Vieux de la Montagne.* Au salon de 1822 il y eut trois grands tableaux de M. Rouget : *S. Louis qui s'offre comme médiateur entre le roi d'Angleterre et ses barons,* — *François I.er pardonnant aux révoltés de la Rochelle,* — et *François I.er refusant l'offre des Gantois, qui voulaient se soustraire à l'autorité de Charles-Quint.* En 1824 le ministre de la maison du Roi donna pour sujet à M. Rouget *Henri IV pardonnant et donnant de l'argent à des paysans qui avaient fait entrer des vivres dans Paris.* Il peignit pour le préfet de la Seine *S. A. R. Madame, Duchesse d'Angoulême, se rendant à Pouillac près de Bordeaux dans un bateau à vapeur.* On vit aussi de M. Rouget, au salon de cette même année, *Jésus-Christ au jardin des Oliviers.*

M. Gassies au salon *S. Louis visitant ses soldats malades de la peste;* — le *Combat des Trente;* — le *Martyre de S. Appien sauvé des flots,* tableau acheté par le ministre de la maison du Roi. Un grand tableau de *la Transfiguration,* que M. Gassies avait fait pour le ministère de l'intérieur, fit partie de l'exposition de 1824. On y vit aussi de lui *S.te Marguerite, reine d'Écosse, lavant les pieds des pauvres,* — la *Clémence de Louis XII,* — la *Prise de Santi-Pietri.* Ce tableau, de petite proportion, faisait partie de ceux que M. le préfet de la Seine plaça à l'hôtel-de-ville de Paris lors de la fête brillante offerte à S. A. R. M.gr le Dauphin au retour de sa glorieuse campagne d'Espagne. M. Gassies ne s'en est pas tenu à la peinture historique : il s'est aussi exercé dans le genre et dans le paysage; et l'on connait de lui un assez grand nombre de productions de cette espèce, telles que *l'Entrée du port de Boulogne,* — *l'Intérieur de l'église de Saint-Pierre de Calais,* et d'autres églises; — la *Vue du rocher de Shakespeare à Douvres,* tableau appartenant à M. le vicomte d'Houdetot, pair de France, connaisseur et amateur distingué; des *vues de lacs d'Écosse,* — des *effets de brouillard* et des *marines.*

Moadan, par M. Lethière (*voyez* p. 535). — Les mains teintes de sang, le farouche assassin tient encore le poignard dont il vient de frapper le sultan son maître. L'approchant de la poitrine du Roi, il le menace de l'y enfoncer si, pour prix du service qu'il lui a rendu en le délivrant de son ennemi qui avait juré sa mort, il ne le crée à l'instant chevalier. S. Louis, incapable de crainte, écartant de sa poitrine son manteau royal comme pour frayer le chemin au fer d'Octaï, refuse d'accorder à un infidèle, à un meurtrier, un honneur que la religion et les lois de la chevalerie lui défendent de souiller; en vain ceux qui l'entourent, et qui croient que le Roi et eux touchent à leur dernière heure, le supplient de céder. Sur la droite, près d'un autel, est un moine en prière; dans le fond on aperçoit des gardes et le camp des Sarrasins.

Philippe-Auguste au moment de donner la bataille de Bouvines, par M. Horace Vernet (1). — Le Roi n'a pas encore revêtu son armure. Ayant à ses côtés Garin, élu ou évêque de Senlis, habile général, il vient d'adresser des prières au ciel pour en obtenir la victoire, et il va bénir son armée. Auprès de lui se pressent ses barons et ses chevaliers, qui inclinent devant leur prince leurs bannières et leurs épées. Dans la foule, d'après le

---

(1) M. Émile-Horace Vernet, d'une famille avignonnaise qui compte déjà une succession de trois habiles peintres, est né au Louvre en 1789. Il se livra, pour ainsi dire, dès sa naissance, au dessin et à la peinture sous les yeux et d'après les exemples de son père M. Carle Vernet, et devint ensuite élève de M. Vincent. En 1814 il reçut la croix de la Légion d'honneur, dont il fut fait officier en 1822; et en 1826 il fut nommé membre de l'académie des beaux arts. Le nombre des productions sorties du facile pinceau de M. Horace Vernet est trop considérable pour que je puisse en offrir ici une liste complète; je me bornerai à citer les principaux de ceux de ses ouvrages qui ont paru aux divers salons. Ce fut en 1812 qu'il exposa pour la première fois au Louvre; il n'y fit son entrée qu'avec des tableaux de chevalet, des *intérieurs d'écuries de Cosaques*, *de Polonais* : mais la *Prise du camp retranché de Glatz en Silésie* l'annonça comme peintre de batailles et de scènes où le paysage et les chevaux joueraient un grand rôle, et l'on vit qu'il marcherait sur les traces de son père. Aspirant dans ce genre aux grandes compositions historiques, il mit au salon de 1817, à la demande du ministre de la maison du Roi, un tableau considérable et où les figures étaient de grande proportion, ce fut la *Bataille de Tolosa*, *donnée en 1212 par les rois d'Aragon*, *de Castille et de Navarre*, *contre les Maures*. Don Sanche de Navarre, dit *le Fort*, brise les énormes chaînes dont Mohamed el Nazir avait entouré ses retranchemens; il renverse tous les obstacles et le force à la fuite. Les autres tableaux que M. Horace Vernet joignit à celui-ci, furent la *Mort du prince Poniatowski*; blessé, suivi de quelques-uns des siens, il est près de se jeter dans l'Elster; — une *Surprise d'avant-poste* — et la *Bataille de Sommo-Sierra*. En 1819, M. Horace Vernet se présenta encore au salon avec deux grands tableaux : le *Massacre des Mamelucks*; Mohamed-Ali pacha les tient renfermés dans une cour du château du Caire; assis sur une terrasse, entouré de quelques officiers et d'esclaves, il regarde de sang-froid le massacre: — *Ismayl et Maryam*; au milieu des tourbillons de sable brûlant qu'élève l'ardent semoum, vent impétueux du désert, le jeune Arabe veut encore voir un instant celle qu'il aimait et qui a fui avec lui; il cherche à dégager son corps inanimé du sable qui la

récit de Guillaume le Breton dans sa *Philippide*, livre II, et dans la *Vie de Philippe-Auguste*, se distinguaient Mathieu II de Montmorency, Gaucher comte de Saint-Paul, Guillaume des Barres, qui par leur valeur contribuèrent tant à la victoire; le vicomte de Melun, Eudes de Bourgogne, Pierre de Courtenai, Robert de Dreux, les comtes de Ponthieu, de Sancerre, et ce Galon de Montigny qui vendit son champ pour acheter un cheval de bataille, et à qui Philippe-Auguste confia l'oriflamme. Dans le fond du tableau, on aperçoit les armées prêtes à combattre; tous attendent avec impatience le signal, et brûlent de voler à la victoire sur les pas de Philippe, qui semble proclamer que *nul de ses chevaliers ne se place entre lui et l'ennemi.*

Les voussures du plafond de la salle qui suit celle du Conseil d'état, sont ornées de peintures de M. Gassies. Des figures académiques d'hommes en grisailles soutiennent des guirlandes bronze et or. Au milieu de deux des côtés il a représenté, dans des compartimens carrés, LA PAIX QUI ÉTEINT LE FLAMBEAU DE LA DISCORDE, — LA JUSTICE QUI RÉPRIME LES CRIMES. Six médaillons sont remplis de génies qui portent les

recouvre, et il va être englouti avec elle. Le *Voyage de M. le comte de Forbin dans le Levant* a fourni le sujet de cette composition. Ce tableau et la plus grande partie de ceux de M. Horace Vernet qui parurent à cette exposition, appartiennent à S. A. R. M.gr le duc d'Orléans. On y remarquait *la Folle par amour*, — une *Prêtresse druide improvisant au son de la harpe*, — une *Guérillas espagnole embusquée*, — un *Combat d'avant-postes français et espagnols*, — le *portrait de M.gr le duc d'Orléans passant en revue le 1.er régiment de hussards*, — la *Revue du 2.e régiment de grenadiers à cheval de la garde royale*, — *l'Hospice du mont Saint-Gothard*, — une *marine*, — *Molière consultant sa servante*. En 1822 Louis XVIII donna pour sujet d'un grand tableau à M. Horace Vernet un trait remarquable de la vie de son grand-père Joseph Vernet : il voulut que le petit-fils représentât la scène qu'offrit ce peintre célèbre lorsque, pour mieux saisir les effets d'une tempête, il se fit attacher au mât de la barque légère sur laquelle il s'était hasardé malgré les dangers qu'il avait à courir. Ce tableau, ainsi que le *Massacre des Mamelucks*, fait partie du musée du Luxembourg. Au salon de 1824 on vit de M. Horace Vernet *S. M.*

Charles X à cheval, entouré de M. le Dauphin, de M. le duc d'Orléans, des ducs de Fitz-James, de Maillé, et de plusieurs autres officiers de sa maison; — le *portrait à cheval de M.gr le Dauphin*, et le *portrait en pied de M. le maréchal Gouvion Saint-Cyr, la nuit, dans sa tente, éclairé par une lampe*; le *portrait de M.me la comtesse B... de C...* Parmi les autres ouvrages de M. Horace Vernet, on ne peut oublier la *Bataille de Montmirail*, — la *Défense de la barrière de Clichy en 1814*; ce tableau appartient à M. Odiot; — *le Cheval du trompette*, — *le Chien du régiment*, — *Mazeppa, chef de Cosaques* : au milieu d'une harde de chevaux sauvages, presque mourant, il est renversé du cheval indompté sur lequel on l'avait attaché en le lançant dans les steppes de l'Ukraine; — une *Course de chevaux barbes à Rome* : ce tableau y a été saisi sur la nature et fait pour M. le duc de Blacas. Les productions que je viens de citer ne sont qu'une très-petite partie de celles que l'on doit à la fécondité de M. Horace Vernet, dont on compterait peut-être plus de six cents tableaux qui ont fourni, ainsi que les innombrables dessins échappés à son crayon, un ample aliment à la gravure à l'eau-forte, à l'aqua-tinta et à la lithographie.

attributs des lois, des sciences, de la guerre, du commerce, de l'industrie et des arts.

CLÉMENCE D'AUGUSTE, par M. Bouillon (1). — Ce prince pardonne à Cinna d'avoir voulu attenter à ses jours, et, lui prenant la main pour gage de son amitié qu'il lui rend, il lui offre le consulat et la main d'Émilie. Cette fière Romaine et Maxime, touchés de tant de grandeur d'ame, se précipitent aux pieds d'Auguste. Dans le fond du tableau, on aperçoit les licteurs et un riche portique du palais.

CLÉMENCE DE MARC-AURÈLE, par M. Guillemot (2). — Le modèle des princes est dans sa tente au milieu de son camp. Il siége sur son tribunal. On amène devant lui des chefs asiatiques qui avaient manqué à la fidélité qu'ils lui avaient jurée. L'empereur tient à la main des écrits qui contiennent les preuves de leur trahison, il les jette au feu. Les chefs conjurés se prosternent pour lui témoigner leur reconnaissance.

(1) M. Pierre BOUILLON, né à Thiviers près de Périgueux en 1776, a remporté en 1797 le grand prix de peinture : mais il s'est moins livré à cet art qu'au dessin, et il a consacré une partie de sa vie à dessiner et à reproduire par la gravure à l'eau-forte les statues et tous les autres monumens antiques du Musée royal tel qu'il était, lorsqu'avant 1815 nous le possédions dans toute son intégrité; il serait bien à desirer que tout ce qui reste en Europe de la sculpture antique fût rendu et publié avec autant de fidélité. Outre ce superbe ouvrage, on doit à M. Bouillon une grande quantité de beaux dessins, et il existe aussi de lui plusieurs tableaux. Celui qu'il mit au salon de 1819 représentait *Jésus-Christ ressuscitant la fille de la veuve de Naïm* ; il a été acquis par le ministre de la maison du Roi, ainsi qu'*Aréthuse échappant aux poursuites d'Alphée*, qui fit partie de l'exposition de 1822. En 1824 il n'y eut de M. Bouillon au Louvre qu'un portrait.

(2) M. Alexandre-Charles GUILLEMOT, né à Paris en 1786, est élève de David. Après avoir, dans les différens concours académiques pour la tête d'expression et pour le torse, remporté tous les prix ou toutes les médailles qui préparent et font espérer le grand prix de Rome, il l'obtint en 1808. Son séjour à Rome fut de six ans. A son retour, M. Guillemot se présenta au salon de 1814 avec plusieurs portraits et une grande étude dont le sujet était *Bacchus et un faune*. A l'exposition de 1817, on remarqua de lui un *Christ déposé de la croix*, composition considérable et que M. le préfet de la Seine lui avait demandée pour l'église de Saint-Thomas d'Aquin. Le ministre de l'intérieur acquit en 1819 le tableau du même artiste qui représentait les *Amours de Sapho et de Phaon*, et le ministre de la maison du Roi, celui où M. Guillemot offrit *Jésus-Christ ressuscitant la fille de la veuve de Naïm*, production qui valut à son auteur une médaille d'or de première classe. *La Mort d'Hippolyte*, qu'il fit paraître en 1822, mérita les honneurs du Luxembourg. La vie de S. Vincent de Paul fournit à M. Guillemot deux compositions pour les fresques de Saint-Sulpice, dont on vit les esquisses au salon de 1824 : dans l'une, il représenta le saint *donnant ses soins à Louis XIII malade;* dans l'autre, *S. Vincent harangue les dames de charité en faveur des enfans trouvés*. M. Guillemot fut aussi chargé de représenter pour l'hôtel-de-ville de Paris la *Prise de Lorca* en Espagne par les carabiniers du 4.e léger. Parmi les acquisitions que fit au salon de cette année le ministre de l'intérieur, il comprit un tableau

La Théologie, par M. Hesse (1). — Tenant d'une main le livre de ses dogmes, de l'autre elle montre le ciel.

L'Histoire, par le même. — Appuyée sur les ruines d'un monument et ayant à ses pieds ses écrits, elle grave sur ses tablettes les hauts faits et les noms des grands hommes.

Les dessus de porte de cette salle sont de M. Dubufe (2).

L'Égypte. — Ayant pour coiffure le vautour sacré en or rehaussé d'émaux, et le cou orné d'un riche collier, l'Égypte s'appuie d'une main sur un sphinx de porphyre, et de l'autre main, qu'elle pose sur une charrue, elle tient des épis de blé et des fleurs de lotus, emblèmes de sa fécondité et de ses richesses. Dans le fond s'élèvent les masses colossales des pyramides.

La Grèce. — Elle est représentée sous la figure de Minerve : son bouclier, sa lyre, indiquent la gloire qu'elle s'est acquise par les armes et par les arts ; le papyre qu'elle déroule rappelle qu'elle dut une partie de ses lois et de ses sciences à l'Égypte. Dans le lointain, l'on voit le Parthénon.

L'Italie. — Elle s'offre avec son caractère dominant, celui de conquérant ; elle est près du Capitole, et sa main s'appuie fortement sur le globe du monde, l'un des principaux insignes des empereurs. A ses pieds sont des armes et le bouclier de Romulus ; et sur les extrémités de l'hémicycle où elle est assise sont inscrits les noms de ses législateurs et de ses guerriers.

La France. — Guerrière et législatrice, elle porte le casque, la cuirasse, et le manteau royal semé de fleurs de lis. D'une main elle tient les fastes de la monarchie, de l'autre elle répand les richesses dont l'ont douée et la nature heureuse de son sol et ses succès.

En sortant des salles du Conseil d'état, après avoir passé l'escalier d'Henri IV, qui, bien qu'il porte le nom de ce prince, ne date que du temps de M. Guillemot où l'on voyait *le bon roi René d'Anjou à cheval, signant une lettre de grâce de sa main armée du gantelet.*

(1) M. Nicolas-Auguste Hesse, né à Paris en 1795, élève de M. le baron Gros, obtint le grand prix en 1818. A son retour de Rome, il fit paraître au salon de 1824 un tableau représentant *Pâris et Œnone.*

(2) M. Claude-Marie Dubufe, né à Paris en 1793, est élève de David. Il y eut de lui en 1819 un grand tableau qui représentait *Jésus-Christ apaisant la tempête*, et qui a été placé dans l'église de Riom. Celui d'*Apollon et Cyparisse*, qu'on vit au salon de 1822, fait partie de la galerie du Luxembourg. *Psyché qui rapporte à Vénus la boîte de beauté*, date de la même exposition. A celle de 1824 parut *Jésus-Christ marchant sur la mer* ; ce tableau a été acheté pour l'église de Saint-Leu à Paris. On a donné à celle de Saint-Pierre le tableau qui représente la *Délivrance* du saint apôtre. M. Dubufe a peint aussi pour Londres le *Couronnement de S. M. Charles X*, et pour M. le préfet de la Seine, le *Passage de la Bidassoa.*

de Louis XIII, on arrive à une grande pièce qui occupe presque tout l'espace du pavillon, et qui autrefois était une chapelle. Supprimée depuis longtemps, elle n'a rien conservé qui puisse retracer sa distribution et encore moins son élégance. Il serait inutile de s'y arrêter, si l'on n'était retenu quelques instans par la belle grille en fer battu qui lui sert de porte. Cette grille, ainsi que celle que nous verrons à l'entrée de la galerie d'Apollon, n'a pas été faite pour le lieu où elle se trouve aujourd'hui ; elles ont été tirées du magnifique château de Maisons, qui appartenait autrefois à M.gr Comte d'Artois. Le dessin de ces grilles a de l'élégance ; et les plaques de fer, habilement repoussées au marteau, se sont prêtées à rendre avec exactitude les formes des feuillages et des divers objets qui entrent dans la composition de ces portes. On y remarque surtout les serpens qui forment les caducées, et qui ont beaucoup de souplesse et de vie. Les enfans qui, dans la partie supérieure, se groupent au milieu d'enroulemens et de rinceaux, sont bien modelés, et n'ont rien de la raideur que l'on peut ordinairement reprocher à ce genre de travail. Quoiqu'on ne le pratique plus aujourd'hui aussi habituellement qu'autrefois, et qu'il ait été en partie remplacé par des procédés plus faciles et plus économiques, cependant nous avons encore des ouvriers en état de l'exercer avec habileté ; et ces portes, qui avaient beaucoup souffert, ont été réparées de manière que le nouveau travail ne se distinguerait pas de l'ancien. Mais ce qui a été refait avec une supériorité bien marquée sur ce qui existait, ce sont les serrures, les gonds, et toute la partie de la serrurerie, qui étaient très-médiocres et qui sont aujourd'hui d'une grande perfection. Il serait peut-être à desirer que, pour certains objets, on remît en honneur et en vogue ce travail du fer retreint ou repoussé à froid au marteau, qui joint aussi à plus de légèreté et de vivacité que la fonte le mérite d'offrir le fer dans son éclat métallique. On peut regretter que le nom de l'habile ouvrier auquel on doit ces belles portes ne nous ait pas été conservé : on sait bon gré à Pausanias de nous avoir transmis ceux d'Alcon et de Tisagoras, qui faisaient des figures en fer ; et parmi le grand nombre d'artistes dont nous parlent Vasari et le comte Cicognara, on aime à trouver Niccolò Grosso dit *Caparra*, Ferrante Bellino, Pompeo Turcone, habiles ouvriers qui s'étaient rendus célèbres à Florence et à Milan par les belles torchères et les immenses anneaux en fer repoussé et ciselé dont ils avaient orné, ou, pour ainsi dire, armé, les somptueux palais de ces belles villes.

Au rapport de Saugrain (*Curiosités de Paris, Versailles*, &c.), la bibliothèque du Roi, qui, de la rue de la Harpe, avait passé en 1666 à l'hôtel de Colbert, rue Vivienne, aurait été transportée en 1716 au Louvre, et on l'aurait placée dans les appartemens grands et élevés qui formaient autrefois le dessus de la chapelle, et qui de nos temps ont été changés en de vastes ateliers. Mais il n'est pas dit un mot de cette translation dans le discours préliminaire du Catalogue de la bibliothèque du Roi, rédigé en 1739 par Jourdan, qui en était le secrétaire ; ce silence rend très-suspect le récit de Saugrain, qui cependant parle de ce transport comme d'un événement arrivé depuis peu. Le Maire, dans son petit ouvrage imprimé en 1715 (*Paris ancien et moderne*), annonçait aussi cette translation comme prochaine.

Il est bien vrai qu'à peu près à cette époque il fut question de placer la bibliothèque du Roi au Louvre; mais nous verrons plus loin que ce n'était pas dans ce grand pavillon. Au reste, elle ne quitta la rue Vivienne que pour venir où nous la voyons aujourd'hui, dans l'ancien hôtel Mazarin, appelé depuis hôtel de Nevers, qui fut considérablement agrandi. Il est dit, dans le discours cité plus haut, qu'en 1704 on fit placer au Louvre les immenses globes terrestre et céleste faits par Coronelli et que le cardinal d'Estrées avait donnés à Louis XIV, qui les fit mettre à Marly; mais rien n'indique la salle du Louvre où l'on éleva ces énormes machines.

L'immense salle où nous entrons, et qui, depuis plusieurs années, est destinée aux séances royales pour l'ouverture des Chambres, a subi bien des changemens depuis l'époque où, n'ayant que de petites fenêtres, elle comprenait dans ses distributions une partie des appartemens de Charles V. La galerie qui les longeait du côté de la cour, et les autres divisions (*voy.* pl. 8, C), disparurent lorsque, sous François Ier, Lescot reconstruisit et embellit le Louvre; les croisées, agrandies et espacées d'une manière plus régulière, remplacèrent celles de l'ancien château. On ignore quelles furent les divisions des nouvelles pièces; alors aussi fut changée la salle de Saint-Louis, qui faisait partie des salles que nous venons de parcourir, et pour laquelle on peut se reporter à ce qui en a été dit page 301. Franchissant un grand nombre d'années où l'on ne trouve aucune donnée qui fasse connaître l'état de cette partie du Louvre dont Perrault ne s'était pas occupé, nous avons vu, p. 392, qu'avant 1755 le tribunal des chasses ou de la varenne du Louvre et les plans en relief de la marine avaient été placés dans des pièces que cette belle salle a remplacées lors de la suppression de ces établissemens. Ce fut alors que l'on put lui donner la grande élévation qu'on lui voit aujourd'hui et qui occupe deux étages; le second était autrefois rempli par des appartemens qui, en 1653, faisaient suite à ceux du cardinal Mazarin. Cette salle, par la grandeur de ses dimensions, est certainement une des plus remarquables que l'on connaisse, et elle deviendra une des plus magnifiques lorsqu'ayant reçu la décoration qui lui est destinée, ses murailles seront enrichies de glaces, de meubles somptueux, de tapisseries des Gobelins, ou de tableaux de nos meilleurs maîtres, et qu'un plafond à caissons sculptés et dorés aura remplacé celui qui existe à présent, et dont la peinture peut donner une idée de ce qu'on exécutera un jour en relief. Il est probable aussi qu'alors les colonnes de stuc qui soutiennent des tribunes aux extrémités de la salle, céderont la place à de belles colonnes en granit ou en marbre : la France en possède en assez grande quantité et d'assez beaux pour que l'on ne soit embarrassé que du choix; la superbe brèche jaune, blanche et grise de la Penne Saint-Martin, exploitée à Saint-Béat dans les Pyrénées par M. Layerle-Capel de Toulouse, ou d'autres beaux marbres des carrières de M. Pugens, seraient bien dignes de figurer dans le palais de nos Rois.

La salle qui suit celle des séances royales était jadis occupée par la chapelle haute de Charles V (*voy.* pl. 8, C). Sous François Ier ou sous Henri II, elle changea de destination et probablement en partie de forme par la suppression de la tour où s'engageait son extrémité tournée vers les Tuileries; cette pièce devint alors une de celles de l'appartement du Roi, et ce qui reste de sa décoration témoigne assez qu'à plusieurs époques on y avait déployé une grande magnificence. Il est difficile, si ce n'est impossible, de voir des sculptures et des ornemens plus riches et de meilleur goût que ceux du plafond. La cire et l'argile ne se seraient pas prêtées avec plus de complaisance que le bois de chêne à reproduire la souplesse des feuillages et des enroulemens qui décorent de haut-relief et avec tant d'élégance ces riches compartimens. Les enfans, les satyres, les masques qui entrent dans cette grande composition, tout y est traité avec le plus grand soin; le travail en est très-pur, très-vif, et en même temps moelleux, et le bois y paraît plutôt modelé que taillé. Mais aussi ce grand ouvrage avait-il été confié aux mains les plus habiles du règne de Henri II : on en avait chargé Paul Ponce, qui mit à faire ce plafond autant de talent qu'il en avait développé dans les beaux bas-reliefs de la cour du Louvre; Roland Maillard et sa femme, les Hardoin, Francisque, habiles sculpteurs, et Biard le père, que sans doute sa grâce avait fait surnommer par Sauval le Praxitèle de son temps. Mais si nous pouvons juger l'ouvrage de ces maîtres, il n'en est pas ainsi des peintures dont le Primatice avait orné avec une grande variété toutes les parties de cette salle : ces peintures n'existent plus depuis long-temps, et l'on n'en connaît même pas les sujets. On serait étonné si dans une salle où Henri II réunissait sa cour il n'eût pas offert à Diane de Poitiers l'hommage qu'il rendait en tous lieux à l'empire qu'elle avait sur son cœur : aussi les croissans mêlés aux fleurs de lis et les devises se présentent-ils ici de tous côtés; le nom de Diane uni à celui de son amant y précède même celui du Roi. On trouve, en rapprochant les inscriptions de deux cartels, la devise entière qui plaisait tant à Henri II : DI (anæ) HENR. II. R. DONEC. TOTUM. IMPLEAT. ORBEM. *A Diane* (sera) *le Roi Henri II jusqu'à ce que ce croissant* (de marbre ou de bois) *remplisse tout son disque*. C'était bien proclamer qu'il aimerait toujours cette maîtresse, qui avait tant d'années de plus que lui. On voit aux extrémités de ce plafond des L enlacées; et ce chiffre des Louis indique les restaurations qui y ont eu lieu sous Louis XIV. Nous avons dit, p. 392, que lorsque ce monarque abandonna ses appartemens du Louvre, cette salle fut assignée à l'académie des sciences pour y tenir ses assemblées : elle l'a occupée pendant long-temps, et c'est ce qui a conservé le plafond.

Les peintures qui décorent aujourd'hui ce beau plafond sont de M. Blondel.

DIFFÉREND DE NEPTUNE ET DE MINERVE. — Jupiter et Junon, assis sur leur trône, président l'assemblée des dieux, juges de la contestation que l'honneur de donner un nom à la ville de Cécrops a suscitée entre la déesse des beaux arts et le dieu des mers. Celui-ci frappe la terre de son trident, et il en bondit un beau coursier blanc qui hennit en agitant avec fierté sa crinière ondoyante. Minerve touche la terre de sa lance, et à l'instant s'élève l'olivier dont les fruits feront la richesse de l'Attique, et qui mérite à Minerve (*Athéné* en grec) la gloire de donner son nom à la nouvelle patrie des arts. Dans le fond on aperçoit le Parthénon. Derrière la déesse sont groupées les divinités paisibles : Mercure, Cérès, Diane, Apollon. Près de Neptune, les dieux qui se plaisent aux troubles, Mars, Vulcain, Vénus, suivent le parti du dieu qui ébranle la terre.

Mars. — Portant d'une main son bouclier et sa lance, de l'autre une branche d'olivier et une palme, le dieu de la guerre s'offre sous le caractère d'un conquérant qui ramène la paix à la suite de ses victoires.

La Paix. — A ses pieds sont des armes; d'une main elle tient son caducée d'or, de l'autre elle pose une couronne sur des fruits qui sortent d'une corne d'abondance : c'est le triomphe de l'agriculture et du commerce, heureuses conquêtes de la douce et belle déesse.

En voyant la grande salle carrée qui touche celle que nous quittons, et à laquelle on a donné, je ne sais pour quelle raison, le nom de *salle des Sept Cheminées,* que rien n'explique ni ne justifie, on ne se douterait pas de la distribution et de la destination qu'elle avait autrefois, je ne dis pas à l'époque où il y en avait une partie qui formait la salle aux joyaux de Charles V (*voy*. pl. 8, C, p. 296), mais dans des temps plus rapprochés du nôtre. On sait qu'avant les changemens opérés au Louvre par Perrault, et jusqu'à ce qu'il eût élevé sa façade sur la Seine, cette pièce était beaucoup moins grande dans toutes ses dimensions, ainsi que l'on peut s'en convaincre en comparant la salle D et celle qui lui est contiguë (pl. 9) avec la salle M et le corridor V (pl. 11) (1). Au lieu d'occuper deux étages en hauteur comme aujourd'hui, ces pièces, de même que les autres, n'avaient qu'un étage, et elles n'étaient pas très-élevées. On voit, pl. 9, qu'une de ces chambres, D, était éclairée par quatre fenêtres : deux vers la Seine, et deux du côté des Tuileries. Celles-ci sont devenues des portes lorsque sous Charles IX, Henri IV, et même sous Anne d'Autriche, la façade du gros pavillon et de la galerie E a été portée plus en avant sur la place, et que cette galerie est devenue telle qu'on la voit en L, pl. 10. Il paraît qu'elle servit alors de salle des gardes. La salle D, pl. 9, était le salon du Roi, et la pièce longue et étroite qui est à côté formait sa chambre à coucher. Le fond très-obscur forçait presque d'aller à tâtons dans la partie où était le lit, qui s'élevait sur une marche de six pouces dans une alcove tendue en cuir vert; une balustrade en bois, sculptée, peinte en blanc rehaussé d'or et haute de 3 pieds, fermait cette alcove, qui outre les rideaux du lit en avait qui n'étaient que figurés et sculptés en bois peint et doré. Des groupes d'enfans dorés les relevaient de chaque côté. Cette chambre, qui fut celle de nos Rois depuis Henri II jusqu'à Louis XIII, avait été décorée avec beaucoup de luxe, et l'on

(1) Quoique dans la planche 11 il n'y ait que le plan du rez-de-chaussée, on peut s'en servir dans cette partie pour le premier étage, qui offre à très-peu de chose près les mêmes mesures, et l'on voit que la salle des Sept Cheminées tient tout le dessus de l'emplacement M, V, du rez-de-chaussée.

y avait prodigué les ornemens sculptés en haut-relief et la dorure. Les panneaux et le plafond étaient ornés de jolies peintures des meilleurs peintres de ces époques, tels que Bunel, Ambroise Dubois, Fréminet, Errard. La plus grande partie de ces belles boiseries existe encore dans les magasins du Louvre, et elles ont servi à M. Civeton à faire un dessin, qu'on peut croire exact, de cette petite chambre (pl. 104 *bis*), qui acquiert un grand degré d'intérêt lorsqu'on pense que ce fut probablement là que le bon Henri IV rendit le dernier soupir après y avoir été transporté de la tribune de la salle des Caryatides, par l'escalier d'Henri II, et à travers les salles que nous venons de visiter. Au reste, ces ornemens sont de différentes époques; il y a, dans le haut du devant de l'alcove, des L enlacées qui datent du règne de Louis XIII, ou peut-être même de celui de Louis XIV. Il est plus que douteux que les enfans et la tenture soient de Paul Ponce, ainsi qu'on l'a assuré : son goût était plus pur. Je les croirais plutôt d'une époque postérieure, et lorsque la sculpture commençait à sortir de la route qu'elle avait suivie sous Jean Goujon et sous Paul Ponce (1). La boiserie du salon D (pl. 9), que nous possédons encore, est peut-être mieux que celle de la chambre à coucher d'Henri IV et de Louis XIII; elle sent mieux son temps d'Henri II, dont elle porte les chiffres et tout le caractère, et se trouve plus en rapport avec le beau

---

(1) C'est ici le lieu de relever des erreurs qui me sont échappées dans la Description des sculptures de la galerie d'Angoulême. J'attribue, p. 3 et p. 40, à Ponce Jacquio deux figures, celles de Charles Maigné ou de Magny et d'André Blondel, que l'on donne ordinairement à Paul Ponce Trebatti, et je me fonde, par rapport à la statue de Maigné, sur ce que Paul Ponce serait mort avant lui, et pour celle de Blondel, sur la conformité d'exécution qu'il y a entre elle et celle de Maigné. Mais ces raisons ne sont pas solides, si on les fonde, comme M. Le Noir (*Musée des monumens français*, t. III, p. 84-89; t. V, p. 233), et moi d'après lui, sur la mort de Paul Ponce, qui aurait précédé celle de Charles Maigné, et si, ainsi que paraît le prouver M. Émeric David (article de *Trebatti* dans la *Biographie universelle*), il existe des travaux de Paul Ponce datés de 1565, neuf ans après la mort de Maigné. Ce n'est pas cependant que ces figures ne puissent être de Ponce Jacquio; elles n'ont pas un caractère de style et de faire qui les range d'une manière incontestable parmi les œuvres de Paul Ponce plutôt que parmi celles de Ponce Jacquio. Mais le motif que j'avais mis en avant pour les lui attribuer, tombe d'après l'observation de M. Émeric David, et je me fais un plaisir de le retirer. D'un autre côté, je ne puis croire, comme le pense M. Émeric David, que les sculptures des petits frontons de l'ancien Louvre ne soient pas en grande partie de Paul Ponce; encore moins que tous les ornemens de la chambre d'Henri IV soient de lui. Sauval dit bien que ce fut Jean Goujon qu'on chargea des sculptures du Louvre; mais ce n'est pas une raison pour que Paul Ponce n'y ait pas travaillé : cet écrivain n'est pas toujours exact, et souvent on peut le prendre en contradiction. Et d'ailleurs, Germain Brice, qui écrivait à la même époque que lui, attribue une partie des sculptures des petits frontons à Paul Ponce; il n'y a pas de motif de croire qu'il ait moins raison que Sauval. En outre, quand il ne donnerait pas ces bas-reliefs à Paul Ponce, il me semble qu'il ne faut que s'en rapporter à leur style, à leur caractère, très-différens de ce qu'on trouve dans les ouvrages qui appartiennent positivement à Goujon, pour être persuadé qu'ils ne sont pas de la même main que les caryatides et que les figures des œils-de-bœuf :

plafond de la chambre de parade. Il est impossible de voir des sculptures en bois exécutées avec plus de goût et de facilité que les trophées, les guirlandes, les enlacemens, les ornemens divers qui décorent les portes, et que les corniches et les lambris qui règnent autour du salon. Il est difficile aussi de les rendre sur une petite échelle avec plus de précision que ne l'a fait M. Civeton dans le dessin que présente la planche 104, et qui a été gravé avec le plus grand soin par M. Normand fils. C'est grâce à leurs talens et en m'aidant des conseils et des beaux dessins que M. Percier a faits en grand de tous les détails de ces chambres, que j'ai pu reproduire, ce qui n'avait jamais été fait, l'appartement d'Henri II, d'Henri IV et de Louis XIII, d'une manière qui offre quelque garantie pour l'exactitude. N'ayant plus la cheminée qui était autrefois dans ce salon, nous y avons suppléé en lui en donnant une très-belle que nous ont fournie les portefeuilles de M. Percier, et qui, autrefois à Fontainebleau, porte le chiffre d'Henri II. Quant aux meubles, ils sont de l'époque de ce prince ou d'Henri IV, et nous nous sommes servis d'anciens fauteuils d'un beau travail que l'on conserve au Palais de justice. D'anciennes tapisseries des Gobelins, faites d'après les dessins de Raphaël et de Jules Romain, ces peintres chéris de François I.er et qu'admirait Henri II, convenaient à cet appartement, où il y en avait du temps

ce ne sont ni les mêmes airs de tête ni la même manière de draper. La touche aussi est différente; il règne dans les figures des frontons un tout autre sentiment, et il y a, ainsi que je l'ai fait observer (p. 426 et suiv.), plus de *michel-angelesque* et de grandeur que dans les productions de Jean Goujon, qui, d'un autre côté, ont plus de moelleux, d'abandon, et de cette grâce qu'il s'était faite et qui ne va bien qu'à lui. Je n'affirmerais donc pas que toute la sculpture des petits frontons soit de Paul Ponce, parce qu'il y a des figures qui ne sont pas dignes de son talent; mais je pense que les grandes sont de lui et ne peuvent pas être de Jean Goujon. Quant à la sculpture de la chambre d'Henri II, qui depuis fut celle d'Henri IV et dont je parle dans le texte, il s'est glissé une inexactitude dans la description qu'en donne M. Émeric David. Ce sont, selon lui, des renommées qui soutiennent les rideaux de l'alcove, tandis qu'au fait ce sont des enfans.

Le même écrivain dit aussi que l'on avait conservé au bois de noyer sa couleur naturelle dans les fonds des boiseries; qu'il n'y avait que les reliefs qui fussent dorés au mat, et que toutes ces pièces se démontaient pour pouvoir être nettoyées. Mais tout était doré en plein, et les pièces ne se démontaient pas; ce qu'il est aisé de vérifier.

Aux pages 34 et 35 de la Description de la galerie d'Angoulême, j'ai avancé que Paul Ponce avait exécuté les sculptures du monument de Louis XII, et qu'il était sculpteur du cardinal George d'Amboise. Cela ne se peut pas. Paul Ponce, d'après ce que rapporte Vasari, ne serait venu en France qu'avec le Primatice en 1531, et le mausolée de Louis XII porte la date de 1515. D'un autre côté, on peut placer sa naissance entre 1505 et 1510, et le cardinal d'Amboise est mort en 1510 : ainsi Paul Ponce n'a pas travaillé pour lui.

Voici donc les ouvrages que l'on peut attribuer à cet habile sculpteur.

Stucs de Fontainebleau. Vasari en dit un mot dans la vie du Primatice. Ce furent probablement les premiers ouvrages que Paul Ponce fit en France sous la direction, ou du Rosso, qui vint en France en 1530, ou du Primatice, qui y arriva en 1531.

Mausolée du prince Pio da Carpi en 1535. *Voyez* Sauval, t. II, p. 344; Galerie d'Angoulême, n.º 56.

Travaux à Fontainebleau sous Henri II.

Sculptures des frontons du Louvre et

de ces princes, dont la protection éclairée et les bienfaits recherchaient les artistes en Italie aussi bien qu'en France; nous y en avons placé. Pour terminer ce qui concerne l'ameublement de nos appartemens, j'ajouterai que le tapis que nous avons pris pour modèle est le plus ancien qu'il y ait parmi ceux de la couronne, qu'il passe pour être du temps d'Henri II, avec d'autant plus de raison qu'il porte son chiffre aux quatre coins, et qu'il n'y avait pas de motif pour l'y faire figurer après la mort de ce prince.

Quant aux scènes que nous avons supposées dans les appartemens de nos Rois, l'une, dans le salon d'Henri II, offre ce prince, à qui Lescot soumet ses plans du Louvre; dans l'autre, on voit Henri IV avec Marie de Médicis et Louis XIII.

Les salles où nous allons passer, et qui, dans le corps de logis du midi, occupent la façade qui donne sur la cour, appartenaient en partie au premier Louvre, et nous rappellerons, quoiqu'elles aient subi bien des changemens, qu'elles formaient l'appartement de Charles V (*voy.* p. 296 et suiv. et pl. 8, C). Depuis, sans qu'on puisse désigner leurs diverses destinations, elles ont dépendu de l'appartement de François I.er et d'Henri IV, et plus tard (*voyez* p. 392) elles ont servi en partie à loger des personnes attachées à la cour. Au reste, ainsi que nous l'avons vu, cette aile n'offrait

quelques ornemens de la salle des Caryatides avec Jean Goujon, p. 426.

Sculptures en bois, avec Roland Maillard et d'autres sculpteurs, de la chambre de parade et de la chambre à coucher d'Henri II au Louvre.

Paul Ponce travailla avec le Primatice à la grotte ou petit château de Meudon, bâti en 1552 par le cardinal de Lorraine.

Tombeau et statue de Charles Maigné en 1556 (Sauval, t. III, p. 343; Galerie d'Angoulême, n.º 3); ils étaient aux Célestins, et c'est cette statue qu'Orlandi a prise pour un Charlemagne.

Tombeau d'André Blondel de Roquancourt en 1558, en bronze (Sauval, t. I.er, p. 582; Galerie d'Angoulême, n.º 57).

Colonnes et génies funèbres de François II en 1562, actuellement à Saint-Denis (Sauval, t. I.er, p. 461).

Figures et ornemens du fronton oriental des Tuileries, exécutés après 1564, probablement vers 1568.

Au-dessus de la porte du manége, il y avait un cheval en pierre, de grandeur naturelle, sculpté de ronde-bosse par Paul Ponce.

Fontaine colossale en marbre, projetée pour le jardin des Tuileries. Paul Ponce en fit vers 1566 le piédestal, et en bas-relief deux fleuves et deux naïades plus grands que nature (Sauval, t. I.er, p. 60).

Paul Ponce, vers 1568 ou 1570, fit pour la chapelle ronde des Valois, projetée à Saint-Denis par Catherine de Médicis, un Christ mort, de grandeur naturelle. C'était son plus bel ouvrage (Félibien, *Histoire de Saint-Denis*, p 560). Sous Louis XIII, le Christ était, avec plusieurs tableaux de Germain Pilon destinés à cette chapelle, chez Lérambert, au magasin des marbres du Roi (Sauval, t. III, p. 16-17).

Chez le même Lérambert, il y avait de Paul Ponce une statue d'*Anne de Bretagne*, autre que celle du monument de Louis XII, et un *S. George combattant le dragon*, qui peut-être n'était pas celui de la galerie d'Angoulême, n.º 72 (Sauval, t. I.er, p. 131). Cet écrivain cite encore du même sculpteur une *S.te Anne qui montre à lire à la Sainte-Vierge.*

Le buste en bronze d'*Olivier Lefèvre* seigneur *d'Ormesson*, né en 1525, paraît avoir été fait vers 1565 (Galerie d'Angoulême, n.º 40). Enfin il y avait autrefois au-dessus de la porte de l'hôtel-de-ville de Paris, à côté de la statue d'Henri IV, un grand bas-relief de Paul Ponce.

pas la belle distribution qu'on y voit aujourd'hui, et c'est un de ces points dont ne s'était pas occupé Perrault : il avait abandonné cette tâche aux architectes qui devaient lui succéder dans les travaux du Louvre. C'est cette tâche qu'ont si bien remplie MM. Percier et Fontaine; et lorsque le plan qui a été adopté aura reçu son entière exécution, ces salles, qui, au nombre de neuf, s'étendent d'un des grands escaliers du Louvre à la grande salle des Sept Cheminées, formeront une superbe suite de pièces richement décorées de marbres, de stucs et de peintures. Elles seront dignes de recevoir les belles collections d'antiquités égyptiennes, grecques, romaines et du moyen âge, ainsi que les objets rares et curieux par leur matière et par leur travail, dont la munificence de Charles X les a enrichies, et qui, réunis, composeront le musée qu'il a daigné honorer de son nom. Quoique les travaux pour l'établissement du musée Charles X se poussent avec une activité qui permettra de l'ouvrir bientôt à l'impatience du public, cependant il n'est pas encore possible d'en indiquer les dispositions. La plupart des peintures sont trop peu avancées pour pouvoir être décrites; il y en a même dont les compositions sont encore tenues secrètes par les peintres qui les ont conçues. Je me contenterai donc, et seulement pour donner un avant-goût du plaisir qu'elles procureront sous peu, de faire connaître les sujets des plafonds et des tableaux qui se préparent à orner ces belles et vastes salles. Ces courtes indications commenceront par celle de ces pièces qui touche la grande salle, et qui, ainsi que les trois suivantes, contiendra les antiquités grecques et romaines, telles que vases et bronzes, et celles du moyen âge, ou ce qu'ont produit les artistes français au siècle de la renaissance et de François I.er, les terres émaillées, les vitraux. Ces collections précieuses seront disposées dans des armoires vitrées, en harmonie avec la décoration des salles, mais auxquelles cependant on n'aura pas à faire le reproche de briller aux dépens des objets qu'elles doivent renfermer.

Les grisailles qui ornent les panneaux des salles 1, 2, 3, 6, sont toutes de MM. Vinchon (1) et Gosse (2) : le premier les a composées en grande

---

(1) M. Jean-Baptiste-Auguste VINCHON, né à Paris en 1787, est élève de M. Serangeli. En 1815 il obtint le second prix, et en 1822 le premier. Il fut choisi pour orner de fresques à Saint-Sulpice la chapelle de Saint-Maurice, et l'on vit au salon de cette année les esquisses des compositions qu'il y devait exécuter. C'étaient *S. Maurice, S. Exupère et S. Candide refusant de sacrifier aux faux dieux;* — *le Massacre de la légion thébaine.* Dans les pendentifs sont représentées *la Religion et les Vertus chrétiennes*, et tous ces sujets se composent avec des anges qui soutiennent, au-dessus des martyrs, des guirlandes, des couronnes et des palmes. Au même salon M. Vinchon retraça le *Dévouement du jeune médecin Mazet pendant la fièvre jaune en Espagne*. Le sujet qu'il traita en 1824 fut *Jeanne d'Arc qui, malgré la blessure qu'elle a reçue, s'empare du fort des Tournelles*. Ossian lui fournit aussi une composition, *Comala mourant de saisissement entre les bras de Fingal victorieux et qu'elle avait cru mort.*

(2) M. Nicolas-Louis-François GOSSE, né à Paris en 1787, est élève de Vincent. En 1807 il mérita une première médaille en or. En 1818 il fit pour l'église de Saint-Étienne du Mont à Paris un *jeune homme guéri d'une maladie dans l'église de Sainte-Geneviève.* Jusqu'en 1819 il

partie ; et quoique ces deux artistes se soient réunis pour les exécuter, M. Gosse y est pour la plus forte part.

Dans la petite pièce qui précède les salles du musée Charles X, il y a deux grisailles de M. Fragonard : dans l'une on voit les différens génies des arts qui reçoivent des couronnes; dans l'autre, ces mêmes génies présentent au trône l'hommage de leurs couronnes.

HOMÈRE DÉIFIÉ, plafond de M. Ingres (1). — Rien ne convenait mieux à la première des salles consacrées aux antiquités grecques et romaines que l'hommage rendu au chantre divin de *l'Iliade* et de *l'Odyssée*, au vaste génie duquel, depuis près de trois mille ans, la poésie et les beaux arts durent leurs plus heureuses inspirations, leurs plus riches compositions, et à qui l'antiquité éleva des temples et consacra des autels que la postérité a vénérés, et des palmes qui, malgré l'envie, s'élèvent encore au sommet du Parnasse.

---

n'y eut de ce peintre aux expositions du Louvre que des portraits; cette année il y mit le vieux nocher *Caron qui reçoit dans la barque fatale les trois âges de la vie.* Parmi plusieurs portraits que fit paraître M. Gosse en 1822, il y en avait un en pied; mais en 1824 il présenta un tableau qui mérita d'être placé au Luxembourg et qui lui valut une médaille d'or : on y voit *S. Vincent de Paul esclave chez les Turcs, convertissant son maître,* qui avait renié la foi de ses pères et qui se jette à ses pieds pour qu'il implore du ciel le pardon de son apostasie.

(1) M. INGRES, né à Montauban en 1781, est de l'école de David. En 1803 il remporta le grand prix de peinture; à la promotion de 1824 il reçut la croix de la Légion d'honneur, et en 1825 il devint membre de l'académie royale des beaux arts. Aux expositions du Louvre de 1803 et de 1806 il n'y eut de M. Ingres que des portraits; et les tableaux qu'il fit dans les années suivantes restèrent pour la plupart en Italie, où il a passé de longues années. En 1814 on vit de lui au salon *Don Pèdre de Tolède, ambassadeur d'Espagne, baisant dans la galerie de Fontainebleau l'épée d'Henri IV.* Un autre de ses tableaux représentait *le pape Pie VII tenant chapelle Sixtine.* Un des sujets qu'il fit paraître en 1819, offrait *Philippe V donnant,* après la bataille *d'Almanza, la toison d'or au maréchal de Berwick;* un autre était une *Odalisque nue et couchée.* Ce tableau fait partie de la précieuse collection de M. le comte de Pourtalès-Gorgier. Dans le troisième de ses ouvrages on voyait *Roger, monté sur l'hippogriffe et couvert d'une armure d'or, délivrant Angélique.* Au salon de 1822 il n'y eut qu'un tableau de M. Ingres : c'était *Charles V, qui, après l'expulsion du duc de Bourgogne, rentre à Paris et reçoit le prévôt et les échevins de Paris, que Jean Pastourel et Jean Maillard lui présentent.* Ce tableau appartient à M. le comte Amédée de Pastoret. Le *Vœu de Louis XIII,* que M. Ingres mit au salon de 1824, est le plus grand tableau qu'on ait encore vu de lui à Paris; il est placé dans l'église de Montauban, à laquelle l'auteur en a fait hommage. Le Roi, revêtu de son manteau de cérémonie et à genoux sur le devant de la composition, lève les mains vers la Sainte-Vierge, qu'entourent et que soutiennent des chœurs d'anges au milieu d'un ciel éclatant de lumière. Outre plusieurs portraits, parmi lesquels on remarquait celui de M. de Norvins de Montbreton, il y eut à cette exposition deux tableaux de petite proportion de M. Ingres : *François I.er recevant les derniers soupirs de Léonard de Vinci;* — *Henri IV jouant avec ses enfans au moment où l'ambassadeur d'Espagne est admis en sa présence.*

Au milieu de la composition de M. Ingres, et en avant d'un temple de marbre élevé sur le sommet de l'Hélicon, Homère, assis sur un trône, ainsi que les divinités, est couronné par la Gloire. Derrière lui paraissent dans le fond les poètes qui l'ont précédé. Il est dans le costume des héros qui recevaient les honneurs de l'apothéose. A ses pieds *l'Iliade* et *l'Odyssée*, personnifiées, et comme de nouvelles muses, rappellent par leurs expressions et par leurs attributs le courroux et le repos d'Achille, les voyages et les ruses d'Ulysse. La foule des grands hommes qu'ont illustrés leurs chefs-d'œuvre dans les beaux arts, s'empressent vers Homère comme vers leur père. C'est un hommage filial que lui rendent les anciens et les modernes. Chacun de ceux-ci a pour guide celui des personnages de l'antiquité avec lequel il a le plus de rapport. Sur la droite se font remarquer Phidias, Hérodote, Socrate, Platon, Périclès, Aristote et son élève Alexandre le Grand, à qui il apprit à admirer Homère, et qui tient à la main le coffre d'or où il renfermait les ouvrages du poète. Au côté opposé, Eschyle, Sophocle, Euripide, s'approchent avec respect d'Homère, et font brûler l'encens en son honneur. Apelle amène vers lui Raphaël; Virgile conduit le Dante. Sur le devant de cette scène triomphale, d'un côté, l'on distingue Shakespeare, Corneille, le Poussin; de l'autre, près de Longin, qui, contemplant Homère, écrit sur le sublime, on voit Boileau, Racine, Molière. D'autres personnages illustres dans les lettres et dans les arts sont répandus dans les divers groupes de cette grande composition.

Les figures des voussures en sont la suite et la complètent. Ici, d'après les attributs consacrés par les médailles, on reconnaît sept villes qui se disputaient l'honneur d'avoir donné le jour à Homère; là Apollon élève au rang des muses *l'Iliade* et *l'Odyssée*, et le chœur des chastes sœurs s'unit à celui des génies des beaux arts et des sciences, qui rendent hommage au génie d'Homère. Ces grisailles et les ornemens ont été peints, d'après les dessins de M. Ingres, par MM. Moench fils, connus sous le nom de *Munic* (1).

(1) Ayant à parler, dans d'autres endroits, des travaux de décoration exécutés par M. MOENCH et ses fils, je réunirai ici ce que j'ai recueilli sur ces trois artistes.

M. Simon-Frédéric MOENCH (nom que l'on est habitué à prononcer MUNIC), né à Stutgard le 28 mai 1746, est élève de l'académie de cette ville; il a étudié aussi à Paris sous Doyen. Après s'être exercé dans le genre historique, il s'est voué à la décoration non-seulement des maisons particulières, mais même des salles de spectacle et des palais. On a vu de lui une grande quantité de belles décorations à l'Opéra, aux Italiens, au Vauxhall d'été, à l'Ambigu comique, où l'on remarquait la vérité de ses paysages; à la Cité, où il avait représenté le Pont-Neuf sur le rideau de l'avant-scène. Il a exécuté aussi en grande partie le décor de Saint-Cloud, de Fontainebleau, de Notre-Dame lors de grandes solennités, des Tuileries, ainsi que la voûte de la galerie du Louvre, et il a orné beaucoup de beaux hôtels d'après les compositions de MM. Percier et Fontaine.

M. Charles MOENCH, élève de Girodet, est né le 10 avril 1784, et son frère, M. Auguste MOENCH, le 25 septembre 1786. Ils ont étudié sous MM. Percier et Fontaine. En 1811 leur père les associa à ses travaux; et lui ayant succédé dans ses entreprises depuis 1816, ils ont été chargés de restaurer les peintures des plafonds de la chapelle de Versailles et d'achever

Grisailles. Homère chantant ses poèmes, — Thétis consolant Achille, — Thétis lui apportant ses armes, — Vénus blessée par Diomède, — Minerve protégeant Ulysse, — Ulysse chez Circé, — Ulysse reconnu, — Honneurs rendus à Homère.

Le Vésuve personnifié reçoit la foudre de Jupiter, par M. Heim (1). — Le ciel brille de tout son éclat; des nuages viennent de transporter la cour céleste de l'olympe vers ces rivages célèbres dont le Vésuve est à-la-fois le tyran et le bienfaiteur. Le génie turbulent du volcan, irrité sans doute de ce que les contrées qu'il domine lui adressent moins d'hommages qu'aux villes qui sont à ses pieds, demande à Jupiter de l'armer de son foudre vengeur. Les déesses protectrices de Pompéi, d'Herculanum, de Stabies, prévoyant les malheurs qui menacent leurs villes et leurs

les ornemens de la galerie de Diane aux Tuileries, qu'avait commencés leur père. Ces deux frères ont exécuté de grands travaux de décoration au Palais-royal, au ministère des finances, dans les salles de spectacle des Français, des Variétés, de la Porte Saint-Martin à Paris, ainsi que dans celles du Havre, de Metz et de Boulogne. Ce furent eux aussi qui, en 1823, décorèrent la belle salle du Trône.

(1) M. François-Joseph Heim, né à Belfort le 16 janvier 1787, élève de M. Vincent, a remporté le grand prix de peinture en 1807, et, après avoir mérité une médaille d'or en 1812, il en obtint encore une de première classe en 1819, et la croix de la Légion d'honneur en 1824. Ses principaux ouvrages sont, en 1812, l'*Arrivée de Jacob en Mésopotamie*, et un *Chasseur*, portrait en pied. En 1814, un petit *S. Jean*, et il reproduisit le tableau de *Jacob*. Au salon de 1817 on vit de M. Heim un grand tableau où il représenta *Ptolémée Philopator repoussé par un pouvoir divin du temple de Jérusalem, où il voulait entrer au mépris de la loi;* — la *Douleur de Jacob, à qui l'on apporte la robe ensanglantée de Joseph.* En 1819, ce peintre fit paraître, à la demande de M. le préfet de la Seine, le *Martyre de S. Cyr et de S.te Juliette sa mère.* La maison du Roi eut de lui deux tableaux: *Titus faisant distribuer des secours au peuple;* — le même empereur *pardonnant à des* conjurés. On vit aussi de M. Heim à cette exposition la *Résurrection de Lazare.* Le *Rétablissement des sépultures royales de Saint-Denis en 1817* parut au salon de 1822. Ce tableau, dont la composition offre dans un grand nombre de figures les portraits des personnes qui assistèrent à cette touchante cérémonie expiatoire, a été placé à Saint-Denis par le ministre de l'intérieur. M. Heim mit au même salon un ouvrage de grande proportion, le *Martyre de S. Hippolyte traîné par des chevaux fougueux.* Ce tableau a été acquis par M. le préfet de la Seine. S. A. R. M.gr le duc d'Orléans a placé dans sa riche collection, *S. Arnould lavant les pieds d'un pèlerin qui part pour la Terre-Sainte.* En 1824, M. Heim fut un des peintres auxquels M. le préfet de la Seine commanda des tableaux pour la fête de l'hôtel-de-ville; il représenta le moment où *S. A. R. M.gr le Duc d'Angoulême reçoit au Port Sainte-Marie le roi d'Espagne et sa famille.* La vie de S.te Adélaïde lui fournit aussi le sujet d'un tableau dont S. A. R. M.gr le duc d'Orléans a fait l'acquisition: *un pêcheur retire, des roseaux d'un étang, S.te Adélaïde et sa jeune compagne qui étaient sur le point d'y périr.* La même année, le *Massacre des Juifs par les Romains dans une des cours du temple de Jérusalem* fit partie des grands tableaux commandés par M. le ministre de la maison du Roi: il a été placé dans le musée du Luxembourg.

campagnes chéries, implorent en leur faveur le père des dieux; la déesse des arts, Minerve, à leurs prières joint les siennes. Elles sont repoussées. Éole et ses fougueux enfans bouleversent les airs et rassemblent les tempêtes. Neptune effrayé s'élance au-dessus des flots, et c'est en vain qu'il s'efforcera de calmer le trouble que le Vésuve furieux va répandre jusqu'au fond de ses ondes.

Les tableaux des voussures retracent les scènes de désolation qu'amènent à leur suite les éruptions du Vésuve. Ici un jeune homme engage son amie à prendre la fuite, — une mère serre ses enfans contre son sein, — une jeune femme meurt suffoquée; — là Pline l'ancien trouve la mort au milieu de ses observations; — Pline le jeune écrit les siennes à la lueur des flammes du volcan. Dans les médaillons, des génies emportent des vases, des bronzes, qu'ils sauvent du bouleversement général. De distance en distance, des thermes complètent cette composition ornementale, et rappellent les beaux bronzes que l'on doit à Herculanum, à Pompéï et au Vésuve.

Grisailles. Triomphe de Bacchus et de Cérès, — Sacrifice à Bacchus, — Sacrifice à Cérès, — l'Agriculture, — Bergers et troupeaux, — jeune Fille qui trait une chèvre, — Vendange, — Chasse, — Repas, — Bains, — Bacchanale.

Minerve console Parthénope et les nymphes de ses rivages, par M. Meynier. — Les nymphes de l'antique et belle Parthénope (c'est le premier nom de Naples, *Neapolis*, ville nouvelle) ont quitté les bords rians du golfe où, au milieu des chefs-d'œuvre des arts, elles goûtaient les plus doux loisirs. Conduites par Minerve, elles sont arrivées sur les bords de la Seine, qui, développant son Louvre et ses autres richesses, jette des regards satisfaits sur les déités étrangères. Elles lui apportent leurs dieux et ces belles productions des arts qui ont illustré la grande Grèce. Le génie de la France accueille les belles nymphes; et le portrait de Charles X, qu'il tient, dit assez que c'est à sa munificence que l'on doit l'avantage de les voir embellir le Louvre de leurs chefs-d'œuvre.

Les bas-reliefs figurés dans les voussures représentent d'un côté Parthénope; de l'autre, cette nymphe supplie en vain Neptune et Pluton de la soustraire aux malheurs dont la menacent et la mer et les feux du Vésuve. Les figures groupées avec des marbres et des bronzes auxquels ceux d'Herculanum ont servi de modèles, offrent des philosophes et les villes personnifiées de Pompéï, d'Herculanum, de Stabies, dont les désastres nous ont conservé les chefs-d'œuvre et ont enrichi Portici, Naples, et tous les musées de l'Europe.

Grisailles. Pline observant le Vésuve, — Prêtre emportant les instrumens sacrés, — Habitans se sauvant, — le Vésuve ensevelissant les villes de la Campanie, — jeune Fille consultant une magicienne, — jeune Fille se parfumant, — Anacréon composant ses odes, — Philosophe cynique et son chien.

FRANÇOIS I.ᵉʳ REÇOIT LES STATUES QU'IL AVAIT FAIT VENIR EN FRANCE ET LES TABLEAUX DE RAPHAËL, par M. Fragonard (1). — Le Roi, suivi des personnes de sa cour, donne la main à sa sœur la reine Marguerite de Navarre. Il monte l'escalier de son palais, et découvre avec admiration les chefs-d'œuvre antiques et les belles productions de Raphaël que, par ses ordres, le Primatice a apportées d'Italie. Après les avoir disposées dans les salles du Louvre, il va développer aux regards du prince toutes les merveilles antiques et modernes dont son goût pour les arts a enrichi la France.

Dans les voussures de cette salle, des bustes entourés de génies rappellent les grands artistes italiens et français qui ont rendu si célèbre l'école de Fontainebleau : mais on ne peut se flatter d'y retrouver leurs traits ; les portraits de la plupart d'entre eux ne nous sont pas parvenus : M. Fragonard a dû se borner à donner à ces têtes le style de leurs époques.

Les grisailles de cette salle offrent les génies des sciences et des arts qui illustrèrent le règne de François I.ᵉʳ et d'Henri II.

Les génies des armes marchent vers l'autel de Mars, — les génies des sciences entourent l'autel de Minerve, — les génies des arts industriels déposent leurs offrandes sur l'autel de Mercure, — le génie de la peinture consacre dans ses ouvrages les traits du prince protecteur des arts, — le génie de la sculpture les perpétue sur ses monumens, — le génie de l'architecture soumet ses plans au génie qui fait fleurir les arts. Un autre

(1) M. Alexandre-Évariste FRAGONARD, né à Grasse en Provence en 1783, est élève de son père et de David. En 1812 et en 1819 il obtint des médailles d'or de première classe, et en 1822 il fut décoré de l'ordre de la Légion d'honneur. Pendant plusieurs années, s'occupant plus à dessiner qu'à peindre, M. Fragonard fit une immensité de dessins, dont une grande partie a été reproduite par la gravure. Il s'est aussi livré à la sculpture, et de lui sont les figures de haut-relief qui décorent le fronton du palais de la Chambre des Députés, du côté de la Seine. Ce n'est qu'au salon de 1819 que M. Fragonard a paru comme peintre d'histoire, et il est entré en lice avec trois grands tableaux, dont l'un représentait *François I.ᵉʳ armé chevalier par Bayard;* l'autre, *Gabrielle d'Estrées près de s'évanouir de dépit des reproches qu'Henri IV lui adresse devant Sully;* dans le troisième tableau on voyait *Fénelon secourant et pansant les blessés après la bataille de Malplaquet.* Au salon de 1822 on vit de M. Fragonard le *Dévouement des bourgeois de Calais* et *d'Eustache de Saint-Pierre, qui viennent en chemise, pieds nus, la corde au cou, se livrer à Édouard, que la reine implore pour leur sauver la vie;* la scène de l'*Héraclius* de Corneille, *Devine, si tu peux, et choisis, si tu l'oses;* — l'*Entrée de Jeanne d'Arc dans Orléans;* — *Marie-Thérèse présentant son fils aux Hongrois* (le dessin de ce tableau, qui est au Luxembourg, fait partie de la collection de S. A. R. Madame, Duchesse de Berry); — un *Turc montant à l'assaut.* Les tableaux que fit paraître M. Fragonard au salon de 1824, avaient pour sujets, *la reine Blanche délivrant les prisonniers de Châtenay,* et la *Naissance de S. A. R. M.ᵍʳ le Duc de Bordeaux :* c'est le moment où S. M. Louis XVIII lui fait boire du vin de Jurançon, comme Henri d'Albret, roi de Navarre, en avait fait boire à Henri IV. M. Fragonard a fourni un grand nombre de compositions de tout genre, de dessins de vases et d'ornemens très-variés et du meilleur goût, à la manufacture royale de Sèvres, et beaucoup de modèles de costumes aux théâtres de Paris.

de ces bas-reliefs figurés offre les génies de la gravure en taille douce et de la gravure en médaille, qui travaillent de concert. La dernière de ces grisailles présente le génie de l'histoire gravant sur un bouclier les noms qui se sont rendus célèbres sous les règnes de François I.er et d'Henri II.

La Gloire, par M. Gros (1).

La grande salle à colonnes de marbre blanc veiné qui forme le milieu de cette aile et établit une communication avec celle qui est tournée vers la Seine, sera richement décorée de peintures par M. le baron Gros : on ignore les sujets que doit animer son savant pinceau.

Les grisailles de cette salle sont de M. Fragonard. Il y a représenté des génies qui portent des bannières où sont inscrits les noms des habiles artistes dont les ouvrages forment les richesses du Musée royal.

(1) M. le baron Antoine-Jean Gros, né à Paris en 1771, a étudié sous David. En 1789 il remporta le grand prix. Il fut reçu chevalier de la Légion d'honneur en 1808, membre de l'académie des beaux arts en 1816, décoré de l'ordre de Saint-Michel en 1819, et nommé baron par le Roi en 1825. Parmi les nombreux ouvrages de cet habile chef d'école, on cite les tableaux suivans, dont la plupart sont de vastes compositions exécutées dans de grandes proportions. Salon de 1801 : *le général Bonaparte à Arcole*, — *Sapho s'élançant du rocher de Leucate*. Ce tableau, qui appartient au général marquis Dessoles, a été gravé pour la société des Amis des arts de Paris. Cette même année, M. Gros, réunissant à la peinture historique un genre bien différent, exposa un tableau de famille en miniature. Ce fut en 1804 que parut son grand tableau de la *Peste de Jaffa*, regardé comme une de ses plus belles productions. En 1806 on vit de lui la *Bataille d'Aboukir*, qui avait passé à Naples et qu'il a rachetée. Le *Champ de bataille d'Eylau après la victoire* fit partie du salon de 1808, ainsi que le portrait à cheval du *Roi de Westphalie*, et celui du *général Lasalle* en pied, l'un des ouvrages les plus remarquables de M. Gros. La *Prise de Madrid* lui fournit pour 1810 le sujet d'un grand tableau, auquel il en joignit deux autres : l'un, *le général Bonaparte haranguant les troupes françaises avant la bataille des Pyramides*; l'autre était une grande esquisse de la *Bataille de Wagram*. Il y eut encore de lui cette année au Louvre deux grands portraits en pied : l'un, du *général de division comte Le Grand*; l'autre, de son fils, officier de cuirassiers. En 1812 M. Gros mit au salon l'*Entrevue des empereurs de France et d'Autriche*; — *François I.er recevant Charles-Quint à Saint-Denis* (ce tableau a été placé à Saint-Denis) ; — le portrait en pied de *M.me la comtesse de Lasalle*, et les portraits à cheval du *Roi de Naples* et du *maréchal duc de Bellune*. Il n'y eut de M. Gros que des portraits au salon de 1814 : *le comte de Montbrun*, — *le général Fournier* — et *M.me la comtesse Le Grand*. On vit de M. Gros au salon de 1817 le *Départ de S. M. Louis XVIII dans la nuit du 20 mars*; et en 1819 il représenta le moment où *Madame, Duchesse d'Angoulême, s'embarque, le 15 avril 1815, à Pouillac près de Bordeaux*. Les ouvrages que M. Gros fit paraître en 1822, furent, *David qui dissipe au son de la harpe les sombres idées qui tourmentaient Saül*; — *Ariane à Naxos, consolée par Bacchus de l'abandon de Thésée*. En 1824, ce maître termina les peintures de la coupole de Sainte-Geneviève, grande et belle composition, à laquelle il travaillait depuis plusieurs années, et dont le succès lui fit conférer par le Roi le titre de baron. Cette même année M. Gros ne mit au salon qu'un très-beau portrait de *M. le comte Chaptal*, pair de France.

L'Étude et le Génie dévoilent à Athènes l'antique Égypte, par M. Picot (1). — A la gauche du tableau, fière de ses monumens, l'Égypte, immobile sur son antique trône, paraît absorbée dans ses graves et hautes pensées. Sur la droite, dans un ciel brillant d'un jour pur et doux, s'avance, timide encore, la belle Athènes : l'Étude, et le dieu des arts, son flambeau à la main, guident ses pas incertains, et, secondés par des génies, ils écartent le voile qui dérobait l'Égypte aux regards de la ville de Minerve : elle contemple avec une surprise dont elle ne peut encore se rendre compte les merveilles qui se présentent à ses yeux. Ces monumens vont peut-être lui servir de premiers modèles ; mais bientôt elle surpassera ces chefs-d'œuvre, et elle mettra sa gloire à offrir aux beaux arts une nouvelle et plus heureuse patrie.

Les voussures qui accompagnent ce plafond offrent différentes divinités de l'Égypte, ses armes, ses instrumens, les attributs sacrés de ses dieux, et des génies, dont les uns rappellent les usages, les arts et les cérémonies de ce peuple extraordinaire ; et les autres déroulent ces papyres, mystérieux dépôt de son impénétrable mythologie encore plus peut-être que de son histoire et de ses connaissances.

Grisailles. Sculpteur grec copiant une Isis égyptienne, — Phidias sculptant d'après nature, — Apelle choisissant ses modèles, — Origine du dessin, — Origine du chapiteau corinthien, — Orphée chantant, — Poète tragique faisant répéter un rôle à un acteur, — les Barbares renversant les monumens de la Grèce.

L'Égypte sauvée par Joseph, plafond par M. Abel de Pujol (*voy.* p. 540). — Dans sa haute sagesse, le fils de Jacob avait prévu que sept années de stérilité désoleraient l'Égypte, que devaient enrichir sept années d'abondance ; par les ordres de ce prudent ministre, les greniers publics avaient été remplis. Le peintre, personnifiant les années de détresse, les offre comme les génies du mal, que la canicule fait naître des vapeurs du Nil desséché par ses feux. Hâves et décharnés, ils se précipitent avec fureur

(1) M. François Picot, né à Paris en 1786, est élève de M. Vincent; il remporta le grand prix en 1813, et reçut en 1824 la décoration de la Légion d'honneur. Il se présenta au salon de 1819 avec deux grands tableaux, *l'Amour qui abandonne Psyché pendant son sommeil*, et *Saphire qui tombe morte devant les Apôtres.* L'exposition de 1822 offrit plusieurs ouvrages considérables de M. Picot. L'un avait pour sujet *Oreste épuisé par ses fureurs, s'endormant entre les bras d'Électre;* — dans un autre tableau on voyait *Jésus-Christ baptisé par S. Jean-Baptiste sur les bords du Jourdain;* — le troisième représentait *Raphaël peignant sa maîtresse la Fornarina.* Outre ces compositions historiques, il y eut encore du même peintre plusieurs portraits, ceux de *S. A. R. M.gr le duc d'Orléans* et de sa famille, et ceux de *Talma,* et de *M. Paul,* acteur du théâtre Feydeau. En 1824 M. Picot représenta pour l'hôtel-de-ville de Paris *S. A. R. M.gr le Duc d'Angoulême à Chiclana.* Il y eut aussi de lui cette année un tableau qui offrait *Céphale cherchant inutilement à rendre Procris à la vie.* Ce tableau et l'*Oreste* ont reçu les honneurs du musée du Luxembourg. Cette même année, M. Picot termina pour le ministère de l'intérieur une composition qui avait été ébauchée par feu Léon Pallière, et qui avait pour sujet la *Délivrance de S. Pierre.*

sur la malheureuse Égypte, qui se jette éperdue dans les bras de Joseph en implorant son secours. Pharaon sur son trône, au milieu des monumens de l'antique terre de Mesraïm, confie le salut de son peuple à l'Hébreu Joseph, issu de ces familles patriarcales qui les premières peuplèrent l'Égypte.

Au milieu d'ornemens et de guirlandes soutenues par seize génies, emblèmes de la fertilité dont jouissait l'Égypte lorsque l'inondation arrivait à seize coudées, les voussures offrent dans des compartimens des traits de cette histoire de Joseph, dont le récit présente dans les livres saints tant d'intérêt et de charme. On y voit Joseph gardant ses troupeaux, vendu par ses frères ; — ici il explique les songes de Pharaon, — et là ce prince lui remet le gouvernement de l'Égypte.

Les grisailles de cette salle sont de M. Abel de Pujol. Elles représentent, d'après les monumens égyptiens, un Magasin de blé, — une Chasse, — le Retour de la chasse, — le Labourage, — la Pêche, — le Retour de la pêche, — un Laboratoire, — des Marchands allant au marché, — la Vendange, — la Moisson, — des Marchands de lait.

JULES II EXAMINE LES PLANS DE SAINT-PIERRE QUE LUI PRÉSENTE LE BRAMANTE, par M. Horace Vernet (*voyez* p. 556). — Le pape, assis et dans l'attitude de la réflexion, considère avec attention les plans que lui présente le célèbre Bramante, et il paraît les approuver. Près de lui, le grave Michel-Ange voit dans l'avenir tout ce que Saint-Pierre devra à son génie, et il suspend déjà à trois cents pieds de terre la coupole du Panthéon. Le jeune et beau Raphaël offre à Jules II les esquisses des admirables compositions dont il embellira le Vatican, dans les magnifiques portiques duquel se passe cette scène. La suite du pape, un prince de sa famille assis à ses côtés, un cardinal, le peintre Frà Bartolomeo, et plusieurs autres personnages, admirent les brillantes conceptions des sublimes artistes qui doivent porter au plus haut degré de gloire Jules II, Rome et les beaux arts.

Les peintures des voussures de cette salle n'offrent que des ornemens qui ont rapport au sujet principal et qui rappellent les belles productions des arts au xve et au xvie siècles.

Les grisailles de cette salle sont dues à M. de Pujol, et retracent dans des médaillons les progrès des arts depuis les Égyptiens jusqu'à Louis XIV.

CHARLES X PREND LES ARTS SOUS SA PROTECTION, plafond par M. le baron Gros.

Nous n'aurons rien à dire des nombreuses et belles salles qui, du côté de la Seine, doublent celles que nous venons de parcourir et avec lesquelles elles se trouvent en communication ; on n'y voit encore que les dispositions premières et indispensables, et l'on ne connaît pas d'une manière positive leur destination. Mais, soit qu'on en fasse un vaste et somptueux appartement de représentation, soit qu'on les ajoute au musée Charles X, qui ne peut manquer d'acquérir chaque jour de nouvelles richesses qui se trouveraient trop à l'étroit dans les pièces qui leur sont assignées, quel que soit enfin le parti que l'on prendra, on ne peut qu'exprimer le vœu de voir bientôt compléter cette magnifique aile du Louvre, qui, par une suite non interrompue de galeries et de salles de la plus grande beauté, se rattache de plain-pied, dans une étendue de 360 toises, aux appartemens du Roi aux Tuileries.

Notre excursion dans ces salles du côté de la Seine nous a ramenés dans la salle dite *des Sept Cheminées*. J'ajouterai à ce qu'on a lu sur cette vaste pièce, que l'on doit y placer les copies que Louis XIV avait fait exécuter d'après les plus belles fresques de Raphaël par les meilleurs maîtres de son temps, Bon Boulogne, Jouvenet, de Troy, et qui contiennent la bataille de Constantin contre Maxence, — la Messe de Bolzen, — l'École d'Athènes, — l'Incendie, — Héliodore chassé du temple, — la Délivrance de S. Pierre. Ces copies, faites avec le plus grand soin, avaient été commandées par Colbert pour servir de modèles aux tapisseries des Gobelins; et, d'après la manière dont on y travaillait alors, on n'avait pu se dispenser de couper par bandes ces tableaux. Après avoir servi aux tapisseries, ils avaient été mis en magasin et y étaient restés presque ignorés ou du moins oubliés. Enfin ils attirèrent les regards de M. le baron des Rotours, directeur de la manufacture des Gobelins, qui fit part à M. le comte de Forbin de cette découverte d'autant plus précieuse, que ces peintures, divisées en bandes, étaient bien conservées, et qu'il ne s'agissait que de les réunir et de les rentoiler. Ce fut le parti que prit M. le comte de Forbin, qui confia cette grande restauration aux soins de MM. Maillot et Haquin, restaurateurs des tableaux du Musée royal. L'opération réussit parfaitement, et M. de Forbin a rendu à la magnifique collection du Roi et aux artistes, en leur restituant ces belles copies, un service auquel ajoute beaucoup de prix l'état où se trouvent les fresques originales : chaque jour voit dépérir ou s'altérer les chefs-d'œuvre de Raphaël, que retracent ces tableaux faits à une époque où ils étaient encore dans toute leur beauté.

Les pièces qui, vers l'escalier du Musée, suivent la grande salle, après avoir fait partie de la salle de spectacle de Marie de Médicis et d'Anne d'Autriche, changèrent de destination et de distribution, et furent données à l'académie de peinture et de sculpture, qui occupait tout ce corps de bâtiment jusqu'à l'extrémité du pavillon qui fait angle sur la place : nous avons vu dans la note de la page 395 que la maison du directeur de l'académie s'appuyait à cette extrémité.

La première salle, où sont aujourd'hui des vases antiques, servait aux assemblées de l'académie de peinture; elle était ornée de tableaux et de sculptures des académiciens : on y avait placé les bustes de Raphaël, de Michel-Ange, d'Annibal Carache, de Pietre de Cortone, du Bernin, d'André Sacchi. Il aurait été à desirer qu'on ne se fût pas contenté de leur adresser des hommages, et que l'on eût mieux suivi la route que la plupart de ces grands maîtres avaient tenue, et les exemples qu'ils avaient laissés.

Le plafond de cette salle est de M. Mauzaisse; il y a représenté LE TEMPS, qui dans sa course rapide élève des monumens et amoncelle des ruines.

La salle ronde qui suit était celle où l'on exposait les ouvrages de sculpture couronnés par l'académie. Il y avait en outre des copies d'antiques, des plâtres moulés sur l'antique. On sait que Louis XIV, imitant François I.er, avait fait mouler en Italie les chefs-d'œuvre les plus remarquables des anciens, et c'est à lui que l'école des beaux arts doit plusieurs plâtres qui lui servent encore aujourd'hui de modèles, tels que l'Hercule Farnèse, les Lutteurs, et plusieurs autres statues dont nous n'avons jamais eu les originaux, et que nous tenons du goût de Louis XIV pour les beaux arts, surtout pour la sculpture, et du desir qu'il avait d'en favoriser les progrès.

Les stucs et la mosaïque de cette salle ont été faits sous la direction de M. Belloni. Le grand vase bachique, imité de l'antique, qui s'élève au milieu de cette pièce, est un ouvrage de M. Lange, chargé de la restauration des antiques du Musée royal. De M. Mauzaisse sont les grandes figures en grisailles qui imitent à s'y méprendre des bas-reliefs et qui soutiennent les compartimens du plafond. La grande composition qui en remplit la partie supérieure est de M. Blondel; il y a peint LA CHUTE D'ICARE. L'imprudent voyageur, voulant se frayer une route nouvelle à travers les cieux, n'a pas suivi les sages conseils de son père Dédale; il s'est trop approché du soleil : la cire qui attachait les plumes de ses ailes se fond à l'ardeur des rayons de Phœbus, dont le char radieux, emporté par ses fougueux coursiers, poursuit sa brillante carrière. Dans un de ces compartimens M. Blondel a représenté ÉOLE. Le dieu des vents, l'espoir et la terreur des navigateurs, frappe le rocher; ses cavernes s'entr'ouvrent : Borée et Aquilon déchaînés s'élancent, et, pour plaire à l'implacable Junon, vont de leur souffle impétueux disperser la flotte du pieux Énée. Les peintures des autres panneaux sont dues à M. Couder (1). VÉNUS DEMANDE À VULCAIN DES ARMES POUR ÉNÉE. L'artiste divin est auprès de ses fourneaux embrasés; il écoute avec complaisance la déesse de la beauté, et les armes vont être livrées. Un autre compartiment représente la lutte terrible d'HERCULE et d'ANTÉE. Celui-ci, serré par les bras vigoureux et contre la vaste poitrine

---

(1) M. Louis-Charles-Auguste COUDER, né à Paris en 1789, est élève de MM. Regnault et David. Parmi ses ouvrages on cite, en 1817, le *Lévite d'Ephraïm trouvant sa femme morte à la porte de sa maison*. Ce tableau, qui est au musée du Luxembourg, partagea le prix avec le *S. Étienne* de M. Abel de Pujol. — La *Mort de Masaccio*. En 1819 M. Couder a peint les trois panneaux de la salle ronde du Musée royal dont il est question ici. On vit de lui au salon de cette année, un *Guerrier athénien qui tombe mort aux pieds des magistrats auxquels il vient d'annoncer la victoire de Marathon*; — *Leçon de géographie donnée au collége de Reichnau par S. A. R. M.gr le duc d'Or-* *léans*, à qui appartient ce tableau; — *Michel-Ange faisant admirer à ses élèves les beautés du torse du Belvédère*. En 1822 il y eut de M. Couder au salon, *Adam et Ève au moment où les anges Ithuriel et Zéphon chassent Satan, qui, sous la forme d'un serpent, cherchait à corrompre Ève dans son sommeil*. Ce tableau a été acquis par le mministre de la maison du Roi, ainsi qu'un portrait de *François I.er à cheval*. Un autre tableau représentait *Roméo et Juliette*. En 1824 le sujet traité par M. Couder fut les *Adieux de Léonidas à sa famille lorsqu'il s'en sépare pour aller combattre et mourir aux Thermopyles*. Ce tableau fait partie du musée du Luxembourg.

de son redoutable ennemi, est sur le point de suffoquer. Le dernier tableau offre le Combat d'Achille contre le Xanthe et le Simoïs. L'intrépide fils de Thétis soutient avec audace un combat inégal que lui livrent les divinités de ces fleuves pour venger l'honneur de leurs ondes, que le héros avait souillées par l'affreux carnage des Troyens.

Les autres salles de l'ancienne académie, qui servaient aux études des élèves, n'existent plus ; elles ont été remplacées par l'escalier du Musée royal. On se rappelle les avoir vues il y a vingt ans : on y arrivait par un escalier sombre et tournant qui subsiste encore dans l'angle du pavillon A, pl. 10.

De la salle ronde on passe dans la galerie d'Apollon, dont, comme on le sait, on doit la construction à Henri IV. La grille qui en ferme l'entrée vient, ainsi que celle dont il a été question p. 560, du château de Maisons : elle ne lui cède en rien en beauté ; l'habile ouvrier ne s'est pas servi pour elle du même modèle que pour l'autre, et il en a varié avec goût la composition et les détails. Depuis l'époque où cette galerie, qui ne fut d'abord qu'une terrasse au-dessus des appartemens de Charles IX, a été terminée et ajoutée à ceux d'Henri IV, elle a subi bien des changemens dans sa décoration et dans sa distribution, si ce n'est dans sa forme primitive. Ce furent d'abord du Breuil, Porbus, Bunel, qui furent chargés de l'orner de plafonds et de tableaux. Ils y peignirent entre les fenêtres et dans les trumeaux qui y font face les portraits en pied des Rois et des Reines de France depuis S. Louis jusqu'à Henri IV. Ils étaient de grandeur naturelle. Bunel et sa femme, à qui ce grand travail fut confié, y apportèrent un grand soin. Ils firent dans toute la France des voyages pour y rechercher les portraits, les costumes anciens et tout ce qui pouvait contribuer à donner à leurs ouvrages le caractère du temps où vivaient les princes et les autres personnages qu'ils avaient à représenter : car on ne leur avait pas seulement demandé de peindre les Rois et les Reines, ils devaient leur associer les portraits en buste des hommes célèbres qui avaient contribué à illustrer leurs règnes. C'était une iconographie qui offrait un haut intérêt, et l'on se plaisait à voir nos Rois entourés des grands capitaines, des sages magistrats, des savans distingués, auxquels la France avait dû sa gloire. Aussi Sauval fait-il un grand éloge de cette collection, qu'il avait vue encore dans son entier ; et ce qu'il ajoute, qu'on ne pouvait s'empêcher de rire en voyant cette variété de costumes bizarres, fait croire qu'on avait mis beaucoup d'exactitude à les recueillir. Parmi ces portraits on remarquait celui de Marie de Médicis par Bunel et par sa femme ; c'était elle qui avait fait ceux des Reines. Les tableaux du plafond étaient de du Breuil, ou plutôt il n'y avait de lui que la composition et le dessin : il en faisait les cartons ; et comme il peignait moins bien qu'il ne dessinait, ce qu'il avait tracé était peint par Bunel et Arthus Flamand. Les sujets avaient été tirés de la mythologie et de l'ancien Testament : on y citait un très-beau combat des géans. Il serait superflu de s'étendre davantage sur ces peintures, qui depuis long-temps ont péri et dont aucune gravure ne retrace le souvenir. Ces productions des meilleurs peintres de l'école de Fontainebleau n'existèrent qu'environ cinquante ans, et furent entièrement consumées lors de l'incendie de cette aile du Louvre en 1661.

Nous voici à la seconde époque de la galerie d'Apollon, qui, de ce qu'elle était sous Henri IV et sous Louis XIII, n'avait conservé que ses murailles, qui même avaient été endommagées par le feu; et c'est de cette époque que doivent dater les disparates qu'offre, dans l'architecture de son étage supérieur, la façade qui donne sur le jardin de l'Infante. Louis XIV, voulant réparer cette aile de son palais, chargea Le Brun de cette entreprise; c'était lui qui devait exécuter en grande partie les peintures dont la nouvelle galerie devait être décorée, ou c'était d'après ses dessins que les artistes qu'il y emploierait avaient à travailler.

A l'époque où nous nous trouvons, les arts en France et tout ce qui y avait rapport étaient soumis au génie de Le Brun, qui, comme premier peintre du Roi, avait un grand pouvoir, et qui l'exerçait avec une sorte de despotisme. De même que le Bernin en Italie, il tenait à faire exécuter ses idées par les artistes qu'il avait à ses ordres. Ce n'est pas qu'il n'eût beaucoup de mérite, et certainement beaucoup plus que ne lui en accorde M. le comte Cicognara, qui prétend (1) que sans le burin d'Audran Le Brun serait oublié par la juste postérité. Il est douteux qu'elle puisse ratifier ce jugement plus que sévère; et, malgré bien des défauts, de la pesanteur dans les formes, un ton souvent lourd et rouge dans le coloris, qui du reste a souffert, on trouvera toujours de la grandeur et de la chaleur dans un grand nombre des compositions de Le Brun, surtout dans ses batailles d'Alexandre, l'Entrée à Babylone, la Famille de Darius. Il y règne une sorte de pompe et de prestige qui séduit dans de vastes sujets; et enfin, au temps où il florissait, l'Italie n'avait pas de peintres qu'elle pût lui opposer et qui joignissent moins de défauts à autant de qualités. Mais, sans discuter ici sur son talent et sans le comparer avec celui d'autres peintres, il est certain que la direction qu'il exerçait sur les beaux arts leur fit tort; s'ils doivent éviter la licence et s'il leur faut des règles, ils demandent aussi de la liberté. Le Brun ne leur en laissait pas. Il voyait tout en peintre, et voulait assujettir la sculpture aux compositions de la peinture et surtout aux siennes. Aussi les productions des arts prirent-elles toutes la même physionomie, et c'est toujours Le Brun et son genre de composition que l'on retrouve dans les ouvrages que, sous son règne, il permit à la peinture et à la sculpture de produire : on eût dit qu'on ne voyait plus la nature qu'à travers un prisme magique qui lui imprimait partout un caractère uniforme, et que le génie de Le Brun venait se placer entre elle et l'artiste pour exercer sa funeste influence.

On aimait beaucoup alors ce genre de décoration à grandes figures de ronde-bosse dont la sculpture chargeait les corniches et les entablemens de l'architecture; l'Algarde l'avait mis en vogue en Italie, et nous en avons parlé lorsque, nous trouvant dans les salles du musée des antiques, nous y avons examiné les figures de Michel Anguier. Le Brun adopta

---

(1) *Storia* &c. t. VI, p. 260.

pour la galerie d'Apollon le même système de décoration ; il en composa et dessina les figures, et Girardon, les Marsy et Regnauldin furent chargés de les exécuter. Pris séparément, la plupart de ces personnages, auxquels peu de personnes font attention, sont bien, d'un bon mouvement et d'un dessin assez pur ; mais ils encombrent la corniche : la composition en est plus compliquée que celle des figures d'Anguier, qui ont aussi plus de légèreté, et les figures dictées par Le Brun sentent plus le peintre que le sculpteur (1).

Certainement le costume du siècle de Louis XIV a été très-funeste aux beaux arts : mais il le fut surtout à la peinture ; car, malgré ce qu'en dit M. le comte Cicognara (2), il n'eut pas une aussi fatale influence sur la sculpture. A l'exception de quelques statues de Louis XIV, des princes de sa famille et de généraux, on ne voit pas que les perruques, et le genre de draperies ou des costumes d'alors, se soient introduits dans la sculpture. Le théâtre, la cour, l'usage de modes ridicules, n'avaient pas autant influé sur nos artistes qu'on aurait dû le craindre, et il paraît qu'ils avaient étudié en Italie la sculpture antique avec assez de fruit pour résister à ce mauvais goût. Il fallait une sorte de courage : le costume était alors si éloigné de celui que les modèles de l'antiquité offraient, que l'on devait le trouver d'une simplicité bien bizarre ; et un sculpteur pouvait hésiter à représenter ses figures sans vêtemens, ou vêtues d'étoffes légères, lorsque de tous côtés il voyait dégrader les beautés des formes humaines par un tas de costumes sans goût, qu'on trouvait charmans, et dont on affublait au théâtre ces dieux et ces héros, ces nymphes, sujets les plus fréquens des compositions de la peinture et de la sculpture.

Louis XIV avait à cœur que les figures de grande proportion qui orneraient sa galerie d'Apollon fussent faites avec soin : aussi promit-il une prime de trois cents louis, qui en feraient près de six cents aujourd'hui, à celui des quatre sculpteurs qui réussirait le mieux. Ce fut Girardon (3) qui

---

(1) Je crois devoir avertir que, dans les planches de cet ouvrage, ces figures ont des poses en sens inverse de celles qu'elles ont dans les compositions originales ; ce qui vient de ce qu'ayant été dessinées lorsque la galerie d'Apollon, qu'on répare, était déjà entièrement remplie d'échafaudages, il n'a pas été possible de les dessiner d'après les plâtres, et qu'elles ont été copiées d'après d'anciennes gravures assez bien faites, mais qui datent d'une époque où l'on ne gravait pas au miroir. Le dessin, reporté sur la planche dans le sens où il avait été fait, produisait une gravure qui se trouvait dans le sens opposé.

(2) *Storia* &c. t. VI, p. 275-279.

(3) GIRARDON naquit à Troyes en 1630 de Nicolas Girardon, fondeur. Dès sa plus tendre jeunesse, il annonça de grandes dispositions pour la sculpture. Son père, ayant inutilement essayé d'en faire un procureur, le mit ensuite en apprentissage chez un menuisier sculpteur, nommé *Baudesson*, en le priant de le dégoûter du dessin et de la sculpture. Malgré tous ces obstacles, Girardon fit de grands progrès ; et se trouvant à Troyes, l'une des villes de France où la sculpture a été le plus tôt en honneur et où elle a été cultivée avec le plus de succès, il étudia les sculptures des bons maîtres du XVI.e siècle qui y sont répandues, entre autres celles de Gentil de Troyes et de Dominique de Florence, élèves de maître Roux et du Primatice. Protégé ensuite par le chancelier Séguier,

l'obtint : peut-être aussi Le Brun le favorisa-t-il pour reconnaître la docilité avec laquelle il suivait ses modèles; car on ne voit pas (pl. 106, n.° 4; pl. 108, n.° 2) que ses figures aient une supériorité bien marquée sur celles de ses compétiteurs : du reste, elles sont bien modelées; le dessin de ses satyres a de la fermeté, et les jeunes gens ne manquent pas d'élégance. Il y a aussi de l'expression et de la fermeté dans les captifs et les autres figures de Balthasar Marsy (1); ses scènes sont même mieux composées et ont plus d'intérêt que celles de Girardon (pl. 106, 1, 2, 3; pl. 107, 4). Il est vrai que cette partie de l'éloge qu'on peut en faire revient à Le Brun. Les figures de femmes par le même sculpteur ont de la légèreté, surtout celles de droite (pl. 108, 4) : elles sont dans le style de celles de Michel Anguier, son maître. On voit que ce fut Balthasar qui fit la plus grande partie des sculptures de la galerie. Au reste, comme il travaillait presque toujours de

Girardon alla à Rome, et voyagea avec fruit; à son retour il travailla chez les Anguier. Il avait du talent, et il en aurait développé sans doute davantage, si, se fiant plus à lui-même, et courant moins après la fortune et les faveurs, il ne se fût pas tant attaché à la manière de dessiner de Le Brun, qui devint son unique guide, dont il recherchait la protection par tous les moyens, et qui lui donnait non-seulement les sujets de ses compositions, mais même les dessins d'après lesquels il devait les exécuter. Aussi peut-on souvent reprocher à ses draperies d'être lourdes, et à ses figures de manquer d'élégance dans leurs formes et de fermeté dans leur exécution. Girardon modelait avec facilité et esprit; mais il était moins heureux dans le travail du marbre. Il donnait cependant beaucoup d'expression à ses têtes : ce que l'on peut voir dans le mausolée du cardinal de Richelieu, placé à La Sorbonne, lequel passait avec raison pour le plus bel ouvrage de Girardon, qui n'y était que pour l'exécution; car la composition était de Le Brun. Versailles, Trianon, sont remplis de statues et de bas-reliefs de ce maître : on y remarque quatre statues des *Bains d'Apollon*, *l'Enlèvement de Proserpine*, une figure de *l'Hiver*, et plusieurs autres. La statue équestre de Louis XIV sur la place Vendôme était de Girardon; elle avait 21 pieds de haut, et, selon d'Argenville, c'était la première qui eût été fondue d'un seul jet. Girardon avait d'abord fait pour la même place une autre statue qu'on trouva trop petite; elle fut donnée au maréchal de Boufflers, qui, avec la permission de Louis XIV, en fit présent à la ville de Beauvais : les écoliers vinrent la chercher à une lieue et demie de la ville, et la traînèrent en triomphe, ainsi que nous avons vu faire à Paris pour la statue d'Henri IV. Parmi les productions de Girardon, on citait le *mausolée de la princesse de Conti* à Saint-André des Arcs, et ceux du *marquis de Louvois* aux Capucines et de *Mme de Lamoignon* à Saint-Leu. Il fit aussi plusieurs beaux ouvrages pour la ville de Troyes.

Nommé à l'académie en 1657, Girardon en devint chancelier en 1695. Après la mort de Le Brun, il lui succéda dans la direction générale de tous les ouvrages de sculpture, et, comme son prédécesseur, il exerça sur les artistes un pouvoir trop étendu, qui contraignit leurs talens et fit grand tort aux arts. Girardon eut une nombreuse école, dans laquelle on distingue Robert le Lorrain, Granier, Frémin, Jean Joly de Troyes, Nourrisson et Charpentier. Il mourut en 1715 le même jour que Louis XIV.

(1) Gaspar et Balthasar MARSY, nés à Cambrai, le premier en 1624, et le second en 1628, vinrent en 1648 à Paris. Ces deux frères, liés par la plus intime amitié, unirent leurs travaux et leurs chances de fortune. Leurs premiers essais dans la carrière de la sculpture

concert avec son frère Gaspar, il est probable qu'ils se sont aidés l'un l'autre dans leur tâche. Celle de Gaspar (pl. 108, 1, 3) paraît la plus légère; elle ne consiste qu'en quatre figures où l'on retrouve le même style et la même manière d'ajustement que dans celles de son frère. Les autres personnages sont de Thomas Regnauldin (1) : ses captifs ne sont peut-être pas aussi bien que ceux de Balthasar Marsy; et quant aux autres scènes, elles n'ont rien qui les fasse remarquer (pl. 107, n.°ˢ 1, 2, 3).

Le Brun, que les grandes entreprises n'effrayaient pas, s'était chargé d'orner de tableaux de sa main les plafonds et les panneaux de la galerie d'Apollon. Mais, soit que ses autres travaux l'aient détourné de ceux du Louvre, soit par d'autres raisons, il n'exécuta qu'une partie du projet qu'il avait formé. Il avait dû peindre dans le plafond le Soleil sur son char avec tout ce qui composait sa brillante cour, l'Aurore, les Saisons, la Nuit; c'était une suite de tableaux entourés de riches ornemens. A l'extrémité de

furent chez un sculpteur en bois; mais bientôt Sarrazin, Buister, les Anguier, Van Opstal, s'aperçurent des talens de ces jeunes artistes, et leur procurèrent des ouvrages qui leur offraient plus de ressources et comme études et comme moyens d'existence. S'étant fait avantageusement connaître, les Marsy ne tardèrent pas à être employés à l'hôtel de la Vrillière et dans d'autres grands édifices de Paris. Outre les figures qu'ils firent dans la galerie d'Apollon au Louvre, en concurrence avec Girardon et Regnauldin, ils exécutèrent plusieurs ouvrages considérables dans les jardins de Versailles. C'est d'eux que sont, autour de la pièce du Dragon, les *enfans*, en bronze, *portés par des cygnes*; au bassin de Latone, cette déesse *métamorphosant des paysans en grenouilles*; aux bains d'Apollon, un groupe de *Tritons qui donnent à boire aux chevaux de ce dieu*. On voit encore à Versailles d'autres productions de ces deux sculpteurs, et ils firent à Saint-Germain en Laie le tombeau de *Casimir roi de Pologne*.

Gaspar exécuta seul, d'après les dessins de Le Brun, plusieurs figures en marbre pour les jardins de Versailles, telles que *le Midi*, *le Point du jour*, désignés par un coq et par une étoile; *l'Afrique*, et dans le bosquet d'*Encelade*, ce géant *accablé sous des rochers*. Les statues de *la Valeur* et de *la Libéralité*, qui décoraient le mausolée de Turenne à Saint-Denis, étaient de Gaspar Marsy. De sa main est aussi le bas-relief de la porte Saint-Martin du côté du faubourg, lequel représente *Mars armé de l'écu de France poursuivant un aigle*. *L'Enlèvement d'Orithye par Borée*, que l'on voit aux Tuileries, est un ouvrage de Gaspar Marsy, qui fut reçu à l'académie en 1657, professeur en 1659, et adjoint à recteur en 1675; il mourut en 1681. Balthasar fut de l'académie en 1671. (*Voyez* d'Argenville; Félibien, t. IV, p. 329. M. Cicognara, t. VI, p. 300, ne cite de ces habiles sculpteurs que le groupe des Bains d'Apollon.

(1) Thomas REGNAULDIN, né à Moulins en 1627, fut élève de François Anguier, et travailla beaucoup aux ouvrages exécutés sous Louis XIV. Reçu à l'académie en 1675, il mourut en 1706. Quoiqu'il ait poussé sa carrière jusqu'à un âge très-avancé, il a laissé peu d'ouvrages. On voit de lui dans les Bains d'Apollon à Versailles trois *nymphes* d'après les dessins de Le Brun. En général, ce sculpteur est lourd et maniéré; ce fut probablement aussi sous la direction du premier peintre du Roi que Regnauldin fit pour les Tuileries le groupe de *Cybèle enlevée par Saturne*. Il avait décoré de deux *Renommées* le dessus de la porte de l'hôtel de Hollande, vieille rue du Temple, et il exécuta en marbre pour l'hôpital de Sainte-Catherine une statue de cette sainte. (*Voyez* d'Argenville.)

la galerie vers le nord, dans la partie cintrée au-dessus de la corniche, il aurait représenté le Soir, et, à l'autre extrémité vers le midi, le Réveil des eaux, ou le Triomphe d'Amphitrite. Il fit ce dernier tableau. Ce sujet y est développé avec une grande richesse de composition : la souveraine des mers, entourée de toutes les divinités dont les peuplait la brillante imagination des Grecs, est portée en pompe au milieu des ondes par les tritons et les néréides. Le Brun avait développé tout son talent dans ce tableau, et c'était parmi les nombreuses productions de son fertile pinceau une de celles où il avait le mieux réussi et dont on faisait le plus d'éloge : malheureusement ce beau morceau et les autres qu'il avait exécutés dans la galerie d'Apollon, ont été dégradés par le temps; et l'état où ils se trouvent actuellement ne permet pas d'en parler d'une manière plus positive, surtout sous le rapport du coloris et de l'effet. Mais on peut faire observer que dans des galeries voûtées, et où les parties cintrées des extrémités sont éclairées en dessous, le jour n'étant pas franc, ces places sont peu favorables à la peinture.

Il est à croire qu'après la mort de Le Brun (1689), qui survécut six ans à Colbert, les travaux de la galerie d'Apollon éprouvèrent le même sort que ceux du reste du Louvre, et qu'ils furent suspendus pour ne plus être repris que long-temps après. Cette belle pièce, où la sculpture, les ornemens dorés, les panneaux surmontés de frontons et richement décorés, brillaient de toutes parts, devint une salle d'exposition où l'on plaça de beaux tableaux; entre autres, ceux de Le Brun : on y mit aussi des plâtres moulés sur l'antique, que venaient étudier les élèves de l'académie. Cette galerie reçut même des distributions; une partie fut changée en ateliers : ces ateliers achevèrent de la dégrader; on avait pu en établir un nombre assez grand dans une étendue de près de 200 pieds de long sur 28 de large, éclairée par douze fenêtres. C'est ainsi qu'une protection peu éclairée ou peu réfléchie accordée aux arts, en dénaturant la destination des monumens, peut altérer et détruire de beaux produits des arts. Tel était en 1755, et long-temps après, l'état de la galerie d'Apollon. Mais en 1764 on songea à retirer de l'abandon où elle se trouvait depuis tant d'années cette belle partie des appartemens d'Henri IV, de Louis XIII et de Louis XIV; on s'occupa de la réparer et de la débarrasser des distributions qui l'obstruaient : cette galerie fut donnée à l'académie de peinture. Le plafond attira d'abord son attention, et il fut décidé, sans doute par M. de Marigny, alors directeur général des bâtimens, à qui les arts eurent de grandes obligations, qu'à l'avenir les académiciens, pour leur morceau de réception, seraient tenus de faire un tableau pour un des compartimens de ce plafond, et l'on devait de cette manière compléter toute la décoration de la galerie. Ce procédé eût été long, puisque le nombre des académiciens était limité, et qu'il n'y avait d'appelés à remplir cette tâche que les peintres nouvellement admis dans le sein de l'académie. Aussi parait-il que de 1764 à 1781 il n'y eut que quatre grands cartouches qui furent remplis successivement par Lagrenée le jeune, Taraval, Durameau et Callet.

L'Automne, par Taraval (1).

L'Été, par Durameau (2). — Cérès et ses compagnes se préparent à la moisson : le soleil, près d'atteindre le signe de la Vierge, est dans toute son ardeur; les zéphyrs la tempèrent par leur souffle, et rafraîchissent la déesse. Ce grand tableau eut du succès au salon de 1775 : on en louait la composition, le coloris suave et lumineux, la noblesse des têtes; mais on aurait désiré que le dessin fût en général moins lourd.

(1) Hugues TARAVAL, né en 1728, fut reçu à l'académie de peinture en 1769, et adjoint à professeur en 1778. Il était aussi membre de l'académie des beaux arts de Stockholm; il mourut en 1785. Ses ouvrages, peu connus aujourd'hui, étaient autrefois cités avec éloge, et il eut pour élèves plusieurs peintres qui se sont distingués. Parmi plusieurs de ses tableaux, on remarqua, au salon de 1773, *le Mariage de S. Louis,* — *Procris blessée par Céphale;* — en 1775, un grand tableau de *l'Assomption de la Sainte-Vierge,* — une *Sainte Famille.* Outre un ton jaune, on reprochait à ces tableaux, bien composés, des incorrections de dessin et de ne pas être assez faits. En 1777 on cita avec éloge *le Triomphe d'Amphitrite.* En 1779 il n'y eut de Taraval que de petits tableaux, une *nouvelle Mariée, ou jeune Grecque sortant du bain,* — un *Pacha auquel on amène de belles esclaves;* — un *Chimiste* et un *Médecin d'urines.* En 1781, on vit de lui au salon, *la Sibylle de Cumes,* — une *Nativité,* — *Diane surprise par Actéon,* — et *Télémaque dans l'île de Calypso.* Le sujet qu'il traita en 1783 dans un tableau de 8 pieds de largeur sur 10 de hauteur fut le *Sacrifice de Noé au sortir de l'arche;* on en louait le dessin et le coloris. Peu de temps avant sa mort, en 1785, Taraval exposa un tableau de 10 pieds en carré qui représentait *Hercule enfant étouffant les serpens.*

(2) DURAMEAU naquit à Paris en 1733. Reçu à l'académie de peinture en 1774, deux ans après il fut adjoint à professeur, et il devint premier peintre de la chambre et du cabinet du Roi. Ce peintre aimait les grandes compositions, et on cite de lui des tableaux de dimension considérable : en 1773, *S. Louis lavant les pieds aux pauvres;* — en 1775, *l'Été* (19 pieds sur 10). La *Continence de Bayard,* qui parut en 1777 (10 pieds sur 7), plut par sa composition; mais on reprochait de la raideur au dessin, et à la figure de Bayard de manquer de dignité. Au salon de 1779, le *Combat d'Entelle et de Darès,* que Durameau fit pour le Roi d'après la belle description de Virgile, avait 18 pieds de long sur 10 de haut. Un autre de ses ouvrages qui parut en même temps, offrait la *Piété filiale de Cléobis et de Biton,* deux jeunes Grecs qui, s'attelant au char de leur mère, grande prêtresse de Junon, la conduisirent au temple de cette déesse. En 1783 on vit de Durameau à l'exposition *Herminie qui, revêtue de l'armure de Clorinde, est reçue par un vieillard et ses trois fils;* ce tableau avait 8 pieds sur 10. Celui de 1789 était de 30 pieds de long sur 14 de haut : il y avait pris pour sujet la *Séance des états généraux* à Versailles le 5 mai 1789. Si ce grand ouvrage était terminé et que ce ne fût pas l'esquisse que l'on eût portée sur le livret du salon, il prouverait que Durameau avait le travail très-facile, car l'exposition eut lieu au mois de septembre. Outre ce tableau, il parut encore de lui *Jésus-Christ guérissant un paralytique,* — *Jésus-Christ chassant les vendeurs du Temple,* tableau destiné à Fontainebleau. On revit à ce même salon le *Combat d'Entelle et de Darès;* ce qui ferait croire que celui qui fut exposé en 1779 n'était qu'une esquisse du tableau que le Roi lui avait commandé et qu'il n'aurait exécuté en grand que long-temps après.

L'HIVER, par Lagrenée le jeune (1). — Éole déchaîne les vents qui répandent la neige et les frimas; le Temps paraît inactif et engourdi, et un fleuve appuyé sur son urne voit à regret son onde arrêtée et changée en glaçons. Des lettres écrites sur le salon de 1775, où parut ce grand tableau, font l'éloge de la composition et du ton général de la couleur. On y loue

(1) Jean-Jacques LAGRENÉE, qu'on surnomma *le jeune* pour le distinguer de son frère, dont il fut élève, est né à Paris en 1740. Agréé à l'académie en 1771, il y fut reçu en 1774, et il y devint professeur en 1781. Lagrenée avait une grande facilité, dont quelquefois il abusait; ce qui lui mérita le reproche de ne pas toujours soigner assez son dessin. Ses compositions sont remplies de feu et d'esprit. En général, son coloris avait de la finesse et de l'harmonie, quoique souvent aussi il donnât dans le rose, ou que ses couleurs fussent trop heurtées. On aurait aussi désiré que dans ses petits tableaux ses figures eussent été rendues avec plus de soin. Parmi les productions de ce peintre qui furent exposées au Louvre, il y en eut un assez bon nombre de grande dimension; c'est à celles-là plutôt qu'à ses tableaux de chevalet que je m'arrêterai, en indiquant les années où elles ont paru On vit de Lagrenée, au salon de 1771, *S. Paul prêchant devant l'Aréopage* (14 pieds sur 10), et la *Présentation au Temple* (11 pieds sur 6); en 1773, le *Baptême de Jésus-Christ*, pour la cathédrale d'Auxerre. A l'exposition de 1777, on parla avantageusement de la manière riche et simple dont Lagrenée, dans un tableau de 10 pieds carrés, représenta *Albinus fuyant de Rome et offrant son char aux vestales*. On fit aussi un grand éloge de ses petits ouvrages, et on alla jusqu'à le comparer à l'Albane pour la grâce qu'il avait donnée à ses figures de femmes et d'enfans dans le *Jugement de Pâris*, — *Vénus animant la statue de Pygmalion*, — *Télémaque et Calypso*, — des *Enfans renversés par une chèvre*. En 1779 il prit pour sujet la scène terrible dont Jubellius Taurea effraya Rome lorsqu'il se tua avec sa femme et ses enfans pour se soustraire aux supplices auxquels les Romains livraient les sénateurs de Capoue révoltée. On remarqua de Lagrenée, au même salon, un beau *Christ sur la croix*, et parmi beaucoup de petits tableaux, une *Diane au bain*, — un *Repos en Égypte*, — *Mercure changeant Aglaure en statue*, — l'*Arche dans le temple de Dagon*. Dans l'année où ce peintre fut nommé professeur à l'académie (1781), il fit paraître plusieurs grands tableaux, le *Martyre de S. Étienne* et la *Conversion de S. Paul*, et pour Fontainebleau, le *Baptême de Jésus-Christ* et les *Noces de Cana*, — *Mercure, sous les auspices de Louis XVI, répandant l'abondance sur la France*. En 1783, l'*Automne* (10 pieds carrés), — *S. Jean prêchant dans le désert*. Ce fut cette année que Lagrenée exposa pour la première fois des peintures collées sur glace et entourées d'ornemens en or, genre qu'il a perfectionné depuis, et où il s'acquit de la réputation par l'élégance de ses compositions et de ses dessins. Le tableau qu'il mit au salon offrait les génies des arts, la Justice, la Bienfaisance, qui inauguraient le buste du comte d'Angivillers dans la grande galerie du Louvre, où il avait fondé le Muséum. Les grands tableaux de Lagrenée en 1785 et 1787 furent *Moïse sauvé des eaux*, — *Ulysse chez Circé*, — *Jésus-Christ enfant en prière*. Il fit pour le Roi, en 1789, *Achille reconnu par Ulysse au milieu des filles de Lycomède*, — et *Télémaque à qui Mentor reproche le plaisir que lui cause la beauté des vêtemens que lui préparent les nymphes. de Calypso*, tableau de 10 pieds carrés. Dans les années suivantes, il n'y eut de Lagrenée au salon jusqu'en 1804 que de petits ouvrages : *Psyché triste et pensive dans le palais enchanté* (1798), — des tableaux peints sur marbre, *Archimède sortant du bain et traçant sur sa cuisse des figures de géométrie*, — *Apollon et Diane tuant les enfans de Niobé*. Ce peintre est mort en 1821.

particulièrement la figure du fleuve; mais on trouve lourd et peu correct le dessin d'Éole et du Temps.

Le Printemps, par Callet (1). — Zéphire et Flore couronnent Cybèle; les amours et les habitans de la terre, par leurs danses et par leurs jeux, célèbrent le retour du printemps.

Depuis long-temps la galerie d'Apollon menaçait ruine de toutes parts;

---

(1) Antoine-François Callet naquit à Paris en 1742. Agréé à l'académie en 1779, il y fut reçu en 1780. Ce peintre, qui ne manquait pas de talent, surtout pour la grande machine, aimait beaucoup l'allégorie; mais celles qu'il mettait dans ses compositions, n'étant pas toujours très-claires, avaient besoin de longues interprétations. Il y avait souvent aussi de la confusion dans la manière dont il disposait ses personnages ordinairement très-nombreux; son dessin, qui avait la prétention à une grande vigueur, n'était pas sans exagération, et son coloris était dur. Voici les principaux ouvrages de Callet : en 1779, le tableau qu'il présenta à l'académie pour en être agréé, fut un portrait de *M.gr Comte d'Artois*, aujourd'hui S. M. Charles X. *Le Printemps*, qu'il fit pour la galerie d'Apollon, fut son morceau de réception en 1781, et l'on vit de lui, cette même année, *Hercule sur le bûcher*, et un portrait du *comte de Vergennes*. Aux salons de 1783 et de 1785, il fit paraître deux grands tableaux : *l'Hiver*, ou les Saturnales qui avaient lieu dans cette saison; — *Achille traînant le corps d'Hector autour des murs de Troie*. En 1787 et 1789, il ajouta à ses deux premiers tableaux des Saisons *l'Automne* ou les fêtes de Bacchus, et *l'Été*, caractérisé par celles de Cérès, et il compléta les portraits de nos princes par ceux de *Louis XVI* et de *Monsieur*. Le sujet que Callet traita en 1791 fut les *Dames romaines rendant, lors du printemps, hommage à la déesse Lucine*. Celui de 1795 était *Vénus blessée par Diomède*. Ce peintre sans doute se reposa, car il n'y eut rien de lui à l'exposition de 1798. Il mit à celle de 1799 *Marcus Curtius se dévouant pour sa patrie*. A partir de 1800, Callet se livra presque entièrement aux grandes compositions allégoriques : cette année, ce fut *le Dix-huit Brumaire, ou la France sauvée*, qui exerça son imagination; il n'en présenta cependant que l'esquisse, et le grand tableau parut en 1801. Quinze renommées, représentant les armées françaises, élevaient sur un pavois la France entourée des productions des arts que ses victoires lui avaient fait conquérir; Hercule foulait aux pieds ses ennemis, la Discorde prenait la fuite, et le signe du Sagittaire dans le ciel indiquait que ce tableau offrait le 18 brumaire. Au salon de 1804, on vit de Callet l'*Entrée triomphante du premier consul à Lyon*; Minerve conduisait son char, et il était entouré de la Victoire et d'une foule d'autres personnages allégoriques. Les expositions de 1806 et de 1808 n'offrirent presque rien de Callet; celle de 1810 vit de lui une allégorie qui faisait allusion au traité de Presbourg; une autre au mariage qui unit alors la France à l'Autriche. La France, les Arts, les Muses, Apollon, recevaient l'archiduchesse conduite par l'Amour et par l'Hymen, sous l'égide de Mars; l'Autriche s'éloignait affligée. La mythologie lui fournit deux sujets, *Érigone* et *Ganymède*. En 1812 et 1814, il n'y eut de Callet que des dessins. En 1817 il représenta, dans le style allégorique, l'arrivée de Louis XVIII. Le Roi, soutenu par la Justice et la Prudence, prend possession de la couronne; la Discorde fuit. Telles sont les principales productions de Callet, qui a laissé la réputation d'un peintre laborieux et d'une imagination plus active que bien réglée. Il mourut en 1823.

les ornemens en plâtre se détachaient, et les peintures, altérées par l'humidité, étaient méconnaissables. Tout cet ensemble exigeait une grande réparation. Enfin en 1826, sous le ministère de M. le duc de Doudeauville et l'administration de M. le vicomte de la Rochefoucauld, elle fut décidée : il ne s'agissait de rien moins que de reprendre dans son entier le berceau de la voûte en bois, qui est dans le plus mauvais état, et de conserver, autant que possible, tout ce qui, dans les ornemens de cette galerie, mérite d'être respecté. M. Fontaine a déjà, pour obtenir ce résultat, fait toutes les dispositions nécessaires : toutes les parties de l'architecture sont étayées ; un échafaudage habilement combiné soutient de tous côtés la voûte et la maintient, afin de pouvoir en opérer la restauration par la partie extérieure ; enfin tout annonce que si pendant quelque temps on prive de la galerie d'Apollon le public, ce n'est que pour la lui rendre entièrement et solidement réparée et plus belle qu'elle n'a jamais été.

Le grand salon d'exposition faisait partie des constructions d'Henri IV. Ce ne fut que sous Louis XIV qu'il fut consacré aux ouvrages des académiciens, qui auparavant, ainsi que nous l'avons déjà dit, étaient offerts au public dans la salle ronde qui précède la galerie d'Apollon. On les y trouvait sans doute trop à l'étroit, et ils gagnèrent beaucoup à passer dans cette salle, vaste dans toutes ses dimensions, et dont la lumière est très-belle. Pendant long-temps l'exposition eut lieu tous les ans à la fin d'août ou au commencement de septembre ; elle durait un mois, et quelquefois seulement trois semaines : comme elle n'était destinée qu'aux productions des membres de l'académie, elle n'était pas nombreuse, et le local était plus que suffisant pour la contenir. On fixa ensuite à deux ans l'intervalle d'un salon à l'autre ; cet usage subsista jusqu'en 1791 : de 1798 à 1802 il y en eut tous les ans, et depuis il fut réglé qu'il serait ouvert tous les deux ans, pendant deux mois. Les années où les intervalles furent plus longs n'ont été que des exceptions amenées par des circonstances particulières. Mais, depuis la suppression de l'académie de peinture, de sculpture et d'architecture, tous les artistes, pourvu qu'ils en soient jugés dignes par un jury, étant admis à faire paraître leurs ouvrages au salon, leurs productions se sont accrues à un point prodigieux, et avec lequel cette salle, quelque grande qu'elle soit, ne s'est plus trouvée en proportion : chaque année a vu s'étendre l'espace destiné à l'exposition, et l'immense récolte que deux ans de travail de notre école font sortir actuellement de ses innombrables ateliers, n'a pas assez de la plus grande partie du Louvre pour faire briller toutes ses richesses.

Le plafond de la petite salle qui sert d'entrée au grand salon est de M. Meynier.

Triomphe de la Peinture. — Le génie des arts élève vers le ciel le Poussin, Le Brun et Le Sueur ; il repousse le Temps, et semble lui ordonner de respecter les ouvrages de ces grands maîtres, qu'Apollon va couronner de lauriers et qu'attendent au céleste séjour Michel-Ange et Raphaël, tandis que l'Histoire inscrit les hauts faits du siècle de Louis XIV, qu'ont illustré par leurs belles productions les peintres qui ont mérité ces honneurs.

Il a été trop question, p. 354, de ce qui a rapport à la construction de la grande galerie du Louvre pour qu'il soit besoin de revenir sur ce sujet. On se rappellera qu'Henri IV en avait presque terminé le bâtiment en 1608, et qu'il fut achevé sous Louis XIII et sous la régence d'Anne d'Autriche, qui donna aux travaux beaucoup d'activité. Il paraît qu'au point où Henri IV laissa cette immense galerie, la partie décorative de l'intérieur était entièrement à faire; et ce ne fut, comme on le verra plus bas, que long-temps après sa mort que l'on s'en occupa. Le Mercier, à qui Louis XIII ou le cardinal de Richelieu faisait continuer et agrandir le palais du Louvre, fut aussi chargé de finir cette galerie. Décorer d'une manière convenable une étendue de 1332 pieds de long sur 36 pieds de large, mettre de l'harmonie dans ce vaste ensemble et dans ses parties, n'était pas une entreprise facile, et peut-être demandait-elle encore plus de talent et de goût que ne pouvait en avoir Le Mercier, qui réussissait mieux dans l'architecture extérieure des édifices que dans les dispositions et la décoration de l'intérieur. C'est du moins ce que l'on peut inférer des lettres du Poussin (1).

Cet habile homme était à Rome, lorsqu'au mois de janvier 1639 il reçut des lettres, non-seulement du cardinal de Richelieu et du directeur général des bâtimens Sublet de Noyers, mais même de Louis XIII, qui le pressaient de la manière la plus flatteuse de venir à Paris employer au service du Roi les talens qu'il avait cultivés en Italie et qui y avaient porté sa réputation à un si haut point. On lui offrait toute sorte d'avantages; un logement agréable et commode lui était assigné à son choix, soit au Louvre, soit aux Tuileries : on poussa, ce qui est assez remarquable, la déférence pour lui jusqu'à l'assurer formellement que, dans les travaux qu'il exécuterait ou qu'il dirigerait, il ne serait pas tenu, sans doute pour qu'il eût moins de fatigue, à travailler de sa main aux voûtes et aux plafonds. Ces propositions, plusieurs fois réitérées avec instance, n'avaient pendant long-temps pu décider le Poussin à quitter Rome, et les ouvrages qu'il avait entrepris, et sa femme qu'il chérissait. Il craignait d'ailleurs de ne pas être à Paris secondé dans ses plans comme il pouvait le desirer; et le Poussin était du petit nombre de ces artistes à qui le succès et la perfection de leurs ouvrages sont bien plus à cœur que les avantages qu'ils peuvent en retirer. Enfin M. de Chantelou, en qui le Poussin avait toute confiance, fit un voyage en Italie, et, l'enlevant, pour ainsi dire, afin de l'arracher à ses irrésolutions, il le conduisit à Paris à la fin de 1640. L'accueil du Roi, et celui du cardinal, qui, de joie de l'avoir attiré en France, l'embrassa, eurent lieu de le satisfaire; les frais de son déplacement et de son voyage lui furent largement payés; on lui assigna un traitement; une maison meublée, située dans le jardin des Tuileries, fut mise à sa disposition, et au mois de mars 1641 il reçut le brevet de premier peintre du Roi.

(1) *Voy.* les lettres du Poussin, et les extraits qu'en donne Félibien, t. IV, p. 34 et suiv.

Après avoir laissé le Poussin prendre quelque temps de repos et avoir concerté avec lui ce qu'on desirait qu'il fît pour la grande galerie du Louvre, où l'on voulait déployer une grande magnificence, il fut chargé d'en commencer les travaux. Comme la galerie devait être conservée dans sa longueur sans être interrompue par des divisions, le plan du Poussin était d'orner chaque travée de manière qu'elle fît un ensemble complet, et de combiner les peintures et les ornemens de la voûte, ainsi que le tableau qu'il comptait mettre dans chaque panneau, de sorte que d'un côté de la galerie on pût saisir, au vrai point de distance, toute la décoration du côté opposé. Les lois de la perspective étaient sacrées pour lui : elles lui paraissaient exiger qu'on ne plaçât pas dans ces panneaux, qui ont 24 pieds de large sur 22 pieds de haut, des tableaux qui eussent presque cette grandeur, hors de proportion avec la largeur de la galerie. Ceux qu'il y destinait ne devaient avoir que 12 pieds sur 9. Les encadremens de ces panneaux auraient été riches et en stucs blancs rehaussés d'or; mais il ne voulait pas qu'ils fussent lourds, ni les profils trop saillans. Il avait été décidé que ces quatre-vingt-seize tableaux seraient de la main de Fouquières, qui devait y peindre les plus beaux sites des villes de France. Ce peintre avait un grand talent, mais ses prétentions étaient intolérables : chargé de ce travail important, il se regardait comme le maître de la galerie, où tout devait se subordonner à ses ouvrages; probablement même avait-il déjà, avant l'arrivée du Poussin, exécuté quelques-uns de ces paysages, et il se refusait d'en régler les grandeurs d'après les plans du premier peintre du Roi. Ce fut déjà pour le Poussin des entraves dans son entreprise.

D'un autre côté, Le Mercier, chargé de l'exécution des premiers travaux, avait trop surbaissé la voûte; un plus grand développement de la courbe eût mieux fait et l'eût rendue plus légère : il l'avait en outre surchargée de compartimens massifs et trop rapprochés, d'ornemens trop saillans, de mauvais goût, et, dans les panneaux, des parties lourdes s'appuyaient sur des parties faibles. Cet architecte avait même fait soutenir la corniche par de grandes consoles dont le nombre et la disposition ne se répondaient pas dans les deux côtés de la galerie. Ses divisions n'avaient pas la régularité qu'exigeait le Poussin et qui lui était nécessaire. Ce grand peintre trouvait incommode pour le spectateur que les peintures fussent dans le haut de la voûte au-dessus de sa tête, et il pensait qu'il était plus convenable de placer les compartimens ornés de sujets à la naissance du cintre, au-dessus des tableaux des trumeaux : il comptait y figurer en grisailles des bas-reliefs où il aurait représenté toute la vie d'Hercule et dont il avait déjà fait en partie les cartons. Les défauts qui nuisaient à la galerie obligèrent à rectifier ou à détruire les ornemens de Le Mercier. Le Poussin avait sous sa direction des hommes habiles, des Italiens qui entendaient parfaitement la sculpture d'ornement : c'étaient Arudini, Bianchi, pour les stucs; et, pour les rehaussés d'or, Tritani, Ponti, artistes dont nous avons déjà parlé lorsqu'il a été question des appartemens d'Anne d'Autriche. Mais ces auxiliaires n'étaient pas assez forts pour lui faire surmonter les obstacles et les dégoûts que lui suscitaient des antagonistes plus puissans et qui se prétendaient ses rivaux en talent. Simon Vouet et son école, Le Mercier et le vaniteux Fouquières, lui causaient toute sorte de désagrémens. Ils lui reprochaient surtout de n'avoir pas mis assez de richesse dans son projet : ils voulaient de la profusion, tandis que le Poussin n'avait d'autre but que de diminuer les frais de décoration de la galerie et de l'orner avec une noble et élégante simplicité. Ces travaux d'ailleurs demandaient moins de temps, et c'était, selon lui, un point important dans un pays où les bons ouvriers étaient rares, et où souvent, au bout de quelques années, on se plaît à détruire ce que l'on a eu beaucoup de peine à établir. Enfin de dégoûts en dégoûts on fatigua la patience du Poussin. Voyant qu'il ne parviendrait pas, au milieu de toutes ces contrariétés, à terminer ce qu'il avait entrepris, il demanda un congé pour l'Italie, où il retourna au mois de septembre 1642. D'après ses engagemens il comptait cependant revenir à Paris et y ramener sa femme; mais la mort du cardinal de Richelieu (4 décembre 1642) et celle de Louis XIII (14 mai 1643) lui firent changer de projet et le délièrent de ses promesses. Les travaux de la galerie se trouvèrent ou suspendus ou continués avec lenteur et négligence. On eut recours encore au Poussin. Souvent dans ses lettres il répond aux instances qu'on employait pour le ravoir. Plusieurs fois on se flatta d'y parvenir : mais, soit qu'il craignît de s'exposer à de nouvelles intrigues, soit que chaque jour il s'attachât davantage à l'Italie, où il était aimé et considéré, et où il avait tous ses intérêts, il ne revint plus à Paris; et s'il fut de quelque utilité à la grande galerie du Louvre, ce ne fut que par ses conseils et par quelques dessins qu'il envoyait de temps en temps et qu'on n'exécuta pas (1). Il en fut de même des tableaux dont était chargé Fouquières; cette belle suite, qui aurait offert beaucoup d'intérêt, ne fut pas continuée. La galerie même changea de destination. Ce ne fut plus une communication libre entre le Louvre et les Tuileries; on y plaça des plans en relief des villes fortes de France. Il y en avait en 1698 cent soixante-dix : ils avaient été faits avec un grand soin par un ingénieur habile en ce genre d'ouvrages, nommé Berthier. Cent vingt existaient encore en 1755, et ont fait le fonds de la belle collection réunie aujourd'hui aux Invalides et à laquelle ont beaucoup travaillé MM. Boitard avec une habileté et une adresse qui laissent bien en arrière, sous tous les rapports, ce qu'il y a de mieux parmi les anciens modèles. Il faut que vers 1720 ces plans en relief aient été transportés hors de la grande galerie du Louvre; car, lors du séjour que fit au Louvre l'infante qui devait épouser Louis XV, ils n'y étaient plus.

(1) Une partie de ces dessins fut gravée en 1678 par Pesne, qui les dédia à Michel Anguier. Ils représentent Minerve, qui, pendant le sommeil de Junon, a approché du sein de cette déesse Hercule enfant, — Hercule jeune apprenant à tirer de l'arc, — Hercule jeune à cheval, — Hercule menant un quadrige, — ce héros vainqueur des fils d'Actor, — Hercule combattant Achéloüs métamorphosé en serpent, — Hésione délivrée par ce héros, — Hercule consultant la pythie, — son triomphe sur le lion de Némée, — sur Cacus, — des génies d'Hercule qui portent son carquois et sa massue : tels sont les sujets qu'offre l'œuvre de Pesne au cabinet des estampes de la Bibliothèque du Roi.

Il paraît que le sort de la grande galerie était d'être négligée, et au fait sa grandeur imposait un entretien difficile et coûteux : il est à croire que, tandis qu'on s'occupait du Louvre, et depuis pendant les guerres de Louis XIV, ou lorsqu'il créait son pompeux Versailles, ou qu'il élevait tant d'autres demeures royales qui lui avaient fait abandonner l'habitation du Louvre et des Tuileries, la grande galerie dut être délaissée. Si le Poussin se plaignait du mauvais état où il avait trouvé les combles, ses plaintes auraient encore été bien mieux fondées quelques années après qu'il eut quitté Paris. L'humidité avait pénétré à un tel point à travers les toits, que la plus grande partie des peintures de la voûte avait été endommagée. On craignit même pour les tableaux de Le Brun, et surtout pour ses batailles d'Alexandre, qui avaient été placées dans cette galerie, quoiqu'elles fussent d'une proportion qui n'y convenait pas : on les transporta dans la galerie d'Apollon. Au commencement du XVIII.e siècle, probablement vers 1716, il fut question de mettre la bibliothèque du Roi dans la grande galerie. Ce projet fut débattu et présenta bien des inconvéniens. Comme elle ne pouvait pas en occuper toute l'immense longueur, on n'en aurait pris qu'une partie : mais la largeur n'eût pas été suffisante pour une bibliothèque, qui demandait de grandes armoires et des tables, et autour de laquelle, pour disposer les livres d'une manière commode, on voulait établir une galerie supérieure et en saillie sur les côtés ; ce qui aurait encore rétréci l'espace et aurait rendu les pièces moins claires. On ne donna pas de suite à ce projet ; peut-être cependant aurait-il été repris sans l'arrivée en 1722 de l'infante d'Espagne qu'on destinait pour femme à Louis XV. Pour loger les personnes attachées à son service, on s'empara d'une partie de la grande galerie du côté du Louvre et l'on y fit des appartemens : le reste servait de passage à la jeune princesse pour aller du Louvre, où elle habitait, aux Tuileries. On plaçait alors un immense tapis de la Savonnerie, qui n'était composé que de sept pièces, dont, au reste, on ne peut pas connaître les dimensions, puisque l'on ignore l'étendue occupée par les appartemens de la maison de l'infante.

Si l'on ne supprima pas ces distributions aussitôt après le départ de cette princesse, il est à croire que lorsque le marquis de Marigny, qui prenait tant d'intérêt au Louvre, fut revêtu de la charge de directeur général des bâtimens, en 1754, il s'occupa de la grande galerie et la rétablit dans toute sa longueur ; car en 1755 on y replaça, au nombre de cent vingt, ce qui restait en bon état des modèles des places fortes de France. On voit qu'il y avait aussi des tableaux, puisque dans cette même année on en donna à l'évêque de Meaux plusieurs de Raphaël qui étaient dans la galerie.

Le comte d'Angivillers, qui succéda presque immédiatement à M. de Marigny dans la direction des bâtimens, et qui la conserva de 1775 à la fin de 1789, avait formé pour la grande galerie un projet qui depuis a reçu l'exécution que ce directeur général, aussi zélé qu'éclairé, n'avait pas eu le temps de réaliser. Il comptait réunir tout ce que la couronne possédait de beau en peinture et en sculpture, et le placer sous le nom de *muséum* dans cette galerie, qui depuis lui était devenue un trésor immense des chefs-d'œuvre les plus remarquables de la peinture. Ce fut en 1796 que l'on forma cette vaste collection, qui prit le nom que lui avait destiné M. d'Angivillers. Quelques années après, M. Denon, directeur général du Musée, et MM. Percier et Fontaine, améliorèrent la distribution de la grande galerie : ils la divisèrent par travées, et, les éclairant par en haut, ils y répandirent une lumière plus favorable aux tableaux que celle des fenêtres, quoiqu'elle ne soit pas encore telle qu'on aurait pu se la ménager, si cette galerie eût été faite dès le principe pour être un musée, et si les constructions ne s'étaient pas opposées aux dispositions que l'on aurait voulu y exécuter. Au milieu de la galerie, un salon carré, encadré de deux côtés par un soubassement et de belles colonnes, forme un repos dans cette prodigieuse longueur. De côté et d'autre, des cippes de marbres rares, et les bustes des grands artistes dont on admire les ouvrages dans ce temple des arts, exécutés par les meilleurs sculpteurs de notre école moderne, ajoutent à la beauté de la galerie et à l'intérêt de cette collection royale, que depuis dix ans M. le comte de Forbin, directeur général des musées royaux, s'efforce de consoler de ses pertes par des arrangemens bien entendus et par des acquisitions de tableaux ou anciens ou de peintres modernes, auxquels après leur mort leurs talens ont mérité cette espèce d'apothéose.

Pour compléter ce qui regarde cette vaste et belle partie du Louvre, il ne me reste qu'à dire un mot sur ce qui occupait autrefois au-dessous de la grande galerie les nombreuses pièces où sont placées aujourd'hui la bibliothèque particulière du Roi, dont M. Valery est le conservateur, et les archives du Conseil d'état, confiées aux soins de M. Bary. On sait que, par une ordonnance de 1608, Henri IV, à qui étaient chers, et la gloire de la France, et les arts qui en font la plus belle partie, avait assigné, sous la galerie qu'il venait d'élever, des logemens spacieux et commodes aux artistes de talent attachés à son service, ou aux fabricans, tels que joailliers, orfévres, horlogers, dont les professions avaient rapport aux arts et qui s'y étaient distingués. Ce grand prince non-seulement avait pour but dans cet établissement d'honorer les artistes et de leur accorder une faveur utile à leur bien être, mais il songeait encore à encourager l'amour et le progrès des arts. Les ateliers de ces hommes habiles en différens genres devaient servir d'école et fournir des modèles. Les jeunes gens y étaient admis et s'y formaient ; c'était en quelque sorte une réunion d'académies où la pratique marchait à côté de la théorie. C'est donc à notre bon Henri que les artistes devaient ces ateliers royaux et ces honneurs du Louvre, qui leur furent conservés par les Rois ses successeurs, et dont ils ont joui pendant long-temps : il y a peu d'années qu'on voyait encore sur d'anciennes portes les noms d'artistes et d'ouvriers du Roi à qui ces logemens avaient été accordés, et c'était devenu des titres de famille.

Cependant, sous Louis XIV, de nouvelles institutions qui avaient les arts pour objet, ayant exigé de nouvelles distributions dans les bâtimens de la couronne, on fut obligé de diminuer le nombre des logemens concédés aux artistes ; il est vrai aussi que l'intérêt général des arts y trouvait son bénéfice.

En 1640, Louis XIII fonda l'établissement connu sous le nom d'*Imprimerie royale*, pour y réunir les types royaux qui avaient été gravés par les ordres de François I.ᵉʳ, ou acquis par lui-même de Savary de Brèves, son ambassadeur à Constantinople. Ces types jusqu'alors avaient été confiés à des imprimeurs particuliers pour servir aux éditions qui portent sur le frontispice, *typis regiis*. Sébastien Cramoisy fut nommé le directeur et Trichet du Fresne le correcteur de l'imprimerie royale, sous l'autorité de Sublet de Noyers, marquis de Dangu, surintendant des bâtimens. L'importance qu'on attachait aux ouvrages qu'on y imprimait est attestée par le choix qu'on fit du Poussin pour en dessiner les frontispices : non-seulement ce grand peintre les composait, mais encore il ne s'en rapportait qu'à lui-même de leur exécution. On voit par ses lettres que quelques-uns de ces dessins lui demandèrent un temps assez considérable. Richelieu plaça l'imprimerie royale au Louvre : elle y occupait plusieurs pièces près du troisième guichet. Elle y est restée, en prenant des accroissemens successifs, jusqu'au commencement de la révolution, époque où elle fut transportée à l'hôtel de Toulouse [maintenant la Banque de France], rue de la Vrillière, d'où, en 1809, elle a été transférée au palais Cardinal (de Rohan), vieille rue du Temple.

Près de l'emplacement qu'occupait l'imprimerie royale, était le cabinet des médailles, que Colbert avait établi sous la grande galerie; les chambres qui le contenaient étaient élégamment ornées de peintures, d'ornemens en relief et de bustes en bronze et en marbre. On y trouvait réunis et classés dans de belles armoires vitrées tous les poinçons et tous les coins qui avaient été gravés en France depuis les premiers règnes de nos Rois, ou du moins tous ceux qu'on avait pu recueillir. On y avait rangé avec ordre la collection des monnaies, des médailles et des jetons depuis l'époque où ils n'étaient frappés qu'au moyen de marteaux dans les moulins de la monnaie placés dans une petite île de la Seine près du Pont-neuf, jusqu'à celle où l'on inventa et l'on perfectionna le balancier, et où Varin grava les belles et grandes médailles qui font encore par la franchise et la facilité de leur travail l'admiration des connaisseurs. Cette suite était très-nombreuse; elle fait aujourd'hui partie de celle de l'hôtel des monnaies et des médailles. Varin, à qui l'on confia la garde de ce dépôt, fut aussi chargé jusqu'à sa mort, arrivée en 1672, de tout ce qui avait rapport au travail des médailles. L'histoire numismatique de Louis XIII et de Louis XIV l'occupa pendant plus de trente ans, et elle fut continuée au Louvre dans les mêmes modules, ainsi que celle des règnes suivans, par les successeurs de Varin, Ballin, l'abbé Bizot, Petit, Delaunay, Robert de Cotte, jusqu'au moment où la monnaie des médailles quitta ce palais, et c'est de ce Louvre dont l'origine se confond, pour ainsi dire, avec celle de la monarchie, que sont sortis en grande partie les monumens numismatiques qui en ont consacré la gloire.

Au cabinet des médailles était jointe une collection qui contenait plus de dix mille dessins originaux de la plupart des meilleurs maîtres d'Italie et des autres écoles depuis la renaissance des arts; elle fait aujourd'hui l'ancien fonds de celle du Musée royal, qui a été portée à un nombre beaucoup plus considérable.

INTÉRIEUR DES TUILERIES.

De la grande galerie du Louvre nous passerons dans les appartemens de la famille royale aux Tuileries, moins pour décrire leur état actuel que ce qu'ils étaient autrefois. D'ailleurs leur distribution n'a presque pas changé; et comme dans d'autres endroits nous nous sommes occupés de tout ce qui avait rapport à l'architecture extérieure de ce palais, il ne s'agira ici que de nous arrêter quelques instans à la partie décorative de l'intérieur. Il serait difficile de remonter à l'époque de Catherine de Médicis : on sait que cette princesse n'habita jamais le château des Tuileries, quoiqu'elle l'eût fait bâtir, et que Marie de Médicis préférait le Louvre ou le Luxembourg. Au reste, on n'a pas de données qui puissent faire connaître la manière dont étaient décorés des appartemens qui ne servaient pas de demeure habituelle à nos Rois. Tout ce que l'on sait, c'est que Bunel les avait ornés de peintures et qu'il y avait des sculptures de Paul Ponce et de Bullant. Nous ne remonterons donc pas au-delà du règne de Louis XIV.

La première grande pièce que l'on trouve dans le premier corps de bâtiment est la galerie de Diane, que l'on appelait aussi la galerie des Ambassadeurs, parce que Louis XIV les y recevait. Colbert l'avait fait décorer avec magnificence de dorures, de glaces et de peintures. Pour mettre à profit et exercer les talens des élèves de l'académie que le Roi entretenait à Rome, le ministre fit faire par les plus habiles d'entre eux des copies des tableaux qui embellissent le palais de la Farnésine, et dont Annibal Carache avait puisé la plupart des compositions dans les Métamorphoses d'Ovide. Ces nombreuses et belles copies, faites avec un grand talent, furent disposées dans les riches compartimens de la voûte de la galerie. Il n'est guère possible d'en désigner les auteurs : de tous les élèves qui remportèrent le grand prix de 1665 à 1690 et qui allèrent à Rome, je ne trouve, d'après les registres manuscrits de l'académie, que le nom d'Hyacinthe Rigaud qui ait survécu avec éclat; les autres n'ont laissé aucune réputation. Quoique ces tableaux fussent l'ornement de cette galerie, ils ne furent pas respectés lorsque, sous la minorité de Louis XV, on y pratiqua des logemens pour les officiers de sa maison. La galerie fut dégradée dans toutes ses parties; on y établit même des entresols. Les peintures ne furent pas mieux traitées que le reste des ornemens. L'état déplorable auquel étaient réduites les Tuileries fut même porté au point, qu'en 1755 la galerie de Diane, dégagée des logemens dont on l'avait encombrée, subit d'autres changemens qui ne furent pas moins funestes à sa conservation, puisqu'on y établit les ateliers où l'on faisait les décorations du théâtre des Tuileries; elle ne fut même plus comptée parmi les appartemens du Roi : au reste, nous verrons bientôt qu'à cette époque ceux-ci n'étaient pas plus épargnés. Depuis ces temps d'abandon, cette galerie fut en partie réparée. Cependant les peintures étaient encore en mauvais état, et ce ne fut qu'en 1806 qu'elles furent entièrement restaurées, ainsi que d'autres plafonds des Tuileries, par MM. Abel de Pujol, Blondel, Hersent (1), Vafflard (2) et

(1) M. Louis HERSENT, né à Paris le 10 mars 1777, est élève de M. Regnault. Il fut reçu à l'académie en 1822. Décoré en 1819 de la croix de la Légion d'honneur, il en devint officier en 1824. Le premier ouvrage que M. Hersent mit au salon fut, en 1802, *Narcisse changé en fleur*. Deux ans après il fit paraître *Achille livrant Briséis aux hérauts d'Agamemnon*, et en 1806, *Atala qui s'empoisonne dans les bras de Chactas*. Il n'y eut de M. Hersent qu'un portrait de femme au salon de 1808. Celui de 1810 offrit de lui deux tableaux : *Fénelon qui ramène à de pauvres paysans leur vache qui s'était égarée*, — le *Passage du pont de Landshut par le général comte de Lobau*. En 1814, on vit *Las Casas malade soigné par des sauvages*. Deux autres charmans tableaux de M. Hersent faisaient encore partie de cette exposition : *Daphnis et Chloé* ; ils sont entièrement nus et dans toute la naïveté de l'innocence ; Chloé est assise sur les genoux de Daphnis, qui retire du pied délicat de son amie une épine qui l'a blessée. Ce tableau a été reproduit avec un grand soin par l'habile burin de M. Laugier pour la société des Amis des arts de Paris. L'autre production de M. Hersent retraçait *la mort du célèbre médecin Bichat* : les docteurs Esparron et Leroux sont près de lui; celui-ci est assis, l'autre debout. En 1819, parut le *Gustave Wasa* : ce prince, courbé sous le poids des années, dans les derniers momens de sa glorieuse vie, donne sa bénédiction à ses enfans qui le soutiennent et l'entourent, et à l'assemblée des états de Stockholm, qui l'admirent et le pleurent. Ce tableau appartient à S. A. R. M.gr le duc d'Orléans. M. Hersent ne mit au salon de 1822 qu'un tableau d'histoire, *Booz et Ruth*, effet de clair de lune, et les portraits de *M.me la marquise de Clermont-Tonnerre*, — de *M. le marquis de Rivière*, — de *M.me Joseph Perrier*, — et de *M. Casimir Perrier* : il est dans son cabinet avec ses enfans. Parmi plusieurs portraits que M. Hersent exposa en 1824, on remarqua ceux de *S. A. R. M.gr le prince de Carignan*, — de *M. le duc de Richelieu*, — de *M. le marquis de Clermont-Tonnerre*, — de *M.me Jules Didot* — et de *M.me et M.lle Gay* ; et le ministre de la maison du Roi acquit pour la galerie du Luxembourg un tableau représentant *les Religieux de l'hospice du Saint-Gothard qui donnent des secours à une famille dépouillée par des brigands*.

(2) M. VAFFLARD, né à Paris en 1777, est élève de M. Regnault. D'après les exemples de son habile maître, il se voua d'abord à la peinture historique, et depuis il s'est exercé dans le genre. Il a paru de lui un grand nombre d'ouvrages, parmi lesquels je choisirai les principaux. Le premier tableau qui le fit connaître fut, en 1800, *Mirza mourant à la vue de son amant Illyssus qu'avait fait poignarder sa rivale Artémise*; ce tableau fut suivi en 1804 de la *Mort de Jocaste sous les yeux d'Œdipe, d'Antigone et d'Ismène*, et de la *Mort d'Œdipe entre les bras de ses filles qu'il bénit*. M. Vafflard reçut pour cet ouvrage une médaille d'or. On vit encore de lui cette année *Emma portant sur son dos son amant Éginhard*, — et *Young tenant entre ses bras le corps inanimé de sa fille*. En 1806 il représenta les *Honneurs rendus à du Guesclin, aux pieds duquel, après sa mort, on dépose les clefs de Châteauneuf-Randon*. Ce tableau, acquis en 1822 par le ministre de l'intérieur, a été donné à la ville de Rennes. *Molière mourant assisté par des sœurs de la charité* fit partie du salon de 1808, ainsi que la *Grâce accordée à la princesse d'Hatzfeld*. En 1810, M. Vafflard offrit le trait touchant d'un *Chien qui ramène sur son dos à l'hospice un enfant égaré dans les neiges*. En 1812, un *Voyageur arrêté près d'un tombeau*, — *deux petits Ramoneurs morts de froid à la porte d'une auberge*, — une *jeune Fille au désespoir assise sur le parapet d'un pont*. Il fit paraître au salon de 1814 *Didon et Énée dans la grotte*, — et *Oreste accablé par ses fureurs et endormi*

38..

Vauthier (1), auxquels on a l'obligation de les voir rendus à leur ancien état. Les guirlandes de fruits et de fleurs qui règnent au-dessus de la corniche avaient été peintes autrefois par Monoyer surnommé Batiste (2),

entre les bras d'Électre qui veille à son repos. M. Vafflard fut chargé, cette année et en 1815, d'une partie des restaurations des peintures de Versailles, dans le salon de la Guerre et dans la galerie des Glaces. En 1817, M. le préfet de la Seine le chargea de représenter pour l'église de Sainte-Marguerite, *cette sainte chassée par son père, grand-prêtre d'Apollon : en vain ses compagnes la pressent de sacrifier aux faux dieux*. Ce fut encore pour la ville de Paris que M. Vafflard fit, en 1819, son tableau de *S. Ambroise qui sauve un jeune prêtre arien de la fureur du peuple;* il est placé à Saint-Ambroise dans le faubourg de Popincourt. La même année, S. A. R. M.me la duchesse d'Orléans douairière lui demanda, pour la chapelle qu'elle faisait élever à Dreux, un tableau qui retraçât la mort de S. Louis. En 1817 M. Vafflard avait déjà traité le même sujet pour la chapelle de l'École militaire. Il fit aussi en 1819, pour le cabinet du Roi à Versailles, *Pythagore inspiré par les muses*, et pour la ville de Pau, *Henri IV à Notre-Dame, entouré de Sully, de Crillon, de Brissac, &c. rendant grâces à Dieu de leur entrée à Paris*. Ce salon offrit encore plusieurs autres tableaux de ce peintre : *Adam et Ève chassés du Paradis, — Sapho retirée morte des flots de Leucade, — Henri IV et Fleurette :* il a quinze ans et donne le bras à sa jeune amie, dont il porte la cruche sur la tête. *Charles VIII, trop épris d'une jeune fille, la rend intacte à ses parens.* Outre plusieurs tableaux de chevalet, le sujet que M. Vafflard traita en 1822 fut *Ulysse demandant l'hospitalité à Nausicaa*. En 1824, M. le baron de Laitre, préfet de l'Eure, lui fit faire pour la ville d'Évreux un grand tableau, *la dernière bénédiction que donne à la foule attendrie son évêque M. Bourlier*, alors dans un âge très-avancé. A l'exposition où parut cet ouvrage il y en eut beaucoup d'autres de M. Vafflard : entre autres, *la Mort du proscrit, — Marie-Stuart communiant, —* un *jeune homme, sous la forme du fleuve Achéloüs, déclarant son amour à une jeune fille qui sort du bain.* Parmi les tableaux de genre de ce peintre, on peut encore citer, *le Chien de l'aveugle, — les Malheurs de la guerre, — Azélie et Volnis,* sujet tiré du poème de *l'Imagination; — la cruche cassée, — Henri IV et l'abbesse de Montmartre, — le coadjuteur de Retz donnant la bénédiction au prince de Condé, — le prince Poniatowsky retiré mort de l'Elster par des pêcheurs.*

(1) M. Jules-Antoine VAUTHIER, né à Paris en 1774, est élève de M. le chevalier Regnault. En 1803 il remporta le second grand prix de peinture. On a vu de ce peintre aux expositions du Louvre, *Abraham répudiant Agar* (1804), — *une famille en voyage surprise par des lions* (1806). Il mit au salon de 1814, *Pierre Corneille inspiré par le génie de Rome, qui lui montre les héros qui l'ont illustrée; — Henri IV à qui la veuve Leclerc offre sa fortune dans un moment où il était gêné dans ses finances.* Des portraits, des paysages et des scènes champêtres de M. Vauthier firent partie des salons de 1817 et de 1819. En 1822, il représenta pour M. le préfet du département de la Seine, *S. Louis faisant enterrer les morts après la prise de Sidon.* Parmi les productions de M. Vauthier on doit compter les beaux dessins qu'il a faits pour l'ouvrage de M. Baltard sur le Louvre, et beaucoup d'autres qui se trouvent dans les recueils de M. Bouillon, de M.me Filhol et de M. Lacour de Bordeaux. M. Vauthier a presque toujours consacré son crayon à reproduire les monumens de la sculpture antique.

(2) Jean-Baptiste MONOYER, à qui l'on ne donnait habituellement que le nom de *Batiste*, naquit en 1635 à Lille en Flandre. Parmi les différens genres que lui offrait la peinture, il choisit celui des fleurs, et il y eut un grand succès. Il les peignait avec une vérité que peu d'autres

académicien, et habile peintre de fleurs et d'oiseaux ; elles ont été restaurées par M. Le Riche. On a placé dans la galerie de Diane plusieurs tableaux de notre école actuelle.

DAPHNIS ET CHLOÉ, par M. le baron Gérard (1). — Au pied d'un arbre et dans un asile consacré aux Grâces, dont les statues ornent une grotte, au milieu d'un bois rafraîchi par les eaux limpides d'un ruisseau qui tombe en cascade, Chloé, assise sur le gazon, dort paisiblement, la tête appuyée sur les genoux de Daphnis, qui veille à son repos et lui tresse une couronne. Ce tableau a fait partie de l'exposition de 1824.

BIENFAISANCE DE LOUIS XVI, par M. Hersent. — Ce monarque, séparé de sa suite, parcourt les campagnes pendant les froids rigoureux de l'hiver de 1788 ; il visite les chaumières et y répand d'abondans secours ; il accueille les souffrances et les bénédictions du pauvre. Une jeune fille et

ont égalée, et leur donnait l'éclat, la fraîcheur et le velouté dont les pare la nature. Ses ouvrages étaient très-recherchés à Paris et chez l'étranger. Lord Montaigu l'engagea à venir à Londres et employa ses talens à orner sa brillante demeure. Batiste fit aussi pour Louis XIV à Paris et dans plusieurs de ses châteaux un grand nombre de beaux ouvrages, dont beaucoup ont été gravés ; plusieurs même l'ont été par lui. Ce peintre était de l'académie ; il en devint conseiller, et mourut en 1699.

(1) M. François GÉRARD, né à Rome le 4 mai 1770, vint à Paris à dix ans. Après avoir commencé ses études sous Pajou, sculpteur, il se voua à la peinture et reçut les leçons de Brenet et de David. Nommé professeur à l'école des beaux arts en 1811, il fut en 1812 reçu à l'Institut. Chevalier de la Légion d'honneur lors de la création de cet ordre, il en est devenu officier en 1824 ; en 1816 il avait été créé chevalier de Saint-Michel.

M. Gérard se présenta pour la première fois au salon en 1791. On y vit de lui une *Charité romaine* ; en 1795, il y eut un *Bélisaire*, petit tableau. A l'exposition de 1798, outre plusieurs portraits, on remarqua sa *Psyché éprouvant les premières émotions de l'amour*, charmante composition, remplie de poésie, et que la gravure s'est empressée de reproduire : acquise par le Roi, elle fait aujourd'hui partie des richesses du Luxembourg. Pendant de longues années M. Gérard ne parut plus au salon, et cependant il produisit un grand nombre d'ouvrages, et surtout de portraits en pied, qui, à eux seuls, formeraient une galerie de personnages plus ou moins distingués. Mais l'exposition de 1808 fut riche en productions de M. Gérard : il y eut *les trois Ages de la vie* ; une jeune femme, dans toute la fraîcheur de la jeunesse, est assise entre son père et son mari. La scène, placée dans les temps anciens, que retracent les costumes et les fabriques, se passe au milieu d'une belle campagne. Ce tableau est à Naples. On vit de cet artiste, dans la même année, plusieurs portraits en pied : *l'impératrice Joséphine*, — *la reine de Hollande*, — *la reine de Naples et ses quatre enfans*, très-jolie composition ; — *la comtesse Zamoyska et deux enfans*, — *le prince de Talleyrand*, — *le comte Regnaud de Saint-Jean d'Angely* ; et parmi les bustes ou les demi-figures, *S. A. R. le prince Guillaume de Prusse*, — *le général comte Sebastiani*, — *Corvisart*, — *Ducis*, — *Canova*. M. Gérard avait commencé cette année son grand tableau de *la bataille d'Austerlitz*, qu'il exposa en 1810 et qui fut placé aux Tuileries dans la salle du Conseil d'état. A ce même salon il y eut un grand nombre de portraits en pied de cet habile maître : *S. M. le roi de Saxe*, — *le prince de Ponte-Corvo*, — *la vice-reine d'Italie*, — *la grande-duchesse de*

son père, ancien soldat, expriment leur reconnaissance au prince, dont l'intérêt paternel partage et console leurs peines. Ce tableau a paru au salon de 1817.

HENRI IV DEVANT PARIS, par M. Rouget. — On amène au bon Henri des paysans qui avaient porté des vivres aux assiégés; les défenses étaient sévères, et ils s'attendent à être punis : mais le prince, qui *fut de ses sujets le vainqueur et le père,* leur pardonne une faute dont il ne se défendit pas lui-même, et, loin de les châtier, il ajoute quelques pièces d'argent au pardon qu'il leur accorde. Il eût donné davantage : *mais le Béarnais est pauvre,* leur dit-il; *il vous donne ce qu'il a.* Salon de 1824.

LE GRAND CONDÉ À ROCROI, par M. Schnetz. — Le duc d'Enghien n'a encore que vingt-deux ans; déjà général et le plus valeureux des soldats, à la tête de sa cavalerie d'élite, il enfonce les troupes espagnoles, et rien ne résiste à son impétueux courage. Exposition de 1824.

Baden, — *le duc de Montebello,* — *le général Édouard Colbert,* et plusieurs portraits en buste. On ne vit pas de grands tableaux de lui en 1812; il n'y eut que les portraits en pied de *l'impératrice Marie-Louise* et de son fils. En 1814, M. Gérard fit paraître celui de *S. M. Louis XVIII* revêtu de son manteau royal. Des répétitions de ce portrait ont été envoyées dans les principales villes de France et des colonies. Le Roi donna pour sujet à M. Gérard *l'Entrée d'Henri IV à Paris.* Cette vaste et belle composition parut en 1817, et, cette même année, son habile auteur fut nommé premier peintre du Roi et baron. On vit en même temps au salon le portrait de MONSIEUR en habit de grand-maître de l'ordre de Saint-Lazare, et celui de S. A. R. Mgr *le duc d'Orléans.* Ceux de S. A. R. Mme *la duchesse d'Orléans* et de S. A. R. Mgr *le duc de Chartres* firent partie du salon de 1819. *Corinne se livrant à ses inspirations sur le cap Misène* parut en 1822, ainsi que les portraits de *S. A. R. Madame, Duchesse de Berry,* ayant auprès d'elle LL. AA. RR. Mgr le *Duc de Bordeaux et Mademoiselle,* et de *S. A. R. Mlle d'Orléans.* En 1824, M. le baron Gérard représenta *S. M. Louis XVIII travaillant dans son cabinet;* vêtu de la manière la plus simple, il est près de la table de noyer qui l'avait suivi dans tous ses voyages, et médite au moment de son arrivée en 1814, sur la charte qu'il va donner à la France. Ce fut aussi à ce salon que parut *Philippe V,* ainsi que *Daphnis et Chloé.* Outre ces tableaux, on y remarqua les portraits de *M. le maréchal marquis de Lauriston,* — de *Mme la duchesse de Dino,* — de *Mme la duchesse de Vicence,* — de *M. le maréchal duc de Dalmatie* et de *Mme Pasta.* Enfin les ouvrages de M. le baron Gérard sont trop nombreux pour qu'ils puissent trouver tous place ici; et pour terminer cette longue énumération, j'y ajouterai son tableau d'*Ourika* pour Mme la duchesse de Duras, — *Ossian se livrant à ses inspirations poétiques sur le sommet du Cromla,* — une répétition de *Corinne,* de plus petite dimension et avec des changemens, — *Thétis entourée de ses néréides et portant les armes d'Achille;* et parmi ses beaux portraits, ceux de *l'empereur Alexandre,* et du *roi de Prusse,* qui, ainsi que S. M. Louis XVIII, lui donnèrent séance le même jour; et ceux de *Mme la comtesse de Pourtalès-Gorgier* et de *Mme la comtesse Frédéric de Pourtalès.* On attend de M. Gérard un grand tableau du *Sacre de S. M. Charles X,* et c'est de lui que seront les pendentifs de Sainte-Geneviève, figures de 22 pieds de proportion. On lui doit aussi une partie des dessins du magnifique *Racine* de M. Pierre Didot et de plusieurs grands ouvrages.

Lorsqu'on entre dans les appartemens de Sa Majesté par l'extrémité de la galerie de Diane du côté du pavillon de Flore, on traverse des pièces qui faisaient partie des appartemens de la reine Marie-Thérèse. La salle qui s'offre d'abord, où se tiennent les gardes-du-corps, était aussi celle des gardes. Il n'y reste plus rien de ce qui en faisait autrefois la décoration ; celle qu'on y voit est entièrement moderne. Les voussures ont été peintes par MM. Vauthier, Le Sueur et Pernotin, et les ornemens, les trophées figurés en bronze, par M. Pécheux. Mars dans un char à deux chevaux, et les signes du zodiaque, qui forment l'encadrement du plafond, sont de M. Le Sueur. La pièce qui suit, et qui est aujourd'hui la salle à manger, servait autrefois aux assemblées de la Reine. Ainsi que le reste de ses appartemens, elle avait été peinte par Nocret (1), qui avait représenté dans le plafond la Reine sous la figure de Minerve. Il fallait que cette allusion plût à cette princesse; car, dans plusieurs autres parties de ses appartemens, on la trouve sous les mêmes traits. Les peintures des voussures de ce plafond sont lourdes, et les paysages qui remplissent de grands médaillons ne sont pas dignes d'une époque où l'on en faisait de si beaux. La pièce que l'on nomme à présent le salon de famille, était la chambre à coucher de la reine Marie-Thérèse. On y voit le triomphe de Minerve ; mais ce plafond n'est pas en assez bon état pour que l'on puisse en parler. Les peintures des voussures ont été refaites en partie par M. Vauthier, et les ornemens en fleurs, qui étaient peints par Batiste, ont été restaurés par M. Le Riche.

Après cette chambre venait un cabinet d'étude, qui est à présent le cabinet de toilette : tous les sujets qui y sont peints font allusion aux occupations des femmes. Ces tableaux, vigoureux de ton, sont d'une bonne école : il est fâcheux qu'ils aient poussé au noir ; mais on voit qu'ils ont dû avoir du brillant et être d'un coloris animé. Minerve, au milieu du plafond, semble présider aux travaux qui l'entourent et les diriger. Ces tableaux représentent deux femmes qui brodent, — deux autres qui cousent ; — le génie de l'étude ou la vigilance, ce que peut faire croire le coq qu'on lui a donné pour accessoire ; — la toilette de Minerve; plusieurs nymphes lui rendent leurs soins (parmi les têtes on peut remarquer celle de la déesse et celle de la femme qui lui essuie les pieds); — deux femmes qui brodent au tambour, — une femme qui lit, — deux autres qui dévident. — Dans un autre tableau Minerve tient une branche d'olivier; on prépare son coursier : le génie de la gloire, qui est aux pieds de la déesse, est fort joli. — Un dernier tableau représente Uranie.

Outre ces tableaux, on voit encore dans ce cabinet trois beaux paysages

---

(1) Jean Nocret, de Nancy, naquit en 1617. Il était élève de Le Clerc et réussissait bien dans le portrait; il a fait cependant des ouvrages plus considérables. Selon Félibien, sa manière de peindre était fraîche et agréable. Outre ce qu'il a fait aux Tuileries, on voyait autrefois de ses tableaux à Saint-Cloud chez Monsieur, frère de Louis XIV, et il était son premier peintre. Nocret fut reçu en 1663 à l'académie de peinture, dont il mourut recteur en 1672.

de Francisque Milet (1). Peints franchement et dans la pâte, ils n'ont, pour ainsi dire, rien perdu de la fraîcheur et de l'harmonie de leur coloris : dans les compositions de cet habile maître on retrouve la noblesse des lignes des compositions du Poussin unie à un ton fin et léger et à une touche agréable et ferme. Les petits raccordemens dont ces paysages ont eu besoin ont été faits avec beaucoup d'intelligence par M. Joannis (2).

Le cabinet du Roi, qui suit celui-ci, faisait aussi partie de l'appartement de Marie-Thérèse ; il était décoré de la même manière. Les sept paysages qui remplissent les panneaux sont encore de Francisque Milet. Leur forme longue, très-étroite et en hauteur, n'était pas favorable à la composition : aussi s'en est-elle ressentie. Au reste, ces tableaux étant en partie cachés par la bibliothèque, on n'en aperçoit que peu de chose. Les autres peintures sont de Nocret. Le tableau de la cheminée offre Minerve à qui Mercure présente plusieurs femmes, qui rendent hommage à la déesse qui inventa et qui protège leurs travaux. Dans le haut de la composition sont des génies et Jupiter qui voit avec plaisir la déesse des arts et Mercure répandre leurs bienfaits sur la terre. En général, les têtes de ce tableau sont très-bien, surtout celle de la Reine ou de Minerve ; les mains sont charmantes. Dans sa fraîcheur, le coloris devait être agréable et fin ; mais les draperies, comme la plupart de celles de Nocret, sont lourdes, mal disposées, et il y a de la raideur dans quelques-uns de ses personnages. Dans le tableau principal du plafond on voit Minerve à qui les arts offrent l'hommage de leurs œuvres : la Gloire la couronne ; à ses pieds, un jeune enfant, le génie de la renommée, embouche la trompette et proclame les bienfaits de la déesse. L'effet général de ce tableau est bien, et la plupart des têtes sont jolies ; mais les draperies sont traitées comme celles que nous venons de voir.

Le sujet qui occupe la partie la plus reculée du plafond mérite d'être remarqué par la grâce de sa composition et l'agrément de son exécution. Un bel enfant, qu'à ses ailes et à ses autres attributs on prendrait pour l'Amour, repose sur un lit enrichi de pourpre, et dont le dossier, orné d'une tête radieuse du Soleil, fait reconnaître dans cet Amour, ou un des enfans de Louis XIV, ou ce prince lui-même dans son enfance. Près du lit, un autre petit Amour, assis à terre, veille au repos de son frère. Deux femmes, dont l'une a le doigt sur la bouche, font signe de ne pas troubler son sommeil. Les figures, surtout l'Amour endormi, bien dessinées et bien modelées, sont d'un bon coloris, et tout l'ensemble a beaucoup de charme. Aux quatre angles de ce tableau sont, dans des compartimens, des groupes d'amours

---

(1) Francisque MILET, peintre flamand, voyagea en Italie ; il y étudia le paysage et s'attacha à la manière grande et noble de Nicolas Poussin. Il acquit une réputation méritée, et ses tableaux sont très-recherchés. Il fut nommé professeur de l'académie de peinture, et mourut à Paris en 1680.

(2) M. JOANNIS. On n'a vu au salon du Louvre que très-peu d'ouvrages de ce peintre de paysages. En 1808, la *Vue d'une écluse*, — *Effet d'orage* ; en 1812, un *Soleil couchant*, et en 1824, un autre *Coucher du soleil* et des *Vues de la Ferté-sous-Jouarre*, de *Suisse* et de *Clisson*.

qui s'embrassent et qui sont pleins de grâce et de naturel. De tous côtés dans le plafond les ornemens retracent les emblèmes de Louis XIV.

Quatre des médaillons de ce cabinet représentent la douceur, la fidélité, la candeur et la foi, que l'on reconnaît à leurs attributs, l'agneau, le chien, le lis et la palme, et qui faisaient sans doute allusion aux vertus de la Reine. Deux autres médaillons plus petits offrent la Sculpture et l'Architecture : à celle-ci Nocret a donné pour attribut une hirondelle.

Du cabinet du Roi l'on passe dans la chambre à coucher, qui était aussi celle que Louis XIV occupait en hiver; elle était cependant moins grande qu'elle n'est à présent : on y a ajouté la première fenêtre qui autrefois éclairait la chambre du premier valet-de-chambre de service. La disposition de celle de Louis XIV différait aussi de ce qui existe aujourd'hui : le lit était vis-à-vis de la cheminée et dans une immense alcove. Cette chambre avait été ornée par Noël Coypel (1); ses peintures ont disparu lors des nouvelles distributions, et ont été remplacées par de magnifiques tentures de velours bleu des fabriques de Lyon, richement entourées de broderies en or. Le lit à balustrade réunit une noble magnificence et de la pureté et de la simplicité dans les formes. Les peintures en grisaille dans les voussures du plafond se composent de génies tenant des palmes, de trophées et de griffons, et ont été exécutées par M. Hersent.

Le cabinet de veille qui est à côté de la chambre du Roi était autrefois une petite bibliothèque. Les tableaux sont de Noël Coypel; ce qui en reste est bien conservé. Le plafond représente l'Aurore et deux amours; ces figures sont fort bien et méritent d'être remarquées.

La grande salle qui touche la chambre de Sa Majesté, et où se tient à présent le conseil, était autrefois le grand cabinet de Louis XIV, et par ce qui subsiste encore de sa décoration on peut juger de l'ancienne magnificence de cette pièce. La vaste cheminée en marbre blanc, richement ornée de bronzes dorés, est d'un beau caractère et convient bien à un appartement royal.

---

(1) Noël COYPEL naquit à Paris en 1629, et eut pour premier guide dans la carrière de la peinture, Poncet, qui était professeur et sortait de l'école de Simon Vouet. Coypel s'adonna au dessin. Il y acquit assez d'habileté. Rendant la nature avec vigueur, il cherchait à approcher des grands maîtres. Dans Félibien, il n'est pas question de ce peintre, qui cependant a joui d'une grande réputation; et Orlandi, dans le peu de mots qu'il dit de lui, ne nous apprend presque rien. Après avoir travaillé quelque temps à Paris pour les autres peintres, il exerça son art pour son propre compte, et fut fort employé dans les maisons royales et dans plusieurs églises. Louis XIV lui assigna un logement au Louvre, et le nomma directeur de l'académie de Rome. Pendant son séjour dans cette ville, Coypel se lia avec le Bernin et Carle Maratte, et ce ne fut peut-être pas ce qu'il y eut de plus avantageux pour son talent; sa manière s'en ressentit, et prit une sorte d'affectation qu'il dut sans doute aux pratiques de ces maîtres. A son retour de Rome, Coypel travailla beaucoup pour le Roi, et fit un grand nombre de tableaux et de cartons pour les tapisseries des Gobelins. A la mort de Mignard, en 1669, il lui succéda dans la place de directeur de l'académie de peinture, et il mourut le 24 octobre 1707.

Lérambert et Girardon avaient déployé, dans la décoration et les figures de ronde-bosse du plafond et des voussures un grand luxe d'ornement; ces figures, qui rappellent par leur style et leur ajustement celles dont Michel Anguier a orné les salles du musée des antiques, offrent la Guerre et l'Abondance. On ne doit pas oublier de jolies compositions peintes dans le bas des lambris : si elles sont de Noël Coypel, elles prouvent qu'il n'avait pas perdu de vue le goût de la bonne école, et qu'il savait donner de la vigueur sans exagération à ses figures d'hommes, et de la grâce sans afféterie à ses femmes et à ses enfans. Mais, quelque riches que soient les ornemens de ces salles, on ne peut cependant pas, sous le rapport de l'élégance et du bon goût, les comparer à ce que l'on faisait sous François I.er et sous Henri II, et à ce qui nous reste de ces princes au Louvre, à Fontainebleau, à Anet, et il s'en faut de beaucoup que ce soit d'un sentiment aussi pur et d'un dessin aussi fin.

On a placé dans le cabinet de Louis XIV le beau tableau de Philippe V par M. le baron Gérard. Il convenait à cette pièce, et l'on croit entendre le grand Roi, au milieu de sa cour, dire à l'ambassadeur d'Espagne et à tous les princes : *Messieurs, voici le Roi d'Espagne.* Ce tableau a été exposé au Louvre en 1824.

La salle du Trône, que nous avons vue, il y a peu d'années, décorée avec une pompe vraiment royale, et pour laquelle Lyon a produit de nouveaux prodiges, était la chambre à coucher de parade de Louis XIV : on retrouve partout, dans les ornemens, le soleil et les cornes d'abondance qu'il avait pris pour emblèmes, ainsi que la devise dont il les accompagnait. Cette pièce ne devait le céder en magnificence à aucune autre. En lui rendant son ancien éclat, on n'a presque rien changé à ses ornemens, et l'on n'a fait que les rajeunir par une nouvelle dorure. Les stucs qui décorent le plafond sont de Lérambert, et les enfans qui soutiennent des encadremens, les renommées qui remplissent les angles, sont de Girardon : ces artistes n'avaient rien épargné pour donner à cet ensemble toute la perfection qui dépendait de leurs talens. Le tableau du plafond est de Bertholet Flémael, chanoine de Liége (1) : il y a représenté la Religion accompagnée de figures qui font allusion au sacre de nos Rois. Cette composition, exécutée avec vigueur, a joui d'une grande réputation : on retrouve dans quelques figures une sorte d'enthousiasme et de fougue ; mais, ayant beaucoup souffert, elle a été restaurée, et il serait superflu d'en pousser plus loin l'examen.

Louis XIV habitait ordinairement au rez-de-chaussée dans la partie occupée aujourd'hui par S. A. R. M.gr le Dauphin : lors de sa minorité, ces pièces servaient à son gouverneur le maréchal de Villeroi. Cet appartement donnait alors sur le jardin qu'Henri IV avait fait faire sur l'emplacement

(1) Félibien, et Orlandi qui l'a copié, ne nous apprennent rien de ce peintre, si ce n'est qu'il exerça la charge de professeur, et ils ne citent que le tableau de la chambre du Roi.

d'une partie de la place actuelle du Carrousel. D'un côté il touchait à la porte Saint-Honoré, de l'autre à la porte neuve qui était sur le quai à peu près vis-à-vis de l'endroit où est le lanternon, et par laquelle il avait fait son entrée à Paris. Ce jardin longeait les murs de la ville, dans les fossés desquels Henri IV, selon Bonfons, p. 429 *verso*, avait le projet de faire un étang ou une grande pièce d'eau. Il y avait dans cet ancien jardin des Tuileries beaucoup de fleurs et d'arbres taillés qui bordaient un grand nombre de petites allées et des compartimens; il devait aussi s'y trouver des bosquets et des tonnelles en treillage : telle était la vue que Louis XIV, dans sa jeunesse, avait de ses appartemens du rez-de-chaussée. La vue de ceux du premier étage donnait sur le Cours-la-Reine, que Marie de Médicis avait planté en 1616; mais elle était interceptée par des bâtimens qui entouraient en partie un grand jardin qui appartenait aux Tuileries, mais qui en était séparé par une rue qui passait alors devant la façade occidentale du château et allait de Saint-Roch au quai : Louis XIV supprima cette rue lorsqu'il fit rattacher aux Tuileries par Le Nôtre ces jardins, dont nous dirons un mot plus tard.

Cet appartement du Roi au rez-de-chaussée avait été décoré de peintures par Mignard (1); ce n'étaient que des allégories à la gloire, à la puissance de

(1) Nicolas MIGNARD, né à Troyes en 1605, se voua de bonne heure à la peinture, qu'il étudia d'abord dans sa ville natale sous un peintre assez médiocre. Sentant la faiblesse de son maître et qu'il méritait d'en avoir un meilleur, l'élève partit pour Fontainebleau, où il passa quelque temps à étudier les ouvrages de Fréminet et les chefs-d'œuvre de l'école du Rosso et du Primatice. Le goût qu'il prit à ces études lui fit naître le désir de visiter l'Italie, où il pourrait puiser dans une source encore plus abondante et plus pure. Il partit et passa par Avignon. Mignard avait reçu de la nature, avec un cœur tendre, l'envie et les moyens de plaire ; une jeune beauté fit sur lui une impression si vive, qu'il oublia Rome et ses chefs-d'œuvre, et que, pour ne pas s'éloigner de l'objet de sa tendresse, il s'engagea à peindre une galerie dans l'hôtel de M. de Montréal. Il prit pour sujet les amours de Théagène et de Chariclée, compositions conformes à la situation de son cœur, et dont peut-être aussi celles d'Ambroise Dubois à Fontainebleau pouvaient en partie lui avoir inspiré l'idée. Mais lorsqu'il eut terminé cette galerie, soit que l'ouvrage lui manquât, soit plutôt que, l'image de Rome et de ses chefs-d'œuvre se présentant à lui avec plus de vivacité, il voulût devenir encore plus digne par son talent d'obtenir la main de celle qu'il aimait, il se sépara d'elle. Les deux ans qu'il passa à Rome furent employés à l'étude avec une ardeur infatigable, qu'accroissait encore le desir de retourner à Avignon. Il y revint enfin, se maria, et il eut autant de travaux qu'il pouvait en desirer. Il y était depuis vingt ans, ce qui le fit surnommer Mignard d'Avignon, lorsque, Louis XIV y passant en 1659 pour aller au-devant de l'infante d'Espagne sa future épouse, le cardinal Mazarin, qui, pendant son séjour à Avignon, avait connu et apprécié Mignard, le présenta au Roi, qui l'engagea à venir à Fontainebleau et à Paris. Ce peintre y eut de grands succès. Gracieux et correct dans ses ouvrages, où souvent il manquait de vigueur dans le dessin et de caractère dans les expressions, il avait un coloris d'une grande suavité, une touche agréable et facile, et sa manière plaisait. D'abord très-occupé de portraits, il pouvait à peine y suffire; cependant il trouvait le temps de faire de grands tableaux qu'il envoyait en Provence. Enfin en 1665 ou 1666 Colbert le chargea de peindre aux Tuileries

Louis XIV, que le peintre avait représenté de toutes parts, au plafond, dans l'alcove, sous les traits et avec les attributs d'Apollon sur son char d'or, éclairant le monde et entouré des Heures, des Saisons. Ici c'était Apollon qui punissait Marsyas, ou Midas; là il tuait les Cyclopes; d'un autre côté ce dieu et Diane vengeaient Latone sur la belle famille de Niobé. Toutes ces compositions paraissent avoir été très-compliquées, et souvent les allusions forcées étaient très-fades. Ce qui dut être le mieux, c'était, dans l'alcove, la déesse de la nuit couronnée de pavots et tenant dans ses bras deux enfans endormis. Ces allégories plurent cependant beaucoup à Louis XIV et surtout à sa cour; et si la mort n'eût pas enlevé Mignard en 1668, presque au moment où il venait de terminer ces tableaux, il en aurait été récompensé par des travaux plus considérables. Félibien, t. II, p. 223 et suiv., est entré dans de grands détails sur ces peintures; mais la manière adulatrice et peu naturelle dont il rend compte du sens de ces allégories, ne donne pas une grande opinion de son goût.

Une partie de l'appartement actuel de Mme la Dauphine formait celui du grand Dauphin. Il avait été orné par Philippe de Champagne (1) et par son neveu Jean-Baptiste de peintures dont les idées avaient plus de l'appartement du Roi; il venait de le terminer lorsqu'il mourut en 1668. Reçu à l'académie en 1645, lors de sa mort il en était directeur.

(1) Philippe DE CHAMPAGNE (c'est ainsi qu'il écrivait son nom, selon Félibien, et non CHAMPAIGNE), né à Bruxelles le 26 mai 1602, montra dès sa plus tendre enfance, les plus heureuses dispositions pour les arts du dessin. Tout ce qu'il voyait devenait pour lui un modèle qu'il s'efforçait d'imiter. Quelque peu porté que son père fût pour les arts, il ne put résister à une vocation aussi prononcée, et il consentit à confier Philippe, âgé de douze ans, à Jean Bouillon, peintre de Bruxelles, qui le garda chez lui pendant plus de quatre ans. Champagne passa de son atelier dans ceux de plusieurs maîtres. Le dernier fut Fouquières, et il paraissait vouloir se vouer au paysage sous cet habile peintre. Cependant, en 1621, le desir d'étendre ses connaissances et ses études le fit partir pour l'Italie. S'étant arrêté à Paris, il fut employé par un peintre de peu de talent qui lui procura quelques portraits. Mais ce qui fut le plus heureux pour lui, ce fut la liaison qu'il contracta avec le Poussin, qui l'associa aux travaux dont il était chargé pour le Luxembourg par Marie de Médicis. Champagne perdit de vue l'Italie, et son séjour à Paris se prolongea jusqu'en 1627; il ne s'en éloignait qu'avec peine, et il y revint en 1628 après avoir passé quelques mois à Bruxelles. Son retour lui fut avantageux, du moins pour sa fortune; car il aurait été à desirer pour son talent qu'il eût pu le fortifier et lui donner tout son développement par la vue des chefs-d'œuvre de Rome. Nommé premier peintre de Marie de Médicis en 1626, il épousa la fille de Duchesne, à qui il avait succédé dans cette place. Le cardinal de Richelieu lui confia des travaux considérables dans ses terres, ainsi que dans son palais à Paris, quoique, par attachement pour la reine-mère, il ne voulût pas se vouer entièrement au cardinal, qui lui en savait assez mauvais gré, mais qui, lui reconnaissant de grands talens, ne pouvait s'empêcher de l'employer. Champagne eut jusqu'en 1640 de grandes occupations à Paris. Il fit une partie des peintures des Carmélites de la rue Saint-Jacques, entre autres, dans la voûte, une *Sainte-Vierge et S. Jean aux pieds de Jésus-Christ en croix*; c'est une de ses plus belles productions; — une *Nativité*,

dignité que celles qu'avait présentées Mignard. Le sujet que traita Philippe, et ce fut le seul, était tiré de l'éducation d'Achille. Cet appartement servit depuis au second Dauphin et ensuite aux princes du sang qui furent surintendans de l'éducation de Louis XV, le duc du Maine en 1715, le duc de Bourbon en 1716 : en 1755 il fut donné au duc de la Vauguyon, gouverneur des enfans du Dauphin fils de Louis XV, Louis XVI, Louis XVIII et S. M. Charles X.

— une *Adoration des mages*, — une *Purification*. Ces beaux ouvrages étaient entièrement de lui. Il travailla aussi dans l'église du Calvaire, près du Luxembourg, aux Carmélites de la rue Chapon, et il fit pour Notre-Dame un tableau qui avait pour sujet *le Vœu de Louis XIII*. Quoiqu'il ne fût pas avec Simon Vouet, qui jouissait alors d'une grande réputation, trop en harmonie de caractère et de talent, il fut obligé de se joindre à lui dans les travaux que le cardinal faisait exécuter dans sa galerie, et ce fut Champagne qui fit les portraits du Roi, de la Reine et du Dauphin. En 1641 il commença les peintures du dôme de la Sorbonne, qu'il termina en 1644. Lors de la formation de l'académie de peinture en 1648, Champagne en fut nommé recteur, place qu'il remplit avec autant de désintéressement que de talent; et il fit présent à cette société d'un *S. Philippe*, l'un de ses plus beaux tableaux. Ce fut cette année qu'il peignit pour Port-Royal son tableau de *la Cène*, qui est au Musée; ce sujet lui a fourni deux autres compositions. Dans un tableau qu'il fit à Bruxelles en 1654, il peignit *Adam et Ève* pour l'archiduc Léopold, et c'est aussi de cette époque que date son tableau de *S. Gervais et S. Protais qui apparaissent à S. Ambroise*, l'une des plus belles choses du Musée royal par la noblesse et la pureté du dessin et par la dignité des expressions. D'après ce que l'on sait de l'âge de sa fille, l'une des *deux religieuses* de son tableau du Musée, il semblerait que cet ouvrage est du même temps que le *S. Gervais*. En 1660, Champagne fut chargé de peindre le plafond de la chambre du Roi à Vincennes. A l'occasion de la paix de 1667, il le représenta sous la figure de *Jupiter qui ordonne à la France d'embrasser la Paix*. Ce tableau passe pour son chef-d'œuvre. Ses travaux aux Tuileries datent de 1666. Enfin cet habile homme finit le 12 août 1674 sa laborieuse et brillante carrière, conservant toujours le désir d'aller à Rome et n'ayant jamais pu le réaliser. Dans les dernières années de sa vie, il s'était retiré à Port-Royal, où il s'était lié avec le célèbre Arnaud d'Andilly, dont on a au Musée un magnifique portrait de la main de Champagne. Il fit aussi pour cette maison quatre beaux paysages, dont deux sont au Musée royal : un *Solitaire visité dans sa cellule au milieu d'un site sauvage*, et une *sainte solitaire à qui l'on amène des malades*. Parmi ses productions les plus remarquables, on ne peut oublier deux autres tableaux de la collection du Roi, *Jésus-Christ chez Simon le pharisien*, superbe composition, d'une très-belle exécution; et *la Mère de douleur*, ouvrage admirable pour le dessin et pour l'expression. Champagne n'a pas un coloris brillant; mais il est sage, sans prétention : on voit qu'il ne court pas après l'effet, et l'on sent dans ses expressions pures qu'il était pénétré de la sainteté des sujets qu'il représentait et auxquels il voua toujours son pinceau.

Jean-Baptiste DE CHAMPAGNE, neveu de Philippe, était aussi né en Flandre. Quoiqu'il fût élève de son oncle, il paraît, d'après Félibien, qui n'en dit qu'un mot, qu'il ne profita pas aussi bien qu'on l'aurait désiré des leçons de cet habile maître et du voyage qu'il fit en Italie. Il chercha cependant à conserver le style italien, et sa manière de peindre tenait de celle de Philippe. Cependant, dit Félibien (*Entretiens*, t. IV, p. 396), ses figures avaient toujours un air flamand, et n'étaient couvertes, s'il faut ainsi dire, que d'une légère apparence du goût d'Italie.

Le tableau qui offrait l'éducation d'Achille n'existe plus, ou du moins il ne fait plus partie de ces appartemens, et ceux qu'on y voit sont dans le goût de Mignard; cependant Félibien les donne à Jean-Baptiste de Champagne. Le plafond de la chambre à coucher de S. A. R. Mme la Dauphine représente l'Aurore entourée d'une troupe légère d'amours et qui répand des fleurs. Dans l'encadrement, de jolis enfans se jouent au milieu des guirlandes qu'ils soutiennent. Tous ces sujets rians sont peints avec grâce, et ils n'ont presque rien perdu de leur fraîcheur.

Dans le petit salon qui tient à la chambre à coucher, le plafond offre le retour du printemps : Apollon, Cérès, Bacchus et Cybèle font briller sur la terre un jour pur et y répandent toutes les richesses de la nature; les génies des beaux jours célèbrent sa renaissance, d'autres chassent devant eux les frimas. Ce tableau, bien composé et dont les groupes sont dessinés avec grâce, offre un beau parti de lumière. Il y a de la finesse de ton, et les détails en sont traités avec goût.

Outre les peintures et les ornemens faits avec recherche dont étaient décorés les appartemens de Louis XIV, ils contenaient beaucoup d'objets rares et curieux et un assez grand nombre de statues et de bustes, la plupart antiques. Parmi les premiers on faisait remarquer, comme rappelant d'anciens et intéressans souvenirs, cinq troncs de cèdre du Liban, qu'on disait avoir été apportés de la Terre-sainte par S. Louis, et c'était aussi à ce pieux et valeureux Roi que l'on devait des fûts de colonne en porphyre qui, selon la tradition, provenaient du temple de Salomon à Jérusalem, et dont, sans égard pour leur origine, on a fait depuis des tables. Au peu de mots que rapporte Sauval sur les antiquités conservées aux Tuileries, il n'est presque pas possible de les reconnaître et de savoir si elles existent encore; il est seulement probable qu'elles appartenaient à l'ancienne collection de la couronne et remontaient à François Ier Sauval cite donc un Mercure, une Minerve et une Cérès de grandeur naturelle; une Cybèle et une Diane d'Éphèse de 2 pieds de haut; un torse qu'il juge être celui d'une statue de Diane, une autre Diane de 4 pieds, et un Bacchus couvert de la nébride : chancelant d'ivresse, il était monté sur une panthère et s'appuyait sur un satyre. La composition de ce groupe devait être remarquable, et il est à regretter qu'il ait disparu. Il n'est pas plus aisé de retrouver les bustes dont parle Sauval. A cette époque on leur donnait des noms un peu à l'aventure. Cet écrivain nomme un (prétendu) Caton d'Utique en marbre noir; cette tête existe, je crois, au Musée royal dans le corridor de Pan, et elle était autrefois dans le cabinet de Louis XVI : une belle tête colossale d'Apollon en marbre, placée par négligence ou par ignorance, dit Sauval, sur un buste de femme; ce pourrait être une des têtes d'Apollon du Musée, n.° 133 ou 135 : un prétendu beau buste de Marc-Aurèle en marbre noir. Sauval parle encore de deux masques de Pan, qui avaient la bouche ouverte et les yeux à jour : s'ils étaient de forte dimension, ce qu'il ne dit pas, ce seraient peut-être les masques de la cour du Musée, ou plutôt ceux d'une porte de Fontainebleau, dans le cas où ils auraient été placés après coup et dans les réparations qu'y fit faire Louis XIV.

La salle de la Paix servait de salon d'attente aux appartemens du Roi. Les ornemens sculptés sont de Louis Lérambert (1) et de Girardon; ils les ont prodigués, et l'on desirerait que les formes de leurs enroulemens et de leurs cartouches fussent moins tourmentées. Cotelle de Meaux (2) avait été aussi employé à peindre les ornemens de cette salle et des autres appartemens. Il est assez curieux de voir dans Félibien, t. IV, p. 385, la longue et fade description de ces peintures allégoriques : elles font toutes allusion, selon lui, à la gloire de Louis XIV et aux devoirs des courtisans, et tout, jusqu'à la couleur des vêtemens, lui fournit une flatterie ou un rapprochement. Le Soleil sur son char traîné par quatre chevaux, précédé du Temps, de l'Éternité, du Printemps et de la Renommée, c'est Louis XIV qui, à la fleur de son âge, saisit les rênes du gouvernement. Les Heures, qui se pressent autour du char, rappellent par leurs attributs les arts, les sciences que protégeait le Roi, les ouvrages qu'il faisait faire, et même les bals et les comédies dont il égayait sa cour. Parmi ces Heures ou ces jeunes filles, variées dans leurs costumes, il y en a une qui, couronnée de pavots, se tient à l'écart et repose au milieu de nuages obscurs : c'est l'Heure de la nuit, et la plus jolie pensée de cette composition. Ce plafond, au reste, lorsqu'il était dans sa fraîcheur, devait être d'un très-bel effet; le ton en était très-fin, brillant et lumineux : les figures, légères et en général bien dessinées, sont disposées avec grâce; elles ont du mouvement et forment une danse agréable dans son ensemble et variée dans ses détails. Parmi le grand nombre de ces figures on en trouve dont les têtes sont charmantes. Aux angles de la salle,

(1) Louis LÉRAMBERT, fils de Jean Lérambert, peintre distingué de l'école de Fontainebleau, naquit en 1604; il se destina à la sculpture et fut élève de Jacques Sarrazin. Ses vers, ses bons mots, ses manières élégantes, le firent connaître à la cour, et, plus peut-être que ses talens, lui procurèrent des succès et la protection et même la bienveillance de Louis XIII et du cardinal Mazarin. Lérambert cependant ne chercha pas à profiter de ces avantages pour faire sa fortune, et il travaillait comme s'il n'eût pas été en faveur. Le genre où il réussissait le mieux était celui des figures destinées à l'ornement, comme on en faisait alors. On voit de ce sculpteur, sur la grande terrasse de Versailles, des sphinx en marbre blanc, montés par des enfans en bronze : quoiqu'ils ne soient pas exempts de manière, ils ne manquent cependant ni d'élégance, ni d'une certaine grâce. D'autres groupes d'enfans portant sur leurs têtes des corbeilles de fleurs d'où s'élancent des jets d'eau, sont aussi de Lérambert : ce sont les 7.e, 8.e, 13.e et 14.e groupes en descendant vers la fontaine du Dragon. Ce sculpteur avait fait pour Saint-Germain-l'Auxerrois de très-beaux bénitiers, et pour la cathédrale de Blois, des bas-reliefs en marbre blanc qui offraient la Méditation et la Mémoire. D'Argenville donne comme mauvais un bas-relief de la paroisse de Meudon, où Lérambert avait voulu exprimer les mystères de la religion. Ce sculpteur était de l'académie royale de peinture et de sculpture; il mourut en 1670.

(2) COTELLE, de Meaux. Ce peintre, qui avait du talent pour les ornemens, travailla beaucoup aux Tuileries. Il est mort en 1676. Félibien, t. IV, p. 426.

au-dessous de ce plafond, sont les génies des saisons, sous la figure d'enfans entourés d'arabesques. Ce qu'il y a de plus singulier dans les explications de Félibien, ce sont celles qu'il donne de quatre tableaux à fond d'or qui ornent le milieu des voussures du plafond et où l'on trouve de fort jolies figures bien groupées et bien peintes, mais auxquelles nuit l'or sur lequel elles se détachent. Ces sujets sont Procris donnant un dard à Céphale, la statue de Memnon frappée des premiers rayons du soleil, Clytie changée en tournesol, et le Soleil chez Thétis. Ils retracent la vie, les obligations des courtisans, qui ne devaient avoir d'autre pensée, d'autre ame, que celle qu'ils recevaient de Louis XIV, et l'on ne se douterait pas que des sphinx à tête et à corps de femme sont les emblèmes de la vigilance, de la grâce, de la souplesse, de la complaisance et de la discrétion dont devaient être doués, pour plaire au Roi, les courtisans, qui attendaient dans cette grande salle qu'ils pussent paraître à ses yeux.

La salle qui suit celle de la Paix était autrefois occupée par les gardes-du-corps, et elle est encore aujourd'hui à peu près telle qu'elle était alors; on la nommait aussi le *Salon des nobles* et le *Salon blanc*. Il serait difficile d'y louer les dispositions de l'architecture et ces frontons massifs et plus étroits que les portes qu'ils couronnent. Les peintures sont encore en assez bon état, et celles des ornemens n'offrent pas en général des modèles de bon goût. Tous les sujets dont cette salle est décorée ont rapport à la gloire et à la vie militaires. Dans de grandes grisailles qui n'imitent que très-imparfaitement des bas-reliefs, Nicolas Loyr (1), qui a peint ces deux salles, a représenté une marche de troupe, une bataille, un triomphe et un

(1) Nicolas Loyr, né à Paris en 1624, était fils d'un orfévre : se sentant plus de vocation pour la peinture que pour l'état de son père, il entra, pour faire ses premières études, chez Sébastien Bourdon, et fut ensuite reçu comme élève dans les ateliers de Le Brun. Après y avoir passé quelques années, il acquit assez de talent pour pouvoir entreprendre avec fruit un voyage d'Italie. Les deux ans qu'il séjourna à Rome lui furent d'autant plus utiles, que, se plaisant aux ouvrages sévères et étudiés du Poussin, et en sentant tout le mérite, il les consultait souvent, et qu'il profitait aussi des leçons de ce grand maître. Loyr avait d'ailleurs la mémoire la plus heureuse ; les sites, les tableaux mêmes qu'il considérait, y restaient si fortement imprimés, qu'il en reproduisait, rentré chez lui, des esquisses de la plus grande fidélité, soit pour l'ensemble, soit pour le ton ou les détails. Le coloris surtout était ce qui le frappait le plus : aussi y réussissait-il encore mieux que dans le dessin. Il s'attachait à rendre avec soin dans ses tableaux le paysage, les fabriques et les autres accessoires. Loyr aimait les compositions historiques exécutées sur de grandes dimensions; cependant il se reposait souvent de ses études graves en faisant de petits tableaux. Il donnait aussi, selon Félibien (*Entretiens*, tome IV), une grâce particulière aux figures de femmes et d'enfans. De retour à Paris en 1649, il y fut employé et entreprit des travaux considérables à l'hôtel de Senneterre, où il peignit une galerie assez grande, mais qui l'est moins que celle qu'il décora en entier au château du Plessis chez M. de Guénégaud. Ses travaux et ses succès le firent connaître et apprécier de Colbert, et vers 1666 il fut chargé de peindre, aux Tuileries, les salles dont il est question ici. Loyr fut reçu à l'académie : il en était professeur lorsqu'il mourut en 1679.

sacrifice. Ces compositions, lâches de dessin et sans style, sont loin d'être aussi bien que le plafond, dont les figures, bien disposées, ne manquent ni de grâce ni de légèreté. On y voit la Renommée, l'Abondance, et d'autres divinités allégoriques, qui, descendant du ciel, distribuent des palmes et des couronnes à la Force, à la Prudence, à la Valeur et à la Fidélité, que représentent les figures entremêlées de trophées qui ornent les voussures.

Quelque beaux que fussent les appartemens de Louis XIV, et malgré les grands souvenirs qu'ils offraient et qu'on aurait dû conserver, peu de temps après sa mort ils étaient non-seulement négligés, mais même en partie détruits, et en 1755, à l'exception des appartemens du Roi et de la Reine, presque tout le palais des Tuileries était occupé par des logemens accordés à diverses personnes de la cour, à des gens de lettres et à des artistes; ce ne fut que long-temps après que le Roi en reprit possession et qu'on répara en partie les dommages qui y avaient été causés, et il a fallu bien des années pour les remettre dans l'état où nous les voyons aujourd'hui.

La grande salle qui occupe deux étages et à laquelle les portraits des maréchaux de France que l'on y a placés a fait donner le nom qu'elle porte aujourd'hui, était autrefois destinée aux cent-suisses, qui s'y tenaient lorsque le Roi venait à Paris. Elle a 59 pieds un quart de long sur 52 pieds et demi de large, et occupe l'emplacement de l'ancien escalier circulaire de Philibert de Lorme. La voûte n'en est qu'en charpente, et Blondel ne trouvait cette salle susceptible d'aucune espèce d'ornement. Elle servait jadis aux concerts spirituels que le Roi donnait dans la semaine sainte. On y établissait alors un orchestre et des loges que l'on pouvait démonter en quatre heures de temps. De nos jours on a fait régner autour de cette salle un grand balcon supporté par de riches consoles, et l'on a employé, pour soutenir une tribune, des plâtres moulés sur les caryatides de Jean Goujon. Le plafond, les trophées et les autres ornemens de cette salle ont été peints, sous la direction de M. Moench et d'après les dessins de M. le baron Gérard, par MM. Pécheux, Le Riche, Le Sueur et Manzoni (1). Pour terminer ce qui a rapport à cette salle, je donnerai, en commençant près de la porte de l'escalier, la suite des portraits des maréchaux de France et des bustes de généraux morts sur le champ de bataille qu'elle renferme.

M. le maréchal duc de Trévise, peint par M. Ponce-Camus (2); — le

---

(1) Benoît PÉCHEUX. Je ne trouve cité de ce peintre dans les livrets du salon qu'un *Christ* mourant (1808) et un tableau de *Sabinus et Éponine*, qu'il exposa en 1810. Il s'est beaucoup exercé dans le genre de l'ornement.

Quant à M. Manzoni, il était Italien, et peignait le décor. Je n'ai pu parvenir à me procurer aucun renseignement sur son compte.

M. Pierre-François LE SUEUR, né à Paris le 8 mars 1757, s'est fait avantageusement connaître dans la peinture ornementale.

(2) M. Marie-Nicolas PONCE-CAMUS, né à Paris le 15 décembre 1775, est élève de David. Il exposa pour la première fois en 1798 et il mit au salon de cette année un portrait; en 1801 il représenta *les Jeux de l'enfance*; son sujet en 1804 fut *Emma fille de Charlemagne, qui, la nuit, à travers*

général Dupuis, buste par Roland; — M. le maréchal marquis de Vioménil, peint par M. Delaval (1); — le général Dugommier (Jean-François Coquille), né en 1736 à la Guadeloupe, mort en 1794, buste dont l'auteur n'est pas connu; — M. le maréchal duc de Dalmatie, peint par M. Broc (2); — le général Le Clerc, buste par Lemot en 1805; — M. le maréchal marquis de Lauriston, peint par M. le baron Gérard (ce tableau a paru au salon de 1824); — le général Causse, buste par M. Dumont; — M. le maréchal Moncey, peint par M. Barbier-Valbonne (3). — Entre les fenêtres

la neige, emporte son amant Éginhard pour dérober la trace de ses pas. Au salon de 1806, M. Ponce-Camus fit paraître *Poppa qui meurt au moment où elle vient de sucer, pendant le sommeil de son mari le duc Rollon, la blessure qu'il avait reçue d'une arme empoisonnée.* On vit de lui, à l'exposition de 1808, *Bonaparte au tombeau de Frédéric le Grand.* En 1810 il l'offrit *accueillant à Osterode des familles polonaises;* en 1812 il le montra *ayant une entrevue avec l'archiduc Charles, et donnant son épée à ce prince.* Il fit paraître dans la même année plusieurs portraits; entre autres, celui du *duc de Trévise.* En 1814 on vit de M. Ponce-Camus les *Honneurs funèbres rendus à Jacques Delille lorsqu'après sa mort il fut exposé sur un lit de parade dans une des salles du collége de France.* Le tableau qu'il exposa en 1817 représentait *Aimené, fille d'Évandre, qui, occupée de ses amours, effeuille une fleur tandis que son père lui parle de ses projets.* Les salons de 1822 et de 1824 ne virent de M. Ponce-Camus que des portraits.

(1) M. Pierre-Louis DELAVAL, né à Paris le 17 avril 1790, est élève de Girodet. Le premier tableau qu'il fit paraître au Louvre fut, en 1810, *Télémaque recevant dans les déserts de la grande Oasis les conseils de Thermosiris.* Plusieurs portraits, et *Orphée qui perd Eurydice*, firent partie de l'exposition de 1812. On vit à celle de 1814 *Hélène qui, du haut de la porte Scée, montre à Priam les héros grecs.* En 1817, *S. Louis prenant la croix contre les infidèles*, et le portrait du *marquis Louis de la Rochejaquelein*, méritèrent à M. Delaval une médaille d'or. Le sujet de son tableau principal en 1819 est *Clotilde qui presse Clovis d'embrasser*

le christianisme. D'autres productions de M. Delaval offraient *la Justice, la Force, — l'Amour abandonnant Psyché, — la Femme adultère,* et les portraits de *M. le maréchal marquis de Vioménil,* de *M. le vicomte du Bouchage* et du *curé de Saint-Roch.* En 1822, *le Départ du jeune Tobie, — Herminie arrivant chez le vannier, — un Chinois prenant le frais sur une terrasse au bord de la mer.* En 1824, *Adoration du Sacré-Cœur,* tableau commandé par le ministre de l'intérieur.

(2) M. Jean BROC, né en 1777 à Montignac dans le Périgord, est élève de David. En 1799 il remporta un second prix d'honneur, et le premier, en 1800, lui fut donné pour son *École d'Apelle,* tableau de 14 pieds sur 13. En 1801 il fit paraître *le Naufrage de Virginie,* — et *la Mort d'Hyacinthe.* On vit de M. Broc, à l'exposition de 1806, *la Mort du général Desaix.* Son tableau de *Renaud et Armide,* qui fit partie du salon de 1810, reparut en 1814. Les derniers ouvrages qu'on ait vus de lui au Louvre furent, en 1819, un *Garde national à cheval,* et en 1822 une *Magicienne qui donne ses consultations.*

(3) M. Luc BARBIER-VALBONNE, élève de David, est né à Nîmes en 1768. Outre un grand tableau de famille, il y eut de lui au salon de 1798 un *Othryade blessé;* près de rendre le dernier soupir, il ramasse les armes des ennemis éparses autour de lui, en forme un trophée, et écrit le mot *victoire* sur son bouclier. On ne vit plus aucun ouvrage de M. Barbier au salon du Louvre jusqu'en 1806; il y mit cette année un tableau de famille, et en 1810 le portrait en pied de *M. le maréchal duc de Raguse.* Il n'y reparut plus qu'en 1822 avec un grand tableau qui représentait un *Pêcheur napolitain.*

de la cour : le général Joubert, buste par Boizot (1); — le général Caffarelli du Falga (Louis-Joseph-Marie-Maximilien), né en 1756, mort en 1799, buste par François Masson (2). — Les autres portraits à partir de la porte

(1) Louis-Simon Boizot, né à Paris en 1743, fut élève de Michel-Ange Slodtz, celui des sculpteurs de ce nom qui avait le plus de talent, et Boizot en acquit assez pour contribuer à répandre les bons principes auxquels revenait la sculpture et pour se faire une réputation méritée. En 1779 il fut reçu à l'académie, qui, en 1787, le nomma adjoint à professeur. Son morceau de réception fut un *Méléagre* de 2 pieds et demi de proportion; les écrits du temps en font l'éloge, de même que d'un buste de Mme *Chalgrin*, et de celui de *Racine* qu'il fit pour la Comédie française. Parmi plusieurs productions qu'il fit paraître en 1781, on remarqua le buste de *la Reine* et un bas-relief en plâtre qui représentait le *Baptême de Jésus-Christ*, et qui fut exécuté en pierre, de 16 pieds de haut sur 8 de large, pour Saint-Sulpice. En 1783 on vit de Boizot au salon le buste en bronze de *Joseph Vernet*, et un bas-relief en marbre dont le sujet était les *Élémens qui rendent hommage à l'Amitié*. Il exposa en 1785 un buste en marbre de *Louis XVI*, le modèle d'une statue de *Mercure*, et celui d'une statue de *Racine* de 6 pieds de proportion, dont le marbre parut en 1787. Il n'y eut de lui en 1789 que de petites figures en marbre, *l'Amitié* et *la Tendresse*, et le buste de *M. Necker*. Ce que Boizot produisit en 1791 ne fut qu'une terre cuite, c'était un groupe d'*Adam et d'Ève* : mais il se présenta à l'exposition de 1791 avec des ouvrages plus considérables; une *Minerve*, plâtre de 6 pieds, — une *Bacchante qui porte un satyre enfant*, — une *Femme qui répand des fleurs sur le tombeau d'un poète*, — et la *Piété filiale*, caractérisée par un jeune homme qui aide sa mère à porter l'urne de son époux. En 1798 on ne vit de lui que le portrait du *général Bonaparte* qu'il avait fait de mémoire. Ce sculpteur fut chargé de faire pour le palais du Directoire quatre bas-reliefs : *la Morale et l'Instruction*, — *le Commerce et l'Industrie*, — *l'Agriculture et l'Abondance*,

— *la Victoire et la Paix*. En 1800 on lui demanda un buste du *premier consul*, et le *Génie victorieux de la France*. Le buste en marbre du *général Joubert* fut le seul ouvrage que Boizot exposa en 1801, de même qu'en 1806 celui de *Joseph Vernet*, que l'on voit dans la grande galerie du Louvre. Ce fut cependant vers cette époque qu'il fit pour la fontaine de la place du Châtelet quatre jolies statues, *la Prudence, la Vigilance, la Justice* et *la Force* : elles ont du style, de l'agrément, et donnent une fort bonne idée du talent d'exécution et du goût de leur auteur, dont il paraît que ce sont les derniers ouvrages; il mourut en 1809. Ces figures ont été gravées pl. 6 du recueil de MM. Lacour et Vauthier.

(2) François Masson naquit en 1745 à la Vieille-Lire en Normandie. Après avoir été élève de Guillaume Coustou, il perfectionna, pendant un séjour de cinq ans à Rome, son talent par l'étude des grands modèles de l'antiquité. A son retour en France, Masson fut chargé, pour le palais du gouvernement à Metz, de travaux considérables qui lui acquirent une réputation méritée. Depuis il se distingua par un grand nombre de beaux bustes remarquables par leur ressemblance et leur expression; mais parmi les productions qui lui ont fait le plus d'honneur, on cite les sculptures du *tombeau du maréchal de Vauban* aux Invalides, le groupe de *Thétis plongeant Achille dans le Styx*, et surtout sa statue de *Flore* ou de *la Jeunesse*, en marbre, figure qui à beaucoup de grâce dans la pose et de pureté dans le dessin joint une exécution très-soignée. Ces différens ouvrages assurent une place distinguée parmi les sculpteurs de notre école à François Masson, qui est mort en 1807. On a vu de lui au salon du Louvre, en 1801, les bustes de *Kleber* et de *Caffarelli*, et en 1806 celui de *Claude Lorrain*, qui a été placé dans la grande galerie du Louvre. Il parut de lui en 1808, après sa mort, la statue en marbre du *général Caffarelli*, que l'on voit au

sont : M. le maréchal duc de Bellune, peint par M. le baron Gros ; — le général La Touche-Tréville, buste par M. Alexandre Renaud (1); — M. le maréchal duc de Tarente, peint par M. Casanova (2); — le général Bon, buste par M. Renaud; — M. le maréchal duc de Reggio, par M. Robert Lefèvre (3); — le général La Harpe, buste par Le Comte (4); — M. le maréchal duc de Raguse, peint par M. Barbier-Valbonne; — le général

Louvre dans la salle des grands hommes, et dont la pose et les draperies sont bien entendues. Il y eut aussi un buste en bronze de *Bonaparte*, et un en marbre de l'architrésorier *Lebrun*, dont la statue en marbre, terminée après la mort de Masson, fut exposée en 1810.

(1) Je n'ai rien pu savoir sur le compte de ce sculpteur, si ce n'est qu'il était de Bèze près de Dijon, et élève de Pajou. Il est mort en 1817.

(2) M. CASANOVA est élève de son père et de David. Il n'a paru que peu de tableaux de lui au salon du Louvre : en 1808 il y mit le portrait en pied d'un colonel de la garde, en 1810 celui de *M. le maréchal duc de Tarente*, et il représenta *la famille impériale d'Autriche* dans un paysage pris dans les gorges de Brühl. En 1812 il prit pour sujet de sa composition *le grand banquet donné aux Tuileries lors du mariage de Bonaparte avec S. A. I. l'archiduchesse Marie-Louise.*

(3) M. Robert LEFÈVRE, né à Bayeux le 18 avril 1756, se livra dès sa plus tendre jeunesse au dessin et à la peinture. Pendant long-temps il n'eut dans ses études d'autre maître et d'autre guide que la nature. Ce fut en suivant ses inspirations qu'il parvint à faire des portraits et à peindre plusieurs sujets tirés de la mythologie, que l'on conserve au château d'Aires. Enfin, en 1784, il vint à Paris, où dix ans auparavant il avait fait un voyage qui avait développé son goût pour les arts. M. Robert Lefèvre se mit sous la direction de M. Regnault. Des circonstances particulières l'ayant empêché de se consacrer à la peinture historique, il se borna à peindre le portrait; mais ordinairement il l'a traité en grand, et l'on cite de lui un nombre assez considérable de portraits en pied. On a cependant de ce peintre plusieurs compositions qui lui valurent des prix aux salons de 1795 et de 1798. Son *Phocion près de boire la ciguë* a été placé au château de Compiègne, et son *Amour aiguisant ses traits* fait partie de la galerie du Luxembourg. Parmi ses autres compositions, on connaît *Vénus désarmant l'Amour*, — *Psyché sur le rocher*, — *Héloïse et Abélard*. Le Gouvernement a commandé à M. Robert Lefèvre, pour le mont Valérien, une *Mort de Jésus-Christ*, composition de onze figures; il y en a trente dans *l'Assomption de la Sainte Vierge*, qu'il doit faire pour Fontenai-le-Comte. Mais la série la plus considérable des ouvrages de M. Robert est celle des portraits. Il fit pour le sénat et pour le corps législatif celui de *l'empereur*, dont il y a eu plusieurs répétitions, ainsi que ceux des *impératrices Joséphine* et *Marie-Louise*. Parmi les autres portraits, on cite ceux de *la princesse Borghèse*, — de *M.me la comtesse d'Osmond*, — de *M.me Baucher*, — de *MM. Carle Vernet*, — *Bertin*, — *Pierre Guérin*, — *Van Dael*, — de *M. le marquis de Barbé-Marbois*. Le portrait en pied de *S. M. Louis XVIII*, qui fut demandé à M. Robert Lefèvre pour la Chambre des Pairs, lui mérita le titre de premier peintre du cabinet du Roi, et lui procura l'honneur de faire pour le même palais le portrait en pied de *S. M. Charles X*. M. Robert Lefèvre reçut alors la décoration de la Légion d'honneur.

(4) Félix LE COMTE, né à Paris en 1737, se voua à la sculpture et fut élève de Falconet; l'académie le reçut dans son sein en 1771, et le nomma en 1787 adjoint à professeur : il mourut le 11 février 1817. Le morceau de réception de Le Comte fut *Œdipe qu'un berger détache de l'arbre où il avait été exposé;* ce groupe, de 3 pieds de haut, était en marbre. Dans la même année il exposa au Louvre un bas-relief de 22 pieds de long sur 2 pieds

Marceau, buste par M. Dumont; — M. le maréchal Jourdan, peint par M. Vien fils (1).

Nous ne ferons que traverser le grand escalier, qui n'offre rien de remarquable : c'est Colbert qui le fit construire pour remplacer la belle et grande vis de Philibert de Lorme, qui était regardée comme une merveille de hardiesse et de légèreté, mais qui avait le défaut d'intercepter le passage. Il est assez singulier que, dans les ornemens de la rampe de cet escalier, Colbert ait uni la lyre entrelacée d'une couleuvre (*coluber*), qui rappelait son nom, au soleil emblème de Louis XIV, et il est encore plus surprenant que le monarque l'ait souffert.

La belle salle où sont aujourd'hui les cent-suisses et que termine si bien l'escalier de la chapelle, est tout-à-fait moderne. Le rez-de-chaussée en était autrefois occupé par les appartemens du premier valet-de-chambre du Roi, gouverneur des Tuileries. Au premier étage était la chapelle, destinée à être très-belle, et commencée sous Louis XIV : elle n'était pas terminée en 1755, et ne le fut même jamais entièrement; elle a cependant servi jusqu'en 1792 : elle n'offrait d'ailleurs rien de particulier. Celle qui l'a remplacée et où l'on arrive au rez-de-chaussée par le portique de droite sur

10 pouces de haut, que la comtesse du Barry lui avait fait faire pour Luciennes et qui représentait une *Bacchanale d'enfans*; — les *Sept Sacremens*, esquisses en terre cuite; — un autre bas-relief pour M.lle Guimard; le *Triomphe de Terpsichore traînée sur son char par les amours, et que précèdent les Grâces, la Musique et des Bacchantes*. Au salon de 1773, on vit de Le Comte une *jeune Fille tenant une corne d'abondance remplie de fleurs*, statue en marbre destinée à servir de torchère à Luciennes; — deux figures, *la Justice* et *la Paix* : elles devaient être exécutées en pierre et avoir 6 pieds de proportion, pour l'hôtel des monnaies; — le *grand Condé*, pour l'École militaire. En 1775, *la Sainte Vierge* et *l'Enfant Jésus*, pour la cathédrale de Rouen; — le buste de *d'Alembert*. En 1777, *Fénelon revêtu des habits épiscopaux et tenant à la main son Télémaque*, figure en marbre de 6 pieds de proportion. Le Comte fit paraître en 1781 les modèles de deux statues, *la Justice* et *la Prudence*, qui devaient être exécutées en pierre pour le Palais, et, parmi plusieurs bustes, celui du cardinal de la Rochefoucauld en médaillon. On vit de lui au salon de 1783 le buste de *la Reine*, celui de *Daubenton*, et en bas-relief un *Voyageur qui se repose*. Le modèle d'une statue de *Rollin tenant le Traité des études et haranguant* fut exposé en 1787; la statue en marbre, de 6 pieds de proportion, parut en 1789, avec les bustes du baron *d'Holbach* et de l'abbé *de Radonvilliers*, et fut reproduite au salon de 1791. Depuis cette époque jusqu'en 1817, année de la mort de Le Comte, cet artiste ne mit plus rien aux expositions du Louvre : il est probable qu'il ne fit plus d'ouvrages qu'il jugeât dignes d'être soumis aux regards et à la critique du public.

(1) M. Joseph-Marie VIEN, né à Paris le 1.er août 1761, est élève de son père et de Vincent. En 1808 il remporta une médaille d'or : il s'est livré au genre du portrait, qu'il exécuta d'abord (1798, 1799) en miniature à l'huile; il le fit ensuite en grand. Parmi les portraits que M. Vien mit à presque toutes les expositions du Louvre jusqu'en 1814, il y en eut un en pied en 1800. On remarqua en 1801 celui de M.lle *Élisabeth de Boisse*. Il a plusieurs fois reproduit celui de son père, le sien, et celui de sa femme.

le jardin, et au premier étage par l'escalier de la salle des cent-suisses, est remarquable par l'élégante simplicité et par le bon goût qui y règnent; tout y est bien entendu; deux ordres de colonnes y forment des bas-côtés et des travées : mais on pourrait regretter de ne voir dans une chapelle royale que des colonnes de pierre et de stuc, lorsqu'il serait si facile de les remplacer par de plus riches matières. Le tableau de *l'Assomption* qui est sur l'autel est de Prudhon.

La salle qui tient à la chapelle était, il y a quelques années, destinée aux séances du Conseil d'état, et l'on y a vu autrefois pour plafond le tableau de *la Bataille d'Austerlitz*, l'un des plus beaux ouvrages de M. le baron Gérard. C'est aussi d'après ses dessins qu'ont été exécutés par MM. Moench, en bas-reliefs figurés et rehaussés d'or, les sujets qui ornent les voussures et qui ont tous rapport aux différentes branches de l'administration. Voici, en commençant par la gauche, du côté de la chapelle, la suite de ces compositions : l'Agriculture, les Sciences et les Arts, qui font partie du ministère de l'intérieur; — la Navigation, — les Finances, — la Guerre; — les Colonies, que l'on reconnaît à leurs plantes et à leurs habitations; — la Marine, — le Commerce, — une Victoire, — la Force enchaînant l'hydre, — la Justice sur son tribunal et tenant ses balances, — l'Histoire écrivant sur ses tablettes et entourée de trophées, — la Paix qui voit élever des monumens, — le Commerce de terre et de mer, — les Arts et les Sciences qui ont pour objet l'agriculture.

Cette salle communique à une galerie qui la sépare de la salle de spectacle et qui a été décorée par MM. Moench d'après les dessins de M. Percier.

Quoique le théâtre des Tuileries soit une fort jolie salle et d'une bonne dimension, il paraît que, surtout sous ce dernier rapport, il ne peut pas être comparé à l'ancienne salle de spectacle, la plus grande qu'il y eût en Europe après le théâtre de Parme. On en devait le plan et la construction à un gentilhomme italien nommé Vigarani (1). Elle occupait dans sa hauteur toute cette aile du château (2) : cette grandeur était même hors de proportion

(1) Il n'est question de ce Vigarani, ni dans l'ouvrage de Milizia, ni dans les dictionnaires biographiques, et l'on ignore s'il était architecte de profession ou un simple amateur. D'après ce silence des auteurs, il paraîtrait que cette grande salle de spectacle dont Louis XIV le chargea, était la seule entreprise considérable qu'on lui eût confiée : on ne connaît pas de lui d'autres travaux importans qui aient été exécutés en Italie et en France. Blondel ne cite Vigarani qu'en passant.

(2) Voici les mesures de cette immense salle telles que les donne Blondel; il est vrai que celles de son texte ne se rapportent pas avec celles que l'on trouve dans ses plans, et c'est ce qui se rencontre fréquemment dans les ouvrages de cet architecte. La longueur totale en œuvre de l'ensemble était de 236 pieds, sur lesquels il y en avait 146 pour le théâtre et ses appartenances jusqu'au bord de l'avant-scène; il en restait 90 pour la salle. La largeur en œuvre était celle du château, ou 69 pieds. La longueur de l'intérieur de la salle était de 75 pieds, et la largeur, de 52 pieds; celle de l'avant-scène était de 30 pieds. De chaque côté étaient deux colonnes corinthiennes de 3 pieds de diamètre. La hauteur de la salle, depuis le

avec le nombre des personnes admises au spectacle de la cour; car on dit qu'elle pouvait contenir six mille personnes, et l'on était obligé d'en diminuer la longueur lorsqu'on voulait y jouer. Il est vrai qu'on la fit servir aux répétitions de la comédie française et des ballets de l'Opéra, et elle fut livrée au célèbre Servandoni (1), qui y faisait dresser et essayer les machines

sol jusqu'au premier entrait, était de 54 pieds; la mansarde pour les machines et les vols en avait 22, et le dessous du théâtre, pour ce qu'on appelait les machines infernales, avait 16 pieds de profondeur. La pente du théâtre était de 25 pouces.

(1) Nicolas SERVANDONI, né à Florence en 1695, avait reçu de la nature toutes les dispositions qui caractérisent les grands artistes, le goût des compositions nobles et élevées et de la magnificence. L'étude qu'il fit à Rome des beaux modèles de l'antiquité développa ces précieuses qualités, et les circonstances où il se trouva lui facilitèrent les moyens de les cultiver. Il se livra d'abord à la peinture: les paysages et les ruines étaient les genres où il réussissait le mieux; et malgré les travaux plus importans auxquels il se livra dans le cours de sa carrière, il s'occupa toujours de la peinture: il a laissé un grand nombre de dessins et de tableaux qui lui ont assuré comme peintre une réputation honorable. Mais c'est comme architecte qu'il s'en est fait une plus brillante encore. Le génie qu'il déploya dans les décorations de l'opéra italien à Lisbonne et dans les fêtes que donna la cour, lui fit obtenir l'ordre du Christ; et sur le bruit de sa renommée, plusieurs souverains desirèrent employer ses talens. Mais ses projets étaient si vastes et si pompeux, que les trésors de plusieurs royaumes auraient à peine suffi pour les exécuter. Servandoni quitta le Portugal pour la France. A son arrivée à Paris, il se présenta à l'académie comme peintre de paysage, et y fut reçu. Peu après, nommé architecte et décorateur du Roi, il dirigea les fêtes les plus splendides. Appelé en Angleterre en 1749, il y donna un feu d'artifice prodigieux et qui coûta cent mille guinées. A Vienne en Autriche il déploya la plus grande magnificence pour le mariage de l'empereur avec l'infante de Parme. Mais il paraît que ce fut à Stuttgard, à la cour du duc Charles, qui avait le plus grand goût pour le faste, que Servandoni put donner l'essor le plus libre à la fécondité de son imagination. Dans un opéra qui représentait un triomphe, il fit paraître sur le théâtre quatre cents chevaux qui exécutèrent sans confusion toute sorte d'évolutions militaires. De retour à Paris, il forma le projet de disposer la place Louis XV pour des fêtes publiques: elle eût été entourée en partie de portiques et de galeries qui auraient contenu à couvert vingt-cinq mille spectateurs, et qui devaient être décorées de trois cent soixante colonnes et de cinq cent vingt pilastres. Mais ce plan, qui aurait coûté des sommes énormes, ne fut pas adopté. Parmi les belles constructions que l'on doit à Servandoni, on cite le théâtre qu'il fit à Chambord pour le maréchal de Saxe, la façade de l'église Saint-Sulpice à Paris, et, dans l'intérieur, la chapelle de la Vierge, et la tribune de l'orgue, à laquelle il donna pour supports des colonnes corinthiennes. Peut-être aurait-il mieux fait de ne pas faire entrer trois ordres dans la composition de sa façade: avec moins de richesse et plus de simplicité, elle eût eu plus de noblesse et un caractère plus mâle. Il serait trop long d'énumérer tous les travaux que fit Servandoni chez le maréchal de Richelieu, dans l'église Sainte-Croix de la Bretonnerie, à Coulonge en Bourgogne, à Sens, à Lyon, à Bruxelles, en Angleterre, et dont une partie n'existe plus. Il mourut à Paris en 1766. Cet habile homme, qui n'avait pour but que la gloire, s'occupait peu de la fortune; celle qu'il laissa aurait été plus considérable, si son désintéressement, sa générosité, et son goût pour la dépense, lui eussent permis d'y donner tous ses soins et de retirer des grandes entreprises qui lui furent confiées tous les avantages qu'elles semblaient lui offrir.

de l'Opéra, et qui y fit de superbes décorations : aussi cette immense salle avait-elle pris le nom de *salle des machines*. Toute la partie décorative en avait été traitée avec beaucoup de grandeur et de luxe : et ce fut presque en pure perte, car on n'y donnait que rarement des représentations; et comme elle n'était pas favorable à la voix, on finit par n'y jouer que des ballets et des pantomimes. Elle était divisée en trois rangs de loges par deux ordres, le corinthien et le composite : chaque rang avait douze colonnes peintes en marbre et dont les bases étaient dorées. Le plafond, richement orné de sculptures, était divisé en compartimens dont les figures colorées étaient de Noël Coypel, d'après les dessins de Le Brun. Suivant les plans donnés par Blondel (1), on voit que la coupe de cette immense salle n'était pas heureuse; c'était une ellipse très-allongée et presque un carré long, terminé par une partie circulaire, et il n'y avait que les places en face et au parterre d'où l'on pût voir commodément sur la scène. Le fond de la salle était disposé en amphithéâtre; c'était là que se plaçait la cour. La loge du Roi se trouvait en avant : elle était séparée de l'orchestre par un parterre que remplissaient les gardes-du-corps. Le pourtour de la salle au rez-de-chaussée était destiné aux officiers de la maison du Roi, et le reste contenait le public ou les personnes invitées. Lorsque cette salle fut abandonnée, on en distribua le vaste espace, et l'on y trouva la place de la chapelle et des pièces qui y touchent, d'une nouvelle salle de spectacle que l'on construisit dans l'ancien théâtre, et de plusieurs appartemens. Ce fut dans cette salle, considérablement diminuée, que jouèrent les bouffons italiens sous le nom de *théâtre de Monsieur*. Depuis on a vu la convention nationale et le conseil des anciens y tenir ses séances.

Il serait inutile de pousser plus loin les excursions dans cette partie des Tuileries : il suffit de rappeler que le grand pavillon occupé par Madame, Duchesse de Berry, le fut autrefois pendant long-temps par la comtesse de Marsan, qui avait été gouvernante des Enfans de France, et dont il a conservé le nom, et que dans cette partie de la cour le comte de Brionne avait un hôtel qui existait encore il y a peu d'années.

JARDIN DES TUILERIES.

Le jardin des Tuileries est certainement une des parties les plus remarquables de ce palais et celle qui lui donne le plus de magnificence. En le voyant distribué avec tant de goût et avec une régularité qui joint à l'élégance l'avantage d'être en harmonie avec l'architecture d'un grand palais, on ne se douterait pas de toutes les peines que la combinaison de son ensemble et de ses détails a coûtées à Le Nôtre. D'après ce qu'on rapporte de la disposition générale qu'offrait ce vaste espace lorsque cet habile homme fut chargé par Louis XIV d'y tracer des jardins, il paraît

(1) *Arch. franç.* tom. IV.

que le parti qu'il en tira fut un tour de force et la plus difficile des entreprises qui lui méritèrent sa haute réputation. Le niveau du terrain et les pentes nécessaires à l'écoulement des eaux opposèrent de grands obstacles. Trouvant des ressources dans son génie et animé par la présence de Louis XIV, que son goût particulier pour les jardins amenait sans cesse au milieu des ouvriers et qui s'entretenait avec lui de ses travaux, Le Nôtre sut vaincre toutes les difficultés. Peu de personnes peut-être savent qu'il existe une différence de niveau considérable entre la partie du nord et la partie méridionale du jardin dans presque toute sa longueur, et que le pied de la terrasse de la rue de Rivoli est à la hauteur de la partie supérieure de celle qui longe la Seine. Cette différence était encore plus forte autrefois, et il était impossible de la faire disparaître entièrement; il y eut cependant des terres déplacées et rapportées en immense quantité. Ce fut par le moyen de ses distributions, des bois qu'il planta, des allées qu'il dirigea dans différens sens et cependant de manière que leur répartition régulière répondît à des divisions du château, que Le Nôtre parvint à dissimuler cette différence de niveau et à faire paraître le jardin sur un plan horizontal, tandis qu'au fait l'ensemble en est incliné. On abattit des maisons qui bordaient le jardin du côté du quai; la terrasse qu'il éleva dans cette partie lui fut d'un grand secours, ainsi que celles en fer-à-cheval qui terminent l'extrémité, où était autrefois un pont tournant fait avec beaucoup d'art, et qui ouvrait ou fermait l'entrée du jardin. Cette partie touchait alors aux bastions de la ville, et elle ne fut réunie au jardin que lorsqu'après la mort d'un valet-de-chambre du Roi, nommé *Renard*, on eut repris un jardin que Louis XIII lui avait concédé dans un des bastions, et qui, du temps de la Fronde, servait de promenade et de lieu de rendez-vous et de plaisir à la jeunesse de la cour. Le Nôtre anima son jardin par les eaux qu'on y amena à grands frais et qu'il distribua en grands bassins; les plus habiles sculpteurs furent appelés à contribuer à l'orner, ou de leurs ouvrages originaux, ou de belles copies en marbre et de répétitions en bronze des chefs-d'œuvre les plus remarquables de l'antiquité. Comme je dois, dans le cours de cet ouvrage, faire connaître toutes ces statues, je me dispenserai d'en parler dans ce moment.

Au reste, l'aspect du jardin des Tuileries a bien changé depuis l'époque de sa création : les bois qu'avait plantés Le Nôtre sont devenus une haute et majestueuse futaie; le jardin, dégagé des édifices qui le déparaient au nord et au couchant, a reçu un développement qu'il n'avait pas alors; les parterres, remplis des fleurs les plus belles, sont fermés par des grillages de fer qui ont remplacé des barrières de bois; les terrasses, rendues libres dans toute leur longueur, ont été bordées d'arbres, et une nouvelle forêt élève déjà ses masses de verdure au-dessus de celles du midi et de l'ouest. Tous ces embellissemens ont eu lieu de nos jours, et l'on n'a guère à regretter un théâtre de charmille qui existait autrefois dans le bois du nord, un écho et d'autres détails dont on encombrait autrefois les jardins et qui n'ajoutaient pas à leur beauté.

PLACE DU CARROUSEL.

Une des parties des Tuileries qui attirent le plus l'attention est sans contredit l'arc de triomphe élevé en 1806 sur la place du Carrousel en mémoire des victoires remportées dans les années précédentes par les armées françaises; mais c'est aussi celle qui, plus que toute autre, a été l'objet de l'éloge et de la critique. MM. Percier et Fontaine ont été les architectes de ce monument, à l'élégance duquel on ne peut rien reprocher sous le rapport des proportions, du plan et de l'élévation, ainsi que sous celui de la pureté des profils. Rien ne manque à sa construction, et les ornemens ont été, dans toutes leurs parties, exécutés avec un goût et une netteté de travail qui feraient honneur même à un édifice grec. Les bas-reliefs qui ornaient autrefois les différentes faces de l'arc de triomphe, et ceux qui les remplacent aujourd'hui, ont été confiés à des mains habiles, et tout s'est réuni pour faire de ce monument un morceau précieux d'architecture. Quant à ses dimensions et à la position qu'il occupe sur la place du Carrousel, peut-être, pour bien en juger, faudrait-il attendre que cette place fût terminée, et voir l'effet qu'il produira dans cet ensemble; c'est aussi le parti que je prends, et je m'abstiendrai d'entrer dans une discussion à ce sujet.

Les grands bas-reliefs en marbre qui décoraient autrefois l'arc de triomphe étaient de plusieurs sculpteurs (1). Du côté de la Seine, M. Le Sueur avait représenté *la Paix d'Amiens;* de lui est aussi une *Victoire.* En tournant vers les Tuileries, le premier bas-relief, *l'Entrevue des empereurs de France et d'Autriche,* était de M. Ramey père; après venait *la Paix de Presbourg,* par M. Dumont; et *l'Entrée à Munich,* sculptée par Clodion (2), terminait

(1) La plupart de ces bas-reliefs ont été gravés dans un recueil de sculptures antiques et modernes, publié en 1812 par MM. Vauthier et Lacour, qui les ont dessinés et gravés avec beaucoup de soin et de talent.

(2) Claude-Michel Clodion naquit à Nancy vers 1740, et mourut à Paris le 28 mars 1814. Dès ses premières années il annonça par ses heureuses dispositions pour les arts et surtout pour la sculpture ce qu'il serait un jour, et qu'il ferait honneur à notre école. Il fit ses premières études sous son oncle Lambert-Sigisbert Adam, l'un des meilleurs sculpteurs d'alors, à qui sa statue de *Prométhée* avait fait une grande réputation. Clodion ne fut pas heureux dans son premier concours, où il lutta, très-jeune encore, contre des rivaux plus âgés et plus exercés; mais, l'année suivante, l'académie lui décerna le grand prix à l'unanimité des suffrages. Ses études à Rome eurent beaucoup de succès : il mettait du naturel dans ses ouvrages, quelquefois peut-être un peu trop lâchés, et il savait leur empreindre une grâce qui n'était qu'à lui, et à laquelle cependant on pouvait souvent reprocher un peu de mignardise. Les étrangers, qui affluaient alors à Rome, se disputaient ses productions; et ce fut, sans doute, outre le desir de se perfectionner, ce qui engagea Clodion, après avoir fini son temps de pensionnat, à retourner dans cette ville, où il fit un séjour de onze ans, dont il retira un grand avantage pour son talent. Ce sculpteur, qui composait et modelait avec une grande facilité, a beaucoup travaillé :

ET LES TUILERIES.   619

cette face. Dans celle du nord, *l'Entrée à Vienne* était de M. Deseine (1). Le côté tourné vers le Louvre offrait d'abord à droite *la Bataille d'Austerlitz*, bas-relief de M. Espercieux; celui du milieu, par M. Gérard, présentait

mais il s'est plus exercé sur la terre que sur le marbre, et il existe peu de grands ouvrages de lui, tandis que les cabinets sont remplis de ses terres cuites, dans lesquelles sont rendues avec goût et beaucoup d'adresse de main une foule de scènes très-jolies, dont des bacchantes, des satyres, des amours, sont ordinairement les personnages. Clodion n'a fait paraître que très-peu de ses ouvrages au salon du Louvre; quelques-uns de ses sujets érotiques eussent peut-être même été trouvés trop libres pour y être admis, et ce n'étaient pas les moins bien traités. On vit de lui en 1783 une grande statue de *Montesquieu;* elle était en marbre, et il la fit pour être agréé à l'académie. Pendant dix-huit ans depuis cette époque il ne parut rien de lui aux expositions. Il fit cependant plusieurs ouvrages considérables; car il est question dans Orlandi, imprimé en 1788, d'une grande figure de *S.te Cécile* en marbre qu'il exécuta pour la cathédrale de Rouen, et d'un bas-relief qui représentait le martyre de cette sainte et qui était destiné à la même église. On sait qu'il y eut aussi de lui une *Sainte-Vierge* et un *S. Jean*, de 8 pieds de proportion, qui furent coulés en plomb et dorés. Il éleva aussi à Orsay un monument funèbre qui a été détruit. On cite encore de lui, probablement parmi les ouvrages qu'il fit pendant son séjour à Rome, un *Jupiter prêt à lancer la foudre*, — *le Scamandre desséché par les feux de Vulcain et implorant le secours des dieux*, — *Hercule en repos*, — *le Rhin séparant ses eaux*, et des modèles en terre cuite des statues de *Turenne* et du *grand Condé* destinées pour la place du Pérou à Montpellier. Clodion signala sa rentrée au salon en 1801 par un beau groupe, de forte proportion, qui offrait une scène du Déluge : *un homme emporte son fils; à ses pieds sa femme renversée serre son enfant contre son sein et est entraînée par les flots*. Cette année-là il y eut aussi de lui des groupes et des sujets bachiques

en terre cuite. Il ne parut plus rien de cet artiste au Louvre jusqu'en 1806 qu'on y vit une *jeune fille assise donnant à manger à de petits oiseaux*. Rien en 1810. En 1812 il exposa une statue en marbre qui avait été commencée par Monot, *une jeune fille qui vient de prendre un papillon*, et un groupe en terre cuite dont le sujet était *Homère aveugle chassé par des pêcheurs*.

(1) Louis-Pierre Deseine, né à Paris au mois de juillet 1749 et mort le 11 octobre 1822, fut agréé à l'académie en 1785 et n'y fut reçu académicien qu'en 1791. Le grand prix de sculpture que lui fit remporter en 1780 une *Scène de déluge* en bas-relief, le conduisit à Rome; mais il ne paraît pas qu'il ait retiré de son voyage en Italie et de ses études tout le fruit que l'on eût pu désirer. Les chefs-d'œuvre de l'antiquité ne l'inspirèrent pas assez pour lui faire oublier les mauvais exemples et les fausses maximes qu'il avait puisés dans les ouvrages du règne de Louis XV. Aussi, quoiqu'il fût entré dans la carrière avec d'heureuses dispositions, ne peut-on pas le citer parmi les sculpteurs qui ont contribué à mettre la sculpture dans la bonne route : il est resté en arrière de ceux qu'il avait eus pour collègues dans ses études, tels que Foucou, Roland, Moitte, De Joux, Chaudet, Boichot, Clodion. Ses ouvrages, soit dans la composition, soit dans le dessin du nu et des draperies, se sont toujours ressentis de la manière lâche, sans caractère et sans style de l'ancienne école des Bouchardon, des Le Moyne, et ne peuvent nullement être offerts pour modèles. La première figure de ronde-bosse par laquelle Deseine se fit connaître, fut en 1785 un *Diogène*, de 3 pieds et demi de proportion, qui n'a pas été exécuté en marbre. Au salon de 1787 on vit de lui un *Bacchus*, et plusieurs bustes, parmi lesquels était celui de *Vien*. En 1789, *têtes d'étude* et *bustes en plâtre;*

Hercule, Minerve, la déesse Salus et la Victoire soutenant les emblèmes de la France; et le dernier, de la main de M. Cartellier, retraçait *la Capitulation d'Ulm.* Deux des victoires qui ornent les arcades sont de Taunay : les quatre belles figures de fleuves sculptées en bas-relief des deux côtés du passage sont de Boichot (1), qui a su les disposer avec art et avec goût dans ces places peu propres au développement d'une figure; leur style ne manque

deux esquisses en terre cuite qui ont été reproduites en marbre de grandeur naturelle, *l'Harmonie,* — *Bacchus et Hébé,* groupe qui fut placé à Chantilly. Le morceau de réception de Deseine fut, en 1791, un *Mutius Scévola,* figure en marbre de 3 pieds et demi de proportion. Il fit paraître au salon de 1798 une *Vestale alimentant le feu sacré ;* des bustes, parmi lesquels on remarquait celui de *Montaigne,* qui ne fut exécuté en marbre, à la demande du ministre de l'intérieur, qu'en 1819, ainsi qu'un buste de *Winckelmann,* que Deseine avait fait en 1800. Il y eut de lui cette même année au salon ceux *d'Abélard* et *d'Héloïse,* destinés au musée des Petits-Augustins. En 1804, 1806, 1808, il n'y eut de Deseine, à l'exposition du Louvre, que des projets de monumens en l'honneur de Bossuet et du cardinal de Belloy, et un grand nombre de bustes, *le comte Portalis, l'abbé Sicard, Thouret, le pape Pie VII, Mme Cottin, le duc de Luynes,* &c. Cet artiste saisissait bien la ressemblance, et son talent était plus propre au portrait qu'aux grandes compositions de la sculpture : aussi, dans le monument du cardinal de Belloy pour Notre-Dame, et dans les bas-reliefs qu'il fit pour le Calvaire et pour Saint-Roch, les têtes sont-elles ce qu'il y a de mieux. Il exposa en 1810 le modèle d'une grande statue du *chancelier de l'Hôpital,* placée devant le palais des Députés; en 1812, la statue du *comte Portalis* en marbre, et parmi d'autres bustes, celui du *cardinal Mauri.* Nommé en 1814 sculpteur de S. A. S. Mgr le prince de Condé, Deseine se consacra, pour ainsi dire, à représenter les augustes personnages de la famille royale. Il parut de lui plusieurs bustes de Louis XVI, de Louis XVII, de Louis XVIII, du prince de Condé, de

Mgr le duc de Bourbon et du duc d'Enghien. Lorsqu'on voulut en 1817 élever un monument à la mémoire de ce valeureux et infortuné prince, à ce dernier rejeton de l'illustre maison de Condé, on chargea de cet important travail Deseine, qui, sentant la grandeur du sujet qui lui était confié, le conçut en homme profondément ému et de la perte qu'avait faite la France, et du crime qu'elle ne partagea pas et qui lui ravit ce jeune héros : mais je crois devoir jeter un voile sur la manière dont il rendit son idée. Quant à la figure du prince et à tout son ensemble, Deseine ne l'avait pas connu, du moins à l'âge où il l'a représenté, et il n'a trouvé que des guides peu sûrs dans les portraits qui lui ont été fournis. Ce monument funèbre, placé dans la chapelle de Vincennes, n'est pas en entier de la main de Deseine : il a été terminé par M. Amédée Durand, qui a exécuté la statue de *la Religion,* où l'on trouve une tout autre école que dans les autres figures. Aux productions que j'ai citées on doit ajouter une statue colossale du *général Colbert,* mort en Espagne; celle de *M. de Pansemont, évêque de Vannes;* les *chanceliers d'Aguesseau* et *de l'Hôpital,* pour la cour de cassation; six feuilles des bas-reliefs de la colonne de la place Vendôme. Peu de temps avant sa mort, Deseine mit au salon un bas-relief dont le sujet était *la Bienfaisance répandant ses dons sur les vieillards et sur la maternité.*

(1) Guillaume BOICHOT, né à Châlons-sur-Saone au mois d'août 1735, agréé à l'académie en 1789, est mort le 9 décembre 1815. Boichot, qui, comme peintre et comme sculpteur, a fait honneur à notre école, était fils d'un coutelier; mais, doué par la nature de grandes dispositions pour les beaux arts, il se sentait peu de goût pour l'état de son père. Dès la plus tendre

pas de grandeur, et elles sont exécutées, ainsi que leurs accessoires de bon choix, avec soin et beaucoup de fermeté.

Quant aux statues de militaires français qui surmontent l'entablement de l'arc de triomphe, malgré l'exactitude observée dans leur costume, on ne peut que plaindre les statuaires qui ont été forcés d'employer leurs talens à de pareilles représentations. Rien certainement n'est d'un meilleur effet

jeunesse, l'amour très-vif qu'il ressentait pour le dessin et pour la peinture, lui faisait imiter tout ce qu'il voyait; il se hasarda même, sans le secours d'aucun maître, à copier à l'huile plusieurs tableaux, et il y réussit assez bien pour que M. Barault, conseiller au présidial de Châlons et amateur zélé, s'intéressât à ses progrès et cultivât ses talens naissans. Boichot étudia l'anatomie, et s'exerça aussi à peindre le paysage d'après nature; il s'occupa même d'architecture. Il n'avait cependant atteint que sa quinzième année lorsque ses parens se décidèrent à le vouer à la sculpture. Les premières leçons qu'il reçut dans cet art n'étaient pas faites pour l'encourager et pour développer ses talens : elles lui furent données par un assez médiocre sculpteur de Paris, qui ne faisait que l'ornement, et qui, étant allé s'établir à Châlons, employait le jeune Boichot à faire les modèles des statues qu'il entreprenait pour des églises de village. Après avoir ainsi passé quelques années qui auraient pu lui être plus utiles, il vint enfin à Paris, et entra dans l'atelier de Challe, sculpteur de l'académie. Ce n'était pas encore un bon maître, et il n'était pas propre à former le goût de Boichot, qui sentit l'insuffisance de ses leçons, et qui, n'ayant pas réussi à remporter le grand prix, fit deux fois à ses frais le voyage de Rome, où son talent acquit assez de maturité pour qu'à son retour, en 1771, il trouvât à l'exercer avec avantage. Il travailla beaucoup au château de Verdun pour le marquis de Pons, qui eut de lui plusieurs grandes statues et des peintures : car les premiers goûts de Boichot ne l'avaient pas abandonné, et, faisant marcher de front la peinture et la sculpture, il maniait tour à tour le crayon et le pinceau avec autant de facilité et de plaisir que le ciseau: aussi fit-il pour des églises de Châlons et de Dijon des tableaux et des bas-reliefs considérables. On citait à Saint-Marcel de Châlons la *première Prédication de S. Pierre*, tableau de 18 pieds sur 10; de *grandes figures d'anges* en ronde-bosse pour un sarcophage, et un bas-relief de 12 pieds sur 8; *S. Pierre guérissant un boiteux*, qu'il fit à Paris pour l'église de Montmartre. Ces travaux conduisirent Boichot à l'académie de peinture, par laquelle il fut agréé en 1789. Quelques années après, ce sculpteur, qui avait étudié l'antique avec fruit, fut chargé de faire un grand bas-relief pour le fronton du Panthéon. On vit de lui en 1795 le modèle d'un *Hercule qui terrasse l'hydre:* cette statue colossale, de 15 pieds de proportion, était destinée au même édifice, et devait, ainsi que trois autres, être coulée en bronze. Boichot fit aussi quelques bas-reliefs pour la colonne de la place Vendôme. Parmi ses ouvrages on cite une statue de *S. Roch* pour l'église de ce nom; celle de *la Prudence*, pour le palais du Temple; un beau buste de *Michel-Ange* en marbre; *Télèphe s'arrachant de la cuisse une flèche lancée par Achille* (1789); les bustes de *M. Denon* et de *Bernardin de Saint-Pierre* (1804); celui du *général Watrin* (1806). Il paraît que depuis, pendant plusieurs années, Boichot se livra plus au dessin qu'à la sculpture; les sujets tirés de l'antiquité et propres à être reproduits en bas-relief lui plaisaient le plus, et il a laissé un assez grand nombre de dessins, parmi lesquels, aux salons du Louvre, on a remarqué une *Pompe isiaque*, — une *Réunion de divinités champêtres*, — *Achille plongé dans les eaux du Styx*, — *le Jugement de Pâris*, — *Mars et Vénus surpris par Vulcain*. Enfin on peut dire, à la louange de cet artiste estimable, qu'il a été un des premiers à faire entrer notre école de

que nos guerriers et leur équipement à une revue et surtout sur un champ de bataille; mais il n'en est pas de même de la sculpture, et elle en tire beaucoup moins bien parti que la victoire. Ces statues en marbre sont un *chasseur de cavalerie*, par Foucou; un *grenadier de ligne*, par Dardel (1); un *dragon*, par Corbet (2); un *carabinier*, par Chinard (3); un *sapeur*, par M. Dumont; un *cuirassier*, par Taunay; un *canonnier*, par M. Bridan fils; un *carabinier de ligne*, par M. Moutoni (4). Les bas-reliefs qui ont

sculpture dans la bonne route et à l'y maintenir par ses exemples.

(1) DARDEL. Au salon de 1791 on vit de lui un groupe qui représentait *Turenne couvrant la France de son bouclier;* jusqu'en 1812 il ne parut plus rien de ce sculpteur. A l'exposition de 1814 il y eut de lui une *Minerve pacifique,* — *Henri IV pleurant dans les bras de la Victoire,* — *le grand Condé qui d'une main place une couronne sur la tête de Louis XIV et de l'autre en dépose une sur l'urne funèbre de Louis XIII;* la France semble renaître en voyant un héros près du monarque enfant; — *Blaise Pascal tenant en main un flambeau avec lequel il trace la cycloïde.*

(2) Charles-Louis CORBET, né à Douai en 1756, fut élève de Berruer, académicien, et mourut en 1808. On vit de lui aux expositions du Louvre, en 1798, un buste du *général Bonaparte;* en 1800 celui de la *République française.* Au salon de 1802 il fit paraître une statue d'*Homère que conduit une jeune fille qui écoute ses chants et porte sa lyre.* Outre plusieurs bustes et des têtes d'étude, on vit de Corbet en 1806 la statue du *général Caffarelli du Falga,* — *la Mort de Socrate,* — et un *jeune Faune qui joue avec une chèvre qu'il a affublée de son manteau.* Peu de temps avant sa mort il mit au salon une statue de *Bonaparte en grand costume,* une branche d'olivier à la main.

(3) Jean CHINARD, né à Lyon le 12 février 1756 et élève de Blaise, remporta le grand prix en 1786. Il fut associé à l'institut. Ce sculpteur mit pour la première fois au salon en 1797, mais ce ne furent que des portraits et des esquisses. En 1800 on vit de lui un groupe en plâtre, *Persée délivrant Andromède,* — *la Justice,* modèle en plâtre; et parmi plusieurs bustes, celui d'une femme célèbre alors par sa beauté et qu'il représenta avec les attributs de Diane préparant ses traits. Au salon de 1802, Chinard mit une *Hébé versant le nectar à Jupiter métamorphosé en aigle,* ce groupe était de grandeur naturelle; des *bustes,* des *esquisses.* Il n'y eut rien de ce sculpteur en 1804 : mais, aux expositions de 1806 et de 1808, il fit paraître quelques bustes en marbre de la famille de Bonaparte; il y en eut d'autres de plusieurs femmes avec les attributs de Diane, de Sapho, de Psyché, et celui du *général Desaix;* en outre, un bas-relief en marbre destiné à un arc de triomphe à Bordeaux, et dont le sujet était *honneur et patrie.* Chinard fut plus varié dans ses ouvrages en 1810. Parmi les productions de la sculpture exposées au Louvre, on distingua son *Othryade mourant sur son bouclier,* — *Psyché sortant du bain,* — *Niobé frappée par Apollon,* — *l'Amour troublé par Psyché dans son sommeil,* — *la Victoire distribuant des couronnes,* — *l'Illusion du bonheur,* et il reproduisit le groupe d'*Andromède.* Chinard se montra moins fécond au salon de 1812; il n'y eut en grande figure que le modèle d'une statue pour le pont Louis XVI, *le général Cervoni.* Parmi plusieurs bustes on remarqua ceux du *comte de Bondy* et du *général Baraguay d'Hilliers.* Ce sculpteur, mort le 19 mai 1813, a laissé la réputation d'un homme de talent.

(4) Je dois ajouter à ce qui a été dit, p. 413, sur M. Antoine MOUTON dit MOUTONI (et non Montoni), qu'il est né en 1765 et fut élève de Julien; il remporta le grand prix en 1799. Pendant son séjour à Rome, il fit un groupe qui eut de la réputation et y est resté; il représentait

été supprimés sont remplacés par d'autres compositions qui retracent les actions mémorables de la guerre d'Espagne, si heureusement et si glorieusement commencée et terminée par S. A. R. M.gr le Dauphin. Ces bas-reliefs sont, *M.gr le Duc d'Angoulême congédiant les envoyés de Cadix*, par M. Pradier (1); *l'Entrevue de Son Altesse Royale et du Roi d'Espagne à Cadix*, par M. Cortot; *la Capitulation de Ballesteros*, par M. Petitot fils; *l'Entrée à Madrid*, par M. Roman; et *la Reddition de Pampelune*, par M. Raggi (2).

Thésée vainqueur d'Hippolyte, reine des Amazones. De ce sculpteur sont plusieurs bas-reliefs de la colonne de la place Vendôme, et une grande partie du modèle de l'Éléphant colossal qui était destiné à la fontaine de la place de la Bastille.

(1) M. James PRADIER, né en 1792 à Genève, y a commencé ses études; à l'âge de dix-sept ans il vint se perfectionner à Paris sous la direction de MM. Lemot et Gérard, et en 1812 il remporta le grand prix de sculpture. On a vu de M. Pradier, au salon de 1819, une *Nymphe* en marbre, et un groupe qui représentait un *Centaure et une Bacchante*. En 1822, un *fils de Niobé, blessé par Apollon et cherchant, un genou appuyé à terre, à arracher la flèche qui lui traverse l'épaule*, attira l'attention du public; cette figure de ronde-bosse était en marbre. Il y eut aussi de lui à la même exposition un buste de *M. Charles Bonnet*. Celui de *Louis XVIII couronné d'olivier* se fit remarquer au salon de 1824, et fut acquis par Sa Majesté. M. Pradier fit paraître en même temps une statue de *Psyché*. En 1827 il a été nommé membre de l'académie.

(2) M. Nicolas-Bernard RAGGI, né à Carrare en 1791, est élève de M. Bosio. En 1824 il reçut de la main du Roi la croix de la Légion d'honneur. Le premier ouvrage de M. Raggi qui parut au salon du Louvre, fut, en 1817, un *jeune Discobole prêt à lancer son disque*. Mais en 1819 il se présenta avec des productions plus considérables, *Henri IV* en bronze : cette figure, de 9 pieds de proportion, offre le bon Roi à pied, armé de toutes pièces; il tend la main droite vers son peuple en signe d'amitié, et, posant la gauche sur son épée, il semble lui dire qu'il est prêt à le défendre et à répandre son sang pour lui. Cette statue, la première du grand Henri qui ait paru depuis 1814, a été faite aux frais de M. le comte de Digeon pour la ville de Nérac. On vit de M. Raggi, cette même année, un modèle de la statue de *Montesquieu méditant sur l'esprit des lois*, et *l'Amour qui s'approche du lit de Psyché endormie*; ce groupe a mérité à son auteur une médaille d'or. En 1822, la ville de Grenoble a demandé à M. Raggi, pour la place de Saint-André, une statue de *Bayard mourant*. Le chevalier sans peur et sans reproche, blessé à mort, s'appuie contre un tronc d'arbre : il tient son épée, et en baise la poignée, qui a la forme d'une croix. Cette figure, de 11 pieds de proportion, est en bronze. De la même dimension était un groupe de M. Raggi qui se fit remarquer au salon de 1824, et dont le sujet était *Hercule trouvant sur le bord de la mer le corps du malheureux et imprudent Icare*. Cet ouvrage valut à son auteur la décoration de la Légion d'honneur. On vit aussi de lui au même salon un buste de *Ducis*, dont le ministre de l'intérieur a fait acquisition. Il a fait depuis, pour une chapelle de Saint-Étienne du Mont, une *Sainte-Vierge tenant l'Enfant Jésus*: ce groupe a 7 pieds de haut. Le département de la Gironde lui a commandé pour Bordeaux une statue de *Louis XVI* en bronze, de 18 pieds de proportion. Le monarque est en pied, revêtu de son manteau royal : près de lui sont placés les insignes de la royauté. Dans le moment présent, M. Raggi s'occupe d'une statue équestre de *Louis XIV* en bronze, de 14 pieds de proportion, pour la ville de Rennes.

Au-dessus de l'arc de triomphe doit être placé un quadrige en bronze doré que montera la déesse de la paix. Ce monument, qui retracera les souvenirs attachés au retour de nos Rois, est confié à M. Bosio (1), premier sculpteur du Roi, et sera fondu par M. Crosatier.

Pour terminer cette histoire des changemens successifs qu'ont éprouvés le Louvre et les Tuileries depuis leur origine, il ne me reste qu'à jeter un coup d'œil sur celui qui doit opérer leur entière réunion et compléter ce grand ensemble. Lorsque l'on construisit ces châteaux, dont l'un, le Louvre, long-temps hors de Paris, y fut enfermé plus de cent ans avant que l'on

---

(1) M. François Bosio, né à Monaco le 19 mars 1769, après avoir fait ses premières études à Carrare et à Rome, vint à Paris en 1785, et fut élève de Pajou, à qui le prince de Monaco le confia. Ayant quitté la France au commencement de ses troubles, il ne revint s'établir à Paris qu'en 1808. En 1815 il reçut la décoration de la Légion d'honneur, et en fut fait officier en 1824. Nommé à l'académie des beaux arts en 1816, il fut en 1821 créé chevalier de Saint-Michel, et premier sculpteur du Roi en 1822. Le nombre des ouvrages exécutés par ce maître et qui ont paru aux différens salons est trop considérable pour pouvoir trouver place ici, et je suis obligé de me borner à n'en rappeler que les principaux. Ce fut en 1808, à son retour d'Italie, qu'il exposa pour la première fois au Louvre, et l'on y vit l'*Amour s'envolant en lançant ses traits*. Au salon de 1810, il présenta l'*Amour séduisant l'Innocence*; les bustes de l'*empereur*, de l'*impératrice*, du *roi* et de la *reine de Westphalie*, de la *reine de Hollande*, de la *princesse Borghèse*, du *prince de Talleyrand*, de la *duchesse de Rovigo* et de *M. Denon*. Plusieurs des mêmes personnages reparurent en 1812, et on remarqua le modèle en plâtre de l'*Aristée*. Celui de l'*Hercule combattant Achéloüs métamorphosé en serpent* fit partie de l'exposition de 1814, ainsi qu'un buste de Louis XVIII, qui, en 1818, fit l'acquisition de l'*Aristée* que M. Bosio avait exécuté en marbre et qui est placé au Louvre : nous le donnerons dans la suite de cet ouvrage.

Le Roi lui avait aussi commandé un buste de *S. A. S. M.gr le duc d'Enghien*. On vit aussi cette année, du même statuaire, une jolie figure d'*Hyacinthe à demi couché, appuyé sur son palet*; il attend son tour de se livrer à ce jeu, qui lui fut si fatal. Un sujet gracieux du même genre, la *nymphe Salmacis*, se fit distinguer au salon de 1819, où il y eut encore de M. Bosio les bustes du *général Charette*, du *comte de Cazes*, de *M. Boutard* et de *M. Bertin*. Ce fut en 1822 qu'il exécuta en marbre des carrières de Saint-Béat dans les Pyrénées la charmante statue d'*Henri IV enfant*, que le ministre de l'intérieur destinait à la ville de Pau : Sa Majesté la fit placer au Louvre ; M. Bosio en a fait une répétition pour Pau. Le buste de *M. le marquis de Lauriston* est de la même époque. Le groupe d'Hercule, coulé en bronze par M. Carbonneau, fut exposé en 1824, et il attend dans la cour du Musée royal qu'on lui ait donné une destination. Outre une tête de Vierge, il y eut au même salon un buste de *S. A. R. Madame Élisabeth* en marbre des Pyrénées, et un buste de *S. M. Charles X*, et, comme tête d'étude en marbre, la tête de la *nymphe Salmacis*. Je terminerai cette longue liste par l'ouvrage le plus important de M. Bosio, sa statue équestre de *Louis XIV*, jetée en bronze par M. Carbonneau, et qui a été érigée en 1823 sur la place des Victoires. C'est aussi à ce statuaire qu'a été confié le monument consacré à Louis XVIII comme législateur, et qui doit être élevé sur la place du palais Bourbon.

fît passer les murs de la ville au-delà de l'emplacement des Tuileries, on était loin de penser qu'ils fussent destinés à dépendre un jour l'un de l'autre : aussi, en les élevant, ne songea-t-on qu'à la régularité que devait isolément avoir chacune de ces habitations royales. Séparées, comme elles l'étaient lorsque Catherine de Médicis fit construire les Tuileries, par des maisons nombreuses, des jardins, les murailles de Paris, peu importait que la façade de la maison de plaisance ne fût pas parallèle à celle du château royal, et que les axes de leurs entrées, qu'on avait cependant placées l'une en face de l'autre, ne se répondissent pas exactement. Dans la position où étaient les choses, il n'y avait pas encore là de disparate, et l'on ne pouvait que difficilement prévoir l'embarras où jetterait un jour ce défaut d'alignement ou de parallélisme. Mais, lorsqu'Henri IV, agrandissant les Tuileries, voulut de l'extrémité sur la Seine faire passer une galerie qui allât rejoindre la partie qu'en dehors du Louvre avaient commencée Henri II et continuée Charles IX, on dut bien voir alors que ce défaut apporterait de l'irrégularité dans les constructions, et qu'il n'était pas possible que la grande galerie du Louvre vînt s'unir à angle droit à l'extrémité des Tuileries, que l'on avait prolongées. Le mal était sans remède : mais sans doute alors ne le trouva-t-on pas aussi grave qu'il a paru depuis. Et au fait, à cette époque cette galerie n'était qu'une communication pour aller à couvert et d'une manière sûre dans des temps de troubles du Louvre aux Tuileries, qui étaient encore hors de Paris.

Quand les murs de la ville furent transportés à l'extrémité actuelle du jardin des Tuileries, on eut le champ plus libre ; mais la vue ne l'était guère davantage. Il existait une ville entre les deux palais ; la distance de l'un à l'autre et la hauteur des édifices qui les séparaient ne permettaient pas de saisir d'un coup d'œil les défauts de leurs plans. Ce fut lorsque Louis XIV s'occupa de l'agrandissement du Louvre et des vastes projets qui s'y rattachaient, que les relevés exacts du Bernin et de Perrault montrèrent de la manière la plus positive tous les obstacles que l'on rencontrerait si, d'après les intentions de Louis XIV, on voulait établir entre les deux palais d'autres communications que celle de la grande galerie. On connut alors toute l'irrégularité du terrain qui les sépare et celle de leurs façades. Cette irrégularité n'effraya pas le Bernin : il pensa qu'elle disparaîtrait dans l'immensité de l'espace, et que si on le dégageait entièrement des édifices qui le remplissaient, il en résulterait une vaste place qui conviendrait aux deux palais, et qui serait propre ou à des évolutions militaires ou à des fêtes publiques. Mais peut-être le Bernin, emporté par la grandeur de ses idées, n'avait-il pas réfléchi à la différence des niveaux. Les deux côtés de cette place, dans ses extrémités nord et sud vers le Louvre, sont à plus de 9 pieds au-dessous du milieu de leur intervalle; et pour que des Tuileries au Louvre le terrain eût été de plain-pied dans toute son étendue, il aurait fallu enterrer en partie plusieurs des arcades de la grande galerie du côté de ce dernier palais. Et d'ailleurs cette vaste place, terminée d'un côté par cette galerie et de l'autre par celle que le Bernin projetait depuis le pavillon du nord jusqu'au Louvre, eût rendu encore plus sensible le défaut des Tuileries, qui est d'offrir dans leurs masses irrégulières une ligne trop longue en proportion de leur élévation.

On ne donna pas de suite au projet du Bernin, et il subit le sort de ceux que cet habile homme avait conçus pour le Louvre. Quand on n'eût pas eu de reproches à faire à ses plans, il est plus que probable qu'ils n'auraient pas été adoptés par Perrault, qui lui succéda : aussi prit-il dans les siens le contre-pied de ceux de son prédécesseur. On eût dit qu'il avait pris pour programme de faire disparaître le Louvre et les Tuileries : il encombrait d'édifices élevés et de toutes les formes l'intervalle entre les deux palais, et l'on compte dans ses plans jusqu'à vingt places ou cours grandes ou petites, carrées, octogones, rondes, elliptiques; et toute cette profusion ne dissimulait que maladroitement et imparfaitement le manque de parallélisme des façades et l'angle que forment leurs axes.

Ce projet ne fut heureusement pas plus exécuté que celui du Bernin, et il se passa bien des années pendant lesquelles, ne s'occupant pas du Louvre, on songeait encore bien moins à détruire une quantité de beaux hôtels pour le réunir aux Tuileries. Çà et là cependant il paraissait quelques projets qui semblaient faits plutôt pour exercer les architectes que pour être mis à exécution. Ceux que Desgodets fit en 1728 sur une très-grande échelle étaient fondés sur le programme d'un édit de Louis XIII du 11 mars 1624 et sur un arrêt du conseil du 20 août 1667. Ces plans sont certainement plus sages et mieux combinés que ceux de Perrault; mais ils ont aussi l'inconvénient d'offrir de trop petites divisions, et d'établir devant la façade de l'ancien château des Tuileries une cour dont les bâtimens au midi auraient masqué la galerie du Louvre et resserré la place dans une trop petite enceinte. Il y avait cependant de très-bonnes choses dans le projet de cet habile architecte, surtout dans la partie que traverse l'axe du Louvre : il établissait une galerie du côté de la rue Saint-Honoré, parallèle à la première partie de celle du Louvre et de la même longueur, et au moyen de bâtimens réguliers et de grandes cours de derrière il sauvait la différence de niveau et laissait une grande place devant ce palais. Après ce projet on ne peut guère offrir ceux de Bellanger en 1787 et en 1802 : dans les premiers, il ne cache pas les irrégularités du plan; et dans les seconds, c'est une ville qu'il élève entre le Louvre et les Tuileries, de petites places, de petites rues, des carrefours, et enfin il ne remplit en rien les conditions du programme.

Il serait trop long et même superflu de passer en revue tous les plans qui depuis vingt-cinq ans ont été faits en grand nombre (1) pour la réunion du Louvre et des Tuileries, surtout puisque je ne puis les mettre sous les yeux du lecteur pour lui en faire faire la comparaison; et d'ailleurs, avec quelques modifications, ils rentrent en général dans les idées du Bernin et de Perrault. On pourrait en citer plusieurs où l'on trouve de bonnes conceptions; mais dans d'autres elles sont loin d'être aussi sages. Ce sont des

---

(1) On a réuni ces plans, au nombre de quarante-sept, dans deux grandes feuilles : elles se vendent chez M. Drouet, qui les a gravés, rue Saint-Hyacinthe, n.° 17; M. Bance, rue Saint-Denis, n.° 214; M. Martinet, rue du Coq Saint-Honoré, n.° 15.

cirques, des édifices de formes irrégulières et des constructions qui, prises séparément, n'eussent peut-être pas été d'un mauvais effet, mais qui, considérées dans leur ensemble, ne sont en rapport ni avec le Louvre ni avec les Tuileries, et ne remédient à aucun des défauts que l'on voudrait masquer. Parmi ces projets on en trouvera trois très-remarquables. Dans deux, pour rectifier la façade des Tuileries, on en refait une autre, et dans l'autre on tranche encore plus dans le vif, on abat toute la galerie du Louvre, tout ce palais et le pont des Arts, pour avoir le plaisir de les reconstruire perpendiculairement aux Tuileries. L'innocent aurait souffert pour le coupable; car le Louvre et sa galerie sont à angle droit, et c'était aux Tuileries, comme nouveau venu, à se régler sur ces dispositions

Le projet sur lequel il est intéressant de jeter un coup d'œil est celui qui, après de profondes et nombreuses discussions établies depuis 1806 jusqu'à 1813 en présence des plans et de modèles en relief, fut enfin adopté pour la réunion du Louvre aux Tuileries. On peut voir dans le tableau chronologique qui suit, les vicissitudes que ce projet, qui est dû à MM. Percier et Fontaine, a éprouvées, ainsi que les époques où en a commencé l'exécution, et la planche 110 en offre avec une grande exactitude l'ensemble et les détails (1). Les planches 110 *bis* et 110 *ter* en rendront encore mieux compte; et ces vues, prises en perspective cavalière, l'une du côté des Tuileries dans le jardin, l'autre du côté de la colonnade du Louvre, expliqueront ce que le plan aurait pu laisser d'incertain.

Dans leur premier projet, MM. Percier et Fontaine conduisaient presque jusque sur l'alignement de la façade du Louvre la galerie que l'on a élevée en face de celle qui règne le long de la Seine; mais, d'après les modifications apportées à leurs plans et qui concilient l'économie avec d'autres considérations, cette galerie ne sera poussée que deux arcades au-delà du point où elle est actuellement arrivée, et elle n'aura que vingt-huit arcades du côté du Carrousel. Son extrémité orientale sera terminée par un grand pavillon. De ce pavillon, pour former le quatrième côté de la place du Carrousel, partira une autre grande galerie parallèle au château des Tuileries et qui ira joindre le pavillon du campanille. Elle sera de la même hauteur et recevra la même décoration que celles auxquelles elle est unie. La manière dont ses divisions sont réparties est très-ingénieuse, et prouve que sortir des règles est quelquefois un grand effet de l'art. Ordinairement les pleins et les vides sont combinés de façon que ce soit une arcade qui réponde au milieu de l'édifice. Ici nous avons quarante-six arcades : ainsi c'est un pilastre qui forme le milieu. La grandeur des ouvertures des arcades était commandée par celles qui existent déjà, et d'ailleurs cette irrégularité servira à dissimuler celle de la direction des axes du Louvre et des Tuileries, dont l'un traverse la vingt-deuxième arcade, et l'autre la vingt-troisième, en partant du campanille. Pour mieux masquer ce défaut,

---

(1) Le dessin que présente la planche 110 et qui a été gravé par M. Thierry, a été réduit avec le soin le plus scrupuleux par M. Morey, élève de M. Achille Leclerc, d'après le grand plan de MM. Percier et Fontaine, gravé par M. Hibon.

au point où se croisent ces axes, on élevera une fontaine dont le bassin aura 8 toises de diamètre. Elle sera directement en face du milieu de l'arc de triomphe et de la grande porte des Tuileries, et par sa position, soit qu'on vienne de ce palais, soit qu'on arrive du Louvre, elle ne permettra pas de voir au premier coup d'œil que leurs milieux ne sont pas sur la même ligne. L'arc de triomphe gagnera aussi à cette disposition : étant mieux encadré, dans un espace moins vaste et près d'un monument plus petit, il paraîtra plus grand, et les grilles qui doivent diviser la cour des Tuileries en trois parties contribueront encore à le faire paraître dans de plus justes proportions; il semblera moins dépendre de tout l'ensemble du château que de la portion des anciennes Tuileries comprise entre les grilles.

Le dessous de la galerie transversale sera à jour et ouvert à la circulation publique; il y aura même plus d'un rang de portiques : car on voit par le plan qu'une des extrémités de cet édifice est beaucoup plus large que l'autre; ce qui a été adroitement combiné pour l'établir du côté du Louvre parallèlement à sa façade et perpendiculairement à la première partie de la grande galerie. Cette différence dans les largeurs de ce bâtiment ne nuira pas à la régularité des portiques, qui sera maintenue au moyen de distributions cachées et du plus ou moins d'épaisseur des murailles et des pilastres. La décoration de cette façade se raccordera avec celle du Louvre. Ainsi, outre les avantages que présente cette galerie transversale, on y trouve encore celui de remédier au manque d'accord qui existe dans l'architecture des deux parties de la galerie du Louvre; ce que n'avaient pas pris en considération la plupart des auteurs des différens projets. Par son extrémité au sud elle communiquera avec le Musée royal, et elle est, dit-on, destinée à recevoir la bibliothèque royale. De ses entresols on passerait dans la bibliothèque particulière du Roi, et de là dans les archives du conseil d'état.

Nous avons dit que cette galerie aurait une façade du côté du Louvre; elle donnera sur une grande place carrée, dont les trois autres côtés seront formés au midi et au nord par deux corps de logis de la même hauteur que la galerie, et dont les faces seront dans l'alignement de celles du Musée royal et de l'église : des avant-corps de peu de saillie, ornés de colonnes indiquées dans le plan, annoncent qu'on déploierait dans ces bâtimens une grande richesse d'architecture.

A l'est il n'y aura qu'un portique qui s'élevera seulement jusqu'au premier étage et sera terminé par une terrasse de 18 pieds de large, qui, en avant des autres ailes, régnera tout autour de la place, et sur laquelle seront des sorties pour les appartemens du premier. Ces terrasses élevées, garnies de statues, de vases et d'orangers, ajouteront à l'agrément et à la beauté de tout cet ensemble; ce seront des espèces de jardins suspendus : les bâtimens qui entoureront cette place feront partie de la bibliothèque et pourront contenir diverses collections.

En dehors et répondant au milieu de l'aile de gauche serait placée la salle de l'Opéra, dont l'architecture se raccorderait avec celle du bâtiment dont ce théâtre ferait, pour ainsi dire, partie. Cette salle très-grande, par ses dimensions et sa beauté, serait digne de figurer près du Louvre. Entourée, du moins de trois côtés, par une grande place qui en rendrait les abords faciles, elle s'étendrait jusqu'au château d'eau actuel, que l'on transporterait ailleurs, et elle ferait face à l'entrée du Palais-Royal, qui, par cette disposition, se rattacherait au Louvre et aux Tuileries. Mais peut-être, dans l'ensemble des projets conçus pour ces palais, la salle de l'Opéra est-elle la partie qui, sous le rapport de son emplacement, mérite le plus de devenir le sujet de discussions approfondies. On prendra sans doute en considération la proximité où elle serait de la bibliothèque royale, qui, si on la plaçait au Louvre, aurait beaucoup à redouter d'un si dangereux voisinage.

Derrière la nouvelle aile de droite du Louvre seront les écuries et les remises du Roi, qui renfermeront une vaste cour ornée de fontaines et d'abreuvoirs. Ces établissemens auront des dégagemens sur le quai, et ne communiqueront ni avec la place, ni avec les autres parties du Louvre. En les plaçant ainsi, on a trouvé le moyen de parer, et d'une manière utile, à l'inconvénient des différences de niveau, et l'on rétablit la régularité.

L'intervalle qui restera entre le portique dont il vient d'être question et le Louvre formera une cour d'honneur, qui, fermée à gauche par l'église du Louvre, le sera à droite par les bâtimens du Musée royal, à l'entrée duquel on ajoutera un vestibule à jour pour que les voitures y puissent arriver à couvert; on pratiquera aussi sous le portique, pour les personnes à pied, une entrée qui donnera sur une nouvelle volée de l'escalier.

L'église du Louvre sera d'une belle dimension : à partir de son vestibule circulaire, elle aura environ 230 pieds de long en œuvre sur 120 de large; offrant dans sa première moitié une nef qui s'élevera au milieu d'un double rang de bas côtés, dans la seconde elle sera surmontée d'une coupole aussi spacieuse que celle de Sainte-Geneviève. La peinture et la sculpture contribueront à faire de cette église un monument digne du Louvre, et nos beaux marbres entreront sans doute pour une grande partie dans la richesse de sa décoration. On arrivera à la tribune du Roi, au premier étage, par un magnifique escalier qui établira une communication entre les nouveaux bâtimens de cette partie et le Louvre : le dessus du vestibule de l'église sera occupé par une grande salle destinée à des cérémonies royales.

Nous avons suivi l'histoire du Louvre et de ses accroissemens successifs depuis l'origine de ce palais jusqu'à nos jours. Heureux qui pourra la terminer et décrire les beaux travaux qui restent à faire et qui auront complété ce vaste et magnifique ensemble! Ils sont, il est vrai, considérables; mais quelques millions et quelques années suffiraient pour voir se réaliser ce grand projet, et pour que le monarque qui l'entreprendrait, bienfaiteur de l'architecture, de la peinture et de la sculpture, léguât à la France et à la postérité le palais le plus splendide de l'Europe. Les arts, dont ce pompeux édifice deviendrait le temple, célébreraient à jamais la gloire du prince qui, couronnant ainsi les efforts de tant de siècles, répondrait aux vœux et à l'espoir si souvent déçus de la capitale. Mais déjà en peu d'années, à la voix de Louis XVIII, l'intérieur du Louvre a pris une nouvelle face : la partie décorative de la cour a été terminée; toutes les salles des quatre ailes au premier étage ont été préparées à recevoir les ornemens qu'on leur destinait. Charles X, y appelant tous les arts, vient d'y déployer une richesse de peinture et de sculpture à laquelle depuis long-temps le Louvre n'était plus habitué et qui rappellera celle dont quelques-unes de ses parties brillaient autrefois. De tels travaux ont rendu l'ensemble du Louvre plus pompeux et plus complet qu'il ne l'a jamais été, et l'on parcourt à présent avec plaisir, d'une extrémité à l'autre de ce palais, ces nombreuses salles que l'on ne pouvait, il y a vingt ans, explorer sans danger, et où l'on ne se hasardait qu'à travers des ruines et comme à la découverte. Tout ce que nous avons vu s'exécuter en peu de temps nous est un sûr garant, n'en doutons pas, que les hautes pensées du Roi se porteront à l'extérieur aussi bien que sur l'intérieur du Louvre, et qu'un jour viendra (puisse-t-il être prochain!) où il se plaira à promener ses regards sur le nouveau palais qu'il élevera entre les Tuileries et le Louvre, et à voir des milliers d'ouvriers animés par ses bienfaits et empressés de seconder ses nobles projets. Que de souvenirs présentera cette suite longue et imposante de monumens de diverses époques qui, embrassant toute l'histoire de la France, ses prospérités comme ses malheurs, s'étend du Louvre, berceau de la monarchie, jusqu'à cet arc de triomphe dont la masse colossale, terminant ce vaste ensemble, célébrera la gloire récente de nos armes et la consacrera sur le marbre et sur le bronze! Les armes, les lois, le commerce, sont beaucoup pour la gloire : mais celle que laissent après eux les monumens n'est ni moins durable ni moins brillante; ils font vivre avec éclat la mémoire du prince à qui on les doit, et ce ne sont pas les pages les moins intéressantes de son histoire. Que de rois dans la haute antiquité seraient oubliés, si d'âge en âge leurs monumens n'avaient pas réclamé pour eux les souvenirs de la postérité! Elle est peut-être plus frappée des chefs-d'œuvre qu'on transmet à son admiration, que des hauts faits, qui, à mesure qu'ils s'éloignent, perdent pour elle de leur intérêt et bien souvent de leur authenticité : les monumens parlent, et leur témoignage n'est pas suspect. Dans les siècles les plus féconds en grands souvenirs et qui ont eu le plus d'influence sur les destinées du monde, l'histoire, à côté des trophées de Périclès, d'Alexandre, d'Auguste, de Vespasien, des Antonins, des Médicis, de François I.er, de Louis XIV, place le Parthénon, les merveilles d'Alexandrie, le Panthéon, le Colisée, le mausolée d'Adrien, Saint-Pierre, le Louvre, Fontainebleau, les Invalides et Versailles. Il y aura sans doute plus de difficultés, mais aussi plus de gloire, à terminer le Louvre qu'il n'y en a eu à le commencer; et il est aussi flatteur d'inscrire son nom sur le fronton d'un temple auquel en le terminant on a donné toute sa valeur, que de le mettre sur la première pierre de ses fondations. Ces grands travaux, qui donneraient à ce palais un tout autre aspect, seraient comme une nouvelle création, et feraient, pour ainsi dire, oublier ceux qui les auraient précédés. La renommée, les beaux arts, n'auraient pas assez de voix pour célébrer le monarque qui, émule de ses augustes ancêtres, mettra la dernière main à ce qu'ont entrepris Philippe-Auguste, Charles V, François I.er, Henri IV et Louis XIV.

Tableau chronologique de *l'Histoire du Louvre, des Tuileries et de quelques autres Maisons royales de France.*

Les rois de France de la première et de la seconde race avaient dans leurs domaines des maisons de campagne ou de plaisance et des châteaux forts qui leur servaient de résidence, plus souvent même que Paris, Metz et Soissons, capitales des différens royaumes entre lesquels la France était alors partagée. On ne connaît pas d'une manière positive l'origine de l'édifice romain connu à Paris sous le nom de *palais des Thermes*, et dont il existe, rue de la Harpe, des restes qui annoncent qu'il était considérable. Julien y apprit la nouvelle de son élévation à l'empire en 360; mais il n'est pas certain qu'il n'était pas bâti avant qu'il vînt l'habiter comme proconsul des Gaules. C'était le séjour ordinaire des rois de Paris : Clovis I.er y mourut.

J'ai conservé les noms auxquels on est habitué et dont les aspirations germaniques et très-rudes ont disparu à mesure que le langage s'est adouci. Que gagne d'ailleurs l'histoire et qu'a-t-elle de plus piquant lorsqu'on dit les *Franks* (ce devrait même être les *Franken*) au lieu des Francs; *Hlodewig* ou *Clodowech*, *Lodwig*, pour Clovis, Louis; *Hlodemer* pour Clodomir; *Hlodeher* pour Clotaire; *Radhulf* pour Raoul; *Thioderik* pour Thierri? Ce retour aux anciens noms changerait sans utilité, dans tous les pays, les noms adoptés par l'histoire; et encore ne serait-on pas certain de les remplacer d'une manière positive par les véritables noms francs de nos premiers rois.

ANNÉES.	ROIS.	
481.	Clovis I.er, 5.e roi.	Ce roi et plusieurs de ses successeurs habitèrent souvent un palais près de Sainte-Geneviève, ou le prieuré de Saint-Martin des Champs (depuis l'abbaye Saint-Martin), qui ne furent enfermés dans Paris, le premier, qui en touchait l'enceinte, que sous Philippe-Auguste; et le second, que sous Charles V et Charles VI, de 1367 à 1383. Clovis avait une maison à Chelles, où Clotilde, sa femme, fonda un petit monastère. Cette reine avait un château à Tours.
511.	Childebert I.er, 6.e roi.	Il paraît que ce prince eut une maison de plaisance au Roule (*Rotulajensis villa*), quoique plusieurs auteurs pensent que c'était à Ruel (Sauval, t. II, p. 288). Suivant quelques écrivains de peu de crédit, la fondation du Louvre remonterait au règne de Childebert I.er (*voy.* p. 245). Thierri I.er (de 511 à 534), roi de Metz, frère de Childebert I.er, résidait, non à Nogent-sous-Couci, sur l'Eliette, près de Laon, dont le territoire comprenait plusieurs maisons royales, soit à Quiersi, ou Chiersi [*Carisiacum*], sur l'Oise, entre Chauny et Noyon. Ce château célèbre avait plusieurs noms sur lesquels on n'est pas d'accord (Sauval, t. II, p. 296-297, et Adrien de Valois, *Notitia Galliarum*) Childebert avait aussi une maison de plaisance à Compiègne [*Compendium*], dans la forêt de Cuise, dont on retrouve le nom dans celui de *Cuisia silva*. Entre 534 et 558, Childebert fonda l'abbaye de Saint-Vincent, nommée de Saint-Germain des Prés, lorsqu'en 576 S. Germain, évêque de Paris, y eut été enterré. De 539 à 560, Clodealde ou S. Cloud, fils de Clodomir, fils de Clovis I.er et de Clotilde, échappé au massacre que firent de ses frères ses oncles Childebert I.er et Clotaire I.er, fonde sur les bords de la Seine la maison et le couvent de Nogent, depuis nommé Saint-Cloud.
558.	Clotaire I.er, 7.e roi.	Frère de Childebert I.er et roi de Soissons (de 511 à 558), il avait plusieurs maisons de plaisance : à Pontoise; à Braine, sur la Vesle, en Champagne, où il avait ses trésors; à Compiègne, où, en 534, il fit la paix avec Théodebert I.er, son neveu, roi de Metz (de 534 à 548). Ce fut dans ce château qu'en 562 mourut Clotaire I.er, qui fut inhumé à Saint-Médard de Soissons qu'il avait fondé. Sainte Radegonde, la quatrième des six femmes de Clotaire I.er, avait un château à Athies, sur la Somme, dans le Vermandois; elle fonda le monastère de Sainte-Croix à Poitiers.

ANNÉES.	ROIS.	
562.	Caribert ou Chérébert, 8.e roi.	Il hérita sans doute des maisons de plaisance de ses prédécesseurs: il n'est pas dit qu'il en ait bâti d'autres. Il avait ses trésors à Paris.
566.	Chilpéric I.er, 9.e roi.	Ce roi, frère de Caribert, tandis qu'il régnait en Austrasie (562 à 566), habitait souvent, ainsi que sa femme Frédégonde, le château de Braine, où il tint les états en 574, et où était une partie de ses trésors. Il avait des maisons à Chelles, où il conservait une grande quantité de meubles et d'objets précieux, d'or et d'argent monnayés. Il y fut tué par Landri, amant de Frédégonde. Ses autres maisons de plaisance étaient à Compiègne, à Nogent-sur-Marne, où il avait un trésor; à Villers-Costeretz, dont la forêt, appelée *Cotia* ou *Cotta* par Grégoire de Tours, semble réunir, par une double acception, dans son nouveau nom l'ancien et celui de la forêt de Retz, à côté de laquelle est Villers-Côterets; à Noisy [*Nocetum*] sur la Marne: Clovis, fils de Chilpéric, faussement accusé par sa belle-mère Frédégonde, y fut renfermé, tué, jeté dans la rivière (Sauval, t. II, p. 292); à Vitry [*Victoriacensis villa*] sur la Scarpe, entre Arras et Douai: Sigebert, frère de Chilpéric et roi d'Austrasie (562 à 575), y fut tué par ordre de Frédégonde. Cette reine avait une maison de plaisance au Roule en Normandie, au confluent de l'Eure et de la Seine. En 586 elle fut exilée au Vaudreuil, château près de Rouen. Brunehaut, femme de Sigebert (556, m. 613), fonda un grand nombre d'hôpitaux, de monastères, fit faire de grandes routes. Elle fut inhumée dans l'église de Saint-Martin d'Autun, qu'elle avait bâtie. Gontran, roi de Bourgogne (562 à 593), fils de Clotaire I.er, fut enterré dans le monastère de Saint-Marcel près de Châlons-sur-Saone, qu'il avait fondé.
584.	Clotaire II, 10.e roi.	Roi de Soissons (562 à 584), il avait à Croissy une maison de plaisance qu'il consacra à S. Medard. Ses trésors étaient à Braine. En 603, Clotaire fit au château de Compiègne la paix avec son petit-neveu Théodebert II, roi d'Austrasie (596 à 612). Thierri II, roi de Bourgogne (596 à 613), frère de Théodebert, fut élevé au beau château de Marlem en Alsace, nommé aussi Marley [*Marilegium*]. En 616, Clotaire tint ses états ou son parlement, ses *placita*, au château de Bonneuil sur la Marne [*Bonogillus villa*, *Bonogilus*, *Bonoilus*, *Bonigulus*]. Dans la même année, il y eut une autre cour de justice à Marlem; et en 617, on parle de celle qui eut lieu au château royal de Massolac en Bourgogne. Mais je ne trouve ce château cité que dans un très-bon ouvrage publié sans nom d'auteur, en 1816, sur les Mérovingiens et les Carlovingiens. En 623, il est question d'Attigny [*Attiniacum*] sur l'Aisne, en Champagne, comme d'une maison royale (*voyez* Chilpéric II). En 624, Clotaire maria son fils Dagobert avec Gomatrude, au château de Clichy [*Clippiacum*], qui prit le nom de Saint Ouen, archevêque de Rouen, qui y mourut et y fut enterré. Cette maison passa à Dagobert I.er et à Clovis II. Nos premiers historiens, tels que Grégoire de Tours, mort en 595, et Frédégaire, son continuateur, mort vers 668, ne font pas mention du Louvre (*voy.* p. 238 à 246).
628.	Dagobert I.er, 11.e roi.	Ce prince, et Nanthilde ou Nantchilde, sa femme, qu'il avait épousée au château de Clichy en 625, avaient des maisons de plaisance à Creil [*Crioilum*]; à Romilly, mais on ne sait lequel des quatre endroits de ce nom; à Espinai [*Spinagilus villa*] sur la Seine, à une lieue de Saint-Denis; à

ANNÉES.	ROIS.	
		Bigargium, Garges, sur le Crou [*Crodoldus*], entre Saint-Denis et Arnouville [*Ermenovilla*]. D'après une charte de ce roi, de 633, mais qui n'est pas regardée comme authentique, le Louvre eût déjà existé comme maison de chasse (*voyez* p. 245). Dagobert mourut à l'abbaye de Saint-Denis, dans une maison qu'il s'y était fait bâtir.
638.	Clovis II, 12.e roi.	Ce roi et Sigebert II, son frère, roi d'Austrasie (638 à 656), ainsi que Ste Bathilde, femme de Clovis, nommée Ste Baudour par Sauval, habitaient souvent Compiègne. Ce fut là que se fit, au sort, entre les fils de Dagobert, en bas âge, le partage de ses états. Ste Bathilde agrandit et embellit Chelles. Lors de sa régence, sous Clotaire III, elle changea cette maison royale en un monastère de femmes, et celle de Corbie en un couvent d'hommes. Elle résidait aussi quelquefois, probablement au *printemps*, à Vernon [*Vernum palatium*] ou au *petit palais* de Palaiseau [*Palatiolum*]. Elle mourut à Chelles en 680. Sous les règnes de Clovis II et de Sigebert, furent fondés beaucoup de beaux monastères; Fontenilles, depuis Saint-Wandrille, près de Rouen, par S. Wandrégésile, cousin germain de Pepin d'Héristal; Moissac, sur le Tarn, par S. Amand, de la famille des ducs d'Aquitaine; Saint-Amand en Quercy, par S. Didier, évêque de Cahors; Fleuri, par Léopold, abbé de Saint-Aignan d'Orléans; Saint-Martin des Champs à Metz, par Sigebert II, qui y fut enterré. — Pepin de Landen, ou le Vieux, maire du palais de Sigebert, mourut en 640.
656.	Clotaire III, 13.e roi.	On ne cite ni châteaux ni maisons de plaisance bâtis par ces trois princes, fils de Clovis II, et l'on ne dit pas quels étaient les endroits qu'ils habitaient de préférence.
670.	Childéric II, 14.e roi.	
673.	Thierri III, 15.e roi.	
692.	Clovis III, 16.e roi.	Il n'en est pas non plus question sous les règnes de leurs trois successeurs.
695.	Childebert II, 17.e roi.	
711.	Dagobert III, 18.e roi.	
716.	Chilpéric II, 19.e roi.	Il avait des maisons de plaisance à Vassi [*Vassiacus*] sur la Blaise; à Moustier ou Monstier-en-Der [*Monasterium Dervense*] sur la Voîte [*Puteolus*]; à Attigny, où il mourut (*voy.* Clotaire II, à l'année 623).
720.	Thierri IV, ou de Chelles, 20.e roi.	Ainsi nommé du long séjour qu'il fit à Chelles. Charles-Martel, maire du palais, mort en 741, avait des maisons à Verberie [*Vermeria*] sur l'Oise, entre Compiègne et Senlis; où y tint quatre conciles, ainsi qu'au château de Quiersi, où l'on frappa monnaie. Il y avait alors d'autres maisons royales: à Gentilly sur la Bièvre; à Pontoise [*Briva Isara*]; à Pontion [*Pontico* ou *Pons Hugonis*] sur le Sauly, près de Vitry-le-Brûlé; à Samoucy ou Chamoucy [*Salmontiacus* ou *Salmonicum*], près de Laon. Ces maisons de Charles-Martel passèrent à ses fils Carloman et Pepin.
738.	Interrègne.	
741.	Childéric III, 21.e roi.	
752.	Pepin, 22.e roi.	Ce prince habita ces différens châteaux, ainsi que Braine et Compiègne; il en avait à Vienne, à Bourges, à Worms. 754, le pape Étienne III vient à Quiersi. 757, assemblée générale à Compiègne; Pepin y reçoit les présens de l'empereur Constantin Copronyme, entre autres des orgues. 759, Noël célébré au château de Glare, Pâques à Jupil [*Jobii villa*] sur la Meuse. 760, 761, Pepin passe l'hiver à Quiersi. 765, assemblée générale à Attigny; hiver à Aix-la-Chapelle, Noël à Samoucy, Pâques à Chantilly. 776, assemblée à Gentilly.

ANNÉES.	ROIS.	
768.	CHARLEMAGNE, 23.e roi.	Outre son magnifique palais d'Aix-la-Chapelle, dont parlent sans cesse Éginhard, le moine de Saint-Gall, l'Astronome, Thégan, Nithard, ce monarque avait un grand nombre de maisons de plaisance. Hermoldus Nigellus ou *le Noiraud* (*voy.* la coll. des Mém. de M. Guizot), dans le IV.e chant de son poëme adressé à Charles le Chauve, fait la plus pompeuse description du superbe palais d'INGELHEIM près de Mayence: il était orné de marbres rares et de plus de cent colonnes; l'or et l'argent y brillaient de toutes parts, et l'on y voyait peints, en grande quantité, des traits de la Bible, de l'histoire de France, et de celle des Perses, des Grecs et des Romains. A ce château était jointe une église dont la porte d'airain était chargée d'ornemens en or. Les autres châteaux cités sont THIONVILLE [*Theodonis villa*], où se tinrent quatre conciles; HÉRISTAL, berceau de la famille, et où Charlemagne passait ordinairement l'hiver et célébrait Noël et Pâques; depuis 799 il fut presque toujours à Aix-la-Chapelle; PISTRES [*Pistiæ*, *Pistæ*], au confluent de la Seine et de l'Audelle; ANDRIACUM ou ANDIACUM [*Odrova villa*], entre Amiens et Arras; DUREN, où il y eut assemblée générale en 775, 779; CARBONE, peut-être le même lieu que CORBIGNY [*Carbonacum*], entre Reims et Laon; CASSENEUIL [*Casinogilum*, *Cassioculum*], aujourd'hui Cassignol ou Chassignoles, près du confluent de la Garonne et du Caudrot, entre la Réole et Saint-Macaire : c'était un fort beau palais; Hildegarde, seconde femme de Charlemagne, y accoucha de Louis le Débonnaire. Il y avait d'autres maisons royales à KUFFENSTEIN sur le Mein; à SELTZ sur la Sale, brûlé l'hiver de 790, et à JUPIL, qui avait appartenu au roi Pepin. D. Duplessis, à l'année 788 de ses *Annales*, dit que Charlemagne établit alors dans le Louvre Alcuin et d'autres savans; ce qui fonda les écoles et l'université de Paris. Ce fait, très-contesté, n'est pas rapporté par les auteurs contemporains de Charlemagne (*voy.* p. 245).
771.	CARLOMAN, frère de CHARLES, meurt à SAMOUCY.	
773.	Le Roi passe l'hiver à THIONVILLE.	
776.	Hiver à QUIERSI.	
777.	Pâques à CHASSENEUIL.	
779.	Voyage à COMPIÈGNE.	
781.	Hiver à QUIERSI.	
782.	Hiver à THIONVILLE.	
785.	Hiver à ATTIGNY; chefs saxons baptisés.	
787.	Noël et Pâques à INGELHEIM; assemblée générale à WORMS.	
788.	Hiver, Noël, Pâques et assemblée générale à AIX-LA-CHAPELLE.	
791.	Hiver à RATISBONNE.	
795.	Assemblée générale à KUFFENSTEIN.	
804.	Hiver et Noël à QUIERSI; le pape Léon III y vint.	
814.	LOUIS LE DÉBONNAIRE, 24.e roi.	Ce roi, outre les maisons de plaisance et les palais que lui avait laissés Charlemagne, en avait à JOCUNDIACUM ou JOGENIACUM, nommé aussi ANDIACUM, et qui paraît être JOAC dans le Limousin. Il y passait l'hiver tous les quatre ans, et les autres hivers se partageaient de même entre THEODUADUM, nommé THÉODAD par Éginhard, et TETHWAT par Hermoldus, aujourd'hui Doué en Anjou, près de la Loire; EUREGILUM et ANDIACUM, qui, cependant, paraissent être le même château que *Jocundiacum*, nommé par corruption *Andiacum*. Ses autres maisons étaient à VERNON, à SAULVOY [*Silvacum*] près de Laon. Louis le Débonnaire mourut à INGELHEIM. L'impératrice Judith, sa femme, avait une maison de plaisance à TOURS, probablement la même que celle de Clotilde.
840.	CHARLES LE CHAUVE, 25.e roi.	Maisons de plaisance à POUILLY [*Bellus Pauliacus*] sur la Loire, entre Gien et la Charité; à CORBIGNY, qu'avait probablement fait bâtir Charlemagne. Charles le Chauve reconstruisit l'ancien château de Compiègne, qu'on nomma alors *Carlopolis* et *Carnoon*. Il avait aussi une maison à SAINT-DENIS, et à COUCI [*Codiciacum*, *Coccium*, *Coctacum*] un château qui paraît avoir existé avant ce prince (*voy.* du Cerceau, t. I.er).
877.	LOUIS II, LE BÈGUE, 26.e roi.	
879.	LOUIS III (et CARLOMAN), 27.e roi.	Louis III agrandit la maison que les rois avaient à Saint-Denis, et il y fit bâtir un petit château dans l'enclos du monastère.

ET LES TUILERIES.   635

ANNÉES.	ROIS.	
884.	CHARLES LE GROS ou LE GRAS, 28.° roi, à l'exclusion de CHARLES LE SIMPLE.	
888.	EUDES, 29.° roi.	Abbon, dans son poëme latin sur le siége de Paris en 889, ne parle pas du Louvre; il paraît cependant que vers cette époque et au x.° siècle il y avait déjà sur les bords de la Seine, dans les bois remplis de bêtes fauves et de loups, une maison de plaisance ou de chasse nommée dans de très-anciennes chartes *Castellum de Lupara*, d'où viendrait le nom de *Louvre*; à moins qu'on ne le tire du mot saxon *leower*, tour, ou de *roboretum*, forêt de chênes, d'où seraient venus *rouvre* et *louvre* (voy. p. 245 à 248). Il est assez probable que le premier Louvre devait être à l'extrémité vers l'ouest marquée V S P, &c., dans le plan 3 B. Il paraît qu'il y a toujours eu des fossés dans cette partie, et l'on y retrouve l'ensemble d'un petit château dont la position près de la Seine convenait à une habitation qui, hors de Paris, servait de maison de campagne et de château fort.
898.	CHARLES LE SIMPLE, 30.° roi.	
922.	RAOUL, 31.° roi.	
936.	LOUIS D'OUTREMER, 32.° roi.	
954.	LOTHAIRE, 33.° roi.	
986.	LOUIS V, 34.° roi.	
987.	HUGUES CAPET, 35.° roi.	On croit que le PALAIS (Palais de justice de Paris), qu'habitèrent plusieurs rois de la troisième race, appartenait à Hugues le Grand, père de Hugues Capet. Il aimait aussi le château de Braine. (Sauval, p. 314.)
996.	ROBERT, 36.° roi. En l'an 1000, ce roi, qui habitait ordinairement au Palais, fit bâtir le château de Vauvert, dans l'emplacement où depuis ont été les Chartreux, à l'extrémité du jardin du Luxembourg.	Ce roi et la reine Constance, sa femme, avaient des maisons de plaisance à MELUN [*Meldunum, Meledunum, Melodunense castrum*]: le château de la reine était situé à la pointe de l'île; Robert y mourut. La première année de son règne, il donna à l'abbaye de Saint-Denis le château qu'y avait fait bâtir Louis III. Ce roi avait d'autres résidences : à ÉTAMPES, le palais de la reine était très-beau; il y en a encore des restes; à POISSY [*Pixedunum, Pisciacus, Pinusicum*]; à SAINT-GERMAIN EN LAIE. Robert habita aussi Compiègne, où il fit couronner son fils aîné Hugues, qui y mourut et y fut enterré en 1026; et il fit tenir un synode à Chelles. Selon du Chesne, qui ne cite aucune autorité, ce roi aurait agrandi le château du Louvre, et il y aurait fait des murs et des fossés (*voy.* p. 239 à 247). Fulbert, évêque de Chartres, architecte vers 1020.
1031.	HENRI I.er, 37.° roi.	
1060.	PHILIPPE I.er, 38.° roi.	Habitait souvent le château de Melun, où il mourut.
1108.	LOUIS LE GROS, 39.° roi. Ce roi habitait quelquefois le Louvre; car il se faisait prêter serment de fidélité dans ce château, regardé déjà comme une forteresse importante. Ministres: Étienne DE SENLIS, évêq. de Paris, mort en 1140. SUGER.	Passa les premières années de sa vie dans la maison de plaisance de Saint-Denis; il résida souvent à Étampes. La reine Adélaïde, sa veuve, habitait une maison de l'abbaye de MONTMARTRE qu'elle avait fondée. On ignore les noms des architectes qui purent être employés dans ces temps reculés à bâtir et à orner les résidences de nos rois. Pendant long-temps d'ailleurs on ne distingua pas les architectes et les sculpteurs des maçons et des tailleurs de pierres. Le grand nombre de sculptures qui existent dans les églises de Chartres, d'Amiens, de Beauvais, d'Auch, de Vienne, de Reims, d'Autun, de Notre-Dame, de Saint-Denis, dont plusieurs remontent au x.° siècle, prouvent que de tout temps il y eut en France beaucoup de sculpteurs.

ANNÉES.	ROIS.	MINISTRES.	ARCHITECTES, PEINTRES, SCULPTEURS.
1137.	LOUIS VII, LE JEUNE, 40.e roi.	SUGER, né en 1082, mort en 1152. Étienne DE GARLANDE, mort en 1150. RAOUL, comte de Vermandois, seigneur de Péronne, mort en 1152. THIBAUD, premier comte de Blois, mort en 1191.	On ne connaît pas les noms des architectes et des ouvriers employés par Suger; mais on sait par sa vie que ce grand ministre, quoiqu'il aimât la magnificence, se contentait pour habitation d'une cellule de quinze pieds de long sur douze de large.
1180.	PHILIPPE-AUGUSTE, 41.e roi.	Le sénéchal THIBAUD. Guillaume DE BLOIS, dit *le cardinal de Champagne*, mort en 1202. Robert CLÉMENT, mort en 1181. Gilles CLÉMENT, mort en 1182. Frère GUÉRIN, évêque de Senlis, depuis chancelier, mort en 1230.	
1187.			
1204.			
1222.			
1223.	LOUIS VIII, 42.e roi.		Robert de Luzarches, architecte. Pierre de Montereau, architecte.
1225.	LOUIS IX (S.t), 43.e roi.	Pierre DE VILLEBEON, vivant en 1270.	Thomas de Cormont, architecte. Eudes de Montreuil, architecte. Jean de Chelles, architecte, vivant en 1270. Étienne de Bonneville, architecte, vivant en 1290. Ces architectes, qui ont construit beaucoup d'églises sous Philippe-Auguste, Louis VIII et S. Louis, doivent les uns ou les autres avoir été employés au Louvre (*voy.* p. 263, 64). Cependant s'il y en a parmi eux qui aient travaillé sous Philippe-Auguste, ce ne peut être que dans leur extrême jeunesse.

TRAVAUX.	OBSERVATIONS.
On travailla au Louvre sous Louis le Jeune; peut-être y ajouta-t-on quelques tours. L'art de faire les vitraux, en vogue depuis long-temps en France, faisait tous les jours des progrès. Louis le Jeune le protégeait (p. 311, 312).	Il est probable que Suger, à qui l'on devait plusieurs beaux édifices, s'occupa du Louvre et l'agrandit; peut-être l'ornat-il de vitraux, comme il avait fait à Saint-Denis (*voy*. p. 311, 312). S'il le décora de sculptures, celles des portails de Notre-Dame et de Saint-Denis en donneraient l'idée (*voy*. p. 309 à 312). Louis VII habitait souvent FONTAINEBLEAU [*Fons Bliaudi* ou *Blaudi*], dont quelques auteurs lui attribuent la fondation. Cependant, en 1137, il y avait déjà une maison royale dans la forêt nommée alors *forêt de Bière*; mais, d'après Adrien de Valois (*Notitia Galliarum*), l'acte le plus ancien où se trouve le nom de *Fons Bliaudi* ne remonte qu'au règne de Philippe-Auguste.
Philippe-Auguste augmente et reconstruit en grande partie le Louvre; il élève la grosse tour ronde qui lui servait quelquefois de donjon ou de demeure, de trésor et de prison d'état; elle avait huit toises de diamètre et seize de hauteur jusqu'au toit. De cette tour relevaient les grands fiefs de la couronne. Le Louvre n'avait encore que deux étages, c'est-à-dire, le rez-de-chaussée et le premier (*voyez* p. 249, 50, 63 et suiv., et pl. 8 A). Il y existe encore des restes des constructions de Philippe-Auguste (*voy*. p. 251, 277).	Le Louvre devint, sous Philippe-Auguste, moins un château de plaisance qu'une forteresse qui protégeait la rive droite de la Seine et Paris, dont il touchait en dehors les murs, auxquels ce prince donna une grande extension. Les historiens contemporains, Rigord, Nicolas de Bray, Guillaume le Breton, ne disent que quelques mots de la *grosse* tour ou tour *neuve*, désignations qui prouvent qu'il y avait déjà d'autres tours au Louvre; on la nommait aussi *Arx regis*, la Forteresse du roi (*voy*. p. 283, 289, 309, 337).
Robert comte de Dreux, frère de Louis VII, fonde l'église de Saint-Thomas du Louvre. Fondation de l'église de Saint-Nicolas du Louvre dans l'enceinte ou près de ce château, par le maître de l'Hôpital et les écoliers de Saint-Thomas. (Félibien, t. I.er, p. 210, 211.)	Ingelburge, seconde femme de Philippe-Auguste, avait une maison de plaisance à CORBEIL, et Agnès, sa troisième femme, une à POISSY. Philippe-Auguste déploya une grande magnificence à Compiègne lorsqu'il y reçut chevalier son fils Louis VIII. Il habitait souvent PACY [*Paciacum*], Étampes, et Fontainebleau, où il célébra les fêtes de Noël en 1192; il continua le château de VINCENNES, et entoura de murs le parc, qu'il remplit de bêtes fauves dont une partie lui fut envoyée par Henri II, roi d'Angleterre. Ce prince aimait beaucoup sa maison de plaisance de GONESSE, où il était né, et il signait souvent Philippe de Gonesse, et même, par plaisanterie, il prit le titre de premier citoyen de Gonesse. Il mourut dans son château de MANTES [*Medunta, Petromantalum*].
Ce fut vers 1204 que Philippe commença à s'occuper du Louvre; avant cette époque, quand il n'était pas dans ses châteaux, il demeurait dans la cité.	
Ce prince rachète de l'église de Paris et du prieuré de Saint-Denis de la Chartre des droits qu'ils avaient sur les terrains du Louvre (*voy*. p. 250).	Loin de fouler son peuple par de nouveaux impôts pour fortifier ses villes, ses bourgs et ses châteaux, ce prince indemnisait des dégâts que causaient les travaux des fortifications.
Louis VIII s'occupa peu du Louvre.	Dans Guillaume le Breton, on voit dans le testament de Louis VIII qu'il avait son trésor dans la tour *neuve* du Louvre (*voy*. p. 250). Blanche de Castille, sa femme, avait un château en Normandie, au confluent de la Seine et de l'Eure; peut-être était-ce le Roule (*voy*. Chilpéric I.er).
S. Louis fit probablement au Louvre la grande salle à laquelle depuis on donna son nom (*voy*. p. 301). Il dut orner de vitraux ce château comme Saint-Denis et la Sainte-Chapelle de Paris, bâtie par Pierre de Montereau.	S. Louis habitait moins le Louvre que le palais des Tournelles, Vincennes dont il fit construire la première sainte chapelle par Pierre de Montereau, le Palais dans la cité, et Fontainebleau, où il faisait de fréquens et longs séjours, et qu'il appelait *ses déserts*. Il y bâtit un pavillon dont il reste quelques débris. A cette époque, l'architecture gothique exécutée avec soin; beaucoup de statues en marbre bien travaillées; celles qu'on faisait en pierre, recouvertes de peintures; or, verres colorés, dorés, couleurs brillantes dans les ornemens de l'architecture (p. 260). *Voyez* les caveaux de Saint-Denis. Il paraît que la description du palais de la Jalousie dans la première partie du roman de *la Rose*, par Guillaume de Lorris, vers l'an 1250, convient au Louvre de cette époque (*voy*. p. 251). Bibliothèque de la Sorbonne sous S. Louis (p. 330).

ANNÉES.	ROIS.	MINISTRES.	ARCHITECTES, PEINTRES, SCULPTEURS.
1270.	Philippe III, le Hardi, 44.e roi.	Mathieu de Vendôme, mort en 1286. Pierre de la Brosse, pendu en 1276.	
1285.	Philippe IV, le Bel, 45.e roi.	Enguerrand de Marigny, comte de Longueville, pendu en 1315.	
1315.	Louis X, le Hutin, 46.e roi.	Charles de Valois. Gérard de la Guette, mort à la question en 1322.	
	Jean I.er, le Petit Roi, n'est pas mis au rang des rois.		
1317.	Philippe V, le Long, 47.e roi.		
1322.	Charles IV, le Bel, 48.e roi.	Pierre Remy, pendu en 1328.	
1328.	Philippe VI, de Valois, 49.e roi.		
1335.			Erwin de Steinbach, mort en 1335, travailla à Strasbourg en 1277.
1350.	Jean II, le Bon, 50.e roi.	Pierre de la Forêt, mort en 1361.	
1351.			Jean Ravy, architecte.
1364.	Charles V, le Sage, 51.e roi, avait un grand goût pour l'architecture; il donnait des plans auxquels il avait mis la main, et souvent il dirigeait en personne les ouvriers.	Jean de la Grange, dit le cardinal d'Amiens, mort en 1402. Hugues Aubriot, prévôt de Paris, qui présida à la construction des édifices élevés à Paris, à Vincennes, au château de Beauté, fut aussi sans doute chargé de l'exécution des travaux du Louvre.	Raimond du Temple, maître des œuvres ou premier architecte du Roi (voy. p. 275, 85, 89, 91, 341).

TRAVAUX.	OBSERVATIONS.
D'après une ordonnance de janvier 1274, citée par Félibien, t. I.er p. 433, la fontaine des Innocens existait déjà à cette époque; cette fontaine et celle de Saint-Lazare sont les premières dont parlent les anciens titres.	Charles de France, comte de Valois, fils de Philippe le Hardi, jeta les fondations du château de Vincennes.
	Philippe le Bel naquit à Fontainebleau; il s'y plaisait beaucoup et y mourut. Il habitait aussi et avait ses trésors au Louvre, au Temple après la condamnation des Templiers, et au Châtelet, qu'il agrandit et où l'on établit les tribunaux.
	Louis le Hutin est le premier roi qui ait fait du Louvre sa demeure habituelle. Avant lui nos rois préféraient le Palais dans la cité, que Philippe le Bel avait fait réparer et embellir sous la direction d'Enguerrand de Marigny. Après la mort de Louis X, le comte de Valois voulut disputer le gouvernement à Philippe le Long, qui y avait des droits jusqu'aux couches de la reine, Clémence de Hongrie. Il s'empara du Louvre et chercha à s'y maintenir; mais il en fut chassé par la bourgeoisie, qui soutenait les droits de Philippe pendant son absence.
	Marie de Luxembourg, seconde femme de Charles le Bel, avait une maison de plaisance à ISSOUDUN. Morte en 1321.
On fait de grands travaux à Vincennes; le donjon s'élève jusqu'au troisième étage.	Philippe de Valois continua à Vincennes la partie qui avait été commencée par son père Charles de France, comte de Valois.
	Le roi Jean poursuivit les travaux de Vincennes.
Termine l'église de Notre-Dame.	Les successeurs de S. Louis jusqu'à Charles V s'étaient peu occupés du Louvre.
Le Louvre augmenté de deux étages; grand nombre d'escaliers, de tours, de tourelles ajoutées, entre autres la tour de la Librairie, celle de l'Horloge, peut-être celles du *Vindal* et de l'Écluse (p. 268 et suiv.); la grande vis ou grand escalier. On agrandit les fossés (p. 270 et suiv. p. 285, 89); on refait les appartemens du Roi et de la Reine, la salle neuve de la Reine (p. 296), celle du Roi (p. 297), la salle aux joyaux (p. 296, 319 et suiv.), la salle basse de la Reine (p. 299), les chapelles (p. 298), la salle de S. Louis (p. 301), les jardins (p. 273). Toutes ces salles sont richement meublées.	Le Louvre renfermé dans Paris, dont on élargit l'enceinte (1367). Charles V, Jeanne de Bourbon sa femme et leurs enfans, habitaient souvent Vincennes, dont il termina le donjon et commença la sainte chapelle. Ce château était leur séjour favori, ou, près de là, le charmant château de Beauté; ils résidaient aussi au Louvre, ou à l'immense hôtel Saint-Paul. Ils allaient aussi quelquefois au château de CREIL, bâti par Charles V (voyez-en le plan dans du Cerceau, *les plus excellens Bâtimens de France*, t. I.er), et à Fontainebleau. Suivant l'abbé Guilbert dans sa description de ce château, t. I.er, p.48, ce fut là qu'il commença à rassembler les livres de la bibliothèque, qui devint celle du Louvre. Le roi Jean n'avait que vingt volumes. Charles V en porta le nombre à neuf cent neuf (p. 326, 334), et donna l'entrée de sa bibliothèque aux savans (p. 329). Bibliothèques d'Italie (p. 331). La collection

ANNÉES.	ROIS.	MINISTRES.	ARCHITECTES, PEINTRES, SCULPTEURS.
			Jean de Saint-Romain, le meilleur *imaigier*, sculpteur du temps (*voy.* p. 288, 290, 315).
			Jean de Launay, sculpteur.
			Jean du Liége, sculpteur.
			Jacques de Chartres, sculpteur.
			Gui de Dampmartin, sculpteur.
			On sait que ces artistes et d'autres que l'on trouve cités plus loin travaillèrent au Louvre sous Charles V, et sous Charles VI; on donne même des détails assez circonstanciés sur leurs travaux : mais rien n'indique d'une manière précise ni même approximative l'année de leur naissance et celle de leur mort.
1365.			François d'Orléans, peintre.
			Pierre Anguerrand, tailleur de pierres, sculpteur en bois et ornemaniste (p. 290, 307).
			Jean Colombel, *idem* (*ibid.*).
			Bernard, menuisier, sculpteur en bois (p. 307).
1367.			
1370.			Henri de Vic, horloger.
1372.		Jean DE MONTAIGU, surintendant des finances, décapité en 1409.	Dans la suite les surintendans des finances furent aussi chargés de la direction des bâtimens; mais il paraît qu'aux époques où nous nous trouvons et surtout sous Charles V, qui aimait beaucoup l'architecture et qui s'y entendait, le Roi traitait

TRAVAUX.	OBSERVATIONS.
Décore le grand portail du Louvre du côté de la Seine, et le grand escalier (p. 290). Statues de la Ste Vierge, de S. Jean, du Roi, de la Reine; du duc d'Orléans, second fils du Roi; du duc d'Anjou, son frère; sergens d'armes, par Jean de Saint-Romain et Jean de Launay dans l'escalier. Des mêmes sculpteurs dans la grande chapelle basse (p. 315), statues de la Ste Vierge, d'anges, de treize prophètes; ils en firent aussi pour les immenses cheminées des grands appartemens (p. 317).	des joyaux de la couronne est considérablement augmentée (p. 296, 319 et suiv.). On peut évaluer à mille quatre cent trois livres pesant d'or ou à 2,366,000 francs l'or travaillé en joyaux ou en vaisselle que contenait le trésor de Charles V. Parmi les pierreries dont on cite le nombre, on trouve deux cent vingt-six diamans, cent soixante-dix-neuf rubis balais, mille deux cent dix-huit grosses perles, soixante-dix-neuf saphirs, cinquante-six émeraudes, une turquoise (p. 321). Charles V, selon Sauval, avait fait fondre en lingot tout ce qu'il possédait en or monnayé. Charles VI en fit autant. Peintures et ornemens des salles (p. 305, 306); cheminées, poêles ou *chauffe-doux* mis dans tous les appartemens, même dans les chapelles (p. 296, 317, 318); les boiseries (p. 307); les buffets (p. 320); les lits (p. 325); les siéges (p. 307, 326); et les meubles richement sculptés, garnis de belles étoffes (p. 306, 307, 317, 324 et suiv.); beau temps du style gothique (p. 303, 304); grand nombre de vitraux (p. 309 et suiv.); prix des vitraux (p. 314); tuiles coloriées et vernissées pour les toits (p. 283, 310); girouettes très-élevées, dorées, peintes et aux armes de France; pavés à compartimens colorés; dans les appartemens tapis très-beaux; chapelles (p. 314, 317), oratoires décorés avec soin (p. 316). Charles V dépensa pour le Louvre 50,000 livres, plus de 500,000 francs d'aujourd'hui.
Statues du Roi et de la Reine.	
Statues du duc de Berry, du duc de Bourgogne, frères du Roi.	Prix des ouvrages de sculpture et des journées des ouvriers, p. 288, 290, 315. Les registres des œuvres ou des bâtimens *royaux*, qui existaient autrefois à la chambre des comptes et qui du roi Jean allaient jusqu'à Charles IX, contenaient les détails de tout ce qui avait rapport aux constructions et aux dépenses des bâtimens royaux. Ce sont ces registres qui ont fourni à Sauval presque toutes les particularités curieuses qu'il rapporte dans ses *Antiquités de Paris*. Les ouvrages de Christine de Pisan, et, entre autres, la *Vie de Charles V* et le *Trésor de la cité des dames*, donnent des détails très-curieux sur la vie de Charles V et sur ce qui concerne les palais et les usages de ce temps.
Orne de peintures la salle basse de la Reine, celle des joyaux et plusieurs galeries au Louvre et à l'hôtel de Saint-Paul (p. 305).	
Travaillent au grand escalier et aux ornemens de sculpture en pierre.	
Chargé de la charpente, des meubles et de la sculpture des boiseries.	
L'enceinte de Paris agrandie.	
	Première horloge publique à Paris, faite par Henri de Vic, placée sur la tour du Palais dans la cité. On en voit une au-dessus du portail du Louvre sur la Seine, et une sur une tour de Saint-Germain des Prés, dans un tableau qui doit être de 1370 à 1380, et qui de cette abbaye a passé à Saint-Denis. C'est une descente de croix. Dans le fond du tableau est le Louvre. (*Voy.* p. 243, 51, 81, 82, et pl. 8 A.)
	Le terrain où depuis ont été bâties les Tuileries était dès 1341, selon Sauval, à la famille Desessarts; il appartenait en 1372 au surintendant Desessarts, décapité en 1413. Il n'y avait encore là en 1372 que trois fabriques de tuiles et de poterie. Ce terrain se nommait alors *la Sablonnière* (p. 345).

ANNÉES.	ROIS.	MINISTRES.	ARCHITECTES, PEINTRES, SCULPTEURS.
			lait directement avec son maître des œuvres et les autres artistes qui étaient à son service.
1377.			
1379.			
1380.	Charles VI, 52.e roi.		
1382.		Pierre Desessarts, surintendant des finances, décapité en 1413.	
1388.			Nicolas Bonaventure, de Paris, architecte, travaillait à la cathédrale de Milan en 1388.
1391.			
1394.			
1398.			
1399.			
1406.			Jean Campomosia, de Normandie, architecte employé à Milan en 1399.
1409.			Jean Mignot, architecte français, y travailla à la même époque.
1410.			

TRAVAUX.	OBSERVATIONS.
On détruit un pavillon carré (G pl. 8 B) qui obstruait la cour du Louvre.	En 1378 l'empereur Charles IV et son fils Wenceslas logèrent à Vincennes et au Louvre, dont ils admirèrent la beauté (p. 308, 324). Quoique Charles V eût déjà réparé le Louvre, ce fut dans la grande salle du Palais qu'en 1378 il donna des fêtes.
On fait l'inventaire des joyaux que possédait Charles V (p. 320). (*Voy.* aux manuscrits de la bibliothèque royale le n.° 8356, et Poncet de la Grave, t. I.er, p. 294-307.)	Charles V donne à la Sainte-Chapelle de Paris le magnifique camée représentant l'apothéose d'Auguste (p. 322). Charles V avait laissé dans son trésor, qu'il conservait à Melun, 1,800,000 livres; ce qui ferait aujourd'hui près de 18,000,000 fr. Ils furent enlevés en grande partie et dissipés par le duc d'Anjou, oncle de Charles VI.
Construction de la tour ou du fort du Bois sur le bord de la Seine, près du Louvre (p. 269).	Charles VI habitait le Louvre avec Isabeau de Bavière, sa femme; il y fit quelques changemens. Cette reine avait aussi des maisons de plaisance à MELUN et au VAL-LA-REINE.
On la fait abattre. Jardins du côté de la rivière détruits en partie pour y faire des cuisines. On orne d'un portail l'entrée de la grosse tour, et l'on y place la statue de Charles V par Jean de Saint-Romain (p. 288, 335). Il paraît que le même sculpteur fit pour le portail du côté de Saint-Germain l'Auxerrois les statues de Charles V et de Jeanne de Bourbon (p. 293).	Il paraît, d'après des titres cités par J. Rouillard dans l'*Histoire de Melun*, p. 497, que Charles VI se plaisait au château de NOTRE-DAME DU VIVIER en Brie, qu'il avait augmenté et embelli, et qui, acheté d'abord par Philippe V, qui y fit un édit, ou par Philippe de Valois, avait été donné par celui-ci en 1343 à son fils le prince Jean.
On remplace par des livres une partie des armes conservées dans la grosse tour (p. 289).	Ce ne fut qu'en 1393 que commença la démence de Charles VI, et il eut souvent des intervalles lucides. Charles VI, pendant sa maladie, donne à sa maîtresse surnommée *la petite reine*, qui était fille d'un marchand de chevaux, deux maisons de plaisance situées à CRETEIL et à BAGNOLET.
Suivant Sauval, on prend aux Juifs, que l'on chasse de France, cent quatorze volumes qu'on ajoute à la bibliothèque du Louvre (p. 333).	
Charles VI fait mettre aux fenêtres de son appartement dans la grosse tour, des grillages de fil d'archal pour se garantir des pigeons (p. 287, 309).	En 1399 l'empereur Michel Paléologue vint à Paris et logea au Louvre. En 1406 le duc de Bourgogne ramène le dauphin Louis à Paris, et ils logent au Louvre.
Louis, duc d'Aquitaine ou de Guienne, dauphin, donne vingt volumes à la bibliothèque du Louvre (p. 311).	Sauval dit que ce fut Charles, fils aîné de Charles VI, qui donna ces livres; mais il se trompe : le dauphin était mort en 1400, très-jeune, puisque Charles VI ne se maria qu'en 1385. Tout ce qu'il attribue à Charles doit s'appliquer à Louis, second dauphin, dont il est beaucoup question dans Monstrelet, et qui mourut à vingt-et-un ans en 1415. Il habitait souvent le Louvre et était passionné pour la musique et pour les plaisirs.
A la mort de Gilles Malet, bibliothécaire, il manquait à la bibliothèque du Louvre deux cents volumes. Malgré les augmentations qu'elle avait reçues, il n'y restait en 1410 que neuf cent cinquante volumes, dont sept cent trente de l'ancien fonds de Charles V (p. 333).	

ANNÉES.	ROIS.	MINISTRES.	ARCHITECTES, PEINTRES, SCULPTEURS.
1413.			
1422.			
1423.	Charles VII, 53.ᵉ roi.	George DE LA TRIMOUILLE, mort en 1446.	
		Le président LOUVET, renvoyé en 1425.	
1427.		Le seigneur DE GIAC, mort en 1426.	Guillaume Jasse, sculpteur. Philippe de Foncières, sculpteur.
1428.		Jacques CŒUR, mort en 1456.	
1429.			
1461.	Louis XI, 54.ᵉ roi.	Philippe DE COMINES, mort en 1509.	
		Olivier LE DAIM, pendu en 1484.	
1483.	Charles VIII, 55.ᵉ roi.	Le cardinal Guillaume BRIÇONNET, mort en 1514.	Jean Juste de Tours, architecte-sculpteur. Fra Giocondo ou Jean Joconde, de Vérone, architecte (p. 340).
1498.	Louis XII, 56.ᵉ roi.	Le cardinal George D'AMBOISE.	Guillaume, de Marseille, et maître Claude, Français, peintre-verrier. Il se pourrait que ce peintre fût le même que maître Claude de Paris qui travailla avec le Rosso.
1515.	François 1.ᵉʳ, 57.ᵉ roi.	Le connétable Anne DE MONTMORENCY, mort en 1567.	

TRAVAUX.	OBSERVATIONS.
La petite chapelle basse du Louvre changée en avant-portail, avec une chambre au-dessus, terminée par une terrasse (p. 300, 302).	Sauval, d'après les registres des œuvres royaux, attribue ce changement à Charles duc de Guienne. Mais nous avons vu à l'année 1409 que c'est une erreur, et que ces changemens doivent avoir été faits par son frère, et l'on doit d'après ceci rectifier ce qui a été dit de Charles p. 300, 302, 311.
	En 1413, selon Corrozet, Pierre Desessarts, prévôt de Paris, fut mis en prison dans la tour du Bois au Louvre. Cependant, suivant d'autres auteurs, elle avait été détruite en 1382.
D'après un nouvel inventaire de la bibliothèque du Louvre, il n'y avait plus que huit cent cinquante-trois volumes, estimés 2323 livres 4 sous, ou 17,932 francs 58 centimes (p. 333).	Charles VII habitait souvent le château du PLESSIS ou de MON-TILS-LÈS-TOURS. Il donna celui de LOCHES à Agnès Sorel, ainsi que le château de BEAUTÉ, qui passait pour la plus jolie maison de plaisance de nos rois, et dont il ne reste pas de traces dans la forêt de Vincennes où il était situé.
Ornent le portail du côté de la Seine des statues de Charles V et de Charles VI (p. 293).	
	En 1428, Jean duc de Bretagne et de Richemont donne à l'église de Saint-Thomas du Louvre l'hôtel de la Petite-Bretagne, dans l'enceinte duquel était Saint-Thomas.
On vend au duc de Bedford, qui s'était déclaré régent du royaume, la bibliothèque du Louvre, qu'il transporte en Angleterre. Il l'acheta 1200 liv. tournois, 9257 francs 65 centimes (p. 333).	
	Louis XI embellit le château de BLOIS, qui depuis fut souvent habité par Louis XII. Il paraît que le château d'AMBOISE est à peu près de cette époque. Celui du PLESSIS-LÈS-TOURS était le séjour favori de Louis XI, qui y mourut.
	En 1476, Louis de Berghen, de Bruges, découvre la taille du diamant (page 322).
Vasari, t. V, p. 153, 161, 164, dans des passages curieux sur le travail de la peinture sur verre, dit que les ouvrages faits en ce genre par Guillaume de Marseille étaient si beaux, qu'en les voyant on ne croyait pas que ce fussent des vitraux, mais quelque chose que le ciel avait fait pleuvoir, *cosa piovuta dal cielo*, pour charmer les hommes.	Il paraît que sous Louis XI, Charles VIII et Louis XII, on travailla peu au Louvre de Philippe-Auguste et de Charles V (p. 335). Le cardinal George d'Amboise, ministre de Louis XII, protégea les beaux arts, et fit construire le beau château de Gaillon par Jean Joconde ou d'après ses dessins (*voy.* du Cerceau, t. I.er). Il est probable qu'il y employa les talens de Jean Juste de Tours; mais il n'est pas dit qu'il se soit occupé du Louvre (p. 340). On abandonnait déjà en partie le gothique pour revenir à l'architecture des Grecs et des Romains (p. 335). La reine Anne de Bretagne, femme de Louis XII, avait une maison de plaisance à NIGEON, près de Chaillot (Sauval, t. II, p. 311).
	Vers cette époque on termine à Paris, rue des Mathurins, le bel hôtel de Cluny, dont il reste beaucoup de détails, et entre autres une très-jolie chapelle qui se dégrade et qu'il serait intéressant de conserver.

ANNÉES.	ROIS.	MINISTRES.	ARCHITECTES, PEINTRES, SCULPTEURS.
1516.		Le maréchal de France et amiral Claude D'ANNEBAUT, mort en 1552.	Léonard de Vinci, peintre-architecte.
		Jacques DE BEAUNE SAMBLANÇAY, surintendant des finances, pendu en 1527.	
1525.		Antoine DUPRAT, chancelier, mort en 1555.	Serlio, architecte (p. 352 et 359).
		François DE TOURNON, cardinal d'office, mort en 1562.	
1527.			
1530.			Le Rosso ou maître Roux, peintre.
			Benvenuto Cellini, sculpteur-fondeur-ciseleur.
1531.			Le Primatice, de Bologne, abbé de Saint-Martin de Troyes, peintre-architecte.
			Niccolo dell' Abate, peintre-sculpteur.
			Damiano del Barbiere, sculpteur-peintre.
			Nicolas Belin, dit *Modena*, peintre. ⎫
			François Pellegrini, peintre. ⎪
			Laurent Renaudin, de Florence, peint. ⎪
			Luc Romain, peintre. ⎪
			Barthélemi Miniati, de Florence, peintre. ⎪
			Ruggieri de Bologne, peintre. ⎪
			Jean-Baptiste de Bagnacavallo, peintre. ⎪
			Jean Samson, peintre. ⎬ Travaillèrent
			Lucas Penni, peintre. ⎪ sous
			Claude Baldouin, peintre. ⎪ la direction
			Louis Dubreuil, peintre. ⎪ du Rosso
			Jean et Virgile Buron, peintres. ⎪ et du
			Francisque Cachetemier, peintre. ⎪ Primatice
			Charles Carmois, peintre. ⎪ à Fontaine-
			Charles et Thomas Dorigny, peintres. ⎪ bleau
			Antoine Fantose, peintre. ⎪ et proba-
			Michel Gérard, peintre. ⎪ blement
			François, Jean et Louis Lérambert, peintres. ⎪ au Louvre.
			Simon Leroi, peintre. ⎪
			Michel Rochetet, peintre. ⎪
			Germain Musnier, peintre. ⎪
			Marin Le Moine, sculpteur. ⎪
			Jean Pometart, sculpteur. ⎪
1533.			François Saillant, sculpteur. ⎪
			Léonard Giroux, sculpteur. ⎪
			Ponce Jacquio, sculpteur. ⎭
			Pierre Lescot, abbé de Clagny, arch. (p. 338 et suiv.)
			Jean Bullant, architecte-sculpteur.
			Claude Garamond, qui florissait vers 1510 et qui mourut en 1551, grava et fondit de très-beaux caractères qui firent faire en Europe de rapides progrès à l'imprimerie.

TRAVAUX.	OBSERVATIONS.
	Après avoir passé cinq ans en France, Léonard de Vinci meurt, comblé de biens et d'honneurs, entre les bras de François Ier François Ier fit construire à cette époque le quai de la Mégisserie. On fit des ordonnances très-sévères pour la propreté des rues (Félibien). On devait porter les immondices dans le ruisseau et y jeter un seau d'eau pour les faire s'écouler vers l'égout. Il était défendu aux maçons de laisser des décombres dans les rues, et les tombereaux des boueurs devaient être fermés.
En 1519, François Ier achète de Nicolas de Neufville de Villeroi le terrain où depuis ont été élevées les Tuileries. Il n'y avait alors que quarante-deux arpens. On lui donna en échange la terre de Chantelou, près de Châtres sous Montlhéri. On résolut d'y bâtir une maison de plaisance pour la mère du Roi, dont la santé souffrait du séjour du palais des Tournelles. En 1525 la comtesse d'Angoulême donna les Tuileries et ses dépendances à Jean Tiercelin, maître d'hôtel du dauphin, et à Julie Dutrot, sa femme, leur vie durant, à la charge de faire les réparations et de payer les rentes et droits (Félibien, t. II, année 1519).	
On détruit la grosse tour du Louvre (p. 337).	
Du Cerceau rapporte que François Ier se plaignait de ce que ses bâtimens n'étaient pas aussi bien entretenus que ceux des particuliers; et il paraît qu'une fois construits on s'en occupait peu.	François Ier attire par ses promesses et par ses largesses les artistes de l'école de Florence, qui embellissent de leurs ouvrages Fontainebleau et le Louvre. On reconstruit en France un grand nombre d'églises et de châteaux remarquables. On cite le château de CHALLUAU, entre Fontainebleau, Nemours et Montereau, que François Ier fit bâtir avec luxe et qu'il donna à la duchesse d'Étampes (voyez du Cerceau, les plus excellens Bâtimens de France, t. II). Il agrandit aussi et embellit le château de Villers-Cotterets (du Cerceau, t. II). Il fit de grands travaux à Saint-Germain en Laie, et dirigeait lui-même les ouvriers; du Cerceau dit qu'on pouvait presque regarder ce prince comme s'il en eût été l'architecte. L'ancien château fut abattu, et l'on n'en conserva que les fondations. Il fit aussi construire par Philibert de Lorme le château de LA MUETTE, dans la forêt de Haye (aujourd'hui de Saint-Germain), et FOLEMBRAY, près de COUCI, ancien château, qu'il embellit, de même que celui de MONTARGIS, dont il fit présent à Renée de France, seconde fille de Louis XI et épouse du duc de Ferrare. Elle l'agrandit encore et y mourut. Ce fut aussi François Ier qui fit bâtir la magnifique demeure royale de CHAMBORD et l'élégante maison de plaisance de MADRID dans le bois de Boulogne, qui fut terminée sous Henri II, et qui n'existe plus (voy. du Cerceau, t. Ier). En 1531, François Ier fit transporter de Blois au Louvre son trésor, qui fut renfermé dans plusieurs grands coffres à plusieurs clefs : le roi en garda une; les autres furent remises au chancelier, au grand-maître, à l'amiral, quelquefois au premier et au second président de la chambre des comptes, et au contrôleur de l'épargne.
Le Louvre est mis en état, après beaucoup de réparations, de recevoir Charles-Quint et une cour nombreuse. Lices pour les joutes et les tournois établies du côté de la Seine (p. 336).	François Ier projette de nouveaux plans pour agrandir et embellir le Louvre. Serlio en présente; ceux de Lescot parurent préférables, même de l'aveu de Serlio, qui cependant, à ce que l'on croit, eut quelques travaux du côté de la Seine, et qui en fit de considérables à Fontainebleau, que François Ier faisait rebâtir (1544) en même temps que le Louvre (p. 352), et où travailla aussi Benvenuto Cellini. En 1543, François Ier envoie le Primatice en Italie, d'où il rapporte pour ce monarque cent vingt-quatre statues antiques

ANNÉES.	ROIS.	MINISTRES.	ARCHITECTES, PEINTRES, SCULPTEURS.
1540.		Philibert DE LORME, surintendant des bâtimens du Roi. On ne connaît pas précisément l'époque à laquelle il eut cette place, et l'on verra plus bas qu'il y a beaucoup d'incertitude dans la manière dont on fixe l'année de sa mort et celle du Primatice, qui lui succéda. Il paraît que ce furent les premiers surintendans des bâtimens, ou du moins les premiers qui en eurent le titre.	Bernard Palissy, potier et peintre-verrier très-habile, fut fort protégé par François I.er, par Henri II et par Charles IX. Il fut chargé de beaucoup de travaux par François I.er, qui établit une manufacture de poterie vernissée à Rouen et une d'émaux à Limoges. Palissy, chargé de les diriger, fit faire de grands progrès à l'art de la poterie et à celui de la verrerie ou de la peinture sur verre; et les beaux ouvrages qui nous restent de lui dans ces différens genres, donnent une idée très-avantageuse du luxe et surtout de l'élégance des ameublemens et de la vaisselle du temps de François I.er et d'Henri II. Palissy prenait le titre d'inventeur et d'ouvrier des rustiques figulines du Roi et d'Anne de Montmorency, pair et connétable de France, qui l'employa beaucoup à son château d'Écouen. Le travail des pierres dures, telles que jaspes, agates, sardoines, cristal de roche, fut très en faveur sous les règnes de François I.er et d'Henri II. Une grande partie des vases faits de ces belles substances que nous possédons date de ces époques, ainsi qu'un grand nombre de pierres gravées, dont les auteurs ne le cédaient guère en talent aux meilleurs graveurs de l'antiquité.
1547.	HENRI II, 58.e roi.		
1548.			Jean Goujon, sculpteur-architecte (p. 340, 342). Il est reçu que Goujon fut tué à la Saint-Barthélemi tandis qu'il travaillait à la fontaine des Innocens ou plutôt aux sculptures du Louvre. Cependant il n'en est question, ni dans l'*État de la France sous Charles IX*, ni dans le *Martyrologe protestant*, qui entrent dans les plus grands détails sur les massacres non-seulement de Paris, mais de plusieurs autres villes, et qui donnent des listes très-circonstanciées de gens très-obscurs qui y furent tués.
			Paul Ponce Trebati, sculpteur (p. 340-342).
1559.			Androuet du Cerceau, architecte.
			Roland Maillard et sa femme, sculpteurs-peintres.
			Germain Pilon, sculpteur.
			Barthélemi Prieur, sculpteur.
			Jean et Guillaume Roudelet, peintres.

TRAVAUX.	OBSERVATIONS.
Il paraît que ce ne fut que cette année, ou même en 1541, que commencèrent les travaux du Louvre sous la direction de Lescot (p. 339). Dans les dernières années du règne de François I.er, on démolit plus de l'ancien Louvre qu'on n'en éleva du nouveau. La principale entrée mise du côté de Saint-Germain l'Auxerrois (p. 336). Suivant Félibien, on destina à ces travaux, à l'hôtel-de-ville, à la réparation des fontaines et aux fortifications, 34,000 livres, quoiqu'on en eût déjà dépensé 100,000 pour l'hôtel-de-ville. Mais ces 34,000 livres, le marc d'argent étant alors de 12 livres 10 sous, ne feraient aujourd'hui que 146,880 francs.	et une grande quantité de bustes. Quelques-unes de ces statues, qui faisaient partie de l'ancienne collection de la couronne, sont encore au Musée royal. On moule aussi en Italie, par ordre du Roi, la colonne Trajane et plusieurs chefs-d'œuvre de la sculpture antique. Les fouilles des monumens de Rome étaient alors en grande activité, François I.er contribue fortement à faire renaître ces chefs-d'œuvre des arts qu'il partage avec l'Italie, et, dès le commencement de son règne, Raphaël (mort en 1520) et les plus grands artistes d'Italie lui destinent leurs plus beaux ouvrages. Jean Bullant, architecte et sculpteur, Jean Goujon et Barthélemi Prieur, élèvent, de 1540 à 1545, pour le connétable Anne de Montmorency, le superbe château d'Écouen (p. 343, et du Cerceau, t. I.er).
Les travaux du Louvre prennent de l'activité. Henri II poursuit et exécute en partie les plans de François I.er On refait la grande salle des gardes ou des caryatides (de 1548 à 1556, p. 339). L'inscription placée sur la porte était: HENRICVS REX CHRISTIANISS. VETVSTATE COLLAPSVM, REFICI COEPTVM A PAT. FRANCISCO L. R. CHRISTIANISS. MORTVI SANCTISS. PARENT. MEMOR PIENTISS. FILIVS, ABSOLVIT. AN. SALVT. REST. M. D. XXXXVIII. A l'entrée de la salle il y avait en lettres d'or, ABSOLVT. AN. SAL. M. D. LVI; et aux deux extrémités de la salle, VIRTVTI REGIS INVICTISSIMI.	En 1548 Philibert de Lorme bâtit pour Diane de Poitiers, maîtresse d'Henri II, le charmant château d'Anet. En 1550, Philibert de Lorme et Jean Goujon terminent la fontaine des Innocens.
Caryatides (voy. pl. 44, 45), œils-de-bœuf de la cour (pl. 27-28, 40), sculptures de l'escalier d'Henri II (pl. 29 B, 30, 31).	Jean Goujon orna de sculptures plusieurs édifices de Paris, l'hôtel de Carnavalet, Saint-Germain l'Auxerrois.
On ajoute au Louvre en dehors le gros pavillon du Roi (p. 344, pl. 10 e E), et l'on commence, probablement d'après les plans de Serlio, les bâtimens qui sont devenus la galerie du Louvre, et qui, après la mort de Serlio, furent, à ce qu'il paraît, continués par Jean Bullant.	A cette époque, Jacques d'Angoulême, sculpteur, se distinguait à Rome, et en 1550 sa statue de S. Pierre fut préférée à celle qu'avait faite Michel-Ange (voyez Vigenère, dont il n'y a pas de raisons de suspecter la véracité, Philostrate, p. 885). Catherine de Médicis embellit CHENONCEAU sur le Cher, en Touraine (voyez du Cerceau, t. II). Elle aimait aussi beaucoup sa maison de Chaillot. Henri II fit faire la grande terrasse de Saint-Germain en Laie. Sous le règne d'Henri II, les travaux du Louvre se réduisirent à la moitié de chacune des deux ailes du côté de la Seine et à l'ouest. D'après le plan qu'on suivait, ce palais n'aurait eu que le quart de celui d'aujourd'hui.
Cinq des petits frontons de la cour du Louvre et les bas-reliefs de l'attique (voy. pl. 24 à 26). Paul Ponce commença la sculpture ornementale de la salle des Caryatides.	
On fait au rez-de-chaussée, sur la Seine, les appartemens de Catherine de Médicis, et au premier de ce côté et sur la cour, ceux d'Henri II. Le Primatice, abbé de Saint-Martin de Troyes, Niccolo dell' Abate, le Rosso, ornèrent de peintures ces appartemens. On décore de sculptures la salle des Caryatides (voy. pl. 41 à 46, 53) et l'escalier d'Henri II. Les sculptures en bois du magnifique plafond de la chambre d'Henri II, aujourd'hui salle qui précède celle des séances royales, exécutées sous la direction et d'après les dessins du Primatice par Roland Maillard et sa femme. Ils firent aussi les peintures qui en ornaient les cartouches.	Ces appartemens, aujourd'hui les petites salles du Musée royal des antiques, étaient dans l'emplacement de ceux de Jeanne de Bourbon, femme de Charles V, et le dessus formait en partie ceux de ce prince. Corrozet, qui finit à l'an 1559 sa Description de Paris, imprimée en 1561, annonce les monumens anciens et modernes de Paris gravés par du Cerceau, qui devait avoir déjà de la célébrité à cette époque, et l'on pourrait placer sa naissance vers 1520. Corrozet ne dit presque rien du Louvre. Paul Ponce a sculpté un plafond de ce genre et beaucoup d'ornemens à Fontainebleau. Tous les sculpteurs alors travaillaient aussi bien le bois que la pierre ou le marbre.

ANNÉES.	ROIS.	MINISTRES.	ARCHITECTES, PEINTRES, SCULPTEURS.
1560.	Charles IX, 60.e roi.		Jean Chambiche, architecte (p. 351).
1564.			
1570.			
1572.		Le Primatice, surintendant des bâtimens du Roi.	
1574.	Henri III, 61.e roi.		
1590. 1596.	Henri IV, 62.e roi.	Le duc de Sully fut chargé de tout ce qui avait rapport aux châteaux et aux bâtimens du Roi.	Plain et Fournier, architectes (p. 352). Étienne du Pérac, architecte-peintre. Il n'est guère possible que du Pérac soit mort à trente-deux ans, ainsi que le dit Orlandi, si, comme le rapporte Félibien, t. III, il travaillait à Rome en 1569. Il faudrait peut-être lire dans Orlandi 1551 ; il aurait eu dix-neuf ans lorsqu'il étudiait les monumens de Rome.

TRAVAUX.	OBSERVATIONS.
On continue le pavillon du Roi et les salles jusque près du quai (*voyez* pl. 10, p. 351). Il n'y avait qu'un rez-de-chaussée surmonté par une terrasse. Les sculptures de cette aile du côté du jardin de l'Infante, par Barthélemi Prieur.	Ce Jean Chambiche n'est connu que par Sauval; il aurait continué l'aile commencée par Serlio ou par Jean Bullant sur la Seine (pl. 9 et pl. 10 de C en I). La salle du Centaure (pl. 10, I), où se trouve le grand balcon connu sous le nom de *balcon de Charles IX*, n'a certainement pas été bâtie en entier de son temps; continuée sous Henri III, elle ne fut terminée que sous Henri IV, et les ornemens extérieurs portent son chiffre réuni à celui de Gabrielle d'Estrées. L'architecture de l'extrémité de cette aile est tout-à-fait différente de celle de la première partie. Si ce que Brantôme raconte de Charles IX est vrai, c'est de quelque autre partie de son appartement, et non de cette fenêtre, qu'il a pris une part active à l'affreuse journée de la Saint-Barthélemi.
	Charles IX avait entrepris près de la forêt de Lions, à trois lieues de la Seine, le château de CHARLEVAL, qui eût été la plus vaste des maisons royales et qui ne fut pas terminé (*voyez* du Cerceau, t. II).
Catherine de Médicis, dégoûtée du palais des Tournelles, où Henri II, dans un tournoi, avait été blessé à mort par Montgomery, l'abandonne et revient au Louvre. Elle ajoute des terrains à ceux qu'avait acquis François I.er en 1525, et fait bâtir hors de Paris les Tuileries par Philibert de Lorme et Bullant (p. 344 et suiv.). Il n'y eut d'abord que trois pavillons et deux arrière-corps en terrasse (*voyez* p. 348). Catherine de Médicis n'habita jamais les Tuileries; elle demeurait près de là au pavillon de Médicis, près de la rue Saint-Honoré. En 1572, elle fit rebâtir pour elle par Bullant l'ancien hôtel de Nesle, qui devint l'hôtel de la Reine, et depuis de Soissons, et qui a été remplacé par la halle aux blés (p. 342, 349).	En 1566 il y eut devant le Louvre des joutes sur la Seine. La même année on commença les nouveaux murs de Paris au-delà des Tuileries.
	Si Philibert de Lorme n'est mort qu'en 1570, et si le Primatice n'eut qu'à cette époque la surintendance des bâtimens du Roi, il ne jouit que bien peu de temps de cette place, car on met aussi sa mort en 1570; mais il avait été chargé des travaux de Fontainebleau, comme peintre, après la mort du Rosso, depuis 1541, et comme architecte, après celle de Serlio (1552), et même quelques années auparavant, cet architecte ayant passé les dernières années de sa vie à Lyon. Orlandi et Milizia mettent sans fondement la mort de Philibert de Lorme en 1577.
On travailla peu au Louvre sous le règne de ce prince. On abattit la plus grande partie des bâtimens de l'artillerie et de la maison des lions ou de la ménagerie de Charles V (*voyez* pl. 8, B).	Ce fut alors que l'on détruisit la plus grande partie de ce qui existait encore des petits jardins de Charles V et de Jeanne de Bourbon; et l'on y fit des cuisines.
	Il paraît que le plan du Louvre par Androuet du Cerceau est de 1576 (p. 341).
Vers cette époque, Henri IV fait travailler au Louvre et continuer l'aile de Charles IX. Il emploie les architectes Plain et Fournier. On remplace la terrasse par un étage qui devint la galerie d'Apollon. On fait le grand salon où a lieu l'exposition. Henri IV forme le projet de réunir le Louvre et les Tuileries par une grande galerie du côté de la Seine. Du Cerceau ajoute aux Tuileries le pavillon de Flore et le corps de logis qui s'y joint jusqu'au premier pavillon de Philibert de Lorme de ce côté. On commence aussi le pavillon de l'autre extrémité. Du Pérac poursuivit les travaux de du Cerceau.	En 1593 on tint dans la grande salle du Louvre (ou des Caryatides) les états de la ligue. — En 1594, 27 décembre, Henri IV reçut au Louvre un coup de poignard de Jean Châtel.
	Sauval est le seul auteur qui cite Plain et Fournier.
	Il paraît que du Cerceau, habile architecte, qui en 1578 avait commencé le Pont-Neuf fini en 1604, fut chargé en grande partie des travaux du Louvre et des Tuileries (*voy.* p. 352). Cependant il quitta la France vers 1598. Du Pérac lui succède (p. 359). C'est vers cette époque qu'a dû être construit le pavillon qui fait l'extrémité de l'aile perpendiculaire à la Seine, et qui comprend la salle I, I, pl. 10 (du

ANNÉES.	ROIS.	MINISTRES.	ARCHITECTES, PEINTRES, SCULPTEURS.
			Clément Métézeau, architecte (p. 395 et suiv.).
			Pierre et François L'Heureux, sculpteurs. Ils ne sont cités que par Sauval; ils étaient peut-être élèves de Germain Pilon ou de Barthélemi Prieur.
			Toussaint du Breuil, peintre, mort sous le règne d'Henri IV.
			Jacob Bunel, de Blois, peintre.
1600.	HENRI IV épouse MARIE DE MÉDICIS, morte en 1642.		Arthus Flamand, peintre. Henri Lérambert, peintre. Pasquier, peintre. Testelin, peintre. Jean de Brie, peintre. Gabriel Honnet. Guillaume Dumée. } Élèves de du Breuil ou de Bunel.
			David et Nicolas Pontheron. Nicolas Bouvier. Claude et Abraham Halle. Jérôme Baullery. } Ornemanistes.
			Pierre Biard, architecte-sculpteur, de Paris.
			Boileau, sculpteur-ornemaniste.
			Morel, sculpteur-ornemaniste. Ils firent la sculpture des chapiteaux et des ornemens de la grande galerie du Louvre du côté de la Seine.
1603.			Fréminet ne revint de Rome en France qu'en 1603. Premier peintre d'Henri IV.
1606.			Ambroise Dubois, d'Anvers, peintre de Marie de Médicis en 1606.
1608.			Jean Dubois son fils, peintre. Paul Dubois son neveu, peintre. Ninet Flamand, peintre. Maugras de Fontainebleau, peintre. } Élèves d'Ambroise Dubois.

TRAVAUX.	OBSERVATIONS.
La galerie des antiques (salle de Diane), commencée par Catherine de Médicis, est achevée sous la conduite de Métézeau et enrichie de beaux marbres. Les frises marines et une partie des sculptures de la première partie de la galerie sur la Seine. La galerie d'Apollon décorée de peintures qui n'existent plus, d'après les dessins de du Breuil, par plusieurs peintres qui étaient pour la plupart ses élèves ou ceux de Bunel. Celui-ci et sa femme exécutent, avec de grandes recherches pour les costumes, les portraits en pied des rois, des reines et des personnages illustres de la France.	Centaure), et le balcon que l'on attribue à Charles IX. Henri IV, dans les premiers travaux qu'il fit au Louvre, voulut sans doute donner à Gabrielle d'Estrées une preuve de son amour en unissant dans les ornemens son chiffre à celui de sa maîtresse. Elle mourut en 1599, et c'est entre cette année et l'an 1596 au plus tôt, époque des premiers travaux du Louvre sous Henri IV, que l'on doit placer celle de l'achèvement de cette salle et du balcon auquel on a infligé à tort une affreuse célébrité, et qui n'existait pas sous Charles IX. Henri IV avait fait présent à Gabrielle d'Estrées du château de MONCEAUX, à deux lieues de Meaux, et à la marquise de Verneuil, de celui de VERNEUIL, qu'elle embellit (voyez du Cerceau, t. Ier).
En 1600 Henri IV fit faire un jardin aux Tuileries (sur la place du Carrousel); il touchait les fossés de la ville qu'on devait changer en étang (Bonfons, p. 429 v.°). Ce fut aussi ce prince qui termina les Tuileries, et au-dessus de la grande porte d'entrée on mit sur un marbre une inscription qui portait : PERENNITATI INVICTISSIMI PRINCIPIS DE BELLO ET PACE TRIVMPHANTIS.	On s'éloigne de l'architecture de Philibert de Lorme aux Tuileries, et de celle de Serlio dans la partie de la galerie qui touche le Louvre. Du Pérac fit encore des changemens aux projets de du Cerceau. Il travaille à la première partie de la grande galerie, à partir du Louvre jusqu'au milieu ; il orne de peintures plusieurs salles de Fontainebleau. En 1599, Jacquet, sculpteur, dit Grenoble, termine la belle cheminée d'Henri IV. Ce prince ne voulait employer dans ses édifices que des marbres de France (voyez p. 191). On pousse avec activité les travaux des châteaux de Saint-Germain en Laie et de Fontainebleau. Du Pérac, mort en 1602, est remplacé par Clément Métézeau, qui met ses idées à la place de celles de ses prédécesseurs (p. 359 et suiv.). Henri IV avait son trésor à la Bastille ; il était très-considérable, et il fut dissipé sous la régence de Marie de Médicis.
Cet habile sculpteur travaille au Louvre.	
On décore avec magnificence l'appartement de Marie de Médicis (petites salles du Musée des antiques sur la cour, pl. 9 de F à D, pl. 11, Q. R. S. T. U. V. M.). Les plafonds peints par Evrard, suivant Sauval.	Sauval regrette des captifs en bas-reliefs de Biard, qui, d'après ce qu'il rapporte, devaient faire suite aux sculptures de Barthélemi Prieur dans la partie de l'aile sur le jardin de l'Infante qui vient se joindre au mur de la salle du Candélabre. Ces sculptures furent détruites lorsqu'on ouvrit plus tard des fenêtres pour éclairer la salle E, pl. 10. Je ne trouve cet Évrard que dans Sauval ; il est probable que c'est le même qu'Errard de Nantes, qui travailla beaucoup au Louvre. Mais comme il ne naquit qu'en 1606, ce ne fut que sous Louis XIII et Anne d'Autriche qu'il put faire les plafonds dont parle Sauval ; car il était bien jeune lorsque Marie de Médicis sortit de France en 1630, pour qu'on lui eût confié, quelques années avant cette époque, des travaux importans.
Les autres tableaux par Fréminet, Ambroise Dubois, Bunel le père. Ce dernier travailla aussi beaucoup aux Tuileries.	
	En 1604, on termine le Pont-Neuf; en 1605, l'hôtel-de-ville.
Entre les tableaux, portraits des grands hommes de Florence et surtout de la famille des Médicis, par des peintres florentins que l'on ne nomme pas.	Cet habile peintre orna Fontainebleau d'un grand nombre de beaux tableaux qui sont en partie détruits ou en fort mauvais état (voyez la Description de Fontainebleau, par l'abbé Guilbert).
La construction de la galerie du Louvre était alors presque terminée.	Henri IV, par son édit de 1608, avait donné dans le dessous de la galerie des logemens à des artistes et à des ouvriers distingués, tels que peintres, sculpteurs, orfévres, joailliers ; c'était pour servir d'école et d'encouragement. En 1608, Description de Paris, par Pierre Bonfons et Dubreul (p. 238). Ils ne disent rien des travaux du Louvre sous Henri II.

ANNÉES.	ROIS.	MINISTRES.	ARCHITECTES, PEINTRES, SCULPTEURS.
1610. 1614.	Louis XIII, 63.e roi.	Le maréchal D'ANCRE, premier ministre.	
1615.			De Brosse, architecte de Marie de Médicis.
1617.		Le connétable DE LUYNES, premier ministre. On ne trouve pas nommé de surintendant des bâtimens.	
1621.		Le cardinal DE RETZ, premier ministre.	
1624.		Le cardinal DE RICHELIEU, premier ministre.	Jacques Le Mercier, architecte (p. 361).
1628.			Jacques Sarrazin, de Noyon, sculpteur.
1638.		SUBLET DE NOYERS, marquis de Dangu, surintendant jusqu'en 1643 au mois de mai. Peu de temps après il rentra en place jusqu'en 1645.	Buister, sculpteur, nommé *Bistel* par Sauval. Guérin, sculpteur. Jean Varin, graveur en médailles. Le Clair, dit *Capitoli*, sculpteur-ornemaniste. Van Opstal, sculpteur. Errard, peintre-architecte.
1643.	Louis XIV, 64.e roi.		Patel, père et fils, paysagistes. Fouquières, paysagiste. Ponti. Tritani. Bianchi. } Stucateurs, ornemanistes, doreurs, Arudini. employés aux appartemens d'Anne Diego Borzoni. d'Autriche. Perlant, ou plutôt Poissant, ornemaniste-ciseleur-doreur. Grimaldi ou *le Bolognese*, peintre. Romanelli de Bologne, peintre. Simon Vouet, peintre.
1646.			Nicolas Poussin, né aux Andelys. Michel Anguier, sculpteur. Velasquez de Sylva, de Séville, peintre.

ET LES TUILERIES. 655

TRAVAUX.	OBSERVATIONS.
	Le 23 avril on érige à Paris la statue équestre d'Henri IV, envoyée par Côme II, grand-duc de Toscane, et faite par Jean de Bologne et Francheville. Ce fut le premier monument de ce genre élevé à Paris en mémoire de nos rois (le président Hénault).
	Marie de Médicis fait bâtir le Luxembourg par de Brosse, et elle fait planter en 1616 le Cours-la-Reine.
	En 1617, le maréchal d'Ancre est tué sur le pont du Louvre, du côté de Saint-Germain l'Auxerrois.
Vers cette année le cardinal de Richelieu fait reprendre les travaux du Louvre par Le Mercier; on agrandit le plan, qui doit être quatre fois plus grand qu'il n'eût été d'après les projets de Lescot (p. 361). La principale entrée vers les Tuileries.	En 1624, les murs de Paris, qui passaient encore entre le Louvre et les Tuileries, à peu près dans le prolongement de la rue Saint-Nicaise, sont portés au-delà de l'extrémité occidentale de l'emplacement actuel du jardin des Tuileries (p. 360).
Est chargé des caryatides du grand pavillon du Louvre (p. 362).	En 1629, la Sorbonne reconstruite avec magnificence par le cardinal de Richelieu d'après les plans de Le Mercier, qui élève aussi le palais Cardinal, aujourd'hui le Palais-Royal (p. 361).
Exécutent les caryatides et les ornemens de la cour d'après les modèles de Sarrazin.	Fondation de l'imprimerie royale au Louvre par le cardinal de Richelieu. L'imprimeur Cramoisy en est le directeur, et Trichet du Fresne le correcteur, sous l'autorité de Sublet de Noyers, surintendant des bâtimens. — Monnaie des médailles au Louvre; Varin, graveur.
Sculpte les chapiteaux des colonnes du grand pavillon et exécute d'autres ornemens.	1640, *Antiquités de Paris*, &c. par Claude Malingre (p. 239).
Sculpte le dernier œil-de-bœuf de la partie de la façade continuée par Le Mercier (pl. 36). Cet architecte n'éleva que jusqu'au premier étage les parties qu'il ajoutait à l'ancien Louvre.	
Anne d'Autriche embellit ses appartemens du Louvre; à ceux de Catherine et de Marie de Médicis sur la Seine (pl. 9, D-F), elle ajoute toute l'aile bâtie par Henri II, Charles IX, Henri IV (pl. 10 en entier). Les bains qui occupaient une partie de la salle actuelle du Tibre (pl. 9, D, et pl. 11, V-M), richement décorés des marbres les plus rares, de bronzes, de peintures (p. 499). Petite galerie de communication (pl. 9 E), agrandie (pl. 10, L), ornée de paysages par Grimaldi de Bologne. Les salles qui sont vers la Seine (pl. 10, C-I) peintes par Romanelli; les sculptures faites par Michel Anguier. Salle des antiques, aujourd'hui de la Diane à la biche (pl. 10, K), très-belle. Anne d'Autriche termina aussi ce qu'il restait à construire de la grande galerie du Louvre. Le Poussin fut chargé de la peindre et de la décorer (1641); il fit de beaux projets qu'il commença à exécuter. Simon Vouet et son école lui suscitèrent des désagré-	Ce fut surtout pendant sa régence qu'Anne d'Autriche agrandit et décora avec magnificence ses appartemens au Louvre. Sauval, témoin de ses travaux, dit que le luxe avait fait de tels progrès, que celui qu'avaient déployé Catherine et Marie de Médicis paraissait alors très-peu de chose. Il est cependant difficile de porter la magnificence et la recherche du travail plus loin que dans les superbes boiseries qui nous restent des appartemens d'Henri II et d'Henri IV, et le goût y est meilleur que dans ce qui a été exécuté en ce genre sous Louis XIV.
	En 1644 le cardinal Mazarin propose inutilement au cavalier Bernin de se charger d'élever l'hôtel Mazarin, aujourd'hui la Bibliothèque du Roi.
	En 1646 il attire de Rome à Paris Romanelli, peintre célèbre de l'école de Pietre de Cortone; Romanelli peint la galerie de l'hôtel Mazarin, aujourd'hui grande salle des manuscrits de la Bibliothèque du Roi.

ANNÉES.	ROIS.	MINISTRES.	ARCHITECTES, PEINTRES, SCULPTEURS.
1655.		Antoine DE RATABON, de Montpellier, surintendant des bâtimens du Roi, né en 1617, mort en 1670. Il paraît d'après les lettres du Poussin, que le président de Fourcy fut surintendant des bâtimens après M. de Ratabon.	
1660.	Le Roi forme de grands projets pour le Louvre.		Mort de Le Mercier. Le Vau, architecte. D'Orbay, nommé premier architecte du Roi et de ses bâtimens.
1664.		COLBERT, ministre, surintendant des bâtimens du Roi.	Le cavalier Bernin, architecte-sculpteur. Claude Perrault, médecin, architecte. Mathias de Rossi, architecte, élève de Bernin.
1665.			Mort du Poussin, à Rome. Mort de Louis Le Vau. Charles Le Brun, de Paris, peintre.
1667.			

TRAVAUX.	OBSERVATIONS.
mène; Poussin abandonna ce qu'il avait entrepris, et retourna à Rome (1643).	1648, fondation de l'académie de peinture par plusieurs peintres et amateurs sous la protection du chancelier Séguier: elle s'assemblait alors à l'hôtel de Brion au Palais-Royal; elle fut réunie à celle de Saint-Luc à Rome en 1676.
	En 1653 Mazarin loge au Louvre au-dessus de l'appartement du Roi.
	De 1659 à 1661, Romanelli, à son second voyage à Paris, peint les plafonds des appartemens. Il est aidé par le Bolognese, qui peint les paysages.
	Pendant qu'on travaillait aux appartemens d'Anne d'Autriche, elle demeura souvent avec Louis XIV au Palais-Cardinal, que Richelieu avait légué au Roi et qui prit alors le nom de Palais-Royal.
On travaille avec activité au Louvre. Le Vau continue les travaux de Le Mercier. On élève la façade du côté de la Seine. Architecture différente de celle de Lescot et de Le Mercier. Projet et commencement d'exécution de la façade vers Saint-Germain l'Auxerrois.	1660, 9 juin, mariage de Louis XIV.
	1661, 9 février. Le feu prend avec violence au Louvre dans la galerie d'Apollon; les peintures en sont détruites. Anne d'Autriche quitte les grands appartemens de l'aile vers la Seine, et se retire dans les petits sur la cour, qui d'appartemens des reines-mères étaient devenus ceux des reines.
Colbert ne trouve pas cette façade assez belle: de nouveaux projets sont mis au concours. Les plans des architectes de Paris ne sont pas agréés. Claude Perrault, médecin, en fait un qui plaît à Louis XIV et à Colbert. On fait consulter par le Poussin les architectes de Rome sur les plans de Le Vau et des architectes de Paris; on n'envoie pas celui de Perrault. Les plans renvoyés de Rome, accablés de critique, sont rejetés par Louis XIV. Ce monarque écrit au cavalier Bernin, et l'engage par les plus brillantes promesses à venir à Paris et à présenter des plans pour le Louvre. Le Bernin se décide, et part avec l'agrément du pape Alexandre VII. Son voyage ressemble à une marche triomphale. Le Roi lui fait l'accueil le plus flatteur. Le Bernin soumet ses plans, on les accepte. Les constructions de Le Vau détruites. Bernin jette les fondations de la nouvelle façade. Il éprouve des difficultés; on lui en suscite. Ses plans critiqués. On le dégoûte. Il demande à partir. Il part comblé d'honneurs, de pensions et de présens pour des travaux qu'on démolit après son départ. Colbert revient au plan de Perrault; Louis XIV l'agrée, et l'on reprend les travaux du Louvre. Destruction de ceux du Bernin (p. 365-373).	En 1662, 5 juin, carrousel devant les Tuileries. La place en retint le nom. La cour habitait alors Saint-Germain.
	En 1663, fondation des académies des inscriptions, de peinture et de sculpture, agréée par le Roi.
	Voyez p. 366 les *dépenses du Louvre de 1664 à 1679*. Le total est de 10,608,969 livres 4 sous 9 deniers. On a pour moyenne proportionnelle par année 663,060 liv. 19 sous 6 den. 3/75.e En 1670, la dépense fut la plus forte; elle monte à 1,627,293 l. 19 s. 11 den. En 1676, elle n'alla qu'à 42,082 l. 14 s. 6 den. On peut prendre 28 liv. pour valeur moyenne du marc d'argent de 1641 à 1690, et la livre d'alors vaudrait 1 fr. 93 cent. d'aujourd'hui.
Première pierre posée le 17 octobre 1665 (p. 374).	1665. Sauval écrit vers cette époque, et même avant, une partie de son ouvrage sur les antiquités de Paris. Il parle des travaux du Louvre comme témoin oculaire.
	En 1665 Colbert établit l'académie française de peinture à Rome pour les grands prix; ce ne fut que depuis cette époque que l'on exposa au Louvre, dans la galerie d'Apollon, les tableaux et les sculptures des élèves couronnés.
	Par un acte du 7 juin 1667 signé Colbert, on voit que ce furent les projets de Perrault pour le Louvre qui furent adoptés, et

ANNÉES.	ROIS.	MINISTRES.	ARCHITECTES, PEINTRES, SCULPTEURS.
1670.			
1674.			Cliquin, habile charpentier.
1679.			
1683.		Mort de Colbert.	
1688.		Le marquis DE LOUVOIS, surintendant.	Mort de Perrault.
1691.		Édouard COLBERT, marquis DE VILLACERF, surintendant, né en 1628, mort en 1699.	
1699.		Jules HARDOUIN MANSARD, surintendant jusqu'en 1708.	
1708.		Louis Antoine DE PARDAILLAN DE GONDRIN duc D'ANTIN, surintendant général des bâtimens, mort en 1736.	
1715.	Louis XV, 65.ᵉ roi.		
1716.			
1720.		Le cardinal DE FLEURY, premier ministre de 1726 à 1743, né en 1653, mort en 1743.	
1737.		Philibert ORRY, directeur général des bâtimens, né en 1688, mort en 1747.	Jacques-Ange Gabriel, architecte du Louvre jusqu'en 1742.
1746.		François-Paul LENORMANT DE TOURNEHEM, directeur général, né en 1683, mort en 1750.	
1751.			

TRAVAUX.	OBSERVATIONS.
La colonnade du Louvre est à peu près terminée cette année. Le Brun dirige les peintures du Louvre. Il peignit en grande partie la galerie d'Apollon, et ne suivit pas les plans du Poussin. Colbert fit copier pour la galerie de Diane aux Tuileries, par les élèves de l'école de France à Rome, les tableaux d'Annibal Carache à *la Farnésine*. Philippe de Champagne, Nocret, Nicolas Loyr, Mignard, Francisque Milet firent les plafonds et les peintures des appartemens du Roi et de la Reine; Lérambert et Girardon, les figures et les ornemens en plâtre. Le tout fut terminé en 1668.	que Le Brun devait être chargé de surveiller les sculptures et les ornemens. — D'après M. Dulaure, *Nouvelle Description de Paris*, 1785, p. 395, Mansard proposa aussi pour le Louvre des plans que Louis XIV adopta, et qu'il voulait faire exécuter sur-le-champ; mais Mansard s'y refusa, aimant mieux renoncer à la gloire qui l'attendait, qu'à la liberté de revoir et de corriger ses plans.
Élève et met en place les deux pierres énormes des cymaises du fronton de la colonnade.	1668. *Antiquités de France*, par André Duchesne, p. 239.
	Depuis 1670 les travaux du Louvre s'étaient ralentis; on n'en parle plus depuis 1679 dans le compte rendu par Mansard en 1701 (*voy.* p. 386).
	En 1679 ou 1680 l'académie de peinture établie définitivement par ordonnance du Roi et logée au Louvre. Elle était restée pendant trente-et-un ans à l'hôtel de Brion au Palais-Royal.
Le Louvre, qui languissait du vivant de Colbert et de Perrault, est abandonné après leur mort. Ce palais, loin d'être achevé, se dégradait déjà. On bâtit en dedans et en dehors contre les murailles. En 1709, le duc d'Antin, surintendant des bâtimens, avait son hôtel adossé à la colonnade (p. 383-390).	Il se passe plusieurs années pendant lesquelles l'abandon dans lequel on laisse le Louvre le menace d'une destruction totale.
	1685. *Paris ancien et nouveau*, par Lemaire (*voy.* p. 239).
	1715. *Le Voyageur fidèle*, par Léger, in-12.
	1716. *Curiosités de Paris, de Versailles*, &c., par M. L. R. [Le libraire Saugrain.]
On retranche une partie de la grande galerie pour y loger la maison de l'infante. Sous le ministère du cardinal de Fleury, il est question d'abattre le Louvre par économie.	1724. Publication de l'ouvrage posthume de Sauval sur les antiquités de Paris.
	1725. Huitième édition de la *Nouvelle Description de Paris*, par Germain Brice. La même année paraît le grand ouvrage de Dom Félibien, continué par Dom Lobineau, 5 volumes *in-fol.*: c'est un trésor de recherches faites dans les chartes, de même que le recueil de Sauval (p. 239).
Depuis quelques années la voix publique s'élevait contre l'abandon où était le Louvre. Triste état de ce palais et de ses dépendances en 1750 (*voy.* p. 389 et suiv.). Le duc de Gèvres, gouverneur	En 1750 on avait établi des boutiques sous l'entrée du Louvre du côté des Tuileries. On perçait les colonnes pour y fixer la menuiserie. En 1752, Turgot, préfet des marchands, proposa d'achever le Louvre aux dépens de Paris, à condition qu'on y placerait l'hôtel-de-ville dans l'aile du côté de la Seine. La façade de la colonnade n'allait que jusqu'à la balustrade comme à la mort de Colbert, et il n'y avait pas encore

ANNÉES.	ROIS.	MINISTRES.	ARCHITECTES, PEINTRES, SCULPTEURS.
1752.		M. Poisson de Vandières, directeur général.	
1754.		Abel-François Poisson, marquis de Ménars et de Marigny, directeur général des bâtimens, 12 octobre, né en 1726 à Paris, mort le 11 mai 1781.	Jacques-Germain Soufflot, architecte du Louvre depuis 1757 jusqu'en 1780.
1773.		Le marquis de Marigny donne sa démission le 27 juillet. M. l'abbé Joseph-Marie Terray, directeur général, 8 août.	
1774.	Louis XVI, 66.e roi.		
1775.		Le comte de la Billardrie d'Angiviller, directeur général jusqu'en 1789 inclusivement.	Brébion, architecte du Louvre, de 1780 à 1790.
1793.		Le ministre de l'intérieur eut alors le Louvre dans ses attributions. M. Jean-Marie Rolland.	Giraud, architecte du Louvre, de 1790 à 1793.
1795. 1796.	Directoire.	M. Benezech.	Hubert, architecte du Louvre, de 1793 à 1798.
1797.		M. François de Neufchâteau, jusqu'au 22 juin 1799, né en 1752. M. Quinette.	Raymond, architecte du Louvre, de 1798 à 1805.

TRAVAUX.	OBSERVATIONS.
de Paris, M. d'Argenson, ministre du département de Paris, et le marquis de Vandières, directeur général des bâtimens, contribuèrent beaucoup à faire reprendre les travaux du Louvre. On adressa des remercîmens au Roi. On enleva de la cour du Louvre plus de quatre pieds d'épaisseur de gravois qui cachaient les soubassemens. Il s'agissait de rétablir les fossés du côté de Saint-Germain l'Auxerrois et de la rue Froidmanteau.	de toiture. Voyez *l'Ombre de Colbert*, &c. Il y est dit que sous le ministère du cardinal de Fleury on proposa au conseil d'abattre le Louvre pour en vendre les matériaux. Peu s'en fallut que ce projet ne fût adopté.
	1752. *L'Ombre du grand Colbert*, &c., par Lafond de Saint-Gennes; *le Génie du Louvre*; deux *Mémoires* sur ce palais, par Bachaumont, petits écrits curieux (*voy.* p. 239).
Ce surintendant éclairé s'occupe avec activité de réparer le Louvre et de l'achever. Ordre du Roi à cet effet. Gabriel continue pour les façades intérieures de la cour du Louvre ce qu'avait commencé Perrault, mais sans adopter ses derniers projets. Le dôme de la façade de Le Vau du côté de la Seine existait encore (p. 390 et suiv.).	1756. *Architecture française* de J. F. Blondel; 5 vol. *in-fol.* Le IV.e traite au long du Louvre (*voy.* p. 391, d'Argenville, Milizia). *Plan de Paris*, de l'abbaye Saint-Victor, publié par d'Heulland (p. 243).
	1759. *Mémoires de Charles Perrault*, curieux.
Achève le vestibule de la rue du Coq, auquel avaient travaillé Le Mercier, Perrault et Gabriel. En 1770 la moitié de la façade du côté de l'Oratoire était achevée, ainsi qu'une partie de celle de l'intérieur de la cour derrière la colonnade. On devait y placer le grand conseil. Les travaux ne sont pas poussés avec vigueur. Après la retraite de M. de Marigny, ils sont suspendus.	1765. *Description de Paris*, par Piganiol de la Force, 10 vol. in-12, en grande partie répétition abrégée de Sauval, qu'il critique.
	1767. *Essais sur Paris*, par Saint-Foix. Presque rien sur le Louvre.
Ce fut M. de Marigny qui fit ouvrir au public, au-dessous de la galerie, près des Tuileries, trois guichets du côté de la Seine. Avant lui il n'y avait de passage libre que par le guichet qui est sous le pavillon du campanille. C'est aussi lui qui, en 1764, pour faire réparer la galerie d'Apollon, la donna à l'académie de peinture.	1769. *Mémoires* de Patte *sur l'architecture*, intéressans sur les constructions du Louvre (*voy.* le VI.e vol. du *Traité d'architecture civile* de J. F. Blondel, publié par Patte).
	1772. *Recherches critiques sur Paris*, &c. par Jaillot; très-utiles.
	1779. *Dictionnaire de Paris*, par Hurtaut et Mazières. Rien de nouveau sur le Louvre.
On songe à reprendre les travaux du Louvre. On déblaie la cour des gravois qui l'encombrent, et qui en avaient relevé le sol de plusieurs pieds. Brébion fait le grand vestibule du côté de la Seine; il n'y avait plus d'entrée de ce côté depuis les anciens temps du Louvre, le devant de la façade étant occupé par des jardins. Le même architecte fit l'ancien grand escalier du Musée, qui en est aujourd'hui le petit. Pendant plusieurs années on ne s'occupe plus d'achever le Louvre, ni même d'entretenir ce qui était fait. Une partie des appartemens devient des habitations particulières, des ateliers; le palais se dégrade de toutes parts (p. 389-397). Académies conservées au Louvre.	Le marquis d'Angiviller, à qui les arts eurent de grandes obligations, avait fait le projet de former une collection de tableaux et de sculptures dans la grande galerie du Louvre; et elle aurait porté, comme à présent, le nom de Musée.
	En 1781 la galerie d'Apollon était en partie réparée. Les peintures des plafonds, à différentes époques, depuis 1764, avaient été faites par Lagrenée le jeune (p. 585); Taraval, 1769 (p. 584); Durameau, 1774 (p. 584); Callet, 1781 (p. 586). Ces tableaux servaient de morceaux de réception. En 1783 il y eut au salon un tableau de Lagrenée le jeune en l'honneur de M. le comte d'Angiviller et pour célébrer l'établissement du *Museum* qu'il avait fondé.
	1785. *Nouvelle Description de Paris*, par M. Dulaure. Quelques détails. Il y rapporte que dans l'hiver très-rigoureux de 1784 on éleva près du Louvre un grand obélisque de neige chargé d'inscriptions qui célébraient la bienfaisance de Louis XVI et de la Reine, et M. Imbault en fit construire dans sa maison un pareil en marbre avec les mêmes inscriptions.
On place dans ce qui formait autrefois les appartemens d'Anne d'Autriche au Louvre, les chefs-d'œuvre antiques conquis en Italie. Ce musée était alors dirigé par une commission des beaux arts formée de quinze artistes (p. 398).	1787. *Guide des amateurs*, &c. *à Paris*, par Thierry. Le Louvre y est traité d'une manière intéressante.

ANNÉES.	ROIS.	MINISTRES.	TRAVAUX ET OBSERVATIONS.
1800.	Consulat.	Ministre de l'intérieur M. Lucien Buonaparte, né en 1775 à Ajaccio. M. Jean-Antoine-Claude Chaptal, né en 1755 à Montpellier.	On commence à s'occuper des réparations qu'exigeait l'état du Louvre, et à augmenter le nombre des salles consacrées à la sculpture et à la peinture. On eut le projet (7 février) de faire une nouvelle façade aux Tuileries sur la place du Carrousel. 10 février. Projet pour le pont des Arts. 27 mars. On décrète l'ouverture de la rue de Rivoli et de celle qui va du Louvre aux Tuileries.
1802.			M. Denon est nommé directeur du Musée; et M. Visconti, conservateur des antiques.
1803.			On fait les trois dernières travées de la voûte du Musée de peinture du côté du pavillon de Flore.
1804.	Empire.	Ministre de l'intérieur, le comte Jean-Baptiste Nompère de Champagny, né en 1756 à Roanne.	19 mars. Modèle pour les façades de la rue de Rivoli.
1805.			MM. Percier et Fontaine, architectes du Louvre, 6 février 1805. M. Bernier leur est adjoint comme inspecteur des travaux. On reprend au rez-de-chaussée sur la Seine les arcades de la galerie. (Grand ouvrage in-folio sur le Louvre, orné de belles planches détaillées, par M. Baltard. Indispensable.) La restauration et l'achèvement du Louvre sont décrétés (28 février). Il est décidé qu'on y placera la bibliothèque nationale.
1806.			On fait les voûtes des salles, à partir de celle du Tibre (pl. 11, de M en P), en prolongation des salles du Musée commencées par M. Raymond. De 1806 à 1811. *Description de Paris*, par MM. Legrand, architecte, et Landon, peintre. Très-bonne à consulter. Il y en a eu une deuxième édition en 1818. On adopte (29 janvier) pour le Louvre le système de ne rien détruire de ce qui était fait, et de terminer trois des façades suivant les plans de Perrault, et la quatrième d'après celui de Lescot. On est cependant forcé de supprimer dans la façade de la cour qui regarde le nord le dernier étage de Lescot. Les deux frontons et les sculptures que l'on en retire sont placés en partie sous le vestibule du côté de la colonnade, et en partie au musée des Petits-Augustins. Il y eut des raisons de construction qui s'opposèrent à ce qu'on les mit dans les frontons de la façade du vieux Louvre de Lescot, continuée à droite du

ANNÉES.	ROIS.	MINISTRES.	TRAVAUX ET OBSERVATIONS.
			grand pavillon de l'horloge par Le Mercier et que l'on achevait. Il est arrêté que l'aile de la colonnade contiendra un grand appartement d'apparat et une partie de la bibliothèque. On décrète (8 février) une salle de spectacle aux Tuileries. 13 février. On ordonne les dispositions pour la réunion du Louvre et des Tuileries. On achète et l'on démolit du côté de ce dernier palais l'hôtel de Brionne et plusieurs autres maisons. On déblaie la terrasse nord des Tuileries des maisons qui la bordaient, pour la prolonger jusqu'à la place Louis XV. 26 février. Arc de triomphe ordonné sur la place du Carrousel, d'après les dessins de MM. Percier et Fontaine. 18 mai. On fait évacuer au Louvre et sous la galerie du Musée les logemens occupés par les artistes et les savans. On leur donne une indemnité. Jusqu'au 4 juin 1806 le ministre de l'intérieur avait payé six cent mille francs par an pour achever le Louvre; il est décrété que la liste civile se chargera de toute la dépense. 19 août. On ordonne de placer dans le Louvre les armures anciennes prises dans l'arsenal de Vienne. 23 août. Rétablissement et décoration de la grande galerie du Musée de peinture. Démolition des constructions provisoires dans l'intérieur du Louvre. 22 septembre. Construction de la grille de la terrasse des Feuillans. Restauration des peintures de la galerie de Diane aux Tuileries, par MM. Blondel, Vafflard, Hersent, Vauthier, Pécheux, Le Sueur, Manzoni, Le Riche. On refait les plafonds et les ornemens en relief de la salle des Gardes (p. 594 et suiv.).
1807.		Ministre de l'intérieur, M. CRETET, jusqu'au 1.er octobre 1809.	20 février. Démolitions ordonnées pour les déblaiemens entre le Louvre et les Tuileries. 21 juin. Achèvement de la façade du Louvre du côté du pont des Arts, et des premières sculptures dans la cour par Roland (p. 444, pl. 33), Chaudet (p. 445, pl. 34) et par Moitte (p. 443, pl. 32). 28 juillet. Continuation des constructions de l'aile neuve des Tuileries en répétition de celle du midi. 10 août. Discussion de grands projets pour la réunion du Louvre et des Tuileries. 6 décembre. L'arc de la place du Carrousel est terminé. 15 décembre. Le bas-relief de M. Cartellier sur la porte d'entrée de la colonnade est terminé (pl. 19 et p. 409) : *la Victoire distribue des couronnes.*
1809.			17 janvier. On discute divers projets pour les constructions à faire entre le Louvre et les Tuileries.

ANNÉES.	ROIS.	TRAVAUX ET OBSERVATIONS.
		30 janvier. Le projet de mettre la bibliothèque au Louvre est abandonné. Ce palais est destiné à l'habitation du souverain. 10 février. Projets pour l'arc de triomphe de l'Étoile. 28 février. Projets de placer l'Opéra sur la place du Palais-Royal entre le Louvre et les Tuileries. 10 mars. On expose au Louvre les plans de plusieurs architectes pour la réunion des deux palais. 12 mars. Discussion sur la manière d'éclairer la grande galerie du Louvre. On adopte le parti d'alterner en jour du haut et en jour de croisée. 13 mars. On accorde un crédit illimité pour terminer l'aile neuve des Tuileries. 15 août. La statue de l'Empereur, placée depuis huit jours sur l'arc du Carrousel, est enlevée sans avoir été découverte au public. 11 septembre. La distribution du Louvre est définitivement arrêtée : le premier étage est entièrement déblayé au pourtour de la cour. Continuation des travaux de restauration des façades et des intérieurs du Louvre. Peintures de plusieurs salles du musée des antiques par MM. Prudhon (p. 505, pl. 60), Garnier (p. 509, pl. 61), Mérimée (p. 509, pl. 62), Meynier (p. 517, pl. 74), Berthellemy (p. 516, pl. 69), Guérin (p. 537, pl. 94), Lethière (p. 535, pl. 89), Hennequin (p. 534, pl. 95), Peyron (p. 535, pl. 89). Sculptures de la salle du Candélabre, par MM. Espercieux (p. 507, pl. 61), Cartellier (p. 507, pl. 61), Foucou (p. 508, pl. 62); de la salle du Centaure, par de Joux (p. 532, pl. 91, 92). Les rues entre le Louvre et les Tuileries disparaissent. On ouvre celle du Carrousel qui n'est que provisoire. 25 octobre. On ordonne des dispositions dans le musée de sculpture pour y placer la collection de la villa Borghèse. 25 décembre. On expose à la critique, dans les salles du Musée, le modèle en relief du Louvre avec des ailes de rechange qui offrent différentes combinaisons.
1809.		26 janvier. Les projets sont discutés devant les modèles de MM. Percier et Fontaine. 17 février. Nouvel examen du projet et des changemens qui y ont eu lieu. Discussion des projets relatifs à la réunion du Louvre et des Tuileries; il était alors question de mettre au Louvre la bibliothèque royale. Continuation du rétablissement et de la construction des voûtes des salles de la sculpture dans l'aile du côté de la rivière. Ce sont les salles du Tibre, du Héros combattant, de la Pallas et de la Melpomène. *Tableau pittoresque et historique de Paris*, par M. de Saint-Victor, 3 vol. in-4.°; exact et curieux. La 2.° édition, 10 vol. in-8.°, a paru en 1824. 9 mars. Très-bon article inséré dans *le Moniteur*, par M. Fontaine, sur le Louvre et l'achèvement qu'on en projetait. — A cette époque et dans les années précédentes, M. Boutard a écrit dans le *Journal de l'Empire* ou *des Débats* treize articles intéressans sur le Louvre (*voy*. p. 241). 12 mars. On place sur les piédestaux de la grille des Tuileries, des statues colossales de *Victoires*, par M. Petitot au midi et M. Gérard au nord. Restauration et ragrément de la colonnade; construction des voûtes des salles de cette partie au bas des grands esca-

ANNÉES.	ROIS.	TRAVAUX ET OBSERVATIONS.
		liers, que l'on commence (19 novembre); celui du Musée était presque terminé. Sculptures des chapiteaux et des ornemens de la cour du Louvre, par MM. Georgerie et Bégneit; frise du premier étage, sculptée par M. Montpellier; M. Fortin sculpte le fronton du côté de la Seine, deux figures dans le cintre de la porte; génies (*voyez* pl. 16 B et 16 C, et p. 407). M. du Pasquier orne cette porte de *deux Renommées* (*voy.* pl. 16, C, et p. 408). On termine la décoration de l'arc de triomphe du Carrousel. Les bas-reliefs que l'on y exécuta furent *la Paix d'Amiens* et une figure de *Victoire*, par M. Le Sueur; *Entrevue des empereurs de France et d'Allemagne*, par M. Ramey père; *la Paix de Presbourg*, par M. Dumont; *l'Entrée à Munich*, par Clodion; *l'Entrée à Vienne*, par Deseine; *la bataille d'Austerlitz*, par M. Esperoieux; *Minerve, Hercule et la Victoire*, par M. Gérard; *la Capitulation d'Ulm*, par M. Cartellier; *deux Renommées*, par Taunay; *quatre figures de fleuves*, par Boichot. Les statues en marbre placées sur l'entablement sont, un *Chasseur de cavalerie*, par Foucou; un *Grenadier de ligne*, par Dardel; un *Dragon*, par Corbet; un *Carabinier*, par Chinard; un *Sapeur*, par M. Dumont; un *Cuirassier*, par Taunay; un *Canonnier*, par M. Bridan fils; un *Carabinier de ligne*, par M. Moutoni (p. 616 et suiv.). Ministre de l'intérieur, le comte de Montalivet, 1.er octobre 1809. 28 décembre. La construction de la galerie transversale entre le Louvre et les Tuileries est décrétée. Elle doit contenir la bibliothèque.
1810.		On continue les travaux. (31 janvier, 10 février, 23 juillet.) Nouvelles commissions d'architectes. Parmi les quarante-sept projets proposés pour la réunion du Louvre et des Tuileries (*voy.* p. 627), on adopte celui de MM. Percier et Fontaine, qui élèvent entre les deux palais une aile transversale, et masquent par là les irrégularités de position, de nivellement et de décoration. 30 juillet. Projet d'une église attenante au Louvre.
1811.		21 janvier. Projet d'exposer les produits de l'industrie nationale sous les portiques des grandes cours qu'offre le Louvre dans le plan adopté pour la réunion des deux palais. M. Lemot termine le grand fronton de la colonnade : *Minerve, les Muses et la Victoire consacrent le buste de Louis XIV* (*voy.* pl. 18 et p. 409). MM. Ramey père et Le Sueur achèvent les frontons de la cour : *Minerve récompensant les Arts; la France et Minerve encourageant les Arts* (*voy.* pl. 23 et p. 418). M. Petitot père sculpte deux bas-reliefs dans la salle des Grands Hommes, sous la colonnade : *Victoire navale, Victoire sur terre* (*voy.* pl. 22 bis et p. 416). Achèvement du musée de peinture et des embellissemens intérieurs du palais des Tuileries; continuation de l'aile neuve; on poursuit au Louvre le rétablissement de toutes les couvertures, des façades, des planchers, des voûtes et des distributions des quatre ailes. On continue les grands escaliers; décoration de l'escalier du Musée sculptée par M. Taunay; trophées et génies (pl. 98 et 98 bis et p. 540). — Projet de deux ailes formant, du côté des Tuileries, la cour d'honneur du Louvre. — Commencement de l'aile qui se rattache au Louvre, et de l'église vis-à-vis de l'entrée du Musée, destinée

ANNÉES.	ROIS.	TRAVAUX ET OBSERVATIONS.
		à remplacer comme paroisse du Louvre Saint-Germain l'Auxerrois, dont la démolition doit avoir lieu lorsqu'on percera la grande rue du Trône; projet qui faisait partie des plans de Louis XIV et de Colbert.
1812.		14 février. Ordre de commencer la galerie transversale. Continuation des travaux. Projet de réunir par une communication avec l'aile neuve le Palais-Royal au Louvre et aux Tuileries. 21 décembre. Les constructions du Louvre sont achevées. Ordre d'y faire des distributions pour loger un souverain.
1813.		5 mars et 24 novembre. On renouvelle le même ordre. 20 septembre. Les restaurations des façades intérieures de la cour du Louvre sont terminées, excepté celles du rez-de-chaussée.
1814.	Louis XVIII, 67.e roi.	Continuation de tous les travaux. M. le duc de Blacas, ministre de la maison du Roi, chargé du Louvre. — M. le comte de Pradel, directeur général, 15 septembre. M. le baron Mounier intendant général des bâtimens de la couronne.
1815.		Fronton du côté de la rue du Coq, sculpté par M. Montpellier. 5 décembre. Acquisition faite par le Roi de plusieurs beaux monumens de la collection Albani.
1816.		Rétablissement et achèvement des musée de sculpture et de peinture après les restitutions faites aux souverains alliés. 16 juin. M. le comte de Forbin est nommé directeur général des musées royaux. — Secrétaire général, M. le vicomte de Senonnes.
1817.		On continue de rétablir les façades de l'intérieur de la cour du Louvre. On place des grilles au rez-de-chaussée. — L'ancien plan de Paris connu sous le nom de *la Tapisserie* est publié par M. le marquis de Mauperché (p. 241). — Mort de M. Visconti, conservateur du musée royal des antiques.
1818.		3 avril. Acquisition de la collection de vases italo-grecs de M. Tôchon. 10 avril. Le comte de Clarac nommé conservateur du musée royal des antiques. 3 octobre. Acquisition de la plus grande partie des monumens antiques de la collection de M. le comte de Choiseul-Gouffier. On termine les grands escaliers du Louvre (pl. 20 et p. 411). Les bas-reliefs des lunettes sont, dans l'escalier du nord, *la Renommée*, *Vulcain*, par M. Dumont (pl. 20 *bis* et p. 412); *Jupiter et Junon*, par M. Churdiguy (pl. 20 *bis* et p. 413); *le Génie de la victoire et la Fortune*, par M. Moutoni (pl. 20 *bis* et p. 413); *Neptune et Cérès*, par M. Bridan fils (pl. 20 *bis* et p. 414). Dans l'escalier du midi, *la Force et la Justice*, par M. Gérard (pl. 20 *ter* et p. 414); *l'Agriculture et le Commerce*, par M. Taunay (pl. 20 *ter* et p. 415); *les Génies de la poésie et des beaux arts*, par M. Fortin (pl. 20 *ter* et p. 415); *le Génie de la guerre et Mars*, par Callamard (pl. 20 *ter*. et p. 416). — Première exposition des produits de l'industrie au Louvre dans les salles des ailes au levant, au midi et au couchant. Ces trois ailes mises en état d'habitation. On y fait les plafonds et les croisées.
1819.		*Annales de l'industrie*, par MM. L. S. Lenormand et J. G. V. de Moléon. On y trouve une notice intéressante sur le Louvre.

ANNÉES.	ROIS.	TRAVAUX ET OBSERVATIONS.
		Plafond de l'escalier du Musée peint par M. Abel de Pujol: *Renaissance des arts* (p. 540); le plafond de la salle ronde, *Chute d'Icare*, et un compartiment, *Éole déchaînant les vents*, par M. Blondel (p. 576); trois autres compartimens, *Hercule étouffe Antée*, *Vénus reçoit de Vulcain les armes d'Achille*, *Combat d'Achille contre le Scamandre*, par M. Couder (p. 576); grisailles de cette salle, par M. Mauzaisse (p. 576); mosaïque, par M. Belloni. On place à l'entrée de cette salle, à l'extrémité de la galerie d'Apollon, une des belles portes en fer battu qui proviennent du château de Maisons; l'autre est placée à la chapelle.
1820.		Continuation des travaux intérieurs et extérieurs du Louvre. Les figures d'un œil-de-bœuf de la cour, *la Poésie lyrique et la Musique*, par M. Mansion (pl. 35 et p. 447); en partant de l'angle de l'aile du vieux Louvre de Lescot et allant vers la droite, c'est le n.° 4; *la Géographie et l'Astronomie*, par M. Matte (pl. 39 et p. 453), n.° 22. — (Première édition de *l'Histoire physique, civile et morale de Paris*, par M. Dulaure. Il y a des recherches sur la partie historique du Louvre. La seconde édition a paru en 1823.) 20 novembre. M. le marquis de Lauriston, ministre de la maison du Roi.
1821.		Mise en état de la grande salle des séances royales destinée à l'ouverture des chambres. 2 mars. Le Roi donne au Musée l'admirable statue de la *Vénus Victrix* de Milo, dont lui avait fait hommage M. le marquis de Rivière, ambassadeur de Sa Majesté à Constantinople. 11 août. M. Alphonse de Cailleux, secrétaire général des musées royaux.
1822.		Continuation de ces travaux. On rétablit au rez-de-chaussée, à droite du pavillon de l'horloge, des salles consacrées aux ouvrages de la sculpture des XVI.°, XVII.° et XVIII.° siècles. Œils-de-bœuf n.° 21 et n.° 19 sculptés par M. Matte, *la Peinture et la Sculpture*, *la Comédie et la Tragédie* (pl. 39 et p. 453); n.° 9, *Calliope et Polymnie*, par M. Romagnesi (pl. 36 et p. 449); n.° 17, *la Poésie et la Musique*, par M. de Bay (pl. 36 et p. 452); n.° 12, *la Guerre et la Victoire*, par M. Bra (pl. 37 et p. 450); n.° 14, *la Poésie et la Musique*, par M. Petitot fils (pl. 37 et p. 451). — Plafond de la salle carrée à côté de la salle ronde, par M. Mauzaisse; *le Temps, les Ruines et les Monumens* (p. 576). On met en état d'habitation les quatre ailes du Louvre pour la deuxième exposition des produits de l'industrie.
1823.		Œil-de-bœuf, n.° 5, *la Force et la Musique*, par M. Gérard (voy. pl. 35 et p. 447).
1824.	CHARLES X, 68.° roi.	M. le duc de Doudeauville, ministre de la maison du Roi, 3 août 1824. 28 août. M. le vicomte Sosthène de la Rochefoucauld chargé du département des beaux-arts. On continue la décoration de la salle des séances royales. Les salles de la sculpture française ouvertes au public. Louis XVIII a honoré ce musée du nom de GALERIE D'ANGOULÊME. Œils-de-bœuf : n.° 16, *la Tragédie et la Comédie*, par M. Dumont (pl. 38 et p. 452); n.° 15, *la Justice et la*

ANNÉES.	ROIS.	TRAVAUX ET OBSERVATIONS.
		Force, par M. Laitié (pl. 37 et p. 451); n.° 20, *la Musique et la Danse*, par M. Matte (pl. 39 et p. 453); n.° 13, *la Paix et l'Abondance*, par M. Cortot (p. 35 et p. 448). Bas-reliefs au haut de l'escalier du Musée, sur le palier des salles de la peinture : *Apollon, Minerve et les Arts*, par M. Petitot fils (voy. pl. 108 et p. 541). 14 décembre. Acquisition par M. le vicomte de la Rochefoucauld de la collection de vases et d'antiquités égyptiennes, grecques et romaines, formée par M. Ed. Durand.
1825.		Établissement du Conseil d'état et de ses bureaux dans la moitié de l'aile de l'horloge et dans la moitié de l'aile en retour jusqu'au vestibule de la rue du Coq. On exécute les travaux nécessaires à cette destination, qui fixe l'emploi d'un quart du Louvre au premier étage. Œils-de-bœuf : n.° 8, *la Logique et la Rhétorique*, par M. Lange (pl. 35 et p. 449); n.° 18, *l'Innocence implorant la Justice*, par M. David (pl. 36 et p. 453); n.° 11, *la Chasse et la Pêche*, par M. Roman (pl. 37 et p. 450); n.° 10, *la Tragédie et la Gloire*, par M. Ramey fils (pl. 38 et p. 450). On commande de nouveaux bas-reliefs en marbre pour l'arc de triomphe du Carrousel : *Mgr le Duc d'Angoulême congédiant les envoyés de Cadix*, par M. Pradier; *l'Entrevue au Port Sainte-Marie*, par M. Cortot; *la Capitulation de Ballesteros*, par M. Petitot fils; *l'Entrée à Madrid*, par M. Roman; *la Reddition de Pampelune*, par M. Raggi.
1826.		On fait des dispositions pour rétablir en entier la voûte de la galerie d'Apollon. Acquisition par M. le duc de Doudeauville, ministre de la maison du Roi, de la collection de monumens égyptiens appartenant à M. Salt, consul général d'Angleterre en Égypte. Réunion de ces collections pour former le MUSÉE CHARLES X dans les salles de l'aile au midi au premier sur la cour et dans d'autres salles au rez-de-chaussée. — Dispositions pour placer ce musée. — On éclaire par le haut l'ancienne salle des Gardes ou des Sept-Cheminées qui doit le précéder. — Le plafond du vestibule à l'entrée du musée des antiques, peint par Berthellemy, étant en mauvais état, il est refait par M. Mauzaisse (p. 517). On divise en deux sections la conservation des antiques du musée Charles X. — (18 mai.) M. Champollion jeune est nommé conservateur des antiquités égyptiennes.
1827.		On orne de bas-reliefs le grand escalier du Musée: *la Peinture*, par M. Laitié; *la Sculpture*, par M. Caillouette; *l'Architecture*, par M. Guersant; *la Gravure*, par M. Guillois (p. 540.) Il est décidé que l'arc de triomphe du Carrousel sera surmonté d'un quadrige en bronze consacré à la restauration de la royauté. Ce travail est confié à M. Bosio, premier sculpteur du Roi; M. Crosatier est chargé de le jeter en bronze. On exécute les peintures du Musée Charles X. Première salle en arrivant par la grande salle des Sept-Cheminées, plafond par M. Ingres, *Homère déifié* (p. 567); grisailles par MM. Vinchon et Gosse (p. 567); voussures par MM. Moench (p. 568). — 2.e salle : par M. Heim, *le Vésuve reçoit les foudres de Jupiter*; grisailles par MM. Vinchon et Gosse (p. 570). — 3.e salle : par M. Meynier, *Minerve console*

ANNÉES.	ROIS.	TRAVAUX ET OBSERVATIONS.
		Parthénope (p. 570); grisailles par MM. Vinchon et Gosse (p. 571). — 4.e salle : par M. Fragonard, *François Ier reçoit de Primatice les premières statues antiques venues en France;* grisailles par le même peintre. — 5.e salle : par M. le baron Gros, plusieurs sujets allégoriques. — 6.e salle : par M. Picot, *l'Étude et le Génie dévoilent à Athènes l'antique Égypte* (p. 571); grisailles par MM. Vinchon et Gosse (p. 572). — 7.e salle : par M. Abel de Pujol, *l'Égypte sauvée par Joseph* (p. 572); grisailles par le même peintre. — 8.e salle : par M. Horace Vernet, *Jules II examine les plans de Saint-Pierre que lui présente le Bramante* (p. 572); grisailles par M. Abel de Pujol. — 9.e salle : par M. le baron Gros, *S. M. Charles X prend les arts sous sa protection* (p. 573); grisailles par M. Abel de Pujol. Peintures des salles du Conseil d'état. Première salle en entrant par l'escalier d'Henri IV : *Philippe-Auguste au moment de donner la bataille de Bouvines*, par M. Horace Vernet (p. 555); *la Clémence d'Auguste envers Cinna*, par M. Bouillon (p. 557); — *Marc-Aurèle pardonne à des conjurés*, par M. Guillemot (p. 558); — *l'Égypte, la Grèce, l'Italie, la France*, dessus de porte, par M. Dubufe (p. 558); — *la Théologie, l'Histoire*, par M. Hesse (p. 558). Grande salle n.° 2 : plafond, par M. Blondel, *la France recevant la charte que lui présente Louis XVIII* (p. 552). Les dessus de porte, qui représentent quatre législateurs, sont aussi de M. Blondel. Tableaux : par M. Schnetz, *Mort du cardinal Mazarin; Mort de Roëca* (p. 552); — *Achille de Harlay*, par M. Thomas (p. 554); — par le même, *Courage du premier président Molé à la journée des barricades ;* — par M. de la Roche, *Courageuse résistance d'Étienne Duranti, premier président du parlement de Toulouse, pendant les troubles de la ligue* (p. 554); — par M. Gassies, *le président Brisson entendant son arrêt de mort* (p. 554); — par M. Rouget, *S. Louis rendant la justice sous un chêne à Vincennes* (p. 555); — par M. Lethière, *Héroïque Fermeté de S. Louis* (p. 555). Salle n.° 3 : plafond par M. Drolling, *le Triomphe de la Justice* (p. 548). — Tableaux : par M. Dassy, *la Vigilance, la Force* (p. 549); — par M. Cogniet, *Numa donnant des lois aux Romains* (p. 549); — par M. Marigny, *Moïse donnant des lois au peuple hébreu* (p. 549); — par M. Delacroix, *Justinien dictant ses pandectes* (p. 549); — par M. Scheffer, *les Capitulaires de Charlemagne* (p. 550); — par M. Caminade, quatre dessus de porte, *les Génies de Moïse, de Numa, de Justinien, de Charlemagne* (p. 550); — par M. Coutan, *Apollon tenant sa lyre* (p. 550). Salle n.° 4 : plafond par M. Mauzaisse, *Minerve donnant des lois à la terre* (p. 545). — Tableaux : par M. Alaux, *la Justice, l'Industrie, l'Abondance ;* — par MM. Alaux et Pierre Franque, *la Justice veille sur le repos du monde* (p. 546); — par M. Dejuinne, *la Guerre* (p. 546); — par M. Colson, *Minerve reçoit les lois que lui présente le Génie de la France* (p. 547); — par M. Steuben, *la Justice protége l'Innocence* (p. 547); — par M. Lancrenon, *les Bienfaits de la Paix, le Génie de la Paix* (p. 548). — Les dessus de porte sont : *le Génie de la guerre*, par M. Dejuinne; *le Génie de la législation*, par M. Colson; *le Génie de la force*, par M. Steuben. M. le baron de la Bouillerie, intendant général de la maison du Roi en mai 1827.

Table alphabétique des Châteaux ou Maisons de plaisance des Rois de France.

Aix-la-Chapelle, *Aquæ Grani.* Charlemagne.
Amboise, *Ambasia.* Louis XI.
Andriacum, *Odreia villa.* Charlemagne.
Anet. Diane de Poitiers.
Athies, *Atteiæ.* S.te Radegonde. *V.* Clotaire I.er
Attigny, *Attiniacum.* Clotaire II, Chilpéric II, Pepin, Charlemagne.
Bagnolet. Charles VI.
Beauté. Charles VII, Agnès Sorel.
Blois. Louis XI, Louis XII, François I.er
Bonneuil, *Bonogilus villa, Bonogilus, Bonoïlus, Bonigulus.* Clotaire II.
Bourges (château à), *Avaricum Biturigum.* Pepin.
Braine, *Brennacum.* Clotaire I.er, Chilpéric I.er, Clotaire II, Pepin, Hugues Capet.
Carbone. Charlemagne.
Casseneuil ou Chasseneuil, *Casinogilum, Cassionilum.* Charlemagne.
Chaillot. Catherine de Médicis.
Challuau. François I.er, la duchesse d'Étampes.
Chambord. François I.er
Chamoucy, *voy.* Samoucy.
Chantilly. Pepin.
Chasseneuil ou Casseneuil.
Chelles. Clovis I.er et Clotilde, Chilpéric I.er, S.te Bathilde et Clovis II, Thierri IV, Robert.
Chenonceau. Catherine de Médicis.
Chiersi ou Quiersi, *Carisiacum.* Thierri I.er
Clichy, *Clippiacum.* Clotaire II, Dagobert I.er
Compiègne, *Compendium, Carnopolis, Carnoon.* Childebert I.er, Clotaire I.er, Chilpéric I.er, Clotaire II, Clovis II, Pepin, Charles le Chauve, Robert, Philippe-Auguste.
Corbeil. Ingelburge, femme de Philippe-Auguste.
Corbie, *Corbeia castrum.* S.te Bathilde.
Corbigny, *Carbonacum*, peut-être le même que Carbone. Charlemagne, Charles le Chauve.
Couci, *Codiciacum, Coceium, Cociacum.* Charles le Chauve.
Creil, *Crioïlum.* Dagobert I.er, Charles V.
Creteil. Charles VI.
Croissy. Clotaire II.
Cuise (forêt de), *Causia silva.*
Écouen. Le connétable Anne de Montmorency.
Espinai, *Spinagilus villa.* Dagobert I.er
Étampes, *Stampæ.* Le roi Robert, Louis le Gros, Philippe-Auguste.
Euregilum, peut-être le même château qu'*Andiacum.* Louis le Débonnaire.
Fleuri. Clovis II.
Folembray, *Follanebraïum.* François I.er
Fontainebleau, *Fons Bliaudi.* Louis le Jeune, Philippe-Auguste, Philippe le Bel, Charles V, François I.er, Henri IV, Louis XIV.
Fontenilles ou S. Vandrille, *Fontanella.* Clovis II.
Gaillon, *Gallio castrum.* Louis XII, le cardinal d'Amboise.
Garges, *Bigargium.* Dagobert I.er
Gentilly. Thierri IV, Pepin.
Glare, *Longolarium, Longlarc.* Pepin.
Gonesse, *Gonessa.* Philippe-Auguste.
Héristal. Pepin, Charlemagne.
Ingelheim. Charlemagne, Louis le Débonnaire.
Issoudun, *Exoldunun.* Marie de Luxembourg, femme de Charles le Bel.
Joac, *Jocundiacum* ou *Andiacum.* Louis le Débonnaire.
Jupil, *Jobii villa.* Pepin, Charlemagne.
Kuffenstein. Charlemagne.
Loches. Charles VII, Agnès Sorel.
Le Louvre, *castellum de Lupara.*
Le Luxembourg. Marie de Médicis.
Madrid. François I.er
Mantes, *Medunta, Petromantalum.* Philippe-Auguste.

MARLEM ou MARLEY, *Marilegium*. Clotaire II.
MARLEY ou MARLEM.
MARLY. Louis XIV.
MASSOLAC. Clotaire II.
MELUN, *Meldunum*, *Meledunum*, *Melodunense castrum*. Le roi Robert et Constance sa femme, Philippe I.er, Isabeau de Bavière.
MOISSAC, *Musciacum*. Clovis II.
MONCEAUX. Henri IV, Gabrielle d'Estrées.
MONSTIER ou MOUSTIER-EN-DER, *Monasterium Dervense*. Chilpéric II.
MONTARGIS, *Mons Argisus*. François I.er, Renée de France.
MONTILS-LÈS-TOURS ou LE PLESSIS-LÈS-TOURS. Charles VII, Louis XI.
MONTMARTRE. La reine Adélaïde, femme de Louis le Gros.
MOUSTIER ou MONSTIER-EN-DER.
MUETTE (LA). François I.er
NIGEON. Anne de Bretagne.
NOGENT-SOUS-COUCI. Thierri I.er
NOGENT ou SAINT-CLOUD. *Voyez* Childebert I.er
NOGENT-SUR-MARNE, *Novigentum villa ad Matronam*. Chilpéric I.er
NOISY. *Nocetum*. Chilpéric I.er
LE PALAIS [Palais de justice à Paris]. Hugues Capet, S. Louis.
PALAISEAU, *Palatiolum*. Clovis II.
PISTRES, *Pistiæ*, *Pistæ*. Charlemagne.
LE PLESSIS-LÈS-TOURS ou MONTILS-LÈS-TOURS. Charles VII, Louis XI.
POISSY, *Pixedunum*, *Pisciacus*, *Pinusicum*. Le roi Robert; Agnès, femme de Philippe-Auguste.
PONTION, *Pontico* ou *Pons Hugonis*. Thierri IV.
PONTOISE, *Briva Isaræ*. Clotaire I.er, Thierri IV.
POUILLY, *Bellus Pauliacus*. Charles le Chauve.
QUIERSI ou CHIERSI, *Carisiacum*. Thierri I.er, Thierri IV, Pepin, Charlemagne.
RATISBONNE. Charlemagne.
ROMILLY. Dagobert I.er
LE ROULE, *Rotolajensis villa*. Childebert I.er
LE ROULE en Normandie. Frédégonde.
SAINT-AMAND en Quercy, monastère avec maison de plaisance. Clovis II.
SAINT-DENIS. Louis III, le roi Robert, Louis le Gros.
SAINT-GERMAIN EN LAIE. Le roi Robert, François I.er, Henri II, Henri IV, Louis XIV.
SAINT-MARTIN DES CHAMPS. Clovis I.er
SAINT-OUEN ou CLICHY, *Clippiacum*. Clotaire II.
SAINT-VANDRILLE ou FONTENILLES, *Fontanella*, monastère avec une maison de plaisance. Clovis II.
SABLONNIÈRE (LA) ou les Tuileries. Charles V. *Voyez* 1372.
SAMOUCY ou CHAMOUCY, *Salmontiacus* ou *Salmonicum*. Thierri IV, Childéric III, Pepin, Charlemagne.
SAULVOY, *Silvacum*. Louis le Débonnaire.
SELTZ. Charlemagne.
THERMES (Palais des). Julien l'apostat, les premiers rois de Paris.
THIONVILLE, *Theodonis villa*. Charlemagne.
TOURNELLES (Palais des). S. Louis.
TOURS (château à). Clotilde; Judith, femme de Louis le Débonnaire.
TRIANON. Louis XIV.
TUILERIES ou LA SABLONNIÈRE. Charles V, François I.er, Catherine de Médicis.
VAL-LA-REINE. Isabeau de Bavière.
VASSI, *Vassiacus*. Chilpéric II.
VAUDREUIL. Frédégonde.
VAUVERT (château de). Le roi Robert.
VERBERIE, *Vermeria*. Charles Martel.
VERNEUIL. Henri IV, la marquise de Verneuil.
VERNON, *Vernum palatium*. S.te Bathilde, Clovis II, Louis le Débonnaire.
VERSAILLES. Louis XIV.
VIENNE (château à), *Vienna Allobrogum*. Pepin.
VILLERS-COTTERETS. Chilpéric I.er, François I.er
VINCENNES. Philippe-Auguste, S. Louis, Charles de Valois, Philippe de Valois, le roi Jean, Charles V, Louis XIV.
VITRY, *Victoriacensis villa*. Chilpéric I.er
VIVIER (NOTRE-DAME DU). Charles V.
WORMS (château à), *Borbetomagus Vangionum*, ou *Warmatia*. Pepin, Charlemagne.

Table alphabétique des Noms latins des Châteaux ou Maisons des Rois de France.

Ambasia, Amboise.
Aquæ Grani, Aix-la-Chapelle.
Atteiæ, Athies.
Attiniacum, Attigny.
Avaricum Biturigum, Bourges.
Bellus Pauliacus, Pouilly.
Bigargium, Garges.
Bliaudi ou *Blaudi Fons*, Fontainebleau.
Bonigulus, Bonneuil.
Bonogillus villa, Bonneuil.
Bonogilus, Bonneuil sur la Marne.
Bonoïlus, Bonneuil.
Borbetomagus Vangionum, Worms.
Brennacum, Braine.
Briva Isaræ, Pontoise.
Carbonacum, Corbigny.
Carisiacum, Chiersi ou Quiersi.
Carlopolis, Compiègne sous Charles le Chauve.
Carnoon, Compiègne sous Charles le Chauve.
Casinogilum ou *Cassionilum*, Chasseneuil.
Casionilum ou *Cassinogilum*, Chasseneuil, ou Caseneuil.
Causia silva, forêt de Cuise.
Clippiacum, Clichy ou Saint-Ouen.
Coceium, *Cociaeum*, *Codiciacum*, Couci.
Cociacum, *Codiciacum*, *Coceium*, Couci.
Codiciacum, *Coceium*, *Cociacum*, Couci.
Compendium, Compiègne.
Corbeia castrum, Corbie.
Crioïlum, Creil.
Dervense Monasterium, Moustier ou Monstier en Der.
Euregilum, peut-être le même qu'*Andiacum*.
Exoldunum, Issoudun.
Follanebraïum, Folembray.
Fons Bliaudi ou *Blaudi*, Fontainebleau.

Fontanella, Fontenilles ou Saint-Vandrille.
Gallio castrum, Gaillon.
Gonessa, Gonesse.
Jobii villa, Jupil.
Jocundiacum ou *Jogeniacum* ou *Andiacum*, Joac.
Jogeniacum ou *Jocundiacum*, Joac.
Longlare, Glare.
Longolarium, Glare.
Lupara, *castellum de Lupara*, le Louvre.
Marcodurum, Duren.
Marilegium, Mariem ou Marley.
Medunta, *Petromantalum*, Mantes.
Meldunum, *Meledunum*, *Melodunense castrum*, Melun.
Meledunum, *Meldunum*, *Melodunense castrum*, Melun.
Melodunense castrum, *Meldunum*, *Meledunum*, Melun.
Mons Argisus, Montargis.
Musciacum, Moissac.
Nocetum, Noisy.
Novigentum villa ad Matronam, Nogent-sur-Marne.
Odreia villa, Andiacum ou Andriacum.
Palatiolum, Palaiseau.
Petromantalum, *Medunta*, Mantes.
Pinusicum, *Pixedunum*, *Pisciacus*, Poissy.
Pisciacus, *Pixedunum*, *Pinusicum*, Poissy.
Pistæ, Pistres.
Pistiæ, Pistres.
Pixedunum, *Pisciacus*, *Pinusicum*, Poissy.
Pons Hugonis, Pontion.
Pontico, Pontion.
Rotolajensis villa, le Roule ou Ruel.
Salmonicum, Samoucy.

Salmontiacus, Samoucy.
Silvacum, Saulvoy.
Spinagilus villa, Espinai.
Stampæ, Étampes.
Tethwat, ou *Theoduadum*, ou *Theodad*, Doué en Anjou.
Theodad, ou *Theoduadum*, ou *Tethwat*, Doué en Anjou.
Theodonis villa, Thionville.
Theoduadum, ou *Theodad*, ou *Tethwat*, Doué en Anjou.
Vassiacus, Vassi.
Vermeria, Verberie.
Vernum palatium, Vernon.
Victoriacensis villa, Vitry.
Vienna Allobrogum, Vienne en Dauphiné.
Warmatia, Worms.

LISTE CHRONOLOGIQUE des Artistes cités dans l'Histoire du Louvre et des Tuileries.

Les noms en grandes capitales sont ceux des artistes qui ont travaillé à ces palais. — Le ? marque du doute sur les dates dans les colonnes des naissances et des décès.

ARTISTES.	NAISSANCES.	DÉCÈS.	ARTISTES.	NAISSANCES.	DÉCÈS.
Fulbert, évêque de Chartres et architecte, p. 262, vivait en 1020.			Jean DE SAINT-ROMAIN, sculpteur (xiv.e et xv.e siècles).		
Buschetto, architecte, p. 263, vivait en 1063.			Jean DE LAUNAY, sculpteur (xiv.e et xv.e siècles).		
Nicolas de Pise, architecte et sculpteur, p. 258 et 264 (xiii.e siècle).			Jean DU LIÉGE, sculpteur (xiv.e et xv.e siècles).		
Pierre de Montereau, architecte...	?	1266.	Jacques DE CHARTRES, sculpteur (xiv.e et xv.e siècles).		
Jean de Pise, architecte et sculpteur, fils du précédent, p. 259.	1230?	1320?	Gui DE DAMPMARTIN, sculpteur (xiv.e et xv.e siècles).		
Robert de Luzarches, architecte, p. 264, vivait en 1220.		1289.	Pierre ANGUERRAND, sculpteur ornemaniste (xiv.e et xv.e siècles).		
Eudes de Montreuil, architecte...	?	1289.	Jean COLOUMBEL, ornemaniste (xiv.e et xv.e siècles).		
Jean Cosmate, architecte et sculpteur, p. 259 (xiii.e siècle?).			BERNARD, charpentier (xiv.e et xv.e siècles).		
Arnolfo di Colle, sculpteur et architecte, p. 259.	1232.	1300.	FRANÇOIS D'ORLÉANS, peintre (xiv.e et xv.e siècles).		
Jean Gualtieri ou Cimabué, de Florence, peintre, p. 255.	1240.	1300.	GUILLAUME JASSE, sculpteur (commencement du xv.e siècle).		
André de Pise, sculpteur, p. 259.	1270.	1345.	Philippe DE FONCIÈRES, sculpteur (xv.e siècle).		
Jean de Chelles, architecte, vivait en 1270.			Niccolò della Quercia, de Sienne, surnommé Jacques della Fonte, p. 421.	?	1418.
Thomas de Cormont, architecte (xiii.e et xiv.e siècles).			Pierre Paul et Jacobello dalle Masegne, de Venise, sculpteurs, p. 259, travaillaient en 1394.		
Giotto, fils de Bondone, de Vespignano en Toscane, né à Florence, peintre, élève de Cimabué, p. 306.	1276.	1336.	Jean Mignot, de Paris, architecte, vivait en 1399.		
Erwin de Steinbach, architecte, p. 262, vivait en 1277.		1335.	Jean Campomosia, de Normandie, architecte, vivait en 1399.		
Lorenzo Maitani, architecte, p. 264, vivait en 1290.			Jean DE BRUGES ou Van-Eyck, peintre, né à Maaseyk, sur les bords de la Meuse, p. 312.	1370.	1441.
Étienne de Bonneville, architecte, vivait vers 1290.			Giuliano da Majano, sculpt. arch. travaillait en marqueterie de bois, p. 421.	1377.	1447.
Jean Balduccio, sculpteur, p. 259 (xiv.e siècle).			Lorenzo Ghiberti, sculpteur-fondeur-ciseleur de Florence, p. 421, 68-69, né vers 1378.		1455.
André Orcagna, sculpt. peint. arch. fils de Cione, de Florence, p. 259.	1329.	1389.	Donatello, de Florence, sculpteur, p. 421, 468.	1383.	1466.
Jean Ravy, arch. et sculpt. terminait Notre-Dame de Paris en 1351.			Luca della Robbia, de Florence, sculpteur, p. 421.	1388.	?
Philippe Calendario, sculpt. et arch. p. 259, florissait à Venise en 1354.			Henri Mellein, peintre sur verre, florissait en 1436, p. 309.		
Henri de Vic, horloger, travaillait à Paris en 1370.			Ferrante Bellano ou Bellino, fondeur-ciseleur, p. 467.	1409.	1501.
Henri de Gamodia, arch. allemand, vivait en 1387.					
Nicolas Bonaventure, de Paris, architecte, vivait en 1388.					
Raimond DU TEMPLE, arch. de Charles V (xiv.e et xv.e siècles).					

DES ARTISTES CITÉS.

ARTISTES.	NAISSANCES.	DÉCÈS.	ARTISTES.	NAISSANCES.	DÉCÈS.
Benedetto DA MAJANO, très-habile dans la marqueterie, sculpt. arch. p. 421. S'il était frère de Giuliano, comme le porte son épitaphe, et non son neveu, ainsi que le dit Vasari, il aurait eu quarante-sept ans de moins que son frère, ce qui est rare......	1424.	1478.	François PRIMATICE, de Bologne, peintre et architecte............	1490.	1570?
Antoine RICCIO, sculpteur-ciseleur, florissait en 1462.			Maître CLAUDE, de Paris, sculpt. ornemaniste. SIMON LE ROI, de Paris, peint. sculp. orneman.* FRANÇOIS, d'Orléans, sculpteur ornemaniste, p. 492.		
André CICCIONE, sculpteur, p. 421..	?	1455.	LORENZO NALDINI, sc. ornemaniste, p. 492.		
MINO DA FIESOLE, sculpteur, p. 421..	?	1486.			
Niccolò DALL' ARCA, de Bologne, sculpteur, p. 421.............	?	1494.	DOMINIQUE DEL BARBIERE, de Florence, sculpt. orneman. p. 494.		
FRA GIOCONDO ou Jean JOCONDE, de Vérone, arch. peint. sculpt. et antiq.	1435.	1520.	LAURENT, de Picardie, sculpt. ornem. p. 492.	Travaillèrent sous la direction du Rosso, de Philibert de Lorme et du Primatice, et l'on ne peut indiquer leurs époques qu'en les plaçant sous celles de leurs maîtres, quoiqu'ils dussent être beaucoup plus jeunes. Les * qui suivent les noms de ces artistes indiquent ceux dont il est question dans les *Entretiens* de Félibien t. Ier, p. 105; t. III, p. 116-119.	
Jean JUSTE, de Tours, arch. sculpt.	?	?	LUCAS PENNI, de Florence, peintre.		
Léonard DE VINCI, peint. arch. poète, musicien, p. 467, 69, 77..........	1443.	1519.	LÉONARD LE FLAMAND, peintre, p. 492.		
LAZZARI, dit *Bramante*, de Florence, architecte.....................	1444.	1514.	BARTHÉLEMI MINIATI, de Florence, p. 492.*		
Baccio DA MONTELUPO, sculpt. p. 423.	1445.	1533.	GERMAIN MUSNIER, peintre.*		
André MANTEGNA, de Padoue, peintre, p. 467.....................	1451.	1517.	JEAN-BAPTISTE RAMENGHI, dit *le Bagnacavallo*, peintre.*		1601.
BELLANO, sculpteur...............	1460?		RUGGIERO, de Bologne, peintre, p. 494.		
MARCONE, grav. orf. maître de Cellini.	?		FRANCESCO CACCIANEMICI, de Bologne, peintre, p. 492.		1542.
Jean CELLINI, père de Benvenuto.			François LIBON, sculpteur-fondeur.		
Michel-Ange BONARROTI, de Florence, arch. sculpt. peint. p. 468, 75.	1474.	1564.	CLAUDE BALDOUIN, peintre.*		
Innocent FRANCUCCI, d'Imola, peintre, p. 492, maître du Primatice.			CHARLES CARMOY, peintre.*		
GUILLAUME, de Marseille, peintre verrier, p. 314.................	1475.	1537.	NICCOLETTO BELINO, dit *Modène*, peintre.*		
CLAUDE, peintre verrier, p. 314 (XVe et XVIe siècles).			VIRGILE BURON, peint. FRANCISQUE CACHETEMIER, peintre.		
Jean CAVIN de Padoue, graveur en médailles.			CHARLES et THOMAS DORIGNY, peintres.*		
Alexandre BASSIEN, de Padoue, graveur en médailles, p. 467.			Louis DU BREUIL, peintre.*		
Augustin BUSTI, de Milan, sculpteur, surnommé Agosto BAMBAJA, florissait en 1522.			ANTOINE FANTOSE, peintre d'arabesques.*		
André RICCIO, sculpteur-ciseleur, ami des Padouans..............	1480.	1535.	MICHEL GÉRARD, peint. LOUIS, FRANÇOIS et JEAN LÉRAMBERT, peint.*		
Raphaël SANZIO, d'Urbin, peintre et architecte	1483.	1520.	LUCAS LE ROMAIN, peintre.*		
Barthélemi RAMENGHI, dit *le Bagnacavallo*, de Bologne, peintre, p. 492.	1484.	1542.	François PELLEGRINI, peintre.*		
Jean-François RUSTICI, de Florence, mort à quatre-vingts ans, vivait encore vers 1560...............	1485?		LAURENT RENAUDIN, de Florence, peintre.*		
Baccio BANDINELLI, de Florence, sculpteur, peintre, élève de Rustici.	1487.	1559.			
Alphonse LOMBARDI, de Ferrare, sculpteur, p. 421, 469...........	1487.	1536.			
LE ROSSO, ou maître ROUX, de Florence, arch. peintre sculpteur.	?	1541.			
Claude GARAMOND, grav. fond. de caractères d'imprim. florissait en 1510.					

LISTE CHRONOLOGIQUE

ARTISTES.	NAISSANCES.	DÉCÈS.
Michel ROCHETET, peintre. * } *Suite des artistes qui travaillèrent sous la direction du Rosso, de Philibert de Lorme et du Primatice.*		
Jean SAMSON, peintre.		
François SAILLANT, sculpteur.		
Jean POMETART, sculpteur.		
GENTIL, de Troyes, sculpteur.		
MARIN LE MOYNE, sculpteur.		
PONCE JACQUIO, sculpteur.		
EUSTACHE DUBOIS, peintre.		
Philippe NEGROLO, ciseleur en fer; *voyez* Vasari, Orlandi, Cicognara.		
POMPEO TURCONE, de Milan, ciseleur en fer.		
Jules PIPPI dit JULES ROMAIN, peintre, p. 492..................	1492.	1546.
Jacques CARRUCCI, dit LE PONTORME, de Florence, peintre...........	1493.	1558.
Bernard PALISSY, d'Agen, potier, peintre verrier, écrivain.........	1499.	1589.
Alexandre LEOPARDI, sculpt. p. 422 (XV.e et XVI.e siècles).		
Jean BULLANT, arch. sculpteur...	1500.	
Benvenuto CELLINI, sculpteur, fondeur, ciseleur et orfévre, de Florence, p. 113, 473 et *passim*.....	1500.	1570.
Jérôme BELLARMATO, ingénieur, p 481, du temps de Cellini.		
Paul ROMAIN, sculpteur. } *Élèves de Benvenuto Cellini.*		
ASCAGNE, de Tagliacozo, sculpteur, p. 477.		
Paul MICCERI, sculpteur, p. 480.		
POMPEO, de Milan, graveur, ciseleur, émule de Cellini, qui le tua......		1534.
Niccolò GROSSO, dit *Caparra*, ciseleur en fer.		
AMERIGHI, CARADOSSO, LAUTIZIO. } *Graveurs, orfévres, émules de Cellini, p. 474.*		
Properzia DE ROSSI, de Bologne, sculpteur, p. 421...............		1533.
Nicolas TRIBOLO, de Florence, sculpteur et architecte, p. 421.......	1500.	1565.
Jacques D'ANGOULÊME, sculpteur, p. 426, vivait en 1552.		
Philibert DE LORME, architecte, né à Lyon....................	1500.	1570.
Jean et Guillaume RONDELET, peintres, collaborateurs de de Lorme, de Primatice, de Goujon.		
Angiolo ALLORI, dit *le Bronzino*, de Florence, peintre, p. 483........	1502.	1571.
François MAZZUOLI, dit LE PARMESAN, peintre, p. 493.........	1503.	1540.
SÉBASTIEN SERLIO, de Bologne, arch.	1504?	1552.
François MOSCA, de Settignano, sculpteur, p. 484.		
Jacques BARROZZI, de Vignole, architecte et fondeur.............	1507.	1573.
Jean GOUJON, arch. et sculpteur...	1510?	1572.
Pierre LESCOT, architecte......	1510.	1578.
Paul PONCE, sculpteur.........	1510?	1575.
Pierre BONTEMPS, sculpt. viv. en 1560.		
Jean COUSIN, de Soucy, près Sens, peintre et sculpteur, était d'un âge très-avancé en 1589, p. 259.		
Vincent DANTI, de Pérouse, sculpteur, p. 484..................		1575.
Barthélemi AMMANATO, de Florence, sculpteur et architecte, p. 423.....	1511.	1593.
George VASARI, d'Arezzo, peintre, élève de Guillaume de Marseille...	1512.	1574.
NICCOLÒ DELL'ABATE, sculpteur et peintre, né à Modène, mort à Paris.	1512.	
ROLAND MAILLARD et sa femme, sculpteurs et peintres.		
PROSPER FONTANA, peintre sous le Rosso et Primatice, de même que les deux précédens..............	1512.	1597.
André PALLADIO, de Vicence, architecte, p. 466................	1518.	1580.
GERMAIN PILON, sculpteur et architecte de Paris...............	1520.	1590.
Jean de Bologne, sculpteur, p. 458..	1524?	1608.
Alexandre ALLORI, dit *le Bronzino*, de Florence, peintre, neveu d'Angiolo, p. 483................	1535.	1607.
Antonio CALCAGNI, dit *le Lombard*, sculpteur, p. 421..............	1536.	1594.
DU CERCEAU, architecte.........	?	1596.
Giovanni BANDINI ou DALL'OPERA, sculpteur, p. 423...............	1540.	
FRANÇOIS PORBUS, de Bruges, peint.	1540.	1580.
AMBROISE DUBOIS, d'Anvers, peintre, p. 496...................	1543.	1615.
Jean DUBOIS, fils d'Ambroise, peintre. } *Élèves ou collaborateurs d'Ambroise Dubois, p. 497.*		
Paul DUBOIS, neveu d'Ambroise.		
Ninet FLAMAND, peint.		
MAUGRAS de Fontainebleau, peintre.		
Daniel DU MOUTIER, de Paris, premier peintre d'Henri IV, p. 495.......		1631.
Toussaint DU BREUIL, peint. p. 495.		1602.
DE BROSSE, architecte de Marie de Médicis.		
Barthélemi PRIEUR, sculpt. peut-être élève de Germain Pilon, p. 404 et suiv. travaillait encore vers 1600.		

DES ARTISTES CITÉS.

ARTISTES.	NAISSANCES.	DÉCÈS.
Jean de HOEY, de Leyde, peintre, p. 497	1545.	1615.
Pierre FRANCHEVILLE ou FRANCAVILLA, de Cambrai, sculpt. p. 485	1548.	
Paul BRILL d'Anvers, peintre paysag.	1554.	1626.
Louis CARACHE, de Bologne, peintre, p. 509	1555.	1619.
Pierre BUNEL, de Blois, peint. p. 496.	1558.	
Pierre BIARD, de Paris, sculpteur..	1559.	1609.
Martin FRÉMINET, de Paris, peintre, p. 495	1567.	1619.
DUCHESNE, premier peintre de Marie de Médicis	?	1628.
JACQUET dit *le Grenoble*, sculpteur, florissait du temps d'Henri IV.		
CLAUDE et ABRAHAM HALLE, peintres.		
JÉRÔME BAULLERI, peintre.		
HENRI LÉRAMBERT, peintre.		
PASQUIER, peintre.		
ROGER DE ROGERY, peintre.	Travaillèrent sous la direction d'Ambroise Dubois, de Bunel, de Fréminet, p. 496.	
GUILLAUME DUMÉE, peintre.		
LOUIS TESTELIN de Paris, peintre.		
Les HARDOUYN, peint.		
GABRIEL HONNET, peint.		
DAVID et NICOLAS PONTHERON, stuc. orn.		
JEAN DE BRIE, peintre.		
FRANCISQUE, peintre.		
NICOLAS BOUVIER, peintre.		
ÉTIENNE DU PÉRAC, architecte-peintre-graveur, de Paris	1570?	1602.
CHAMBICHE, arc.		
PLAIN, architecte.	Sous Charles IX et sous Henri IV.	
FOURNIER, arch.		
François PORBUS fils, de Bruges, peint.	1570.	1622.
PIERRE et FRANÇOIS L'HEUREUX, sculpteurs ornemanistes, p. 404.		
Jules-César CONVENTI, de Bologne, sculpt. maître de l'Algarde, p. 511.	1576.	
Christophe ALLORI, de Florence, fils d'Alexandre, peintre, p. 498	1577.	1621.
Zannobi ROSSI, de Florence, peintre.		
Valerio TANTERI, de Florence, peintre.	Élèves de Christophe Allori, p. 498.	
Laurent CERRINI, de Florence, peintre.		
Pierre-Paul RUBENS, d'Anvers, peintre, p. 499	1577.	1640.
Matteo ROSSELLI, de Florence, peintre, p. 498	1578.	1650.

ARTISTES.	NAISSANCES.	DÉCÈS.
Jacques FOUQUIÈRES, d'Anvers, peintre paysagiste	1580.	1659.
CARRON, d'Abbeville, sculpteur, maître des Anguier, p. 512.		
Simon GUILLAIN, de Paris, sculpteur, un des douze fondateurs de l'académie de peinture	1581.	1658.
CRAMOISY, imprimeur, directeur de l'imprimerie royale sous le cardinal de Richelieu	1583.	1665.
François PACHECO, de Séville, peintre, maître de Velasquez	1589.	1654.
CLÉMENT MÉTÉZEAU, de Dreux, architecte, florissait en 1628.		
Lucien BORZONE, de Gênes, peintre.	1590.	
François D'HERRERA, *le Vieux*, de Séville, maître de Velasquez		1656.
Simon VOUET, de Paris, peintre	1590.	1649.
Jacques SARRAZIN, de Noyon, sculpteur et peintre, p. 439 et suiv.	1590.	1660.
François DUQUESNOY, de Bruxelles, dit LE FLAMAND, sculpteur	1594.	1644.
Nicolas POUSSIN, d'Andely en Normandie, premier peintre de Louis XIII	1594.	1665.
Philippe BUISTER, d'Anvers, sculpteur, le même que le Bistel de Sauval, académicien en 1651	1595.	1688.
Pietro BERRETTINI DE CORTONE, peintres	1596.	1669.
LECLAIR, dit *Capitoli*, sculpteur.		
François STELLA, de Brescia, et selon d'autres de Lyon, p. 512	1596.	1647.
Raphaël VANNI de Sienne, peint. p. 498.	1596.	?
Diego VELASQUEZ DE SYLVA, de Séville, peintre	1596.	1660.
Louis GUÉRIN de Paris, sculpt. ainsi que Leclair il travailla sous Sarrazin.	?	1677.
Gérard VAN OPSTAL, d'Anvers, sculpteur, un des douze fondateurs de l'académie, recteur 5 juillet 1659.	1597.	1668.
Le cavalier JEAN-LAURENT BERNIN, architecte, sculpteur, peintre, de Naples, mort à Rome	1598.	1680.
Alexandre ALGARDI, de Bologne, sculpteur et architecte, p. 511	1598.	1664.
LE MERCIER de Pontoise, arch...	?	?
Sébastien BOURDON, de Montpellier, peintre	1600.	1670.
Claude GELÉE, dit *le Lorrain*, peintre paysagiste	1600.	1682.
André SACCHI, de Rome, peintre	1600.	1663.
Nicolas GIRARDON, père de François, fondeur, né vers 1600 ?		
Philippe DE CHAMPAGNE, de Bruxelles, peintre, académ. en 1648, p. 604.	1600.	1674.
Jean-Baptiste DE CHAMPAGNE, neveu de Philippe, peintre.		

ARTISTES.	NAISSANCES.	DÉCÈS.	ARTISTES.	NAISSANCES.	DÉCÈS.
Henri LÉRAMBERT, sculpteur	1602.	1670.	Jean NOCRET, de Nancy, peintre, académicien en 1663	1617.	1672.
Jean VARIN, de Liége, sculpt. et grav. mort à Paris, intend. des bâtimens.	1604.	1672.	CHARLES LE BRUN, de Paris, premier peintre de Louis XIV, chancelier et recteur de l'académie	1619.	1690.
FRANÇOIS ANGUIER, d'Eu en Normandie, sculpteur	1604.	1669.	Juste D'EGMONT, d'Anvers, peintre, fondateur de l'académie de peinture en 1648	1619.	1674.
JEAN-FRANÇOIS GRIMALDI ou LE BOLOGNESE, peintre et graveur, mort à Rome	1606.	1680.	Israël SYLVESTRE, de Nancy, graveur	1621.	1691.
ERRARD de Nantes, peint. arch. un des douze fondateurs de l'académie.	1606.	1689.	Pierre PUGET, de Marseille, peintre-architecte-sculpteur, p. 512	1622.	1694.
POISSANT, ornemaniste doreur, nommé *Perlant* par Sauval, académicien en 1663, p. 499.	1605.	1665.	Jean PESNE, de Rouen, graveur	1623.	1700.
TRITANI, doreur.			GASPAR MARSY, de Cambrai, sculpteur, mort à Paris	1624.	1681.
PONTI, doreur.			NICOLAS LOYR, de Paris, peintre..	1624.	1679.
BIANCHI, doreur stucat. Travaillèrent au Louvre sous la direction d'Errard.			FRANÇOIS-MARIE BORZONI, de Gênes, peintre paysagiste, académicien en 1663	1625.	1679.
ARUDINI, stuc. doreur.			Le cavalier CARLE MARATTE, né à Camurano, marche d'Ancône	1625.	1713.
CHARLES MOREL, sculpteur en bois.			THOMAS REGNAULDIN, de Moulins, sculpteur, recteur de l'académie...	1627.	1706.
BOILEAU, sculp. en bois.			BALTHASAR MARSY, de Cambrai, sculpteur, mort à Paris	1628.	1674.
DIEGO BORZONI, stucateur-doreur.			Noël COYPEL, de Paris, peintre et graveur, académicien en 1663	1628.	1707.
BERNARD PATEL père et son fils, de Paris, peintres paysagistes.			FRANÇOIS GIRARDON, de Troyes en Champagne, sculpteur	1630.	1715.
ARTHUS FLAMAND, peintre.			Philippe CAFFIERI, de Rome, sculpteur, p. 507	1634.	1716.
NICOLAS MIGNARD dit *d'Avignon*, peintre	1608.	1668.	MATHIAS DE ROSSI, de Rome, architecte, élève du Bernin	1637.	1695.
Jean BERTHIER faisait en relief des plans de villes fortes.			Gérard AUDRAN, de Lyon, graveur..	1640.	1703.
BAUDESSON, de Troyes, sculpteur en bois, premier maître de Girardon.			Jean JOUVENET, de Rouen, peintre, académicien en 1675	1644.	1717.
PONCET, peintre, élève de Vouet et maître de Noël Coypel.			Jean-Baptiste MONNOYER, dit *Batiste*, de Lille, peintre de fleurs, académicien en 1663	1645.	1699.
Charles-Alphonse DUFRESNOY, de Paris, peintre, p. 513	1611.	1665.	JULES HARDOUIN MANSARD, de Paris, architecte	1645.	1708.
LE VAU, architecte	1612.	1670.	JEAN COTELLE, de Meaux, peintre paysagiste, académicien en 1672...	1645.	1708.
D'ORBAY, de Paris, architecte, neveu et élève de Le Vau		1698.	BERTHOLET FLEMAEL, chanoine de Liége, peintre	?	?
MICHEL ANGUIER, d'Eu en Normandie, sculpteur	1612.	1686.	VIGARANI, Romain, architecte	?	?
Joseph TORRETTI, sculpteur, p. 512.			FRANCISQUE MILET, de la Fère, peintre paysagiste		1680.
Jean-Marie BOTALLA dit *Raffaellino*, de Gênes, peintre	1613.	1644.	François DETROY, de Toulouse, peintre, académicien en 1674	1645.	1730.
CLAUDE PERRAULT, architecte	1613.	1688.	Jean JOLY de Troyes, sculpteur, élève de Girardon.		
PAUL CLIQUIN ou CLIQUET, très-habile charp. travailla sous Perrault.			NOURISSON, sculpt. élève de Girardon.	1645?	?
André LE NÔTRE, de Paris, directeur des jardins du Roi, architecte, ✠.	1613.	1700.	Robert LE LORRAIN, sculpt. élève de Girardon, académicien en 1710.		
Gaspar DUGHET, dit *Gaspar Poussin* et *le Guaspre*, de Rome, peint. pays.	1613.	1675.	René FRÉMIN, de Paris, élève du Bernin et de Girardon, professeur à l'académie en 1705	1645?	?
Henri TESTELIN le jeune, de Paris, peintre, académicien en 1648	1615.	1695.			
JEAN-FRANÇOIS ROMANELLI de Viterbe, peintre	1617.	1662.			
François BLONDEL, de Ribemont	1617.	1686.			

DES ARTISTES CITÉS.

ARTISTES.	NAISSANCES.	DÉCÈS.	ARTISTES.	NAISSANCES.	DÉCÈS.
René CHARPENTIER, élève du Bernin et de Girardon, académic. en 1713.	1645?	?	JACQUES-ANGE GABRIEL, de Paris, architecte, académicien en 1742...	1710.	1782.
Pierre GRANIER, de Montpellier, sculpt. élève de Girardon, académic.	1645?	1716.	Joseph VERNET, d'Avignon, peintre, académicien en 1753, ✳........	1712.	1780.
Corneille VAN CLEVE, de Paris, sculpteur, académicien en 1681....	1645.	1732.	Jean-Baptiste DESCAMPS, de Rouen, peintre, académicien en 1764.....	1713.	?
BON BOULOGNE, de Paris, peintre, académicien................	1649.	1717.	JACQUES-GERMAIN SOUFLOT, d'Irancy, près d'Auxerre, architecte..	1714.	1780.
DESGODETZ, architecte............	1653.	1728.	Etienne-Maurice FALCONET, de Paris, sculpteur, académicien en 1754, recteur en 1789, p. 393..........	1716.	1791.
PIERRE PATEL dit le Bon et le Tué, peintre paysagiste.............	1654.	1703.	Guillaume COUSTOU le jeune, de Lyon, sculpteur, académicien en 1742, recteur en 1770, p. 511....	1716.	1777.
PATEL fils, peintre paysagiste.					
NICOLAS COUSTOU, de Lyon, sculpteur, p. 417..................	1658.	1733.	MAXIMILIEN BRÉBION, architecte, académicien en 1755...........	1716.	1796.
Antoine COYPEL, fils aîné de Noël, peint. grav. directeur de l'académie en 1714, premier peintre en 1716..	1661.	1722.	Joseph-Marie VIEN, de Montpellier, peintre, académicien en 1754, directeur à Rome en 1775, recteur en 1781, premier peintre du Roi en 1787, ✳ ✳, sénateur......	1716.	1809.
Guillaume COUSTOU, de Lyon, sculpteur.......................	1678.	1746.			
HYACINTHE RIGAUD, de Perpignan, peintre.....................	1663.	1743.	Louis-Claude VASSÉ, de Paris, sculpteur, académicien en 1751......	1717.	1772.
Antoine-François VASSÉ, de Toulon, sculpteur et académicien........	1683.	1736.	Simon CHALLE, sculpteur; premier prix en 1743, académicien en 1756.	1719.	1765.
Noël-Nicolas COYPEL, frère d'Antoine, peintre et graveur...........	1688.	1734.	Jean-Jacques CAFFIERI, sculpt. élève de Lemoyne, académicien en 1759.	1723.	1792.
Charles-Antoine COYPEL, de Paris, fils d'Antoine, peintre et graveur, premier peintre du Roi en 1747, directeur de l'académie, p. 393....	1694.	1752.	Pierre PATTE, de Paris, architecte..	1723.	1814.
			Louis-Jean-François LAGRENÉE, de Paris, peint. académic. en 1762 ✳.	1724.	1805.
NICOLAS SERVANDONI, de Florence, architecte................	1695.	1766.	Gabriel-François DOYEN, de Paris, académicien en 1776, p. 510.....	1726.	1806.
Jean-Joseph VINACHE, de Paris, sculpt. académicien en 1741, p. 393.	1697.	1754.	HUGUES TARAVAL, peintre, académicien en 1769.............	1728.	1785.
Edme BOUCHARDON, de Chaumont en Bassigny, sculpt. académic. p. 392.	1698.	1762.	Étienne-Pierre-Adrien GOIS, de Paris, sculpt. académicien en 1771, p. 518.	1730.	1823.
LE FLAMAND, peintre.			BERRUER, sculpt acadèm. en 1770.	?	?
Lambert-Sigisbert ADAM, de Nancy, sculpt. académicien en 1737, p. 393.	1700.	1759.	CHARLES-ANTOINE BRIDAN, de Ravière en Bourgogne, sculpteur, académicien en 1773............	1730.	1805.
Claude FRANCIN, de Strasbourg, sculpt. académicien en 1767, p. 393.	1701.	1773.	PIERRE JULIEN, de Saint-Paulien en Auvergne, élève de Guillaume Coustou, sculpt. académ. en 1779, p. 507.	1731.	1804.
Paul-Ambroise SLODTZ, d'Anvers, sculpteur, académicien, p. 392....	1702.	1758.			
Jean-Louis LEMOYNE, sculpteur, académicien, p. 393.............	1704.	1778.	DE JOUX, de Vadans, près d'Arbois, académicien en 1779, de l'Institut.	1731.	1816.
François BOUCHER, de Paris, directeur de l'académie en 1761, peintre du Roi en 1762, p. 393..........	1704.	1770.	François DEVOSGES, né à Gray, sculpt.	1732.	1811.
			Jean BARDIN, de Montbard, peintre, agréé en 1779................	1732.	1809.
Michel-Ange SLODTZ, de Paris.....	1705.	1764.	DURAMEAU, de Paris, peintre, académicien en 1774............	1733.	1796.
Carle VANLOO, de Nice, premier peintre du Roi en 1762, directeur de l'académie, p. 395............	1705.	1778.	MONOT, de Besançon, sculpteur, né vers 1733, élève de Vassé, académicien en 1779, mort vers 1803.		
Jean-François BLONDEL, de Rouen, architecte....................	1705.	1774.	Nicolas-Bernard LÉPICIÉ, de Paris, peintre du Roi, académicien en 1769, p. 395................	1735.	1784.
Nicolas-Sigisbert ADAM, de Nancy, frère de Lambert, sculpteur, académicien.....................	1705.	1778.			
François-Gaspar ADAM, de Nancy, frère du précédent, sculpt. académ.	1710.	1759.	Guillaume BOICHOT, de Châlons-sur-Saone, académicien en 1791......	1735.	

ARTISTES.	NAISSANCES.	DÉCÈS.	ARTISTES.	NAISSANCES.	DÉCÈS.
Louis FOUCOU, sculpteur, académicien en 1785................	1736.	1815.	PERNOTIN, de Champagne, peintre...	1753.	1825.
FÉLIX LE COMTE, sculpteur, académicien en 1771, de l'Institut....	1737.	1817.	Jacques-Guillaume LEGRAND, de Paris, arch. élève de J. F. Blondel...	1753.	1807.
BLAISE, de Lyon, sculpteur, agréé en 1787................	1738.	1819.	Jacques-François MOMAL, de Douai, peintre................	1754.	
MICHEL CLODION, de Nancy, sculpteur, académicien...........	1740.	1815.	Jean-Baptiste REGNAULT, de Paris, peint. académ. en 1785, de l'Institut, ✠ à la création de l'ordre, ✠ 1819.	1754.	
Jean-Jacques LAGRENÉE dit le Jeune, de Paris, de l'académie en 1774, ✠	1740.	1821.	RAMEY père, sculpteur, membre de l'Institut, ✠, p. 418...........	1754.	
JEAN-ARMAND RAIMOND, de Toulouse, architecte; académicien en 1784, de l'Institut en 1795.......	1742.	1811.	Bernard LANGE, de Toulouse, sculpteur, p. 449...............	1754.	
DE VECHIS, de Rome, mosaïquiste.			AUGUSTE, chevalier de S.-Hubert, architecte; grand prix en 1785....	1755.	1798.
NOCHIA, de Rome, mosaïquiste, p. 502.			BARTHÉLEMY - FRANÇOIS CHARDIGNY, de Paris, sculpteur; grand prix en 1782, p. 413............	1755.	1809.
CALLET, peintre, académ. en 1780.	1742.	1823.			
JEAN-BAPTISTE STOUF, sculpteur, académicien en 1817.............	1742.	1826.	ROBERT LEFÈVRE, de Bayeux, premier peintre de la chambre et du cabinet du Roi, ✠...........	1756.	
BERTHELLEMY, peintre, académ.	1743.	1811.			
Louis-Simon BOIZOT, de Paris, académicien en 1778..............	1743.	1809.	CHARLES-LOUIS CORBET, de Douai, sculpteur................	1756.	1808.
GIRAUD, de Paris, architecte....	1744.	1814.	LE SUEUR, de Paris, sculpteur, membre de l'Institut, p. 418......	1756.	
François-Guillaume MÉNAGEOT, né à Londres, peintre, directeur à Rome, p. 509..................	1744.	1816.	Charles - Clément BERVIC (Jean-Guillaume BARVET dit), de Paris, graveur, ✠...............	1756.	1823.
JEAN-ÉTIENNE BÉGNEIT, de Paris, sculpteur ornemaniste...........	1744.	1815.	JEAN CHINARD, de Lyon, sculpteur, élève de Blaise, académicien......	1756.	1813.
JEAN-FRANÇOIS-PIERRE PEYRON, d'Aix en Provence, peintre.....	1744.	1815.	JEAN-FRANÇOIS-LÉONOR MÉRIMÉE, né à Broglie, peintre, ✠...	1757.	
François MASSON, de la Vieille-Lire en Normandie, sculpteur, ✠.....	1745.	1807.	CLAUDE-LOUIS BERNIER, de Claie, architecte................	1757.	
PHILIPPE-LAURENT ROLAND, sculpteur, p. 444, ✠..................	1746.	1819.	PIERRE-FRANÇOIS LE SUEUR, de Paris, peintre................	1757.	
SIMON-FRÉDÉRIC MOENCH, de Stutgard, peintre..................	1746.		CARLE VERNET, d'Avignon, peintre, agréé en 1789; académ. en 1791; de l'Institut, ✠, ✠ en 1824....	1757.	
Nicolas PONCE, de Paris, littérat. grav.	1746.				
VINCENT, peintre, élève de Vien, ✠	1746.	1816.			
ANTOINE-LIÉNARD DU PASQUIER, de Paris, sculpteur, p. 408.......	1746.		François-Toussaint HAQUIN, de Paris, peintre...................	1757.	
JEAN-GUILLAUME MOITTE, sculpt. membre de l'Institut, p. 443, ✠.	1747.	1810.	PIERRE CARTELLIER, de Paris, sculpteur de l'Institut, ✠, ✠ p. 400.	1758.	
DOMINIQUE - VIVANT DENON, de Chálons-sur-Saone, off. ✠, académicien en 1796...............	1747.	1825.	ÉTIENNE-BARTHÉLEMI GARNIER, de Paris, peintre, membre de l'Institut.	1759.	
Nicolas-Gui BRENET, de Paris, peintre, académicien en 1769........	1748.	1792.	Antoine CANOVA, de Pasignano, sculpt. BELLANGER, architecte.	1759.	1823.
FRANÇOIS LE RICHE, de Paris, peintre ornemaniste............	1748.		ESPERCIEUX, sculpteur, p. 507...	1760.	
Jacques-Louis DAVID, de Marseille, peintre, agréé en 1781, académicien en 1785, de l'Institut, comm. ✠..	1748.	1825.	PRUDHON, peintre, ✠...........	1760.	1824.
			GUILLAUME-GUILLON LETHIÈRE, de la Guadeloupe, peintre, membre de l'Institut, ✠, directeur de l'académie de Rome en 1807......	1760.	
Louis-Pierre DESEINE, de Paris, sculpteur, académicien en 1791, ✠.	1749.	1822.	Charles-Paul LANDON, de Nonant, peintre, ✠.................	1760.	1826.
PETITOT père, sculpteur, p. 416.	1752.				
JEAN-FRANÇOIS LORTA, de Paris, sculpteur...................	1752.		Jacques-Edme DUMONT, de Paris, sculpteur, p. 412.............	1761.	
PIERRE-FRANÇOIS-JOSEPH GEORGERIE, Flamand, sculpt. ornemaniste.	1753.		JOSEPH-MARIE VIEN, de Paris, peintre; médaille d'or en 1808........	1761.	?

DES ARTISTES CITÉS.

ARTISTES.	NAISSANCES.	DÉCÈS.
Pierre-François-Léonard FONTAINE, de Pontoise, de l'Institut en 1811, architecte du Roi, ✶, ✶.	1762.	
Charles Normand, graveur.....	1763.	
Auguste BEUDAULT, de Paris, architecte.............	1763.	
Antoine-Denis CHAUDET, de Paris, sculpteur, p. 445, ✶.	1763.	1810.
Baltard, de Paris, architecte.....	1763.	
Charles PERCIER, de Paris, membre de l'Institut en 1811, architecte du Roi, ✶.	1764.	
Charles Thévenin, de Paris, peintre, directeur à Rome de 1816 à 1822 ✶	1764.	
Augustin-Félix FORTIN, de Paris, sculpteur................	1764.	
Edme-Étienne-François GOIS, de Paris, sculpteur.............	1765.	
Philippe-Auguste HENNEQUIN, de Lyon, peintre...........	1765.	
François-Pierre GUILLOIS, de Paris, sculpteur............	1765.	
Antoine MOUTON dit *Moutoni*, de Lyon, grand prix en 1799....	1765.	
François GÉRARD, de Paris, sculpteur, p. 414............	1766.	
Jean-Baptiste ISABEY, de Nancy, peintre en miniature.........	1766.	
MONTPELLIER, de Paris, sculpteur.	1766.	
Anne-Louis Girodet, de Montargis, peintre, membre de l'Institut, ✶, officier ✶................	1767.	1824.
Pierre-Charles BRIDAN, de Paris, sculpteur, p. 414.........	1767.	
MEYNIER, peintre, membre de l'Institut, ✶..............	1767.	
TAUNAY, sculpteur, membre de l'Institut, ✶..............	1768.	1818.
VILLEMIN, de Nancy, dessinateur graveur................	1768.	
Luc BARBIER-VALBONNE, de Nîmes, peintre...........	1768.	
François BOSIO, de Monaco, académicien en 1816, premier sculpteur du Roi, ✶, ✶.......	1769.	
Gioachino Serangeli, de Rome, peintre de l'académie de Milan, premier peintre du roi de Sardaigne.	1769.	
Charles-Antoine CALLAMARD, sculpteur, p. 415.........	1769.	1815.
Le baron François Gérard, premier peintre du Roi, membre de l'Institut, officier ✶, ✶.......	1770.	
Clémence, de Paris, architecte.....	1770.	1827.
Louis-Alexandre JOANNIS, de Paris, peintre paysagiste.......	1771.	
Le baron Antoine-Jean GROS, de Paris, peint. memb. de l'Instit. ✶✶	1771.	
BELLONI, mosaïquiste............	1772.	
Le baron François-Frédéric LEMOT, de Lyon, sculpteur, membre de l'Institut, ✶, ✶, p. 409......	1773.	1827.
MANSION, de Paris, sculpteur...	1773.	
Benoît PÉCHEUX, de Rome, peint.	1774.	
Pierre-Narcisse GUÉRIN, de Paris, peintre, membre de l'Institut, ✶, direct. de l'école de Rome en 1822.	1774.	
Pierre et Joseph FRANQUE, jumeaux, du Buis, département de la Drôme, peintres...........	1774.	
CASANOVA le fils, peintre.		
DARDEL, sculpteur.		
Jules-Antoine VAUTHIER, de Paris, peintre ; 2.ᵉ grand prix en 1803.	1774.	
PIGGIANI, mouleur du Musée royal, p. 409................	1775.	1818.
Marie-Nicolas PONCE-CAMUS, de Paris, peintre...........	1775.	
Louis-Alexandre ROMAGNESI, de Paris, sculpteur, p. 449........	1776.	
Pierre BOUILLON, de Thiviers près Périgueux, peintre ; grand prix en 1797................	1776.	
DE LAFONTAINE, de Paris, peintre-fondeur-ciseleur.........	1776.	
François Debret, de Paris, architecte, p. 316 ; ✶.........	1777.	
RENAUD, de Bèze près Dijon, sculpt.	?	1817.
Jean-François MOURRET, de Paris, sculpteur ornemaniste.......	1777.	1823.
Louis HERSENT, de Paris, peintre, académicien en 1822, off. ✶....	1777.	
Jean BROC, de Martignac en Périgord, grand prix en 1800.....	1777.	
Pierre-Auguste VAFFLARD, de Paris..................	1777.	
Pierre Lacour, de Bordeaux, dessinateur-graveur............	1778.	
Jean-Victor SCHNETZ, peintre ; deuxième grand prix en 1818, ✶.		
Henri Jacquet, de Paris, mouleur, p. 410.................	1778.	
Jean-Baptiste DE BAY, de Malines, sculpteur, p. 452.......	1779.	
Victor Texier, de la Rochelle, grav.	1779.	
Auguste Hibon, de Paris, arch. grav.	1780.	
Nicolas-Sébastien Maillot, de Nancy, peintre................	1781.	
INGRES, de Montauban, peintre, membre de l'Institut, ✶......	1781.	
Marie-Joseph BLONDEL, de Paris, peintre, ✶.............	1781.	
Nicolas-Augustin MATTE, de Paris, sculpteur, p. 453........	1781.	
Guillaume-François COLSON, de Paris, peintre.............	1782.	

LISTE CHRONOLOGIQUE

ARTISTES.	NAISSANCES.	DÉCÈS.
LAITIÉ, de Paris, sculpteur, p. 451.	1782.	
Achille LECLERE, architecte, élève de M. Percier.	1783.	
François MAZOIS, de Lorient, arch. ✹	1783.	1826.
Noël FRÉMY, de Paris, peintre, élève de M. Regnault.	1783.	
ALEXANDRE - ÉVARISTE FRAGONARD, de Grasse en Provence, peintre, ✹	1783.	
ALEXANDRE-FRANÇOIS-MAURICE CAMINADE, de Paris, peintre.	1784.	
GEORGE ROUGET, de Paris, peintre, ✹	1784.	
JEAN-BAPTISTE ALAUX, de Bordeaux, peintre.	1784.	
JEAN-BAPTISTE MAUZAISSE, de Corbeil, peintre, ✹	1784.	
FRANÇOIS-LOUIS DEJUINNE, de Paris, peintre, ✹	1784.	
Henri-Charles MULLER, de Strasbourg, graveur.	1784.	
CHARLES MOENCH, peintre.	1784.	
ABEL DE PUJOL, de Valenciennes, peintre, ✹	1785.	
Jean-Baptiste CALMÉ, de Sezanne, peintre, p. 401.	1785.	1824.
Louis-Claude-Ferdinand SOYER, de Paris, cisel. médaille d'or en 1822..	1785.	
LAUGIER, de Toulon, graveur.	1785.	
MANZONI, Italien, peintre orneman.	1785.	
PIERRE-SÉBASTIEN GUERSANT, de Déols, près Châteauroux, sculpteur.	1786.	
FRANÇOIS PICOT, de Paris, peint. ✹	1786.	
JEAN-BAPTISTE GASSIES, de Bordeaux, peintre, ✹	1786.	
MICHEL-MARTIN DROLLING, de Paris, peintre, ✹	1786.	
AUGUSTE MOENCH, peint. architecte.	1786.	
Alexandre GIROY, de Paris, graveur..	1786.	1826.
ALEXANDRE-CHARLES GUILLEMOT, de Paris, peint. grand prix en 1808.	1786.	
FRANÇOIS-JOSEPH HEIM, de Belfort, peintre, ✹	1787.	
Marc MESNAGER, de Nemours, architec. élève de M. Percier, p. 316.	1787.	
JEAN-PIERRE CORTOT, de Paris, sculpteur, membre de l'Institut, ✹ p. 448.	1787.	
Léon PALLIÈRE, de Bordeaux, peintre; grand prix en 1812.	1787.	1820.
NICOLAS-LOUIS-FRANÇOIS GOSSE, de Paris, peintre; première médaille en 1807, médaille d'or en 1824.	1787.	
JEAN-BAPTISTE-AUGUSTE VINCHON, de Paris, peint. grand prix en 1816.	1787.	
LOUIS-CHARLES-AUGUSTE COUDER, de Paris, peintre.	1789.	
Amédée DURAND, de Paris, sculpteur, grand prix de gravure sur pierres fines en 1811.	1789.	
PIERRE-JEAN DAVID, d'Angers, sculpt. membre de l'Institut. ✹ p. 453.	1789.	
JEAN-ÉMILE-HORACE VERNET, de Paris, peintre, membre de l'Institut, officier ✹	1789.	
Auguste-Jean-Marie CARBONNEAU, de Paris, fondeur-ciseleur.	1789.	
Jean-Louis - Toussaint CARON, de Paris, graveur; grand prix en 1811.	1790.	
PIERRE-LOUIS DELAVAL, de Paris, peintre; médaille en 1817.	1790.	
NICOLAS-BERNARD RAGGI, de Carrare, sculpteur, ✹	1791.	
LOUIS-DENIS CAILLOUETTE, de Paris, sculpteur.	1791.	
ANTOINE THOMAS, de Paris, peint.	1791.	
JEAN-BAPTISTE-LOUIS ROMAN, de Paris, sculpteur, p. 450.	1792.	
CLAUDE-MARIE DUBUFE, de Paris, peintre.	1792.	
AMABLE-PAUL COUTAN, de Paris, peintre; grand prix en 1820.	1792.	
Charles-François LE BŒUF-NANTEUIL, sculpteur.	1792.	
JAMES PRADIER, de Genève, sculpteur, académicien en 1827.	1793.	
DASSY, de Marseille, peintre.	1793.	
George JACQUOT, sculpteur.	1793.	
LÉON COGNIET, de Paris, peintre.	1794.	
JOSEPH-FERDINAND LANCRENON, de Lod (départ. du Doubs), peint.	1794.	
PETITOT fils, sculpteur, p. 451.	1794.	
Ary SCHEFFER, de Dordrecht (Pays-Bas), peintre.	1795.	
NICOLAS-AUGUSTE HESSE, de Paris, peintre; grand prix en 1818.	1795.	
ÉTIENNE-JULES RAMEY, sculpteur, p. 450.	1796.	
Christophe CIVETON, de Paris, dessinateur, élève de M. Nicolas Ponce.	1796.	
Pierre-François GODARD, d'Alençon, graveur en bois, a fait les vignettes de cet ouvrage.	1797.	
THÉOPHILE-FRANÇOIS-MARCEL BRA, de Douai, sculpteur, p. 450. ✹.	1797.	
MICHEL MARIGNY, de Paris, peint.	1797.	
PAUL DE LAROCHE, de Paris, peint.	1797.	
CHARLES CROSATIER, du Puy en Velay, fondeur-ciseleur.	1797.	
FERDINAND-VICTOR-EUGÈNE DE LACROIX, de Charenton Saint-Maurice, peintre.	1799.	
CHARLES STEUBEN, de Manheim, peintre.	1799.	

DES ARTISTES CITÉS.

TABLE ALPHABÉTIQUE des Artistes cités dans l'Histoire du Louvre et des Tuileries et dans les notes.

ARTISTES.	NAISSANCES.	DÉCÈS.	ARTISTES.	NAISSANCES.	DÉCÈS.
ABATE (Niccolò del') ou MODENA, sculpteur et peintre........	1511.		BELINO (Nicoletto) dit *Modène*, peintre, de 1500 à 1515.		
Adam (Lambert-Sigisbert), sculpteur.	1700.	1759.	Bellanger, architecte.		
ALAUX (Jean-Baptiste), peintre.	1784.		Bellano ou Bellino Ferrante, fondeur ciseleur.............	1409.	1501.
Algardi (Alexandre), sculpteur.....	1598.	1654.			
Allori (Alex.) dit *le Bronzino*, peint.	1535.	1607.	Bellarmato (Jérôme), ingénieur, avec Cellini.		
Allori (Christophe), fils d'Alex. peint.	1577.	1621.			
Amerighi, grav. ciseleur avec Cellini.			BELLONI (François), mosaïquiste.	1772.	
Ammanato (Barthélemi)...........	1511.	1593.	BERNARD, charpentier (xiv.e et xv.e siècles).		
Angoulême (Jacques d'), sculpteur, vivait en 1252.					
ANGUERAND (Pierre), sculpteur ornemaniste (xiv.e et xv.e siècles).			BERNIER (Claude-Louis), arch..	1757.	
			BERNIN (le cavalier), arch. sculpteur.	1598.	1680.
ANGUIER (François), sculpteur..	1604.	1669.	Berrettini dit *Pietre de Cortone*.	1596.	
ANGUIER (Michel), sculpteur....	1612.	1686.	Berruer, sculpteur, académicien en 1770.		
Arca (Niccolò dall'), sculpteur...		1494.	BERTHELLEMY, peintre..........	1743.	1811.
Arnolfo di Colle, sculpteur.......	1232.	1300.	Berthier (Jean), fit des plans en relief du temps du Poussin.		
ARTHUS FLAMAND, peintre avec Errard.					
ARUDINI, stucateur doreur en 1640 avec le Poussin.			Bervic (Charles-Clément), voyez BARVET.		
Ascagne, de Tagliacozzo, sculpteur ciseleur avec Cellini.			BEUDAULT (Auguste), architecte....	1763.	
			BIANCHI, doreur stucat. avec Errard.		
Audran (Gérard), graveur.........	1640.	1703.	BIARD (Pierre), sculpteur avec Primatice.................	1559.	1609.
AUGUSTE, chevalier de Saint-Hubert, architecte...............	1755.	1798.	BLAISE, sculpteur...............	1738.	1819.
			Blondel (François), architecte.	1617.	1686.
Bagnacavallo (Barthélemi Ramenghi dit le), peintre.............	1484.	1542.	Blondel (Jean-François), architecte.	1705.	1774.
			BLONDEL (Marie-Joseph), peintre.	1781.	
BAGNACAVALLO (Jean-Baptiste de), peint. avec Rosso et Primatice.		1601.	Boichot (Guillaume), sculpteur....	1735.	1815.
			BOILEAU, sculpt. en bois sous Errard.		
BALDOUIN (Claude), peintre avec le Rosso et Primatice.			BOIZOT (Louis-Simon), sculpteur.	1743.	1809.
			BOLOGNE (Jean de), sculpteur.....	1524.	1608.
Balduccio (Jean), sculpt. (xvi.e siècl.)			BONARROTI, voyez MICHEL-ANGE.		
Baltard, architecte..............	1763.		BONAVENTURE (Nicolas), architecte en 1388.		
Bandinelli (Baccio), sculpteur.....	1487.	1569.			
BARBIER-VALBONNE (Luc), peintre.......................	1769.		Bonneville (Étienne de), architecte, vivait vers 1290.		
BARBIERE (Domenico del), sculpt. orneman. avec le Rosso vers 1560.			Bontemps (Pierre), sculpteur, vivait en 1560.		
Bardin (Jean), peintre, académicien.	1732.	1809.	BORZONI (Diego), stucateur doreur sous Errard.		
Barrozzi (Jacques), voy. VIGNOLE.					
Barvet (Jean-Guillaume) dit *Bervic*, graveur......................	1756.	1823.	BORZONI (François-Marie), peint.	1625.	1679.
			Borzoni (Lucien), peintre........	1590.	
Bassien (Alexandre), graveur en médailles avec André Riccio.			Bosio (François), sculpteur.....	1769.	
			Botalla (Jean-Marie), dit *Raffaellino*, peintre................	1613.	1644.
BATISTE ou Jean-Baptiste MONNOYER, peintre, académicien...	1645.	1699.	Boucharbon (Edme), sculpteur. .	1698.	1762.
			Boucher (François), peintre......	1704.	1770.
Baudesson, sculpteur en bois, maître de Girardon.			BOUILLON (Pierre), peintre,.....	1776.	
BAULLERI (Jérôme), peintre avec Bunel.			Boulongne (Bon), peintre, académic.	1649.	1717.
			Bourdon (Sébastien), peintre......	1600.	1670.
BÉGNEIT (Jean-Étienne), sculpteur ornemaniste.............	1744.	1815.	BOUVIER (Nicolas), peintre avec Bunel.		

TABLE ALPHABÉTIQUE

ARTISTES.	NAISSANCES.	DÉCÈS.
BRA (Théophile-François-Marcel), sculpteur	1797.	
BRAMANTE (Lazzari dit), architecte.	1444.	1514.
BRÉBION (Maximilien), architecte.	1716.	1796.
BRENET (Nicolas-Gui), peintre, acad.	1748.	1792.
BRIDAN (Charles-Antoine), sculpt.	1730.	1805.
BRIDAN (Pierre-Charles), sculpt.	1767.	
BRIE (Jean de), peintre avec Bunel.		
BRILL (Paul), peintre paysagiste	1554.	1626.
BROC (Jean), peintre	1777.	
BRONZINO (Angiolo Allori dit le), peint.	1502.	1571.
BRUGES (Jean de) ou *Van Eyck*, peint.	1370.	1441.
BUISTER (Philippe de), sculpteur, académicien	1595.	1688.
BULLANT (Jean), arch. sculpteur.	1500.	
BUNEL (Pierre), peintre	1558.	
BURON (Virgile), peintre. BURON (Jean), peintre. } Avec le Rosso et Primatice.		
BUSCHETTO, arch. vivait en 1063.		
BUSTI (Augustin), surnommé *Agosto Bambaja*, sculpteur en 1522.		
CACCIANEMICI- (Francesco), peintre		1542.
CACHETEMIER (Francisque), peintre.		
CAFFIERI (Philippe), sculpteur	1634.	1716.
CAFFIERI (Jacques), sculpteur	1668.	1755.
CAFFIERI (Jean-Jacques), sculpt.	1723.	1792.
CAILLOUETTE (Louis-Denis), sculpteur	1791.	
CALENDARIO (Philippe), sculpteur (xive siècle).		
CALLAMARD (Charles-Antoine), sculpteur	1769.	1815.
CALLET, peintre	1742.	1823.
CALMÉ (Jean-Baptiste), peintre	1785.	1824.
CAMINADE (Alexandre-François-Maurice), peintre	1784.	
CAMPOMOSIA (Jean), arch. viv. en 1399.		
CAMUS (Marie-Nicolas-Ponce), peintre	1775.	
CANOVA (Antoine), sculpteur	1759.	1823.
CAPARRA (Niccolò Grosso, surnommé), ciseleur en fer (xve et xvie siècles).		
CARACHE (Louis), peintre	1555.	1619.
CARADOSSO-FOPPA, graveur-fondeur-ciseleur-sculpteur avec Cellini.		
CARBONNEAU (Auguste-François-Marie), fondeur-ciseleur	1789.	
CARMOY (Charles), peintre.		
CARON (Jean-Louis-Toussaint), graveur	1790.	1811.
CARRON, d'Abbeville, sculpteur et architecte, maître des Anguier.		
CARTELLIER (Pierre), sculpteur, académicien	1758.	

ARTISTES.	NAISSANCES.	DÉCÈS.
CASANOVA, le fils, peintre.		
CAVIN (Jean), graveur en médailles avec André Riccio.		
CELLINI (Benvenuto), sculpteur-fondeur-ciseleur	1500.	1570.
CELLINI (Jean), père de Benvenuto.		1528.
CERRINI (Laurent), peintre, élève de Christophe Allori.		
CHALLE, sculpteur, académicien	1719.	1765.
CHAMBICHE, arch. sous Charles IX.		
CHAMPAGNE (Philippe de), peintre, académicien	1602.	1674.
CHAMPAGNE (Jean-Baptiste de).		
CHARDIGNY (Barthélemi-François), sculpteur	1755.	1809.
CHARPENTIER (René), sculpteur, né vers 1645.		
CHARTRES (Jacques de), sculpteur (xive et xve siècles).		
CHAUDET (Denis), sculpteur	1763.	1810.
CHELLES (Jean de), architecte sculpteur, vivait en 1270.		
CHINARD (Jean), sculpt. académie.	1756.	1813.
CICCIONE (André), sculpteur		1455.
CIMABUÉ (Jean), peintre	1240.	1306.
CIVETON (Christophe), dessinateur.	1796.	
CLAUDE, peint. verrier ? (xvie siècl.)		
CLAUDE (maître), de Paris, sculpteur ornemaniste avec le Rosso.		
CLÉMENCE, architecte et graveur.	1770.	1827.
CLIQUIN, charpentier avec Perrault.		
CLODION (Claude-Michel), sculpteur, né vers 1740.		1815.
COGNIET (Léon), peintre	1794.	
COLOUMBEL (Jean), ornemaniste (xive et xve siècles).		
COLSON (Guillaume-François), peintre	1782.	
CONVENTI (Jules-César), sculpteur, maître de l'Algarde.		
CORBET (Charles-Louis), sculpt.	1756.	1808.
CORMONT (Thomas de), architecte (xiiie siècle).		
CORTONE (Pietre de), voy. BERRETTINI, peintre	1596.	1669.
CORTOT (Jean-Pierre), sculpteur, académicien	1787.	
COSMATE (Jean), sculpteur (xiiie et xive siècles).		
COTELLE (Jean), peintre paysagiste et en miniature	1645.	1708.
COUDER (Louis-Charles-Auguste), peintre	1789.	
COUSIN (Jean), peintre et sculpteur.		1589.
COUSTOU (Guillaume), sculpteur	1678.	1746.
COUSTOU (Guillaume) le jeune, sculpteur	1716.	1777.
COUSTOU (Nicolas)	1658.	1733.

DES ARTISTES CITÉS. 685

ARTISTES.	NAISSANCES.	DÉCÈS.	ARTISTES.	NAISSANCES.	DÉCÈS.
COUTAN (Amable-Paul), peintre.	1792.		Durand (Amédée), sculpteur.	1789.	
Coypel (Antoine), peintre, académ.	1661.	1722.	Egmont (Juste d'), peintre, fondateur de l'académie de peinture.	1619.	1674.
Coypel (Noël), peintre.	1629.	1707.	Errard (Charles), peintre.	1606.	1689.
Coypel (Noël-Nicolas), peintre.	1694.	1752.	Espercieux (Jean-Joseph), sculpteur.	1760.	
Cramoisy, imprimeur.	1583.	1665.	Falconnet (Étienne-Maurice), sculpteur, académicien.	1716.	1791.
CROSATIER, fondeur-ciseleur.	1797.		Fantose (Antoine), peintre avec le Rosso et Primatice.		
DAMPMARTIN (Gui de), sculpteur (xiv.° et xv.° siècles).			Flamand (Le), sculpteur.		
Davti (Vincent), sculpteur.		1575.	Flemael (Bertholet), peintre sous Louis XIV.		
DARDEL, sculpt. travaillait en 1809.			Florence (Dominique de), voy. Barbiere.		
DASSY, peintre.	1793.		Foncières (Philippe de), sculpteur (xiv.° et xv.° siècles).		
David (Jacques-Louis), peint. académ.	1748.	1825.	FONTAINE (Pierre-François-Léonard), architecte, académicien.	1762.	
DAVID (Pierre-Jean), sculpteur, académicien.	1789.		Fontana (Prosper), peintre.	1512.	1597.
DAUJON, sculpt. travaillait en 1809.			Fortin (Augustin-Félix), sculpt.	1764.	
DE BAY (J. B. Joseph), sculpteur.	1779.		Foucou (Louis), sculpteur.	1736.	1815.
Debret (François), architecte.	1777.		Fouquières, peintre, en 1660.		
De Brosse, arch. de Marie de Médicis.			Fournier, arch. sous Henri IV.		
DE LORME (Philibert), architecte.	1500.	1570.	FRAGONARD (Alexandre-Évariste), peintre.	1783.	
DENON (Dominique-Vivant), acad.	1747.	1825.	Francheville ou Francavilla (Pierre), sculpteur.	1548.	
Descamps, peintre, académicien.	1713.	†	Francin (Claude), sculpt. académic.	1701.	1773.
DESEINE (Louis-Pierre), sculpteur, académicien.	1749.	1822.	FRANCISQUE, collaborat. de Bunel.		
Desgodetz, architecte.	1653.	1728.	Francucci, d'Imola (Innocent), peintre, maître de Primatice.		
Detroy (François), peintre, académ.	1645.	1730.	FRANQUE (Pierre et Joseph), jumeaux, peintres.	1774.	
Devosges (François), sculpteur.	1732.	1811.	Frémin (René), sculpt. né vers 1706.		
Donatello, sculpteur.	1383.	1466.	FRÉMINET (Martin), peintre.	1567.	1619.
D'ORBAY (François), architecte.		1698.	Frémy (Noël), peintre.	1783.	
DORIGNY (Charles et Thomas), peintres.			Fulbert, évêque de Chartres et architecte vers 1020.		
Doyen (Gabriel-François), peintre.	1726.	1806.	GABRIEL (Jacques-Ange), arch.	1710.	
DROLLING (Michel-Martin), peintre.	1786.		Gamodia (Henri de), arch. viv. en 1387.		
DUBOIS (Ambroise), peintre avec Primatice.	1543.	1615.	Garamond (Claude), graveur fond. de caractères d'imprimerie en 1510.		1561.
DUBOIS (Jean), fils d'Ambroise.			GARNIER (Étienne-Barthélemi), peintre.	1759.	
Dubois (Paul), neveu d'Ambroise, peintre avec Primatice.			GASSIES (Jean-Baptiste), peintre.	1786.	
DUBREUIL (Louis), peintre avec le Rosso et Primatice.			GENTIL, de Troyes, sculpteur, élève du Primatice vers 1550.		
DUBREUIL (Toussaint), peintre.		1602.	Gelée (Claude) dit le Lorrain, peintre paysagiste.	1600.	1682.
DUBUFE (Claude-Marie), peintre.	1792.		GEORGERIE (François-Pierre-Joseph), sculpteur ornemaniste.	1753.	
DU CERCEAU, architecte.		1596?	Gérard (Michel), peintre d'arabesques avec le Rosso.		
Duchesne, premier peintre de Marie de Médicis.		1628.	Gérard (Le baron François), premier peintre du Roi.	1770.	
Dufresnoy (Charles-Alphonse), peintre.	1611.	1665.	GÉRARD (François), sculpteur.	1766.	
Dughet (Gaspar) dit Gaspar Poussin et le Guaspre, peintre paysag.	1667.		Ghiberti (Laurent), sculpt. ciseleur.		
DUMÉE (Guillaume), peintre avec Bunel.					
DUMONT (Jacques-Edme), sculpt.	1761.				
Dumoutier (Daniel), peintre, né vers 1550.		1631.			
DU PASQUIER (Antoine-Liénard), sculpteur.	1746.				
DU PÉRAC (Étienne), arch. peint.	1570.	1602.			
DURAMBEAU, peintre, académicien.	1733.	1796.			

ARTISTES.	NAISSANCES.	DÉCÈS.	ARTISTES.	NAISSANCES.	DÉCÈS.
GIBOY (Alexandre), graveur.......	1786.	1826.	ISABEY (Jean-Baptiste), peintre....	1766.	
GIOCONDO (Fra), *voyez* JOCONDE..	1435.	1526.	ISRAËL SYLVESTRE, graveur.......	1621.	1691.
GIOTTO DI BONDONE, peintre......	1276.	1336.	JACOBELLO, *voyez* MASEGNE.		
GIRARDON (Nicolas), père de François, fondeur, né vers 1600.			JACQUET, *voyez* GRENOBLE.		
GIRARDON (François), sculpteur.	1630.	1715.	JACQUET (Henri), mouleur du Musée du Louvre..................	1778.	
GIRAUD, architecte.............	1744.	1814.	JACQUIO (Ponce), sculpteur vers 1540 avec Primatice.		
GIRODET (Anne-Louis), peintre, académicien..................	1767.	1824.	JASSE (GUILLAUME), sculpteur (XV.e siècle)............		
GIROUX (LÉONARD), sculpteur avec Primatice.			JOANNIS (LOUIS-ALEXANDRE), peintre paysagiste...............	1783.	
GODARD (Pierre-François), graveur en bois...................	1797.		JOCONDE (Jean), ou *Fra Giocondo*, architecte.................	1435.	1526.
GOIS (ÉTIENNE-PIERRE-ADRIEN), sculpteur, académicien..........	1730.	1823.	JOLY, de Troyes (Jean), sculpteur, né vers 1645.		
GOIS (EDME-ÉTIENNE-FRANÇOIS), sculpteur.....................	1765.		JOUVENET (Jean), peintre, académic.	1675.	1717.
GOSSE (NICOLAS-LOUIS-FRANÇOIS), peintre.......................	1787.		JOUX (DE), sculpteur, académicien.	1731.	
GOUJON (JEAN), architecte et sculpt.	1510.	1572.	JUINNE (FRANÇOIS-LOUIS DE), peintre...	1784.	1816.
GRANIER (Pierre), sculpt. né vers 1645.	1645.	1716.	JULES ROMAIN, peintre............	1492.	1546.
GRENOBLE (JACQUET dit LE), sculpteur sous Henri IV.			JULIEN (Pierre), sculpteur........	1731.	1804.
GRIMALDI (JEAN-FRANÇOIS) ou *le Bolognese*, peintre............	1606.	1680.	JUSTE, de Tours (Jean), architecte et sculpteur sous Louis XII.		
GROSSO (Niccolò) dit *Caparra*, ciseleur en fer (XVI.e siècle).			LACOUR (Pierre), dessinateur grav.	1778.	
GUÉRIN (Louis), sculpteur avec Sarrazin.....................		1677.	LACROIX (FERDINAND-VICTOR-EUGÈNE DE), peintre..........	1799.	
GUÉRIN (PIERRE-NARCISSE), peintre, académicien................	1774.		LAFONTAINE (DE), fondeur ciseL.	1776.	
GUERSANT (PIERRE-SÉBASTIEN), sculpteur....................	1786.		LAGRENÉE (JEAN-JACQUES) le jeune, peintre, académicien.....	1740.	1821.
GUILLAIN (Simon), sculpteur......	1581.	1658.	LAGRENÉE (LOUIS-JEAN-FRANÇOIS), peintre.....................	1724.	1805.
GUILLAUME, de Marseille, peintre verrier......................	1475.	1537.	LAITIÉ (CLAUDE-FRANÇOIS), sculpt.	1782.	
GUILLEMOT (ALEXANDRE-CHARLES), peintre................	1786.		LANCRENON (JOSEPH-FERDINAND), peintre.....................	1794.	
GUILLOIS (FRANÇOIS-PIERRE), sculpteur....................	1765.		LANDON (Charles-Paul), peintre....	1760.	1826.
HALLE (CLAUDE et ABRAHAM), peintres avec Dubreuil.			LANGE (BERNARD), sculpteur......	1754.	
HAQUIN (François-Toussaint), peintre.	1757.		LAROCHE (PAUL DE), peintre....	1797.	
HARDOUYN (les frères), peintres avec Dubreuil.			LAUGIER, graveur...........	1785.	
HEIM (FRANÇOIS-JOSEPH), peintre.	1787.		LAUNAY (JEAN DE), sculpteur (XIV.e et XV.e siècles).		
HENNEQUIN (PHILIPPE-AUGUSTE), peintre......................	1765.		LAURENT, de Picardie, sculpteur ornemaniste avec le Rosso.		
HERRERA (Francesco D'), *le Vieux*, peintre, maître de Velasquez.....		1656.	LAUTIZIO, graveur avec Benvenuto Cellini.		
HERSENT (Louis), peintre, académ.	1777.		LAVAL (PIERRE-LOUIS DE), peint.	1790.	
HESSE (NICOLAS-AUGUSTE), peint.	1795.		LAZZARI dit *Bramante*, architecte...	1444.	1514.
HIDON (Auguste), architecte et grav.	1780.		LE BRUN (CHARLES), premier peintre du Roi, académicien........	1619.	1690.
HOEY (JEAN DE), peintre.........	1545.	1615.	LECLAIR dit *Capitoli*, sculpteur avec Sarrazin.		
HONNET (GABRIEL), peintre avec Dubreuil.			LECLERE (Achille), architecte......	1783.	
IMOLA (Innocent D'), *voy.* FRANCUCCI.			LECOMTE (Félix), sculpt. académic.	1737.	1817.
INGRES, peintre, académicien.....	1781.		LEFÈVRE (ROBERT), peintre......	1756.	
			LEGRAND (Jacques-Guillaume), arch.	1753.	1807.
			LE MERCIER, architecte..........		1660.
			LEMOT (FRANÇOIS-FRÉDÉRIC), sculpteur, académicien..........	1773.	1827.

DES ARTISTES CITÉS. 687

ARTISTES.	NAISSANCES.	DÉCÈS.
LEMOYNE (MARIN), sculpteur avec Primatice.		
LEMOYNE (Jean-Louis), sculpteur du Roi, académicien...............	1704.	1778.
LE NOTRE (ANDRÉ), directeur des jardins du Roi.................	1613.	1700.
LÉONARD LE FLAMAND, peintre avec le Rosso.		
LEOPARDI (Alexandre), sculpteur (xv.º et xvi.º siècles).		
LÉPICIÉ (Nicolas-Bernard), peintre.	1735.	1784.
LÉRAMBERT (François-Jean), peintre avec Primatice.		
LÉRAMBERT (HENRI), sculpteur..	1604.	1670.
LÉRAMBERT (LOUIS), peintre avec le Rosso et Primatice........		1670.
LERICHE (FRANÇOIS), peint. ornem.	1748.	
LEROI (SIMON), peintre, avec Rosso et Primatice.		
LESCOT (PIERRE), architecte.....	1510.	1578.
LESUEUR, sculpteur............	1757.	
LESUEUR (PIERRE-FRANÇOIS), peintre.................	1757.	
LETHIÈRE (GUILLAUME-GUILLON), peintre, académicien...........	1760.	
LE VAU, architecte............	1612.	1670.
L'HEUREUX (PIERRE et FRANÇOIS), sculpt. ornemanistes sous Henri IV.		
LIBON (François), sculpteur fondeur avec Primatice.		
LIÈGE (JEAN DU), sculpteur (xiv.º et xv.º siècles).		
LOMBARDI (Alphonse), sculpteur...	1487.	1536.
LOMBARDI (Antonio), sculpteur.....	1536.	1594.
LORRAIN (Robert LE), sculpteur, académicien, né vers 1645.		
LORTA (JEAN-FRANÇOIS), sculpteur.	1752.	
LOYR (NICOLAS), peintre........	1624.	1679.
LUCAS LE ROMAIN, peintre avec Primatice.		
LUZARCHES (Robert DE), architecte, vivait en 1220................		1289.
MAILLARD (ROLAND) et sa femme, sculpt. peintres avec Jean Goujon.		
MAILLOT (Nicolas-Sébastien), peint.	1781.	
MAITANI (Lorenzo), arch. viv. en 1290.		
MAJANO (Benedetto DA), sculpteur..	1424.	1478.
MAJANO (Giuliano DA), sculpteur (xv.º siècle).		
MANSARD (JULES HARDOUIN), architecte................	1645.	1708.
MANSION, sculpteur............	1773.	
MANTEGNA (André), peintre......	1451.	1517.
MANZONI, peintre ornemaniste.....	1785.	
MARATTE (le cavalier Carle), peintre.	1625.	1713.
MARCONE, orfévre, maître de Cellini.		
MARIGNY (MICHEL), peintre......	1797.	
MARSY (BALTHASAR), sculpteur...	1628.	1674.

ARTISTES.	NAISSANCES.	DÉCÈS.
MARSY (GASPAR), sculpteur.....	1624.	1681.
MASEGNE (Pierre-Paul et Jacobello DALLE), sculpteurs en 1394.		
MASSON (FRANÇOIS), sculpteur....	1745.	1807.
MATTE (NICOLAS-AUGUSTE), sculpt.	1781.	
MAUGRAS, de Fontainebleau, peintre avec Ambroise Dubois.		
MAUZAISSE (JEAN-BAPTISTE), peint.	1784.	
MAZOIS (François), architecte.....	1783.	1826.
MAZZUOLI (Francesco) dit le Parmesan, peintre..................	1503.	1540.
MELLEIN (Henri), peintre verrier, vivait en 1430.		
MÉNAGEOT (François-Guillaume), peintre, académicien............	1744.	1810.
MÉRIMÉE (JEAN-FRANÇOIS-LÉONOR), peintre...................	1757.	
MESNAGER (Marc), architecte......	1787.	
MÉTÉZEAU (CLÉMENT), architecte sous Henri IV et Louis XIII.		
MEYNIER (CHARLES), peintre....	1767.	
MICCERI (Paul), sculpteur ciseleur avec Cellini.		
MICHEL-ANGE BONARROTI, architecte, sculpteur et peintre...........	1474.	1564.
MIGNARD (NICOLAS), peintre.....	1608.	1668.
MIGNOT (Jean), arch. vivait en 1399.		
MILET (FRANCISQUE), peintre pays.		1680.
MINIATI (BARTHÉLEMI), peintre avec le Rosso et Primatice.		
MINO DA FIESOLE, sculpteur.......		1486.
MODENA (Niccoletto DA), voyez BELINO.		
MODENA (NICCOLÒ DA), voyez ABATE.		
MOENCH (SIMON-FRÉDÉRIC), peint.	1746.	
MOENCH (CHARLES), peintre.....	1784.	
MOENCH (AUGUSTE), peintre arch.	1786.	
MOITTE (JEAN-GUILLAUME), sculpteur, académicien...............	1747.	1810.
MOMAL (JACQUES-FRANÇOIS), peintre..................	1754.	†
MONNOYER, voy. BATISTE.		
MONOT, sculpteur, né vers 1733, académicien en 1779, mort vers 1803.		
MONTELUPO (Baccio DA), sculpteur.	1445.	1533.
MONTEREAU (Pierre DE), architecte.		1266.
MONTPELLIER, sculpteur.......	1766.	
MONTREUIL (Eudes DE), architecte.		1289.
MOREL (CHARLES), sculpteur en bois avec Errard.		
MOSCA (François), fils de Simon, sculpteur..................		1554.
MOURRET (JEAN-FRANÇOIS), sculpteur ornemaniste...............	1777.	1823.
MOUTON (ANTOINE) dit Moutoni, sculpteur.................	1765.	
MULLER (Henri-Charles), graveur..	1784.	

TABLE ALPHABÉTIQUE

ARTISTES.	NAISSANCES.	DÉCÈS.	ARTISTES.	NAISSANCES.	DÉCÈS.
MUSNIER (Germain), peintre avec le Rosso et Primatice.			Pompeo, graveur avec Cellini........		1534.
NALDINI (Lorenzo), sculpteur ornemaniste avec Primatice.			Pompeo Turcone, ouvrier en fer (xvi.e siècle).		
Negrolo (Philippe), ciseleur en fer (xv.e siècle).			Ponce (Nicol.), littérateur et graveur.	1746.	
NINET FLAMAND, peintre avec Ambroise Dubois.			Ponce (Paul), sculpteur..........	1510.	1575.
Nochia, mosaïquiste.............	1742?		Poncet, peint. élève de Simon Vouet.		
NOCRET (Jean), peint. académicien.	1617.	1672.	PONTHERON (David et Nicolas), stuca. ornemanistes avec Dubreuil.		
Normand (Charles), graveur......	1763.		PONTI, doreur avec Errard.		
Nourisson, sculpteur, né vers 1645.			Pontormo (Jacques Carrucci de), peintre.................	1493.	1558.
Opera (Giovanni Bandini du dall'), sculpteur..................		1540.	PORBUS (François) fils, peintre..	1570.	1622.
Orcagna (Andrea), sculpt. peint. arch.	1329.	1389.	POUSSIN (Nicolas), premier peintre de Louis XIII...............	1594.	1665.
ORLÉANS (François d'), peintre (xiv.e et xv.e siècles).			PRADIER (James), sculpt. académ.	1793.	
ORLÉANS (maître François d'), sculpteur ornemaniste avec le Rosso.			PRIEUR (Barthélemi), sculpteur, vivait en 1600.		
PACHECO (François), peintre......	1589.	1654.	PRIMATICE (François), peint. arch.	1490.	1570.
PALISSY (Bernard), potier, peintre verrier, écrivain.	1499.	1589.	PRUDHON, peintre.............	1760.	1824.
PALLADIO (André), architecte.....	1518.	1580.	PUGET (Pierre), peint. arch. sculpt.	1622.	1694.
PALLIÈRE (Léon), peintre........	1787.	1820.	PUJOL (Adel de), peintre........	1785.	
PARIS (Claude de), voy. Claude.			QUERCIA (Nicolas della), sculpteur.		1416.
PARIS (Simon de), sculpteur ornemaniste avec le Rosso.			RAFFAELLINO (Jean-Marie), peintre, voyez Botalla...........	1613.	1644.
PASQUIER, peintre avec Dubreuil.			RAGGI (Nicolas-Bernard), sculpt.	1791.	
PATEL (Pierre), le Bon ou le Tué, peintre paysagiste.	1654.	1703.	RAIMOND DU TEMPLE, architecte du Louvre (xiv.e et xv.e siècles).		
Patel fils, peintre paysagiste.			Ramenghi, voyez Bagnacavallo.		1601.
PATTE (Pierre), architecte........	1723.	1814.	RAMEY père, sculpteur.........	1754.	
Paul Romain, sculpt. élève de Cellini.			RAMEY (Étienne-Jules), sculpteur.	1796.	
PÉCHEUX (Benoît), peintre.....	1774.		Raphaël Sanzio, d'Urbin, peintre..	1483.	1520.
PELLEGRINI (François), peintre avec le Rosso et Primatice.			Ravy (Jean), architecte et sculpteur, vivait en 1351.		
PENNI (Lucas), peint. avec Primatice.			RAYMOND (Jean-Armand), architecte, académicien.............	1742.	1811.
PERCIER (Charles), arch. académ.	1764.		REGNAULDIN (Thomas), sculpteur.	1627.	1706.
PERNOTIN, peintre.............	1775.	1825.	Regnault (Jean-Bapt.), peint. acad.	1754.	
PERRAULT (Claude), architecte..	1613.	1688.	RENAUD, sculpteur.............		1817.
PESNE (Jean), graveur.........	1623.	1700.	RENAUDIN (Laurent), peintre avec le Rosso et Primatice.		
PETITOT (Pierre), sculpteur.....	1752.		Riccio (André), sculpteur ciseleur.	1480.	1535.
PETITOT (Louis) fils, sculpteur..	1794.		Riccio (Antoine), sculpt. (xv.e siècle).		
PEYRON (Jean-François), peintre.	1744.	1815.	RIGAUD (Hyacinthe), peintre....	1663.	1743.
PICOT (François), peintre......	1786.		Robbia (Luca della), sculpteur...		1388.
Pierre-Paul, voyez Masegne.			ROCHETET (Michel), peintre avec le Rosso et Primatice.		
Piggiani, mouleur du Musée royal...	1774.	1818.	ROGERY (Roger de), peintre avec Dubreuil.		1597.
Pilon (Germain), sculpteur......	1520.	1590.	ROLAND (Philippe-Laurent), sculpteur, académicien..........	1746.	1819.
Pippi (Jules), voyez Jules Romain.			ROMAGNESI (Louis-Alexandre), sculpteur.................	1776.	
Pise (André de), sculpteur......	1270.	1345.	ROMAN (Jean-Bapt. Louis), sculpt.	1792.	
Pise (Jean de), sculpteur........	1230.	1320.	ROMANELLI (Jean-François), peintre......................	1617.	1662.
Pise (Nicolas de), architecte et sculpteur (xiii.e siècle).			RONDELET (Jean et Guillaume), peintres avec Jean Goujon.		
PLAIN, architecte sous Henri IV.			Rosselli (Matteo), peintre.......	1578.	1650.
POISSANT (Toussaint), sculpteur, académicien..................	1605.	1668.			
POMETART (Jean), sculpteur avec Primatice.					

DES ARTISTES CITÉS.

ARTISTES.	NAISSANCES.	DÉCÈS.	ARTISTES.	NAISSANCES.	DÉCÈS.
Rossi (Mathias de), architecte avec Bernin.	1637.	1695.	Taunay, sculpteur.	1768.	1818.
Rossi (Properzia de), sculpteur (XVI.ᵉ siècle).		1533.	Testelin (Henri) le jeune, peintre, académicien.	1615.	1695.
Rossi (Zannobi), peintre, élève de Christophe Allori.			Texier (Victor), graveur.	1779.	
Rosso (le) ou *Maître Roux*, peintre, architecte.		1695.	Thévenin (Charles), peintre.	1764.	
Rouget (George), peintre.	1784.		Thomas (Antoine), peintre.	1791.	
Rubens (Pierre-Paul), peintre.	1577.	1640.	Torretti (Giuseppe) (XVII.ᵉ siècle).		
Ruggiero, de Bologne, peintre avec Primatice.			Trisolo, sculpteur.	1500.	1565.
Rustici (Jean-François), sculpteur.		1560?	Tritani, doreur avec Errard.		
Sacchi (André), peintre.	1600.	1663.	Vafflard (Pierre-Auguste), peintre.	1777.	
Saillant (François), sculpteur avec Primatice.			Van Cleve, sculpteur, académicien.	1645.	1732.
Saint-Romain (Jean de), sculpteur (XIV.ᵉ et XV.ᵉ siècles).			Vanloo (Charles ou Carle), peintre, académicien.	1705.	1778.
Samson (Jean), peintre avec le Rosso et Primatice.			Vanni (Raphaël), peintre, élève de Christophe Allori.	1596.	
Sanzio, *voyez* Raphaël.			Van Opstal (Gérard), sculpteur.	1597.	1668.
Sarrazin (Jacques), sculpteur.	1590.	1660.	Varin (Jean) ou *Warin*, grav. en méd.	1604.	1672.
Scheffer (Ary), peintre.	1795.		Vasari (George), peintre.	1512.	1574.
Schnetz (Jean-Victor), peintre.			Vassé (Louis-Claude), sculpt. acad.	1717.	1772.
Serangeli (Gioachino), peintre.	1769.		Vauthier (Jules-Antoine), peint.	1774.	
Serlio (Sébastien), architecte.	1504.	1552.	Vechis (de), mosaïquiste, maître de M. Belloni.		
Servandoni (Nicolas), architecte.	1695.	1766.	Velasquez de Sylva (Diego), peintre.	1596.	1660.
Slodtz (Paul-Ambroise), sculpteur, académicien.	1702.	1758.	Vernet (Carle), peintre, académ.	1757.	
Slodtz (Michel-Ange), sculpteur.	1705.	1764.	Vernet (Joseph), peintre, académ.	1712.	1786.
Souflot (Jacques-Germain), architecte.	1714.	1780.	Vernet (Jean-Emile-Horace), peintre, académicien.	1789.	
Soyer (Louis-Claude-Ferdinand), ciseleur.	1785.		Vic (Henri de), horloger (XIV.ᵉ siècle).		
Steinbach (Erwin de), architecte, vivait en 1277.		1335.	Vien (le comte Joseph-Marie), peintre.	1716.	1809.
Stella (François), peintre.	1596.	1647.	Vien (Joseph-Marie) fils, peintre.	1761.	
Steuben (Charles), peintre.	1799.		Vigarani, arch. sous Louis XIV.		
Stouf (Jean-Baptiste), sculpteur, académicien.	1742.	1826.	Vignole (Jacques-Barrozzi de), architecte.	1507.	1573.
Tanteri (Valerio), peintre, élève de Christophe Allori.			Villemin, dessinateur graveur.	1768.	
Taraval (Hugues), peint. acad.	1728.	1785.	Vinache (Jean-Joseph), sculpt. acad.	1697.	1754.
			Vincent, peintre, académicien.	1746.	1816.
			Vinchon (Jean-Baptiste-Auguste), peintre.	1787.	
			Vinci (Léonard de), peintre.	1443.	1519.
			Vouet (Simon), peintre.	1590.	1649.

NOTES ET CORRECTIONS.

Quelques erreurs, et des omissions que je n'ai pu éviter, parce que les renseignemens nécessaires me sont parvenus trop tard, ayant eu lieu dans l'impression de ce volume, j'ai cru ne pas devoir différer de les réparer.

Page 123, note, colonne 2, je dis que, d'après la manière dont on a scellé, au moyen de crampons, les plaques de bronze sur le noyau de la colonne de la place Vendôme, il est à craindre que ce monument ne souffre de la dilatation et du resserrement, qui n'agissent pas également dans la pierre et dans le métal; mais il paraît que cette crainte serait mal fondée. On est rassuré par ce que M. le colonel Coutelle a consigné dans le tome XXV, p. 619, de la *Revue encyclopédique*. Les plaques ne sont pas scellées sur le noyau de la colonne, mais elles y sont adaptées et assujetties par des tenons qui passent par des trous et sont simplement arrêtés par des clavettes. Ces trous, de différentes formes, sont creusés dans la pierre de façon à laisser du jeu aux tenons et à se prêter au mouvement que la dilatation et le resserrement pourraient produire en divers sens dans le métal et dans la pierre. Le mémoire de M. Coutelle ne laisse aucun doute sur les nombreuses et ingénieuses précautions prises par M. Le Père, architecte de la colonne, pour assurer le succès de sa grande entreprise et garantir la solidité de ce beau monument.

SUR LES MARBRES DES PYRÉNÉES.

Page 187, notes, 2.e colonne, ligne 8, Juzet-Dizant, *lisez* Juzet d'Izaut; ligne 10, Sterp, *lisez* Cierp; ligne 16, le nankin de Maujious, *lisez* de Mausioux.

A la fin de décembre 1826, M. Layerle-Capel, à la suite d'une excursion que nous fîmes ensemble aux carrières de Saint-Béat, a découvert à Pleides une nouvelle brèche très-belle, qu'il a appelée *brèche royale*, et qui est fond rouge brun caillouté de divers rouges plus clairs et de quelque peu de blanc; elle paraît fort bonne, et conviendrait d'autant mieux à des monumens que l'on peut s'en procurer des blocs considérables. On en a vu de beaux morceaux à l'exposition de l'industrie de 1827.

Note 2. Au sujet de l'évaluation qui porte à 175,289 pieds 8 pouces cubes la brèche que les Romains auraient extraite de la belle carrière de la Penne Saint-Martin à la porte de Saint-Béat, je ferai observer que, quoique ces excavations soient d'une grande beauté, taillées à pic comme une muraille, et régulières, elles ne le sont cependant pas assez pour qu'on ait pu les mesurer à quelques pouces ou même à quelques pieds cubes près. Cette magnifique marbrière est parfaitement saine, et l'on en tirerait des colonnes de cinquante pieds de haut. Elle appartient à M. Layerle-Capel.

Page 189, 1.er alinéa, ligne 10, au lieu de Médon, *lisez* Médoux.

Page 190, 1.er alinéa, ligne 1.re, à dix lieues, *lisez* à cinq lieues.

J'ajouterai à ce que j'ai dit pages 190 et 191 sur les marbres statuaires de Sost et de Saint-Béat, que jusqu'à présent on n'a pu extraire des carrières de Sost que de petits blocs irréguliers et qui ne cubent que 60 pieds au plus, et même dans ces dimensions ne sont-ils pas exempts de fils; et lorsqu'ils seraient purgés, ils ne fourniraient que de petites statues. La teinte en outre est fort désagréable et tire sur celle de la cire blanche qui a jauni et verdi. Ce marbre, du moins celui que nous avons vu jusqu'à présent, et il est à croire que la compagnie Pugens qui l'exploite avait fourni le meilleur, par sa couleur et sa nature revêche, presque intraitable et qui résiste aux instrumens et surtout au trépan, présente les plus grands inconvéniens pour la statuaire. Il est rempli de veines ou de grandes écailles qui ressemblent à des fêlures et le pénètrent assez profondément et dans différens sens, et qui, formant une bigarrure désagréable à l'œil, nuisent à la pureté des contours. On a pu s'en convaincre en voyant à l'exposition du salon de 1827 la Ste Marguerite de M. Nanteuil, très-jolie figure dans le modèle en plâtre, et qui a beaucoup perdu, contre l'ordinaire, à être exécutée en marbre ; ce que l'on ne saurait attribuer qu'aux mauvaises qualités de celui de Sost, et non au statuaire : on ne peut que le plaindre, ainsi que ceux qui seraient forcés à travailler de ce marbre, à moins que celui que l'on exploitera à l'avenir ne gagne et pour le coup d'œil et pour la facilité du travail. Ce dernier point est à considérer ; car une statue telle que celle de M. Nanteuil, qu'on a payée au statuaire sept mille francs, lui est revenue à six mille francs, dont huit cents pour les outils qu'il a fallu faire en acier fondu et qui s'usaient très-vite, et le reste pour le praticien. On avouera que les deux ans de travail qu'elle a coûtés ont été bien peu payés, et que, vu le résultat, c'est du temps et de l'argent perdus ou à peu près.

Quant au marbre de Saint-Béat, exploité par M. Layerle-Capel, dont j'ai visité en 1826 les belles carrières à la même époque que celles de Sost, il est vraiment statuaire ; et à mesure que l'on pénètre dans la masse de la montagne, qui est toute de marbre, il devient plus beau et meilleur. Ce marbre, qui par sa contexture a beaucoup de rapports avec celui de Paros, offre toutes les qualités que l'on peut desirer pour la statuaire. Je m'en suis assuré en causant avec le praticien qui a exécuté la Ste Marguerite en marbre de Sost et le *Pâris* de M. Jacquot en marbre de Saint-Béat ; il ne voudrait plus travailler du premier, et il fait un grand éloge du second. Le marbre de Saint-Béat qu'a employé M. Pradier pour une grande statue de Vénus, et surtout celui de son buste de Charles X, sont peut-être encore d'une qualité supérieure à celle du marbre du *Pâris*, et tous les deux se travaillent à peu près comme le marbre de Paros ou le beau marbre de Carrare. C'est en marbre de Saint-Béat que doivent être la statue colossale de Louis XVI commandée par la ville de Rennes, et celle de Talma que Mgr le Duc d'Orléans fait faire par M. de Bay père. Ce marbre se prête à merveille aux opérations successives de la pointe, de la gradine, de l'ognette, du trépan et de la râpe. Mais, lorsqu'on arrive à donner le fini au ciseau, ayant des parties plus dures les unes que les autres, il présente un peu plus de difficulté à cet instrument qu'aux autres outils ; cependant avec du soin et des précautions il reçoit très-bien le fini. Le coup-d'œil en est agréable, le blanc doux et égal de ton, les veines y sont très-rares. Et quel est le marbre de Carrare, à moins qu'il ne soit de qualités qu'on ne voit que rarement, qui n'en ait pas? Enfin le marbre de Saint-Béat de premier choix est un beau et bon marbre qu'on ne saurait trop recommander aux statuaires, qui y trouveront d'ailleurs de très-grands avantages sous le rapport du prix, qui, les blocs rendus à Paris, est de plus de moitié moindre que celui de Carrare, dont nous ne recevons presque jamais que des secondes qualités remplies de défauts. On peut citer pour preuves de cette assertion plusieurs statues de l'exposition de 1827 : le groupe de *Daphnis et Chloé*, de M. Cortot ; la statue de *M. le Dauphin*, par M. Bra ; l'*Argus* de M. de Bay ; le groupe de *Nysus et Euryale* de M. Roman ; le *Mercure* de M. Jacquot. Tous ces ouvrages recommandables, et plusieurs autres, sont plus ou moins défigurés par des taches nombreuses, noires ou brunes, d'un effet très-désagréable, qu'on ne trouve pas dans la première qualité de Carrare, qui sans doute la garde pour l'Italie, en ne nous envoyant en général que ses rebuts. Il serait donc bien important de pouvoir, ainsi que le desiraient Henri IV et Louis XIV, nous affranchir du tribut que nous payons à Carrare, qui nous traite aussi sans façon, comme des gens qui ont de grands besoins, qui s'arrangent de tout et dont on ne craint pas la concurrence. Bien exploitées et avec l'activité qu'elles méritent, les carrières de Saint-Béat peuvent, pendant des siècles, suffire à toutes les productions de la sculpture en France. La montagne paraît être en entier de marbre statuaire et d'une richesse inépuisable : elle ne trompera pas l'espoir qu'on peut en concevoir; il ne s'agit que d'y employer des bras qui ne manqueront jamais de travaux, et d'y verser des fonds dont on retrouvera bien les intérêts. Il s'agirait aussi de faciliter le transport des blocs jusqu'à Toulouse, soit en raffermissant quelques endroits de la route, soit en rendant navigables quelques parties de la Garonne. Ces dépenses, qui ne seraient pas très-considérables, se trouveraient bien compensées par les avantages que l'exploitation de ces carrières procurerait au département de la Haute-Garonne, ainsi qu'à la France, qui n'aurait plus besoin d'avoir recours aux marbres étrangers pour embellir ses monumens et pour transmettre à la postérité les chefs-d'œuvre de sa sculpture. Les carrières de beaux marbres de couleur, telles que celles de la compagnie Pagens, de Layerle-Capel, et plusieurs autres en France, méritent sans doute d'être encouragées et distinguées par d'honorables récompenses; mais celles de marbre blanc statuaire sont d'une bien plus grande importance et d'un plus haut intérêt pour les arts, et c'est avec raison et une vraie connaissance de cause que le conseil départemental de Toulouse a, depuis plusieurs années, décerné à M. Layerle-Capel une médaille d'or, qu'il a méritée par ses longs travaux, ses nombreuses découvertes et son désintéressement, et qu'il n'a pas encore eu la satisfaction de recevoir.

FIN DU TOME PREMIER.

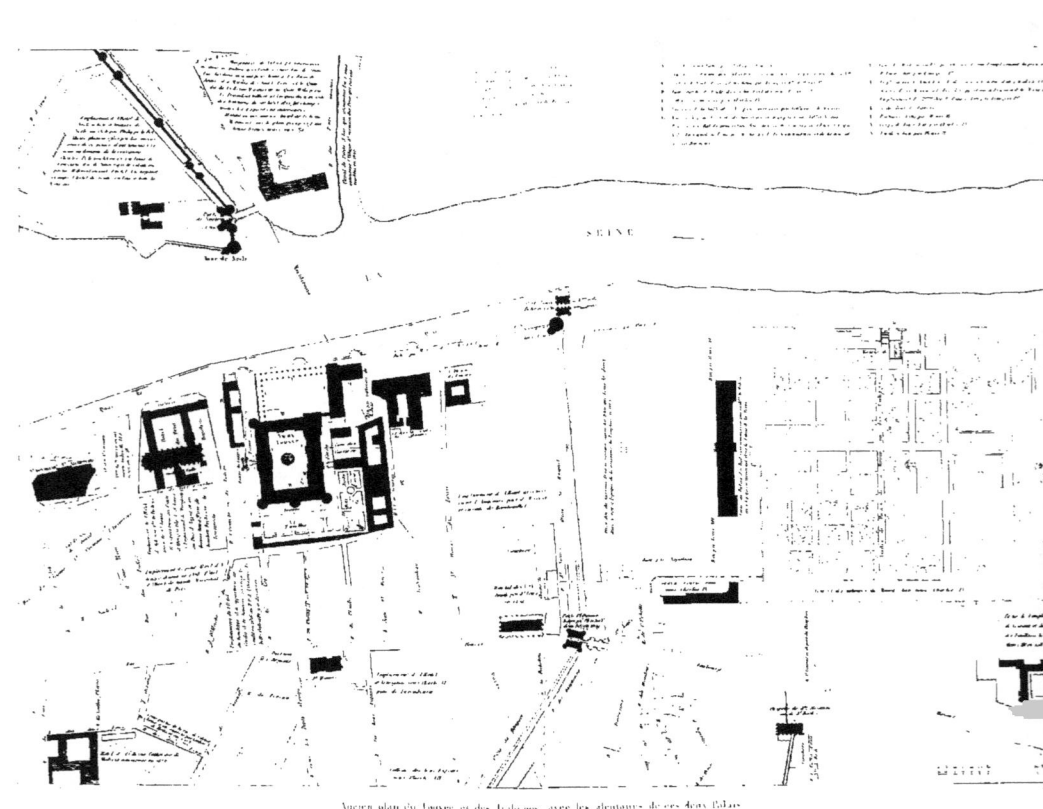

Ancien plan du Louvre et des Tuileries avec les alentours de ces deux Palais sous le Règne de Henri X.

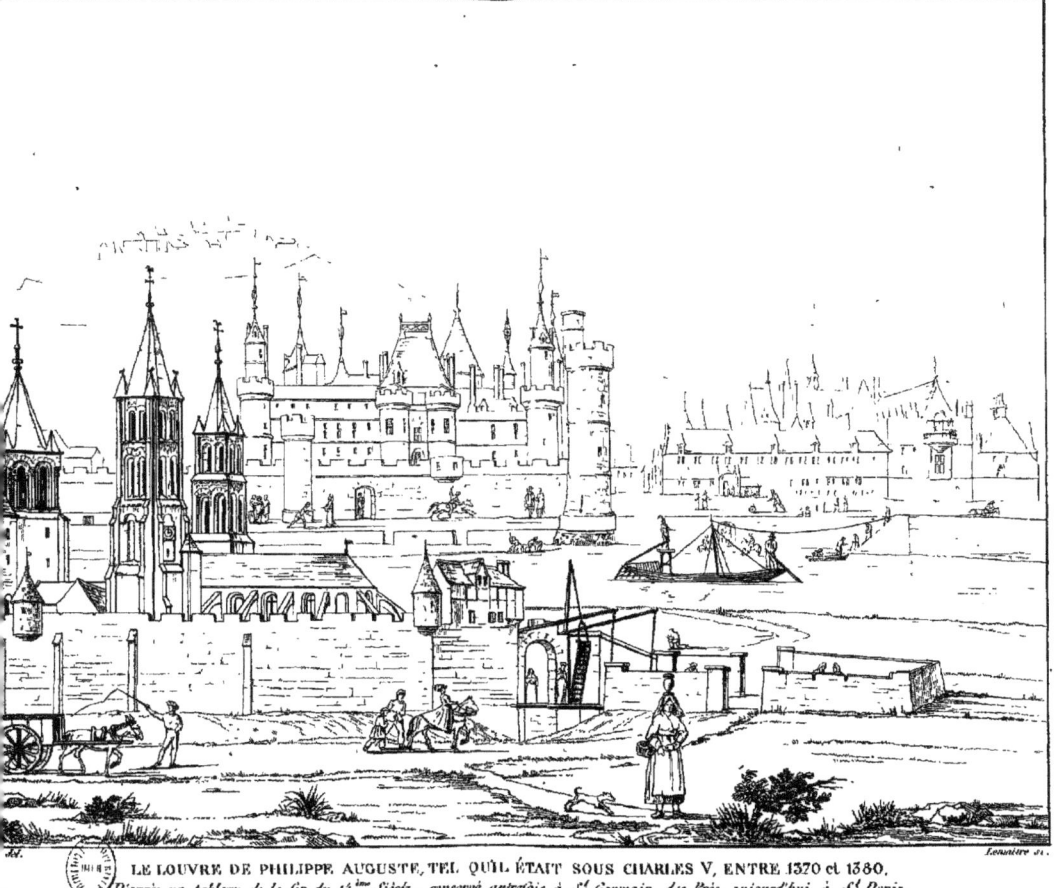

LE LOUVRE DE PHILIPPE AUGUSTE, TEL QU'IL ÉTAIT SOUS CHARLES V, ENTRE 1370 et 1380.
D'après un tableau de la fin du 14.ème Siècle, conservé autrefois à S.t Germain des Prés, aujourd'hui à S.t Denis.

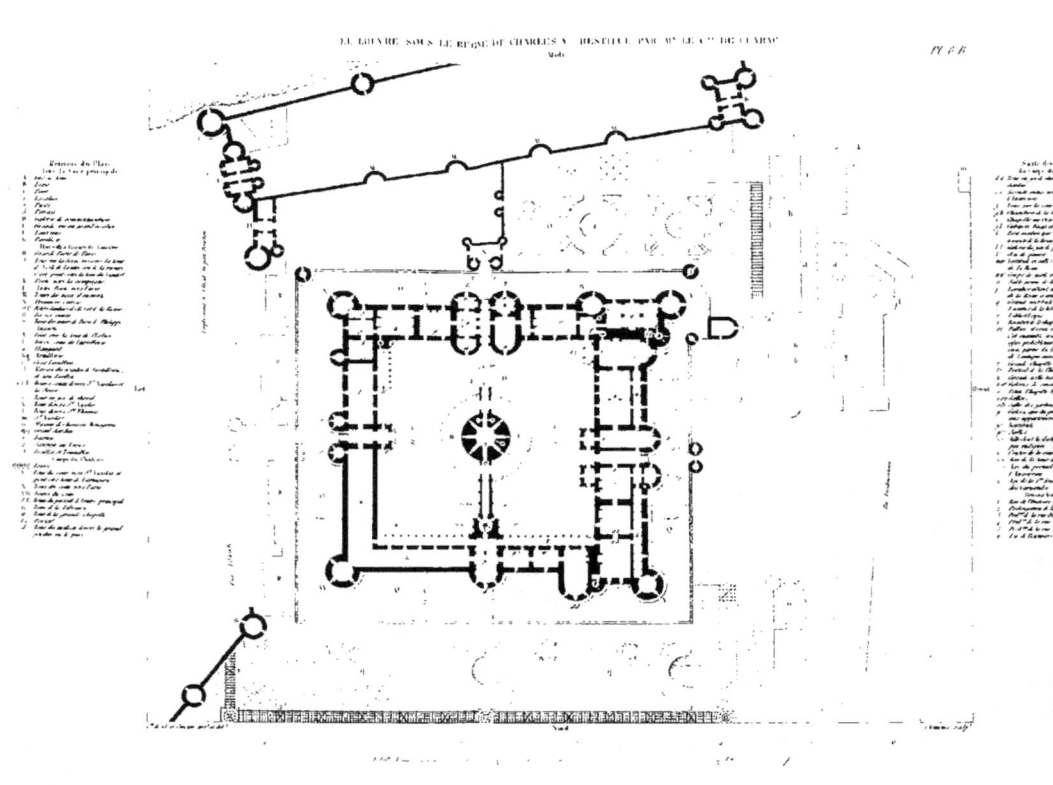

PREMIER ETAGE DU LOUVRE DE CHARLES V, RESTITUÉ PAR M. LE Cte DE CLARAC

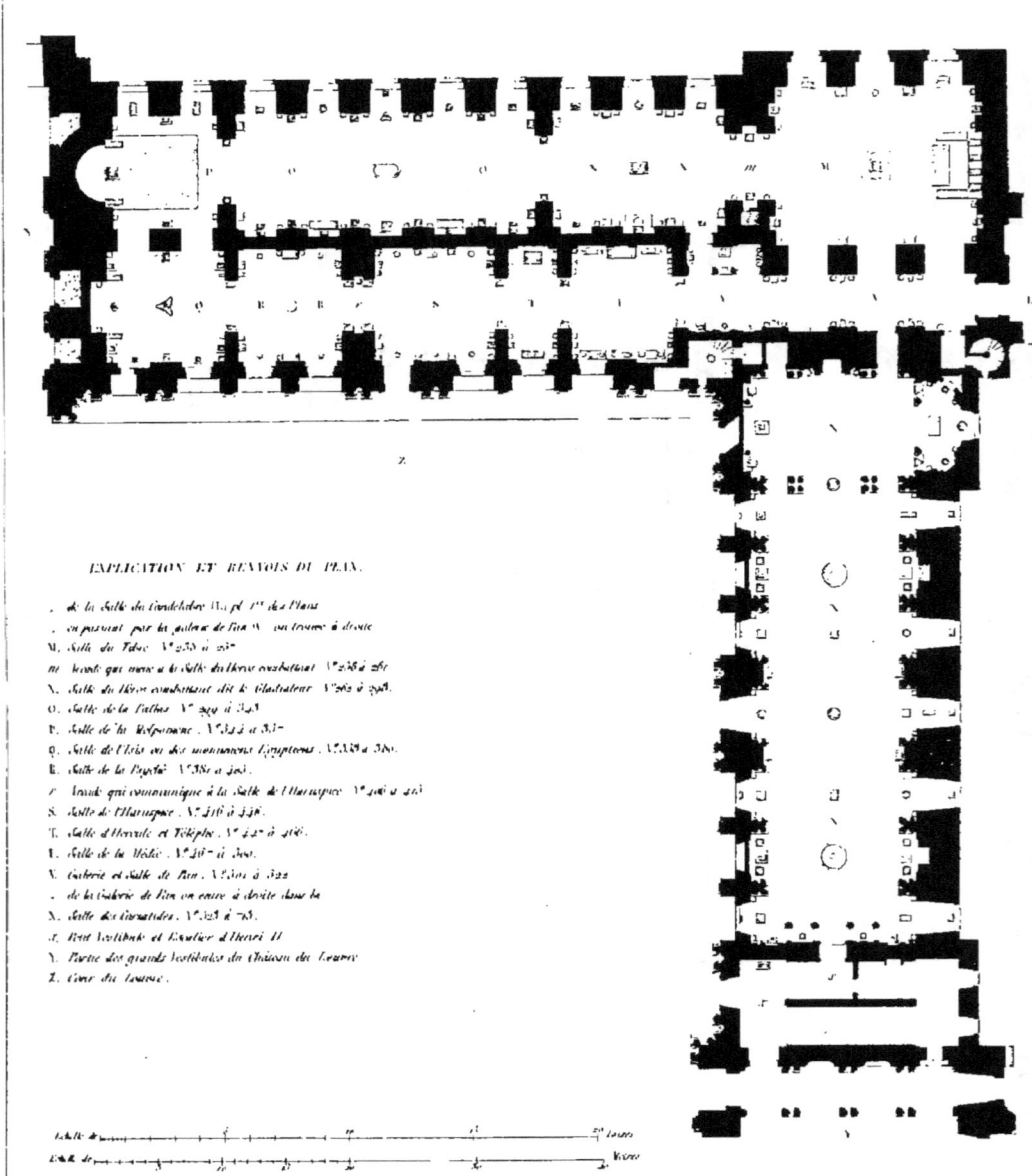

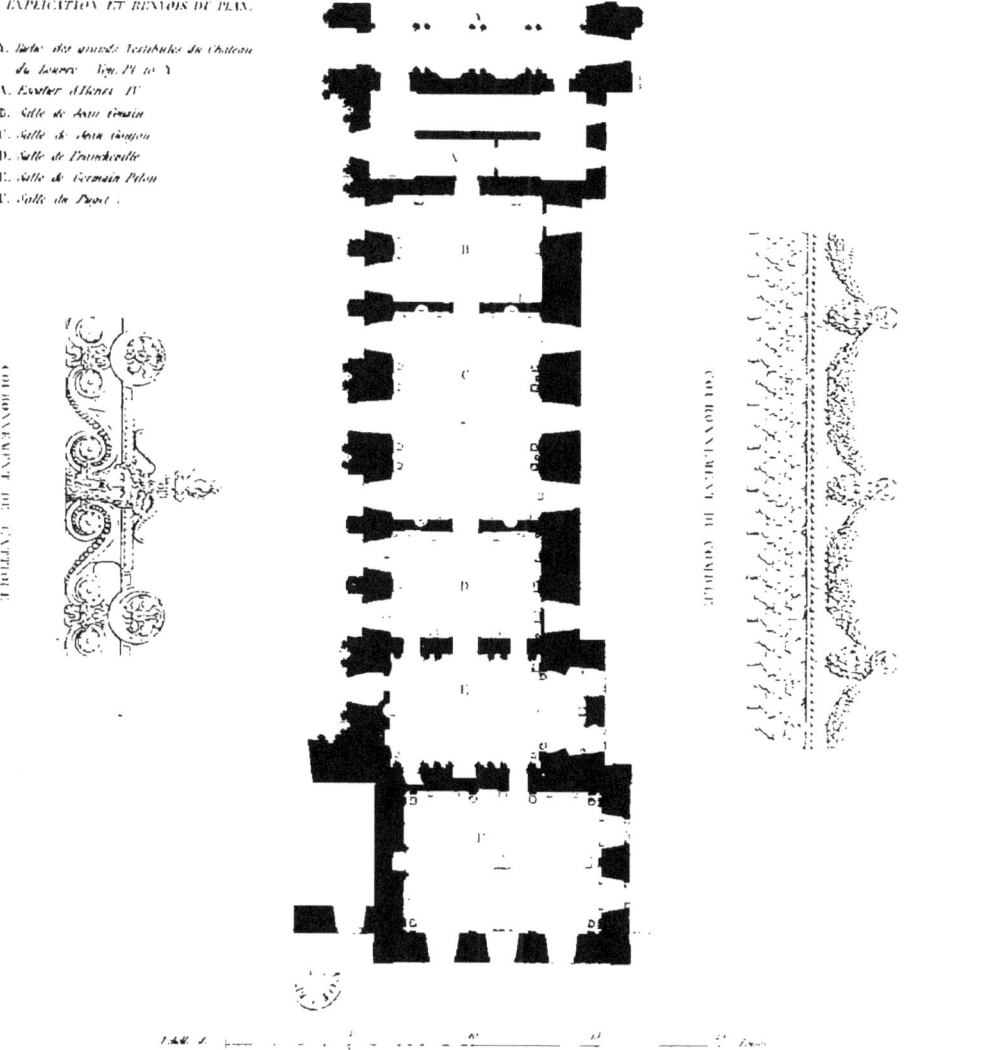

COUR DU LOUVRE.

CHAPITEAU DU CÔTÉ DE LA PLACE.

CLEF D'ARCADE DU CÔTÉ DE LA PLACE.

VIEUX LOUVRE DU CÔTÉ DE LA SEINE.

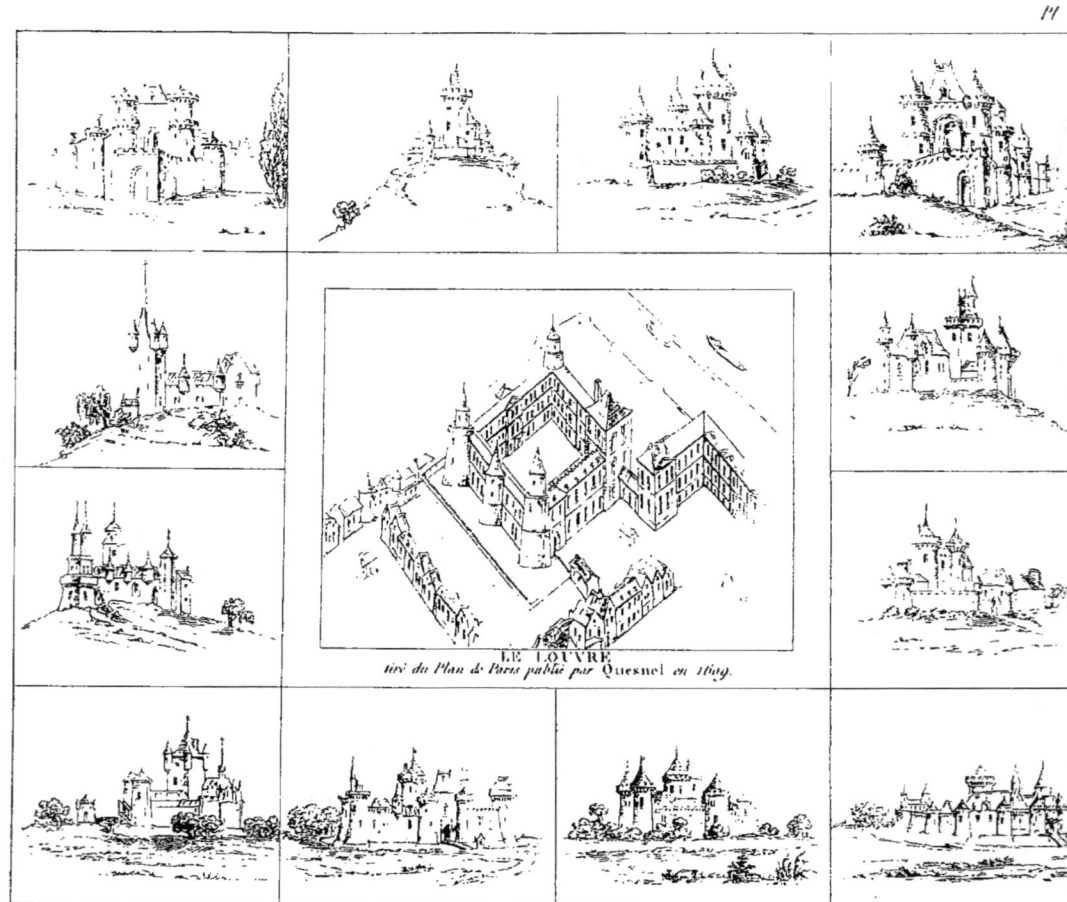

LE LOUVRE
tiré du Plan de Paris publié par Quesnel en 1609.

CHÂTEAUX DES 13.e, 14.me et 15.me SIÈCLES
tirés de Manuscrits de la Bibliothèque Royale et sur-tout des heures de Jeanne de France fille de Louis XI.

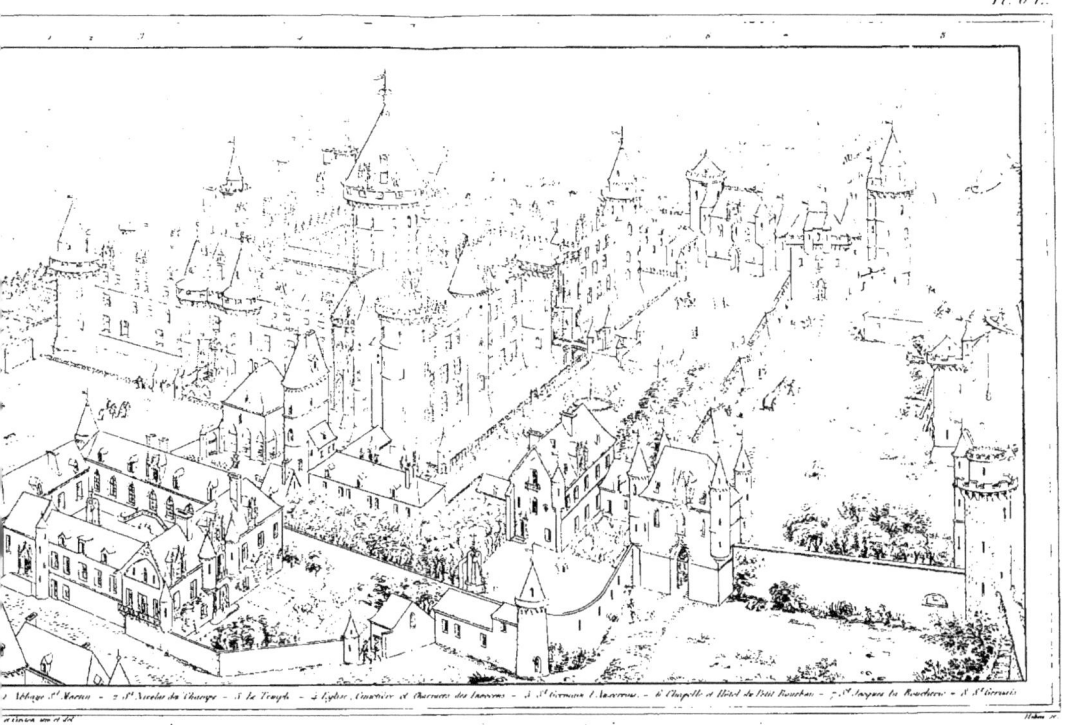

VUE CAVALIÈRE DU LOUVRE DE CHARLES V ET DE SES DÉPENDANCES, D'APRÈS LE PLAN RESTITUÉ PAR M. LE C.te DE CLARAC.

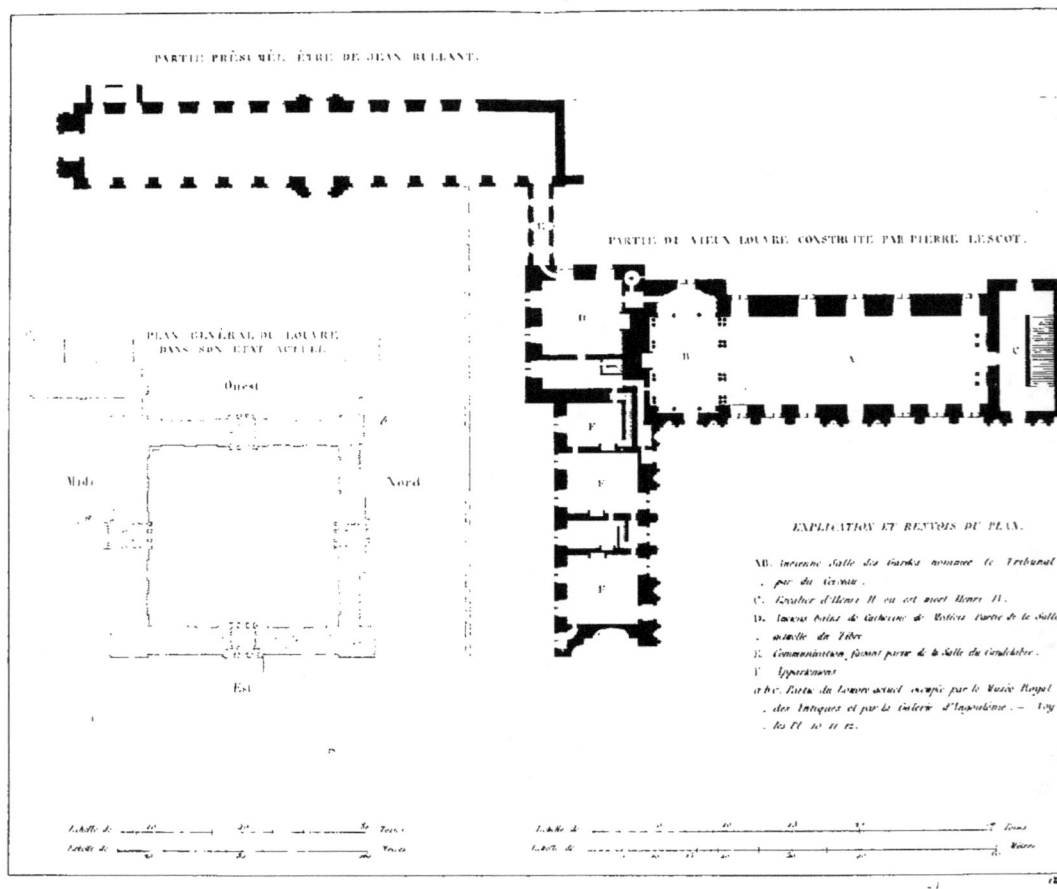

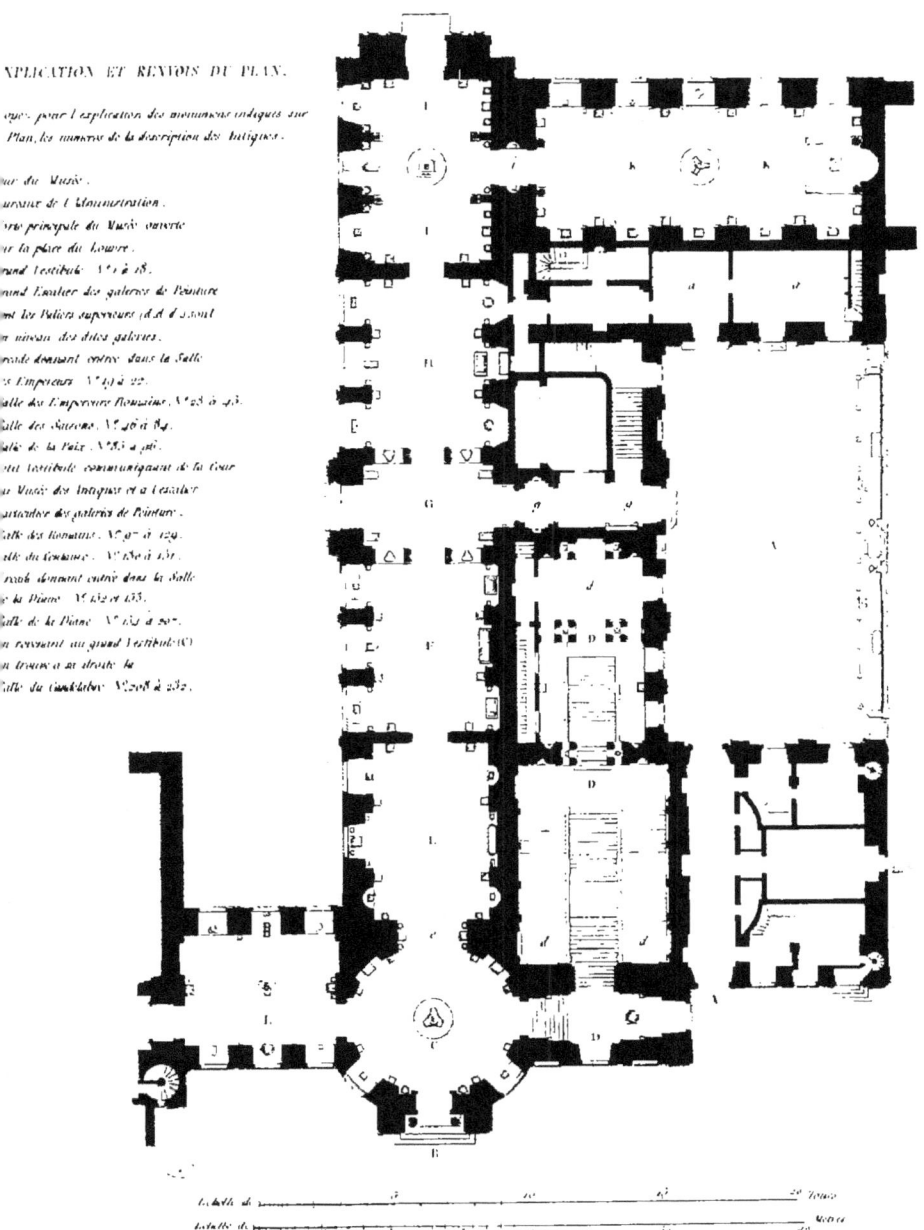

COLONNADE DU LOUVRE.

GRAND ESCALIER NORD DE LA COLONNADE
par MM. Percier et Fontaine.

ESCALIER D'HENRY II.

Musée Royal des Antiques. Pl. 43

II.ᵉ VUE DE LA SALLE DES CARIATIDES.

Musée Royal des Antiques

SALLE DES EMPEREURS ROMAINS.

GRAND ESCALIER DU MUSÉE ROYAL
par MM. Percier et Fontaine.

CHAMBRE DE PARADE D'HENRI II.
Restituée d'après les boiseries que l'on conserve au Louvre.

CHAMBRE À COUCHER D'HENRI IV.
Restituée d'après les boiseries que l'on conserve au Louvre.

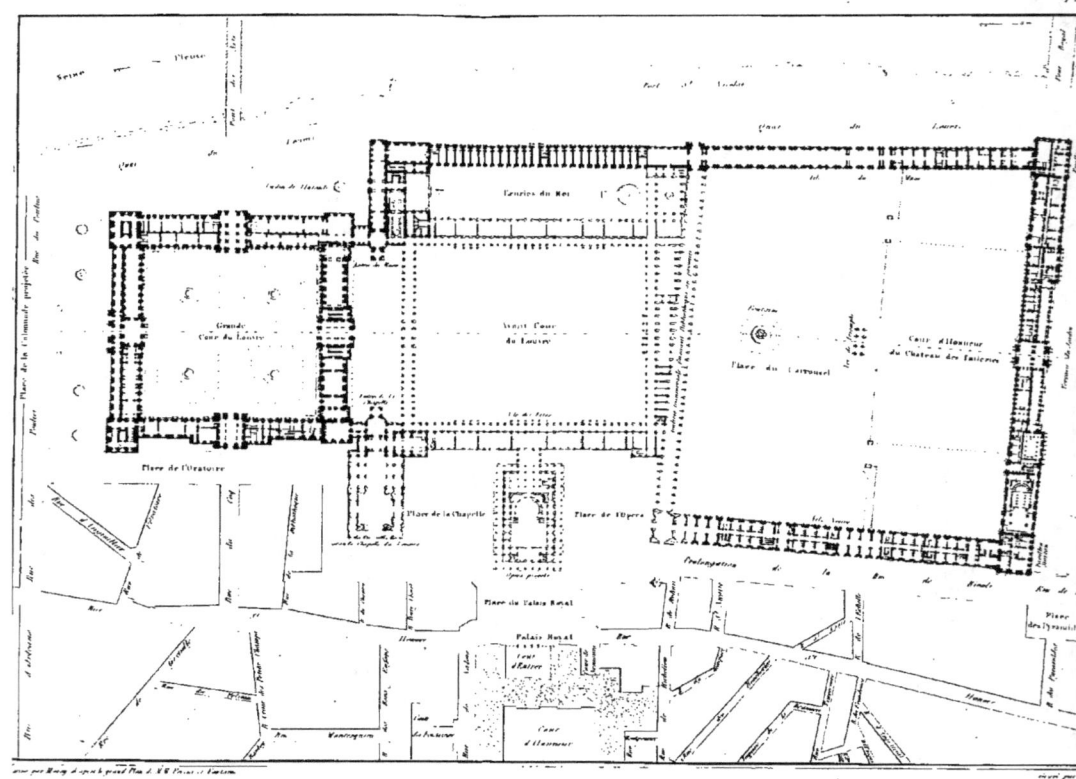

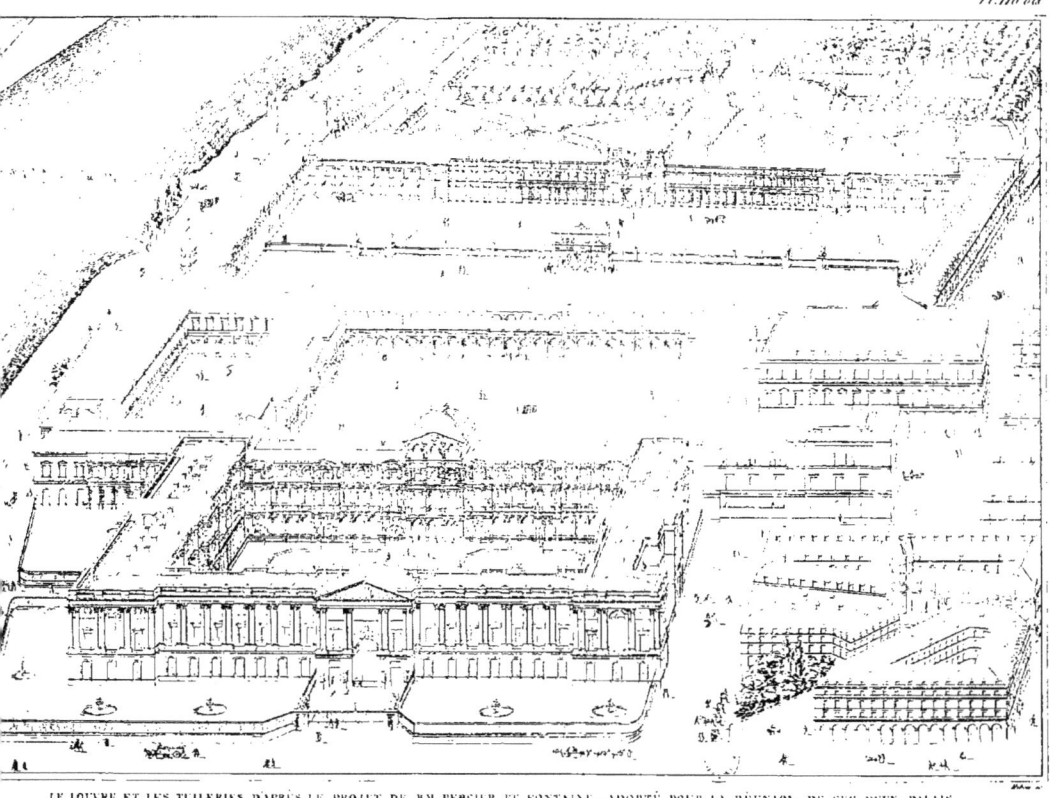

LE LOUVRE ET LES TUILERIES D'APRÈS LE PROJET DE MM. PERCIER ET FONTAINE, ADOPTÉ POUR LA RÉUNION DE CES DEUX PALAIS.

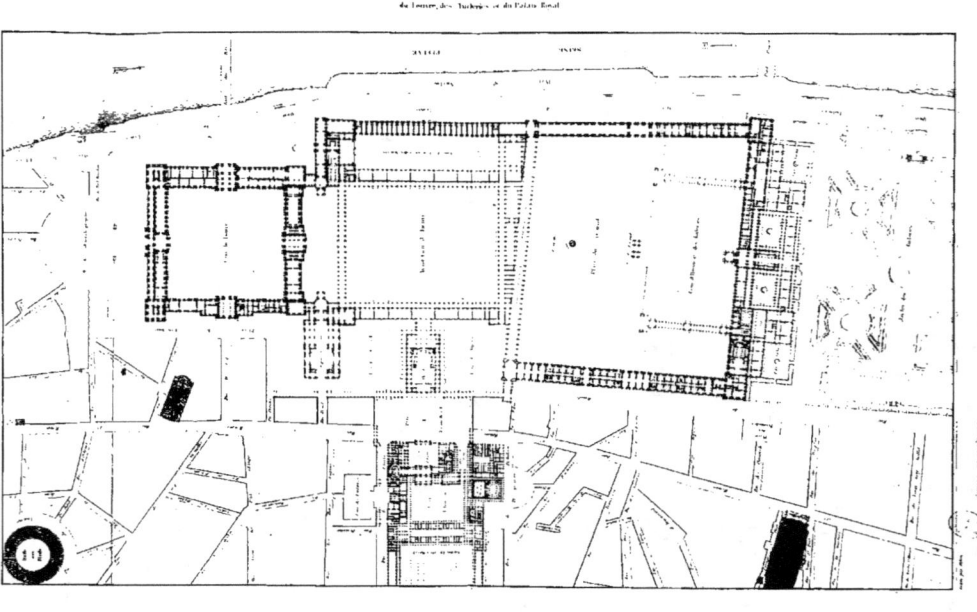

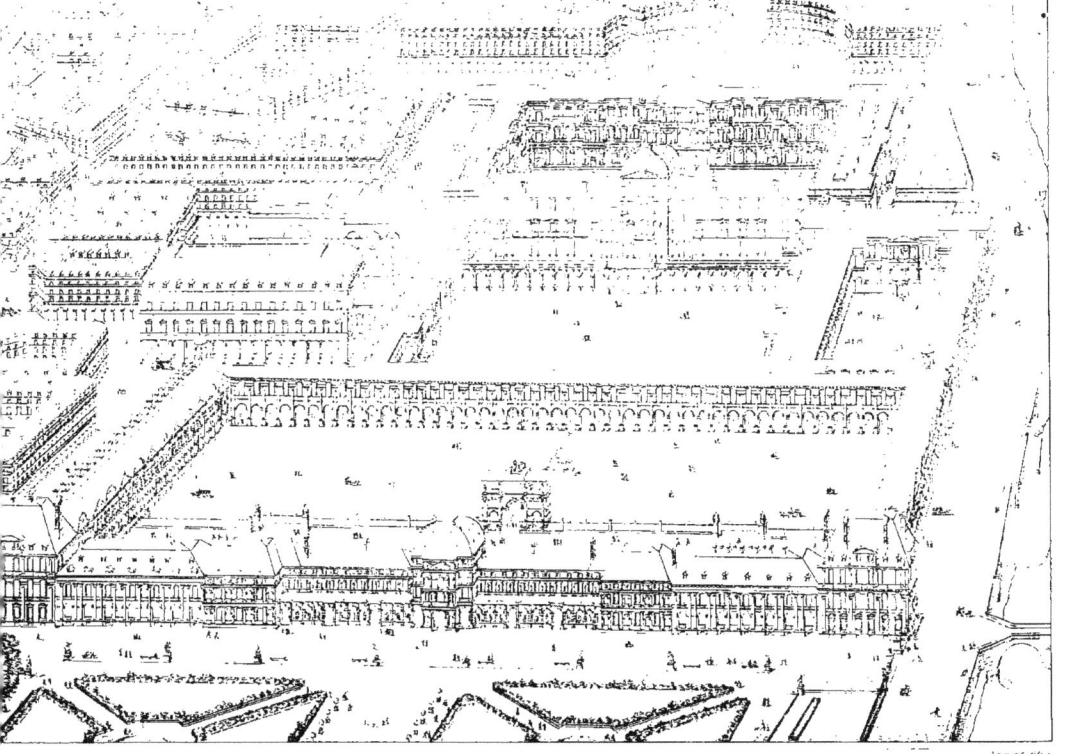

LES TUILERIES ET LE LOUVRE D'APRÈS LE PROJET DE MM. PERCIER ET FONTAINE, ADOPTÉ POUR LA RÉUNION DE CES DEUX PALAIS.

www.ingramcontent.com/pod-product-compliance
Lightning Source LLC
Chambersburg PA
CBHW071618230426
43669CB00012B/1987